U0931742

馬年運程

麥玲玲

目錄

馬年世界大勢總論

丙午年立春八字

時柱		日柱		月柱		年柱	
正印		日		傷官		正印	
丙（火）		己（土）		庚（金）		丙（火）	
寅（木）		酉（金）		寅（木）		午（火）	
正官	甲（木）	食神	辛（金）	正官	甲（木）	偏印	丁（火）
正印	丙（火）			正印	丙（火）	比肩	己（土）
劫財	戊（土）			劫財	戊（土）		

農曆正月	農曆二月	農曆三月	農曆四月	農曆五月	農曆六月	農曆七月	農曆八月	農曆九月	農曆十月	農曆十一月	農曆十二月
庚寅	辛卯	壬辰	癸巳	甲午	乙未	丙申	丁酉	戊戌	己亥	庚子	辛丑
（西曆二六年二月四日至三月四日）	（西曆二六年三月五日至四月四日）	（西曆二六年四月五日至五月四日）	（西曆二六年五月五日至六月四日）	（西曆二六年六月五日至七月六日）	（西曆二六年七月七日至八月六日）	（西曆二六年八月七日至九月六日）	（西曆二六年九月七日至十月七日）	（西曆二六年十月八日至十一月六日）	（西曆二六年十一月七日至十二月六日）	（西曆二六年十二月七日至二七年一月四日）	（西曆二七年一月五日至二月三日）

*注意：本書月份以節氣起算之流月為準

丙午年九宮飛星圖

九	五（南）	七
八（東）	一（中宮）	三（西）
四	六（北）	二

西曆二月四日丙午馬年伊始

踏入二〇二六年立春之日，即西曆二〇二六年二月四日早上四時零三分，便是丙午年之伊始，也即民間所稱呼的馬年。

二〇二六年的正月初一是西曆的二月十七日，很多人以為正月初一來臨便是生肖轉換之日，其實丙午馬年在西曆二月四日已開始。因為傳統的中國玄學一向與節氣息息相關，而「立春」是廿四節氣之首，故長久以來「立春」在術數界中皆被視作新一年開始，各方位的吉凶亦會隨之轉移，新生嬰孩的所屬生肖也是從立春日起才與往年不同。

不單如此，玄學中各個月份的劃分，也是以節氣來界定；立春為一月之始，而二月由驚蟄開始，三月則是清明……依此類推，所以本書中提到的農曆月份，均以不同的節氣之日為界線，並非筆誤，敬請各位讀者注意。

至於民間傳統上的「大年初一」，乃十二個農曆月份中的第一天，雖然家家戶戶都大事慶祝，也有傳統禮俗文化的重要意義，但新一年的風水術數計算仍是以「立春」作分水嶺。

正月初一「轉生肖」之謬誤

每年的「立春」大多是西曆的二月四日或前後一天，而農曆正月初一通常是在西曆一月下旬至二月中旬不等，所以有時會出現「過了年才立春」或「先立春後過年」的情況。而今年則是立春（二月四日）先至，及後才到正月初一（二月十七日）。換言之，二〇二六年二月四日早上四時零三分（立春）後出生的嬰孩，其生肖已屬馬。

若不弄清這一點，二〇二六年二月四日至二月十六日期間出生的嬰孩，容易誤判為生肖屬蛇，事實上其生肖屬馬。長大後翻看運程書，不但會將錯就錯，覺得與事實不符，對於自己是否犯太歲一事也會糊裏糊塗。

正正因為很多人都誤解了正月初一就等於「轉生肖」，甚至每年傳媒大事報道的「馬年第一位搶閘寶寶」等皆以大年初一作分水嶺，以致這謬誤牢不可破。

所以，在立春日前後（即西曆二月初）出生的朋友，有必要重新翻查一次自己出生年的立春與正月初一之日子，以作出正確生肖判斷。（若要翻查可用萬年曆，一般書局有售，亦可上網查找相關網站）

丙午馬年大勢總述

計算一個人的運勢需要準確出生資料，要推算世界各地的來年大勢也等同算命一樣，宜用該年立春日的轉換時刻作基本八字推算，再配合各方位的吉凶及流年特性，從而得知來年各項發展。

如前頁所示，丙午馬年的立春八字是「丙午年、庚寅月、己酉日、丙寅時」。

剖析丙午馬年的世界大局之前，先回顧過去兩年的運勢發展。二〇二四年為轉入下元九運之年，每逢二十年一遇的地運交接，局勢必然動盪，而甲辰龍年的立春八字更突顯了鬥爭不休之象。乙巳蛇年為轉地運的第二年，整體仍屬內憂外患，但相較於甲辰龍年的「明刀明槍」，乙巳蛇年則是暗湧不斷，金融市場及國際關係看似有所改善，局勢卻容易突然逆轉，甚至擦槍走火、推倒重來也不足為奇。

去年我也指出，乙巳蛇年另一特點是災害頻仍、人心不安。天干為乙木之年，往往伴隨大風災或大水災，而立春八字地支又出現「寅巳刑」及「巳亥沖」，代表交通意外更易發生，除大型車禍外，也要提防交通系統大規模失靈或嚴重航空事故。

赤馬紅羊　禍福難料

正因如此，去年我提醒各位朋友宜居安思危，凡事多做兩手準備。蛇年也適合低調行事、積極裝備自己，採取穩守突擊、出奇制勝之法。尤其乙巳蛇年有重生及變革之象，加上踏入為期二十年的離火九運，正是開啟全新時代的重要契機。如果說乙巳蛇年乃改頭換面的潛伏期，丙午馬年及緊隨的丁未羊年則是火勢全開的爆發期。古人向來相信，每六十年一遇的丙午馬年及丁未羊年，社會易有大規模動亂或天災，甚至以「赤馬紅羊劫」來形容此兩年的異象。宋代學者柴望所著的《丙丁龜鑑》便統計了由先秦到後漢時期，合共一千二百多年之中，每逢丙午年及丁未年的禍患災害。

雖然柴望的本意是警惕世人防患於未然，宜「修省戒懼，以人勝天」，但丙午、丁未的「赤馬紅羊劫」之說深入民間，時至今日仍然為人所畏懼。例如日本自江戶時代起已有「丙午女剋夫」之論，認為凡在丙午年出生的女性容易為家庭帶來不幸，民間不太接受迎娶丙午女子，以致每逢丙午年年的出生率偏低，也令日本的丙午年女子自古便成為忌諱及受到歧視。

丙午年與丁未年是否總有天災人禍？若以歷史紀錄來看，古今中外也確實有不少影響深遠的歷史事件，當中包括：

- 一〇六六年（丙午年）：諾曼第公爵威廉征服英格蘭，為英國歷史分水嶺。
- 一一二六年（丙午年）：金兵大規模進攻汴京，宋室內部嚴重分裂。
- 一一二七年（丁未年）：金兵擄走徽、欽二帝，史稱「靖康之恥」，同年北宋覆亡。
- 一三六七年（丁未年）：朱元璋攻伐元朝，翌年結束元朝統治。
- 一五四六年（丙午年）：改革派領袖馬丁路德逝世，為歐洲宗教改革之轉捩點。
- 一六六六年（丙午年）：倫敦大火，三日內燒毀全城大半區域。
- 一七二七年（丁未年）：彼得二世即位，俄羅斯政局陷入宮廷派系鬥爭。
- 一九〇六年（丙午年）：香港丙午風災，逾一萬人罹難。
- 一九六六年（丙午年）：印尼政變及爆發排華暴動，同年中國發生文化大革命。

順應變革　浴火重生

以此篇幅詳述丙午年與丁未年之憂慮，並非為了鼓吹迷信或散播恐慌。相反，與其說丙午、丁未為「劫象」之年，不如形容此兩年為「浴火重生」之象。所謂「危中有機」，歷史是延綿的長河，不能單憑其中一、兩年的變化去判斷整個時代的吉凶。

以前面提及的部分歷史事件為例，英格蘭被諾曼第公爵威廉征服後，結束了混亂的內戰，令國力開始統一，制度更明確，也成為現今英國的歷史雛形。十七世紀中期的倫敦大火，雖然造成極大破壞，但也促進了建築與設計的革新，為倫敦未來數百年發展奠定基礎。

至於十六世紀的馬丁路德逝世，象徵宗教改革進入新階段，促進歐洲思想與學術繁榮，推動近代文明的進程。二十世紀的香港丙午風災，雖奪走無數生命，但亦促使防風設施與氣象預警系統大幅改善，提升了城市面對自然災害的能力。由此可見，動盪與變革並非全然負面，關鍵在於能否把握契機，將危機化為推動社會進步與文明演進的力量。正如宋代學者柴望所勸：「修省戒懼，以人勝天」，意指在變局中修身自省、謹慎行事，便能以人的智慧戰勝天命。

這段歷史規律，有如一場長途賽跑——乙巳蛇年是蓄勢熱身，丙午馬年起跑爆發，丁未羊年承接餘勢，持續衝刺。終點將落在哪裏，未必由我們決定，但可以肯定的是，在這過程中不免遇到天氣變化、賽道起伏，甚至出現突如其來的阻礙，但關鍵在於節奏分配與心態調整：該加速時果斷出擊，該減速時沉着穩守，才能既不錯失時機，又能在激烈競爭中保持最後的衝線力量。

政策扶持　民生受惠

理解了這幾年的運勢脈絡後，我們再具體分析丙午馬年的立春八字特色，讓大家能在大時代的浪潮中知所進退。

丙午年的立春八字為「傷官配印」之格局，天干透出兩個「正印」與一個「傷官」。「正印」象徵長輩與貴人，帶有保護、滋養與慈祥之象；「傷官」則代表子女、才華與創造力，也象徵叛逆、打破常規甚至傲慢。若從個人性情而言，「正印」與「傷官」並見，本屬良好組合——既多才多藝，又能獲得貴人賞識，不會過於恃才傲物，自然有助於命途的發展。

然而，丙午年的八字格局並非全然順遂。因地支中同時有一組「正官」星，官星代表權威、上級與制度約束，與天干的「傷官」特質恰好對立，而「傷官」原本便有「傷害正官」之意。古語有云：「傷官見官，為禍百端。」雖不可一概而論，但命盤中若同時顯現「傷官」與「正官」，多半意味着衝突、爭執與是非。若換作一個人的性情，則需謹防失言、開罪權貴——即使有貴人相助，一得一失之間，運勢仍難免受損。

丙午年中，「傷官」既旺而官星亦重，形成矛盾格局，反映出「先破壞後建設」的現象。這一年，全球可能迎來更大規模的改革浪潮，而且涵蓋政治、金融、教育、醫療等各大範疇。雖然變革之勢在所難免，但過程中傳統與創新的力量互不相讓，新舊勢力不時角力，社會和氣易受影響，甚至可能出現尖銳衝突，令百姓蒙受其害。

可幸的是，丙午年亦得強大的「正印」扶持。本年立春八字中，代表自身的日元為「己」，五行屬土，本在全局中力量偏弱，幸得年柱「丙午」及時柱天干「丙火」的強大火氣生扶「己土」，形成「火旺印強」之勢，有望逢凶化吉。印星亦象徵父母、長輩與庇護，延伸至社會層面，則代表制度與掌權者的支持與保護。這顯示丙午年民生發展必須依靠穩健而有力的政策作後盾，方能化解變局帶來的衝擊。因此，由政府主導、具系統性的革新，對全球而言更為有利。

值得注意的是，丙午年的立春八字中，全無財星顯現，只靠印星扶持——財星象徵資源與經濟動力，欠缺財星，代表社會難以創造實質收益，財氣亦無法凝聚。這意味若缺乏政府層面的積極參與，經濟更易陷入動盪。因此若遇上重大金融危機或大型企業倒閉，各地政府更應及時主動介入，切勿寄望私營機構獨力應對。

總括而言，在傷官旺盛及馬年自由奔放特質的推動下，丙午年特別有利於推出新政策，藉嶄新思維改革舊制，以「由上而下」的方式推動社會進步，不宜固步自封、死守舊規。唯有領導者順應改革之勢，方可減少社會紛爭，並將暗湧衝擊化險為夷、轉危為機，成為前行的力量。

創意奔馳　隱憂並行

至於在社會民生層面，普羅大眾亦需留意流年帶來的宜忌變化。

首先，丙午年「傷官」旺盛，有利創新思維發揮，對從事科技、創作、藝術及設計等行業發展尤佳。營商者亦適宜構思突破性的產品或服務，因大眾在馬年普遍接受度較高，創新之舉更容易事半功倍。然而，傷官主導之年，同時意味社會氣氛較為浮動，亦容易滋生光怪陸離之事，層出不窮的騙案或虛假資訊需加倍提防。

此外，丙午年火氣格外旺盛，不僅極端天氣

更常出現，亦容易引發情緒波動與衝動行為，社會上發生暴力失控事件的風險上升。大眾在日常生活中宜格外注意身心健康，並尋求適當的情緒紓緩方法。政府層面亦宜積極推行心理健康與情緒管理的公共措施，以幫助大眾釋放壓力。

在地支象徵方面，「午」為馬，丙午年與馬相關的議題更易成為焦點，也可能引發負面事件，例如爆發馬匹傳染病、比賽馬匹或騎師嚴重受傷等。再者，「子午沖」令鼠在馬年呈現沖太歲之象，因此亦須提防鼠疫或與鼠類相關的傳染病蔓延。

若以流年九宮飛星觀之，丙午年進駐中宮的一白星力量加強，影響全年氣場。一白星代表桃花、人緣，本屬吉星，但受困於中宮，形成「入囚」之象，象徵其正面力量受限，反而容易出現轟動社會的桃色事件，包括桃色糾紛、性侵案、性騷擾或不倫戀等議題，再度成為輿論焦點。

其他凶星亦須關注：

- 五黃災星飛臨正南（離宮），恐防帶來山林大火或電力系統的大型事故，澳洲等南方地區尤需防範。
- 二黑病星飛臨西北（乾宮），對父輩級領導人物影響最大，尤其豪門望族或政商界年長男性，健康更易受損，甚至有一病不起之象；西北地區亦須提防地震、山泥傾瀉、火山爆發等天災，或其他人為災禍。
- 七赤破軍星進駐西南（坤宮），影響以母親或女性長輩為代表的人物，七赤主鬥爭、盜賊、官非，可能導致年長女性領袖的權力動搖或被迫退場。
- 三碧是非星飛臨正西（兌宮），以美國為首的西方社會最受影響，爭議事件頻繁，社會分裂加劇。兌宮也象徵以口才謀生的行業與少女，馬年娛樂圈或受此波及，年輕女團有解散危機，個別年輕演員亦易受網絡攻擊，名譽受損。

吉星方面亦有亮點：

- 八白貴人星飛臨正東（震宮），主長男，代表如上海及東南亞一帶的發展前景仍可看高一線，家中長子亦有利接手家族事業、振興家業。
- 九紫喜慶星飛臨東南（巽宮），主長女，運勢暢旺，有利婚嫁、生育及喜慶事，亦象徵家中長女能在家族與事業上發光發熱。

・六白武曲星進駐正北，主權力與地位，有助該方位地區在國際舞台突圍，亦顯示中國的國際地位仍具優勢。

・四綠文曲星進駐東北，利於文教、學術與科研，容易在國際舞台上取得成就或獲獎，成為舉世矚目的焦點。

綜合來看，丙午年的社會民生既有創新突破與區域發展的機遇，亦潛藏衝突、災禍與健康隱憂。若能在政策與行動上做到防患未然，並善用吉星的正面力量，則可在變動之年中減緩衝擊，爭取進步。

經濟點評及行業走勢

乙巳蛇年與丙午馬年的立春八字皆不見財星，連續兩年財星欠奉，自然對經濟發展不利。不過，丙午馬年得強大印星扶持，顯示經濟政策的作用尤為關鍵。五行屬性方面，立春八字呈現木旺、金強、火氣極重之象。屬火的科技業尤其勢不可擋，配合革新之勢，人工智能在不同應用領域將屢有突破，投資及營商者宜把握機遇。

此外，火旺金強之年，對金融業界特別有利，環球投資氣氛熾熱，不少投資者會較往年活躍。然而，因財星不顯，恐有「虛旺」之象，市場多以投機取巧為主，實際得益有限，亦容易加劇貧富懸殊。一般大眾須謹防受市場炒賣氣氛影響而作出錯誤投資，甚至誤墮騙局。

【金】傳統經濟改革，有利推出新型金融產品及服務；股票及虛擬貨幣市場氣氛熾熱，但全年呈現財來財去之象，熱錢流進流出頻繁，波動性高。

【木】木旺之年配合革新浪潮，新型教育、建築、環保及農業科技等領域有望長足發展，適合考慮中長線投資。

【水】立春八字原局無水，水主貿易及交通，顯示物流、旅遊業及零售業發展受壓，易有汰弱留強情況；如有政策扶助，則可減輕衝擊。

【火】流年火氣極旺，有利資訊科技、電動車、電力、石油及資源類行業，其中人工智能及生物醫藥最為突出。

【土】立春八字土弱，大型基建及地產行業相對勢弱，若要有進一步發展，同樣需要政策資助作支撐。

肖馬大解説

肖馬大解說

午馬：十二年一遇

二〇二六年立春交節之後，乙巳年已完結，並正式踏入丙午年。「丙」為天干，「午」為地支，而不同的地支亦以不同的生肖作代表，例如「午」的象徵生肖為馬，故又有「午馬」之稱。

天干有十種，地支有十二種，而地支的轉換等同生肖的交替，所以每隔十二年，相同屬性的生肖才會重複出現。以「午馬」為例，每逢地支屬「午」之流年，即為馬年；換言之，凡是肖馬者，其出生年的地支必為「午」，而且要等十二年才會再出現「午馬」之流年。

要注意的是，即使出生地支皆為「午」，生肖同屬馬，但天干卻未必相同。因為天干有十種，與十二地支相配，便可得出合共六十個天干、地支的不同「年柱」，其中每一生肖各有五個天干、地支的組合。由是推之，即使生肖相同，具體計算運程時亦各有差異。例如肖馬的出生者，可以組合出五個皆屬馬的年柱，包括：戊午（一九一八、一九七八）、庚午（一九三〇、一九九〇）、壬午（一九四二、二〇〇二）、甲午（一九五四、二〇一四）及丙午（一九六六、二〇二六），各以六十年作一循環。

二〇二六為丙午馬年，「午馬」的影響力也貫穿全年；本篇章除了略述馬的文化意義，下文也會為大家分析肖馬者的性格特質、有利名字及二〇二六丙午馬年出生的嬰孩運勢概述。

馬之文化象徵

馬居中國六畜之首，其餘五畜（牛、羊、豬、狗、雞）皆可食用，惟馬自古被視為特殊牲畜，不得隨意屠宰。因為馬在古代是長途旅行及行兵打仗之重要工具，戰馬的強弱與數量，往往左右軍事成敗，甚至影響國家興衰，所以在中國歷史上馬特別受到官方推崇和保護，而非僅是民間習俗。

馬能興國，又能通商，故在十二生肖之中，馬別具政治及經濟意義，歷代皆受到官民的重視。據周朝的史籍記載：「春祭馬祖，夏祭先牧，秋祭馬社，冬祭馬步。」「馬祖」、「先牧」、「馬社」、「馬步」為四時之馬神，古人要按時向馬靈參拜，可見馬具有神聖之地位。及後各朝亦制定與馬相關的政策，而馬政歷史中最著名且影響深遠者，首推茶馬貿易。所謂茶馬貿易，乃中原漢族以各類茶葉及商品，向其他民族交易馬匹及藥材等等。此貿易起源於唐宋，盛行於明清，其時設有茶馬司專門管理，並訂立《茶馬法》作嚴格規範。茶馬貿易所貫穿的路線，連接川滇藏，延伸至不丹、尼泊爾、印度境內，直抵西亞、西非紅海岸。此古代通商路線被後世名為茶馬古道，其歷史地位及影響力足與絲綢之路相媲美。

雖然中原一直有崇馬、祭馬的文化，但把馬推向最極致的神聖地位者，實以青藏高原民族為表表者。藏民族自古於高原生活，馬匹既是生存依靠，更被視為具靈性的神通之物。而自佛教傳入西藏後，佛教諸位神靈之一的「馬頭明王」旋即受到藏人的高度重視，甚至奉為主流藏傳佛教上下密院的護法神之一。

「馬頭明王」又名「馬頭金剛」或「馬頭觀音」，傳說乃觀音之忿怒相化身，又為畜生道之首。藏人普遍虔誠地信奉「馬頭明王」，如西藏拉薩三大寺之一的色拉寺，不僅設有馬頭明王神殿，而且珍藏了一尊至少有數百年歷史以上的金剛杵。信眾平日無法得見此法器，只有在一年一度的「色拉崩欽」節慶，才會迎出給信眾作盛大朝拜。此祭典定於藏曆十二月廿七日，為藏人世代相傳的的重要節慶之一。當日數以萬計信眾湧至色拉寺，殿外懸掛巨幅「馬頭明王」唐卡供人朝拜，場面莊嚴隆重，足見其在藏族心中的崇高地位。

綜觀歷史與文化，馬的形象橫跨軍政、經濟與宗教，充分體現其作為生肖動物所承載的多重象徵意義。

肖馬者之性格分析

·基本特質：崇尚自由 敢作敢為

原始的馬習慣在草原上奔馳、自由奔放，肖馬者也如同野馬一樣崇尚自由，不愛受到任何束縛。肖馬者常常有「知其不可而為之」的精神，對很多事情都抱持開放的態度，大膽上進，也敢於夢想、敢於爭取。

雖然肖馬者喜歡無拘無束的生活，也不太在乎別人的看法，但馬是群居動物，肖馬者要在群體中才能感受到自己的存在。他們喜歡交朋結友，也較少轉彎抹角；即使認識肖馬者不久，很快便能感受到他們的熱情與充沛的能量。

·優點：判斷力強 反應快速

肖馬者是樂天派，永遠在散發正能量。他們朋友眾多，常常表現得大方慷慨，也很樂於為朋友解決問題，喜歡鼓勵別人再接再厲。所以在團體中，肖馬者很能激勵人心、振奮士氣。

大部分肖馬者與生俱來便有一種很強的判斷力，即使客觀環境突然有所改變，肖馬者也不會心慌意亂，反而能在短時間內改變策略以作應對。因此肖馬者常被稱讚反應快、效率高，而且非常自強不息。雖然偶爾會碰釘，但大部分肖馬者仍然樂此不疲地去開發更多的可能性，對他人富有啟發意義。

·缺點：心直口快 耐性不足

肖馬者大多主張速戰速決，也喜歡快人一步。若事情被迫拖慢進行，肖馬者很容易會從興致勃勃的狀態，一下子轉為索然無味。但現實生活並非所有事情皆可馬上直達終點，若肖馬者僅以興趣為主要考量的話，往往容易因喪失熱情而半途而廢，出現有始無終的局面。再者，肖馬者的耐性十分不足，他們不願處理繁複的事項，因此在執行計劃時較易忽略細節。

另外，肖馬者有時也太過心直口快，開罪了別人而不自知。雖然肖馬者的憤怒來得快也去得快，但如果面對的是較為內斂及認真的人，一旦發生衝突，對方未必像肖馬者般就此作罷。為免出現誤會及心結，肖馬者宜多加注意自己的言行及表達態度，方能進一步提升人緣。

・建議：加強貫徹始終精神

肖馬者很有行動力，但做事若缺乏了持久力，往往難成就大事。所以肖馬者宜多提升自己的耐性，並負責到底，成效才會更佳。另外，肖馬者不該只習慣給予別人意見，也適宜多虛心接納他人的勸勉。遇有問題，應該慢下來認真分析事情的始末，避免因為急就章而草草了事。

肖馬者之有利名字

・肖馬者之地支為「午」，取名宜結合有助提升運勢之生肖字根。午馬之六合生肖為羊（未），三合生肖為虎（寅）與狗（戌），因此名字中若帶有相關字根或象徵字義，例如含「羊部」、「犬部」或「彡部」（象徵虎紋）之字，更有助運之效。

未羊之字例：羚、善、義、達……等

寅虎之字例：彥、彪、琥、虔……等

戌狗之字例：然、猶、成、武……等

・馬身形高大，威風凜凜，取名宜用含「大」字形或「帶冠飾」字根，象徵尊貴、受人敬仰與權威。

大形之字例：天、美、奇、君……等

帶冠之字例：立、采、禮、章……等

・馬若得以在草原馳騁，最能展現其自由奔放的天性；又因馬為素食動物，取名若帶有「草」或「五穀」字根，更有「草盛馬肥」、生活充實之意。

草原之字例：芷、萱、薇、蕎……等

五穀之字例：和、凱、豐、登……等

二〇二六馬年出生之嬰孩運勢

從本年立春之日（二〇二六年二月四日早上四時零三分）至翌年立春（二〇二七年二月四日早上九時四十七分）止，其間出生的嬰孩生肖皆屬馬，出生年柱為「丙午」，「丙」為天干，「午」為地支。

十二生肖反映了出生年的地支，而各生肖之間也因地支屬性不同，而令生肖相遇時各有不同影響，有些生肖會互為抗拒，有些生肖能夠相輔相成。正因家庭成員之間的生肖組合不盡相同，父母與子女的基礎關係也不會人人一樣，相處上需要避重就輕，配合不同人的個性與特質來培育，家庭關係才能更融洽愉快。

以下除了列出丙午年肖馬嬰孩的出生月份命格要點，也提供肖馬子女與不同生肖父母的親子關係一覽。

家長與肖馬子女的親子關係

- 父母肖鼠：鼠聰明內斂，馬奔放獨立，兩者較為相反及節奏不同，宜聚少離多及互諒互讓。
- 父母肖牛：肖牛性格沉穩，對馬的活潑有時難以適應，但若能放手讓子女發揮，反能激發潛能。
- 父母肖虎：肖虎同屬積極型，理念契合，惟有時各持己見，宜尊重彼此想法，建立開放的家庭氛圍。
- 父母肖兔：兔本性溫順，馬則熱情直率，彼此互補，關鍵在於父母能否提供穩定而自由的成長環境。
- 父母肖龍：龍有領袖特質，遇上自主性強的肖馬子女，宜避免強勢干預，尊重其選擇與節奏。
- 父母肖蛇：蛇精明內斂，馬則直來直往，兩者落差較大，易出現誤解，宜讓子女自由發揮，避免過於規限。

- **父母肖馬：**性格相近，雖然容易理解對方想法，但若有衝突較難互相退讓，宜保持彼此的自主空間。
- **父母肖羊：**羊溫和細膩，能包容馬的直接與衝動，但作為父母宜適時建立界線，以免過度遷就。
- **父母肖猴：**猴與馬皆靈活好動，猴亦樂於聽從馬的意見，雖然相處融洽，仍要留意管教分寸，避免過於鬆懈。
- **父母肖雞：**雞重視細節，亦有好辯傾向；馬則心直口快，行事隨性，雙方相處偶有衝突，宜多包容體諒。
- **父母肖狗：**狗忠誠守規，馬卻外向自由，父母宜鼓勵子女冒險同時提供安全感，方能發展得宜。
- **父母肖豬：**豬包容體貼，但馬較衝動直接，若父母過度縱容，可能導致子女過於任性，建議適度規範。

丙午年・肖馬寶寶之個別出生月份特點

（注意：本書月份以節氣起算之流月為準，非指傳統農曆月）

- **農曆正月（西曆二六年二月四日至三月四日）**與父母緣分不俗，性格剛烈、行動果斷，具冒險精神，宜從小建立規則意識，學習克制衝動。
- **農曆二月（西曆二六年三月五日至四月四日）**呼吸系統較弱，個性穩中帶柔，但也容易猶豫不決、情緒敏感，父母宜耐心引導，幫助建立自信。
- **農曆三月（西曆二六年四月五日至五月四日）**自主性強，喜好鮮明，也容易與他人發生爭執，父母宜教導子女適時聆聽別人意見，改善人際關係。
- **農曆四月（西曆二六年五月五日至六月四日）**思想活躍，行事急進，情緒也容易波動，建議父母加強其穩定性與情緒管理，並多留意呼吸系統。

・農曆五月（西曆二〇二六年六月五日至七月六日）

性格堅毅，做事努力不懈，惟火氣偏旺，宜多加注意皮膚健康，亦適合往較寒冷地區發展。

・農曆六月（西曆二〇二六年七月七日至八月六日）

命格火土俱旺，受年月相合之助，家人關係融洽，惟要慎防腸胃毛病，日常飲食要多加留神。

・農曆七月（西曆二〇二六年八月七日至九月六日）

行動力強，具有運動天分，有利往外發展，惟命格也有受傷之象，要提防手腳或關節受損。

・農曆八月（西曆二〇二六年九月七日至十月七日）

命局中的火得到金之鍛煉，有助提升自我管束力，計劃亦較周詳，惟易生壓力，宜注意身心調適。

・農曆九月（西曆二〇二六年十月八日至十一月六日）

火土相生之象，熱情積極，也有責任心，做事不會輕言放棄，另外頗具創作天分，不妨向此發展。

・農曆十月（西曆二〇二六年十一月七日至十二月六日）

水土並見，有助平衡火旺之命局，所以處事較為彈性，能內外兼顧，不會過於冒進或鑽牛角尖。

・農曆十一月（西曆二〇二六年十二月七日至二〇二七年一月四日）

命格有年月相沖之象，驛馬強，有利走動，也象徵容易離鄉別井，不妨考慮往外地升學或移居。

・農曆十二月（西曆二〇二七年一月五日至二月三日）

語言表達能力強，善於與別人溝通，惟受年月相合之影響，日常宜注意保養喉嚨氣管，慎防受寒。

犯太歲
化解錦囊

犯太歲自救法

犯太歲其實並非想像中嚴重，一般來說犯太歲代表該年的生活衝擊較大，情緒亦容易起伏不定，但不代表運勢一定走下坡，部分人可能愈變愈好，尤其常要接觸人群或外勤的工作，較容易在犯太歲之年有所突破。總之，踏進人生另一階段之際，變化在所難免，心理壓力亦較大，最重要還是做足心理準備，以正面態度迎接未來的變化。

另外，犯太歲只是坊間的統稱，其實仔細還可分作幾類，影響有輕有重，大家不必過分擔憂。

本年（二〇二六丙午年）犯太歲者包括：

馬、鼠、兔、牛

馬　犯本命年太歲＋刑太歲

本命年犯太歲者，生活會出現不少變化，好壞發展要視乎個人命格而定。但始終在本命年的情緒起伏會特別大，容易胡思亂想，也會影響決策能力，因此務必注意情緒。凡是本命年犯太歲者，最適宜舉辦喜事，包括結婚、添丁、創業、轉職或搬遷等，有助化凶為吉。

另外，本命年犯太歲也會影響健康運，輕則撞傷擦損，重則有血光之災，所以日常生活宜多加注意安全，避免進行任何高危的活動之餘，自己主動捐血或洗牙等也有化解之用。

要注意本年同時有太歲相刑之象，刑太歲主有輕微麻煩及是非，容易影響人際關係；為免是非纏身及進一步影響情緒，凡事低調為佳。

鼠　沖太歲

在各種犯太歲類別中，以沖太歲的變化最大，尤其容易涉及各種人生大事，例如在沖太歲之年轉換工作、置業、搬遷、結婚或分離等等。其中，感情關係乃最受影響的範疇，很多人在沖太歲之年正好遇上感情關口，有不進則退之象。

已有伴侶者如沒有計劃結婚或生兒育女，容易出現感情上的重大衝擊，以致情海翻波甚或分手收場。因此在沖太歲之年宜採取主動為佳，包括訂婚、結婚、添丁或者聚少離多，皆有助穩定關係。單身者則容易開展一段感情，但較難穩定發展，有易來易去之象，所以對於沖太歲之年出現的新感情，還是抱觀望態度為佳。

兔　破太歲

破太歲有破壞之意，代表一些固有關係容易遭受破壞或與人反目。雖然不至於十分嚴重，但運勢也會略為受挫；流年宜加倍注意自己的言行舉止，慎防禍從口出。

牛　害太歲

害太歲主有陷害之意，影響相對較輕微，但害太歲之年始終容易有小人作祟，謹記少說話、多做事，保持謙遜。

各種化解犯太歲之法：

一、沖喜

古人說「太歲當頭坐，無喜必有禍」，又說「一喜擋三災」。其實用上「災禍」兩字又未免太嚴重，但犯太歲的人，如能在同一年籌辦喜事的確可以將壞影響減至最低。

各種喜事中尤以結婚、生兒育女及置業等最佳，但這些人生大事很難刻意「製造」，所以不妨透過其他喜慶事如上契、壽宴等沖喜。另外，不時出席喜慶活動及多吃喜慶食品都可略為提升運勢，但犯太歲者碰上探病問喪便可免則免。

二、小心部署計劃

犯太歲代表多變動，包括轉職、搬遷及有較大的投資計劃（如從事生意可以是倒閉或擴張業務）等。雖然今年會多變動，但好壞仍是未知之數，所以下決定前更應詳加考慮。

三、佩戴生肖飾物

傳統上犯太歲者都會佩戴生肖飾物來化煞。飾物質料方面，所有生肖皆可通用玉器，但春夏出生者也可同時選擇金銀物料，秋冬出生者則只適宜選用玉器。

二〇二六馬年・犯太歲生肖飾物配對

馬：宜貼身佩戴**羊形**之飾物
鼠：宜貼身佩戴**猴形**及**龍形**之飾物
兔：宜貼身佩戴**狗形**之飾物
牛：宜貼身佩戴**蛇形**及**雞形**之飾物

如何選擇化太歲之生肖飾物

有些人會察覺到，每年各玄學家所選的化太歲生肖飾物並非完全相同。其實玄學家教人用生肖飾物化太歲，一般都以「六合」或「三合」的生肖來計算。因為每一生肖的「有利拍檔」都不止一個，所以有時玄學家所介紹的化太歲生肖便略有出入。

在此順帶一提，其實所謂十二生肖就是十二地支的代表。中國古代的年份代號，均由十天干和十二地支配搭而成，共有六十個組合。如二〇二六年的丙午、二〇二七年的丁未，其中的「午」及「未」便屬地支。

十天干：甲、乙、丙、丁、戊、己、庚、辛、壬、癸

十二地支：子、丑、寅、卯、辰、巳、午、未、申、酉、戌、亥

因地支的力量在一般情況下比天干強，所以每一年的地支都較受玄學家的重視。但對於十二地支的名稱和意義，民間不易理解和流傳，於是古人便把十二地支與十二種動物配合起來，才出現了十二生肖。所以生肖飾物的宜忌配搭，實際也是十二地支的有利組合，亦即下文提到的「六合」和「三合」。

十二地支所代表的生肖

地支	生肖
子	鼠
丑	牛
寅	虎
卯	兔
辰	龍
巳	蛇
午	馬
未	羊
申	猴
酉	雞
戌	狗
亥	豬

用最淺白的比喻來解釋的話，「六合」就是把十二生肖分成六組，每組互相是對方的貴人；「三合」則把十二生肖分成四組，每組的生肖都特別包容及欣賞對方。兩者比較，當然以「六合」的互助力量較大，所以玄學家一般都會取「六合」的生肖作化煞之用。

不過大家別忘記，「六合」中每組只得兩個生肖，換言之「不是你幫我便是我幫你」，但每年都有數個生肖觸犯太歲，這些生肖本身已是「自身難保」，又如何有力量幫助他人？所以如果「六合」幫不上忙，便應退一步從「三合」中選擇。如果「三合」的選擇中遇有犯太歲的生肖，亦應剔除，但僅有一個三合生肖扶助恐怕力量不足，所以在飾物組合上，宜加入其他開運配飾，如百解或玉如意來加強助力。

下表列出了十二生肖的「六合」與「三合」配對，基本上年年適用。但因**「馬、鼠、兔、牛」在丙午年年皆屬犯太歲**，未有能力幫助他人，所以我便特別加上「X」，讓大家更清晰知道每一生肖餘下的選擇共有多少。如果「六合」及「三合」可以任選，則以「六合」作首選。

二〇二六馬年化太歲之生肖飾物一覽表

（X：今年不可選擇，只作參考）

所屬生肖	六合	三合
鼠（沖太歲）	~~牛~~	猴、龍
牛（害太歲）	~~鼠~~	蛇、雞
虎	豬	~~馬~~、狗
兔（破太歲）	狗	豬、羊
龍	雞	~~鼠~~、猴
蛇	猴	~~牛~~、雞
馬（本命年＋刑太歲）	羊	虎、狗
羊	~~馬~~	豬、~~兔~~
猴	蛇	~~鼠~~、龍
雞	龍	~~牛~~、蛇
狗	~~兔~~	~~馬~~、虎
豬	虎	~~兔~~、羊

四、拜太歲

拜太歲亦是常見的化煞方法，但年輕一輩未必懂得當中的細節。其實拜太歲的方法可繁可簡，但下面的步驟則不可缺少。

一般來說拜太歲可粗略分為三類：

♥往大廟參拜

香港有很多寺廟都供奉了太歲，但當中最大規模則是荃灣的圓玄學院。進大廟和進小廟的拜祭方式略有不同，如欲到大型廟宇參拜，步驟應為：

- 先到廟外買一份太歲衣（太歲衣的作用有如一份表格，將自己的名字、年齡及出生年月日寫在上面，以知會太歲應保佑哪一位）
- 首先往六十太歲的統領上香
- 往當年太歲上香（二〇二六丙午馬年的太歲為「文哲」）
- 再到自己出生年的所屬太歲上香（大廟設六十太歲一覽表）
- 逐一向其餘太歲上香
- 最後將太歲衣化掉

♥往小廟參拜

小廟因為地方狹窄，很多時會將六十位太歲放在一起，所以拜祭方式比大廟簡單：

- 廟外購買壽金（小廟一般沒有正式的太歲衣出售，所以通常用壽金代替）
- 壽金上寫上自己的名字及出生年月日，壽金數目則按自己歲數多少而定
- 向廟中太歲上香參拜
- 將準備好的壽金放到太歲像下（可請廟中工作人員代勞）
- 化掉其餘衣紙

♥家中自行拜祭

不論大廟小廟，新春前後總是人頭湧湧，如果不想往廟宇參拜，其實亦可在家中自行拜太歲，俗語稱為「拜當天」：

- 在紅紙上寫下該年太歲資料，以本年為例，可寫上「丙午年當年太歲之位」或「丙午年文哲太歲位」
- 將紅紙放到家中大神（如觀音、關帝）旁邊
- 以六色果（六款生果）、煎堆及齋菜等供奉，再誠心參拜
- 將衣紙化掉

不論你用哪種方法，只要誠心太歲便會保佑。至於最適當的拜太歲的日子可以參考另表（412頁），而帶去供奉的物品不需有肉，只需簡單的香燭及生果便可。

拜太歲後亦謹記要於年尾「還太歲」，以酬謝神明一年來的庇佑。還太歲的最適當時間為每年的冬至前，即西曆十二月二十二日至二十三日左右，方法跟一般還神步驟一樣，同樣只需準備生果香燭便可。

人人適用趨吉避凶方法

如果自己並非流年犯太歲，但從運程預測中得知來年運勢不佳，其實亦有其他方法趨吉避凶。

化血光之災：捐血或放生

如流年運勢特別容易受傷，甚至有血光之災，除了捐血，主動做全身檢查、洗牙或補牙等都算「應劫」。另外，「放生」也是一種福德，可減低運勢的負面衝擊，最好選擇那些快將成為「刀下亡魂」的家禽或海鮮，但必須留心放生的動物是否有充足覓食能力，亦要注意放生地點是否恰當，以免好心做壞事，也有損福德。

如果流年易有血光之災，危險性活動切勿參加，也忌開快車，總之生活上更加要事事小心謹慎，也要備有足夠的醫療保障以求安心。

化白事：施棺或贈醫施藥

如流年家宅運不穩，甚至有白事之象，宜透過「施棺」或贈醫施藥來穩定整體家宅運。所謂「施棺」，其實指幫助那些過身後無以為殮的貧苦大眾。除了捐助殮葬費外，亦可向死者家屬提供生活上的幫助。這種善舉是莫大功德，亦助人助己，可以化解自己家中輕微白事。

此外，主動向其他病者贈醫施藥也是積福之舉。不妨直接捐款予非牟利的醫療機構，用作資助其他貧苦大眾購買藥物或改善醫療設施，既可助人，亦令自身的健康運及家宅運有所提升。

♥ 開運飾物：百解、如意手繩或掛飾

流年犯太歲者，可按下表配對開運飾物；如不屬於犯太歲的其中一員，但仍然想藉着開運飾物來提升整體運勢，亦可選擇「百解」或「玉如意結」的手繩或掛飾。

「百解」是中國靈獸之一，玄學上有鎮宅化煞、招福納財之意；「玉如意結」則是傳統的吉祥象徵，有生旺家宅、萬事如意之效用。

「百解」及「玉如意結」的吉祥物適合人人使用，與其他開運飾物沒有相沖，長期貼身佩戴有助消災解困、四季如意，保佑出入平安。

要注意的是，凡屬流年開運或化太歲的飾物主要為該年化煞擋災，只適合作一年時間的應用，不宜年年佩戴同一吉祥物。掉棄前最好先用紅紙或利市封包好，以表達過往一年得到保佑的謝意；新一年的開運吉祥物也應妥善保存，如有損壞宜及早更換。

二〇二六馬年．開運飾物配對

馬：宜貼身佩戴羊形之飾物
鼠：宜貼身佩戴猴形及龍形之飾物
兔：宜貼身佩戴狗形之飾物
牛：宜貼身佩戴蛇形及雞形之飾物
其他生肖：百解手繩或掛飾

十二生肖
開運攻略

吉星：將星、歲駕

凶星：太歲、劍鋒、伏屍、三刑

概述：

踏入本命年運勢存在暗湧，若有沖喜則可化解衝擊力量，否則就需要步步為營，並多注意健康及慎防受傷。

（詳盡生肖運程請參看42頁）

【開運攻略】

主動沖喜化解：

本命年加上刑太歲，運勢較多衝擊，所謂「太歲當頭坐，無喜必有禍」，若能結婚、添丁、置業或創業，則有助抗衡其負面影響。犯太歲之年亦宜貼身佩戴羊形生肖飾物增強自身力量，以「合而忘沖」方式帶旺運勢。

強化領導能力：

吉星拱照事業發展氣勢如虹，尤其任職大機構或紀律部隊人士可有更大發揮，工作表現備受認同，不妨於辦公桌位置擺放玉石官印組合擺件，有助提升領導能力，並進一步加強升職運。

慎防意外受傷：

受凶星影響容易有輕微血光之災或開刀破相，建議於蛇年年底檢查身體、馬年之始捐血及洗牙，並於流年五黃（正南）及二黑（西北）病星飛臨位置分別擺放白玉葫蘆及銅鑼，有助化解病氣。駕駛人士則宜於座駕掛上太歲萬用掛，以保路上平安。

招貴人遠是非：

馬年能於職場上大放異彩，但要慎防鋒芒太露而招妒忌或遭人攻擊，需要明哲保身、維持圓融人際關係，不妨於公事包或手機使用紫晶掛飾，幫助吸引貴人及遠離是非。

【相關吉祥物品之詳細使用方法，可參考「吉慶堂」網站：www.jiqingtang.hk】

羊

吉星：太陽、天空、歲合

凶星：晦氣、黃幡、扳鞍

概述：

男性貴人助力充足，其力量可照遍遠方，加上創意澎湃，不妨多出差或開拓海外市場，把握好運為事業打好基礎。

（詳盡生肖運程請參看52頁）

【開運攻略】

做好規劃部署：

馬年屬合太歲，而之後的羊年為本命年，代表連續兩年運勢皆易有暗湧變化，若能於馬年主動籌辦結婚、添丁、置業或創業等喜事，則可緩衝負面力量，並且最好於第四季開始部署來年計劃，包括主動作身體檢查，若有牽涉跨年的投資項目宜先行結算，以免羊年出現突如其來的變數。

男性貴人加持：

馬年容易得到男性貴人扶持或合作營商，而且有利外闖，打工一族可多爭取出差機會，從商者亦有利將產品及服務拓展至海外市場，有望「動中生財」帶旺運勢。若想進一步催旺事業運，宜貼身佩戴太陽石水晶手串，有助提升自信光芒，事半功倍。

發揮靈感創意：

思維清晰、想像力豐富之年，尤其有利從事創意工作，可憑實力於業內闖出名堂。若想進一步提升智慧及專注力，可於手機或公事包繫上白水晶與堇青石禦守繩，令思維更加敏銳，事業更有發展。

慎防鋒芒太露：

雖然整體運不俗，但家宅方面較多令人心煩之事，職場上也易有是非口舌困擾，宜保持低調，慎防鋒芒太露。為提升人緣及防守能量，不妨在家中擺放粉晶桃花樹，而日常則可佩戴南紅瑪瑙五彩福運繩，有助納吉招福。

【相關吉祥物品之詳細使用方法，可參考「吉慶堂」網站：www.jiqingtang.hk】

猴

吉星：驛馬、文昌

凶星：喪門、地喪、孤辰

概述：

馬年學習及分析能力俱佳，不妨進修增值或報考升遷試，亦可多出門走動或拓展海外市場以帶動運勢。

（詳盡生肖運程請參看62頁）

【開運攻略】

有利進修考試：

受吉星加持，馬年文思敏捷、決策及分析力強，有利進修或報考行業內的升遷試，有望獲取好成績而增強升遷機會。若想進一步提升名氣運，宜於四綠文昌星（東北）飛臨方位擺放橄欖石文昌塔，有助強化思維邏輯，令事業表現更上一層樓。

出門助旺運勢：

「驛馬」之年宜多往外走動，從商者適合離開原居地開拓海外市場，打工一族亦可多爭取出差機會，應驗「動中生財」運勢。惟「行船跑馬三分險」，出門後要注意安全，宜預先購買旅遊及意外保險，亦可於手機或手袋掛上珍珠及青金石禦守繩，為日常與出行增添一份安心。

排解負面情緒：

肖猴的男性情緒較為悲觀負面，容易因為精神壓力大而影響與伴侶的溝通，感覺較為孤單，建議平衡事業與家庭時間，亦可佩戴超七水晶脈輪手串保持氣場平衡，有助提升自信及排解負面情緒，導向正念思考。

強化長輩健康：

凶星負面力量較為衝擊家宅，需要多花時間關心長輩健康，不妨為對方預約身體檢查，多贈醫施藥及作「施棺」善舉，有助穩定運勢。若想化解病氣，可於長者牀頭位置擺放一對古銅龍龜，有助鎮壓流年病星，提升睡眠質素兼擋煞消災。

【相關吉祥物品之詳細使用方法，可參考「吉慶堂」網站：www.jiqingtang.hk】

吉星：太陰、紅鸞、天乙

凶星：貫索、勾神

概述：女性貴人力量充足，人緣及桃花運暢旺，財運亦有帶動，走勢緩慢向上，惟要慎防與異性出現財務糾紛。

【開運攻略】

加強財運增長：

馬年有財星飛臨但力量較為緩慢，因此投資策略宜以三至五年的中長線項目為主，不宜涉獵高風險的短炒投機，慎防過於急進而有所虧損。日常不妨佩戴黃晶手串，有助提升聚財能力，助旺生意增長。

女性貴人眷顧：

女性貴人助力充足，若上司是女性或銷售對象以女性為主，將更能受惠，業績可望穩步上揚。若要進一步吸納客源，不妨於辦公室或商舖擺放一對白玉吸水如意象，有助提升銷售利潤。

催旺正緣桃花：

獲桃花星加持個人魅力大增，單身一族不妨多出席長輩安排的活動，有望結識心儀對象及開展戀情。若想於社交圈子中成為眾人焦點，可於手機或手袋上掛上紅紋石掛飾，有助加強正緣桃花運，已有伴侶者亦可鞏固現有感情。

慎防桃花破財：

受凶星影響，新一年容易因為異性而破財，若打算籌辦婚事則可當作「破歡喜財」，否則不宜與伴侶有太多金錢轇轕，也要避免與異性合作經商或投資，以免因財失義而反目收場。為免財來財去，宜於辦公室或工作桌上放置金算盤及玉如意之組合擺件，以達財祿豐收之象。

【相關吉祥物品之詳細使用方法，可參考「吉慶堂」網站：www.jiqingtang.hk】

狗

吉星：三台、地解、華蓋

凶星：五鬼、官符、披頭

概述：

財運、事業等各方面均緩慢向上，惟情緒較為焦慮，需要以正面心態面對，亦要多關心家宅及長輩健康。

（詳盡生肖運程請參看82頁）

【開運攻略】

爭取工作表現：

事業發展有望拾級而上，尤以任職大機構、管理層或從事藝術工作者最能發揮所長，若想進一步強化事業運，可於手機或公事包掛上葡萄石、白水晶及玉髓錦鯉禦守繩，有助保持頭腦清晰，提升領導能力及工作表現。

鞏固個人能量：

馬年精神壓力大、情緒較為負面，容易「疑心生暗鬼」，建議多出席喜慶場合沾染旺氣，避免探病問喪，亦不宜獨自前往荒僻之地，以免受負能量影響，日常宜貼身佩戴黑曜石手串，有助鞏固個人氣場，亦有辟邪化煞之用。

審慎處理合約：

馬年有機會無辜惹上官非訴訟，肖狗者要時刻奉公守法，從商者不宜讓客戶借貸欠款，簽署文件或合約前宜聘請專業人士幫忙把關，並於流年三碧是非星（正西）方位擺放貴人鞋紙鎮，加強貴人力量之餘，亦有助化解官非口舌。

關注長輩健康：

長輩健康運較受衝擊，如有身體不適應盡快陪同求醫，亦不妨以對方名義多作贈醫施藥善舉，並於長者家居的五黃災星（正南）及二黑病星（西北）飛臨位置分別擺放銅製重物，例如鎮宅金鈴，有助削弱凶星力量及化病消災，保佑家宅平安。

【相關吉祥物品之詳細使用方法，可參考「吉慶堂」網站：www.jiqingtang.hk】

豬

吉星：月德、玉堂

凶星：劫煞、死符、小耗

概述：

憑貴人力量可遇難呈祥，財運亦有提升，惟新一年較多開銷，宜量入為出，亦可主動「破歡喜財」以應驗運勢。

（詳盡生肖運程請參看92頁）

【開運攻略】

廣結人脈良緣：

能得貴人眷顧凡事逢凶化吉，做事得心應手，亦可憑人脈介紹引薦而令事業加強發展。若想進一步增強運勢，可佩戴**薰衣草紫晶手串**，以增強貴人助力，廣結人脈良緣。

開源節流為佳：

流年有較多額外開支，從商者需要開源節流、多作財務策劃，賺取收入後，宜將部分資金轉為實物保值，以防無辜破財。若想強化儲蓄能力、避免財來財去，可於流年九紫喜慶星（東南）飛臨位置擺放**黃玉聚寶盆**，有助聚財招福，減低財運耗損。

化解家宅病氣：

家宅運有輕微受損，宜多關心長輩及行善積福，不妨主動為對方家居裝修、維修及更換家俬，若想進一步提升健康運，可於長者睡房擺放一對**瑪瑙長壽龜及玉葫蘆**，有助化解病氣、鞏固家宅運。

強化桃花姻緣：

雖然有利擴闊社交圈子，惟新一年仍欠桃花星加持，單身一族遇上合眼緣對象也要多花時間相處，不宜操之過急，不妨佩戴**芙蓉桃花粉晶手串**，有助提升自信及吸引力，加速姻緣來臨。

【相關吉祥物品之詳細使用方法，可參考「吉慶堂」網站：www.jiqingtang.hk】

鼠

吉星：唐符、天廚

凶星：歲破、大耗、災煞、天哭

概述：

沖太歲之年運勢傾向兩極化，凡事宜多作籌謀，並要多關注自己及長輩健康，最好有人生大事沖喜以緩和衝擊力量。

（詳盡生肖運程請參看102頁）

【開運攻略】

沖喜應驗變化：

相沖年的運勢存在變數，若有結婚、添丁、置業或創業等喜事則可稍為平定運勢，否則凡事需要做好兩手準備應對，不妨於蛇年年底檢查身體，馬年之始拜太歲、捐血及洗牙，並貼身佩戴猴形及龍形生肖飾物，以化解相沖的負面力量。

開事業青雲路：

吉星加持工作魄力十足，權責及威望均有提升，尤其任職大機構或紀律部隊發展如虎添翼。若想強化事業運，不妨於辦公桌擺放紫晶許願球，有助鞏固自信心，提升決策能力及工作表現，助事業拾級而上。

投資保值實物：

受凶星影響財運走勢下滑，容易因為投資失利而大額破財，不宜涉獵高風險的投機炒賣，最好將部分現金購買實物資產保值，如置業自住或投放於三至五年的中長線項目之上。另外可於流年九紫喜慶星（東南）方位擺放翡翠玉荷包聚寶盆，以收聚財之效，減低破財機會。

慎防意外受傷：

受沖太歲及凶星力量夾擊，健康及家宅運疲弱，需要多關心長輩的身體狀況，自己亦要慎防意外受傷。除了在五黃災星（正南）及二黑病星（西北）的飛臨位置擺放銅製重物化解病氣外，亦可於流年病位掛上金砂觀音心經掛，有助平定心神，鎮宅消災及保家人平安。

【相關吉祥物品之詳細使用方法，可參考「吉慶堂」網站：www.jiqingtang.hk】

牛

吉星：紫微、龍德、國印

凶星：暴敗、天厄、六害、天煞

概述：

害太歲之年易受煩瑣問題困擾，幸有吉星相扶可望化險為夷，事業亦有扶搖直上之勢，惟謹記仍要為之後的羊年沖太歲做好準備。

（詳盡生肖運程請參看112頁）

【開運攻略】

化解太歲衝擊：

害太歲之年會有較多小問題纏擾，加上人際關係欠佳，容易因為情緒低落而難以集中精神，建議多做運動及接觸大自然，以正能量緩解內心鬱結，亦可貼身佩戴蛇形及雞形生肖飾物，以「三合」力量提升個人磁場，化解相沖的負面影響。

加強人際關係：

獲貴人眷顧事業發展順心，尤其文職、創意工作、管理層等最能展現才能，惟始終有凶星影響要提防小人從中作梗。若想避免是非纏身，宜於辦公桌擺放紫晶文昌塔，有助提升智慧與親和力，加強人際關係。

外遊安全為上：

犯太歲之年宜多出門帶動運勢，但出門後較大機會遇上小型意外驚嚇，除了預先購買旅遊保險，旅途中亦要注意安全，不宜進行高危戶外活動，不妨隨身攜帶六字真言五彩吊飾，有助辟邪化煞，保佑沿途平安大吉。

年底及早部署：

馬年過後的羊年屬沖太歲，為防出現突如其來的變數，建議肖牛者於馬年第四季及早策劃，包括提前預約身體檢查，若有涉及跨年的投資項目則宜先行結算。另外馬年的財運本已起伏不定，加上之後為沖太歲年更影響運勢，建議可在家中擺放黃玉許願球，以助招財招福。

【相關吉祥物品之詳細使用方法，可參考「吉慶堂」網站：www.jiqingtang.hk】

虎

吉星：/（借對宮肖猴之吉星）

凶星：指背、白虎、大煞、飛廉

概述：

吉星力量欠奉，需要靠一己之力爭取表現，宜進修增值以提升長遠的競爭力，惟仍需慎防受到野蠻女性上司或小人之侵擾。

（詳盡生肖運程請參看122頁）

【開運攻略】

調整身心狀態：

流年未有吉星進駐，凡事需要親力親為處理，精神壓力頗大，建議多做減壓運動以平衡身心狀態，亦可多出門遊接觸大自然以平定情緒，日常則宜貼身佩戴茶晶及白水晶手串，有助調整能量及清除雜念。

有利進修增值：

吉星欠奉之年宜多自我增值，尤其借來的對宮吉星力量特別有利進修，不妨報讀在職培訓以加強專業知識，亦可報考升遷試以爭取上游機會。若要催旺文昌力量，可於四綠文昌星（東北）飛臨之方位擺放富貴竹或多用綠色物品，若為書房或大門一帶，更適合使用綠東菱門掛，以求步步高升。

冷靜應對衝擊：

馬年容易遇上蠻不講理的女性，尤其直屬上司或顧客對象若為女性，難免諸多挑剔，宜加強個人情商，以冷靜沉着的態度應對。建議於辦公桌擺放粉晶許願球，有助提升人緣及化解流言蜚語。

注意道路安全：

受凶星力量影響容易有輕微血光之災，尤其要注意道路安全及提防被動物咬傷，建議於馬年之始捐血及洗牙，主動應驗運勢，亦不妨在家中安放《般若心經》擺件，以求廣結善緣、增添福報。

【相關吉祥物品之詳細使用方法，可參考「吉慶堂」網站：www.jiqingtang.hk】

兔

吉星：天德、天喜、福星、八座

凶星：捲舌、絞煞、咸池桃花

概述：

人際關係走向兩極，受吉星帶動有利落實嫁娶、添丁等人生喜事，惟職場上則要注意言行，慎防小人是非。

（詳盡生肖運程請參看132頁）

【開運攻略】

積極尋求共識：

太歲相破之年人事問題較為複雜，容易成為被攻擊對象，尤其要慎防與朋友或生意伙伴因為日積月累的誤會而關係生變，需要冷靜溝通尋求共識。如馬年有喜事發生有助減輕犯太歲之衝擊，若未有沖喜者，宜借助他人之力保護自己，建議貼身佩戴狗形生肖飾物，以「六合」力量緩和負面力量。

制衡小人力量：

雖有貴人力量加持，但馬年同時有口舌之象，待人處事宜保持謙卑，慎防因為意氣風發而遭人妒忌或說三道四。建議於流年三碧是非星（正西）方位擺放黑曜石門掛及祿馬扶持地氈，有助和氣生財，遠離小人是非。

幸運之財臨門：

吉星帶動令偏財運上升，馬年有望憑靈感獲得輕微幸運之財，不妨小注怡情，但謹記見好即收，以免得不償失。若要進一步加強偏財運，不妨於大門一帶擺放「開門見喜」財神貓，有利凝聚幸運之財。

提升整體喜氣：

馬年喜氣臨門，不但有較多出席喜宴的機會，亦有利落實嫁娶、添丁或置業等喜事，已有伴侶者則要多加克制，以免無端惹上爛桃花。祈求感情早日開花結果者，宜佩戴紅紋石金剛結如意手繩，有助增進感情、事事稱心。

【相關吉祥物品之詳細使用方法，可參考「吉慶堂」網站：www.jiqingtang.hk】

龍

吉星：天解

凶星：天狗、吊客、寡宿、月煞

概述：

先難後易之年，做事較多意外波折，幸好最終仍可逢凶化吉，宜先調整心態從容面對，並做好兩手準備迎難而上。

（詳盡生肖運程請參看142頁）

【開運攻略】

學習隨緣是福：

吉星助力較為薄弱，遇上困難需要憑個人力量解決，可幸最終結果仍屬正面。建議肖龍者將目標稍為調低，以「隨緣」心態面對困擾更為有利。若要提升整體福運，可於家居擺放金玉滿堂黃晶樹，既可增添祥和氣息，亦有旺宅招財之效。

慎防解除契約：

馬年「天解」星有助解決問題，但亦有解除契約的意思，故簽署文件或合約前必須了解條款細則，不宜有含糊的灰色地帶；已訂婚者與伴侶籌備婚事亦要互相忍讓，盡量分工清晰，避免因爭執不歡而散。日常可在包包或隨身物品掛上月亮石掛飾，有助調解紛爭、守護既有關係。

外遊提高警覺：

馬年不妨多出門遊山玩水，但旅途中要慎防遇上突發事故，出發前宜預先購買旅遊及意外保險，也要多留意目的地之天氣變化及治安環境，提防財物損失。建議佩戴黑曜石紫黃晶手串，有助化煞消災之外，亦可加強財運。

化解人事分歧：

馬年有機會遇上難纏的女性，從事營銷或客服等前線工作人士要慎防女性客戶惹事生非，已婚者亦要留心女性長輩或親友對伴侶說三道四，不妨貼身使用紫兔毛水晶禦守繩，有助保持人事和順，化解分歧。

【相關吉祥物品之詳細使用方法，可參考「吉慶堂」網站：www.jiqingtang.hk】

蛇

吉星：祿勛

凶星：病符、陌越、亡神、的煞

概述：擺脫本命年的衝擊，新一年能重新出發，但運勢仍處於復甦階段，需要謹慎向前，宜關顧健康、專注事業發展。

（詳盡生肖運程請參看152頁）

【開運攻略】

捉緊事業良機：

經歷了本命年變化，運勢漸趨平穩，但始終未有強大流年吉星拱照，故仍要步步為營，不宜大舉出擊。幸好馬年有「祿勛」吉星相助，事業發展勝人一籌，宜把握機會、積極表現自己，不妨在辦公桌上擺放綠螢石許願球，有助加強文昌力量，事業邁步向前。

延續喜慶運勢：

本命年容易出現感情變化，若在蛇年成婚，馬年可望延續喜慶運勢，有利落實生兒育女計劃，但始終犯太歲之年剛過去，故成功懷孕後需要按照傳統保持低調，待懷胎三個月始向外公開喜訊。日常不妨佩戴紅日瑪瑙手串，既能提升魅力、催旺良緣，亦有助孕安胎之願力。

保持思維清晰：

新一年面對陌生環境壓力較大，尤其蛇年曾有事業變動者，馬年仍處於磨合階段，需要適應不同問題，心情較為煩躁不安，不妨佩戴白水晶及金髮晶手串，除了有助保持思維集中、清除雜念，亦可提升自信及業績。

加強養生保健：

受凶星影響，馬年較多瑣碎毛病，宜注意日常作息，亦適合主動多作養生保健，如聘請健身教練或營養師作體重管理及飲食規劃。家居方面則要慎防生旺五黃災星（正南）及二黑病星（西北），以免病氣加劇，建議可於病星方位擺放銅製重物，若為大門或睡房等位置，亦可同步使用白玉葫蘆門掛，以求化煞保平安。

【相關吉祥物品之詳細使用方法，可參考「吉慶堂」網站：www.jiqingtang.hk】

【十二生肖】馬年運程

本命年兼自刑夾擊 主動沖喜關注健康

肖馬者出生時間（以西曆計算）

二〇二六年二月四日四時零三分	至	二〇二七年二月四日九時四十七分
二〇一四年二月四日六時四分	至	二〇一五年二月四日十二時正
二〇〇二年二月四日八時二十五分	至	二〇〇三年二月四日十四時六分
一九九〇年二月四日十時十五分	至	一九九一年二月四日十六時九分
一九七八年二月四日十二時二十七分	至	一九七九年二月四日十八時十三分
一九六六年二月四日十四時三十八分	至	一九六七年二月四日二十時三十一分
一九五四年二月四日十六時三十一分	至	一九五五年二月四日二十二時十八分
一九四二年二月四日十八時四十九分	至	一九四三年二月五日零時四十一分
一九三〇年二月四日二十時五十二分	至	一九三一年二月五日二時四十一分

肖馬開運錦囊

★犯本命年太歲運勢波動，宜貼身佩戴羊形飾物助旺自身力量。

★健康運弱，宜先在蛇年年底檢查身體，立春後則捐血及洗牙以保平安。

★若有結婚、添丁、置業或創業等大喜事，有助減低流年衝擊力量。

★吉星拱照事業起飛，惟凡事低調，不宜鋒芒太露。

★家宅及健康不穩宜裝修家居，亦可擺放銅製重物或白玉葫蘆穩定運勢。

（流年吉凶方位請參看「馬年行好運風水佈局」）

整體運程

肖馬者來到馬年屬本命年，運勢本來就起伏較大、容易各走極端，再加上「午午自刑」為刑太歲，新一年難免要面對不同挑戰，需要謹慎應對。

其實犯太歲屬於中性名詞，其影響並非一面倒，惟始終要有心理準備迎接變化，而不同年齡階段需要面對的關口亦有所不同，虛齡廿五有機會是感情離合、結婚或分手；虛齡三十七則可能是事業變化或人口增加；而較年長的肖馬者則要多關注健康。所謂「一喜擋三災，無喜是非來」，若有結婚、添丁、置業或創業等人生大事沖喜，則可主動應驗變化，有助將本命年及自刑的衝擊減低。

不過，雖然犯太歲之年適宜作出變動，但始終運勢較為動盪，故下決定前務必三思，並要以穩健為大前提，尤其投資策略宜保守，從商者需要開源節流，不宜大興土木。而「午午刑」加上流年火過旺，需要提防受傷或有輕微血光之災，加上「太歲」、「劍鋒」、「伏屍」及「三刑」凶星均會衝擊健康，新一年要多關心自己及長輩的身體狀況，若未有置業打算者，不妨考慮裝修或維修家居提升氣運。另外，刑太歲之年亦會破壞人際關係，容易招惹是非及遭小人攻擊，建議保持低調，以免捲入人事漩渦。

可幸馬年仍有「將星」及「歲駕」吉星為事業加持，「將星」是將軍統領下屬出外征戰，盡顯大將之風；「歲駕」則是皇帝出巡、受萬人景仰的畫面，新一年事業發展順遂，能發揮領導才能，尤其任職大機構、政府部門、管理層或警隊、消防、海關等紀律部隊的人士可大展拳腳，工作表現亦會備受認同，不妨積極把握。

總而言之，馬年事業走勢暢旺，惟其他方面則吉星欠奉，尤其本命年及刑太歲要特別注意家宅及健康運，建議於蛇年年底檢查身體，馬年之始捐血及洗牙，多贈醫施藥及花費於健康管理之上。若有宗教信仰者，宜於立春後做好拜太歲工作，貼身佩戴羊形飾物，並於流年五黃（正南）及二黑（西北）病星位置擺放銅器重物化解，凡事做好準備則本命年亦可安然度過。

【財運】

雖然犯太歲之年適宜作出變動，惟始終本命年的財運起伏較大，面對新投資項目需要特別謹慎，若只需要投入時間、心力尚可，但要動用大量資源則要三思。策略方面亦宜劍指偏鋒，採取以小博大的方式試行，成功機會較高。投資方面則可選擇中長線項目，避免涉獵高風險的投機炒賣，賺取收入後亦可將部分現金轉換為穩健的實物資產保值，以免無辜破財。

另外，馬年的財運以正財為主，打工一族有滿意薪酬調整，惟從商者要開源節流、做好風險管理，不宜向客戶賒數、賒貨，簽署文件、合約前亦要特別小心，慎防要對簿公堂而有損失。自刑之年亦要注意與合作伙伴的關係，容易因為誤會而不歡而散，需要多加溝通。

受本命年、刑太歲及凶星影響，馬年要多關注健康，若有喜事「破歡喜財」則最為理想，否則亦可主動花費作健康管理，如多購買保健品或贈醫施藥，出門前購買醫療、旅遊及意外保險，以策萬全。「歲駕」飛臨代表與汽車相關的開支有機會增加，若打算更換座駕不妨落實執行，亦可多作汽車維修保養，只要各個範疇準備周詳則可萬無一失。

【事業】

馬年有「將星」及「歲駕」兩顆拱照事業的吉星飛臨，「將星」是將軍統領下屬馳騁沙場，「歲駕」則是皇帝出巡受萬人景仰，新一年事業發展順遂，可望於職場上發揮領導才能，工作亦會有突出表現，尤其任職政府部門、大機構或警隊、消防、海關等武職者將會更有發揮機會，不妨把握好運積極向前。

不過，丙午年始終為自刑之年，加上受「伏屍」、「三刑」等凶星影響，人際關係容易有暗湧，同事之間存在明爭暗鬥，容易因為溝通問題而招人妒忌或惹是非，建議以「做人低調、做事高調」為原則，盡量明哲保身，避免捲入複雜的辦公室政治當中。

另外，雖然本命年宜動不宜靜，部分人亦會因為感覺受掣肘而蠢蠢欲動作出變化，惟決定轉職前需要審慎評估當中風險，慎防新公司結構改變或有人事調動等突如其來的變數，又或轉職後發現新公司與期望有所落差，令自己陷入進退兩難局面。若情況許可，不妨先留守原有公司，主動爭取出差機會或申請職位調動等，即使堅持離職外闖者亦宜於下半年落實較佳，以免需要一轉再轉而增添煩惱。

【感情】

本命年為感情上的「關口年」，關係容易不進則退，有伴侶者需要認真考慮去向。所謂「太歲當頭坐，無喜必有禍」，若關係穩定、已有結婚打算者，不妨於馬年籌劃執行，可望應驗變化。惟於籌辦婚事的過程中務必要互相忍讓，並盡量分工清晰，慎防因為婚禮的細節而意見分歧，甚或會僵持不下而導致分手收場。至於關係未及談婚論嫁者，則要提防感情變淡或爭執不斷而走上離異之路。

已婚者亦要堅決抗拒外來誘惑，不宜對異性過分熱情，以免捲入錯綜複雜的三角關係，破壞與伴侶建立的互信關係。另外，由於馬年會為事業打拚，需要慎防過分專注工作而冷落對方，又或因為壓力龐大而將負面情緒發泄於另一半身上，影響夫婦感情。建議於事業及家庭間取得平衡，工作時適當「聚少離多」減少爭執，但亦要放假陪伴家人，不妨結伴出門外遊，共享天倫維繫感情。

至於單身一族桃花則未算燦爛，雖然有機會於職場上結識異性，惟多屬曇花一現的短暫姻緣，關係難有重大發展，建議多花時間相處了解再作決定，不宜太快投入感情。

【健康】

受犯太歲及自刑夾擊，馬年的健康運較受衝擊，容易有輕微血光之災或開刀破相，尤其「劍鋒」為金屬受傷，駕駛人士要注意道路安全，提防輕微汽車碰撞，工作需要接觸機械者亦要特別留心。建議於蛇年年底檢查身體、馬年之始捐血及洗牙，有宗教信仰者宜於立春後拜太歲，貼身佩戴羊形飾物，以「合而忘沖」方式提升運勢。

新一年亦要注意家宅及長輩健康，不妨多花費於保健產品之上及多贈醫施藥，移走家中具有煞氣的尖刀、石頭等擺設，於五黃（正南）及二黑（西北）病星位置及牀頭擺放銅器重物化解。若未有置業打算者，可為自己及長輩家居作小量裝修、維修、更換家俬或已損壞的電器，均可有助提升氣運。

另外，由於馬年事業起飛，工作壓力龐大，需要學懂紓緩減壓，不妨多做太極、瑜伽等運動沉澱自己，亦可多接觸大自然，以正能量修補負面情緒。惟出門外遊時要注意安全，需要購買旅遊及意外保險，不宜進行爬山、攀石、滑雪、潛水等高危的戶外活動，即使堅持參與亦必須結伴同行，凡事安全為上，謹記凡事穩妥，自可平安度過。

不同年份生肖運程

◎一九三〇年：庚午年（虛齡九十七歲）

五行循環中以火剋金，年柱「庚金」受流年之火克制，需要注意喉嚨、氣管及呼吸系統毛病，尤其夏天出生者金較弱，需要多留意肺部健康，若有吸煙習慣者宜及早戒掉，本身有氣管敏感問題亦要注意空氣質素，慎防環境中的致敏原令問題加劇。至於火過旺則要關注心臟及血壓等都市病，若有不適應及早求醫。可幸馬年的情緒尚算樂觀正面，之前的擔心焦慮一掃而空，只需多關注健康即可。

◎一九四二年：壬午年（虛齡八十五歲）

流年與個人天干「丙壬沖」，新一年需要注意心臟及血壓毛病，尤其有心血管問題者更要多作監察，提防有三高等都市病。相沖之年亦會影響家宅運，容易受噪音或漏水問題困擾，若有裝修、維修打算者不妨落實執行，亦可考慮更換窗簾、沙發或牀褥等提升氣運。另外，相沖之年個人脾氣較為暴躁，容易與人起衝突，建議以平常心從容面對，亦可多培養種植或養魚等嗜好，保持心境平靜。

◎一九五四年：甲午年（虛齡七十三歲）

馬年人際關係欠佳、爭執頻繁，面對不順心之事經常持抱怨態度，令自己身心疲累。建議調節心態、以平常心面對，尤其後輩之事毋須過分干預，不妨讓年輕人自由發展，關係將會更為融洽。可幸新一年有不俗學習運，不妨「活到老學到老」培養新興趣，既可陶冶性情亦可打發時間。

◎一九六六年：丙午年（虛齡六十一歲）

由於流年與個人天干、地支完全相同，丙午年屬完完全全的犯太歲之年，疊加效應令命格變成滿盤火局，尤其春、夏兩季出生者火氣更猛，需要特別留心身體健康，亦要提防意外受傷，時刻注意安全。若家族中有添丁、添孫等沖喜則可減低衝擊力量，否則宜於蛇年年底檢查身體，馬年之始捐血及洗牙，主動應驗化解輕微血光之災。馬年人際關係亦會受到衝擊，需要保持適當邊界感，慎防因為瑣事而爭持不下傷和氣。另外，雖然犯太歲之年宜有變動，惟開展新項目只宜小試牛刀，投資方面亦要保守，不宜作高風險的投機炒賣，以免招致損失。年柱重疊亦有機會受噪音或漏水問題困擾，若有裝修、維修計劃可落實執行。其實踏入虛齡六十一歲，不妨多吃喝玩樂保持心境輕鬆，傳統上亦有所謂「男做齊頭，女做出一」的傳統，女士不妨於農曆生日茹素、唸經或在安全情況下放生，低調賀壽既可提升健康運，亦有助增加個人福報。

◎一九七八年：戊午年（虛齡四十九歲）

事業處於瓶頸位，滿腹大計但又鴻圖未展，個人壓力較大，容易有焦慮情緒及失眠問題，需要多關注身體及精神健康。其實虛歲四十九至五十一屬人生的「轉角運」，難免會蠢蠢欲動作出變化，惟始終本命年不宜過分進取，建議審慎觀察市場環境再作決定，慎防衝動行事而招致損失。由於馬年工作及人際關係均遭受壓力，不妨多做運動放鬆心情，亦可相約朋友聚會，互相傾訴解開鬱結。

◎一九九〇年：庚午年（虛齡三十七歲）

事業發展順遂，工作上有新突破，惟亦會萌生轉職念頭，建議先觀察市況及了解行業實際運作再作決定。若堅持轉換跑道者，以下半年為較合適時機，上半年容易有決策錯誤情況。雖然馬年個人鬥心強勁、做事有規律，惟工作壓力龐大，容易影響睡眠質素，需要多爭取休息時間。虛齡三十七歲亦有機會面臨家庭變化，要慎防與伴侶關係受到衝擊，需要多加包容忍讓。新一年亦要多關注長輩身體健康，若有不適應盡快陪同求醫。

◎二〇〇二年：壬午年（虛齡二十五歲）

犯太歲為感情上的「關口年」，尤其壬午年出生者年紀尚輕，感情路向未算清晰，對伴侶是否真命天子仍存有疑問。除非關係極為穩定、已到談婚論嫁階段，否則容易因為生活瑣事而爭執，甚或會導致分手收場。另外，馬年與朋輩相處時亦要慎言，容易為言語誤會而產生摩擦，需要多加溝通。既然感情及事業均受衝擊，留守原居地遇到的困難阻礙較多，不妨趁年輕主動尋求變化，打算出國進修者不妨落實執行，多往外闖再決定未來去向。

◎二〇一四年：甲午年（虛齡十三歲）

思維敏捷、理解能力及學習運俱佳，家長不妨先讓子女接觸不同範疇的嗜好，發掘其興趣及專長，再選擇一至兩項重點發展，可望有不俗成績。惟甲午年的小朋友正值反叛期，家長需要多溝通及關顧其情緒，亦要提防廚房、浴室等家居陷阱或於戶外活動時受傷、摔傷，凡事以安全為上。

流月運勢

農曆正月（西曆二〇二六年二月四日至三月四日）

事業有新路向及合作機會臨門，惟始終踏入本命年不宜輕舉妄動，需要多觀察市場形勢，若只耗費時間心力、不牽涉大額資金則不妨一試，否則就要謹慎三思。一九五四年出生的長者人際關係疲弱，容易因為固執己見而與人起衝突，建議調節心態從容面對。一九九〇年出生者暗地漏財，不宜涉獵高風險的投機炒賣項目，慎防受騙而破財。

農曆二月（西曆二〇二六年三月五日至四月四日）

人際關係倒退，容易好心做壞事而遭受埋怨，建議不宜作中間人排難解紛，事不關己亦不宜多作評論，盡量「少説話、多做事」明哲保身。一九六六年出生者喉嚨、氣管及呼吸道較弱，外出時要注意空氣質素。本月亦要多關心長輩健康，若有不適應盡快陪同求醫。一九七八年出生者被是非口舌纏身，要慎防捲入辦公室政治漩渦。

農曆三月（西曆二〇二六年四月五日至五月四日）

學習運良好，不妨報讀在職進修或興趣課程，既可增值自己亦可擴闊視野。單身一族有輕微桃花運，惟關係較為虛幻，需要多花時間觀察了解。一九六六年出生者家宅運面臨衝擊，若有噪音或漏水問題，宜及早聘請專業人士維修處理。二〇〇二年出生者容易受傷，戶外活動時要注意安全，以免樂極生悲。

農曆四月（西曆二〇二六年五月五日至六月四日）

好事多磨、做事節外生枝，經歷重重困難始能成功，需要多加耐性及做好兩手準備迎難而上。一九七八年出生者情緒焦慮不安，容易有失眠問題，不妨多出門走動或接觸大自然紓緩減壓。二〇〇二年出生者有兄弟姊妹或朋友需要幫忙，建議量力而為，以免超出能力範圍而惹麻煩。

農曆五月（西曆二〇二六年六月五日至七月六日）

本月為全年運勢最波動的月份，需要特別注意身體健康，若有重要決定亦宜稍為推遲，以免因為決策錯誤而招致損失。既然運勢不穩，建議本月可放假外遊，既可放鬆身心，亦可以「借地運」方式提升運勢。一九五四年出生者健康有小毛病，不宜諱疾忌醫。一九九〇年出生者人事爭執不斷，亦要提防手部受傷。

農曆六月（西曆二〇二六年七月七日至八月六日）

諸事不順、工作遇上麻煩阻礙，看似順遂但實際執行時又困難重重，需要有心理準備應付突如其來的變數。本月財運亦有耗損，需要咬緊牙關面對，亦可考慮尋求貴人助力解決問題。火旺月份出生者不妨大量使用米、白及淺藍色提升運勢。一九七八年出生者要慎防官非訴訟，簽署文件、合約前需要多了解條款細則，亦可請專業人士提供意見。一九九〇年出生者精神緊張、神經衰弱，睡眠質素下降，不妨相約朋友聚會傾訴解開心結。

農曆七月（西曆二〇二六年八月七日至九月六日）

流月天干「丙火」通根到自己的出生年份，本月需要提防輕微血光之災，駕駛人士要奉公守法、時刻注意道路安全，工作需要接觸機械者亦要特別留心，慎防意外受傷。一九四二年出生的長者健康較受衝擊，若有不適應及早求醫，以免虛驚一場。一九六六年出生者容易扭傷、摔傷，高危的戶外活動可免則免。

農曆八月（西曆二〇二六年九月七日至十月七日）

犯太歲的影響力稍為緩和，運勢逐漸明朗化，之前遇到的困難阻礙亦漸見曙光。財運有輕微提升，惟始終較為財來財去，需要謹慎理財。一九九〇年出生者有機會誤墮法網，處理監管機構的文件、合約時要特別小心。二〇〇二年出生者情緒低落、容易胡思亂想，建議相約朋友飯敘傾訴，不宜鑽進死胡同。

農曆九月（西曆二〇二六年十月八日至十一月六日）

貴人運順遂，欲作出工作變動者本月可落實執行，尤其可請前同事或前上司協助，成功機會較高。惟本月與身邊人容易有誤會爭執，宜多溝通尋求共識。一九六六年出生者事業有進步，惟是非口舌頻繁，需要注意人際關係。一九七八年出生者可望發揮領導才能，惟容易破財，不宜投資投機。

農曆十月（西曆二〇二六年十一月七日至十二月六日）

踏入屬水的亥月運勢漸入佳境，個人邏輯思維有進步，做事更有條理，可望於事業上一展所長，連帶財運亦有進帳，從商者將有機會收回一筆舊帳。一九五四年出生的長者頭部及手部容易受傷，要慎防廚房、浴室等家居陷阱。一九七八年出生者財運一得一失，需要量入為出，注意理財方向。

農曆十一月（西曆二〇二六年十二月七日至二〇二七年一月四日）

相沖月份人際關係倒退，健康亦會有小毛病，不妨考慮裝修、維修家居或更換家俬助運。如時間許可宜放假外遊，惟出門後要小心看管個人財物，慎防有行李遺失被盜情況，亦要注意關節容易受傷，不宜進行高危的戶外活動。一九九〇年出生者為家宅瑣事煩惱，需要多加耐性解決。二〇一四年出生的小朋友情緒起伏較大，亦有受傷機會，家長要多花時間照顧。

農曆十二月（西曆二〇二七年一月五日至二月三日）

本命年即將過去，運勢將會步向平穩，惟仍有輕微衝擊，健康方面有小毛病，情緒亦較受困擾，需要調節心態面對。本月人際關係緊張，容易因為固執己見而有人事糾紛，需要多聆聽別人意見，不宜過分強勢。一九六六年出生者呼吸系統較弱，要避免前往人煙稠密的地方，以免呼吸道受感染。一九九〇年出生者將會有家人、親友提出財務借貸請求，建議量力而為，慎防令自己陷入財困。

羊

太歲相合居安思危
光照遠方有利創作

（流年吉凶方位請參看「馬年行好運風水佈局」）

★合太歲之年運勢容易反覆，若有人生大事沖喜有助平穩運勢。

★馬年大利創意工作，適合多出門或拓展海外市場，有利動中生財。

★男性貴人助力充足，宜佩戴太陽石水晶進一步強化運勢。

★桃花機遇處處，單身一族可把握機會，惟已有伴侶者則要慎防誤會。

★馬年過後為肖羊者的本命年，宜於馬年第四季開始提早部署應付變化。

肖羊者出生時間（以西曆計算）

二〇一五年二月四日十二時正 至 二〇一六年二月四日十七時四十七分

二〇〇三年二月四日十四時六分 至 二〇〇四年二月四日十九時五十七分

一九九一年二月四日十六時九分 至 一九九二年二月四日二十一時四十九分

一九七九年二月四日十八時十三分 至 一九八〇年二月五日零時十分

一九六七年二月四日二十時三十一分 至 一九六八年二月五日二時八分

一九五五年二月四日二十二時十八分 至 一九五六年二月五日四時十三分

一九四三年二月五日零時四十一分 至 一九四四年二月五日六時二十三分

一九三一年二月五日二時四十一分 至 一九三二年二月五日八時三十分

整體運程

肖羊與肖馬為六合生肖，本質上關係友好，所以肖羊者在馬年有合太歲之象，原則上運勢會較為順遂，容易有新合作機遇出現；惟部分人於相合之年會被合走命格中的重要元素，做事反而會荊棘滿途，故肖羊者的運勢將會走向兩極，當中約有七成人穩步向前，但亦有三成人波濤起伏，需要謹慎應對。

不過，無論運勢走向如何，相合之年也要有心理準備迎接變化。若有結婚、添丁、置業或創業等喜事則運勢較為平穩，否則就要留心波動較大，面對新合作要慎防有表面風光情況，洽商時躊躇滿志、但落實執行時卻困難重重，簡單的事情會節外生枝，以為失敗最後又逆轉成功，需要保持平常心面對得失。

雖然運勢反覆，可幸仍有吉星飛臨，為肖羊者加添助力。「太陽」是男性貴人，若銷售對象以男性顧客為主，如男士服裝、汽車、音響或模型等，馬年可望財源滾滾。此星亦有光照遠方之意，從商者不妨拓展海外市場。「歲合」則是半顆桃花星，新一年貴人助力充足，可望擴闊社交圈子及結識新朋友，惟此星亦代表人際關係上的轉換，需要慎防與舊友有誤會爭執。「天空」則代表天馬行空，馬年思潮躍動、創意澎湃，從事創意工種者可望靈感不絕，不妨積極把握。

不過，馬年亦有「晦氣」凶星，較為影響人際關係，容易遇上令人煩心的人與事，可幸有「太陽」抗衡，最終仍可順利化解。「黃幡」則是家宅上的小麻煩，「扳鞍」套用於人際關係上有左右為難、兩邊不是人情況，需要小心處理。

總括而言，馬年運勢算是頗有進步，事業上能拓展人脈資源，試行新策略亦勞而有功，加上社交活躍，人緣桃花暢旺，唯一需要關心是家宅及長輩健康。不過，雖然「太陽」有利走動、「扳鞍」亦代表轉換到另一位置，但始終合太歲年份運勢仍存在變數，故凡事需要考慮周詳，尤其之後的羊年為本命年，肖羊者宜做好準備應付連續兩年的變化，尤其春、夏季出生者更要多作籌劃，凡事謹慎則可平安度過。

【財運】

肖羊者於馬年屬合太歲，相合之年容易有新合作機會，加上「太陽」吉星代表男性貴人，新一年有利與男士合作。而「天空」則有天馬行空之意，從商者不妨跳出框框、多構思新市場策略，可望異軍突起而有出路。不過，始終相合之年運勢存在暗湧，要慎防被表面風光蒙蔽，下決定前宜多審視市場環境，落實後亦要親力親為監察，並採取以小博大的方式試行成功機會較高，大興土木則容易招致損失。

另外，由於「太陽」有光照遠方之意，新一年不妨離開原居地拓展海外市場，投資方面亦可將部分戰線推展至海外，惟於不熟悉的國度需要多評估風險，亦要眼明手快、見好即收，以免先盈後虧。而馬年過後的羊年為本命年，屆時財運會較為起伏，若涉及跨年的投資項目宜先行於馬年年末結算，以防踏入羊年形勢逆轉。

整體而言，馬年的理財策略要保守克制，亦要準備一筆應急錢，有機會因為家居裝修、維修或家人的健康問題而要動用額外開支。若有親友提出借貸請求則要三思，即使決定伸出援手亦只宜量力而為，並要有「一去不回頭」的心理準備，以免超出能力範圍而陷入財困。

【事業】

丙午年喜獲一組拱照事業的吉星駕臨，各行各業均可受惠。打工一族受「太陽」吉星帶動，若直屬上司是男性，對方將會起提拔作用。此星亦有光照遠方之意，若有出差機會不妨主動爭取，能離開原居地往外闖，發展將會更愜意。至於顧客對象以男性為主的前線銷售，如男士服裝、汽車、音響或模型等，馬年亦可獲得客人支持，業績水漲船高。即使銷售對象並無性別之分，有「歲合」加持亦可提升人緣運，故從事地產、保險等銷售中介人士亦可透過擴闊人脈網絡而帶動事業起飛。

至於「天空」顧名思義就是天馬行空，工作需要涉及創意思維者，如編劇、廣告、市場推廣或自媒體等，新一年可望靈感不絕，即使從商者亦能憑藉破格的市場策略而開創新路向，故原則上馬年屬事業扶搖直上的一年。

不過，有「晦氣」凶星入主始終會影響人際關係，職場上是非口舌在所難免。「扳鞍」則代表轉換新環境，若有感現時發展受掣肘、欲往外闖亦無不可，惟合太歲始終會令運勢存在不穩定因素，故若決定放手一試，亦要有心理準備新工作會較為艱辛，薪酬及職銜未必有大幅調整，需要做好期望管理。

【感情】

肖羊者在馬年因「午未合」而與流年關係友好，加上有利人際的吉星加持，新一年桃花機遇處處，單身一族不妨積極把握。「太陽」代表男性貴人，單身女性有望邂逅條件及背景不俗的異性，亦有機會發展異地姻緣，除了於出差或外遊時遇上心儀對象，亦有機會是對方前來自己的原居地發展，不妨多留意身邊人。

不過，馬年又有「晦氣」凶星，若戀情剛萌芽、關係未算穩定者，不宜太快讓另一半融入自己的家庭、朋友圈子，以免閒言閒語而左右自己對伴侶的觀感，建議低調享受戀愛甜蜜，多溝通相處關係反而會更長久。另外，馬年之後的羊年為本命年，關係需要有變化，若於馬年成功「脱單」、羊年的關係仍未算穩定，需要多花時間觀察了解。

另外，合太歲是情侶們的「關口年」，關係需要有所突破，若打算共諧連理則最為理想，否則就要多花時間維繫感情，慎防有分手離合情況。已婚者遇上桃花年亦要堅決抗拒外來誘惑，提防跌入錯綜複雜的三角關係。其實合太歲之年適宜有喜，有添丁計劃者不妨落實執行，可望夢想成真，有機會於馬年懷孕、羊年分娩，同時主動應驗流年變化，有助平穩度過緊接的本命年。

【健康】

不同命格的肖羊者於馬年運勢會走向兩極，故健康方面不能掉以輕心。「太陽」吉星飛臨代表有較多出差或外遊機會，惟合太歲之年運勢始終有暗湧，建議預先購買旅遊及意外保險，出發前要多留意目的地之天氣變化，抵埗後亦要小心有行李延誤、遺失或水土不服情況，避免進行爬山、攀石、滑雪或潛水等高危的戶外活動，即使堅持參與亦要結伴同行或聘請專業教練隨行，凡事以安全為上。

另外，相合之年有部分人做事會遇上波折，容易因此而有精神壓力，加上「天空」代表想像力豐富、甚至會出現胡思亂想情況，建議多做運動沉澱自己，亦可多接觸大自然紓緩減壓。馬年亦要留心家宅運，若有沖喜則可主動應驗化解，否則就要多關心長輩健康，遇有不適應盡快陪同求醫，亦可為對方家居作小量裝修、維修損壞的電器、更換沙發或牀褥等貼身家具，均可助提升氣運。

由於馬年過後的羊年為本命年，肖羊者需要連續兩年迎接變化，故必須於各個維度計劃周詳，建議於馬年年底接受詳細的身體檢查，多作健康管理及贈醫施藥，則本命年來臨也可萬無一失。

不同年份生肖運程

◎一九三一年：辛未年（虛齡九十六歲）

由於流年與個人天干、地支完全相合，若家族中有置業、添孫等喜事則可主動化解，否則就要多關注身體健康。「丙辛合」較為影響喉嚨、氣管及呼吸系統，若本身有氣管過敏或容易咳嗽者，馬年需要特別關注肺部健康。建議於蛇年年底檢查身體，以免虛驚一場，亦可多贈醫施藥，更換牀褥、沙發等貼身家具及維修損壞的電器，有助穩定健康運。晚輩亦可代為安排，於長者的農曆生日茹素及於安全情況下放生祈福。建議辛未年的長者不妨多散步或接觸大自然，保持心境開朗則運勢亦會有所提升。

◎一九四三年：癸未年（虛齡八十四歲）

馬年屬心情愉快、有不同聚會活動的年份，亦有輕微偏財運，鍾情麻將耍樂或賽馬活動者不妨小注怡情，亦可購買彩票碰碰運氣。不過，「癸水」遇上火旺之年需要多關注健康，尤其要留意心臟及血壓方面的都市病，若本身有心血管問題者更要多作監察，若有不適宜盡快求醫，以免小事化大。

◎一九五五年：乙未年（虛齡七十二歲）

社交活躍、熱衷參與不同興趣小組或社區活動，能結識不同範疇的新朋友，惟馬年的人際關係存在暗湧，容易惹口舌是非，建議朋友相處需要保持適當的邊界感，不宜做中間人為他人排難解紛，以免吃力不討好而遭受埋怨。另外，馬年偏財運一般，不宜涉獵高風險的投資項目，容易招致損失。

◎一九六七年：丁未年（虛齡六十歲）

馬年為關鍵年份，因過後的羊年將會迎來六十年一次天干、地支完全相同的「伏吟」，而且虛齡六十及六十一為運勢起伏的「轉角運」，故必須及早籌劃。若家宅中有喜事或搬遷不妨於馬年籌劃、羊年執行，否則就要多作健康管理，建議於馬年年底檢查身體，養成良好的生活習慣。傳統上亦有所謂「男做齊頭，女做出一」，而中國人傾向低調「藏壽」，建議男士可於農曆生日當天茹素、於安全情況下放生或與家人飯敘賀壽。另外，馬年開銷較多，需要謹慎理財，面對新投資項目亦要以穩健為大前提，不宜涉獵高風險的投機炒賣，亦要謹記見好即收，若牽涉跨年項目宜於馬年年底先行結算，以免羊年來臨形勢逆轉。

◎一九七九年：己未年（虛齡四十八歲）

新一年長輩貴人助力充足，自己亦會蠢蠢欲動試行新項目，惟只宜採取以小博大的方式進行，不宜投入大量資源。另外，馬年容易因為工作壓力或處於不同年齡階段而有焦慮情緒，容易胡思亂想及杞人憂天，建議相約朋友聚會傾訴或培養興趣陶冶性情，亦可多做運動、接觸大自然或出門外遊減壓，謹記凡事不宜急進，放慢腳步、循序漸進則對運勢可有裨益。

◎一九九一年：辛未年（虛齡三十六歲）

年柱相合較為衝擊家宅，若有結婚、添丁、創業等喜事則可主動化解，否則就要多關心長輩及身邊人健康，亦可考慮置業、搬遷或裝修家居，惟只宜自住，切忌投機炒賣。若打算開展新項目宜以小本經營及付出時間、精力，避免大額投資，亦要提防與合作伙伴因誤會而關係有變，需要分工清晰。健康方面有較多小毛病，尤其容易有呼吸道、腸胃問題或鼻敏感，宜多作健康管理。新一年做事亦會遇上困難阻礙，簡單的事情會複雜化，雖然最終仍能成功，但要付出額外心力，建議調低目標從容面對。

◎二〇〇三年：癸未年（虛齡二十四歲）

馬年將有不同機遇出現，已投身職場者事業會有新發展，尚在求學階段者亦可落實進修計劃，惟始終年紀尚輕、對前路未能完全掌握，若對自己有所懷疑，不妨多花時間摸索規劃，亦可向前輩請教。感情方面未算穩定，情侶之間較多爭執，亦有機會邂逅新對象而有離合變化，故不宜太早作出承諾，需要多相處再思考去向。另外，新一年有較多瑣碎開支，需要量入為出，多作財務管理。

◎二〇一五年：乙未年（虛齡十二歲）

馬年頭腦靈活、學習能力有進步，加上個人的外向性高，自我管理及獨立性俱佳，屬頗有進步的一年。惟腸胃及消化系統較弱，不宜進食太多生冷及肥膩食物，慎防有腸胃過敏或消化不良問題，家長需要特別注意。

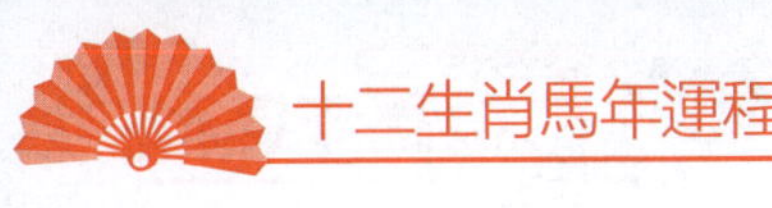

流月運勢

農曆正月（西曆二〇二六年二月四日至三月四日）

事業處於上揚軌道，打工一族不妨多表現自己，可望獲得賞識。惟工作壓力龐大，容易招惹是非，建議做事高調、做人低調，少管閒事明哲保身。一九五五年出生者有焦慮情緒，影響睡眠質素，不妨相約家人、親友聚會傾訴解開鬱結。一九九一年出生者跌入劫財運勢，不宜聽信市場小道消息，容易投資失誤。

農曆二月（西曆二〇二六年三月五日至四月四日）

有新合作機會湧現，惟落實時又會遇上困難阻礙，建議尋求肖豬的貴人幫忙，問題可望迎刃而解。本月要多注意健康，尤其喉嚨及氣管較弱，不宜前往人煙稠密的地方，以免呼吸道受感染。一九七九年出生者需要為家事而勞心，宜心平氣和處理問題。一九九一年出生者有輕微打針、食藥運，需要多爭取休息時間。

農曆三月（西曆二〇二六年四月五日至五月四日）

劫財月份財運不穩，不宜作任何借貸擔保，從商者亦要避免向客戶賒數、賒貨，慎防對方賴帳而令自己資金周轉不靈。一九六七年出生者心情鬱悶、情緒備受困擾，建議出門外遊散心，亦可相約朋友聚會傾訴。二〇〇三年出生者財運起伏較大，加上本月開銷眾多，容易入不敷支，需要注意理財方向。

農曆四月（西曆二〇二六年五月五日至六月四日）

本月需要處理不熟悉的事情或接觸新工作範疇，感覺無從入手，情緒焦慮不安。可幸貴人助力充足，不妨虛心向前輩請教，亦可多聽取不同意見，以新思維解決問題。一九六七年出生者眼睛會有小毛病或視力衰退情況，建議尋找專科檢查診治。一九七九年出生者有輕微偏財運，惟謹記見好即收，以免先盈後虧。

農曆五月（西曆二〇二六年六月五日至七月六日）

運勢複雜多變，需要面對眾多困難挑戰，建議出門外遊，上半年出生者宜前往寒冷地區、下半年出生者則可到熱帶地區，以「借地運」方式提升運勢。一九七九年出生者手部容易受傷，家宅亦會有小問題，需要多關注長者健康。一九九一年出生者健康響起警號，需要平衡工作與休息時間，不宜過分操勞。

農曆六月（西曆二〇二六年七月七日至八月六日）

心情鬱悶、愁城自困，建議多郊遊接觸大自然，以正能量修補負面情緒，亦可報讀興趣課程紓緩減壓。本月若有出差、出遊機會不妨主動爭取，有利「動中生財」，否則就要有心理準備做事較多波折，需要以耐性解決。一九五五年出生者健康有小毛病，建議多做運動強身健體。一九九一年出生者面對複雜的人事問題，情緒容易失控，需要以和為貴避免爭執。

農曆七月（西曆二〇二六年八月七日至九月六日）

運勢漸入佳境，之前面對的困難障礙終可見曙光，事業亦有突破機會，工作表現將備受賞識，屬勞而有功、分享成果的月份。一九三一年出生的長者健康一般，尤其要注意呼吸道及肺部健康，容易有久咳不癒情況。一九六七年出生者跌入劫財運，不宜涉獵高風險的投資計劃。

農曆八月（西曆二〇二六年九月七日至十月七日）

學習運強勁，有進修計劃者不妨落實執行，無論與工作相關的課程或其他雜藝興趣均可，涉獵不同範疇的知識有助增廣見聞。已婚者會為小朋友瑣事而勞心，需要多加溝通，了解子女的想法，不宜過分強勢。一九七九年出生者簽署合約、文件前需要審閱條款細則，亦可向專業人士請教，以免惹上官非。二〇〇三年出生者與家人爭執不斷，需要多溝通及包容體諒，凡事以和為貴。

農曆九月（西曆二〇二六年十月八日至十一月六日）

做事遇上麻煩障礙，簡單的事情會變得複雜，個人性格急進反而令事情一籌莫展，建議放慢步伐、重整旗鼓，並做好兩手準備以耐性應對。一九四三年出生的長者情緒低落，建議相約朋友聚會品茗，暢談解開心結。一九七九年出生者跌入破財運，需要小心看管個人財物，慎防大意被盜而無辜破財。

農曆十月（西曆二〇二六年十一月七日至十二月六日）

運勢否極泰來，財運有所增長，打工一族收入有提升，從商者亦能收回一筆舊帳。本月亦會有新合作機會，若不牽涉大額投資則不妨一試，可望以小博大獲取回報。一九七九年出生者腳部容易受傷，運動愛好者需要特別小心。一九九一年出生者長輩貴人助力充足，可望藉對方的人脈而有所發展，不妨積極把握。

農曆十一月（西曆二〇二六年十二月七日至二〇二七年一月四日）

人際關係倒退，容易招惹是非、甚至遭小人攻擊，建議無論於職場或朋友圈子也需要保持低調，事不關己不宜多加意見，以免無辜捲入人事漩渦。一九六七年出生者有輕微偏財運，鍾情麻將耍樂或賽馬活動者可小注怡情，可望能得幸運之財。二〇一五年出生的小朋友情緒起伏較大，家長需要多溝通並了解其想法，從旁指導走出困局。

農曆十二月（西曆二〇二七年一月五日至二月三日）

相沖月份容易受傷，駕駛人士要注意道路安全，提防輕微汽車碰撞。加上即將踏入本命年，本月要開始謹慎部署迎接挑戰。一九五五年出生者有受傷機會，需要慎防廚房、浴室等家居陷阱，宜做好防滑措施。一九九一年出生者家宅運受衝擊，需要多關心長輩健康，若有不適應及早陪伴求醫，不宜諱疾忌醫。

肖猴開運錦囊

★新一年運勢轉趨平穩，適合制定新目標，重新出發。

★吉星帶動思路清晰，宜於四綠文昌星飛臨方位擺放橄欖石文昌塔。

★馬年較為享受獨處，但也要分配時間兼顧家庭，慎防冷落身邊人。

★驛馬星動有利外遊，建議預先購買旅遊及意外保險，以保平安。

★家宅運受沖，宜主動為長輩裝修家居，並多作濟貧善舉以提升運勢。

（流年吉凶方位請參看「馬年行好運風水佈局」）

肖猴者出生時間（以西曆計算）

二〇一六年二月四日十七時四十七分	至	二〇一七年二月三日廿三時三十五分
二〇〇四年二月四日十九時五十七分	至	二〇〇五年二月四日一時四十四分
一九九二年二月四日二十一時四十九分	至	一九九三年二月四日三時三十八分
一九八〇年二月五日零時十分	至	一九八一年二月四日五時五十六分
一九六八年二月五日二時八分	至	一九六九年二月四日七時五十九分
一九五六年二月五日四時十三分	至	一九五七年二月四日九時五十五分
一九四四年二月五日六時二十三分	至	一九四五年二月四日十一時二十分
一九三二年二月五日八時三十分	至	一九三三年二月四日十四時十分

整體運程

剛過去的蛇年受到刑太歲及破太歲雙重夾擊，相信不少肖猴者也經歷了跌宕起伏的一年，來到馬年與太歲並無沖合，整體運勢將會趨向穩定，屬重新開始的年份。

馬年喜獲「文昌」及「驛馬」拱照，事業有望平步青雲。「文昌」是有利讀書、考試的吉星，新一年個人思路清晰、分析能力頗強，無論報讀在職培訓或其他雜藝課程也能獲取好成績，可望開闊視野。「驛馬」則代表往外走動，仍在求學階段者若打算負笈海外升學不妨落實執行，打工一族亦宜多參加行業內的升遷考核，並主動爭取出差機會，人在外地將會有更理想發揮。從商者亦宜開拓海外市場，將產品或服務帶到世界不同地方。至於「驛馬」亦有利異地姻緣，馬年有機會於出門時遇上合眼緣對象，又或對方前來自己的原居地發展，不妨多留意身邊人。

不過，丙午年亦有「孤辰」凶星飛臨，所謂「男怕孤辰，女忌寡宿」，肖猴的男士馬年容易有揮之不去的孤獨感，即使有另一半但總覺得溝通不足或對方不夠了解自己；單身一族若於馬年遇上心儀對象開展感情，亦要慎防有熱情冷卻情況，需要多花時間關心對方及維繫感情。至於「喪門」及「地喪」則會衝擊家宅，馬年宜關注長輩健康，若有身體不適應盡快陪同求醫。若與長輩同住者，不妨考慮翻新家居，否則亦可為對方更換窗簾、沙發或牀褥等附有個人氣運的物品，維修破損的家電及擺放綠色植物增添生氣，於流年五黃（正南）及二黑（西北）病星位置及牀頭放置銅器重物淨化磁場，均可有助提升健康運。

整體而言，馬年的事業運走勢順遂，尤其打工一族發展相對理想，雖然薪酬未必有大幅調整，可幸將會被賞識而有不俗升遷機會。從商者則需要頻撲走動，若能主動前往不同國家地區拓展生意則可「動中生財」。另外，由於吉星助力以拱照事業為主，故無論正財及偏財方面均要依靠個人努力，經過自己的分析研究始有機會獲利，不宜抱僥倖心態或輕信小道消息。

【財運】

馬年的吉星力量均指向事業，未有直接的財星進駐，可幸肖猴與肖馬並無沖合，若能夠親力親為、多主動出擊則仍有賺錢機會。「驛馬」吉星有奔波勞碌、馬不停蹄之意，新一年將以遠地之財為主，從商者不妨拓展海外市場尋找機遇，將銷售版圖延展至世界各地，「動中生財」帶動運勢。投資方面亦可採取相同策略，將部分資金投放於海外，例如購買外幣或海外房地產等，獲取回報的機會較高。

至於「文昌」吉星則有利思想、讀書及考試，馬年需要倚靠一己之力賺取財富，難以依靠人脈網絡、聽信小道消息或憑靈感行事，需要多掌握資訊，分析市場環境及深入研究始有機會獲利。

另外，由於新一年出門機會高、需要頻繁走動，出發前要做好準備，預先購買旅遊及意外保險，慎防有行李延誤或財物遺失情況。馬年於進修方面的開支亦會增加，可幸此項開銷屬長遠投資，增值自己未來終有回報。而「喪門」及「地喪」則較為影響家宅及長輩健康，有機會因為家庭問題而需要花費，不妨主動裝修、維修家居或更換家俬、電器等，主動破財擋災提升運勢。

【事業】

受吉星力量帶動，馬年的事業走勢凌厲，尤其「文昌」駕臨令肖猴者的思維清晰、邏輯性強，若從事會計、律師、分析員等研究工作的人士，馬年的精準程度會有所提升，工作表現相當突出。此星亦有利進修及考試，無論參加公開試或行業內的升遷考核亦有優勢，可望憑優異成績而有升遷機會或輕微薪酬調整；即使是報讀與工作無關的範疇，亦可涉獵不同知識及興趣，擴闊視野為未來事業打好基礎。

至於「驛馬」則代表頻繁走動，打工一族不妨主動爭取出差機會，亦可申請暫時調職駐守海外、報讀短期課程或參加交流活動等，從商者則宜拓展海外市場，若能離開原居地發展，事業將會更上一層樓。

由於肖猴與肖馬無沖無合，新一年人際關係將會較為融洽，職場上的是非口舌不多；惟始終有「孤辰」凶星入主，容易因為過分專注事業發展而孤立自己，與同事相處時顯得較為不合群。若從事的工種獨立性較高則無不可，惟工作需要經常與同事緊密合作、與客戶接觸或從事前線銷售、中介者，建議要調節心態，提升社交活躍度及外向性為佳。

【感情】

馬年未有桃花星進駐，肖猴者的感情運只屬一般，可幸仍有「文昌」及「驛馬」加持，單身一族有望於進修或外遊時結識新朋友，擴闊社交圈子。「驛馬」則有利異地姻緣，出差或外遊時較容易邂逅心儀對象，又或對方前來自己的原居地發展，不妨多留意身邊人。不過，丙午年始終不屬桃花燦爛之年，即使遇上有好感異性亦宜由朋友開始循序漸進發展，多花時間相處了解培養感情，待時機成熟再決定去向。

已婚者與另一半感情穩定，惟受「文昌」帶動工作較為忙碌，加上「驛馬」需要奔波勞碌、容易「聚少離多」，肖猴者要慎防因為過分專注工作而冷落對方，建議做好時間管理，多關顧伴侶感受，亦可出門結伴外遊維繫感情。另外，「孤辰」入主容易有孤單寂寞之感，所謂「男怕孤辰，女忌寡宿」，肖猴的男士除了要多關注身邊人健康，亦有機會因為經常出差而有孤枕獨眠機會，感覺不是味兒。即使身邊人相伴亦會覺得欠缺火花，又或認為對方不夠了解自己而衍生隔膜，謹記夫妻之道貴乎坦誠，需要多花時間溝通尋求共識。

【健康】

肖猴者與流年太歲並無沖合，原則上健康會較為穩定，惟「驛馬」之年有較多出門機會，所謂「行船跑馬三分險」，新一年要慎防於旅途中有突發事故或小驚嚇，宜多留意目的地之天氣變化、慎防有行李延誤或財物遺失情況，不妨購買旅遊及意外保險，以策萬全。抵埗後亦要小心人身安全，避免進行爬山、攀石、滑雪或跳傘等高危的戶外活動，即使堅持參與亦必須結伴同行或聘請專業教練隨行，減少意外受傷機會，凡事安全為上。

另外，「文昌」暢旺之年難免會有工作壓力，加上「孤辰」令個性較為孤僻，容易愁城自困，甚至會影響睡眠質素，建議多做運動減壓，亦可多接觸大自然，疏導繃緊情緒。至於「喪門」及「地喪」則會衝擊家宅及長輩健康，馬年不妨為長輩翻新家居，如髹油、更換沙發、牀褥、窗簾或損壞的電器等，留意牀頭及灶頭位置不宜坐落於流年五黃（正南）及二黑（西北）病星方位，否則需要放置銅器重物或銅葫蘆化解。若長輩屬犯太歲則宜佩戴相關平安飾物及做妥拜太歲儀式，多作贈醫施藥及施棺濟貧等善舉，有助提升健康與家宅運勢。

不同年份生肖運程

◎一九三二年：壬申年（虛齡九十五歲）

流年與個人天干屬「丙壬沖」，水火對沖要留意心臟及血壓毛病，亦要慎防意外受傷，尤其頭部首當其衝，需要注意家居安全。另外，相沖之年個人脾氣較為暴躁，與家人、朋友會有較多爭執，建議調整心態從容面對，亦可培養栽種、養魚等嗜好平定情緒。馬年家宅亦容易受到漏水或噪音等問題困擾，建議盡快聘請專業人士維修處理。

◎一九四四年：甲申年（虛齡八十三歲）

馬年於社交圈子中仍保持活躍，將會有不少聚會活動，生活充實，心情亦頗為輕鬆愉快，連帶身體健康亦有進步，個人對健康管理的意識亦有提高，惟始終流年火過旺，需要稍為留意血壓、膽固醇等都市病，亦要慎防因為飲食過量而令腸胃超出負荷或體重增加，凡事需要適可而止。另外，由於應酬頻繁，同儕相處時難免會有意見分歧或輕微口舌是非，可幸整體影響不算大，只需要多加溝通，互諒互讓即可。

◎一九五六年：丙申年（虛齡七十一歲）

由於流年與自己的天干重疊，「丙火」被強化需要注意心臟、血壓等毛病，尤其夏天出生者要特別小心，不妨接受身體檢查保平安。馬年亦要留心頭部容易受傷，慎防廚房、浴室等家居陷阱，建議加裝扶手或做好安全措施。傳統上有所謂「男做齊頭，女做出一」，丙申年的女士不妨於農曆生日低調賀壽，例如與家人茹素、唸經、於安全情況下放生或多作贈醫施藥善舉等，有助提升個人福報。另外，馬年的偏財運一般，不宜投資投機，容易招致損失。

◎一九六八年：戊申年（虛齡五十九歲）

馬年的運勢相對蛇年有進步，加上貴人助力充足，之前繁瑣的家事問題可望逐一解決，惟個人情緒較為起伏，容易因為擔心焦慮而影響睡眠質素，建議多做太極、瑜伽等減壓運動，亦可多接觸大自然，以正能量緩解內心鬱結。新一年亦要多關心長者身體健康，若有不適應盡快陪同求醫，以免小事化大。

◎一九八〇年：庚申年（虛齡四十七歲）

擺脱了蛇年的「天合地合」，來到馬年運勢的穩定性會較高，可望重新開始，尤其新一年個人鬥志高昂、邏輯性及管理能力強，事業上將能確立清晰目標，不妨勇往直前爭取表現。不過，新一年較容易惹上官非，簽署合約前需要特別留意條款細則，遇有疑問應向專業人士查詢。從商者處理海關、稅局等監管機構的文件時亦要特別小心，慎防因為大意遺漏而遭起訴，平日亦要多留意客戶的財政狀況，慎防對方周轉不靈而賴帳，最終需要對簿公堂而招致損失。

◎一九九二年：壬申年（虛齡三十五歲）

馬年事業有進步，財運亦可穩步上揚，惟需要有心理準備面對崗位或位置上的調動，若想主動轉換工作環境者，不妨於下半年落實執行，成功機會較高。不過，天干相沖之年難免會有較多人事糾紛，容易因為瑣事而與身邊人有摩擦，需要多加溝通、包容忍讓，亦可多出差或出門外遊，以人為的「聚少離多」方式相處避免衝突。相沖年份亦要提防意外受傷，駕駛人士或有運動習慣者需要特別小心。

◎二〇〇四年：甲申年（虛齡二十三歲）

學習運順遂，加上驛馬運強，無論仍在求學階段或已投身職場，新一年也可以考慮於本地進修或到海外升學，有望擴闊視野，增值自己。惟馬年社交運活躍，容易因為應酬活動頻繁而影響專注力，謹記凡事需要適可而止。感情關係則未算穩定，始終年紀尚輕，毋須過分急進。

◎二〇一六年：丙申年（虛齡十一歲）

頭腦靈活、學習運有進步，開始有自己的想法及主見，家長不妨多溝通，培養其獨立個性。惟馬年的健康運一般，尤其喉嚨、氣管及呼吸道較弱，若本身有氣管過敏問題者，外出時宜多注意空氣質素，亦要留意日常用品是否含有致敏原，以防敏感情況加劇。

流月運勢

農曆正月（西曆二〇二六年二月四日至三月四日）

相沖月份驛馬運強，不妨與家人出門外遊帶動運勢。本月財運有輕微進帳，偏財方面只要不太貪心可有得着。一九八〇年出生者要為家宅問題操心，建議平心靜氣處理。二〇〇四年出生者人事爭執不斷，面對紛爭時要嘗試聽取他人意見，不宜過分偏執。本月亦要提防手部受傷，進行戶外活動時要特別留心。

農曆二月（西曆二〇二六年三月五日至四月四日）

事業有進步，突出的工作表現可望獲上司認同。惟財運走勢欠佳，不宜為他人作任何借貸擔保，慎防招致損失。一九五六年出生者要注意呼吸系統毛病，建議盡量避免前往人煙稠密的地方，以防被感染而拖垮健康。一九六八年出生者受是非口舌困擾，所謂「清者自清」，對閒言閒語毋須過分上心。

農曆三月（西曆二〇二六年四月五日至五月四日）

貴人助力充足，遇到困難時不妨請前同事或朋友幫忙，對方的人脈網絡將會有助解決問題。本月個人擔心焦慮較多，容易有無形壓力，建議多接觸大自然紓緩減壓。一九九二年出生者跌入破財運，不宜投資投機。二〇一六年出生的小朋友容易意外受傷，家長要多留意廚房、浴室等家居陷阱。

農曆四月（西曆二〇二六年五月五日至六月四日）

運勢起伏較大，面對新合作需要特別謹慎，慎防有表面風光情況，看似穩賺的項目於落實後會有重重困難，加上人事摩擦增加，需要多花時間耐性解決。一九六八年出生者焦慮不安影響睡眠質素，建議相約朋友聚會品茗傾訴。一九九二年出生者事業有新發展空間，不妨努力爭取表現，惟與同事相處時需要控制個人情商，以免樹敵而影響運勢。

農曆五月（西曆二〇二六年六月五日至七月六日）

本月容易惹上官非，處理稅局、海關等監管機構的文件時要特別小心，從商者亦要多留意客戶的財政狀況，慎防對方賴帳而引發訴訟。一九八〇年出生者人事糾紛不斷，工作上有意見分歧應冷靜討論尋求共識。本月頭部及手部容易受傷，高危的戶外活動可免則免。二〇〇四年出生者有較多傷風、感冒等小毛病，需要爭取休息時間，亦可多做運動增強免疫力。

農曆六月（西曆二〇二六年七月七日至八月六日）

運勢穩步上揚，能得貴人扶持而做事較容易成功，之前遇到的麻煩障礙亦會漸露曙光，多加耐性即可解決。一九八〇年出生者情緒低落，容易胡思亂想而有失眠問題，不妨多做太極、瑜伽等運動減壓。一九九二年出生者人際關係欠佳，容易因為言語誤會而遭小人攻擊，建議待人處事保持低調，以免捲入是非漩渦。

農曆七月（西曆二〇二六年八月七日至九月六日）

宜出門走動的月份，上半年出生者可到寒冷地方、下半年出生者則宜到熱帶國家，以「借地運」方式強化運勢。一九五六年出生者健康運受衝擊，容易有受傷機會，需要注意廚房、浴室等家居安全。一九九二年出生者與家人有較多衝突，建議多聆聽及尊重對方想法，不宜過分強勢。

農曆八月（西曆二〇二六年九月七日至十月七日）

事業扶搖直上，可望於職場上一展拳腳，不妨努力爭取表現，將會備受賞識而有升遷機會。一九三二年出生的長者需要特別關注健康，若有身體不適應及早請後輩安排求診，不宜諱疾忌醫。二〇〇四年出生者人際關係四面受敵，事不關己不宜多加意見，並盡量「少說話、多做事」明哲保身。

農曆九月（西曆二〇二六年十月八日至十一月六日）

有新合作機會湧現，惟不宜被表面風光蒙蔽，需要三思後行。若項目牽涉的資金不多則可一試，有望以小博大賺取回報；惟若需要大手投資則要特別謹慎考慮，容易招致損失。一九六八年出生者可於職場上彰顯領導才能，惟本月容易破財，不宜胡亂揮霍。一九九二年出生者心情鬱悶，建議多找朋友聚會傾訴，亦可多郊遊接觸大自然，排解負面情緒。

農曆十月（西曆二〇二六年十一月七日至十二月六日）

貴人運順遂，對方的支持度充足，若工作需要依靠人脈者不妨積極把握，有望拓展新商機。本月亦有頗強學習運，打算在職進修或報讀興趣課程者均可落實執行，有望擴闊眼界。一九九二年出生者簽署文件、合約前要仔細審閱條款細則，慎防大意出錯而惹官非兼有財務損失。二〇〇四年出生者有輕微偏財運，惟需要見好即收，以免得不償失。本月亦容易意外受傷，運動愛好者要特別小心。

農曆十一月（西曆二〇二六年十二月七日至二〇二七年一月四日）

財來財去、難有儲備的月份，收入有進帳但又會有較多瑣碎開支，建議賺取收入後將部分資金購買穩健的實物保值，以免保留太多現金而無辜破財。一九八〇年出生者與人爭執不斷，討論時需要注意個人言辭，亦要多聆聽別人意見，不宜過分偏執。本月財運欠佳，需要量入為出。一九九二年出生者要多關心長輩的身體健康，不妨為對方安排身體檢查保平安。

農曆十二月（西曆二〇二七年一月五日至二月三日）

獲德高望重的貴人提攜，對方的助力可望令事業更上一層樓，惟工作壓力龐大，容易有失眠問題，不妨出門短線旅遊，放鬆身心。一九八〇年出生者有家人、親友提出財務借貸請求，建議只能量力而為，以免超出能力範圍而令自己陷入財困。二〇一六年出生的小朋友肺部及呼吸系統較弱，容易有氣管過敏問題，家長需要多注意空氣質素，亦要留心家庭用品如牀單、被鋪等是否含有致敏原。

肖雞開運錦囊

★財運緩慢上揚，不妨貼身佩戴黃晶手串，進一步催旺財運。

★受吉星帶動有機會籌辦喜事而「破歡喜財」，財務方面宜多作儲備。

★貴人力量充足，尤其受女性長輩器重，若生意以女性顧客為主優勢更明顯。

★馬年容易捲入金錢糾紛，不宜與人合作投資，凡事必須數目分明。

★桃花人緣暢旺，已有穩定伴侶者要力拒外在誘惑，以免引發三角關係。

（流年吉凶方位請參看「馬年行好運風水佈局」）

肖雞者出生時間（以西曆計算）

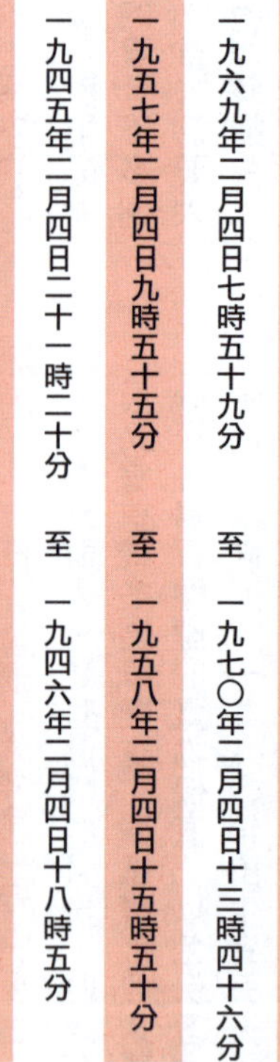

二〇一七年二月三日二十三時三十五分 至 二〇一八年二月四日五時三十分

二〇〇五年二月四日一時四十四分 至 二〇〇六年二月四日七時二十八分

一九九三年二月四日三時三十八分 至 一九九四年二月四日九時三十三分

一九八一年二月四日五時五十六分 至 一九八二年二月四日十一時四十五分

一九六九年二月四日七時五十九分 至 一九七〇年二月四日十三時四十六分

一九五七年二月四日九時五十五分 至 一九五八年二月四日十五時五十分

一九四五年二月四日二十一時二十分 至 一九四六年二月四日十八時五分

一九三三年二月四日十四時十分 至 一九三四年二月四日二十時四分

整體運程

肖雞者來到馬年無沖無合，運勢將會較為穩定，加上有一組力量強大的吉星進駐，新一年貴人助力充足、桃花人緣暢旺，無論財運、事業及感情各個範疇也能受惠，屬漸入佳境的年份。

馬年喜獲「紅鸞」、「太陰」及「天乙」吉星加持，人際關係可謂無往而不利。「紅鸞」是第一大桃花星，單身一族有機會邂逅心儀對象兼長遠發展，不妨積極把握。情侶若感情穩定，馬年亦可考慮共諧連理，邁向人生另一階段。不過，已婚者處於桃花旺盛之年則要抗拒外來誘惑，慎防行差踏錯而陷入三角關係。「紅鸞」除了為感情加持，亦會令肖雞者個人魅力大增，無論外表及個性均較討喜，可望獲得貴人關顧。

至於「天乙」屬強大的貴人星，新一年無論長輩、上司、下屬，還是家人、朋友均會對自己愛護有加，做事能得助力而較易成功。「太陰」則為女性貴人，若打工一族的直屬上司是女性，馬年可望獲得對方提拔；若從商者的銷售對象以女性顧客為主，如女士時裝、美容、化妝或珠寶首飾等，業績亦會受帶動而有所提升，收入可望穩定增長。

不過，馬年亦有「貫索」及「勾神」凶星入主，代表容易有糾纏不清的關係或財務糾紛，故無論處理感情或金錢問題均要特別謹慎，數目盡量分明，慎防因財失義而致反目。另外，「紅鸞」入主有機會因為籌辦婚事而「破歡喜財」，惟受「貫索」及「勾神」影響亦容易桃花破財，不宜與新相識的異性合作投資或有太多金錢轇轕，以免引起不必要的誤會紛爭。

整體而言，馬年受吉星帶動人際關係圓融，從商者可憑人脈而拓展商機，打工一族亦能獲上司器重，投資方面則有望透過長輩貴人提供的資訊而獲利。不過，雖然丙午年擁有強大的人事支援作後盾，惟凶星的負面力量亦不能掉以輕心，需要提防有感情煩惱或金錢糾紛，凡事需要疏理清晰，慎防節外生枝，破壞整體運勢。

【財運】

有「紅鸞」、「天乙」及「太陰」的吉星力量拱照人際關係，肖雞者於馬年人緣桃花極為暢旺，無論家人、朋友或長輩均會對自己特別關顧，財運亦能受帶動而水漲船高。既然貴人力量充足，從商者不妨藉此拓展生意網絡，以人脈資源尋找新商機；打工一族亦容易受到上司器重，不妨積極爭取表現；從事前線銷售、中介等人士亦可多主動聯絡客戶，有望獲得支持，尤其「太陰」為女性貴人，若銷售對象以女性顧客為主，如女士時裝、美容、化妝或珠寶首飾等，馬年將會佔盡先機，業績亦看高一線。

至於投資策略亦以人脈為依歸，有望獲長輩提點或提供小道消息而較容易獲利。不過，由於「太陰」為一顆緩慢的財星，並非大起伏的橫財，故仍要以穩健的中長線項目為主，不宜操之過急，自己亦要評估當中風險，權衡利弊再作決定。

雖然馬年能夠廣結人緣而有賺錢機遇，惟又受到「貫索」及「勾神」凶星力量制衡，需要提防出現財務糾紛。從商者要多注意與合作伙伴的關係，與戀情剛萌芽的另一半或不熟悉的朋友則不宜合作投資或有太多金錢轇轕，數目宜分明，避免因財失義、不歡而散。

【事業】

丙午年有一組大利人緣的吉星飛臨，肖雞者於職場上光芒四射，人際關係八面玲瓏；加上強而有力的貴人加持，憑人脈網絡將可拓展新路向，事業有望更上一層樓。至於「太陰」代表女性貴人，打工一族若直屬上司是女性，馬年將會特別受對方眷顧，容易獲得提拔賞識，故不妨積極爭取表現，為事業打好基礎兼可有升遷機會。

而有「紅鸞」吉星亦令肖雞者的親和力培增，新一年與上司、同事及下屬相處融洽，是非口舌減少，良好的工作氛圍有助提升合作性。肖雞的男士於職場上會大受異性歡迎，若工作環境以女同事為主將更為有利。至於從事地產、保險等銷售中介，或公關、自媒體等需要經常與人接觸者，馬年亦會因為特別討喜而帶動業績有所提升；若銷售的產品或服務以女性顧客為主，馬年的優勢則更為明顯，不妨親力親為多主動出擊。

不過，由於人緣及桃花運極為暢旺，容易出現外來誘惑，肖雞者需要鎖定事業目標，時刻保持專注，以免因為分心於辦公室戀愛或其他曖昧關係而惹來閒言閒語，拖垮原本向好的事業發展。

【感情】

感情運多姿多采的一年，單身一族無論男女也能感受到吉星力量，於社交圈子中保持活躍，桃花機遇處處，尤其單身男士的異性緣特別旺盛，有望結識外型及條件不俗的對象。惟對方可能會比自己稍為年長，若鍾情成熟型或不介意年齡差距者，不妨積極把握，可望開展一段甜蜜的「姊弟戀」。

單身女士同樣能受惠，得「紅鸞」吉星加持個人魅力四射，即使平日作風較為低調，馬年的注目度亦會上升，容易成為眾人焦點。加上有「太陰」及「天乙」吉星推波助瀾，無論女性長輩、朋友或同事均會積極安排聚會相親，肖雞者不妨多出席此類活動及多留意身邊人，有望邂逅心儀對象而有進一步發展。

不過，已婚者再遇「紅鸞」則要提防有桃花重疊情況，必須規行矩步、堅決抗拒外來誘惑，與異性保持適當的邊界感，以免過分熱情惹誤會而引發三角戀，破壞與另一半建立已久的互信關係。至於情侶若關係穩定又有結婚計劃者，不妨趁「紅鸞」星動落實執行，與伴侶組織家庭，開展人生新一頁。惟未打算共諧連理者則要慎防第三者出現而令感情生變，需要多克制自己。

【健康】

肖雞者與流年太歲並無沖合，原則上健康運將會較蛇年有進步，之前的家宅問題亦可大幅減少；加上馬年有一組大利人際關係的吉星進駐，即使遇上麻煩阻礙亦可借助人脈力量解決問題，凡事均可逢凶化吉。

不過，桃花及人緣運暢旺可謂「雙面刃」，由於肖雞者於社交圈子中表現活躍，容易受到同儕歡迎，難免會有較多飯局應酬，盛情難以推卻。惟夜夜笙歌、燈紅酒綠的生活不利健康，要提防因為作息不足而令抵抗力下降，亦要留心飲食過量而心廣體胖，嗜杯中物者宜淺嚐，以免腸胃負擔過重，引發都市病。建議肖雞者養成有規律的生活習慣，面對頻繁邀約需要學懂拒絕或分配時間，亦要進行恆常運動及作息定時保持身體健康。

另外，受到「貫索」及「勾神」凶星影響，馬年容易有金錢轇轕或感情煩惱，糾纏不清的關係容易帶來精神壓力，多思多慮引發失眠問題。建議肖雞者要避免與人合作投資，若必須牽涉金錢亦要數目分明，感情關係則更要疏理清晰，切忌含糊其辭，以免處理失當陷入情緒困局而庸人自擾。

不同年份生肖運程

◎一九三三年：癸酉年（虛齡九十四歲）

心情輕鬆愉快兼有輕微偏財運臨門，若鍾情麻將耍樂或賽馬活動者，馬年不妨小注怡情，亦可購買彩票碰運氣。惟癸酉年的長者始終年紀較大，不宜涉獵高風險的投機炒賣，以免得不償失。健康方面並無大礙，只需稍為注意心臟及血壓方面的都市病即可，若本身有心血管問題者，不妨請後輩安排身體檢查保平安。

◎一九四五年：乙酉年（虛齡八十二歲）

馬年個人脾氣較為偏執，與家人、朋友相處時較多摩擦，容易一言不合而陷入冷戰，建議需要廣納百川、多聆聽別人意見，不宜一意孤行，亦要多加耐性溝通，冷靜尋求共識。健康方面則要留心關節容易扭傷、摔傷，上下樓梯時要特別小心，亦要慎防廚房、浴室等家居陷阱，不妨加裝安全措施，以策萬全。

◎一九五七年：丁酉年（虛齡七十歲）

丁酉年的長者馬年財運走勢一般，容易跌入破財陷阱，投資方向需要盡量穩健保守，選擇有保證回報的中長線項目，不宜輕信消息而涉獵高風險的短炒投機。健康方面呼吸系統及肺部較弱，容易有久咳不癒情況，若有吸煙習慣者宜及早戒掉，本身有氣管敏感問題者亦要多注意空氣質素，慎防致敏原而令情況加劇。

◎一九六九年：己酉年（虛齡五十八歲）

馬年貴人助力充足，自己亦蠢蠢欲動作出突破，惟不宜過分急進及給予自己太大壓力，建議調整步伐、多花時間摸索，毋須急於求成。新一年容易焦慮、情緒亦較受困擾，不妨多做減壓運動，亦可多出門接觸大自然或短線旅遊放鬆身心。財運方面有進帳，尤其偏財方面可輕微獲利，惟面對風高浪急的投資市場需要見好即收，以免得不償失。

◎一九八一年：辛酉年（虛齡四十六歲）

人際關係順遂，做事能得助力而事半功倍，不妨積極把握好運勇往直前。惟受年柱「丙辛合」影響，需要花較多時間處理家事，情緒頗受困擾，若有噪音、漏水等問題宜盡快處理，亦要多關心長輩健康，若有不適應立即陪同求醫。由於家宅運一般，建議馬年可為家居作小量裝修、維修，更換損壞的電器或沙發、牀褥等家俬，均可幫助提升氣運。健康方面則要注意喉嚨、氣管及呼吸道毛病，本身有鼻敏感問題者更要特別小心。

◎一九九三年：癸酉年（虛齡三十四歲）

機遇處處、運勢有望平穩向上，事業有清晰的發展路向，不妨制定目標積極向前。若打算報讀進修課程可落實執行，有望為事業打好基礎；有出差機會亦可主動爭取，有望令事業更上一層樓。馬年的財運亦有進步，惟整體以正財為主，偏財運只屬一般，建議親力親為踏實行事，不宜抱持僥倖心態。

◎二〇〇五年：乙酉年（虛齡二十二歲）

學習運順遂，有海外升學計劃者不妨於馬年落實執行，已投身職場者亦可多報讀在職培訓，自我增值為事業打好基礎。馬年聚會活動頻繁，有望結識不同範疇的新朋友，亦可邂逅心儀對象，循序漸進了解再作進一步發展。惟始終人多口雜容易惹是非，建議待人處事要保持低調，不宜作中間人角色為他人排難解紛，以免「好心做壞事」而遭埋怨。

◎二〇一七年：丁酉年（虛齡十歲）

馬年的學習態度積極，讀書成績亦有進步，惟面對學業或人際關係等問題容易有輕微壓力，家長需要多花時間溝通，了解子女的想法，從旁輔導及疏理其情緒。

流月運勢

農曆正月（西曆二〇二六年二月四日至三月四日）

財運一得一失，收入有進帳但又會有較多雜項開支，需要注意理財方向。本月面對風高浪急的投資市場需要特別謹慎，賺取利潤後宜先行結算，以免有先盈後虧情況。一九八一年出生者跌入破財運，容易入不敷支，需要量入為出。二〇〇五年出生者情緒低落、心情煩悶，建議多做運動或多接觸大自然，以正能量緩解內心鬱結。

農曆二月（西曆二〇二六年三月五日至四月四日）

相沖月份宜動不宜靜，時間許可不妨出門走動，有助帶旺運勢。惟本月要為家宅瑣事而勞心，需要多花時間處理，亦要多關心長輩健康。若有家人、親友提出財務借貸或其他請求建議量力而為，以免幫助他人不成反令自己疲於奔命。一九四五年出生的長者關節容易受傷，出入時要注意安全，亦要提防廚房、浴室等家居陷阱。一九八一年出生者有較多傷風、感冒等小毛病，不宜安排太多活動應酬，需要爭取休息時間。

農曆三月（西曆二〇二六年四月五日至五月四日）

「好心做壞事」而無辜被埋怨，情緒鬱悶、容易愁城自困，建議多接觸大自然紓緩減壓，亦可安排短線旅遊散心。惟出門後要注意飲食，提防有水土不服問題，不妨帶備藥物保平安。一九五七年出生者為處理家事而東奔西走，影響睡眠質素，建議調節心態從容面對。一九九三年出生者暗地漏財，不宜開展新投資計劃。

農曆四月（西曆二〇二六年五月五日至六月四日）

運勢否極泰來，之前遇到的困難阻礙可展現曙光，問題有望迎刃而解。本月亦有新合作機會出現，若牽涉的投資金額不大則不妨一試，可望以小博大；惟需要動用大筆資金則不宜輕舉妄動，需要多了解市場動向再作決定。一九九三年出生者跌入破財運，宜檢視個人理財方向，不宜胡亂揮霍。二〇一七年出生的小朋友眼睛容易發炎或有視力小毛病，家長宜安排專業人士檢查保平安。

農曆五月（西曆二一六年六月五日至七月六日）

運勢持續有進步，事業受帶動而有新發展空間，連帶財運亦有提升，不妨積極把握機會。惟本月容易惹上官非，簽署文件、合約時要特別小心，以免大意出錯而要對簿公堂。一九六九年出生者工作壓力龐大，容易胡思亂想而有失眠問題，不妨多做太極、瑜伽等運動沉澱自己。一九八一年出生者關節容易扭傷、摔傷，可考慮以針灸復健紓緩不適。

農曆六月（西曆二一六年七月七日至八月六日）

貴人力量充足，尤其長輩會對自己照顧有加，遇有困難時不妨虛心向對方請教，問題有望逐步解決。本月財運有損耗，投資方面只宜選擇穩健的中長線項目，不宜短炒投機，亦要避免大額下注。一九八一年出生者有受傷機會，尤其手部首當其衝，需要多注意家居安全。二〇〇五年出生者腳部關節容易扭傷，進行行山、遠足等戶外活動時必須結伴同行，凡事以安全為上。

農曆七月（西曆二一六年八月七日至九月六日）

事業有突破發展，可望於職場上大展拳腳，惟過程中仍會遇到困難挑戰，需要以平常心面對壓力，並多花時間耐性解決。一九六九年出生者心緒不寧、容易胡思亂想，不妨多出門郊遊，以大自然的力量修補負面情緒。一九八一年出生者喉嚨、氣管較弱，不宜前往人煙稠密的地方，以免呼吸道受感染而影響工作。

農曆八月（西曆二一六年九月七日至十月七日）

相剋月份容易有輕微血光之災，駕駛人士要奉公守法、時刻注意道路安全，提防汽車碰撞；若工作需要接觸金屬者亦要特別留心，慎防意外受傷。一九五七年出生的長者容易扭傷、摔傷，外出時宜請家人陪伴，不宜獨自行動。一九九三年出生者健康運疲弱，需要慎防心臟、血壓方面的都市病，亦要注意眼睛問題，若有不適應立即求醫。

農曆九月（西曆二〇二六年十月八日至十一月六日）

本月運勢走向兩極，之前遇到的問題可望有新轉機，惟又會遇到新挑戰，可幸眼前困境只屬先難後易，最終仍能借助貴人力量而逢凶化吉。一九九三年出生者被是非口舌纏身，建議事不關己不宜多管閒事，以免無辜捲入人事漩渦。二〇〇五年出生者有輕微偏財運，投資方面可小試牛刀，有望賺取回報。

農曆十月（西曆二〇二六年十一月七日至十二月六日）

獲貴人扶持做事有助力，能於職場上發揮領導才能，兼被上司賞識而有輕微升遷機會，不妨把握好運，積極爭取表現。一九五七年出生的長者與家人、親友爭執不斷，需要多控制情商，不宜過分強勢。一九六九年出生者腳部容易扭傷，尤其要提防觸及舊患，進行戶外活動時要特別小心。

農曆十一月（西曆二〇二六年十二月七日至二〇二七年一月四日）

學習運強勁，不妨報讀在職培訓自我增值，亦可參加興趣課程，陶冶性情兼可疏導工作壓力。一九八一年出生者有輕微漏財運，不宜聽信小道消息開展投資計劃，需要多作分析研究。二〇〇五年出生者情緒低落，容易鑽進死胡同，不妨相約家人、朋友聚會，互相傾訴排解鬱結。

農曆十二月（西曆二〇二七年一月五日至二月三日）

感情開花結果的月份，若有心儀對象本月可確認對方，關係有望進一步發展。惟聚會應酬頻繁、開銷較多，需要注意理財方向，亦要提防因桃花而破財。一九四五年出生的長者手部容易受傷，需要提防廚房、浴室等家居陷阱。一九八一年出生者有輕微打針、食藥運，出席應酬活動需要適可而止，以免令自己疲於奔命。

肖狗開運錦囊

★才華顯現，從事創意工作尤其有利，惟要避免恃才傲物以防影響運勢。

★容易疑神疑鬼之年，宜用黑曜石提升正能量，並多做運動平衡身心。

★新一年宜多出席喜宴、壽宴等場合沾染旺氣，切忌前往荒僻孤陰之地。

★流年容易有官非纏身，簽署文件或合約前需要請教專業人士，凡事奉公守法。

★家宅及長輩健康運較受衝擊，宜為對方維修家居或更換家具以穩定運勢。

（流年吉凶方位請參看「馬年行好運風水佈局」）

肖狗者出生時間（以西曆計算）

二〇一八年二月四日五時三十分	至	二〇一九年二月四日十一時十六分
二〇〇六年二月四日七時二十八分	至	二〇〇七年二月四日十三時十九分
一九九四年二月四日九時三十三分	至	一九九五年二月四日十五時十四分
一九八二年二月四日十一時四十五分	至	一九八三年二月四日十七時四十一分
一九七〇年二月四日十三時四十六分	至	一九七一年二月四日十九時二十六分
一九五八年二月四日十五時五十分	至	一九五九年二月四日二十一時四十三分
一九四六年二月四日十八時五分	至	一九四七年二月四日二十三時五十一分
一九三四年二月四日二十時四分	至	一九三五年二月五日一時四十九分

整體運程

肖狗與肖馬關係友好，加上肖虎「寅午戌」屬三合生肖，原則上新一年運勢將會較為順遂，容易出現新合作機會。不過，合太歲之年運勢容易走向兩極，尤其若被合走命格中所需的重要元素，則做事反而會一波三折，故肖狗者當中約有八成人可望穩步上揚，但亦有兩成人會較為起伏，故不能掉以輕心，需要謹慎應對。

除了與太歲相合，馬年亦喜獲「三台」、「華蓋」及「地解」吉星飛臨，為肖狗者的事業增添助力。「三台」代表樓梯階，有步步高陞之意，此星的光芒以拱照事業為主，打工一族有望憑出色的工作表現而有晉升機會。「華蓋」則是皇帝出巡時的羅傘，有高高在上、受萬人景仰之意，新一年才華得以發揮，尤其從事藝術、創作等將會更為有利。不過，「華蓋」亦是一顆與宗教有關的吉星，有孤芳自賞、獨行獨斷之況味，較為不利感情及人緣。至於「地解」則是房地產上的變動，馬年居所或工作位置有機會出現變化，如住宅、辦公室或商舖搬遷買賣、移居外地或駐守海外等。

雖然流年吉星力量充足，惟亦有「五鬼」入主，代表容易疑神疑鬼及有焦慮情緒，肖狗者對伴侶會有猜疑，需要多加溝通、坦誠相向。受此凶星影響，馬年的個人能量較低，不宜再前往偏僻孤陰之地，以免影響氣運。「官符」顧名思義就是官非訴訟，新一年簽署文件、合約前必須謹慎了解條文細則，遇有疑問應向專業人士請教；從商者亦不宜讓客戶賒數、賒貨，慎防對方周轉不靈而需要破財對簿公堂。「披頭」入主則要多關心長輩健康，此星亦有披頭散髮之意，馬年需要多注意個人儀容，打算轉換形象者亦要小心，慎防不被接納而遭受非議。

整體而言，相合之年可望有新發展機遇，加上有代表逐漸進步的吉星力量加持，無論事業及財運均可拾級而上。惟始終合太歲仍會存在一定變數，加上凶星力量不能小覷，故雖然整體大方向屬正面，建議肖狗者仍需要步步為營，凡事需策劃周詳，方能化險為夷。

【財運】

與太歲相合一般會有較多新合作機會出現，加上「三台」吉星象徵樓梯階、有步步高陞之意，連帶財運也有進步，即使收入與過往相同，馬年亦會較容易有盈餘。不過，始終合太歲之年仍存在變數，故肖狗者需要做好風險管理，面對新投資或新項目需要多了解市場環境，不宜投入大額資源，建議採取以小博大的方式進行，成功機會較高。

另外，馬年亦有「官符」凶星飛臨，若落實新合作前需要簽署合約，務必要請專業人士幫忙核對條款細則，慎防大意遺漏而惹官非訴訟。從商者亦要多注意客戶的財政狀況，避免賒數、賒貨，慎防對方賴帳而要提告招致損失。至於「地解」則代表田宅買賣，馬年有機會因為居所、辦公室或商舖裝修、搬遷而有額外開支，建議預留一筆資金作應急之用。

由於馬年未有直接的偏財星或貴人星進駐，而「三台」屬於緩慢向上、循序漸進的吉星，而「華蓋」則有獨行獨斷之意，故新一年的投資策略仍需要以保守為大前提，選擇穩健的中長線項目，落實前亦要經過自己的分析研究，難以倚賴貴人或小道消息而獲利。

【事業】

馬年喜獲吉星眷顧，肖狗者能於職場上大展拳腳，事業屬漸入佳境的一年。「三台」代表樓梯階能拾級而上，新一年工作表現出色，可望憑實力而有升遷機會。加上有代表藝術才華的「華蓋」飛臨，若從事與文字、藝術、音樂等有關的創意工種，馬年將會有突破性發展，事業更上一層樓。至於管理層亦可發揮聰明才智，惟「華蓋」容易給人高不可攀、恃才傲物的感覺，需要多注意個人言行，保持謙虛低調。至於從事前線銷售、中介或講求團隊精神工作的人士亦較受掣肘，需要多加溝通提高合作性。

至於「地解」入主代表崗位或工作位置上有機會出現變動，包括公司將發展基地轉移、頻繁出差或暫時駐守海外等，肖狗者不妨主動配合，離開原居地發展將可對事業帶來正面積極影響。

不過，雖然受吉星帶動易有升遷，職銜及權責亦有提升，惟薪酬加幅只屬一般，實際利益未算明顯。加上受「華蓋」影響人緣運較為薄弱，於職場上容易顯得不合群甚至會被孤立，精神壓力較大，建議調節心態，保持圓融的人際關係，則事業將會有更佳發揮。

【感情】

馬年有代表緩慢進步的「三台」吉星進駐，有伴侶或已婚者感情尚算穩定，惟始終受到有宗教意味的「華蓋」影響，此星是皇帝出巡時所用的羅傘，雖然受萬人景仰，但亦會顯得高高在上、予人難以接近之感，較為不利桃花，故即使有伴侶在身邊，肖狗者亦會覺得對方不夠了解自己，心情矛盾令孤單寂寞感覺倍增，需要多花時間經營二人關係。

另外，「五鬼」凶星飛臨亦會令肖狗者變得神經質，容易疑神疑鬼、覺得另一半有所隱瞞，對伴侶的信任度降低，再加上因為家庭瑣事或小朋友的管教方式而有意見分歧，容易累積不滿而心生嫌隙，需要開誠佈公及冷靜溝通，以免因為猜度而惹誤會破壞雙方感情。既然關係有輕微衝擊，建議肖狗者與伴侶培養共同嗜好，亦可安排家庭、朋友聚會或多結伴外遊維繫感情。

至於單身一族關係亦難有突破，除了欠缺貴人穿針引線，自己亦會頗為享受獨處時光，對談情説愛的追求較為淡泊，故覓得心儀對象能「脱單」的機會渺茫。既然時機未到，建議馬年不妨先專注於事業發展，不宜對戀情有太大期望。

【健康】

丙午年的身體健康並無大礙，惟又有「五鬼」凶星入主，令肖狗者容易疑神疑鬼，個人能量較低，故馬年盡量不宜探病問喪，亦要避免前往地點荒僻的墳場、廟宇或夜店、酒吧等不見天日之地，以免「疑心生暗鬼」產生不必要的焦慮。建議肖狗者可多出席壽宴或彌月宴等喜慶場合，以沾染旺氣，亦不妨前往華麗的飯店、度假區等消閒玩樂，有助鬆弛身心。

另外，由於馬年事業發展如意，可望有升遷機會，惟升遷後權責及工作壓力較大，加上同事之間的合作性一般，肖狗者容易有揮之不去的孤寂感，較為影響情緒，建議多做運動及多接觸大自然，亦可放假出門短線旅遊，上半年出生者可到寒冷地方、下半年出生者則宜前往熱帶地區，既可放鬆身心，亦可以「借地運」方式提升運勢。

至於「披頭」凶星入主則要注意家宅，尤其要多關心長輩身體健康，若有不適應盡快陪同求醫，以免小事化大。既然流年亦有「地解」吉星，不妨趁機為長輩家居作小量裝修、維修，更換損壞的電器或沙發、牀褥等有貼身氣運的家俬，有助提升家宅及健康運。

不同年份生肖運程

◎一九三四年：甲戌年（虛齡九十三歲）

火旺之年性格較為急躁，情緒起伏較大，建議多接觸大自然保持心境平靜，亦可相約朋友聚會品茗，互相傾訴解開心結。健康方面雖無大礙，惟仍要稍為注意心臟及血壓方面的都市病，亦要提防關節受傷，不妨請後輩幫忙維修家居，棄置舊物及更換損壞的家俬、電器，均可有助提升氣運。

◎一九四六年：丙戌年（虛齡八十一歲）

丙戌年出生的長者馬年容易扭傷、摔傷，尤其頭部首當其衝，需要慎防廚房、浴室等家居陷阱，需要做好安全措施，以策萬全。若本身有偏頭痛問題者則要提防情況加劇，建議可多用米、白及淺藍色的隨身物品，亦可適量佩戴金器助旺，尤其農曆四月及五月夏天出生者更為合適。財運走勢一般，尤其投資方面要選擇穩健的中長線項目，不宜涉獵高風險的投機炒賣，以免招致損失。

◎一九五八年：戊戌年（虛齡六十九歲）

馬年個人心態樂觀積極，於社交圈子中仍保持活躍，有不少聚會應酬，亦可報讀興趣課程或多出門外遊，增廣見聞。新一年亦有貴人運，對方將會提供小道消息或市場資訊，不妨小注怡情，可望於投資市場上獲利。惟火旺之年需注意肺部與呼吸系統狀況，有氣管過敏問題者要特別小心。

◎一九七〇年：庚戌年（虛齡五十七歲）

個人鬥志強頑、行動力高，面對新項目躍躍欲試，建議採取小試牛刀的方式進行，成功機會較高，不宜大手下注。馬年亦要提防官非，從商者不宜讓客戶賒數，處理海關、消防或稅局等監管機構的文件時亦要特別小心，以免大意出錯而遭起訴。健康方面則要小心腰、膝關節容易扭傷、摔傷，不宜進行勞損性高的運動，若參與較高危的戶外活動時亦必須結伴同行，凡事安全為上。

◎一九八二年：壬戌年（虛齡四十五歲）

擺脫了前兩年起伏不定的「轉角運」，馬年的運勢會步向平穩，自己亦會有較清晰路向，惟始終年柱相沖財運仍較波動，投資方面需要特別謹慎，不宜大額下注，賺取收入後亦宜將部分資金購買實物保值，以免無辜破財。而「丙壬沖」屬水火相沖，新一年人際關係較弱，加上個人情緒起伏較大、容易因為過分堅持而與人摩擦，需要多控制情商，凡事以和為貴。健康方面則要留心血壓及心臟方面的都市病，建議預約身體檢查保平安。

◎一九九四年：甲戌年（虛齡三十三歲）

馬年個人外在性高，加上有貴人力量，有望憑人脈而結識新朋友及涉獵不同範疇的新知識，屬頗有進步的年份。若有進修打算者，馬年亦可落實執行，無論報讀與工作相關的在職培訓或其他興趣課程亦會有好成績，不妨多投放心力發展。惟仍有輕微是非口舌，待人處事要保持謙遜，尤其於職場上更不宜鋒芒太露，以免遭受攻擊。

◎二〇〇六年：丙戌年（虛齡二十一歲）

學習及社交運順遂，無論仍在求學階層或已投身社會，馬年亦可報讀進修課程，既可充實自己，亦可擴闊社交圈子。惟財運較為疲弱，容易入不敷支，需要多作財務管理，尤其投資方面不宜超出個人能力範圍，以免得不償失。馬年亦容易有輕微血光之災，熱愛運動者要特別小心，不宜進行爬山、攀石、滑水、跳傘等高危的戶外活動，即使堅持參與亦務必要請專業教練同行，以免樂極生悲。

◎二〇一八年：戊戌年（虛齡九歲）

戊戌年的小朋友新一年長輩運極佳，可望得師長愛錫讚賞，學習及自理能力均有進步，加上開始有自己的思想及意見，家長可多與子女溝通，了解其想法。健康方面腸胃及消化系統較弱，不宜進食太多生冷及肥膩食物，慎防腸胃超出負荷。

流月運勢

農曆正月（西曆二〇一六年二月四日至三月四日）

事業有新發展，惟工作壓力較大，遇有問題不妨虛心向前輩請教，亦可多與同事溝通，有助解決問題。一九七〇年出生者跌入劫財運，面對風高浪急的投資市場需要穩守，不宜輕舉妄動。一九九四年出生者人事爭執頻繁，宜冷靜商討尋求共識。本月手部容易受傷，戶外活動時要特別小心。

農曆二月（西曆二〇一六年三月五日至四月四日）

學習運強勁，不妨把握機會報讀在職培訓或興趣課程增值自己，長遠對事業發展可有裨益。惟本月容易因為文件、合約出錯而惹麻煩，簽署前需要謹慎核對。一九四六年出生的長者喉嚨、氣管較弱，需要多注意空氣質素，亦要避免前往人煙稠密的地方，以防呼吸道受感染。一九八二年出生者情緒焦慮不安，建議放假出門短線旅遊，放鬆身心。

農曆三月（西曆二〇一六年四月五日至五月四日）

做事一波三折，可幸眼前困境只屬先難後易，不妨多請教前輩意見，問題最終可迎刃而解。本月亦宜多出門走動，有望「動中生財」。一九八二年出生者有劫財運，不宜參與任何投機炒賣，容易招致損失。二〇〇六年出生的年輕人與家人關係緊張，需要多加溝通、包容忍讓，凡事以和為貴。

農曆四月（西曆二〇一六年五月五日至六月四日）

貴人助力充足，若工作需要倚靠人脈者可有不俗回報。本月亦會有輕微偏財運，惟需要見好即收，以免先盈後虧。一九五八年出生者心情鬱悶、受失眠問題困擾，建議多接觸大自然排解負面情緒，亦可放假外遊緩解壓力。一九九四年出生者被是非口舌纏身，建議「少說話、多做事」明哲保身。

農曆五月（西曆二一六年六月五日至七月六日）

運勢一得一失，表面看似順遂但實際情況不似預期，尤其面對新合作或新投資計劃要特別謹慎，不宜被表面風光蒙蔽，以免招致損失。一九七〇年出生者人事爭執不斷，面對紛爭需要多花時間溝通，不宜偏執己見。本月亦要提防關節受傷，有運動習慣者要特別留心。一九九四年出生者有輕微打針、食藥運，需要慎防工作過勞，以免拖垮健康而要破財就醫。

農曆六月（西曆二一六年七月七日至八月六日）

情緒低落、心情較為鬱悶，時間許可不妨出門外遊「借地運」，上半年出生者可到寒冷地方，下半年出生者則宜到熱帶地區，有助帶動運勢。一九五八年出生者容易被騙而跌入破財陷阱，簽署文件、合約前要多了解條文細則。一九七〇年出生者家宅運疲弱，花心力處理家事令自己較為煩惱，建議相約朋友聚會，互相傾訴解開心結。

農曆七月（西曆二一六年八月七日至九月六日）

貴人運順遂，做事能得助力而事半功倍，尤其從事前線銷售、中介等工種，可望獲得客戶支持而業績有提升，不妨積極把握。一九八二年出生者容易因為言語誤會而惹是非，需要提防人事糾紛。本月心臟或血壓方面有小毛病，若有不適應盡快求醫。二〇〇六年出生者有輕微破財運，宜全面檢視理財方向，以免入不敷支。

農曆八月（西曆二一六年九月七日至十月七日）

有新合作機會臨門，若牽涉的投資金額不多則可一試，惟需要大額投資則不宜輕舉妄動，需要考慮周詳。一九七〇年出生者容易惹官非訴訟，駕駛人士要遵守交通規則，以免被開罰單而破財。一九八二年出生者為家宅之事而勞心，情緒較為困擾，不妨出門外遊放鬆身心。

農曆九月（西曆二〇二六年十月八日至十一月六日）

做事遇上麻煩阻礙，尤其要多花時間處理家事，家人、親友亦有機會提出財務借貸請求，建議量力而為，以免令自己陷入財困。一九九四年出生者有輕微偏財運，鍾情麻將耍樂或賽馬活動者可小注怡情，亦可購買彩票碰運氣。二〇一八年出生的小朋友有較多傷風、感冒等小毛病，家長需要多花時間照顧其起居生活。

農曆十月（西曆二〇二六年十一月七日至十二月六日）

運勢全面回升，無論事業及財運均可拾級而上，之前面對的困難亦漸見曙光，不妨多加耐性處理，可望圓滿解決。一九七〇年出生者思緒混亂、精神難以集中，不妨多出門郊遊，以大自然的力量緩解負面情緒。一九九四年出生者工作壓力較大，容易有失眠問題，亦要提防因為專注力不足而意外受傷，尤其手部首當其衝，需要特別小心。

農曆十一月（西曆二〇二六年十二月七日至二〇二七年一月四日）

財運走勢順遂，正財收入有提升，偏財方面只要不太貪心亦有收穫。惟人際關係複雜，是非口舌頻繁，尤其於職場上要保持低調，事不關己不宜多加意見，以免捲入辦公室政治漩渦。一九七〇年出生者有家人、親友提出借貸請求，惟需要衡量個人能力，不宜強出頭。一九八二年出生者容易受金屬所傷，駕駛人士要注意道路安全，提防輕微汽車碰撞。

農曆十二月（西曆二〇二七年一月五日至二月三日）

事業有進步空間，領導才能得以發揮，突出的工作表現可望受上司賞識。惟工作壓力龐大，需要調整心態，亦可趁年末與家人好友出門外遊，放鬆身心。一九九四年出生者容易惹官非，簽署重要文件前宜請專業人士核對作實。二〇〇六年出生的年輕人有較多傷風、感冒等小毛病，亦要提防氣管過敏而有久咳不癒情況，需要多關注健康。

豬

調整步伐重上軌道
貴人得力開源節流

（流年吉凶方位請參看「馬年行好運風水佈局」）

肖豬開運錦囊

★擺脱沖太歲影響，馬年運勢步向平穩，可站穩陣腳重新出發。

★貴人力量加持人緣暢旺，從事銷售或工作性質需倚重人脈者做事更順心。

★財星拱照但仍有輕微破財之象，宜擺放黃玉聚寶盆以助守財。

★單身者有利透過長輩介紹而結識對象，但不宜操之過急。

★家宅及長輩健康有受損之象，宜多行善積福，日常也要加倍注意身心健康。

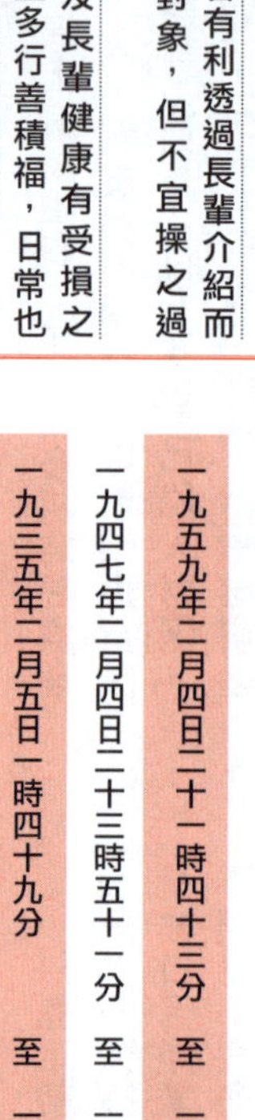

肖豬者出生時間（以西曆計算）

二〇一九年二月四日十一時十六分 至 二〇二〇年二月四日十七時四分

二〇〇七年二月四日十三時十九分 至 二〇〇八年二月四日十九時二分

一九九五年二月四日十五時十四分 至 一九九六年二月四日二十一時九分

一九八三年二月四日十七時四十一分 至 一九八四年二月四日二十三時二十分

一九七一年二月四日十九時二十六分 至 一九七二年二月五日一時二十分

一九五九年二月四日二十一時四十三分 至 一九六〇年二月五日三時二十三分

一九四七年二月四日二十三時五十一分 至 一九四八年二月五日五時四十三分

一九三五年二月五日一時四十九分 至 一九三六年二月五日七時三十分

整體運程

肖豬者於蛇年屬沖太歲，除非曾有結婚、添丁、置業或創業等喜事，否則相信不少人已經歷了驚濤駭浪的一年。可幸來到馬年與太歲並無沖合，有望站穩腳步及重整旗鼓，尤其曾有關係離合或工作變化者，新一年能逐漸步向平穩；若曾在蛇年舉辦喜事者，更有利在馬年延續喜氣運勢，整體屬邁步向前的年份。

馬年喜逢兩顆吉星進駐，肖豬者有望於各個範疇上向前推進。首先「月德」是大貴人星，代表慈祥和悦、凡事逢凶化吉，新一年人緣運暢旺，能得貴人眷顧而做事較為順心，連帶人際關係也有所修復。至於曾於過去的沖太歲之年轉職或創業者，馬年亦有望適應新環境，投入度倍增。加上有「玉堂」吉星加持，此星有金玉滿堂之意，打工一族能於職場上一展才華，無論權責及薪酬均會有提升；從商者亦可憑人脈而開拓財源，收入水漲船高。至於馬年已與伴侶結束關係者，有「月德」幫忙可望擴闊社交圈子，惟始終桃花未算燦爛，故即使有心儀對象亦需要多花時間相處了解，不宜操之過急。

雖則受吉星帶動運勢全面回升，惟馬年仍有「劫煞」、「死符」及「小耗」凶星飛臨，肖豬者需要特別注意健康，提防有輕微受傷或其他瑣碎毛病，亦要多關心長輩身體，若有不適應盡快陪同求醫。至於「小耗」則代表輕微破財，雖然馬年的財運已相對蛇年穩定，收入有增長、過去入不敷支情況亦大有改善，惟始終會有較多額外開支，需要量入為出，謹慎理財。

總括而言，馬年擺脱了沖太歲運勢有所回穩，加上吉星力量充足，事業、財運及人際關係均能逐漸修復。不過，「小耗」入主較為財來財去，既然破財在所難免，而「死符」又較為不利家宅及身體健康，建議肖豬者多行善積德、花費於健康管理之上或購買心頭好，主動「破歡喜財」應驗運勢。而投資方面則仍要選擇穩健的中長線項目，不宜涉獵高風險的投機炒賣。謹記若能夠調整步伐、凡事謹慎，積極把握眼前機遇，則馬年仍屬進步之年。

【財運】

沖太歲的衝擊力極為強大，故肖豬者於蛇年無論正財及偏財均起伏甚大，容易入不敷支；來到馬年與太歲並無沖合，加上有「玉堂」及「月德」吉星加持，財運可望平穩向上。

「玉堂」顧名思義就是金玉滿堂，馬年將不乏賺錢機遇，加上有「月德」貴人扶持，人緣運暢順，做事自然更得心應手。打工一族可望憑出色的工作表現而薪酬有滿意加幅；從商者亦能憑人脈於原來的生意範疇上開拓財源；前線銷售、中介等需要與人接觸者亦可得客戶支持而提升業績，故各行各業的正財運均有進步。至於偏財方面亦可倚靠貴人力量，對方將會提供消息或作出提點，加上自己的眼光及決定頗為正確，於投資市場上獲利的機會較高。

不過，始終蛇年經歷沖太歲財運有較大虧損，故馬年仍需要時間平復，建議肖豬者保留實力，即使開源成功亦要做好節流，賺取收入後將部分現金購買實物資產保值，提防無辜漏財。另外，既然有代表輕微破財的「小耗」凶星，「死符」又較為衝擊家宅，肖豬者不妨多花費於健康管理或贈醫施藥之上，主動破財擋災化解凶星力量。

【事業】

蛇年沖太歲令肖豬者的人際關係四面受敵，缺少了人和做事處處碰壁；可幸踏入馬年無沖無合，又有代表慈祥和悅的「月德」吉星加持，人際關係將會有所修復，打工一族邏輯思維清晰，上司對自己照顧有加，加上同事之間是非口舌減少、整體合作性強，工作能得支援自然較有發揮。至於曾於相沖年轉職或創業者，馬年亦會逐漸適應新環境，能融入新公司的人事文化，工作表現亦有提升。

除了人緣暢旺有利事業發展，馬年亦有「玉堂」吉星幫助開拓財源，打工一族有望憑人脈及個人實力而獲得滿意薪酬調整，任職前線銷售、中介、自媒體或倚靠個人事業得財者，馬年亦可受惠於吉星帶動，生意額直線上升。不過，始終「小耗」凶星有破財機會，開源之餘亦要學習節流，尤其從商者要削減不必要開支，保持收支平衡。

由於吉星力量強大，上司、同事、下屬均對自己支援充足，事業運相對蛇年必定更有發展，自己亦能確立清晰路向。建議肖豬者把握眼前大好形勢，謹守崗位、積極向前推進，可望為事業奠下穩固基礎。

【感情】

經歷了感情上的「關口年」，相信部分肖豬者已出現關係變化，所謂「一喜擋三災，無喜是非來」，若於蛇年已與伴侶組織家庭者，馬年將可以延續喜慶運勢，有添丁打算者不妨落實執行。倘若於相沖年份關係已劃上句號者，馬年亦會有新發展方向，不妨收拾心情重新開始。

雖然馬年不屬桃花開遍地之年，可幸仍有力量強大的「月德」貴人吉星加持，單身一族可獲長輩介紹引薦，於相親活動中擴闊社交圈子。惟馬年的姻緣運不屬一見鍾情、猛烈展開追求的類型，故即使遇上有好感的異性亦不宜操之過急，建議由朋友開始多花時間溝通了解培養感情，待時機成熟再作進一步發展，關係反而更能長久。

至於已婚者與伴侶感情穩定、彼此相處融洽，加上個人煩惱減少，情緒較為樂觀正面，與另一半意見分歧時亦能心平氣和尋求共識，相對蛇年摩擦大幅減少。雖然新一年仍有「死符」凶星影響家宅及長者健康，可幸二人能齊心協力解決問題，若感到有壓力時不妨多與伴侶傾訴，亦可結伴外遊放鬆身心，整體屬甜蜜愉快的一年。

【健康】

蛇年沖太歲令健康備受衝擊，身體有不同的小毛病、關節亦容易扭傷、摔傷，連帶情緒也較受困擾。來到馬年運勢可望回穩，加上有凡事逢凶化吉、能夠化險為夷的「月德」吉星飛臨，無論身體及精神健康均會有進步，只要稍為留意喉嚨、氣管及呼道毛病，慎防有過敏性問題即可。

不過，始終仍有「劫煞」及「死符」凶星，較為不利家宅，對健康亦有一定威脅，肖豬者除了要多作健康管理，亦可預先購買醫療及意外保險，以策萬全。新一年亦要多關心長輩健康，不妨安排對方接受詳細的身體檢查，亦可多作贈醫施藥善舉，助人自助提升福報。由於家宅運一般，馬年不宜觸動流年五黃(正南)及二黑(西北)病星位置，若大門或牀頭坐落於病位，需要放置銅器重物或銅葫蘆化解病氣。另外，既然有「小耗」入主難免需要破財，不妨主動為自己及長輩裝修家居，維修損壞的電器、更換沙發、牀褥、窗簾等附有個人氣運的物品，均可有助提升運勢。

雖然整體健康並無大礙，惟工作難免會有輕微壓力，建議多做太極、瑜伽等減壓運動沉澱自己，亦可多郊遊接觸大自然，以正能量修補負面情緒。

不同年份生肖運程

◎一九三五年：乙亥年（虛齡九十二歲）

乙亥年的長者雖然年事已高，但對周遭的事物仍充滿好奇心，有志學習及吸收新知識，加上社交運佳、不時有朋友聚會，無論精神狀態及身體健康均明顯有進步，屬心情愉快的一年。馬年亦有輕微偏財運，鍾情麻將耍樂或賽馬活動者不妨小注怡情，亦可購買彩票碰運氣，惟高風險的投機炒賣則不宜沾手，以免得不償失。

◎一九四七年：丁亥年（虛齡八十歲）

馬年財運一般，需要多作財務管理，尤其若有親友或晚輩提出借貸請求，建議只能量力而為，以免超出個人能力範圍而遭到連累。火旺的年份亦要留意心臟及血壓毛病，加上喉嚨、氣管及呼吸系統較弱，若有吸煙習慣者建議及早戒掉，以免影響肺部健康。

◎一九五九年：己亥年（虛齡六十八歲）

新一年情緒較為焦慮，容易有無形壓力及胡思亂想，其實實際運勢並不算差，建議多相約朋友聚會品茗，互相傾訴緩解鬱結，亦可多出門短線旅遊或接觸大自然，培養種花、養魚等個人興趣，既可陶冶性情亦可放鬆身心。健康方面腸胃及消化系統較弱，容易有腸胃過敏問題，日常飲食宜盡量清淡，慎防「病從口入」。

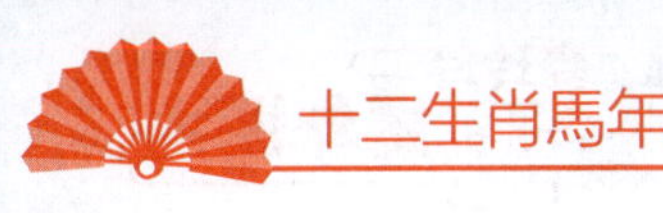

◎一九七一年：辛亥年（虛齡五十六歲）

蛇年「天沖地沖」令辛亥年出生者經歷了艱辛的一年，來到馬年終於可以鬆一口氣，人際關係有所修復，事業、財運各方面也能重上軌道。惟始終受年柱「丙辛合」影響，馬年需要多關注長輩健康，自己亦要提防呼吸道毛病。相合的年份亦不宜作重要決定或高風險投資，建議採取「讓運」心態，躺平輕鬆度過為佳。至於有置業打算者新一年可落實執行，否則亦可裝修、維修家居及多出門走動帶旺運勢。

◎一九八三年：癸亥年（虛齡四十四歲）

經歷了前兩年起伏不定的運勢，馬年終於能撥開迷霧，自己亦有較清晰的發展方向，賺錢機遇增多，有望開拓財源。不過，流年「丙午」與自己的年柱「癸亥」屬水火對沖，新一年需要特別注意心臟及血壓毛病，亦要提防有皮膚敏感問題，加上家宅運受到衝擊，需要多關心長輩健康，不妨為對方家居作小量裝修、維修，亦可更換沙發、牀褥等家俬，可望提升氣運。

◎一九九五年：乙亥年（虛齡三十二歲）

乙亥年出生者踏入虛齡三十二歲，於面相學將會行到眉及眼運，原則上運勢會步入另一境界，事業有新發展空間，加上貴人助力充足，可望強化個人資源及人脈網絡，無論打工一族或從商者亦能緩慢向前，連帶財運及投資亦有回報。不過，馬年是非口舌較多，容易遭受攻擊，待人處事宜保持低調，避免當中間人排難解紛，以免「好心做壞事」而成為眾矢之的。

◎二〇〇七年：丁亥年（虛齡二十歲）

學習運順遂，不妨趁年輕多出門走動或落實海外進修計劃，有望擴闊眼界及增廣見聞，對未來發展可有裨益。惟馬年財運一般，無論仍在求學、未有經濟能力還是已投身社會，新一年亦要多作財務規劃，削減不必要的開支，以免入不敷支。若有投資則要以中長線為主，面對不熟悉的投資市場不宜魯莽行動，以免招致損失。

◎二〇一九年：己亥年（虛齡八歲）

己亥年的小朋友馬年開始有自己的想法及主見，無論學術或課外活動項目上亦有進步，深得長輩及師長疼錫。家長不妨讓小朋友專注於一、兩項興趣發展，可望獲得好成績。健康方面皮膚及氣管容易過敏，本身屬敏感體質者要更要留意居住環境中是否含有致敏原。

流月運勢

農曆正月（西曆二〇二六年二月四日至三月四日）

受「寅亥合」影響，肖豬者踏入正月一般會有較多波折，尤其要留心身體健康，提防關節受傷。一九八三年出生者有焦慮情緒，容易胡思亂想，不妨相約朋友聚會，互相傾訴解開鬱結。一九九五年出生者與家人關係緊張，容易因為瑣事有摩擦，亦要為長輩健康問題而操心，不妨放假出門旅遊帶動運勢。

農曆二月（西曆二〇二六年三月五日至四月四日）

有新合作機會出現，惟不宜輕舉妄動，需要多了解市場環境，亦可向行業中的前輩請教，以免被表面風光蒙蔽而招致損失。一九三五年出生的長者與同輩有較多爭執，需要冷靜溝通，不宜動氣。一九七一年出生者有輕微打針、食藥運，尤其呼吸系統較弱，出入冷氣場所需要注意添衣保暖。

農曆三月（西曆二〇二六年四月五日至五月四日）

貴人運暢旺，做事能得助力而事半功倍，惟簽署文件、合約前要特別小心，容易大意出錯惹上官非，建議請專業人士幫助解決問題。一九四七年出生的長者情緒低落兼有失眠問題，不妨多散步或接觸大自然緩解鬱結。一九八三年出生者財運有耗損，不宜投資投機。本月亦容易受傷，戶外活動時要格外留神。

農曆四月（西曆二〇二六年五月五日至六月四日）

相沖月份宜動不宜靜，不妨放假外遊走動，有望「動中生財」。惟出門後要時刻注意道路安全，駕駛人士亦要遵守交通規則，慎防輕微汽車碰撞。一九八三年出生者有輕微血光之災，要提防廚房、浴室等家居陷阱，慎防因為健康而破財。二〇〇七年出生者本月屬「天沖地沖」，人際關係倒退，尤其與家人摩擦不斷，需要互諒互讓、和睦共處。

農曆五月（西曆二〇二六年六月五日至七月六日）

事業有新發展機遇，可望於職場上大展拳腳，連帶財運亦有進帳，不妨把握好運，積極爭取表現。一九七一年出生者關節容易扭傷或觸及舊患，不妨以針灸理療紓緩症狀。二〇一九年出生的小朋友有受傷機會，尤其頭部及手部首當其衝，家長需要留意家居陷阱，慎防發生意外。

農曆六月（西曆二〇二六年七月七日至八月六日）

個人雄心壯志、寄望能於事業上有更佳發揮，惟受外圍因素影響知易行難，感覺較為心不從心，建議調整心態、盡力而為，亦可多進修學習，增值自己。一九五九年出生者有破財運，不宜輕信小道消息，慎防無辜受騙。一九九五年出生者腳部容易扭傷，進行戶外活動時必須結伴同行，凡事安全為上。

農曆七月（西曆二〇二六年八月七日至九月六日）

貴人助力充足，自己亦有新計劃躍躍欲試，若投資金額不多則不妨一試，可望以小博大而有成功機會。一九七一年出生者肺部及呼吸系統較弱，容易有鼻敏感或久咳不癒情況，不妨以中醫養生調理。二〇〇七年出生者財運疲弱，容易無辜漏財，不宜涉獵高風險的投機炒賣。

農曆八月（西曆二〇二六年九月七日至十月七日）

事業穩步向前，工作能有發揮，惟本月較容易惹官非，處理稅局、海關等監管機構的文件往來時要特別小心，從商者亦要慎防客戶賴帳而要對簿公堂。一九四七年出生者暗地漏財，不宜投資投機。一九八三年出生者眼睛容易發炎或有視力退化等小問題，亦要多關注心臟健康，若有不適應及早求醫。

農曆九月（西曆二〇二六年十月八日至十一月六日）

家宅運受衝擊，需要多關心長輩健康，亦可裝修、維修家居或斷捨離清理舊物，有助提升氣運。一九八三年出生者心情鬱悶、較為影響睡眠質素，建議多做運動減壓，亦可相約朋友聚會傾訴解開心結。二〇〇七年出生者財運不穩，外出時要小心看管個人財物，以免無辜被盜而破財。

農曆十月（西曆二〇二六年十一月七日至十二月六日）

刑剋月份做事一波三折，健康亦會較受衝擊，建議暫時放下手頭工作出門旅遊，以「借地運」方式提升運勢。一九五九年出生者家居受噪音、漏水問題困擾，需要盡快聘請專業人士維修處理。一九七一年出生者情緒低落、容易鑽進死胡同，建議報讀興趣課程，既可學習新知識亦可緩解壓力。

農曆十一月（西曆二〇二六年十二月七日至二〇二七年一月四日）

學習運順遂、個人求知慾強，不妨報讀在職培訓或其他興趣課程，有望增廣見聞及開闊眼界。惟本月應酬聚會頻繁，需要謹慎理財，提防入不敷支。一九九五年出生者情緒焦慮、工作壓力較大，不妨多做太極、瑜伽等運動放鬆身心。二〇一九年出生的小朋友腳踝容易扭傷，進行戶外活動時家長要特別留心。

農曆十二月（西曆二〇二七年一月五日至二月三日）

勞而有功的月份，之前付出的努力終於能有回報，不妨購買心頭好獎勵自己，亦可開始部署羊年來臨。惟本月有輕微是非，容易遭受批評，待人處事宜保持低調。一九三五年出生的長者人際關係倒退，與後輩相處時要多聆聽他人意見，不宜過分固執。一九七一年出生者有家人、親友提出財務借貸請求，建議量力而為，不宜強出頭令自己陷入財困。

太歲相沖運勢起伏
破財難免謹慎求變

肖鼠者出生時間（以西曆計算）

二〇二〇年二月四日十七時四分　至　二〇二一年二月三日二十二時五十九分

二〇〇八年二月四日十九時二分　至　二〇〇九年二月四日零時五十二分

一九九六年二月四日二十一時九分　至　一九九七年二月四日三時四分

一九八四年二月四日二十三時二十分　至　一九八五年二月四日五時十三分

一九七二年二月五日一時二十分　至　一九七三年二月四日七時四分

一九六〇年二月五日三時二十三分　至　一九六一年二月四日九時二十三分

一九四八年二月五日五時四十三分　至　一九四九年二月四日十一時二十三分

一九三六年二月五日七時三十分　至　一九三七年二月四日十三時二十六分

肖鼠開運錦囊

★沖太歲力量強大，宜貼身佩戴猴形及龍形生肖飾物以緩和衝擊。

★任職紀律部隊或管理階層者可望更上一層樓，不妨擺放紫晶球強化運勢。

★大耗星入主有損財運，不妨置業搬遷或多作保健養生的消費，主動破財擋災。

★相沖之年雖有利走動，惟出門亦要慎防意外，謹記事先購買保險，凡事小心。

★家宅及健康運偏弱，宜於家中五黃（正南）及二黑（西北）流年病星位置擺放銅器重物化解。

（流年吉凶方位請參看「馬年行好運風水佈局」）

整體運程

受「子午沖」影響，肖鼠者來到馬年屬沖太歲，故將會是十二生肖當中變化最大的一員，務必謹慎應對。雖然犯太歲運勢未必一面倒，但容易走向兩極，尤其丙午年屬火旺之年，若命格利火者尚能緩慢向前，惟忌火者則難免要面對挑戰。所謂「一喜擋三災，無喜是非來」，沖太歲之年適宜有結婚、添丁、置業或創業等人生大事沖喜，可望將相沖力量減到最低。惟未有喜事者則要有心理準備面對事業、愛情或家宅等不同範疇的變化衝擊，建議調低目標、不宜作重大決定，以「讓運」心態度過為佳。

雖然沖太歲令運勢起伏不定，可幸仍有「唐符」吉星駕臨，為肖鼠者的事業增添助力。此星代表權力與威望，若任職警隊、海關或消防等紀律部隊，馬年可望發揮領導才能；從事大機構、政府部門或管理層亦可一展所長，才華得以彰顯。而「天廚」顧名思義就是有關飲食的吉星，反映馬年社交運活躍，可望有不少飯局應酬及大飽口福的機會。

不過，新一年有「歲破」凶星入主，代表人際關係上的破敗，尤其容易得罪權貴，肖鼠者需要留意個人言行，慎防因為言語誤會而遭受攻擊。「大耗」則是大破財星，馬年容易決策錯誤而招致損失，故無論投資或創業亦宜以小博大，不宜涉獵高風險的投機炒賣。「災煞」及「天哭」則是旅途中的意外驚嚇，建議及早購買醫療及旅遊保險，慎防有航班延誤或行李遺失情況，亦要避免進行高危的戶外活動，即使堅持參與亦要有專業教練結伴同行，凡事以安全為上。

其實沖太歲就如遭受別人攻擊，原地不動容易受傷，故適合多作走動避開危險，亦可借助外力保護自己。而肖鼠、肖猴及肖龍屬三合生肖，馬年宜貼身佩戴猴形及龍形生肖飾物助旺自身力量，並最好於蛇年年底檢查身體、立春後則拜太歲，多作健康管理及贈醫施藥善舉。另外亦不宜觸動家中五黃（正南）及二黑（西北）流年病星飛臨位置，凡事準備妥當則相沖年份亦可平安大吉。

【財運】

沖太歲令肖鼠者的財運起伏較大，打工一族有「唐符」吉星支持，馬年尚且能有合理薪酬調整；惟從商者於不同月份的業績起伏較大，容易有「三更窮、五更富」情況，需要開源節流、積穀防饑。尤其全球經濟環境欠佳，即使相熟客戶亦盡量不宜借貸、賒數，以免對方周轉不靈而賴帳，又或受到其他外圍因素拖累而招致損失。其實相沖年份宜動不宜靜，馬年不妨將產品或服務拓展至不同國家地區，「動中生財」則仍可望有一線商機。

不過，馬年財運始終存在暗湧，加上有「大耗」凶星入主，無論創業或投資均需要特別謹慎，即使看似手到拿來的項目亦要多作部署，慎防落實後與預期有所落差，又或出現突如其來的變化，令自己措手不及。建議新一年的投資策略應以穩健為大前提，避免投入大額金錢，反而採取以小博大的方式進行，成功機會較高。

由於相沖年財運充滿變數，肖鼠者不宜將目標訂得太高，賺取收入後可將部分現金購買實物資產或置業保值，惟謹記只宜自用、不能炒賣，亦可花費於搬遷、裝修、維修或健康管理之上，主動應驗沖太歲的變化運勢。

【事業】

馬年喜獲「唐符」吉星進駐，此星代表權力與威望，肖鼠者的仕途得意，工作魄力十足，尤其任職紀律部隊如警隊、海關或消防等將最能感受到助力，有望發揮領導才能，統領下屬做出成績。而管理層或於大機構工作者亦有受惠，可望於職場上大放異彩，兼獲上司賞識而有晉升機會。不過，受到不利人際關係的「歲破」制衡，馬年人事紛擾頻繁，待人處事宜保持謙虛低調，慎防因為「言者無心、聽者有意」而開罪重要人物，影響原本向好的事業發展。

另外，部分肖鼠者或會於相沖年份萌生轉職念頭，惟始終運勢起伏不定，需要小心評估箇中風險，若堅持離開亦宜盡量於下半年落實執行，並必須簽約落實始辭去原有職位，不宜衝動裸辭，以免新公司出現變卦，令自己跌入較長的等候期，又或工作環境與期望有所落差，令自己陷入進退兩難的局面。

其實沖太歲之年若有感事業發展受掣肘而想作出改變，不妨考慮於原有崗位申請出差、調職或駐守海外，亦可採取「讓運」心態，將目標稍為調低，並多報讀進修課程裝備自己，待時機成熟時始作改變更為合適。

【感情】

沖太歲為感情上的「關口年」，關係需要有所推進，所謂「太歲當頭坐，無喜必有禍」，情侶若有結婚打算不妨於馬年執行，可望緩和相沖力量。惟於籌辦婚禮的過程中務必要包容忍讓，盡量分工清晰，慎防因為瑣事爭執不歡而散，甚或會導致分手收場。至於未有成家立室打算者，則要堅決抗拒外來誘惑，亦要多花心力維繫感情，提防關係生變而出現分手離合情況。

已婚者與另一半亦會有較多摩擦，需要多加溝通、互諒互讓，亦可採取人為的「聚少離多」方式相處，多出差或各自專注於事業發展，適當時候獨處反而能避免爭執。新一年亦屬容易有喜之年，若有添丁打算可落實執行，惟成功懷孕後必須按照傳統，待懷胎三個月始向外公佈喜訊，以免過分高調而出現變數。

單身一族有「天廚」吉星加持社交活躍，惟馬年始終不屬桃花暢旺之年，容易遇上短暫姻緣；加上「歲破」較為衝擊人際關係，故即使能成功「脱單」亦不宜太快公開或融入對方的家人、朋友圈子，以免招惹是非或因為閒言閒語而影響對伴侶觀感，破壞剛萌芽的戀情。

【健康】

沖太歲會衝擊健康及家宅運，馬年要多關注長輩身體，自己亦要慎防受傷，尤其頭部及手部首當其衝，而「子午沖」亦代表道路上的危險，駕駛人士要遵守交通規則，提防輕微汽車碰撞。至於「災煞」及「天哭」飛臨容易於外遊時有小意外驚嚇，出發前要多留意目的地之天氣變化，慎防有航班延誤或行李及財物遺失，到埗後亦要注意人身安全，避免進行爬山、攀石、滑雪或潛水等高危的戶外活動，即使堅持參與亦要聘請專業教練同行，並預先購買意外及旅遊保險，以策萬全。

另外，「天廚」入主難免會有較多飯局應酬，惟凡事要適可而止，嗜杯中物者亦只宜淺酌，以免因為飲食過量而令腸胃超出負荷拖垮健康。建議肖鼠者養成健康的生活習慣，進行恒常運動、盡量作息定時，亦要多作體重管理。

由於相沖力量強大，肖鼠者容易感受到壓力，建議採取「讓運」心態，不宜作重要決定，亦可多花費於購買保健品或健康管理之上，於蛇年年底檢查身體，主動破財擋災應運。若大門或牀頭坐落於流年五黃（正南）或二黑（西北）病星位置，需要擺放銅器重物化解，凡事穩妥則可平安度過。

不同年份生肖運程

◎一九三六年：丙子年（虛齡九十一歲）

新一年財運及社交運不俗，鍾情麻將耍樂者可相約朋友竹戰聯誼，亦可多聚會品茗打發時間。不過，年柱重疊令命格中的「丙火」被強化，需要提防頭部、手部或腳部容易受傷，尤其要注意廚房、浴室等家居陷阱，不妨請後輩加裝扶手或其他安全措施，外出時亦宜有人相伴，不宜獨自出行。若想強化健康運，可考慮為家居作小量裝修、維修或更換損壞的電器，惟謹記不宜於五黃（正南）及二黑（西北）病星位置動土，以免病氣加劇。

◎一九四八年：戊子年（虛齡七十九歲）

雖然馬年為相沖年，可幸對戊子年出生者影響不大，新一年能得貴人助力，投資方面有望憑對方提供的消息而獲利，不妨小注怡情。惟個人脾氣較為急進，容易與家人後輩有摩擦，所謂「家和萬事興」，需要平心靜氣溝通尋求共識。新一年亦有外遊機會，惟始終處於相沖年要注意安全，慎防有腸胃過敏或水土不服問題，飲食宜盡量清淡，以免「病從口入」，亦可帶備藥物保平安。

◎一九六〇年：庚子年（虛齡六十七歲）

馬年的求知慾強，對周遭的事物仍保持好奇心，可望接觸不同範疇的新興趣，屬愉快充實的一年。惟財運走勢一般，需要慎防受騙，若有家人、親友提出財務借貸請求務必要三思，不宜感情用事，簽署文件、合約前亦要了解條款細則，以免招致損失。投資方面亦要特別謹慎，不宜涉獵高風險的炒賣活動，容易有決策錯誤情況。

◎一九七二年：壬子年（虛齡五十五歲）

受「丙壬沖」及「子午沖」影響，壬子年出生者將會是眾多肖鼠者當中運勢最動盪的一員，需要特別注意自己及長輩健康。尤其「壬子」屬於強水、而流年「丙午」則為強火，兩個極端元素對沖力量強大，需要提防心臟、血壓方面的都市病，亦要注意膀胱、腎臟等泌尿系統問題，建議於蛇年年底進行詳細的身體檢查，並多作健康管理。另外，受「天沖地沖」影響，馬年人際關係疲弱，容易與人有摩擦，需要多加忍讓，以和為貴。由於相沖年運勢多變，有機會出現居所位置變動或事業變化等，不妨隨緣隨遇、順勢而行，亦可主動「讓運」，多吃喝玩樂輕鬆度過為佳。

◎一九八四年：甲子年（虛齡四十三歲）

虛齡四十三歲為傳統上的「厄年」，故運勢仍處於動盪狀態，需要待馬年過去始能重上軌道，尤其新一年人際關係複雜，職場上容易招惹是非，建議行事要保持低調，事不關己不宜多加意見，亦要避免作中間人排難解紛，以免好心做壞事而遭受攻擊。另外，雖然上司及貴人運不俗，惟下屬運欠佳，尤其從商者要親力親為、多作監管，以免對方大意出錯而連累自己。財運方面有較大起伏，不妨多出門走動，以「動中生財」方式帶旺運勢。已婚者要為小朋友之事而勞心，建議多加耐性冷靜處理，不宜操之過急。

◎一九九六年：丙子年（虛齡三十一歲）

傳統上三十及三十一歲的運勢會有較多變化，尤其事業上仍處於摸索階段，需要待三十二歲始會有較清晰方向。而馬年工作有機會出現新狀況，惟工作壓力龐大，容易令情緒起伏，需要調節心態從容面對，亦可虛心請教前輩及多聆聽別人意見。若相沖年有結婚或置業打算不妨落實執行，惟未有計劃者則要有心理準備面對更多變化。新一年亦要多關注長輩健康，若有不適宜盡快陪同求醫。

◎二〇〇八年：戊子年（虛齡十九歲）

新一年思想較為負面，容易有焦慮情緒及胡思亂想，不妨多進修增值擴闊眼界，亦可報讀興趣課程放鬆身心，又或相約朋友聚會傾訴。感情方面則未算穩定，容易有分手離合情況，建議多花時間相處了解，不宜太快認定對方。

◎二〇二〇年：庚子年（虛齡七歲）

學習運順遂，加上個人主動性強、態度積極，學業成績將會明顯有進步。惟馬年容易有受傷機會，尤其手腳容易扭傷、摔傷，需要提防家居陷阱，若小朋友本身較為活躍好動，家長需要多花時間看顧，慎防發生意外。

流月運勢

農曆正月（西曆二〇二六年二月四日至三月四日）

受是非口舌困擾情緒低落，建議做好自己，對閒言閒語毋須過分上心，亦可出門外遊，既可散心亦可帶動運勢。一九六〇年出生者財運易有耗損，不宜魯莽開展新投資計劃。一九八四年出生者較為固執，容易有人事糾紛，需要多聆聽別人意見。本月手部容易受傷，進行戶外活動時要注意安全。

農曆二月（西曆二〇二六年三月五日至四月四日）

「子卯相刑」較為衝擊健康，需要多爭取休息時間，不宜工作過勞。本月亦容易桃花破財，與異性不宜有太多金錢轇轕，合作投資更要特別謹慎，慎防因財失義。一九七二年出生者情緒焦慮，容易杞人憂天，不妨多接觸大自然紓緩減壓。一九九六出生者喉嚨、氣管及呼吸道較弱，容易有久咳不癒情況，若有吸煙習慣者宜及早戒掉。

農曆三月（西曆二〇二六年四月五日至五月四日）

做事有表面風光，開始時發展順遂、但落實後卻困難重重，建議隨緣隨遇，放慢腳步運勢反而會較為理想。一九四八年出生的長者有輕微偏財運，鍾情賽馬活動或麻將耍樂者不妨小注怡情，亦可購買彩票碰運氣。一九七二年出生者容易被金屬所傷，駕駛人士需要注意道路安全。

農曆四月（西曆二〇二六年五月五日至六月四日）

財運一得一失，從商者要開源節流、積穀防饑，削減不必要的開支，賺取收入後亦宜將部分資金購買實物保值，以免無辜破財。一九八四年出生者有貴人力量加持，做事事半功倍，惟容易因為堅持己見而開罪他人，需要廣納百川。二〇〇八年出生者與家人關係緊張，雙方僵持不下令情緒頗受困擾，需要冷靜溝通尋求共識，亦可出門外遊放鬆身心。

農曆五月（西曆二〇二六年六月五日至七月六日）

相沖月份人際關係四面受敵，容易無辜招惹是非，待人接物要保持低調，以免鋒芒太露而遭受攻擊。一九六〇年出生者本月屬「天沖地沖」，難免要為家宅瑣事而奔波勞碌，建議放假出門外遊，以「借地運」方式提升運勢。一九八四年出生者健康運欠佳，需要慎防家居陷阱而意外受傷。

農曆六月（西曆二〇二六年七月七日至八月六日）

小人當道、容易被是非口舌纏身，建議「少説話、多做事」，謹守崗位明哲保身。一九六〇年出生者睡眠質素欠佳，需要留意寢室是否受噪音或光線問題滋擾，亦可更換牀褥或窗簾，營造舒適的睡眠環境。二〇〇八年出生者工作壓力龐大，需要學懂勞逸結合，亦可多做帶氧運動紓緩減壓。

農曆七月（西曆二〇二六年八月七日至九月六日）

運勢回升、有新合作機會出現，若只需投入時間心力則不妨一試，惟大額投資則不宜輕舉妄動，需要多觀察市場環境再作決定。一九七二年出生者與身邊人有較多摩擦，需要互相忍讓，以和為貴。本月頭部容易受傷，不宜進行高危的戶外活動。一九九六年出生者有家人、親友提出財務借貸請求，建議量力而為，不宜強出頭。

農曆八月（西曆二〇二六年九月七日至十月七日）

事業有新發展機遇，之前遇到的困難阻礙亦可有曙光，連帶財運亦有進步，不妨積極把握好運，勇往直前。一九七二年出生者家宅運較受衝擊，需要多花時間關心長輩健康，亦要注意個人情緒，不妨相約朋友聚會傾訴。一九八四年出生者面對流言蜚語壓力較大，尤其事不關己不宜多加意見，以免無辜捲入是非漩渦。

農曆九月（西曆二〇二六年十月八日至十一月六日）

本月將有升遷機會，權責及職銜可望提升，惟薪酬加幅只屬一般，加上工作壓力較大，有輕微多勞少得。一九六〇年出生者思想悲觀消極，精神難以集中，不妨多出門郊遊，以大自然的能量緩解鬱結。二〇〇八年出生者跌入破財運，需要留意理財方向，慎防入不敷支。

農曆十月（西曆二〇二六年十一月七日至十二月六日）

事業扶搖直上，可望一展所長，惟本月屬暗地漏財，需要量入為出，簽署文件、合約前亦要請專業人士核對條款細則，以免大意出錯而有損失。一九八四年出生者受失眠問題困擾，精神恍惚有機會令手部意外受傷，需要特別小心。一九九六年出生者人際關係如履薄冰，待人處事要保持低調，慎防捲入複雜的辦公室政治之中。

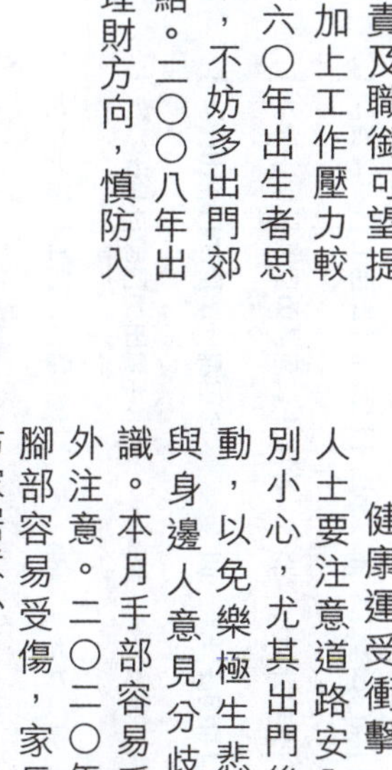

農曆十一月（西曆二〇二六年十二月七日至二〇二七年一月四日）

健康運受衝擊，容易意外受傷，駕駛人士要注意道路安全，熱愛運動者亦要特別小心，尤其出門後不宜進行高危戶外活動，以免樂極生悲。一九八四年出生者與身邊人意見分歧，需要多溝通尋求共識。本月手部容易受傷，戶外活動時要格外注意。二〇二〇年出生的小朋友手部及腳部容易受傷，家長需要有危機意識，慎防家居意外。

農曆十二月（西曆二〇二七年一月五日至二月三日）

沖太歲之年即將完結，事業及財運將會漸趨穩定，惟本月運勢仍存在暗湧，除了要為家事而勞心，亦有機會無辜破財，需要謹慎應對，不能鬆懈。一九六〇年出生者有劫財運，面對不熟悉的投資項目不宜盲目追捧，容易決策錯誤而招致損失。一九九六年出生者本月屬「天合地合」，建議不宜作重要決定，亦可放假出門外遊，以「借地運」方式帶旺運勢。

牛

太歲相害提防暗箭 貴人加持逢凶化吉

（流年吉凶方位請參看「馬年行好運風水佈局」）

肖牛開運錦囊

★太歲相害較多瑣碎困擾，宜貼身佩戴蛇形及雞形生肖飾物以保平安。

★事業運理想，易受上級賞識，但也有小人作祟，宜擺放紫晶文昌塔以加強人際關係。

★財運起伏較大，需要居安思危，最好準備一筆應急錢以備不時之需。

★犯太歲之年宜多出門走動，但外遊時須注意安全，宜預先購買旅遊保險。

★緊接的羊年為沖太歲，運勢較為起伏，宜及早於馬年第四季作好部署。

肖牛者出生時間（以西曆計算）

二〇二一年二月三日二十二時五十九分　至　二〇二二年二月四日四時五十一分

二〇〇九年二月四日零時五十二分　至　二〇一〇年二月四日六時四十九分

一九九七年二月四日三時四分　至　一九九八年二月四日八時五十八分

一九八五年二月四日五時十三分　至　一九八六年二月四日十一時九分

一九七三年二月四日七時四分　至　一九七四年二月四日十三時正

一九六一年二月四日九時二十三分　至　一九六二年二月四日十五時十八分

一九四九年二月四日十一時二十三分　至　一九五〇年二月四日十七時二十一分

一九三七年二月四日十三時二十六分　至　一九三八年二月四日十九時十五分

整體運程

肖牛者於馬年屬害太歲，雖然其衝擊力量較本命年及沖太歲輕微，但「害」有陷害之意，反映新一年人際關係較弱，容易被人暗箭所傷，加上有較多牙痛、皮膚敏感或腸胃炎等健康問題，家宅又容易有噪音、漏水等情況，不同層面的瑣碎困擾總會影響心情。所謂「一喜擋三災，無喜是非來」，若馬年有結婚、添丁、置業或創業沖喜則可緩和害太歲的負面影響，否則就要有心理準備做事較多枝節，開展時順遂，但過程中又困難重重，以為失敗最終又會成功，既然結果難料，建議肖牛者調節心態、順勢而行，以平常心面對為佳。

雖然馬年屬犯太歲，可幸仍有吉星進駐，為肖牛者運勢增添助力。「國印」是掌管權力的帥印，新一年事業發展順遂，尤其文職、創意工種、管理層或任職大機構者最為有利，可望大權在握兼有升遷機會。至於「紫微」及「龍德」屬強而有力的貴人星，代表逢凶化吉、遇難呈祥，即使遇上困難亦能借助貴人力量一一解決。

不過，馬年的凶星力量亦不能掉以輕心，「暴敗」代表財運起伏較大，尤其從商者於不同月份的業績差距極大，需要開源節流、積穀防饑。投資方面亦要以穩健為前提，只宜以小博大，大額投資則容易招致損失。至於「天厄」、「六害」及「天煞」則是出門後的小意外驚嚇，外遊前要注意目的地之治安及天氣變化，慎防航班延誤或行李遺失，凡事以安全為上。

總括而言，馬年有吉星力量拱照，肖牛者的事業能扶搖直上，遇困阻亦可化險為夷；惟始終害太歲有較多小問題出現，故必須做好準備，宜貼身佩戴蛇形及雞形太歲飾物，以「巳酉丑」三合力量保護自己，立春後則拜太歲以保平安。另外犯太歲之年也不妨多出門「借地運」，若有搬遷或裝修計劃者亦可落實執行，主動應驗變化。另外，馬年過後的羊年為沖太歲，屆時運勢定必更為起伏，故必須及早部署以迎接連續兩年的衝擊，凡事謹慎則可平安大吉。

【財運】

雖然馬年未有直接的財星進駐，可幸「紫微」及「龍德」屬力量強大的貴人星，肖牛者新一年有望借助人脈資源而不乏賺取機遇。投資方面可獲貴人提供資訊而早着先機，又或能與實力雄厚的伙伴合作，整體獲利機會較高。

不過，馬年始終為害太歲之年，做事容易枝外生節，故無論創業或投資亦要特別謹慎，落實前需要多評估自己能承受的風險，盡量採取以小博大的方式進行，切忌炒賣。不宜大額投資；打算置業者亦只宜自住。而相害之年人際關係較為反覆，有貴人眷顧但亦容易招惹小人，從商者要慎防遭競爭對手中傷，待人處事宜保持低調，凡事以和為貴。若與人合作則要多花時間溝通，數目亦要盡量分明，以免因財失義或因誤會而反目。

另外，受「暴敗」凶星影響財運起伏不定，從商者要慎防有「三更窮、五更富」情況，不同月份的業績相距較大，有時門庭若市、但有時又門堪羅雀，加上馬年過後的羊年屬沖太歲，肖牛者把握機遇之餘亦不能被勝利沖昏頭腦，故必須開源節流、積穀防饑，賺取收入後亦可將部分資金購買實物保值，以防入不敷支。

【事業】

馬年喜獲「國印」、「紫微」及「龍德」一組力量強大的吉星助陣，肖牛者的貴人力量充足，有望於職場上一展所長，故不妨把握機會主動出擊。「國印」是掌管權力的帥印，無論職銜及權力均會有所提升，惟薪酬加幅則只屬一般。「紫微」及「龍德」是強大的貴人星，馬年可獲長輩及領導層眷顧，事業更上一層樓。

不過，始終受害太歲力量所制衡，肖牛者需要注意與同輩及下屬的關係，同事之間有明爭暗鬥，容易因為溝通不足而惹誤會，又或被小人暗箭所傷，故待人處事必須保持謙虛低調，不宜鋒芒太露，以免捲入辦公室政治而影響發展。

雖然犯太歲之年宜多走動，但始終運勢存在暗湧，故有轉職打算者需要三思，慎防新公司有人事變動而令計劃成空，又或工作環境與期望有所落差，令自己進退失據。建議肖牛者留守原有公司、多爭取出差機會，以「動中生財」方式帶旺運勢。另外，馬年受「暴敗」影響發揮時好時壞，加上人事紛擾較為影響情緒，需要調節心態、全力以赴，並多花時間處理人事問題，謹記若能保持圓融的人際關係，則事業發展可無往而不利。

【感情】

肖牛者於馬年屬害太歲、緊接的羊年則為沖太歲，面對連續兩年的衝擊變化，有伴侶者需要及早籌劃，若關係能平穩過度、則羊年有機會修成正果，否則就要慎防跌入分手運。尤其害太歲之年人際關係疲弱，需要提防受外來因素影響而對伴侶信心有所動搖。若關係未穩定者，建議低調保護戀情，不宜太快公開或投入對方家人、朋友圈子，以免意見紛紜令自己左右為難，甚或導致離異收場。

已婚者同樣需要多作盤算，打算添丁者可落實執行，有望於馬年懷孕、羊年分娩；若未有開枝散葉計劃者，則要提防家人長輩的閒言閒語或婆媳關係而令夫妻有摩擦，即使害太歲之年未有太大衝擊，踏入相沖年亦會有隱藏危機，故必須多加溝通、包容忍讓，慎防伴侶心生不滿而於羊年一觸即發，破壞夫妻感情。

至於單身一族能得吉星助力，欲「脫單」者不妨請長輩幫忙介紹引薦，或於工作場所中多留意身邊人，可望結識條件背景不俗的對象。惟馬年始終未有桃花星飛臨，即使有緣遇上亦不屬一見鍾情、展開熱烈追求的類型，故不宜操之過急，不妨多花時間相處了解，待時機成熟再作發展。

【健康】

馬年與緊接的羊年均屬犯太歲，連續兩年為健康帶來衝擊，故肖牛者必須謹慎防範。害太歲之年有較多牙痛、神經痛、皮膚過敏或關節舊患復發等小毛病，頗為影響情緒，加上忙於為事業衝刺、人際關係倒退又帶來壓力，令肖牛者容易有失眠問題，故必須學懂紓緩減壓，不妨多做太極、瑜伽或打坐等沉澱自己，亦可做帶氧運動及接觸大自然，以正能量緩解心中鬱結。

雖然犯太歲宜動不宜靜，惟始終「行船跑馬三分險」，加上凶星進駐容易受傷，出門後需要注意人身安全，不宜進行高危的戶外活動。駕車人士亦要注意道路安全，提防輕微汽車碰撞，不妨更換安全性高的坐駕或多作維修保養，主動破財擋災。

既然健康運一般，建議馬年多購買保健品、多作健康管理及贈醫施藥，並於蛇年年底檢查身體、馬年之始捐血及洗牙，立春後做好拜太歲工作，貼身佩戴蛇形及雞形的生肖飾物，以「合而忘沖」化解負面力量。若牀頭坐落於五黃（正南）或二黑（西北）流年病星位置，則要擺放銅器重物鎮壓病氣，謹記凡事多籌劃，則犯太歲亦可逢凶化吉、遇難呈祥。

不同年份生肖運程

◎一九三七年：丁丑年（虛齡九十歲）

馬年容易因為受騙或決策錯誤而破財，若有後輩提出財務借貸請求務必三思，若打算伸出援手亦要有「一去不回頭」的心理準備。投資方面亦要以保守為大前提，不宜涉獵高風險的投機炒賣，即使麻將耍樂或其他博彩活動亦只宜小注怡情，避免大額下注。健康方面則因為火過旺，需要留意心臟及血壓毛病，可幸整體未算有太大影響，加上與家人相處融洽、心情愉快，故馬年仍屬向上之年。

◎一九四九年：己丑年（虛齡七十八歲）

個人情緒較為焦慮，容易胡思亂想、杞人憂天，可幸實際運勢並不算差，不妨多散步或接觸大自然，亦可培養種花、養魚等嗜好或相約朋友聚會品茗，保持社交活躍則心情亦較為開朗。家宅運有輕微衝擊，容易受到噪音、漏水等問題困擾，建議聘請專業人士維修。健康方面腸胃及消化系統較弱，飲食宜盡量清淡，以免「病從口入」。

◎一九六一年：辛丑年（虛齡六十六歲）

受年柱「丙辛合」影響，馬年有較多家宅瑣事需要勞心，如噪音、漏水或電器損壞等，需要及早維修處理。後輩之事則不宜過分干預，讓對方自由發展，自己寄情山水、多出門短線旅遊，關係將會更為融洽。健康方面要注意喉嚨、氣管及呼吸道問題，本身有鼻敏感症狀者需要注意空氣質素，慎防居住環境中有致敏原而令情況加劇。投資方面只宜以小博大，不宜大額下注，亦要避免與他人合作投資，以免反目收場。

◎一九七三年：癸丑年（虛齡五十四歲）

思想較為悲觀，加上脾氣急進，容易將負面情緒發泄於他人身上，需要調整心態、保持正向思維，亦可多做運動或多接觸大自然吸收正能量。財運則相對蛇年有進步，無論正財及偏財均有進帳，惟始終屬害太歲年份，高風險的投機炒賣不宜沾手。健康方面受水火對沖影響，要提防心臟、血壓或三高等都市病，需要多作健康管理，亦可檢查身體保平安。馬年亦要多關心長輩健康，不妨為對方維修家居或更換家俬等，均可有助提升氣運。

◎一九八五年：乙丑年（虛齡四十二歲）

以專業技術或以口得財者發展不俗，惟容易招惹是非，事不關己不宜多加意見，亦要避免作中間人排難解紛，以免「躺着也中槍」遭受攻擊。其實虛齡四十二歲仍處於傳統上的「厄年」，運勢難免會有較大起伏，建議乙丑年出生者放慢腳步，採取「讓運」心態，不宜大興土木或作重要決定，亦可多作進修增值自己，待運勢平穩時始重新出發更為合適。

◎一九九七年：丁丑年（虛齡三十歲）

馬年容易無辜破財，加上社交活躍、應酬活動頻繁，有較多額外開支，需要多作財務管理，慎防入不敷支。從商者亦要開源節流、積穀防饑，留意客戶的財政狀況，不宜借貸、賒數，以免對方賴帳而令自己周轉不靈。已有伴侶者關係平穩，惟要提防羊年的「關口年」關係有變，若感情穩定者，需要多作籌劃是否更進一步。單身一族能擴闊社交圈子，惟即使能結識異性也屬短暫情緣，難以修成正果，故不宜太快投入感情。

◎二〇〇九年：己丑年（虛齡十八歲）

學習運順遂、學業成績亦有進步，惟不宜給予自己太大壓力，需要調節心態從容面對。課外活動則宜選擇一、兩項有興趣的項目專注發展，不宜亂石投林，以免耗費太多時間而令自己分心。馬年亦可得長輩疼錫，惟兩代之間難免有不同想法，需要坦誠相對，以溝通化解歧見。新一年亦要留意關節容易受傷，進行戶外活動時要特別小心。

◎二〇二一年：辛丑年（虛齡六歲）

辛丑年的小朋友頭腦靈活、口齒伶俐，無論學習能力及吸收能力均有進步，深得師長疼錫。惟年柱相合容易受傷，需要提防廚房、浴室等家居意外，亦要注意喉嚨、氣管較弱，容易久咳不癒，建議安排小朋友參加游泳、跑步等訓練，適量運動加強肺部健康。由於馬年健康一般，需要留意牀頭不宜坐落於病星位置，否則宜以銅器重物化解。

流月運勢

農曆正月（西曆二〇二六年二月四日至三月四日）

本月要接手不熟悉的工作範圍，過程較為艱辛，亦要面對龐大工作壓力，不妨虛心向前輩或同事請教，亦要爭取休息時間，以免拖垮健康。一九六一年出生者有破財運，不宜輕信市場消息而魯莽投資。一九八五年出生者有焦慮情緒，容易引發失眠問題，不妨多做太極、瑜伽等運動紓緩壓力。

農曆二月（西曆二〇二六年三月五日至四月四日）

事業運有進步，能於職場上發揮才能，惟處理監管機構的往來文件時要特別謹慎，遇有疑問可向專業人士請教，以免大意遺漏而要對簿公堂。一九七三年出生者心情鬱悶、容易胡思亂想，建議相約朋友聚會傾訴，不宜愁城自困。一九八五年出生者面對人事紛擾心情煩躁，遇有意見分歧時要冷靜溝通，凡事以和為貴。

農曆三月（西曆二〇二六年四月五日至五月四日）

劫財月份理財方向要特別保守，不宜魯莽開展投資計劃，亦不宜作任何重要決定，以免決策錯誤而招致損失。一九七三年出生者有家人、親友需要幫忙，若牽涉借貸擔保需要三思，以免超出能力範圍而遭受連累。一九九七年出生者思想負面、情緒低落，不妨放假外遊放鬆身心。

農曆四月（西曆二〇二六年五月五日至六月四日）

有新合作機會臨門，若注資不多則不妨一試，可望以小博大賺取回報；惟牽涉大額投資則不宜輕舉妄動，需要評估個人能承受的風險再作決定。一九四九年出生的長者有輕微偏財運，投資方面不太貪心可有收穫。一九九七年出生者有眼睛發炎或視力衰退等小毛病，需要多注意個人衛生，亦可找專科檢查保平安。

農曆五月（西曆二〇二六年六月五日至七月六日）

身體健康有小毛病，需要多注意作息時間。本月亦有較多家宅問題需要勞心，尤其要多關心長輩健康，若有不適應盡快陪同求醫。一九八五年出生者有劫財運，出行時要小心看管個人財物，以免無辜被盜而破財。二〇〇九年出生者手部容易受傷，有運動習慣者要特別提防。

農曆六月（西曆二〇二六年七月七日至八月六日）

相沖月份人事問題複雜，容易有爭執及招惹是非，時間許可不妨放假出門短線旅遊，以「借地運」方式帶動運勢。一九四九年出生的長者人際關係一般，不宜作中間人排難解紛，容易有吃力不討好情況。一九六一年出生者做事有較多障礙，建議本月不宜作任何重要決定，輕鬆度過為佳。

農曆七月（西曆二〇二六年八月七日至九月六日）

事業運上揚，工作表現亮眼、領導才能亦得以發揮，可望於職場上有所突破。本月學習運同樣順遂，不妨報讀在職課程進修增值。一九九七年出生者有較多瑣碎開支，需要注意理財方向，以免入不敷支。二〇二一年出生的小朋友有較多傷風、感冒等小毛病，家長需要多花時間照顧。

農曆八月（西曆二〇二六年九月七日至十月七日）

做事一波三折、困難重重，可幸眼前困境只屬先難後易，只需要多花時間心力處理，問題最終可迎刃而解。一九七三年出生者健康運疲弱，要注意心臟及血壓方面的都市病，亦要多留心眼睛方面的小毛病。一九九七年出生者財運不穩，有較多意料之外的開支，需要開源節流。

農曆九月（西曆二六年十月八日至十一月六日）

人際關係倒退，與老朋友相處時要注意言行，容易因為溝通不足而惹誤會。職場上待人處事亦要保持低調，事不關己不宜多加意見，以免遭受攻擊。一九七三年出生者情緒低落、睡眠質素欠佳，不妨出門短線旅遊散心。二〇〇九年出生者跌入破財運，需要注意理財方向，慎防入不敷支。

農曆十月（西曆二六年十一月七日至十二月六日）

運勢全面上升，財運有進帳，之前遇到的困難亦漸見曙光，屬穩步向前的月份。一九四九年出生的長者腳踝容易扭傷、摔傷，外出時宜請後輩或家傭陪伴，不宜獨自出行。二〇二一年出生的小朋友較為情緒化，容易因為瑣事而吵鬧發脾氣，家長需要從旁指導，為子女梳理情緒。

農曆十一月（西曆二六年十二月七日至二七年一月四日）

有條件吸引的新項目出現，惟落實前要多了解內容細節，慎防有表面風光情況；過程中亦要多作監察，做好兩手準備迎接變化，以免實際狀況與期望有所落差。一九六一年出生者有親友提出財務借款請求，建議量力而為，以免令自己陷入財困。一九八五年出生者有人事糾紛，需要多作協商。本月家宅亦較多問題需要處理，尤其要多花時間關心長輩健康。

農曆十二月（西曆二七年一月五日至二月三日）

馬年即將過去，羊年的沖太歲即將來臨，運勢上亦會陸續感受到較多問題湧現，本月不妨預約身體檢查，打算裝修、維修家居者亦可落實執行，做好各項犯太歲準備，以迎接相沖年來臨。一九七三年出生者貴人運暢旺，不妨把握機遇拓展人脈網絡。二〇〇九年出生者有較多口舌是非，與朋友聚會時要注意個人言行，以免因誤會而反目。

虎

吉星欠奉親力親為
事業上揚有利走動

肖虎者出生時間（以西曆計算）

二〇二二年二月四日四時五十二分　至　二〇二三年二月四日十時四十四分

二〇一〇年二月四日六時四十九分　至　二〇一一年二月四日十二時三十四分

一九九八年二月四日八時五十八分　至　一九九九年二月四日十四時五十八分

一九八六年二月四日十一時九分　至　一九八七年二月四日十六時五十三分

一九七四年二月四日十三時正　至　一九七五年二月四日十八時五十九分

一九六二年二月四日十五時十八分　至　一九六三年二月四日二十一時八分

一九五〇年二月四日十七時二十一分　至　一九五一年二月四日二十三時十四分

一九三八年二月四日十九時十五分　至　一九三九年二月五日一時十一分

肖虎開運錦囊

★流年吉星欠奉，有單打獨鬥之象，宜於辦公桌放置粉晶擺件提升人緣運。

★馬年容易遇上蠻不講理的女性，盡量以理性面對，不妨佩戴茶晶以消除負能量。

★人際關係欠佳，容易遭小人攻擊，宜化解流年三碧是非星之飛臨方位。

★對宮借來的吉星有利學習，不妨進修或報考升遷試，可望事半功倍。

★多出門走動可帶旺運勢，惟要提防旅途中有小意外，凡事多做兩手準備為佳。

（流年吉凶方位請參看「馬年行好運風水佈局」）

整體運程

肖虎、肖馬及肖狗屬「三合生肖」，既然與流年太歲關係友好，原則上運勢並無重大衝擊，做事亦會較為順遂。不過，由於馬年未有吉星進駐，故難以倚靠外力，凡事需要親力親為方可見成果，屬於較為刻苦耐勞的一年。

由於吉星欠奉，傳統上會相借對宮吉星助運，惟力量只有約三成。而借來肖猴的「文昌」及「驛馬」，其助力主要反映在事業發展之上，故肖虎者的工作尚算有進步。「文昌」是有利讀書考試的吉星，新一年頭腦靈活、邏輯思維清晰，能於職場上發揮所長，尤其文職或從事創作行業將最為有利，不妨主動進修或參加升遷考核，可望憑優秀表現而有滿意回報。而「驛馬」則代表頻繁走動，若打算前往海外升學者可落實執行，打工一族亦可多爭取出差機會，人在外地將會有更理想發揮。從商者則要放棄因循守舊、想出嶄新的市場策略始能突圍，亦可把握機會拓展生意版圖，將產品及服務帶到海外市場。

但謹記對宮吉星的助力有限，凡事仍要多加耐性及小心處理。尤其馬年有「白虎」飛臨，代表容易遇上無理取鬧、脾氣剛烈的女性，若肖虎者的直屬上司是女性，新一年對方將會特別挑剔，需要多控制情商以耐性應對。此星亦有「馬路如虎口」之意，駕駛人士要注意道路安全，提防輕微汽車碰撞。「白虎」入主亦要提防被動物所傷，有飼養寵物者宜多關顧其情緒，面對不熟悉的動物則不宜隨便接觸，以免無辜受傷。加上「飛簾」及「大煞」夾擊，外遊時需要特別注意安全，提防有小型意外驚嚇之事發生。至於「指背」顧名思義就是口舌是非，馬年要提防小人於背後說三道四，待人處事宜保持低調。

整體而言，肖虎者於馬年的運勢未算有太大起伏，惟始終欠缺吉星力量，故凡事均要依靠一己之力，投資方面必須多作分析研究，不能聽信消息或跟隨他人步伐而行。至於借來的「驛馬」宜動不宜靜，新一年不妨多出差或外遊，以「動中生財」方式帶旺運勢，惟始終有凶星力量制衡，出門後需要多注意安全，謹記凡事穩妥則可萬事大吉。

【財運】

肖虎與肖馬關係份屬友好，故新一年不乏新合作機會，亦可嘗試不同的新方向，惟始終流年未有吉星進駐，貴人力量欠奉，故需要有心理準備只能單打獨鬥賺取財富。

馬年借來對宮肖猴的「文昌」及「驛馬」，雖然力量只有約三成，可幸「文昌」代表聰明才智，新一年頭腦靈活、決斷力強，故無論正財及偏財均要透過自己下苦功始有機會獲利，打算置業者不妨多留意市場環境及該區的成交狀況，購買股票前亦要對公司的背景及業績多作了解，不宜憑靈感或小道消息魯莽下注，謹記若能親力親為、多作分析研究則可有滿意收穫。

至於有「驛馬」之年適宜多往外走動，從商者不妨趁機開拓海外市場，將產品及服務推展至其他國家地區，有望「動中生財」。投資方面亦可考慮將目光放諸四海，例如購買外幣或於海外置業等，惟謹記凡事必須經過自己的分析判斷，不能衝動行事。另外，由於馬年有「白虎」凶星入主，代表容易遇上專橫無理的女性，故無論創業或投資亦只宜獨自經營，盡量避免與女性合作，以免因財失義而反目收場。

【事業】

雖然流年未有吉星進駐，可幸借來的吉星有利事業發展，故肖虎者的工作尚算有突破。「文昌」有利讀書及考試，馬年邏輯思維清晰、做事有條理，能於工作崗位上一展所長，尤其任職大機構者不妨主動參加升遷考核，可望獲取好成績而令事業更上一層樓。由於「文昌」亦代表名氣，從事自媒體、編劇、廣告創作或市場推廣等將會靈感不絕，能於行內闖出名堂，故不妨積極把握。至於「驛馬」則有利出門，馬年不妨主動爭取出差機會，人在外地將會有更佳工作表現。

不過，受「白虎」影響需要提防女性帶來的麻煩，若直屬上司是女性，對方將會事事挑剔、吹毛求疵，需要多加耐性應對。加上「指背」同樣不利人際關係，馬年容易招惹是非，甚至被小人惡意中傷，故待人處事必須保持低調，尤其若工作環境以女性為主則要特別謹慎，事不關己不宜多管閒事，以免無辜捲入辦公室政治漩渦。

整體而言，馬年的事業運仍屬向好，無論留守原有公司或打算轉職均有發展，若有感上司較挑剔或工作受掣肘，不妨報讀進修課程自我增值，並盡量保持圓融的人際關係，則事業可望更進一步。

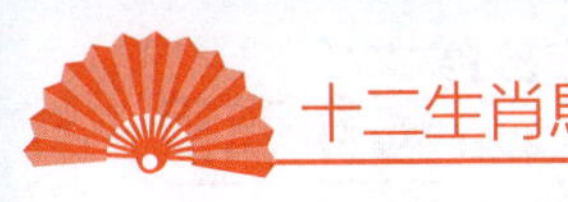

【感情】

馬年吉星欠奉、而借來的「文昌」及「驛馬」又以拱照事業為主，故感情未有太大進展，屬平淡及原地踏步的一年。受「文昌」吉星帶動，肖虎者新一年將會專注於事業發展，加上有「驛馬」需要頻繁走動，能覓得心儀對象的機會較為渺茫，即使能遇上亦容易有「神女有心、襄王無夢」情況，感覺較為追追逐逐。

若單身已久、渴望有所突破者，只能於進修場合多留意身邊人，又或借助「驛馬」星看能否有異地姻緣，例如於外遊時邂逅心上人，或對方前來自己的常居地發展。不過，馬年始終不屬桃花燦爛之年，建議肖虎者以擴闊社交圈子為目標，多交朋結友，待時機成熟始作進一步發展。另外，馬年受到「白虎」凶星影響，容易遇上脾氣剛烈甚至較為難纏的女性，故即使遇上有緣人後亦要多花時間觀察了解，不宜操之過急。

情侶或已婚者關係未有太大衝擊，關係尚算平穩，惟要慎防「指背」凶星破壞人緣關係，周遭會有較多閒言閒語，建議若戀情剛萌芽者，不宜太快公開或融入對方家人、朋友圈子，以免意見紛紜而令雙方信心動搖，甚至破壞感情。

【健康】

丙午年受到借來的「文昌」吉星帶動，肖虎者的思維清晰、方向及決策性正確，加上對健康管理的意識有所提高，養成恆常運動、作息定時的良好習慣，故原則上身體並無大礙。不過，馬年始終有代表道路危險的「白虎」進駐，肖虎者橫過馬路時需要遵守交通規則，慎防意外受傷；駕駛人士亦要奉公守法、時刻注意路面情況，提防輕微汽車碰撞。不妨考慮新一年更換安全性較高的車輛，亦適合多花費於汽車維修保養之上，主動破財擋災應驗運勢。至於「白虎」亦有被動物所傷之意，馬年除了要提防被蛇蟲鼠蟻咬傷外，有飼養寵物者需要多關顧其情緒，不熟悉的動物則不宜過分親近，以免無辜受傷。

至於「大煞」及「飛簾」則是外遊時遇上的小意外驚嚇，所謂「行船跑馬三分險」，出門前需要多注意目的地之治安及天氣變化，抵埗後亦要小心看管行李及個人財物，提防被盜情況；爬山、攀石、跳傘、潛水等高危活動亦盡量不宜參加，即使堅持參與必須有專業人士陪同，並帶備平安藥物、預先購買旅遊及意外保險，凡事做足準備則可萬無一失。

不同年份生肖運程

◎一九三八年：戊寅年（虛齡八十九歲）

戊寅年出生的長者馬年仍保持社交活躍，有不少聚會應酬，生活頗為充實。惟自己容易無故有焦慮情緒，建議多郊遊接觸大自然，亦可相約朋友聚會品茗，互相傾訴解開心結。健康方面要注意心臟及血壓問題，牀頭不宜坐落於五黃（正南）或二黑（西北）病星飛臨位置，否則必須擺放銅器重物或銅葫蘆化解病氣。

◎一九五〇年：庚寅年（虛齡七十七歲）

人際關係欠佳，是非口舌頻繁，尤其與老朋友相處時要提防「言者無心、聽者有意」情況，慎防因為言語誤會而有摩擦影響感情。馬年亦要提防墮入金錢騙局，若有家人、親友提出財務借貸請求只能量力而為，面對不熟悉的投資項目亦不宜沾手，以免無辜受騙而破財或捲入人事糾紛。健康方面則要注意「忌高」，若需要更換燈泡或窗簾等宜請後輩幫忙，以免意外受傷。

◎一九六二年：壬寅年（虛齡六十五歲）

受「丙壬沖」影響，馬年頭部容易受傷，需要多注意廚房、浴室等家居陷阱，建議加裝扶手或其他安全設施，以策萬全，本身有偏頭痛問題者亦要慎防情況加劇。水火對沖亦要多留意心臟及血壓方面的都市病，不妨檢查身體保平安。財運則起伏較大，從商者要以保守為大前提，不宜大興土木。可幸仍有輕微偏財，面對新投資計劃不妨以小博大，可望獲取回報，惟謹記見好即收，以免得不償失。

◎一九七四年：甲寅年（虛齡五十三歲）

學習運順遂，事業亦有新發展方向，可望涉獵不同範疇的工作，於職場上發揮所長，整體屬有進步的年份。惟馬年要小心處理人際關係，雖然能得上司及老闆眷顧，但與同輩及下屬關係一般，容易因為工作摩擦而有微言，需要多花時間溝通。新一年亦要為家宅瑣事或小朋友的管教問題而勞心，亦要多關心長輩健康，若有不適應盡快陪同求醫。

◎一九八六年：丙寅年（虛齡四十一歲）

虛齡四十一歲為傳統上的「厄年」，運勢難免會有較多變數，尤其馬年容易有破財運，投資方面需要特別保守，只宜選擇三至五年的中長線項目，避免短炒投機或涉獵高風險的炒賣活動。馬年家宅運一般，需要多關注長輩健康，自己亦要提防受傷。可幸事業尚算有發展，只是過程較為艱辛，有輕微多勞少得，若能調節心態從容面對，則整體仍屬進步之年。

◎一九九八年：戊寅年（虛齡二十九歲）

有焦慮情緒、容易杞人憂天，面對瓶頸位感覺難以突破，可幸戊寅年出生者的貴人運是眾多肖虎者之中最強的一員，故若感到迷惘時不妨多聆聽長輩意見，亦可借助對方的人脈網絡拓展新路向，只要能訂下目標、勇往直前則可望見成果。單身一族亦能透過長輩介紹引薦結識心儀對象，欲「脫單」者不妨把握機會。

◎二〇一〇年：庚寅年（虛齡十七歲）

學習運順遂，加上恆心及毅力十足，學業成績亦有進步，惟需要減少不必要的社交應酬，以免因為聚會頻繁而令自己分心。馬年亦不宜給予自己太大壓力，宜調節心態輕鬆面對，若需要支援時不妨多找長輩傾訴，對方的經驗可望令自己獲益良多。

◎二〇二二年：壬寅年（虛齡五歲）

壬寅年出生的小朋友頭部、手部及腳部容易受傷，需要注意廚房、浴室等家居陷阱，若性格本身較為活潑好動，家長們更需要多花時間照顧，尤其進行戶外活動時要特別留神，慎防意外受傷。可幸其學習運不俗，聰明伶俐、表達能力亦有進步，只是情緒起伏較大，需要從旁多作教導。

流月運勢

農曆正月（西曆二一六年二月四日至三月四日）

工作艱辛、壓力龐大，面對陌生範疇感覺力不從心，不妨虛心向前輩請教，可望對新工作有更佳掌握。一九五〇年出生者跌入劫財運，不宜投資投機，亦不宜為他人作借貸擔保，否則要有「一去不回頭」的心理準備。一九七四年出生者人際關係疲弱，容易與人起衝突，建議要冷靜溝通，凡事以和為貴。本月手部容易受傷，進行戶外活動時要加倍小心。

農曆二月（西曆二一六年三月五日至四月四日）

事業有新進展，惟當中仍存在變數，需要做好兩手準備迎接挑戰。已婚者與身邊人有較多摩擦，需要互諒互讓、坦誠相對。一九八六年出生者喉嚨、氣管較弱，不宜前往人煙稠密的地方，以免被感染。本月亦要多關心長輩健康，如有不適應盡快陪同求醫。二〇一〇年出生者容易入不敷支，需要注意理財方向。

農曆三月（西曆二一六年四月五日至五月四日）

財運走勢上揚，無論正財及偏財均可有進帳，惟投資市場瞬息萬變，故始終不宜涉獵高風險的投機炒賣，亦要謹記見好即收，以免先盈後虧。一九六二年出生者有受傷機會，需要多注意家居安全。一九八六年出生者人事爭執不斷，加上家宅受漏水、噪音等問題困擾，心情較為煩躁，建議及早聘請專業人士維修處理。

農曆四月（西曆二一六年五月五日至六月四日）

刑剋月份關節容易受傷，熱愛運動者要特別小心，有舊患者更要提防再次扭傷、摔傷。一九六二年出生者有漏財運，不宜聽信市場消息魯莽投資，亦要避免為他人作借貸擔保。一九九八年出生者心情鬱悶、容易胡思亂想，引發失眠問題，不妨相約朋友聚會，互相傾訴解開心結。

農曆五月（西曆二〇二六年六月五日至七月六日）

頭腦清晰、學習運順遂，不妨落實在職進修或報讀其他興趣課程，可望增值自己。一九七四年出生者健康受衝擊，有較多傷風、感冒等小毛病，需要注意作息時間，不宜工作過勞。二〇一〇年出生者與家人關係緊張，朋友之間亦容易因為言語誤會而有爭執，需要多加溝通，包容忍讓。

農曆六月（西曆二〇二六年七月七日至八月六日）

破財月份不宜開展任何新投資計劃，若有重大決定亦宜稍為推遲，以免有決策錯誤情況。一九九八年出生者簽署文件、合約前需要多注意條款細則，遇有疑問可向專業人士請教，慎防大意出錯而惹上官非。二〇一〇年出生者無故焦慮、終日愁眉不展，建議多接觸大自然，以正能量修補負面情緒。

農曆七月（西曆二〇二六年八月七日至九月六日）

相沖月份宜動不宜靜，不妨出門外遊，以「借地運」方式帶動運勢。惟出門後要注意安全，尤其駕駛者要遵守交通規則，提防輕微汽車碰撞。一九六二年出生者家宅受噪音、漏水等問題困擾，需要盡快請專業人士修繕，以免問題惡化。一九八六年出生者容易因為投資失誤而破財，需要多作分析研究，以免招致損失。

農曆八月（西曆二〇二六年九月七日至十月七日）

本月管理層要為下屬的工作而勞心，凡事需要親力親為多作監管，以免對方大意出錯而惹麻煩。一九九八年出生者事業運上揚，可有發展空間，惟財運則容易有耗損，需要謹慎理財，量入為出。二〇二二年出生的小朋友健康運較弱，容易有傷風、感冒等小毛病，家長們需要多花時間照顧。

農曆九月（西曆二〇二六年十月八日至十一月六日）

正財及偏財運均有進帳，亦有新合作機會臨門，惟只宜小試牛刀、不宜過分冒進。一九八六年出生者人際關係倒退，需要提防是非口舌，建議「少説話、多做事」避免紛爭。二〇一〇年出生者容易胡思亂想及有焦慮情緒，建議多與家人及朋友溝通傾訴，緩解壓力。

農曆十月（西曆二〇二六年十一月七日至十二月六日）

做事一波三折、困難重重，付出與收穫難成正比，較為多勞少得，建議本月不宜作任何重要決定，躺平及輕鬆度過為佳。一九六二年出生者容易受金屬所傷，駕駛人士要注意道路安全，工作要接觸機械者亦要格外小心。一九七四年出生者家宅運受衝擊，需要多關心長輩健康，自己亦要提防手部受傷，以及廚房、浴室等家居陷阱。

農曆十一月（西曆二〇二六年十二月七日至二〇二七年一月四日）

人事糾紛不斷、被是非口舌纏身，待人處事需要保持低調，事不關己亦不宜多加意見，以免無辜遭受攻擊。一九七四年出生者面對複雜的人事問題心情頗為煩躁，建議多做運動減壓，亦可相約朋友聚會傾訴。二〇一〇年出生者財運欠佳，需要多注意理財方向，慎防入不敷支。

農曆十二月（西曆二〇二七年一月五日至二月三日）

運勢迎來逆轉勝，能得貴人助力加持，之前遇到的困難阻礙可望見曙光，屬收穫豐厚的月份，不妨積極把握。一九八六年出生者呼吸系統較弱，若有鼻敏感問題者要多注意空氣質素，亦要留意居住環境中是否含有致敏原。一九九八年出生者人事紛擾頻繁，不宜作中間人為他人排難解紛，以免好心做壞事而成為眾矢之的。

肖兔開運錦囊

★太歲相破代表人際關係受衝擊，宜貼身佩戴狗形生肖飾物助旺自身力量。

★馬年有利嫁娶、添丁等喜事，單身者不妨佩戴紅紋石飾物以吸引正緣桃花。

★吉星加持容易獲得幸運之財，但亦有「破歡喜財」之象，宜做好財政規劃。

★馬年較多是非口舌，尤其要注意同輩與下屬之間的關係，宜多作溝通。

★桃花運旺盛，已有伴侶者要慎防三角關係，避免惹人誤會。

（流年吉凶方位請參看「馬年行好運風水佈局」）

肖兔者出生時間（以西曆計算）

二〇二三年二月四日十時四十四分　至　二〇二四年二月四日十六時二十八分

二〇一一年二月四日十二時三十四分　至　二〇一二年二月四日十八時二十四分

一九九九年二月四日十四時五十八分　至　二〇〇〇年二月四日二十時四十二分

一九八七年二月四日十六時五十三分　至　一九八八年二月四日二十二時四十四分

一九七五年二月四日十八時五十九分　至　一九七六年二月五日零時四十分

一九六三年二月四日二十一時八分　至　一九六四年二月五日三時五分

一九五一年二月四日二十三時十四分　至　一九五二年二月五日四時五十四分

一九三九年二月五日一時十一分　至　一九四〇年二月五日七時八分

整體運程

肖兔者踏入馬年屬破太歲，即犯太歲的一種。「破」代表人際關係上的破敗，新一年容易因為誤會而令伴侶、朋友或生意伙伴有微言，這種破壞並非突如其來，而是日積月累的不滿導致關係轉差，故更加需要透過溝通解決歧見。

雖然破太歲的衝擊力量不及本命年及沖太歲強大，但始終馬年屬犯太歲之年，適宜有結婚、添丁、置業或創業等沖喜，可望主動應驗變化，將其負面影響減到最低。而且馬年恰巧有「天喜」吉星駕臨，此星代表喜事重重，情侶們若有結婚打算不妨落實執行，已婚者亦可考慮開枝散葉。惟已婚但又未有添丁計劃者則要加倍克制，因馬年同時有「咸池桃花」駕臨，已有伴侶者宜時刻警剔自己，堅決抗拒外來誘惑，慎防跌入錯綜複雜的三角關係。至於另一顆吉星「天德」乃上天之德，有逢凶化吉、慈祥和悅之意；加上有代表好運加持的「福星」及「八座」飛臨，肖兔者於馬年的心態樂觀正面，即使遇上困難仍能憑貴人力量及運氣化險為夷。

至於凶星方面，肖兔者在馬年難免要面對較複雜的人事問題。首先「捲舌」顧名思義就是口舌是非，新一年雖然貴人力量充足，但又會招來小人妒忌或閒言閒語，尤其從商者要提防遭同行或競爭對手惡意中傷，甚至令名聲受損而要對簿公堂。另外，馬年亦有關係糾纏不清的「絞煞」及代表霧水姻緣的「咸池桃花」，肖兔者必須注意言行，面對拖拖拉拉的關係要當機立斷，不宜拖泥帶水。

總括而言，新一年的人際關係將會走向兩極，既能有吉星加持，長輩及貴人助力充足，但同輩及下屬則容易有摩擦，尤其與舊朋友或生意伙伴需要多溝通，慎防因為累積不滿而令關係生變。雖然人際關係面臨一定衝擊，可幸肖兔者仍能保持積極心態，即使遇上困難亦可從容面對，建議馬年貼身佩戴狗形的生肖飾物，以「六合」力量助旺自己，並於蛇年年底檢查身體、馬年之始做好拜太歲工作，為家居作小量裝修、維修，凡事準備周詳則可逢凶化吉。

【財運】

新一年喜獲「天德」、「福星」及「八座」吉星飛臨，肖兔者的貴人力量充足，加上有幸運之神眷顧，馬年將不乏賺錢機遇，財運可望拾級而上。「福星」及「八座」屬幸運之財，新一年能憑靈感或直覺於投資上輕微獲利，惟始終不是經過專業分析研究，故只宜小注怡情、避免大額投資，面對瞬息萬變的投資市場亦要見好即收，以免先盈後虧。

另外，從商者有「天德」貴人星加持，能借助人脈網絡拓展商機，惟破太歲年份做事需要特別保守，故只宜守住原有熟悉範疇，不宜大興土木；亦要多注意客戶的財政狀況，避免賒數、賒貨，以防對方周轉不靈而令自己招致損失。「捲舌」及「絞煞」入主亦要留心與合作伙伴的關係有變，權責及數目要盡量分明，若心中有疑慮亦宜開誠佈公討論，慎防因財失義而反目。

由於有「天喜」飛臨，馬年將會有較多出席飲宴場合的機會，又或因為結婚、添丁或裝修等而有額外開支，可幸此等屬「破歡喜財」，肖兔者不妨大方接受。不過，有「咸池桃花」及「絞煞」則容易桃花破財，肖兔者與異性需要釐清關係，慎防有金錢轇轕而自尋煩惱。

【事業】

「天德」乃上天之德，馬年得此吉星加持，貴人力量不缺；加上有象徵幸運及福氣的「福星」及「八座」，打工一族事業發展順遂，能於職場上大展拳腳，尤其任職大機構者工作表現突出，可望獲上司提拔而有薪酬調整。至於自媒體、自由職業或以技術得財者同樣受惠，惟馬年有較多額外開支，需要開源節流、積穀防饑。

雖然事業處於上升軌道，但始終破太歲不利人際關係，兼有「捲舌」及「絞煞」凶星飛臨，即使與上司及長輩相處融洽，亦要小心提防與下屬及同輩關係，容易招惹是非甚至被惡意中傷；加上帶有破壞力的「咸池桃花」，肖兔者要慎防於職場上有霧水姻緣而遭非議，又或捲入複雜的人事漩渦，影響原本向好的事業發展。

總括而言，馬年有貴人扶持事業能有發揮，亦可有升遷機會，惟所謂「事以密成，言以泄敗」，未落實之前不宜高調宣之於口，以免鋒芒太露而招人妒忌，又或好事多磨遭人暗中破壞。建議肖兔者馬年要謹守崗位，多作進修增值，待人處事則要保持低調，盡量明哲保身，謹記若能保持圓融的人際關係，則馬年亦屬向上之年。

【感情】

桃花開遍地、感情多姿多采的一年，有代表喜事重重的「天喜」桃花星進駐，單身一族魅力大增，有望透過長輩介紹或於朋友圈子中邂逅心儀對象，彼此發展一日千里，甚至會有閃婚念頭或雙喜臨門機會，欲「脱單」者不妨積極把握。不過，由於馬年容易有喜，倘若未有心理準備組織家庭或生兒育女者就要計劃周詳，慎防意外懷孕而自亂陣腳。

另外，由於馬年有「咸池桃花」進駐，代表容易遇上鏡花水月的短暫姻緣，加上「絞煞」屬較為難纏的關係，故決定發展前需要多花時間相處了解，不宜衝動行事。若戀情剛萌芽、關係未成熟者，則要低調保護戀情，不宜太快公開或融入對方的家人、朋友圈子，以免受閒言閒語影響而動搖對伴侶的信心，又或出現第三者而令關係生變。

已婚者於桃花年則適宜有喜，有添丁打算者可籌劃執行，有望願望成真；惟成功懷孕後必須依照傳統，待三個月後始向外公佈喜訊，以免好事多磨。至於未有添丁計劃者，則要堅決抗拒外來誘惑，不宜對異性過分熱情，以免引發牆外桃花，破壞與伴侶建立已久的互信關係。

【健康】

馬年身體健康並無大礙，但受到「天喜」及「咸池桃花」帶動，社交聚會頻繁，亦有較多飲食應酬，故需要養成健康的生活習慣，多作體重管理及盡量作息定時，不宜暴飲暴食，嗜杯中物者亦只宜淺酌，凡事適可而止，慎防腸胃超出負荷而拖垮健康。「絞煞」飛臨亦要注意呼吸系統或皮膚過敏等毛病，若本身屬過敏體質者更要特別小心，慎防問題加劇。

由於破太歲年份有較多瑣碎問題，加上人際關係複雜，較為影響心情；可幸馬年有「福星」及「八座」吉星抗衡，肖兔者能迅速調節心態、以樂觀積極態度面對。若感到輕微受壓，不妨多做運動或多接觸大自然，以正能量紓緩緊張情緒。若馬年有搬遷計劃亦可緩和衝擊力量，否則亦可更換沙發、牀褥或窗簾等，貼身佩戴狗形的生肖飾物，以「六合」力量保護自己，並於立春後做好拜太歲工作，有望減低衝擊。

除了關注自身健康，馬年亦要多留意長輩身體，不妨為對方家居作小量裝修、維修，亦可更換地毯、抱枕等附有個人氣運的物品，多作贈醫施藥善舉，均可有助提升家宅運勢。

不同年份生肖運程

◎一九三九年：己卯年（虛齡八十八歲）

己卯年的長者馬年仍能保持社交活躍，將有不少聚會活動，加上貴人運不俗，周邊的家人、朋友對自己愛護有加，屬愉快充實的年份。新一年有輕微幸運之財，鍾情賽馬活動或麻將耍樂者不妨小注怡情，亦可購買彩票碰運氣。惟馬年容易有輕微焦慮情緒，不妨多出門散步或短線旅遊，亦可培養栽種、養魚等嗜好陶冶性情。

◎一九五一年：辛卯年（虛齡七十六歲）

受「丙辛合」影響，新一年要注意呼吸系統及肺部健康，尤其本身有氣管敏感者容易久咳不癒，若有吸煙習慣宜及早戒掉，亦要留心家居是否含有致敏原。馬年亦要為家宅瑣事而煩惱，如有噪音、漏水等問題應盡快聘請專業人士維修。惟後輩之事則不宜過分干預，讓年輕一輩自由發展，關係將會更為融洽。

◎一九六三年：癸卯年（虛齡六十四歲）

財運順遂，有望憑靈感而於股票市場上獲利，鍾情麻將耍樂者亦可小注怡情，能獲得幸運之財的機會頗大；惟不宜涉獵高風險的投機炒賣，以免得不償失。受水火對沖影響，健康方面要提防心臟及血壓毛病，建議於蛇年年底檢查身體，多作健康管理則萬無一失。

◎一九七五年：乙卯年（虛齡五十二歲）

有新發展路向、可嘗試不同範疇的年份，從商者有望於事業上作出突破，雖然未必有即時金錢回報，但所得的經驗及人和事對未來事業發展可有裨益。惟馬年是非口舌較多，需要提防遭同行或競爭對手中傷，待人處事要保持低調，以免鋒芒太露遭受攻擊。新一年亦有輕微偏財運，投資方面只要不太貪心可有收穫。

◎一九八七年：丁卯年（虛齡四十歲）

虛齡四十歲屬變化較大的年份，加上個人心態改變、有不同新路向躍躍欲試，惟始終運勢較為波動，容易有決策錯誤情況，故無論事業及投資均要特別保守，建議守住原有熟悉的範圍，並多作進修增值，待四十二歲運勢開始穩定、認清方向時始邁步向前。馬年亦要多關心自己及長輩健康，不妨為家居作小量裝修、維修，亦可更換家俬提升氣運。

◎一九九九年：己卯年（虛齡二十八歲）

貴人運順遂，能獲實力雄厚的長輩幫忙，憑對方的人脈網絡可望有新發展，長遠對事業將有裨益。惟馬年情緒起伏較大，容易因為工作壓力而胡思亂想，其實個人能力足以應付，不妨調節心態從容面對。新一年亦有桃花運，單身一族不妨多留意身邊人，可望邂逅心儀對象。惟已婚者則要抗拒外來誘惑，以免引發三角關係而令自己進退失據。

◎二〇二一年：辛卯年（虛齡十六歲）

學習態度積極，無論專注度及自律性均有所增強，若打算海外升學者不妨落實執行。惟辛卯年的年輕人開始有自己的想法及意見，與家人長輩容易因為立場不同而有摩擦，建議多花時間溝通，開誠佈公尋求共識。

◎二〇二三年：癸卯年（虛齡四歲）

癸卯年的小朋友表現乖巧、聰明伶俐，學習運不俗，可得長輩及老師疼錫。身體健康亦相對蛇年有進步，惟家長仍要留心小朋友容易有氣管過敏或皮膚敏感問題，需要注意空氣質素，亦要留意日常用品如沐浴露、牀單、被鋪等是否含有刺激性物質，不妨轉用有機產品減少致敏機會。

流月運勢

農曆正月（西曆二〇二六年二月四日至三月四日）

有新合作機會臨門，惟不宜輕舉妄動，需要提防有吉中藏凶情況，建議落實前多了解市場動向，亦要多作部署，避免大額投資。一九五一年出生者跌入劫財運，不宜開展新投資計劃。一九七五年出生者本月屬「天合地合」，做事會遇上較多麻煩阻礙，家宅亦有瑣碎問題，需要多加耐性解決。

農曆二月（西曆二〇二六年三月五日至四月四日）

事業有新進展，能於工作崗位發揮所長，不妨積極爭取表現，可望有輕微升遷運。一九七五年出生者人事爭執不斷，需要多花時間溝通，不宜偏執己見。本月手部容易受傷，參加行山、遠足等戶外活動時需要結伴同行，凡事安全為上。二〇一一年出生者財運疲弱、容易入不敷支，需要注意理財方向。

農曆三月（西曆二〇二六年四月五日至五月四日）

健康響起警號，尤其腸胃及消化系統較弱，不宜進食生冷及肥膩食物，出門外遊時亦要提防有水土不服情況，建議帶備藥物保平安。一九六三年出生者財運欠佳，不宜聽信小道消息而魯莽投資，容易招致損失。一九八七年出生者情緒低落、容易杞人憂天，建議相約朋友聚會，互相傾訴解開心結。

農曆四月（西曆二〇二六年五月五日至六月四日）

是非口舌頻繁、容易遭小人攻擊，不宜作中間人排難解紛，以免吃力不討好而被埋怨。一九五一年出生者人際關係倒退，即使與老朋友相處時亦要小心言行，慎防言語誤會而有摩擦。一九八七年出生者眼睛容易發炎或有視力衰退等問題，不妨預約專業人士檢查保平安。

農曆五月（西曆二〇二六年六月五日至七月六日）

學習運順遂、有利進修增值，不妨報讀在職培訓或其他興趣課程，可望開闊眼界。一九六三年出生者與家人關係緊張，容易因為瑣事而陷入冷戰，需要多溝通及聆聽後輩意見，不宜過於強勢。一九九九年出生者工作壓力龐大、睡眠質素欠佳，需要提防因為精神恍惚而意外受傷，尤其頭部及手部首當其衝。

農曆六月（西曆二〇二六年七月七日至八月六日）

宜多出門走動的月份，不妨短線旅遊「借地運」，可望提升整年的氣運。一九七五年出生者有漏財運，需要檢視個人理財方向，不宜胡亂揮霍。本月腳部容易受傷，戶外活動時要特別小心。二〇一一年出生者面對複雜的人事問題感覺較為困擾，遇有意見分歧時需要冷靜溝通，凡事以和為貴。

農曆七月（西曆二〇二六年八月七日至九月六日）

金木相剋的月份要提防關節扭傷、摔傷，橫過馬路時要遵守交通規則，駕駛人士亦要時刻注意路面情況，提防輕微汽車碰撞。一九五一年出生者喉嚨、氣管較弱，容易有久咳不癒問題，不宜進食太多生冷或辛辣食物。一九八七年出生者跌入劫財運，需要量入為出，以免入不敷支。

農曆八月（西曆二〇二六年九月七日至十月七日）

傳統相沖月份宜動不宜靜，故大部分肖兔者運勢均會較為起伏。若本月有搬遷計劃則可主動應驗變化，否則不妨多出門外遊帶動運勢。一九六三年出生者本月屬「天沖地沖」，家宅有較多瑣碎問題需要處理，不妨裝修、維修或更換家俬提升氣運。一九九九年出生者終日鬱鬱寡歡、愁眉不展，不妨相約朋友郊遊，以大自然能量修補負面情緒。

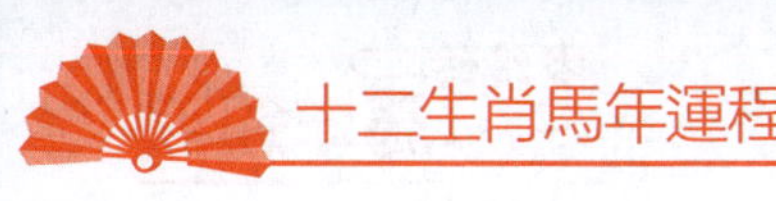

農曆九月（西曆二一六年十月八日至十一月六日）

有桃花臨門的月份，單身一族可多留意身邊人，有望結識合眼緣異性。惟不宜急於開展，需要多花時間觀察了解，以免關係快來快去。一九三九年出生的長者容易受騙，若有朋友提出財務借貸請求，務必與家人洽商，以免無辜破財。一九六三年出生者家宅運受衝擊，需要多關心長輩健康，若有不適應盡快陪同求醫。

農曆十月（西曆二一六年十一月七日至十二月六日）

運勢全面回升，可得貴人助力邁步向前，無論事業及財運均有進步。投資方面不妨「小試牛刀」，可望有輕微收穫，惟謹記見好即收，以免先盈後虧。一九七五年出生者容易招惹爛桃花，尤其已婚者不宜對異性過分熱情，慎防惹誤會而令名聲受損。一九九九年出生者腳踝容易扭傷，熱愛運動者要特別小心，不宜單獨行事。

農曆十一月（西曆二一六年十二月七日至二一七年一月四日）

人際關係倒退，與家人、朋友相處時容易因為瑣事而起衝突，職場上亦要多注意言辭，慎防有「言者無心、聽者有意」情況而捲入是非漩渦。一九五一年出生者有親友提出財務借貸請求，建議量力而為，並要有「一去不回頭」的心理準備。一九七五年出生者家宅運疲弱，需要多關心長輩健康。本月亦要提防官非訴訟，處理文件、合約時要多留意條款細則。

農曆十二月（曆二一七年一月五日至二月三日）

財運一得一失，有望收回一筆被拖欠已久的舊帳，但又會有較多額外開支，需要量入為出，多作財務策劃。一九六三年出生者有貴人扶持做事事半功倍，不妨把握人脈助力向上拓展。二〇一一年出生者有較多傷風、感冒等小毛病，需要多注意作息時間，不宜安排太多應酬活動。

（流年吉凶方位請參看「馬年行好運風水佈局」）

肖龍開運錦囊

★雖有困難但最終能逢凶化吉，宜先調整心態，做好兩手準備迎接挑戰。

★吉星暗藏解除契約之意，處理文件合約要特別小心，已訂婚約者亦要互相忍讓。

★外遊時容易有小意外驚嚇，宜預先購買旅遊保險，及佩戴黑曜石飾物抵禦衝擊。

★有機會遇上難纏的女性，不宜與女士有金錢轇轕，亦要慎防女性長輩流言蜚語。

★肖龍女性容易感到莫名寂寞，不妨與伴侶多出門旅遊或培養共同興趣增進感情。

肖龍者出生時間（以西曆計算）

二〇二四年二月四日十六時二十八分 至 二〇二五年二月三日二十二時十二分

二〇一二年二月四日十八時二十四分 至 二〇一三年二月四日零時十五分

二〇〇〇年二月四日二十時四十二分 至 二〇〇一年二月四日二時三十分

一九八八年二月四日二十二時四十四分 至 一九八九年二月四日四時二十八分

一九七六年二月五日零時四十分 至 一九七七年二月五日六時三十四分

一九六四年二月五日三時五分 至 一九六五年二月四日八時四十六分

一九五二年二月五日四時五十四分 至 一九五三年二月四日十時四十六分

一九四〇年二月五日七時八分 至 一九四一年二月四日十二時五十分

一九二八年二月五日九時十七分 至 一九二九年二月四日十五時九分

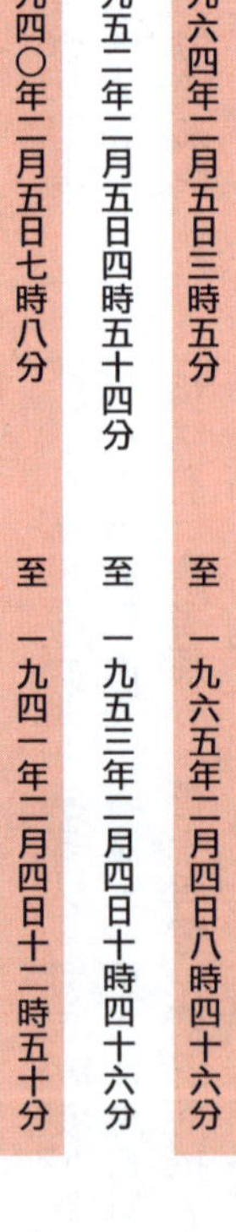

整體運程

肖龍者來到馬年並無沖合，運勢可望步向平穩。惟始終吉星力量較為薄弱，又有凶星左右大局，故凡事必須多作籌劃，並有心理準備迎難而上。

馬年只有「天解」一顆吉星進駐，此星有化險為夷、遇難呈祥之意，代表先遇上困難、而後能得到解決，故馬年做事難免會遇上較多波折，可幸最終仍可一一化解。建議肖龍者不宜將目標訂得太高，採取較為「佛系」心態，盡力而為但不過分計較得失，結果反而喜出望外。而「天解」套用在感情之上有「解除」之意，已訂婚的情侶於籌辦婚事過程中務必要分工清晰，多加溝通及包容忍讓，慎防因為瑣事爭執而導致分手收場。雖然「天解」較為不利感情，但反映在人際關係上則有解除誤會、冰釋前嫌之意，若舊友曾誤會疏遠可望重修舊好。

凶星方面，馬年有「天狗」及「吊客」飛臨，代表出門後容易遇上小意外驚嚇，可幸仍有「天解」抗衡能逢凶化吉，惟旅途中仍要注意安全，不宜進行爬山、攀石、滑雪、潛水等高危的戶外活動，即使堅持參與亦必須結伴同行，並購買旅遊保險以策萬全。此組凶星亦會衝擊家宅運，肖龍者需要多關心長輩健康，若有不適應盡快陪同就醫。自己亦盡量不宜探病問喪，若必須出席則要佩帶平安飾物提升能量。「寡宿」有孤枕獨眠之意，所謂「男怕孤辰、女忌寡宿」，肖龍的女性馬年會倍感寂寞，即使有伴侶在身邊亦覺得對方不夠了解自己，需要多溝通及坦誠相向。「月煞」則是女性帶來的麻煩，馬年不宜與女性合作投資或經營生意，容易因財失義而反目。若打工一族直屬上司是女性，對方亦會有較多無理要求，需要以高情商應對。

總括而言，馬年整體運勢算是不過不失，惟始終「天解」並非完完全全的吉星，需要有心理準備做事會遇上麻煩阻礙、難以一步到位，可幸最終仍能圓滿解決，故必須做好兩手準備，慎防突如其來的亂象影響計劃。

【財運】

新一年並無財星進駐，而「天解」屬半吉星、有解決困難之意，故財運方面亦有先難後易之象，可幸最終仍可圓滿解決。從商者需要有心理準備面對挑戰，即使洽商時順遂、但落實後又會遇到重重困難，尤其全球經濟放緩，需要提防有客戶賴帳、供應鏈斷裂或現金流不足等問題，故必須居安思危、準備一筆應急錢，以應付突如其來的變化。至於有意創業者亦要多了解市場動向及行業狀況，慎防有吉中藏凶情況。

由於馬年的財運並非一帆風順，故投資方面亦要以保守為大前提，建議肖龍者可選擇三至五年的中長線項目，並採取以小博大的方式進行，不宜短炒投機或大手下注。另外，「月煞」飛臨代表因為女性而惹麻煩，馬年盡量不宜與女性合作經商或投資，以免因財失義而導致反目收場。

此外，馬年亦有「天狗」及「吊客」凶星，對健康及家宅運均會較受衝擊，建議肖龍者多花費於健康管理之上，預約身體檢查、多購買保健品及贈醫施藥，亦可為自己及長輩家居作小量裝修、維修，更換家俬或損壞的電器，主動破財擋災提升運勢。

【事業】

由於馬年吉星力量較為薄弱，而「天解」代表先有困難而後能解決，故打工一族需要面對挑戰，例如公司架構重組、人事變動或要涉獵陌生的工作範疇等，感覺較為艱辛。可幸有吉星力量逢凶化吉，故肖龍者只要肯虛心學習、向前輩請教及多進修增值，則問題最終可迎刃而解，工作表現亦會備受認同。不過，馬年不屬有明顯升遷或大幅薪酬調整的年份，建議肖龍者視之為播種期，默默耕耘為事業打好基礎。

另外，受到「月煞」影響，馬年容易因為女性而惹上麻煩，若直屬上司是女性，對方將會對自己特別嚴苛；若工作環境以女同事為主，需要特別小心處理人際關係，以免一時失言開罪別人而遭受攻擊。至於「天解」亦有解除契約之意，從商者處理文件、合約前需要釐清條款細則，慎防有灰色地帶而令契約失效。

至於有意轉職者，需要有心理準備新工作同樣需要承受龐大壓力，無論公司文化或人事問題均要較長時間適應，故變動前必須多作了解，不宜輕舉妄動。總括而言，馬年做事要付出額外心力始能成功，故凡事必須多作部署，迎難而上則可見成果。

【感情】

馬年未有桃花星進駐，單身一族關係無甚突破，加上需要投放心力於事業發展之上，對談戀愛的意欲較為淡泊，故「脫單」機會渺茫，屬原地踏步的一年。

至於情侶關係尚算穩定，惟「天解」始終有解除契約之況味，若已訂婚者需要慎防關係有變，尤其於籌備婚事的過程中務必要多加溝通、包容忍讓，以免因為瑣事爭執而導致離異收場。「月煞」則是女性帶來的麻煩，馬年需要慎防家族中的女性長輩或朋友有反對聲音，若戀情剛萌芽、關係未算穩定者，不宜太早作出承諾或融入對方圈子，以免周遭的閒言閒語左右對伴侶的觀感。

已婚者未有太大衝擊，惟「寡宿」有孤枕獨眠之意，肖龍的女性會覺得伴侶不夠了解自己，又或因為誤會而累積不滿，謹記夫妻相處之道貴乎坦誠，需要開門見山多作溝通，亦可多結伴外遊或培養共同興趣維繫感情。新一年亦要留心婆媳或姑嫂關係，不宜過分干預伴侶家事，亦要避免與女性親友合作經商或投資，以免有金錢轇轕而令夫妻之間意見分歧，影響雙方感情。

【健康】

馬年有代表逢凶化吉的「天解」吉星飛臨，肖龍者身體健康並無大礙，即使有小問題亦能透過專業意見或良方醫治而化險為夷，故只屬虛驚一場。

至於「天狗」則是出門後的小意外驚嚇，肖龍者外遊時要注意安全，慎防有行李延誤或財物遺失，到埗後不宜進行爬山、攀石、跳傘、滑水等高危的戶外活動，並預先購買旅遊及意外保險，帶備平安藥物以策萬全。而「吊客」則會衝擊家宅，馬年不妨為自己及長輩家居作小量裝修、維修，亦可斷捨離清理雜物，更換沙發、牀褥等帶有個人氣運的物品，均可有助提升運勢。

有「寡宿」飛臨則要多關心伴侶健康，大門及牀頭不宜坐落於流年五黃（正南）或二黑（西北）病星飛臨位置，否則須擺放銅器重物或銅葫蘆化解。可幸馬年仍有「天解」吉星，即使健康出現小毛病，只要能及早求醫亦可大事化小。不過，由於馬年個人能量一般，又容易有受傷機會，建議肖龍者盡量不宜探病問喪，亦要避免前往墳場、寺廟等荒僻之地，多接觸大自然及多出席婚宴、彌月或壽宴等，有助沾染旺氣，謹記保持心態正面則健康也會有所提升。

不同年份生肖運程

◎一九二八年：戊辰年（虛齡九十九歲）

戊辰年的長者雖然年事已高，可幸新一年心態活躍，仍有精神心力出席家人、朋友聚會，屬頗為愉快的年份。惟腸胃及消化系統較弱，飲食需要特別清淡，亦要留意睡眠環境是否受光線或噪音等問題滋擾，不妨於牀頭位置擺放銅器重物或銅葫蘆化解病氣，有助提升睡眠質素。

◎一九四〇年：庚辰年（虛齡八十七歲）

馬年聚會活動頻繁、亦有機會出門短線旅遊，屬頗為充實的一年。惟年柱「庚金」受剋，需要注意喉嚨、氣管及呼吸系統毛病，若本身有氣管敏感或鼻敏感問題者，馬年需要慎防情況加劇，外出時要多注意空氣質素，亦要留心家居是否含有致敏原。財運方面可有輕微幸運之財，鍾情麻將耍樂者不妨小注怡情，亦可購買彩票碰運氣，惟不宜大額投資，以免招致損失。

◎一九五二年：壬辰年（虛齡七十五歲）

受年柱「丙壬沖」影響，家宅容易受噪音、漏水等問題困擾，需要盡快聘請專業人士維修處理。新一年頭部容易受傷，尤其要小心廚房、浴室等家居陷阱，不妨請後輩加裝扶手或其他防滑措施，以策萬全。水火對沖的年份亦要特別留意心臟及血壓毛病，身體不適應盡快求醫。相沖年份亦要注意人際關係，凡事以和為貴避免爭執。可幸財運尚算有得着，惟投資方面以三至五年的中長線項目為主，不宜短炒投機。

◎一九六四年：甲辰年（虛齡六十三歲）

學習運順遂、對周遭的新事物仍充滿好奇心，能涉獵不同範疇的新知識及新技能，可望開闊眼界。惟馬年是非口舌較多，加上個人脾氣較為急進暴躁，與家人、朋友相處時要保持心平氣和，即使理念不同亦要冷靜溝通，多接納別人意見，亦可多接觸大自然及多進行太極、瑜伽等運動沉澱自己。

◎一九七六年：丙辰年（虛齡五十一歲）

流年與個人天干「丙火」交疊，加上「丙火」見「午」令火氣更旺，除非於冬天出生則運勢稍能平衡，否則就要提防有輕微血光之災，尤其容易受金屬所傷，駕駛人士要時刻注意道路安全，提防輕微汽車碰撞，建議立春後捐血及洗牙，主動應驗化解。馬年亦要多關心長輩健康，不妨為對方維修保養家居，亦可更換家俬或清理雜物提升氣運。始終虛齡五十一歲屬「關口年」，運勢會較為起伏，建議丙辰年出生者採取「讓運」心態，不宜將目標訂得太高，盡量守住原有的工作範疇，投資方面則要以小博大，不宜大額下注，並於安全情況下多出門走動，輕鬆度過為佳。

◎一九八八年：戊辰年（虛齡三十九歲）

虛齡三十九及四十歲均屬動盪變化之年，需要特別注意，可幸馬年仍有不俗貴人運，無論事業及財運亦有進步，惟個人有輕微焦慮情緒，容易因為壓力而影響睡眠質素，需要多留意睡房環境是否受光線或噪音困擾，盡量多做運動及作息定時，亦可把握良好的學習運，多作進修增值，謹記保持心態樂觀正面，則運勢亦能有所上揚。

◎二〇〇〇年：庚辰年（虛齡二十七歲）

自律性強、目標及方向清晰，可望於事業上有新發展路向，惟馬年需要提防惹上官非、訴訟，尤其處理監管機構如海關、稅局等文件、合約時要特別謹慎，必須依循法規而行，慎防大意出錯而遭起訴。從商者則要多留心客戶的財政狀況，不宜賒數、賒貨，以免對方周轉不靈而需要破財對簿公堂。

◎二〇一二年：壬辰年（虛齡十五歲）

受年柱「丙壬沖」影響，壬辰年的年輕人馬年情緒起伏較大，加上開始有自己的想法及意見，為人父母不宜過分強勢，需要多花時間與子女溝通，亦要從旁教導其控制情商。由於馬年屬相沖年份，家長不妨多安排子女出門短線旅遊，既可帶動運勢、亦能增廣見聞。

◎二〇二四年：甲辰年（虛齡三歲）

學習能力有進步，加上個性乖巧，馬年將會頗得長輩疼錫。惟行大火運需要注意腸胃及消化系統較弱，不宜進食太多生冷食物，以免「病從口入」。

流月運勢

農曆正月（西曆二〇二六年二月四日至三月四日）

人際關係欠佳、容易被是非口舌纏擾，事不關己不宜多加意見，保持低調可避免紛爭。一九六四年出生者手部有受傷機會，戶外活動時要特別小心，以免傷及關節舊患而需要較長時間治療。二〇〇〇年出生者財運有耗損，需要檢視個人理財方向，削減不必要的開支，慎防入不敷支。

農曆二月（西曆二〇二六年三月五日至四月四日）

踏入卯月受「卯辰害」影響，做事會遇上重重障礙，可幸眼前困境只屬先難後易，只需多花心力處理即可解決。一九七六年出生者喉嚨、氣管及呼吸系統較弱，不宜前往人煙稠密的地方，以免被感染而久咳不癒。一九八八年出生者容易因為下屬犯錯而惹麻煩，管理階層需要多作監管，不宜假手於人，慎防對方大意遺漏而連累自己。

農曆三月（西曆二〇二六年四月五日至五月四日）

情緒低落、容易鬱鬱寡歡，建議相約朋友聚會傾訴，亦可多出門短線旅遊，以「借地運」方式提升運勢。一九五二年出生者家宅運疲弱，有較多瑣碎問題需要處理，不妨請後輩幫忙解決問題。一九七六年出生者人事爭執不斷，宜透過溝通解決歧見。本月亦要留意心臟及血壓方面的都市病，不妨檢查身體保平安。

農曆四月（西曆二〇二六年五月五日至六月四日）

財運順遂、可望獲得輕微幸運之財，惟投資方面則要見好即收，以免「貪字得個貧」招致損失。一九八八年出生者情緒焦慮不安，容易杞人憂天，建議多做運動或多接觸大自然，以正能量緩解內心鬱結。二〇一二年出生者有輕微血光之災，出入或戶外活動時要特別留心。

農曆五月（西曆二〇二六年六月五日至七月六日）

貴人助力充足，可望借助對方的人脈而達成目標，不妨積極爭取。單身一族亦可透過長輩介紹而認識心儀對象，宜多花時間相處了解再作發展。一九六四年出生者有輕微打針、食藥運，需要爭取休息時間，不宜工作過勞。二〇〇〇年出生者人際關係四面受敵，容易因為言語誤會而有摩擦，需要多加忍讓。本月手部容易受傷，工作需要接觸機械者要特別小心。

農曆六月（西曆二〇二六年七月七日至八月六日）

本月容易受騙而破財，不宜魯莽開展新投資計劃，尤其面對風高浪急的股票市場更要特別謹慎，避免聽信小道消息而大額投資，以免決策錯誤而招致損失。一九八八年出生者容易惹上官非，簽署文件、合約前宜請專業人士釐清條款細則，以免誤墮法網。二〇〇〇年出生者情緒低落、容易有失眠問題，建議出門外遊放鬆身心。

農曆七月（西曆二〇二六年八月七日至九月六日）

遇上好人好事的月份，可望有新合作機會臨門，惟落實前需要多作了解，若為自己熟悉範疇、投資的金額亦不算大則可一試。一九七六年出生者跌入劫財運，不宜胡亂揮霍，需要量入為出。二〇一二年出生者與家人關係緊張，容易因為生活習慣不同而有摩擦，需要多溝通尋求共識。

農曆八月（西曆二〇二六年九月七日至十月七日）

抵抗力較弱，容易患上傷風、感冒，亦要小心腸胃及消化系統毛病，不宜進食生冷食物。已婚者與身邊人有較多爭執，需要坦誠溝通，互諒互讓。一九五二年出生者做事面對重重困難，不妨出門旅遊「借地運」。一九七六年出生者財運一得一失，需要多作規劃，慎防陷入財困。

農曆九月（西曆二〇二六年十月八日至十一月六日）

需要頻繁走動，可「動中生財」的月份，從商者不妨開拓海外市場，有望將產品及服務帶到不同國家地區。一九八八年出生者屬相沖月份，面對人事糾紛要多作溝通，不宜偏執己見。本月亦有破財機會，需要謹慎理財。二〇〇〇年出生者情緒悲觀消極，容易胡思亂想，建議多做運動紓緩減壓。

農曆十月（西曆二〇二六年十一月七日至十二月六日）

運勢順遂，之前遇到的困難阻礙可望逐一解決，打工一族事業能更上一層樓，從商者亦可拓展商機，連帶財運亦有所提升，不妨積極把握。一九六四年出生者有失眠問題，需要慎防因為精神恍惚而令頭部或手部意外受傷。一九八八年出生者有劫財運，不宜為他人作借貸擔保，否則要有「一去不回頭」的心理準備。

農曆十一月（西曆二〇二六年十二月七日至二〇二七年一月四日）

是非口舌頻繁，同事之間亦有明爭暗鬥，建議保持低調，事不關己不宜多加意見，以免好心做壞事而遭受埋怨。一九六四年出生者家居有噪音、漏水等問題，宜盡快聘請專業人士維修處理，以免情況加劇。二〇〇〇年出生者若有家人、親友提出財務借貸請求需量力而為，不宜強出頭而令自己惹上麻煩。

農曆十二月（西曆二〇二七年一月五日至二月三日）

工作壓力龐大，情緒較為負面，不妨改變心態，不宜對自己過分苛刻，從容面對反而能有更佳表現。本月與家人關係緊張，需要調整相處模式，多聆聽他人意見。一九四〇年出生的長者容易受騙而破財，遇有可疑來電時應與家人商量，不宜衝動行事。一九七六年出生者喉嚨、氣管較弱，外出時要注意空氣質素，亦要多花時間關心長輩健康，若有不適應盡快陪同就醫。

吉星加持有利工作
紓緩情緒注重養生

肖蛇者出生時間（以西曆計算）

二〇二五年一月二十九日十七時十三分　至　二〇二六年二月四日四時三分
二〇一三年二月四日零時十四分　至　二〇一四年二月四日六時四分
二〇〇一年二月四日二時三十分　至　二〇〇二年二月四日八時二十五分
一九八九年二月四日四時二十八分　至　一九九〇年二月四日十時十五分
一九七七年二月五日六時三十四分　至　一九七八年二月四日十二時二十七分
一九六五年二月四日八時四十六分　至　一九六六年二月四日十四時三十八分
一九五三年二月四日十時四十六分　至　一九五四年二月四日十六時三十一分
一九四一年二月四日十二時五十分　至　一九四二年二月四日十八時四十九分
一九二九年二月四日十五時九分　至　一九三〇年二月四日二十時五十二分

★擺脫了本命年衝擊，運勢逐漸回穩，不妨重整步伐，穩守前行。

★面對陌生環境容易有精神壓力，宜佩戴白水晶穩定情緒。

★有較多傷風、感冒等小毛病，宜以銅器重物化解流年五黃及二黑病星位置。

★本命年已婚者適宜有喜，若有添丁打算可進一步催旺流年九紫喜慶星方位。

★流年未有財星進駐，投資方面宜加強個人分析研究，不宜聽信消息。

（流年吉凶方位請參看「馬年行好運風水佈局」）

整體運程

肖蛇者在剛過去的本命年運勢較為起伏，若在蛇年有結婚、添丁、置業或創業等事沖喜的人士，則馬年可望延續喜氣，步向穩定性較高的一年。至於蛇年已經歷分手離合、短期創業或轉換工作環境者，馬年亦可視作重新開始，故不妨重整旗鼓，以積極正面的心態迎接新一年來臨。

因為擺脫了早前犯太歲的負面衝擊，馬年又有「祿勳」吉星加持，肖蛇者的事業運將會有明顯上揚。「祿勳」代表朝廷俸祿，新一年能於職場上大展拳腳，工作表現會備受認同，可望職位升遷及薪酬調整。不過，新一年亦有「陌越」凶星，此星代表陌生環境帶來的壓力，若蛇年曾轉換工作環境者，馬年仍處於適應階段，情緒較為繃緊，容易影響睡眠質素，建議肖蛇者需要調節心態，多花時間與同事溝通融入新環境。

除了「陌越」較為影響情緒，馬年亦有「病符」凶星飛臨，此星代表傷風、感冒等小毛病，雖然整體並無大礙，但仍不能掉以輕心，建議肖蛇者需要平衡工作與休息時間，多做運動及多接觸大自然，以正能量緩解負面情緒。至於「亡神」及「的煞」則會對家宅做成衝擊，肖蛇者要多花時間關心長輩健康，遇有不適應盡快陪同求醫；自己則盡量不宜探病問喪，多前往酒店、會所或度假區等能量正面的地方，不宜流連夜店、酒吧等磁場雜亂及不見天日之地，以免影響運勢。

整體而言，馬年受「祿勳」吉星帶動，打工一族的事業最能受惠，無論權責及薪酬均有調整；從商者於管理上亦可漸上軌道，惟始終未有財星進駐，容易有輕微多勞少得情況，故不宜對財運期望太高。偏財方面則需要經過個人分析研究，並採取保守的策略前行始能有機會獲利。另外，由於凶星力量較為不利健康及家宅，建議肖蛇者主動花費於健康管理之上，購買醫療保險及多贈醫施藥，助人自助應驗運勢。若馬年能把握事業發展、多關注身體及精神健康，則整體亦屬循序漸進向上之年。

【財運】

蛇年的財運起伏極大，有不少突如其來的開銷，從商者甚至有機會因為客戶賴帳而無辜破財。來到馬年擺脫了本命年衝擊，整體財運將會步向穩定，尤其打工一族受到「祿勛」吉星眷顧，工作表現出色兼有加薪機會；惟從商者則仍需要面對不明朗因素，賺錢過程較為艱辛，加上馬年欠缺財星，故凡事仍要親力親為，保守前行則尚有利可圖。

由於財運仍處於「復甦期」，投資方面將難以倚靠人脈關係或小道消息，建議肖蛇者需要深思熟慮，多留意市場動向及研究公司業績，並以三至五年中長線或藍籌項目為主，避免涉獵高風險的投機炒賣，以免招致損失。

另外，馬年受「病符」、「的煞」及「亡神」影響，有機會因為自己或家人健康問題而要破財，故不妨超前部署、多花費於健康管理之上，購買保健產品、進行身體檢查及多作贈醫施藥善舉，主動應驗提升運勢。至於「陌越」則是面對陌生環境所帶來的壓力，肖蛇者要提防睡眠質素下降而影響抵抗力，建議調節心態、從容面對壓力，亦可多接觸大自然或多出門短線旅遊放鬆身心，謹記擁有健康體魄則財運亦會有所提升。

【事業】

流年有「祿勛」吉星飛臨，打工一族的事業明顯較具優勢。此星代表朝廷俸祿，反映肖蛇者於職場上長袖善舞，工作表現突出，有望備受賞識而有升職加薪機會，不妨積極把握。不過，馬年始終有「陌越」凶星入主，肖蛇者容易因為陌生環境而招來壓力，尤其曾於本命年經歷事業變化者，雖然馬年已開始掌握工作脈絡，但人際關係尚待改善，或有輕微人事紛擾，建議新一年待人處事需要特別謙卑低調，以免鋒芒太露而遭人妒忌，又或意氣風發而備受攻擊。

至於蛇年留守原有崗位、馬年欲另謀發展者，不妨請求前輩、前上司或同事作介紹引薦，較容易水到渠成；惟始終動盪的本命年剛過去，故上半年運勢仍存在暗湧，建議於下半年始作出變動較為理想。

總括而言，馬年擺脫了本命年衝擊，又有吉星加持，原則上做事會較為得心應手，雖然面對新工作範疇仍有挑戰，可幸個人邏輯思維清晰，加上自信心及鬥心強勁，任職大機構、從事行政管理或銷售中介者均有不俗表現，故只要能保持圓融的人際關係，則事業可更上一層樓。

【感情】

蛇年為本命年，也屬感情上的「闕口年」，情侶的關係容易不進則退，若於蛇年已與伴侶共諧連理者，則馬年仍可繼續享受新婚的溫馨甜蜜，有添丁計劃者亦可落實執行，有望如願以償延續喜氣。

至於蛇年已經歷分手離合者，馬年屬重新開始的年份。不過，由於只有「祿勛」吉星，其力量主要反映在事業發展之上，故欲「脱單」者只能於工作場合多留意身邊人。不過，由於馬年未有桃花星進駐，即使遇上有好感的異性亦不宜操之過急，建議先以交朋結友為基礎，多花時間相處了解，待時機成熟始作進一步發展更為合適。

已婚者與伴侶相處尚算融洽，彼此摩擦減少，惟始終事業正處於衝刺階段，容易因為寄情工作而冷落另一半，建議肖蛇者要平衡事業與家庭，亦可多結伴外遊或培養共同興趣維繫感情。新一年亦容易為家族瑣事而勞心，又或因為長者健康或子女管教問題而意見分歧，始終蛇年經歷了本命年、馬年的運勢開始步向平穩，建議不宜過分干涉伴侶家事，尤其牽涉財務更要有商有量，否則雙方易有歧見，影響夫妻感情。

【健康】

過去的本命年為肖蛇者的運勢帶來衝擊，容易因為情緒焦慮、胡思亂想而決策錯誤；踏入馬年情況大有改善，加上自己對健康管理的意識亦有所提高，養成恆常運動及作息定時的生活習慣，故無論身體及精神健康均有進步。

不過，新一年仍有「病符」凶星入主，雖然整體並無大礙，但難免會有較多傷風、感冒、牙痛或皮膚敏感等小問題，故仍要多注意健康。加上「陌越」為陌生環境所帶來的壓力，容易因此而有失眠問題，建議肖蛇者馬年不宜探病問喪或前往能量較低的地方，若必須出席，亦最好帶備平安符或護身飾物以提升個人能量，日常則宜多進行太極或瑜伽等減壓運動，並多接觸大自然，以紓緩精神壓力。

由於凶星力量始終會衝擊健康及家宅運，建議肖蛇者多花費於健康管理之上，購買保健品、聘請健身教練或營養師制定修身計劃，並於蛇年年底接受身體檢查，多作贈醫施藥善舉，主動破財擋災應驗運勢。另外，馬年亦不宜觸動流年五黃(正南)及二黑(西北)飛臨位置，若牀頭坐落於病星方位則要以銅器重物或銅葫蘆化解，凡事謹慎則可平安大吉。

不同年份生肖運程

◎一九二九年：己巳年（虛齡九十八歲）

己巳年的長者年柱土重，遇上火旺的年份需要特別注意腸胃健康，飲食宜盡量清淡，亦要放鬆心情、保持正能量，慎防因為精神壓力而影響睡眠質素，建議馬年可多相約家人、朋友聚會品茗，亦可培養栽種、養魚等嗜好陶冶性情。

◎一九四一年：辛巳年（虛齡八十六歲）

新一年家宅運較受衝擊，容易有噪音、漏水或電器損壞等問題，不妨為家居作小量裝修、維修，亦可更換沙發、牀褥、地毯或窗簾等具有個人氣運的物品，均可帶動運勢提升。馬年亦要多注意呼吸道及肺部健康，若有吸煙習慣者要特別小心，尤其夏天出生容易有久咳不癒情況，不妨適量佩戴金飾助旺自身力量。

◎一九五三年：癸巳年（虛齡七十四歲）

有輕微偏財運臨門，鍾情賽馬活動或麻將耍樂者不妨小注怡情，亦可購買彩票碰運氣。惟始終年事已高，不宜涉獵高風險的投機炒賣，亦要謹記見好即收，以免得不償失。水火對沖的年份要留意心臟及血壓毛病，若本身有心血管問題者更要多作監管。由於流年火過旺，癸巳年出生者脾氣較為急進暴躁，與家人、朋友相處易時較多摩擦，需要心平氣和，凡事以和為貴。

◎一九六五年：乙巳年（虛齡六十二歲）

馬年仍有不俗學習運，對新科技充滿好奇，能接觸不同範疇的新知識，可望開闊眼界。惟投資方面則要以穩健保守為前提，選擇三至五年的中長線項目，不宜涉獵高風險的投機炒賣。新一年亦會為後輩之事而操心，亦容易因為意見分歧而有摩擦，建議放手讓年輕一輩自由發展，兩代之間相處將會更為融洽。

◎一九七七年：丁巳年（虛齡五十歲）

虛齡五十歲正處於「轉角運」，運勢難免會經歷起伏變化；加上本命年剛過去，丁巳年出生者尚在休養生息階段，故即使事業運有進步，但始終不宜過分進取，建議採取「讓運」心態，守住原有熟悉範疇，面對新項目亦只宜付出時間心力，不宜牽涉大額金錢，以免決策錯誤而有破財情況。投資方面亦宜選擇三至五年的中長線項目，避免短炒投機，凡事穩健則可萬無一失。

◎一九八九年：己巳年（虛齡三十八歲）

貴人運順遂、馬年可望獲得長輩提攜，若有轉職打算者，不妨請前上司或前同事穿針引線，透過對方的人脈網絡成功機會較高，事業將可更上一層樓。不過，馬年容易因為生活瑣事而與家人有摩擦，意見分歧時需要心平氣和溝通，亦要避免因為工作壓力而忽略家庭，需要作好平衡。

◎二〇〇一年：辛巳年（虛齡二十六歲）

與家人關係緊張，容易因為立場不同或言語誤會而有爭執，需要多易地而處，互諒互讓免傷和氣。事業則未有太大發展，不妨考慮前往海外升學或報讀在職培訓，趁年輕多進修增值及作多方面嘗試，待認清路向再勇往直前發展。感情關係則較為原地踏步，不妨多花心力於學業或事業發展上更為合適。

◎二〇一三年：癸巳年（虛齡十四歲）

學習運不俗，加上個人頭腦清晰、表現乖巧，可得師長疼錫；惟容易因為活動頻繁而分散注意力，建議參與課外活動要適可而止，或選擇一至兩個有興趣的項目專注發展，不宜涉獵太多範疇。新一年亦要開始學習理財，需要量入為出，以免入不敷支。

◎二〇二五年：乙巳年（虛齡兩歲）

乙巳年的小朋友馬年健康運尚可，惟始終命格木、火過旺，家長需要多留意小朋友的日常用品如牀單、被鋪或沐浴露等是否含有致敏原，慎防引發氣管敏感及皮膚過敏問題。

流月運勢

農曆正月（西曆二〇二六年二月四日至三月四日）

做事遇上麻煩障礙，與人亦有較多爭執，需要冷靜溝通，凡事以和為貴。本月關節容易受傷，有運動習慣者要特別小心，以免傷及舊患而需要較長時間治理。一九六五年出生者情緒低落、容易胡思亂想，建議多出門或相約朋友聚會傾訴。二〇〇一年出生者財運有耗損，不宜聽信小道消息而魯莽投資。

農曆二月（西曆二〇二六年三月五日至四月四日）

做事順遂、事業發展有新方向，可望於職場上一展拳腳，工作表現亦會被受認同，不妨積極把握。一九四一年出生的長者有輕微打針、食藥運，需要多爭取休息時間。一九六五年出生者家宅運受衝擊，家居容易因為日久失修而有各種問題，建議盡快聘請專業人士維修處理。本月與家人會有較多摩擦，需要冷靜溝通尋求共識。

農曆三月（西曆二〇二六年四月五日至五月四日）

貴人助力充足，可藉對方的人脈網絡解決問題，惟工作壓力較大，容易影響睡眠質素，需要調節心態，盡量作息定時。一九五三年出生者容易受騙而破財，不宜輕信他人消息投資。一九七七年出生者心情鬱悶、愁眉不展，建議多做運動或多接觸大自然，以正能量修補負面情緒。

農曆四月（西曆二〇二六年五月五日至六月四日）

本月腳部容易意外受傷，出入要注意安全，駕駛人士亦要奉公守法、時刻留意路面情況，慎防有輕微汽車碰撞。一九七七年出生者眼睛有發炎或視力衰退等小問題，需要戒掉傷眼的壞習慣。二〇一三年出生者與家人關係緊張，容易因為生活習慣不同而有矛盾，需要多花時間溝通，包容忍讓。

農曆五月（西曆二六年六月五日至七月六日）

火過旺的月份做事急進、脾氣亦較暴躁，建議調整心態、放慢腳步，尤其夏天出生者可多用米、白及淺藍色物品平衡命格。一九四一年出生的長者有輕微打針、食藥運，不妨主動接受針灸理療應驗運勢。一九八九年出生者做事一波三折，需要多花耐性處理。本月手部亦容易受傷，高危的戶外活動可免則免。

農曆六月（西曆二六年七月七日至八月六日）

破財月份不宜作重要決定，亦要避免短炒投機，以免決策錯誤而招致損失。從商者則不宜讓客戶借貸、賒數，慎防對方賴帳而令自己得不償失。一九六五年出生者腳部容易扭傷，出入或進行戶外活動時要特別小心。二〇〇一年出生者與身邊人糾紛不斷，需要心平氣和討論，不宜偏執己見。本月手部容易受傷，駕駛人士要注意道路安全。

農曆七月（西曆二六年八月七日至九月六日）

相合月份運勢起伏不定，之前的困難障礙剛有解決方法，惟新問題又會陸續湧現，需要做好兩手準備迎難而上。一九七七年出生者有輕微劫財運，不妨主動購買心頭好，以「破歡喜財」方式應驗運勢。二〇〇一年出生者無論事業及感情運均要經歷挫折，不妨出門「借地運」提升運勢。

農曆八月（西曆二六年九月七日至十月七日）

運勢逆轉勝，貴人助力充足，之前面對的問題可望逐一解決，財運亦會有所推進，不妨積極把握。一九五三年出生者有眼睛發炎、視力衰退等小問題，不妨預約專科檢查保平安。一九七七年出生者財運持續疲弱，需要檢視個人理財方向，並削減不必要的開支，以免入不敷支。

農曆九月（西曆二〇二六年十月八日至十一月六日）

學習運強勁，不妨報讀在職培訓或其他短期興趣課程，可望接觸新知識或新技術，長遠對事業發展亦有裨益。一九八九年出生者有破財運，不宜為他人作借貸擔保，否則要有「一去不回頭」的心理準備。二〇一三年出生的青少年人際關係欠佳，與家人關係緊張，朋友相處時亦容易惹誤會，需要多花時間溝通。

農曆十月（西曆二〇二六年十一月七日至十二月六日）

相沖月份宜多出門走動，若有出差機會不妨主動爭取，亦可放假出門旅遊，上半年出生者可到寒冷地方、下半年出生者則宜到熱帶地區，有望以「動中生財」方式帶旺運勢。一九八九年出生者腳踝容易扭傷，運動時要特別留心。二〇〇一年出生者長輩運不俗，惟年少氣盛、總覺得對方嘮叨多言，不妨放低成見多溝通，長輩的人生經驗可令自己獲益良多。

農曆十一月（西曆二〇二六年十二月七日至二〇二七年一月四日）

財運走勢上揚，惟較為一得一失，建議賺取收入或收回舊帳後宜購買實物保值，以免財來財去。一九五三年出生者情緒低落、容易杞人憂天，不妨多出門接觸大自然紓緩減壓。一九六五年出生者人事糾紛不斷，凡事需要與家人有商有量，不宜獨行獨斷。本月關節容易受傷，出入或上下交通工具時要特別小心。

農曆十二月（西曆二〇二七年一月五日至二月三日）

有新合作機會臨門，惟不宜輕舉妄動，需要多觀察市場環境，並盡量採取以小博大的方式進行，避免大額投資。一九八九年出生者人際關係如履薄冰，被是非口舌纏擾，建議「少說話、多做事」，盡量明哲保身。二〇〇一年出生者喉嚨及氣管較弱，容易有久咳不癒情況，若有吸煙習慣者宜及早戒掉。

出生日流年運勢

從出生日看流年運程

環顧坊間的運程書，都喜以十二生肖作運程預測。其實單以出生年份分出十二種類別來推算流年運程，雖有一定的參考價值，但卻未免流於簡略。因此，多年前開始，我便突破性地精算出六十個出生日（日柱）流年運勢預測，來補充生肖運程之不足。

出生日之影響舉足輕重

要了解什麼是「日柱」，先要認識「八字」。我們經常提及的「八字」，是基於一個人的出生年、月、日、時所排列而成的，透過這些資料，玄學家便可推算一個人的運勢起跌。至於把這些出生資料稱為「八字」，是因為中國術數把出生者的年、月、日、時，分別稱作年柱、月柱、日柱及時柱（總稱「四柱」），而每柱又各有「天干」和「地支」作代表，所以「四柱」便共有四天干和四地支，總共有八個字，合稱便是「八字」了。

在每個人的八字命盤當中，又以日柱最為重要。日柱對命格的影響可說是舉足輕重，玄學家都相信出生日的影響比年份、月份及時辰都要大。要是生肖流年運程好，但日柱流年運程卻欠佳，來年運勢仍會大打折扣。相反，如果生肖流年運程差強人意，然而日柱流年運程形勢大好，則毋須過於擔心，因為運勢仍會偏向好的方向發展。

立即查閱所屬日柱

因為以日柱來推算流年運勢會更為準確、詳細，於是我花盡心思，每年皆為讀者推算出「六十個日柱」的流年運程。那麼大家應如何得悉自己所屬的出生「日柱」？這裏提供兩個方法給大家，而最簡單就是使用智能手機。

閣下可用智能手機掃描本頁附帶的二維碼，隨即輸入自己的出生年、月、日等資料（若不知道自己的出生時間可隨意選擇，不會影響系統之分析），即可得出準確的生肖及日柱，非常方便快捷。

如沒有智能手機，閣下也可翻閱後頁的「出生日對照表」，憑着自己的西曆出生年、月、日，即可對照到命格所屬的個人日柱了。

舉例說，閣下的出生年、月、日是西曆一九八二年一月一日，那可翻到西曆一九八二年那一頁，找出月、日小格子中所註明的「日柱」，即可查出日柱是「甲申」。

無論閣下使用手機或自行對照，在找到自己日柱以後，請翻到後頁的「六十日柱運程解說頁碼索引」，再對照出自己日柱的所屬頁碼，便可進一步了解自己的日柱流年運勢了。

六十日柱運程解說頁碼索引

西曆一九四一年

12月	11月	10月	9月	8月	7月	6月	5月	4月	3月	2月	1月	月/日
癸未	癸丑	壬午	壬子	辛巳	庚戌	庚辰	己酉	己卯	戊申	庚辰	己酉	1
甲申	甲寅	癸未	癸丑	壬午	辛亥	辛巳	庚戌	庚辰	己酉	辛巳	庚戌	2
乙酉	乙卯	甲申	甲寅	癸未	壬子	壬午	辛亥	辛巳	庚戌	壬午	辛亥	3
丙戌	丙辰	乙酉	乙卯	甲申	癸丑	癸未	壬子	壬午	辛亥	癸未	壬子	4
丁亥	丁巳	丙戌	丙辰	乙酉	甲寅	甲申	癸丑	癸未	壬子	甲申	癸丑	5
戊子	戊午	丁亥	丁巳	丙戌	乙卯	乙酉	甲寅	甲申	癸丑	乙酉	甲寅	6
己丑	己未	戊子	戊午	丁亥	丙辰	丙戌	乙卯	乙酉	甲寅	丙戌	乙卯	7
庚寅	庚申	己丑	己未	戊子	丁巳	丁亥	丙辰	丙戌	乙卯	丁亥	丙辰	8
辛卯	辛酉	庚寅	庚申	己丑	戊午	戊子	丁巳	丁亥	丙辰	戊子	丁巳	9
壬辰	壬戌	辛卯	辛酉	庚寅	己未	己丑	戊午	戊子	丁巳	己丑	戊午	10
癸巳	癸亥	壬辰	壬戌	辛卯	庚申	庚寅	己未	己丑	戊午	庚寅	己未	11
甲午	甲子	癸巳	癸亥	壬辰	辛酉	辛卯	庚申	庚寅	己未	辛卯	庚申	12
乙未	乙丑	甲午	甲子	癸巳	壬戌	壬辰	辛酉	辛卯	庚申	壬辰	辛酉	13
丙申	丙寅	乙未	乙丑	甲午	癸亥	癸巳	壬戌	壬辰	辛酉	癸巳	壬戌	14
丁酉	丁卯	丙申	丙寅	乙未	甲子	甲午	癸亥	癸巳	壬戌	甲午	癸亥	15
戊戌	戊辰	丁酉	丁卯	丙申	乙丑	乙未	甲子	甲午	癸亥	乙未	甲子	16
己亥	己巳	戊戌	戊辰	丁酉	丙寅	丙申	乙丑	乙未	甲子	丙申	乙丑	17
十一月 庚子	庚午	己亥	己巳	戊戌	丁卯	丁酉	丙寅	丙申	乙丑	丁酉	丙寅	18
辛丑	十月 辛未	庚子	庚午	己亥	戊辰	戊戌	丁卯	丁酉	丙寅	戊戌	丁卯	19
壬寅	壬申	九月 辛丑	辛未	庚子	己巳	己亥	戊辰	戊戌	丁卯	己亥	戊辰	20
癸卯	癸酉	壬寅	八月 壬申	辛丑	庚午	庚子	己巳	己亥	戊辰	庚子	己巳	21
甲辰	甲戌	癸卯	癸酉	壬寅	辛未	辛丑	庚午	庚子	己巳	辛丑	庚午	22
乙巳	乙亥	甲辰	甲戌	七月 癸卯	壬申	壬寅	辛未	辛丑	庚午	壬寅	辛未	23
丙午	丙子	乙巳	乙亥	甲辰	閏六月 癸酉	癸卯	壬申	壬寅	辛未	癸卯	壬申	24
丁未	丁丑	丙午	丙子	乙巳	甲戌	六月 甲辰	癸酉	癸卯	壬申	甲辰	癸酉	25
戊申	戊寅	丁未	丁丑	丙午	乙亥	乙巳	五月 甲戌	四月 甲辰	癸酉	二月 乙巳	甲戌	26
己酉	己卯	戊申	戊寅	丁未	丙子	丙午	乙亥	乙巳	甲戌	丙午	正月 乙亥	27
庚戌	庚辰	己酉	己卯	戊申	丁丑	丁未	丙子	丙午	三月 乙亥	丁未	丙子	28
辛亥	辛巳	庚戌	庚辰	己酉	戊寅	戊申	丁丑	丁未	丙子		丁丑	29
壬子	壬午	辛亥	辛巳	庚戌	己卯	己酉	戊寅	戊申	丁丑		戊寅	30
癸丑		壬子		辛亥	庚辰		己卯		戊寅		己卯	31

農曆初一　農曆十五

西曆一九四二年

12月	11月	10月	9月	8月	7月	6月	5月	4月	3月	2月	1月	月/日
戊子	戊午	丁亥	丁巳	丙戌	乙卯	乙酉	甲寅	甲申	癸丑	乙酉	甲寅	1
己丑	己未	戊子	戊午	丁亥	丙辰	丙戌	乙卯	乙酉	甲寅	丙戌	乙卯	2
庚寅	庚申	己丑	己未	戊子	丁巳	丁亥	丙辰	丙戌	乙卯	丁亥	丙辰	3
辛卯	辛酉	庚寅	庚申	己丑	戊午	戊子	丁巳	丁亥	丙辰	戊子	丁巳	4
壬辰	壬戌	辛卯	辛酉	庚寅	己未	己丑	戊午	戊子	丁巳	己丑	戊午	5
癸巳	癸亥	壬辰	壬戌	辛卯	庚申	庚寅	己未	己丑	戊午	庚寅	己未	6
甲午	甲子	癸巳	癸亥	壬辰	辛酉	辛卯	庚申	庚寅	己未	辛卯	庚申	7
十一月 乙未	十月 乙丑	甲午	甲子	癸巳	壬戌	壬辰	辛酉	辛卯	庚申	壬辰	辛酉	8
丙申	丙寅	乙未	乙丑	甲午	癸亥	癸巳	壬戌	壬辰	辛酉	癸巳	壬戌	9
丁酉	丁卯	九月 丙申	八月 丙寅	乙未	甲子	甲午	癸亥	癸巳	壬戌	甲午	癸亥	10
戊戌	戊辰	丁酉	丁卯	丙申	乙丑	乙未	甲子	甲午	癸亥	乙未	甲子	11
己亥	己巳	戊戌	戊辰	七月 丁酉	丙寅	丙申	乙丑	乙未	甲子	丙申	乙丑	12
庚子	庚午	己亥	己巳	戊戌	六月 丁卯	丁酉	丙寅	丙申	乙丑	丁酉	丙寅	13
辛丑	辛未	庚子	庚午	己亥	戊辰	五月 戊戌	丁卯	丁酉	丙寅	戊戌	丁卯	14
壬寅	壬申	辛丑	辛未	庚子	己巳	己亥	四月 戊辰	三月 戊戌	丁卯	正月 己亥	戊辰	15
癸卯	癸酉	壬寅	壬申	辛丑	庚午	庚子	己巳	己亥	戊辰	庚子	己巳	16
甲辰	甲戌	癸卯	癸酉	壬寅	辛未	辛丑	庚午	庚子	二月 己巳	辛丑	十二月 庚午	17
乙巳	乙亥	甲辰	甲戌	癸卯	壬申	壬寅	辛未	辛丑	庚午	壬寅	辛未	18
丙午	丙子	乙巳	乙亥	甲辰	癸酉	癸卯	壬申	壬寅	辛未	癸卯	壬申	19
丁未	丁丑	丙午	丙子	乙巳	甲戌	甲辰	癸酉	癸卯	壬申	甲辰	癸酉	20
戊申	戊寅	丁未	丁丑	丙午	乙亥	乙巳	甲戌	甲辰	癸酉	乙巳	甲戌	21
己酉	己卯	戊申	戊寅	丁未	丙子	丙午	乙亥	乙巳	甲戌	丙午	乙亥	22
庚戌	庚辰	己酉	己卯	戊申	丁丑	丁未	丙子	丙午	乙亥	丁未	丙子	23
辛亥	辛巳	庚戌	庚辰	己酉	戊寅	戊申	丁丑	丁未	丙子	戊申	丁丑	24
壬子	壬午	辛亥	辛巳	庚戌	己卯	己酉	戊寅	戊申	丁丑	己酉	戊寅	25
癸丑	癸未	壬子	壬午	辛亥	庚辰	庚戌	己卯	己酉	戊寅	庚戌	己卯	26
甲寅	甲申	癸丑	癸未	壬子	辛巳	辛亥	庚辰	庚戌	己卯	辛亥	庚辰	27
乙卯	乙酉	甲寅	甲申	癸丑	壬午	壬子	辛巳	辛亥	庚辰	壬子	辛巳	28
丙辰	丙戌	乙卯	乙酉	甲寅	癸未	癸丑	壬午	壬子	辛巳		壬午	29
丁巳	丁亥	丙辰	丙戌	乙卯	甲申	甲寅	癸未	癸丑	壬午		癸未	30
戊午		丁巳		丙辰	乙酉		甲申		癸未		甲申	31

農曆初一　農曆十五

西曆一九四三年

12月	11月	10月	9月	8月	7月	6月	5月	4月	3月	2月	1月	月/日
癸巳	癸亥	壬辰	壬戌	七月 辛卯	庚申	庚寅	己未	己丑	戊午	庚寅	己未	1
甲午	甲子	癸巳	癸亥	壬辰	六月 辛酉	辛卯	庚申	庚寅	己未	辛卯	庚申	2
乙未	乙丑	甲午	甲子	癸巳	壬戌	五月 壬辰	辛酉	辛卯	庚申	壬辰	辛酉	3
丙申	丙寅	乙未	乙丑	甲午	癸亥	癸巳	四月 壬戌	壬辰	辛酉	癸巳	壬戌	4
丁酉	丁卯	丙申	丙寅	乙未	甲子	甲午	癸亥	三月 癸巳	壬戌	正月 甲午	癸亥	5
戊戌	戊辰	丁酉	丁卯	丙申	乙丑	乙未	甲子	甲午	二月 癸亥	乙未	十二月 甲子	6
己亥	己巳	戊戌	戊辰	丁酉	丙寅	丙申	乙丑	乙未	甲子	丙申	乙丑	7
庚子	庚午	己亥	己巳	戊戌	丁卯	丁酉	丙寅	丙申	乙丑	丁酉	丙寅	8
辛丑	辛未	庚子	庚午	己亥	戊辰	戊戌	丁卯	丁酉	丙寅	戊戌	丁卯	9
壬寅	壬申	辛丑	辛未	庚子	己巳	己亥	戊辰	戊戌	丁卯	己亥	戊辰	10
癸卯	癸酉	壬寅	壬申	辛丑	庚午	庚子	己巳	己亥	戊辰	庚子	己巳	11
甲辰	甲戌	癸卯	癸酉	壬寅	辛未	辛丑	庚午	庚子	己巳	辛丑	庚午	12
乙巳	乙亥	甲辰	甲戌	癸卯	壬申	壬寅	辛未	辛丑	庚午	壬寅	辛未	13
丙午	丙子	乙巳	乙亥	甲辰	癸酉	癸卯	壬申	壬寅	辛未	癸卯	壬申	14
丁未	丁丑	丙午	丙子	乙巳	甲戌	甲辰	癸酉	癸卯	壬申	甲辰	癸酉	15
戊申	戊寅	丁未	丁丑	丙午	乙亥	乙巳	甲戌	甲辰	癸酉	乙巳	甲戌	16
己酉	己卯	戊申	戊寅	丁未	丙子	丙午	乙亥	乙巳	甲戌	丙午	乙亥	17
庚戌	庚辰	己酉	己卯	戊申	丁丑	丁未	丙子	丙午	乙亥	丁未	丙子	18
辛亥	辛巳	庚戌	庚辰	己酉	戊寅	戊申	丁丑	丁未	丙子	戊申	丁丑	19
壬子	壬午	辛亥	辛巳	庚戌	己卯	己酉	戊寅	戊申	丁丑	己酉	戊寅	20
癸丑	癸未	壬子	壬午	辛亥	庚辰	庚戌	己卯	己酉	戊寅	庚戌	己卯	21
甲寅	甲申	癸丑	癸未	壬子	辛巳	辛亥	庚辰	庚戌	己卯	辛亥	庚辰	22
乙卯	乙酉	甲寅	甲申	癸丑	壬午	壬子	辛巳	辛亥	庚辰	壬子	辛巳	23
丙辰	丙戌	乙卯	乙酉	甲寅	癸未	癸丑	壬午	壬子	辛巳	癸丑	壬午	24
丁巳	丁亥	丙辰	丙戌	乙卯	甲申	甲寅	癸未	癸丑	壬午	甲寅	癸未	25
戊午	戊子	丁巳	丁亥	丙辰	乙酉	乙卯	甲申	甲寅	癸未	乙卯	甲申	26
十二月 己未	十一月 己丑	戊午	戊子	丁巳	丙戌	丙辰	乙酉	乙卯	甲申	丙辰	乙酉	27
庚申	庚寅	己未	己丑	戊午	丁亥	丁巳	丙戌	丙辰	乙酉	丁巳	丙戌	28
辛酉	辛卯	十月 庚申	九月 庚寅	己未	戊子	戊午	丁亥	丁巳	丙戌		丁亥	29
壬戌	壬辰	辛酉	辛卯	庚申	己丑	己未	戊子	戊午	丁亥		戊子	30
癸亥		壬戌		八月 辛酉	庚寅		己丑		戊子		己丑	31

農曆初一　農曆十五

西曆一九四四年

12月	11月	10月	9月	8月	7月	6月	5月	4月	3月	2月	1月	月/日
己亥	己巳	戊戌	戊辰	丁酉	丙寅	丙申	乙丑	乙未	甲子	乙未	甲子	1
庚子	庚午	己亥	己巳	戊戌	丁卯	丁酉	丙寅	丙申	乙丑	丙申	乙丑	2
辛丑	辛未	庚子	庚午	己亥	戊辰	戊戌	丁卯	丁酉	丙寅	丁酉	丙寅	3
壬寅	壬申	辛丑	辛未	庚子	己巳	己亥	戊辰	戊戌	丁卯	戊戌	丁卯	4
癸卯	癸酉	壬寅	壬申	辛丑	庚午	庚子	己巳	己亥	戊辰	己亥	戊辰	5
甲辰	甲戌	癸卯	癸酉	壬寅	辛未	辛丑	庚午	庚子	己巳	庚子	己巳	6
乙巳	乙亥	甲辰	甲戌	癸卯	壬申	壬寅	辛未	辛丑	庚午	辛丑	庚午	7
丙午	丙子	乙巳	乙亥	甲辰	癸酉	癸卯	壬申	壬寅	辛未	壬寅	辛未	8
丁未	丁丑	丙午	丙子	乙巳	甲戌	甲辰	癸酉	癸卯	壬申	癸卯	壬申	9
戊申	戊寅	丁未	丁丑	丙午	乙亥	乙巳	甲戌	甲辰	癸酉	甲辰	癸酉	10
己酉	己卯	戊申	戊寅	丁未	丙子	丙午	乙亥	乙巳	甲戌	乙巳	甲戌	11
庚戌	庚辰	己酉	己卯	戊申	丁丑	丁未	丙子	丙午	乙亥	丙午	乙亥	12
辛亥	辛巳	庚戌	庚辰	己酉	戊寅	戊申	丁丑	丁未	丙子	丁未	丙子	13
壬子	壬午	辛亥	辛巳	庚戌	己卯	己酉	戊寅	戊申	丁丑	戊申	丁丑	14
十一月 癸丑	癸未	壬子	壬午	辛亥	庚辰	庚戌	己卯	己酉	戊寅	己酉	戊寅	15
甲寅	十月 甲申	癸丑	癸未	壬子	辛巳	辛亥	庚辰	庚戌	己卯	庚戌	己卯	16
乙卯	乙酉	九月 甲寅	八月 甲申	癸丑	壬午	壬子	辛巳	辛亥	庚辰	辛亥	庚辰	17
丙辰	丙戌	乙卯	乙酉	甲寅	癸未	癸丑	壬午	壬子	辛巳	壬子	辛巳	18
丁巳	丁亥	丙辰	丙戌	七月 乙卯	甲申	甲寅	癸未	癸丑	壬午	癸丑	壬午	19
戊午	戊子	丁巳	丁亥	丙辰	六月 乙酉	乙卯	甲申	甲寅	癸未	甲寅	癸未	20
己未	己丑	戊午	戊子	丁巳	丙戌	五月 丙辰	乙酉	乙卯	甲申	乙卯	甲申	21
庚申	庚寅	己未	己丑	戊午	丁亥	丁巳	閏四月 丙戌	丙辰	乙酉	丙辰	乙酉	22
辛酉	辛卯	庚申	庚寅	己未	戊子	戊午	丁亥	四月 丁巳	丙戌	丁巳	丙戌	23
壬戌	壬辰	辛酉	辛卯	庚申	己丑	己未	戊子	戊午	三月 丁亥	二月 戊午	丁亥	24
癸亥	癸巳	壬戌	壬辰	辛酉	庚寅	庚申	己丑	己未	戊子	己未	正月 戊子	25
甲子	甲午	癸亥	癸巳	壬戌	辛卯	辛酉	庚寅	庚申	己丑	庚申	己丑	26
乙丑	乙未	甲子	甲午	癸亥	壬辰	壬戌	辛卯	辛酉	庚寅	辛酉	庚寅	27
丙寅	丙申	乙丑	乙未	甲子	癸巳	癸亥	壬辰	壬戌	辛卯	壬戌	辛卯	28
丁卯	丁酉	丙寅	丙申	乙丑	甲午	甲子	癸巳	癸亥	壬辰	癸亥	壬辰	29
戊辰	戊戌	丁卯	丁酉	丙寅	乙未	乙丑	甲午	甲子	癸巳		癸巳	30
己巳		戊辰		丁卯	丙申		乙未		甲午		甲午	31

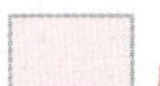
農曆初一　農曆十五

西曆一九四五年

12月	11月	10月	9月	8月	7月	6月	5月	4月	3月	2月	1月	月/日
甲辰	甲戌	癸卯	癸酉	壬寅	辛未	辛丑	庚午	庚子	己巳	辛丑	庚午	1
乙巳	乙亥	甲辰	甲戌	癸卯	壬申	壬寅	辛未	辛丑	庚午	壬寅	辛未	2
丙午	丙子	乙巳	乙亥	甲辰	癸酉	癸卯	壬申	壬寅	辛未	癸卯	壬申	3
丁未	丁丑	丙午	丙子	乙巳	甲戌	甲辰	癸酉	癸卯	壬申	甲辰	癸酉	4
十一月 戊申	十月 戊寅	丁未	丁丑	丙午	乙亥	乙巳	甲戌	甲辰	癸酉	乙巳	甲戌	5
己酉	己卯	九月 戊申	八月 戊寅	丁未	丙子	丙午	乙亥	乙巳	甲戌	丙午	乙亥	6
庚戌	庚辰	己酉	己卯	戊申	丁丑	丁未	丙子	丙午	乙亥	丁未	丙子	7
辛亥	辛巳	庚戌	庚辰	七月 己酉	戊寅	戊申	丁丑	丁未	丙子	戊申	丁丑	8
壬子	壬午	辛亥	辛巳	庚戌	六月 己卯	己酉	戊寅	戊申	丁丑	己酉	戊寅	9
癸丑	癸未	壬子	壬午	辛亥	庚辰	五月 庚戌	己卯	己酉	戊寅	庚戌	己卯	10
甲寅	甲申	癸丑	癸未	壬子	辛巳	辛亥	庚辰	庚戌	己卯	辛亥	庚辰	11
乙卯	乙酉	甲寅	甲申	癸丑	壬午	壬子	四月 辛巳	三月 辛亥	庚辰	壬子	辛巳	12
丙辰	丙戌	乙卯	乙酉	甲寅	癸未	癸丑	壬午	壬子	辛巳	正月 癸丑	壬午	13
丁巳	丁亥	丙辰	丙戌	乙卯	甲申	甲寅	癸未	癸丑	二月 壬午	甲寅	十二月 癸未	14
戊午	戊子	丁巳	丁亥	丙辰	乙酉	乙卯	甲申	甲寅	癸未	乙卯	甲申	15
己未	己丑	戊午	戊子	丁巳	丙戌	丙辰	乙酉	乙卯	甲申	丙辰	乙酉	16
庚申	庚寅	己未	己丑	戊午	丁亥	丁巳	丙戌	丙辰	乙酉	丁巳	丙戌	17
辛酉	辛卯	庚申	庚寅	己未	戊子	戊午	丁亥	丁巳	丙戌	戊午	丁亥	18
壬戌	壬辰	辛酉	辛卯	庚申	己丑	己未	戊子	戊午	丁亥	己未	戊子	19
癸亥	癸巳	壬戌	壬辰	辛酉	庚寅	庚申	己丑	己未	戊子	庚申	己丑	20
甲子	甲午	癸亥	癸巳	壬戌	辛卯	辛酉	庚寅	庚申	己丑	辛酉	庚寅	21
乙丑	乙未	甲子	甲午	癸亥	壬辰	壬戌	辛卯	辛酉	庚寅	壬戌	辛卯	22
丙寅	丙申	乙丑	乙未	甲子	癸巳	癸亥	壬辰	壬戌	辛卯	癸亥	壬辰	23
丁卯	丁酉	丙寅	丙申	乙丑	甲午	甲子	癸巳	癸亥	壬辰	甲子	癸巳	24
戊辰	戊戌	丁卯	丁酉	丙寅	乙未	乙丑	甲午	甲子	癸巳	乙丑	甲午	25
己巳	己亥	戊辰	戊戌	丁卯	丙申	丙寅	乙未	乙丑	甲午	丙寅	乙未	26
庚午	庚子	己巳	己亥	戊辰	丁酉	丁卯	丙申	丙寅	乙未	丁卯	丙申	27
辛未	辛丑	庚午	庚子	己巳	戊戌	戊辰	丁酉	丁卯	丙申	戊辰	丁酉	28
壬申	壬寅	辛未	辛丑	庚午	己亥	己巳	戊戌	戊辰	丁酉		戊戌	29
癸酉	癸卯	壬申	壬寅	辛未	庚子	庚午	己亥	己巳	戊戌		己亥	30
甲戌		癸酉		壬申	辛丑		庚子		己亥		庚子	31

農曆初一　農曆十五

西曆一九四六年

日	1月	2月	3月	4月	5月	6月	7月	8月	9月	10月	11月	12月
1	乙亥	丙午	甲戌	乙巳	四月 乙亥	丙午	丙子	丁未	戊寅	戊申	己卯	己酉
2	丙子	正月 丁未	乙亥	三月 丙午	丙子	丁未	丁丑	戊申	己卯	己酉	庚辰	庚戌
3	十二月 丁丑	戊申	丙子	丁未	丁丑	戊申	戊寅	己酉	庚辰	庚戌	辛巳	辛亥
4	戊寅	己酉	二月 丁丑	戊申	戊寅	己酉	己卯	庚戌	辛巳	辛亥	壬午	壬子
5	己卯	庚戌	戊寅	己酉	己卯	庚戌	庚辰	辛亥	壬午	壬子	癸未	癸丑
6	庚辰	辛亥	己卯	庚戌	庚辰	辛亥	辛巳	壬子	癸未	癸丑	甲申	甲寅
7	辛巳	壬子	庚辰	辛亥	辛巳	壬子	壬午	癸丑	甲申	甲寅	乙酉	乙卯
8	壬午	癸丑	辛巳	壬子	壬午	癸丑	癸未	甲寅	乙酉	乙卯	丙戌	丙辰
9	癸未	甲寅	壬午	癸丑	癸未	甲寅	甲申	乙卯	丙戌	丙辰	丁亥	丁巳
10	甲申	乙卯	癸未	甲寅	甲申	乙卯	乙酉	丙辰	丁亥	丁巳	戊子	戊午
11	乙酉	丙辰	甲申	乙卯	乙酉	丙辰	丙戌	丁巳	戊子	戊午	己丑	己未
12	丙戌	丁巳	乙酉	丙辰	丙戌	丁巳	丁亥	戊午	己丑	己未	庚寅	庚申
13	丁亥	戊午	丙戌	丁巳	丁亥	戊午	戊子	己未	庚寅	庚申	辛卯	辛酉
14	戊子	己未	丁亥	戊午	戊子	己未	己丑	庚申	辛卯	辛酉	壬辰	壬戌
15	己丑	庚申	戊子	己未	己丑	庚申	庚寅	辛酉	壬辰	壬戌	癸巳	癸亥
16	庚寅	辛酉	己丑	庚申	庚寅	辛酉	辛卯	壬戌	癸巳	癸亥	甲午	甲子
17	辛卯	壬戌	庚寅	辛酉	辛卯	壬戌	壬辰	癸亥	甲午	甲子	乙未	乙丑
18	壬辰	癸亥	辛卯	壬戌	壬辰	癸亥	癸巳	甲子	乙未	乙丑	丙申	丙寅
19	癸巳	甲子	壬辰	癸亥	癸巳	甲子	甲午	乙丑	丙申	丙寅	丁酉	丁卯
20	甲午	乙丑	癸巳	甲子	甲午	乙丑	乙未	丙寅	丁酉	丁卯	戊戌	戊辰
21	乙未	丙寅	甲午	乙丑	乙未	丙寅	丙申	丁卯	戊戌	戊辰	己亥	己巳
22	丙申	丁卯	乙未	丙寅	丙申	丁卯	丁酉	戊辰	己亥	己巳	庚子	庚午
23	丁酉	戊辰	丙申	丁卯	丁酉	戊辰	戊戌	己巳	庚子	庚午	辛丑	十二月 辛未
24	戊戌	己巳	丁酉	戊辰	戊戌	己巳	己亥	庚午	辛丑	辛未	十一月 壬寅	壬申
25	己亥	庚午	戊戌	己巳	己亥	庚午	庚子	辛未	九月 壬寅	十月 壬申	癸卯	癸酉
26	庚子	辛未	己亥	庚午	庚子	辛未	辛丑	壬申	癸卯	癸酉	甲辰	甲戌
27	辛丑	壬申	庚子	辛未	辛丑	壬申	壬寅	八月 癸酉	甲辰	甲戌	乙巳	乙亥
28	壬寅	癸酉	辛丑	壬申	壬寅	癸酉	七月 癸卯	甲戌	乙巳	乙亥	丙午	丙子
29	癸卯		壬寅	癸酉	癸卯	六月 甲戌	甲辰	乙亥	丙午	丙子	丁未	丁丑
30	甲辰		癸卯	甲戌	甲辰	乙亥	乙巳	丙子	丁未	丁丑	戊申	戊寅
31	乙巳		甲辰		五月 乙巳		丙午	丁丑		戊寅		己卯

農曆初一　農曆十五

西曆一九四七年

12月	11月	10月	9月	8月	7月	6月	5月	4月	3月	2月	1月	月/日
甲寅	甲申	癸丑	癸未	壬子	辛巳	辛亥	庚辰	庚戌	己卯	辛亥	庚辰	1
乙卯	乙酉	甲寅	甲申	癸丑	壬午	壬子	辛巳	辛亥	庚辰	壬子	辛巳	2
丙辰	丙戌	乙卯	乙酉	甲寅	癸未	癸丑	壬午	壬子	辛巳	癸丑	壬午	3
丁巳	丁亥	丙辰	丙戌	乙卯	甲申	甲寅	癸未	癸丑	壬午	甲寅	癸未	4
戊午	戊子	丁巳	丁亥	丙辰	乙酉	乙卯	甲申	甲寅	癸未	乙卯	甲申	5
己未	己丑	戊午	戊子	丁巳	丙戌	丙辰	乙酉	乙卯	甲申	丙辰	乙酉	6
庚申	庚寅	己未	己丑	戊午	丁亥	丁巳	丙戌	丙辰	乙酉	丁巳	丙戌	7
辛酉	辛卯	庚申	庚寅	己未	戊子	戊午	丁亥	丁巳	丙戌	戊午	丁亥	8
壬戌	壬辰	辛酉	辛卯	庚申	己丑	己未	戊子	戊午	丁亥	己未	戊子	9
癸亥	癸巳	壬戌	壬辰	辛酉	庚寅	庚申	己丑	己未	戊子	庚申	己丑	10
甲子	甲午	癸亥	癸巳	壬戌	辛卯	辛酉	庚寅	庚申	己丑	辛酉	庚寅	11
十一月 乙丑	乙未	甲子	甲午	癸亥	壬辰	壬戌	辛卯	辛酉	庚寅	壬戌	辛卯	12
丙寅	十月 丙申	乙丑	乙未	甲子	癸巳	癸亥	壬辰	壬戌	辛卯	癸亥	壬辰	13
丁卯	丁酉	九月 丙寅	丙申	乙丑	甲午	甲子	癸巳	癸亥	壬辰	甲子	癸巳	14
戊辰	戊戌	丁卯	八月 丁酉	丙寅	乙未	乙丑	甲午	甲子	癸巳	乙丑	甲午	15
己巳	己亥	戊辰	戊戌	七月 丁卯	丙申	丙寅	乙未	乙丑	甲午	丙寅	乙未	16
庚午	庚子	己巳	己亥	戊辰	丁酉	丁卯	丙申	丙寅	乙未	丁卯	丙申	17
辛未	辛丑	庚午	庚子	己巳	六月 戊戌	戊辰	丁酉	丁卯	丙申	戊辰	丁酉	18
壬申	壬寅	辛未	辛丑	庚午	己亥	五月 己巳	戊戌	戊辰	丁酉	己巳	戊戌	19
癸酉	癸卯	壬申	壬寅	辛未	庚子	庚午	四月 己亥	己巳	戊戌	庚午	己亥	20
甲戌	甲辰	癸酉	癸卯	壬申	辛丑	辛未	庚子	三月 庚午	己亥	二月 辛未	庚子	21
乙亥	乙巳	甲戌	甲辰	癸酉	壬寅	壬申	辛丑	辛未	庚子	壬申	正月 辛丑	22
丙子	丙午	乙亥	乙巳	甲戌	癸卯	癸酉	壬寅	壬申	閏二月 辛丑	癸酉	壬寅	23
丁丑	丁未	丙子	丙午	乙亥	甲辰	甲戌	癸卯	癸酉	壬寅	甲戌	癸卯	24
戊寅	戊申	丁丑	丁未	丙子	乙巳	乙亥	甲辰	甲戌	癸卯	乙亥	甲辰	25
己卯	己酉	戊寅	戊申	丁丑	丙午	丙子	乙巳	乙亥	甲辰	丙子	乙巳	26
庚辰	庚戌	己卯	己酉	戊寅	丁未	丁丑	丙午	丙子	乙巳	丁丑	丙午	27
辛巳	辛亥	庚辰	庚戌	己卯	戊申	戊寅	丁未	丁丑	丙午	戊寅	丁未	28
壬午	壬子	辛巳	辛亥	庚辰	己酉	己卯	戊申	戊寅	丁未		戊申	29
癸未	癸丑	壬午	壬子	辛巳	庚戌	庚辰	己酉	己卯	戊申		己酉	30
甲申		癸未		壬午	辛亥		庚戌		己酉		庚戌	31

農曆初一　農曆十五

西曆一九四八年

12月	11月	10月	9月	8月	7月	6月	5月	4月	3月	2月	1月	月/日
(十一月)庚申	(十月)庚寅	己未	己丑	戊午	丁亥	丁巳	丙戌	丙辰	乙酉	丙辰	乙酉	1
辛酉	辛卯	庚申	庚寅	己未	戊子	戊午	丁亥	丁巳	丙戌	丁巳	丙戌	2
壬戌	壬辰	(九月)辛酉	(八月)辛卯	庚申	己丑	己未	戊子	戊午	丁亥	戊午	丁亥	3
癸亥	癸巳	壬戌	壬辰	辛酉	庚寅	庚申	己丑	己未	戊子	己未	戊子	4
甲子	甲午	癸亥	癸巳	(七月)壬戌	辛卯	辛酉	庚寅	庚申	己丑	庚申	己丑	5
乙丑	乙未	甲子	甲午	癸亥	壬辰	壬戌	辛卯	辛酉	庚寅	辛酉	庚寅	6
丙寅	丙申	乙丑	乙未	甲子	(六月)癸巳	(五月)癸亥	壬辰	壬戌	辛卯	壬戌	辛卯	7
丁卯	丁酉	丙寅	丙申	乙丑	甲午	甲子	癸巳	癸亥	壬辰	癸亥	壬辰	8
戊辰	戊戌	丁卯	丁酉	丙寅	乙未	乙丑	(四月)甲午	(三月)甲子	癸巳	甲子	癸巳	9
己巳	己亥	戊辰	戊戌	丁卯	丙申	丙寅	乙未	乙丑	甲午	(正月)乙丑	甲午	10
庚午	庚子	己巳	己亥	戊辰	丁酉	丁卯	丙申	丙寅	(二月)乙未	丙寅	(十二月)乙未	11
辛未	辛丑	庚午	庚子	己巳	戊戌	戊辰	丁酉	丁卯	丙申	丁卯	丙申	12
壬申	壬寅	辛未	辛丑	庚午	己亥	己巳	戊戌	戊辰	丁酉	戊辰	丁酉	13
癸酉	癸卯	壬申	壬寅	辛未	庚子	庚午	己亥	己巳	戊戌	己巳	戊戌	14
甲戌	甲辰	癸酉	癸卯	壬申	辛丑	辛未	庚子	庚午	己亥	庚午	己亥	15
乙亥	乙巳	甲戌	甲辰	癸酉	壬寅	壬申	辛丑	辛未	庚子	辛未	庚子	16
丙子	丙午	乙亥	乙巳	甲戌	癸卯	癸酉	壬寅	壬申	辛丑	壬申	辛丑	17
丁丑	丁未	丙子	丙午	乙亥	甲辰	甲戌	癸卯	癸酉	壬寅	癸酉	壬寅	18
戊寅	戊申	丁丑	丁未	丙子	乙巳	乙亥	甲辰	甲戌	癸卯	甲戌	癸卯	19
己卯	己酉	戊寅	戊申	丁丑	丙午	丙子	乙巳	乙亥	甲辰	乙亥	甲辰	20
庚辰	庚戌	己卯	己酉	戊寅	丁未	丁丑	丙午	丙子	乙巳	丙子	乙巳	21
辛巳	辛亥	庚辰	庚戌	己卯	戊申	戊寅	丁未	丁丑	丙午	丁丑	丙午	22
壬午	壬子	辛巳	辛亥	庚辰	己酉	己卯	戊申	戊寅	丁未	戊寅	丁未	23
癸未	癸丑	壬午	壬子	辛巳	庚戌	庚辰	己酉	己卯	戊申	己卯	戊申	24
甲申	甲寅	癸未	癸丑	壬午	辛亥	辛巳	庚戌	庚辰	己酉	庚辰	己酉	25
乙酉	乙卯	甲申	甲寅	癸未	壬子	壬午	辛亥	辛巳	庚戌	辛巳	庚戌	26
丙戌	丙辰	乙酉	乙卯	甲申	癸丑	癸未	壬子	壬午	辛亥	壬午	辛亥	27
丁亥	丁巳	丙戌	丙辰	乙酉	甲寅	甲申	癸丑	癸未	壬子	癸未	壬子	28
戊子	戊午	丁亥	丁巳	丙戌	乙卯	乙酉	甲寅	甲申	癸丑	甲申	癸丑	29
(十二月)己丑	己未	戊子	戊午	丁亥	丙辰	丙戌	乙卯	乙酉	甲寅		甲寅	30
庚寅		己丑		戊子	丁巳		丙辰		乙卯		乙卯	31

農曆初一　農曆十五

西曆一九四九年

12月	11月	10月	9月	8月	7月	6月	5月	4月	3月	2月	1月	月/日
乙丑	乙未	甲子	甲午	癸亥	壬辰	壬戌	辛卯	辛酉	庚寅	壬戌	辛卯	1
丙寅	丙申	乙丑	乙未	甲子	癸巳	癸亥	壬辰	壬戌	辛卯	癸亥	壬辰	2
丁卯	丁酉	丙寅	丙申	乙丑	甲午	甲子	癸巳	癸亥	壬辰	甲子	癸巳	3
戊辰	戊戌	丁卯	丁酉	丙寅	乙未	乙丑	甲午	甲子	癸巳	乙丑	甲午	4
己巳	己亥	戊辰	戊戌	丁卯	丙申	丙寅	乙未	乙丑	甲午	丙寅	乙未	5
庚午	庚子	己巳	己亥	戊辰	丁酉	丁卯	丙申	丙寅	乙未	丁卯	丙申	6
辛未	辛丑	庚午	庚子	己巳	戊戌	戊辰	丁酉	丁卯	丙申	戊辰	丁酉	7
壬申	壬寅	辛未	辛丑	庚午	己亥	己巳	戊戌	戊辰	丁酉	己巳	戊戌	8
癸酉	癸卯	壬申	壬寅	辛未	庚子	庚午	己亥	己巳	戊戌	庚午	己亥	9
甲戌	甲辰	癸酉	癸卯	壬申	辛丑	辛未	庚子	庚午	己亥	辛未	庚子	10
乙亥	乙巳	甲戌	甲辰	癸酉	壬寅	壬申	辛丑	辛未	庚子	壬申	辛丑	11
丙子	丙午	乙亥	乙巳	甲戌	癸卯	癸酉	壬寅	壬申	辛丑	癸酉	壬寅	12
丁丑	丁未	丙子	丙午	乙亥	甲辰	甲戌	癸卯	癸酉	壬寅	甲戌	癸卯	13
戊寅	戊申	丁丑	丁未	丙子	乙巳	乙亥	甲辰	甲戌	癸卯	乙亥	甲辰	14
己卯	己酉	戊寅	戊申	丁丑	丙午	丙子	乙巳	乙亥	甲辰	丙子	乙巳	15
庚辰	庚戌	己卯	己酉	戊寅	丁未	丁丑	丙午	丙子	乙巳	丁丑	丙午	16
辛巳	辛亥	庚辰	庚戌	己卯	戊申	戊寅	丁未	丁丑	丙午	戊寅	丁未	17
壬午	壬子	辛巳	辛亥	庚辰	己酉	己卯	戊申	戊寅	丁未	己卯	戊申	18
癸未	癸丑	壬午	壬子	辛巳	庚戌	庚辰	己酉	己卯	戊申	庚辰	己酉	19
十一月 甲申	十月 甲寅	癸未	癸丑	壬午	辛亥	辛巳	庚戌	庚辰	己酉	辛巳	庚戌	20
乙酉	乙卯	甲申	甲寅	癸未	壬子	壬午	辛亥	辛巳	庚戌	壬午	辛亥	21
丙戌	丙辰	九月 乙酉	八月 乙卯	甲申	癸丑	癸未	壬子	壬午	辛亥	癸未	壬子	22
丁亥	丁巳	丙戌	丙辰	乙酉	甲寅	甲申	癸丑	癸未	壬子	甲申	癸丑	23
戊子	戊午	丁亥	丁巳	閏七月 丙戌	乙卯	乙酉	甲寅	甲申	癸丑	乙酉	甲寅	24
己丑	己未	戊子	戊午	丁亥	丙辰	丙戌	乙卯	乙酉	甲寅	丙戌	乙卯	25
庚寅	庚申	己丑	己未	戊子	七月 丁巳	六月 丁亥	丙辰	丙戌	乙卯	丁亥	丙辰	26
辛卯	辛酉	庚寅	庚申	己丑	戊午	戊子	丁巳	丁亥	丙辰	戊子	丁巳	27
壬辰	壬戌	辛卯	辛酉	庚寅	己未	己丑	五月 戊午	四月 戊子	丁巳	二月 己丑	戊午	28
癸巳	癸亥	壬辰	壬戌	辛卯	庚申	庚寅	己未	己丑	三月 戊午		正月 己未	29
甲午	甲子	癸巳	癸亥	壬辰	辛酉	辛卯	庚申	庚寅	己未		庚申	30
乙未		甲午		癸巳	壬戌		辛酉		庚申		辛酉	31

農曆初一　農曆十五

西曆一九五〇年

12月	11月	10月	9月	8月	7月	6月	5月	4月	3月	2月	1月	月／日
庚午	庚子	己巳	己亥	戊辰	丁酉	丁卯	丙申	丙寅	乙未	丁卯	丙申	1
辛未	辛丑	庚午	庚子	己巳	戊戌	戊辰	丁酉	丁卯	丙申	戊辰	丁酉	2
壬申	壬寅	辛未	辛丑	庚午	己亥	己巳	戊戌	戊辰	丁酉	己巳	戊戌	3
癸酉	癸卯	壬申	壬寅	辛未	庚子	庚午	己亥	己巳	戊戌	庚午	己亥	4
甲戌	甲辰	癸酉	癸卯	壬申	辛丑	辛未	庚子	庚午	己亥	辛未	庚子	5
乙亥	乙巳	甲戌	甲辰	癸酉	壬寅	壬申	辛丑	辛未	庚子	壬申	辛丑	6
丙子	丙午	乙亥	乙巳	甲戌	癸卯	癸酉	壬寅	壬申	辛丑	癸酉	壬寅	7
丁丑	丁未	丙子	丙午	乙亥	甲辰	甲戌	癸卯	癸酉	壬寅	甲戌	癸卯	8
十一月 戊寅	戊申	丁丑	丁未	丙子	乙巳	乙亥	甲辰	甲戌	癸卯	乙亥	甲辰	9
己卯	十月 己酉	戊寅	戊申	丁丑	丙午	丙子	乙巳	乙亥	甲辰	丙子	乙巳	10
庚辰	庚戌	九月 己卯	己酉	戊寅	丁未	丁丑	丙午	丙子	乙巳	丁丑	丙午	11
辛巳	辛亥	庚辰	八月 庚戌	己卯	戊申	戊寅	丁未	丁丑	丙午	戊寅	丁未	12
壬午	壬子	辛巳	辛亥	庚辰	己酉	己卯	戊申	戊寅	丁未	己卯	戊申	13
癸未	癸丑	壬午	壬子	七月 辛巳	庚戌	庚辰	己酉	己卯	戊申	庚辰	己酉	14
甲申	甲寅	癸未	癸丑	壬午	六月 辛亥	五月 辛巳	庚戌	庚辰	己酉	辛巳	庚戌	15
乙酉	乙卯	甲申	甲寅	癸未	壬子	壬午	辛亥	辛巳	庚戌	壬午	辛亥	16
丙戌	丙辰	乙酉	乙卯	甲申	癸丑	癸未	四月 壬子	三月 壬午	辛亥	正月 癸未	壬子	17
丁亥	丁巳	丙戌	丙辰	乙酉	甲寅	甲申	癸丑	癸未	二月 壬子	甲申	十二月 癸丑	18
戊子	戊午	丁亥	丁巳	丙戌	乙卯	乙酉	甲寅	甲申	癸丑	乙酉	甲寅	19
己丑	己未	戊子	戊午	丁亥	丙辰	丙戌	乙卯	乙酉	甲寅	丙戌	乙卯	20
庚寅	庚申	己丑	己未	戊子	丁巳	丁亥	丙辰	丙戌	乙卯	丁亥	丙辰	21
辛卯	辛酉	庚寅	庚申	己丑	戊午	戊子	丁巳	丁亥	丙辰	戊子	丁巳	22
壬辰	壬戌	辛卯	辛酉	庚寅	己未	己丑	戊午	戊子	丁巳	己丑	戊午	23
癸巳	癸亥	壬辰	壬戌	辛卯	庚申	庚寅	己未	己丑	戊午	庚寅	己未	24
甲午	甲子	癸巳	癸亥	壬辰	辛酉	辛卯	庚申	庚寅	己未	辛卯	庚申	25
乙未	乙丑	甲午	甲子	癸巳	壬戌	壬辰	辛酉	辛卯	庚申	壬辰	辛酉	26
丙申	丙寅	乙未	乙丑	甲午	癸亥	癸巳	壬戌	壬辰	辛酉	癸巳	壬戌	27
丁酉	丁卯	丙申	丙寅	乙未	甲子	甲午	癸亥	癸巳	壬戌	甲午	癸亥	28
戊戌	戊辰	丁酉	丁卯	丙申	乙丑	乙未	甲子	甲午	癸亥		甲子	29
己亥	己巳	戊戌	戊辰	丁酉	丙寅	丙申	乙丑	乙未	甲子		乙丑	30
庚子		己亥		戊戌	丁卯		丙寅		乙丑		丙寅	31

農曆初一　農曆十五

西曆一九五一年

12月	11月	10月	9月	8月	7月	6月	5月	4月	3月	2月	1月	月/日
乙亥	乙巳	九月甲戌	八月甲辰	癸酉	壬寅	壬申	辛丑	辛未	庚子	壬申	辛丑	1
丙子	丙午	乙亥	乙巳	甲戌	癸卯	癸酉	壬寅	壬申	辛丑	癸酉	壬寅	2
丁丑	丁未	丙子	丙午	七月乙亥	甲辰	甲戌	癸卯	癸酉	壬寅	甲戌	癸卯	3
戊寅	戊申	丁丑	丁未	丙子	六月乙巳	乙亥	甲辰	甲戌	癸卯	乙亥	甲辰	4
己卯	己酉	戊寅	戊申	丁丑	丙午	五月丙子	乙巳	乙亥	甲辰	丙子	乙巳	5
庚辰	庚戌	己卯	己酉	戊寅	丁未	丁丑	四月丙午	三月丙子	乙巳	正月丁丑	丙午	6
辛巳	辛亥	庚辰	庚戌	己卯	戊申	戊寅	丁未	丁丑	丙午	戊寅	丁未	7
壬午	壬子	辛巳	辛亥	庚辰	己酉	己卯	戊申	戊寅	二月丁未	己卯	十二月戊申	8
癸未	癸丑	壬午	壬子	辛巳	庚戌	庚辰	己酉	己卯	戊申	庚辰	己酉	9
甲申	甲寅	癸未	癸丑	壬午	辛亥	辛巳	庚戌	庚辰	己酉	辛巳	庚戌	10
乙酉	乙卯	甲申	甲寅	癸未	壬子	壬午	辛亥	辛巳	庚戌	壬午	辛亥	11
丙戌	丙辰	乙酉	乙卯	甲申	癸丑	癸未	壬子	壬午	辛亥	癸未	壬子	12
丁亥	丁巳	丙戌	丙辰	乙酉	甲寅	甲申	癸丑	癸未	壬子	甲申	癸丑	13
戊子	戊午	丁亥	丁巳	丙戌	乙卯	乙酉	甲寅	甲申	癸丑	乙酉	甲寅	14
己丑	己未	戊子	戊午	丁亥	丙辰	丙戌	乙卯	乙酉	甲寅	丙戌	乙卯	15
庚寅	庚申	己丑	己未	戊子	丁巳	丁亥	丙辰	丙戌	乙卯	丁亥	丙辰	16
辛卯	辛酉	庚寅	庚申	己丑	戊午	戊子	丁巳	丁亥	丙辰	戊子	丁巳	17
壬辰	壬戌	辛卯	辛酉	庚寅	己未	己丑	戊午	戊子	丁巳	己丑	戊午	18
癸巳	癸亥	壬辰	壬戌	辛卯	庚申	庚寅	己未	己丑	戊午	庚寅	己未	19
甲午	甲子	癸巳	癸亥	壬辰	辛酉	辛卯	庚申	庚寅	己未	辛卯	庚申	20
乙未	乙丑	甲午	甲子	癸巳	壬戌	壬辰	辛酉	辛卯	庚申	壬辰	辛酉	21
丙申	丙寅	乙未	乙丑	甲午	癸亥	癸巳	壬戌	壬辰	辛酉	癸巳	壬戌	22
丁酉	丁卯	丙申	丙寅	乙未	甲子	甲午	癸亥	癸巳	壬戌	甲午	癸亥	23
戊戌	戊辰	丁酉	丁卯	丙申	乙丑	乙未	甲子	甲午	癸亥	乙未	甲子	24
己亥	己巳	戊戌	戊辰	丁酉	丙寅	丙申	乙丑	乙未	甲子	丙申	乙丑	25
庚子	庚午	己亥	己巳	戊戌	丁卯	丁酉	丙寅	丙申	乙丑	丁酉	丙寅	26
辛丑	辛未	庚子	庚午	己亥	戊辰	戊戌	丁卯	丁酉	丙寅	戊戌	丁卯	27
十二月壬寅	壬申	辛丑	辛未	庚子	己巳	己亥	戊辰	戊戌	丁卯	己亥	戊辰	28
癸卯	十一月癸酉	壬寅	壬申	辛丑	庚午	庚子	己巳	己亥	戊辰		己巳	29
甲辰	甲戌	十月癸卯	癸酉	壬寅	辛未	辛丑	庚午	庚子	己巳		庚午	30
乙巳		甲辰		癸卯	壬申		辛未		庚午		辛未	31

農曆初一　農曆十五

西曆一九五二年

12月	11月	10月	9月	8月	7月	6月	5月	4月	3月	2月	1月	月/日
辛巳	辛亥	庚辰	庚戌	己卯	戊申	戊寅	丁未	丁丑	丙午	丁丑	丙午	1
壬午	壬子	辛巳	辛亥	庚辰	己酉	己卯	戊申	戊寅	丁未	戊寅	丁未	2
癸未	癸丑	壬午	壬子	辛巳	庚戌	庚辰	己酉	己卯	戊申	己卯	戊申	3
甲申	甲寅	癸未	癸丑	壬午	辛亥	辛巳	庚戌	庚辰	己酉	庚辰	己酉	4
乙酉	乙卯	甲申	甲寅	癸未	壬子	壬午	辛亥	辛巳	庚戌	辛巳	庚戌	5
丙戌	丙辰	乙酉	乙卯	甲申	癸丑	癸未	壬子	壬午	辛亥	壬午	辛亥	6
丁亥	丁巳	丙戌	丙辰	乙酉	甲寅	甲申	癸丑	癸未	壬子	癸未	壬子	7
戊子	戊午	丁亥	丁巳	丙戌	乙卯	乙酉	甲寅	甲申	癸丑	甲申	癸丑	8
己丑	己未	戊子	戊午	丁亥	丙辰	丙戌	乙卯	乙酉	甲寅	乙酉	甲寅	9
庚寅	庚申	己丑	己未	戊子	丁巳	丁亥	丙辰	丙戌	乙卯	丙戌	乙卯	10
辛卯	辛酉	庚寅	庚申	己丑	戊午	戊子	丁巳	丁亥	丙辰	丁亥	丙辰	11
壬辰	壬戌	辛卯	辛酉	庚寅	己未	己丑	戊午	戊子	丁巳	戊子	丁巳	12
癸巳	癸亥	壬辰	壬戌	辛卯	庚申	庚寅	己未	己丑	戊午	己丑	戊午	13
甲午	甲子	癸巳	癸亥	壬辰	辛酉	辛卯	庚申	庚寅	己未	庚寅	己未	14
乙未	乙丑	甲午	甲子	癸巳	壬戌	壬辰	辛酉	辛卯	庚申	辛卯	庚申	15
丙申	丙寅	乙未	乙丑	甲午	癸亥	癸巳	壬戌	壬辰	辛酉	壬辰	辛酉	16
十一月 丁酉	十月 丁卯	丙申	丙寅	乙未	甲子	甲午	癸亥	癸巳	壬戌	癸巳	壬戌	17
戊戌	戊辰	丁酉	丁卯	丙申	乙丑	乙未	甲子	甲午	癸亥	甲午	癸亥	18
己亥	己巳	九月 戊戌	八月 戊辰	丁酉	丙寅	丙申	乙丑	乙未	甲子	乙未	甲子	19
庚子	庚午	己亥	己巳	七月 戊戌	丁卯	丁酉	丙寅	丙申	乙丑	丙申	乙丑	20
辛丑	辛未	庚子	庚午	己亥	戊辰	戊戌	丁卯	丁酉	丙寅	丁酉	丙寅	21
壬寅	壬申	辛丑	辛未	庚子	六月 己巳	閏五月 己亥	戊辰	戊戌	丁卯	戊戌	丁卯	22
癸卯	癸酉	壬寅	壬申	辛丑	庚午	庚子	己巳	己亥	戊辰	己亥	戊辰	23
甲辰	甲戌	癸卯	癸酉	壬寅	辛未	辛丑	五月 庚午	四月 庚子	己巳	庚子	己巳	24
乙巳	乙亥	甲辰	甲戌	癸卯	壬申	壬寅	辛未	辛丑	庚午	二月 辛丑	庚午	25
丙午	丙子	乙巳	乙亥	甲辰	癸酉	癸卯	壬申	壬寅	三月 辛未	壬寅	辛未	26
丁未	丁丑	丙午	丙子	乙巳	甲戌	甲辰	癸酉	癸卯	壬申	癸卯	正月 壬申	27
戊申	戊寅	丁未	丁丑	丙午	乙亥	乙巳	甲戌	甲辰	癸酉	甲辰	癸酉	28
己酉	己卯	戊申	戊寅	丁未	丙子	丙午	乙亥	乙巳	甲戌	乙巳	甲戌	29
庚戌	庚辰	己酉	己卯	戊申	丁丑	丁未	丙子	丙午	乙亥		乙亥	30
辛亥		庚戌		己酉	戊寅		丁丑		丙子		丙子	31

農曆初一　農曆十五

西曆一九五三年

12月	11月	10月	9月	8月	7月	6月	5月	4月	3月	2月	1月	月/日
丙戌	丙辰	乙酉	乙卯	甲申	癸丑	癸未	壬子	壬午	辛亥	癸未	壬子	1
丁亥	丁巳	丙戌	丙辰	乙酉	甲寅	甲申	癸丑	癸未	壬子	甲申	癸丑	2
戊子	戊午	丁亥	丁巳	丙戌	乙卯	乙酉	甲寅	甲申	癸丑	乙酉	甲寅	3
己丑	己未	戊子	戊午	丁亥	丙辰	丙戌	乙卯	乙酉	甲寅	丙戌	乙卯	4
庚寅	庚申	己丑	己未	戊子	丁巳	丁亥	丙辰	丙戌	乙卯	丁亥	丙辰	5
十一月 辛卯	辛酉	庚寅	庚申	己丑	戊午	戊子	丁巳	丁亥	丙辰	戊子	丁巳	6
壬辰	十月 壬戌	辛卯	辛酉	庚寅	己未	己丑	戊午	戊子	丁巳	己丑	戊午	7
癸巳	癸亥	九月 壬辰	八月 壬戌	辛卯	庚申	庚寅	己未	己丑	戊午	庚寅	己未	8
甲午	甲子	癸巳	癸亥	壬辰	辛酉	辛卯	庚申	庚寅	己未	辛卯	庚申	9
乙未	乙丑	甲午	甲子	七月 癸巳	壬戌	壬辰	辛酉	辛卯	庚申	壬辰	辛酉	10
丙申	丙寅	乙未	乙丑	甲午	六月 癸亥	五月 癸巳	壬戌	壬辰	辛酉	癸巳	壬戌	11
丁酉	丁卯	丙申	丙寅	乙未	甲子	甲午	癸亥	癸巳	壬戌	甲午	癸亥	12
戊戌	戊辰	丁酉	丁卯	丙申	乙丑	乙未	四月 甲子	甲午	癸亥	乙未	甲子	13
己亥	己巳	戊戌	戊辰	丁酉	丙寅	丙申	乙丑	三月 乙未	甲子	正月 丙申	乙丑	14
庚子	庚午	己亥	己巳	戊戌	丁卯	丁酉	丙寅	丙申	二月 乙丑	丁酉	十二月 丙寅	15
辛丑	辛未	庚子	庚午	己亥	戊辰	戊戌	丁卯	丁酉	丙寅	戊戌	丁卯	16
壬寅	壬申	辛丑	辛未	庚子	己巳	己亥	戊辰	戊戌	丁卯	己亥	戊辰	17
癸卯	癸酉	壬寅	壬申	辛丑	庚午	庚子	己巳	己亥	戊辰	庚子	己巳	18
甲辰	甲戌	癸卯	癸酉	壬寅	辛未	辛丑	庚午	庚子	己巳	辛丑	庚午	19
乙巳	乙亥	甲辰	甲戌	癸卯	壬申	壬寅	辛未	辛丑	庚午	壬寅	辛未	20
丙午	丙子	乙巳	乙亥	甲辰	癸酉	癸卯	壬申	壬寅	辛未	癸卯	壬申	21
丁未	丁丑	丙午	丙子	乙巳	甲戌	甲辰	癸酉	癸卯	壬申	甲辰	癸酉	22
戊申	戊寅	丁未	丁丑	丙午	乙亥	乙巳	甲戌	甲辰	癸酉	乙巳	甲戌	23
己酉	己卯	戊申	戊寅	丁未	丙子	丙午	乙亥	乙巳	甲戌	丙午	乙亥	24
庚戌	庚辰	己酉	己卯	戊申	丁丑	丁未	丙子	丙午	乙亥	丁未	丙子	25
辛亥	辛巳	庚戌	庚辰	己酉	戊寅	戊申	丁丑	丁未	丙子	戊申	丁丑	26
壬子	壬午	辛亥	辛巳	庚戌	己卯	己酉	戊寅	戊申	丁丑	己酉	戊寅	27
癸丑	癸未	壬子	壬午	辛亥	庚辰	庚戌	己卯	己酉	戊寅	庚戌	己卯	28
甲寅	甲申	癸丑	癸未	壬子	辛巳	辛亥	庚辰	庚戌	己卯		庚辰	29
乙卯	乙酉	甲寅	甲申	癸丑	壬午	壬子	辛巳	辛亥	庚辰		辛巳	30
丙辰		乙卯		甲寅	癸未		壬午		辛巳		壬午	31

農曆初一　　農曆十五

西曆一九五四年

12月	11月	10月	9月	8月	7月	6月	5月	4月	3月	2月	1月	月/日
辛卯	辛酉	庚寅	庚申	己丑	戊午	五月 戊子	丁巳	丁亥	丙辰	戊子	丁巳	1
壬辰	壬戌	辛卯	辛酉	庚寅	己未	己丑	戊午	戊子	丁巳	己丑	戊午	2
癸巳	癸亥	壬辰	壬戌	辛卯	庚申	庚寅	四月 己未	三月 己丑	戊午	正月 庚寅	己未	3
甲午	甲子	癸巳	癸亥	壬辰	辛酉	辛卯	庚申	庚寅	己未	辛卯	庚申	4
乙未	乙丑	甲午	甲子	癸巳	壬戌	壬辰	辛酉	辛卯	二月 庚申	壬辰	十二月 辛酉	5
丙申	丙寅	乙未	乙丑	甲午	癸亥	癸巳	壬戌	壬辰	辛酉	癸巳	壬戌	6
丁酉	丁卯	丙申	丙寅	乙未	甲子	甲午	癸亥	癸巳	壬戌	甲午	癸亥	7
戊戌	戊辰	丁酉	丁卯	丙申	乙丑	乙未	甲子	甲午	癸亥	乙未	甲子	8
己亥	己巳	戊戌	戊辰	丁酉	丙寅	丙申	乙丑	乙未	甲子	丙申	乙丑	9
庚子	庚午	己亥	己巳	戊戌	丁卯	丁酉	丙寅	丙申	乙丑	丁酉	丙寅	10
辛丑	辛未	庚子	庚午	己亥	戊辰	戊戌	丁卯	丁酉	丙寅	戊戌	丁卯	11
壬寅	壬申	辛丑	辛未	庚子	己巳	己亥	戊辰	戊戌	丁卯	己亥	戊辰	12
癸卯	癸酉	壬寅	壬申	辛丑	庚午	庚子	己巳	己亥	戊辰	庚子	己巳	13
甲辰	甲戌	癸卯	癸酉	壬寅	辛未	辛丑	庚午	庚子	己巳	辛丑	庚午	14
乙巳	乙亥	甲辰	甲戌	癸卯	壬申	壬寅	辛未	辛丑	庚午	壬寅	辛未	15
丙午	丙子	乙巳	乙亥	甲辰	癸酉	癸卯	壬申	壬寅	辛未	癸卯	壬申	16
丁未	丁丑	丙午	丙子	乙巳	甲戌	甲辰	癸酉	癸卯	壬申	甲辰	癸酉	17
戊申	戊寅	丁未	丁丑	丙午	乙亥	乙巳	甲戌	甲辰	癸酉	乙巳	甲戌	18
己酉	己卯	戊申	戊寅	丁未	丙子	丙午	乙亥	乙巳	甲戌	丙午	乙亥	19
庚戌	庚辰	己酉	己卯	戊申	丁丑	丁未	丙子	丙午	乙亥	丁未	丙子	20
辛亥	辛巳	庚戌	庚辰	己酉	戊寅	戊申	丁丑	丁未	丙子	戊申	丁丑	21
壬子	壬午	辛亥	辛巳	庚戌	己卯	己酉	戊寅	戊申	丁丑	己酉	戊寅	22
癸丑	癸未	壬子	壬午	辛亥	庚辰	庚戌	己卯	己酉	戊寅	庚戌	己卯	23
甲寅	甲申	癸丑	癸未	壬子	辛巳	辛亥	庚辰	庚戌	己卯	辛亥	庚辰	24
十二月 乙卯	十一月 乙酉	甲寅	甲申	癸丑	壬午	壬子	辛巳	辛亥	庚辰	壬子	辛巳	25
丙辰	丙戌	乙卯	乙酉	甲寅	癸未	癸丑	壬午	壬子	辛巳	癸丑	壬午	26
丁巳	丁亥	十月 丙辰	九月 丙戌	乙卯	甲申	甲寅	癸未	癸丑	壬午	甲寅	癸未	27
戊午	戊子	丁巳	丁亥	八月 丙辰	乙酉	乙卯	甲申	甲寅	癸未	乙卯	甲申	28
己未	己丑	戊午	戊子	丁巳	丙戌	丙辰	乙酉	乙卯	甲申		乙酉	29
庚申	庚寅	己未	己丑	戊午	七月 丁亥	六月 丁巳	丙戌	丙辰	乙酉		丙戌	30
辛酉		庚申		己未	戊子		丁亥		丙戌		丁亥	31

農曆初一　農曆十五

西曆一九五五年

12月	11月	10月	9月	8月	7月	6月	5月	4月	3月	2月	1月	月/日
丙申	丙寅	乙未	乙丑	甲午	癸亥	癸巳	壬戌	壬辰	辛酉	癸巳	壬戌	1
丁酉	丁卯	丙申	丙寅	乙未	甲子	甲午	癸亥	癸巳	壬戌	甲午	癸亥	2
戊戌	戊辰	丁酉	丁卯	丙申	乙丑	乙未	甲子	甲午	癸亥	乙未	甲子	3
己亥	己巳	戊戌	戊辰	丁酉	丙寅	丙申	乙丑	乙未	甲子	丙申	乙丑	4
庚子	庚午	己亥	己巳	戊戌	丁卯	丁酉	丙寅	丙申	乙丑	丁酉	丙寅	5
辛丑	辛未	庚子	庚午	己亥	戊辰	戊戌	丁卯	丁酉	丙寅	戊戌	丁卯	6
壬寅	壬申	辛丑	辛未	庚子	己巳	己亥	戊辰	戊戌	丁卯	己亥	戊辰	7
癸卯	癸酉	壬寅	壬申	辛丑	庚午	庚子	己巳	己亥	戊辰	庚子	己巳	8
甲辰	甲戌	癸卯	癸酉	壬寅	辛未	辛丑	庚午	庚子	己巳	辛丑	庚午	9
乙巳	乙亥	甲辰	甲戌	癸卯	壬申	壬寅	辛未	辛丑	庚午	壬寅	辛未	10
丙午	丙子	乙巳	乙亥	甲辰	癸酉	癸卯	壬申	壬寅	辛未	癸卯	壬申	11
丁未	丁丑	丙午	丙子	乙巳	甲戌	甲辰	癸酉	癸卯	壬申	甲辰	癸酉	12
戊申	戊寅	丁未	丁丑	丙午	乙亥	乙巳	甲戌	甲辰	癸酉	乙巳	甲戌	13
十一月 己酉	十月 己卯	戊申	戊寅	丁未	丙子	丙午	乙亥	乙巳	甲戌	丙午	乙亥	14
庚戌	庚辰	己酉	己卯	戊申	丁丑	丁未	丙子	丙午	乙亥	丁未	丙子	15
辛亥	辛巳	九月 庚戌	八月 庚辰	己酉	戊寅	戊申	丁丑	丁未	丙子	戊申	丁丑	16
壬子	壬午	辛亥	辛巳	庚戌	己卯	己酉	戊寅	戊申	丁丑	己酉	戊寅	17
癸丑	癸未	壬子	壬午	七月 辛亥	庚辰	庚戌	己卯	己酉	戊寅	庚戌	己卯	18
甲寅	甲申	癸丑	癸未	壬子	六月 辛巳	辛亥	庚辰	庚戌	己卯	辛亥	庚辰	19
乙卯	乙酉	甲寅	甲申	癸丑	壬午	五月 壬子	辛巳	辛亥	庚辰	壬子	辛巳	20
丙辰	丙戌	乙卯	乙酉	甲寅	癸未	癸丑	壬午	壬子	辛巳	癸丑	壬午	21
丁巳	丁亥	丙辰	丙戌	乙卯	甲申	甲寅	四月 癸未	閏三月 癸丑	壬午	二月 甲寅	癸未	22
戊午	戊子	丁巳	丁亥	丙辰	乙酉	乙卯	甲申	甲寅	癸未	乙卯	甲申	23
己未	己丑	戊午	戊子	丁巳	丙戌	丙辰	乙酉	乙卯	三月 甲申	丙辰	正月 乙酉	24
庚申	庚寅	己未	己丑	戊午	丁亥	丁巳	丙戌	丙辰	乙酉	丁巳	丙戌	25
辛酉	辛卯	庚申	庚寅	己未	戊子	戊午	丁亥	丁巳	丙戌	戊午	丁亥	26
壬戌	壬辰	辛酉	辛卯	庚申	己丑	己未	戊子	戊午	丁亥	己未	戊子	27
癸亥	癸巳	壬戌	壬辰	辛酉	庚寅	庚申	己丑	己未	戊子	庚申	己丑	28
甲子	甲午	癸亥	癸巳	壬戌	辛卯	辛酉	庚寅	庚申	己丑		庚寅	29
乙丑	乙未	甲子	甲午	癸亥	壬辰	壬戌	辛卯	辛酉	庚寅		辛卯	30
丙寅		乙丑		甲子	癸巳		壬辰		辛卯		壬辰	31

農曆初一　農曆十五

西曆一九五六年

12月	11月	10月	9月	8月	7月	6月	5月	4月	3月	2月	1月	月/日
壬寅	壬申	辛丑	辛未	庚子	己巳	己亥	戊辰	戊戌	丁卯	戊戌	丁卯	1
十一月 癸卯	癸酉	壬寅	壬申	辛丑	庚午	庚子	己巳	己亥	戊辰	己亥	戊辰	2
甲辰	十月 甲戌	癸卯	癸酉	壬寅	辛未	辛丑	庚午	庚子	己巳	庚子	己巳	3
乙巳	乙亥	九月 甲辰	甲戌	癸卯	壬申	壬寅	辛未	辛丑	庚午	辛丑	庚午	4
丙午	丙子	乙巳	八月 乙亥	甲辰	癸酉	癸卯	壬申	壬寅	辛未	壬寅	辛未	5
丁未	丁丑	丙午	丙子	七月 乙巳	甲戌	甲辰	癸酉	癸卯	壬申	癸卯	壬申	6
戊申	戊寅	丁未	丁丑	丙午	乙亥	乙巳	甲戌	甲辰	癸酉	甲辰	癸酉	7
己酉	己卯	戊申	戊寅	丁未	六月 丙子	丙午	乙亥	乙巳	甲戌	乙巳	甲戌	8
庚戌	庚辰	己酉	己卯	戊申	丁丑	五月 丁未	丙子	丙午	乙亥	丙午	乙亥	9
辛亥	辛巳	庚戌	庚辰	己酉	戊寅	戊申	四月 丁丑	丁未	丙子	丁未	丙子	10
壬子	壬午	辛亥	辛巳	庚戌	己卯	己酉	戊寅	三月 戊申	丁丑	戊申	丁丑	11
癸丑	癸未	壬子	壬午	辛亥	庚辰	庚戌	己卯	己酉	二月 戊寅	正月 己酉	戊寅	12
甲寅	甲申	癸丑	癸未	壬子	辛巳	辛亥	庚辰	庚戌	己卯	庚戌	十二月 己卯	13
乙卯	乙酉	甲寅	甲申	癸丑	壬午	壬子	辛巳	辛亥	庚辰	辛亥	庚辰	14
丙辰	丙戌	乙卯	乙酉	甲寅	癸未	癸丑	壬午	壬子	辛巳	壬子	辛巳	15
丁巳	丁亥	丙辰	丙戌	乙卯	甲申	甲寅	癸未	癸丑	壬午	癸丑	壬午	16
戊午	戊子	丁巳	丁亥	丙辰	乙酉	乙卯	甲申	甲寅	癸未	甲寅	癸未	17
己未	己丑	戊午	戊子	丁巳	丙戌	丙辰	乙酉	乙卯	甲申	乙卯	甲申	18
庚申	庚寅	己未	己丑	戊午	丁亥	丁巳	丙戌	丙辰	乙酉	丙辰	乙酉	19
辛酉	辛卯	庚申	庚寅	己未	戊子	戊午	丁亥	丁巳	丙戌	丁巳	丙戌	20
壬戌	壬辰	辛酉	辛卯	庚申	己丑	己未	戊子	戊午	丁亥	戊午	丁亥	21
癸亥	癸巳	壬戌	壬辰	辛酉	庚寅	庚申	己丑	己未	戊子	己未	戊子	22
甲子	甲午	癸亥	癸巳	壬戌	辛卯	辛酉	庚寅	庚申	己丑	庚申	己丑	23
乙丑	乙未	甲子	甲午	癸亥	壬辰	壬戌	辛卯	辛酉	庚寅	辛酉	庚寅	24
丙寅	丙申	乙丑	乙未	甲子	癸巳	癸亥	壬辰	壬戌	辛卯	壬戌	辛卯	25
丁卯	丁酉	丙寅	丙申	乙丑	甲午	甲子	癸巳	癸亥	壬辰	癸亥	壬辰	26
戊辰	戊戌	丁卯	丁酉	丙寅	乙未	乙丑	甲午	甲子	癸巳	甲子	癸巳	27
己巳	己亥	戊辰	戊戌	丁卯	丙申	丙寅	乙未	乙丑	甲午	乙丑	甲午	28
庚午	庚子	己巳	己亥	戊辰	丁酉	丁卯	丙申	丙寅	乙未	丙寅	乙未	29
辛未	辛丑	庚午	庚子	己巳	戊戌	戊辰	丁酉	丁卯	丙申		丙申	30
壬申		辛未		庚午	己亥		戊戌		丁酉		丁酉	31

農曆初一　農曆十五

西曆一九五七年

12月	11月	10月	9月	8月	7月	6月	5月	4月	3月	2月	1月	月/日
丁未	丁丑	丙午	丙子	乙巳	甲戌	甲辰	癸酉	癸卯	壬申	甲辰	十二月 癸酉	1
戊申	戊寅	丁未	丁丑	丙午	乙亥	乙巳	甲戌	甲辰	二月 癸酉	乙巳	甲戌	2
己酉	己卯	戊申	戊寅	丁未	丙子	丙午	乙亥	乙巳	甲戌	丙午	乙亥	3
庚戌	庚辰	己酉	己卯	戊申	丁丑	丁未	丙子	丙午	乙亥	丁未	丙子	4
辛亥	辛巳	庚戌	庚辰	己酉	戊寅	戊申	丁丑	丁未	丙子	戊申	丁丑	5
壬子	壬午	辛亥	辛巳	庚戌	己卯	己酉	戊寅	戊申	丁丑	己酉	戊寅	6
癸丑	癸未	壬子	壬午	辛亥	庚辰	庚戌	己卯	己酉	戊寅	庚戌	己卯	7
甲寅	甲申	癸丑	癸未	壬子	辛巳	辛亥	庚辰	庚戌	己卯	辛亥	庚辰	8
乙卯	乙酉	甲寅	甲申	癸丑	壬午	壬子	辛巳	辛亥	庚辰	壬子	辛巳	9
丙辰	丙戌	乙卯	乙酉	甲寅	癸未	癸丑	壬午	壬子	辛巳	癸丑	壬午	10
丁巳	丁亥	丙辰	丙戌	乙卯	甲申	甲寅	癸未	癸丑	壬午	甲寅	癸未	11
戊午	戊子	丁巳	丁亥	丙辰	乙酉	乙卯	甲申	甲寅	癸未	乙卯	甲申	12
己未	己丑	戊午	戊子	丁巳	丙戌	丙辰	乙酉	乙卯	甲申	丙辰	乙酉	13
庚申	庚寅	己未	己丑	戊午	丁亥	丁巳	丙戌	丙辰	乙酉	丁巳	丙戌	14
辛酉	辛卯	庚申	庚寅	己未	戊子	戊午	丁亥	丁巳	丙戌	戊午	丁亥	15
壬戌	壬辰	辛酉	辛卯	庚申	己丑	己未	戊子	戊午	丁亥	己未	戊子	16
癸亥	癸巳	壬戌	壬辰	辛酉	庚寅	庚申	己丑	己未	戊子	庚申	己丑	17
甲子	甲午	癸亥	癸巳	壬戌	辛卯	辛酉	庚寅	庚申	己丑	辛酉	庚寅	18
乙丑	乙未	甲子	甲午	癸亥	壬辰	壬戌	辛卯	辛酉	庚寅	壬戌	辛卯	19
丙寅	丙申	乙丑	乙未	甲子	癸巳	癸亥	壬辰	壬戌	辛卯	癸亥	壬辰	20
十一月 丁卯	丁酉	丙寅	丙申	乙丑	甲午	甲子	癸巳	癸亥	壬辰	甲子	癸巳	21
戊辰	十月 戊戌	丁卯	丁酉	丙寅	乙未	乙丑	甲午	甲子	癸巳	乙丑	甲午	22
己巳	己亥	九月 戊辰	戊戌	丁卯	丙申	丙寅	乙未	乙丑	甲午	丙寅	乙未	23
庚午	庚子	己巳	閏八月 己亥	戊辰	丁酉	丁卯	丙申	丙寅	乙未	丁卯	丙申	24
辛未	辛丑	庚午	庚子	八月 己巳	戊戌	戊辰	丁酉	丁卯	丙申	戊辰	丁酉	25
壬申	壬寅	辛未	辛丑	庚午	己亥	己巳	戊戌	戊辰	丁酉	己巳	戊戌	26
癸酉	癸卯	壬申	壬寅	辛未	七月 庚子	庚午	己亥	己巳	戊戌	庚午	己亥	27
甲戌	甲辰	癸酉	癸卯	壬申	辛丑	六月 辛未	庚子	庚午	己亥	辛未	庚子	28
乙亥	乙巳	甲戌	甲辰	癸酉	壬寅	壬申	五月 辛丑	辛未	庚子		辛丑	29
丙子	丙午	乙亥	乙巳	甲戌	癸卯	癸酉	壬寅	四月 壬申	辛丑		壬寅	30
丁丑		丙子		乙亥	甲辰		癸卯		三月 壬寅		正月 癸卯	31

農曆初一　農曆十五

西曆一九五八年

12月	11月	10月	9月	8月	7月	6月	5月	4月	3月	2月	1月	月/日
壬子	壬午	辛亥	辛巳	庚戌	己卯	己酉	戊寅	戊申	丁丑	己酉	戊寅	1
癸丑	癸未	壬子	壬午	辛亥	庚辰	庚戌	己卯	己酉	戊寅	庚戌	己卯	2
甲寅	甲申	癸丑	癸未	壬子	辛巳	辛亥	庚辰	庚戌	己卯	辛亥	庚辰	3
乙卯	乙酉	甲寅	甲申	癸丑	壬午	壬子	辛巳	辛亥	庚辰	壬子	辛巳	4
丙辰	丙戌	乙卯	乙酉	甲寅	癸未	癸丑	壬午	壬子	辛巳	癸丑	壬午	5
丁巳	丁亥	丙辰	丙戌	乙卯	甲申	甲寅	癸未	癸丑	壬午	甲寅	癸未	6
戊午	戊子	丁巳	丁亥	丙辰	乙酉	乙卯	甲申	甲寅	癸未	乙卯	甲申	7
己未	己丑	戊午	戊子	丁巳	丙戌	丙辰	乙酉	乙卯	甲申	丙辰	乙酉	8
庚申	庚寅	己未	己丑	戊午	丁亥	丁巳	丙戌	丙辰	乙酉	丁巳	丙戌	9
辛酉	辛卯	庚申	庚寅	己未	戊子	戊午	丁亥	丁巳	丙戌	戊午	丁亥	10
十一月 壬戌	十月 壬辰	辛酉	辛卯	庚申	己丑	己未	戊子	戊午	丁亥	己未	戊子	11
癸亥	癸巳	壬戌	壬辰	辛酉	庚寅	庚申	己丑	己未	戊子	庚申	己丑	12
甲子	甲午	九月 癸亥	八月 癸巳	壬戌	辛卯	辛酉	庚寅	庚申	己丑	辛酉	庚寅	13
乙丑	乙未	甲子	甲午	癸亥	壬辰	壬戌	辛卯	辛酉	庚寅	壬戌	辛卯	14
丙寅	丙申	乙丑	乙未	七月 甲子	癸巳	癸亥	壬辰	壬戌	辛卯	癸亥	壬辰	15
丁卯	丁酉	丙寅	丙申	乙丑	甲午	甲子	癸巳	癸亥	壬辰	甲子	癸巳	16
戊辰	戊戌	丁卯	丁酉	丙寅	六月 乙未	五月 乙丑	甲午	甲子	癸巳	乙丑	甲午	17
己巳	己亥	戊辰	戊戌	丁卯	丙申	丙寅	乙未	乙丑	甲午	正月 丙寅	乙未	18
庚午	庚子	己巳	己亥	戊辰	丁酉	丁卯	四月 丙申	三月 丙寅	乙未	丁卯	丙申	19
辛未	辛丑	庚午	庚子	己巳	戊戌	戊辰	丁酉	丁卯	二月 丙申	戊辰	十二月 丁酉	20
壬申	壬寅	辛未	辛丑	庚午	己亥	己巳	戊戌	戊辰	丁酉	己巳	戊戌	21
癸酉	癸卯	壬申	壬寅	辛未	庚子	庚午	己亥	己巳	戊戌	庚午	己亥	22
甲戌	甲辰	癸酉	癸卯	壬申	辛丑	辛未	庚子	庚午	己亥	辛未	庚子	23
乙亥	乙巳	甲戌	甲辰	癸酉	壬寅	壬申	辛丑	辛未	庚子	壬申	辛丑	24
丙子	丙午	乙亥	乙巳	甲戌	癸卯	癸酉	壬寅	壬申	辛丑	癸酉	壬寅	25
丁丑	丁未	丙子	丙午	乙亥	甲辰	甲戌	癸卯	癸酉	壬寅	甲戌	癸卯	26
戊寅	戊申	丁丑	丁未	丙子	乙巳	乙亥	甲辰	甲戌	癸卯	乙亥	甲辰	27
己卯	己酉	戊寅	戊申	丁丑	丙午	丙子	乙巳	乙亥	甲辰	丙子	乙巳	28
庚辰	庚戌	己卯	己酉	戊寅	丁未	丁丑	丙午	丙子	乙巳		丙午	29
辛巳	辛亥	庚辰	庚戌	己卯	戊申	戊寅	丁未	丁丑	丙午		丁未	30
壬午		辛巳		庚辰	己酉		戊申		丁未		戊申	31

農曆初一　農曆十五

西曆一九五九年

12月	11月	10月	9月	8月	7月	6月	5月	4月	3月	2月	1月	月/日
丁巳	十月 丁亥	丙辰	丙戌	乙卯	甲申	甲寅	癸未	癸丑	壬午	甲寅	癸未	1
戊午	戊子	九月 丁巳	丁亥	丙辰	乙酉	乙卯	甲申	甲寅	癸未	乙卯	甲申	2
己未	己丑	戊午	八月 戊子	丁巳	丙戌	丙辰	乙酉	乙卯	甲申	丙辰	乙酉	3
庚申	庚寅	己未	己丑	七月 戊午	丁亥	丁巳	丙戌	丙辰	乙酉	丁巳	丙戌	4
辛酉	辛卯	庚申	庚寅	己未	戊子	戊午	丁亥	丁巳	丙戌	戊午	丁亥	5
壬戌	壬辰	辛酉	辛卯	庚申	六月 己丑	五月 己未	戊子	戊午	丁亥	己未	戊子	6
癸亥	癸巳	壬戌	壬辰	辛酉	庚寅	庚申	己丑	己未	戊子	庚申	己丑	7
甲子	甲午	癸亥	癸巳	壬戌	辛卯	辛酉	四月 庚寅	三月 庚申	己丑	正月 辛酉	庚寅	8
乙丑	乙未	甲子	甲午	癸亥	壬辰	壬戌	辛卯	辛酉	二月 庚寅	壬戌	十二月 辛卯	9
丙寅	丙申	乙丑	乙未	甲子	癸巳	癸亥	壬辰	壬戌	辛卯	癸亥	壬辰	10
丁卯	丁酉	丙寅	丙申	乙丑	甲午	甲子	癸巳	癸亥	壬辰	甲子	癸巳	11
戊辰	戊戌	丁卯	丁酉	丙寅	乙未	乙丑	甲午	甲子	癸巳	乙丑	甲午	12
己巳	己亥	戊辰	戊戌	丁卯	丙申	丙寅	乙未	乙丑	甲午	丙寅	乙未	13
庚午	庚子	己巳	己亥	戊辰	丁酉	丁卯	丙申	丙寅	乙未	丁卯	丙申	14
辛未	辛丑	庚午	庚子	己巳	戊戌	戊辰	丁酉	丁卯	丙申	戊辰	丁酉	15
壬申	壬寅	辛未	辛丑	庚午	己亥	己巳	戊戌	戊辰	丁酉	己巳	戊戌	16
癸酉	癸卯	壬申	壬寅	辛未	庚子	庚午	己亥	己巳	戊戌	庚午	己亥	17
甲戌	甲辰	癸酉	癸卯	壬申	辛丑	辛未	庚子	庚午	己亥	辛未	庚子	18
乙亥	乙巳	甲戌	甲辰	癸酉	壬寅	壬申	辛丑	辛未	庚子	壬申	辛丑	19
丙子	丙午	乙亥	乙巳	甲戌	癸卯	癸酉	壬寅	壬申	辛丑	癸酉	壬寅	20
丁丑	丁未	丙子	丙午	乙亥	甲辰	甲戌	癸卯	癸酉	壬寅	甲戌	癸卯	21
戊寅	戊申	丁丑	丁未	丙子	乙巳	乙亥	甲辰	甲戌	癸卯	乙亥	甲辰	22
己卯	己酉	戊寅	戊申	丁丑	丙午	丙子	乙巳	乙亥	甲辰	丙子	乙巳	23
庚辰	庚戌	己卯	己酉	戊寅	丁未	丁丑	丙午	丙子	乙巳	丁丑	丙午	24
辛巳	辛亥	庚辰	庚戌	己卯	戊申	戊寅	丁未	丁丑	丙午	戊寅	丁未	25
壬午	壬子	辛巳	辛亥	庚辰	己酉	己卯	戊申	戊寅	丁未	己卯	戊申	26
癸未	癸丑	壬午	壬子	辛巳	庚戌	庚辰	己酉	己卯	戊申	庚辰	己酉	27
甲申	甲寅	癸未	癸丑	壬午	辛亥	辛巳	庚戌	庚辰	己酉	辛巳	庚戌	28
乙酉	乙卯	甲申	甲寅	癸未	壬子	壬午	辛亥	辛巳	庚戌		辛亥	29
十二月 丙戌	十一月 丙辰	乙酉	乙卯	甲申	癸丑	癸未	壬子	壬午	辛亥		壬子	30
丁亥		丙戌		乙酉	甲寅		癸丑		壬子		癸丑	31

農曆初一　農曆十五

西曆一九六〇年

12月	11月	10月	9月	8月	7月	6月	5月	4月	3月	2月	1月	月/日
癸亥	癸巳	壬戌	壬辰	辛酉	庚寅	庚申	己丑	己未	戊子	己未	戊子	1
甲子	甲午	癸亥	癸巳	壬戌	辛卯	辛酉	庚寅	庚申	己丑	庚申	己丑	2
乙丑	乙未	甲子	甲午	癸亥	壬辰	壬戌	辛卯	辛酉	庚寅	辛酉	庚寅	3
丙寅	丙申	乙丑	乙未	甲子	癸巳	癸亥	壬辰	壬戌	辛卯	壬戌	辛卯	4
丁卯	丁酉	丙寅	丙申	乙丑	甲午	甲子	癸巳	癸亥	壬辰	癸亥	壬辰	5
戊辰	戊戌	丁卯	丁酉	丙寅	乙未	乙丑	甲午	甲子	癸巳	甲子	癸巳	6
己巳	己亥	戊辰	戊戌	丁卯	丙申	丙寅	乙未	乙丑	甲午	乙丑	甲午	7
庚午	庚子	己巳	己亥	戊辰	丁酉	丁卯	丙申	丙寅	乙未	丙寅	乙未	8
辛未	辛丑	庚午	庚子	己巳	戊戌	戊辰	丁酉	丁卯	丙申	丁卯	丙申	9
壬申	壬寅	辛未	辛丑	庚午	己亥	己巳	戊戌	戊辰	丁酉	戊辰	丁酉	10
癸酉	癸卯	壬申	壬寅	辛未	庚子	庚午	己亥	己巳	戊戌	己巳	戊戌	11
甲戌	甲辰	癸酉	癸卯	壬申	辛丑	辛未	庚子	庚午	己亥	庚午	己亥	12
乙亥	乙巳	甲戌	甲辰	癸酉	壬寅	壬申	辛丑	辛未	庚子	辛未	庚子	13
丙子	丙午	乙亥	乙巳	甲戌	癸卯	癸酉	壬寅	壬申	辛丑	壬申	辛丑	14
丁丑	丁未	丙子	丙午	乙亥	甲辰	甲戌	癸卯	癸酉	壬寅	癸酉	壬寅	15
戊寅	戊申	丁丑	丁未	丙子	乙巳	乙亥	甲辰	甲戌	癸卯	甲戌	癸卯	16
己卯	己酉	戊寅	戊申	丁丑	丙午	丙子	乙巳	乙亥	甲辰	乙亥	甲辰	17
十一月 庚辰	庚戌	己卯	己酉	戊寅	丁未	丁丑	丙午	丙子	乙巳	丙子	乙巳	18
辛巳	十月 辛亥	庚辰	庚戌	己卯	戊申	戊寅	丁未	丁丑	丙午	丁丑	丙午	19
壬午	壬子	九月 辛巳	辛亥	庚辰	己酉	己卯	戊申	戊寅	丁未	戊寅	丁未	20
癸未	癸丑	壬午	八月 壬子	辛巳	庚戌	庚辰	己酉	己卯	戊申	己卯	戊申	21
甲申	甲寅	癸未	癸丑	七月 壬午	辛亥	辛巳	庚戌	庚辰	己酉	庚辰	己酉	22
乙酉	乙卯	甲申	甲寅	癸未	壬子	壬午	辛亥	辛巳	庚戌	辛巳	庚戌	23
丙戌	丙辰	乙酉	乙卯	甲申	閏六月 癸丑	六月 癸未	壬子	壬午	辛亥	壬午	辛亥	24
丁亥	丁巳	丙戌	丙辰	乙酉	甲寅	甲申	五月 癸丑	癸未	壬子	癸未	壬子	25
戊子	戊午	丁亥	丁巳	丙戌	乙卯	乙酉	甲寅	四月 甲申	癸丑	甲申	癸丑	26
己丑	己未	戊子	戊午	丁亥	丙辰	丙戌	乙卯	乙酉	三月 甲寅	二月 乙酉	甲寅	27
庚寅	庚申	己丑	己未	戊子	丁巳	丁亥	丙辰	丙戌	乙卯	丙戌	正月 乙卯	28
辛卯	辛酉	庚寅	庚申	己丑	戊午	戊子	丁巳	丁亥	丙辰	丁亥	丙辰	29
壬辰	壬戌	辛卯	辛酉	庚寅	己未	己丑	戊午	戊子	丁巳		丁巳	30
癸巳		壬辰		辛卯	庚申		己未		戊午		戊午	31

農曆初一　農曆十五

西曆一九六一年

12月	11月	10月	9月	8月	7月	6月	5月	4月	3月	2月	1月	月／日
戊辰	戊戌	丁卯	丁酉	丙寅	乙未	乙丑	甲午	甲子	癸巳	乙丑	甲午	1
己巳	己亥	戊辰	戊戌	丁卯	丙申	丙寅	乙未	乙丑	甲午	丙寅	乙未	2
庚午	庚子	己巳	己亥	戊辰	丁酉	丁卯	丙申	丙寅	乙未	丁卯	丙申	3
辛未	辛丑	庚午	庚子	己巳	戊戌	戊辰	丁酉	丁卯	丙申	戊辰	丁酉	4
壬申	壬寅	辛未	辛丑	庚午	己亥	己巳	戊戌	戊辰	丁酉	己巳	戊戌	5
癸酉	癸卯	壬申	壬寅	辛未	庚子	庚午	己亥	己巳	戊戌	庚午	己亥	6
甲戌	甲辰	癸酉	癸卯	壬申	辛丑	辛未	庚子	庚午	己亥	辛未	庚子	7
十一月 乙亥	十月 乙巳	甲戌	甲辰	癸酉	壬寅	壬申	辛丑	辛未	庚子	壬申	辛丑	8
丙子	丙午	乙亥	乙巳	甲戌	癸卯	癸酉	壬寅	壬申	辛丑	癸酉	壬寅	9
丁丑	丁未	九月 丙子	八月 丙午	乙亥	甲辰	甲戌	癸卯	癸酉	壬寅	甲戌	癸卯	10
戊寅	戊申	丁丑	丁未	七月 丙子	乙巳	乙亥	甲辰	甲戌	癸卯	乙亥	甲辰	11
己卯	己酉	戊寅	戊申	丁丑	丙午	丙子	乙巳	乙亥	甲辰	丙子	乙巳	12
庚辰	庚戌	己卯	己酉	戊寅	六月 丁未	五月 丁丑	丙午	丙子	乙巳	丁丑	丙午	13
辛巳	辛亥	庚辰	庚戌	己卯	戊申	戊寅	丁未	丁丑	丙午	戊寅	丁未	14
壬午	壬子	辛巳	辛亥	庚辰	己酉	己卯	四月 戊申	三月 戊寅	丁未	正月 己卯	戊申	15
癸未	癸丑	壬午	壬子	辛巳	庚戌	庚辰	己酉	己卯	戊申	庚辰	己酉	16
甲申	甲寅	癸未	癸丑	壬午	辛亥	辛巳	庚戌	庚辰	二月 己酉	辛巳	十二月 庚戌	17
乙酉	乙卯	甲申	甲寅	癸未	壬子	壬午	辛亥	辛巳	庚戌	壬午	辛亥	18
丙戌	丙辰	乙酉	乙卯	甲申	癸丑	癸未	壬子	壬午	辛亥	癸未	壬子	19
丁亥	丁巳	丙戌	丙辰	乙酉	甲寅	甲申	癸丑	癸未	壬子	甲申	癸丑	20
戊子	戊午	丁亥	丁巳	丙戌	乙卯	乙酉	甲寅	甲申	癸丑	乙酉	甲寅	21
己丑	己未	戊子	戊午	丁亥	丙辰	丙戌	乙卯	乙酉	甲寅	丙戌	乙卯	22
庚寅	庚申	己丑	己未	戊子	丁巳	丁亥	丙辰	丙戌	乙卯	丁亥	丙辰	23
辛卯	辛酉	庚寅	庚申	己丑	戊午	戊子	丁巳	丁亥	丙辰	戊子	丁巳	24
壬辰	壬戌	辛卯	辛酉	庚寅	己未	己丑	戊午	戊子	丁巳	己丑	戊午	25
癸巳	癸亥	壬辰	壬戌	辛卯	庚申	庚寅	己未	己丑	戊午	庚寅	己未	26
甲午	甲子	癸巳	癸亥	壬辰	辛酉	辛卯	庚申	庚寅	己未	辛卯	庚申	27
乙未	乙丑	甲午	甲子	癸巳	壬戌	壬辰	辛酉	辛卯	庚申	壬辰	辛酉	28
丙申	丙寅	乙未	乙丑	甲午	癸亥	癸巳	壬戌	壬辰	辛酉		壬戌	29
丁酉	丁卯	丙申	丙寅	乙未	甲子	甲午	癸亥	癸巳	壬戌		癸亥	30
戊戌		丁酉		丙申	乙丑		甲子		癸亥		甲子	31

農曆初一　農曆十五

西曆一九六二年

12月	11月	10月	9月	8月	7月	6月	5月	4月	3月	2月	1月	月/日
癸酉	癸卯	壬申	壬寅	辛未	庚子	庚午	己亥	己巳	戊戌	庚午	己亥	1
甲戌	甲辰	癸酉	癸卯	壬申	六月 辛丑	五月 辛未	庚子	庚午	己亥	辛未	庚子	2
乙亥	乙巳	甲戌	甲辰	癸酉	壬寅	壬申	辛丑	辛未	庚子	壬申	辛丑	3
丙子	丙午	乙亥	乙巳	甲戌	癸卯	癸酉	四月 壬寅	壬申	辛丑	癸酉	壬寅	4
丁丑	丁未	丙子	丙午	乙亥	甲辰	甲戌	癸卯	三月 癸酉	壬寅	正月 甲戌	癸卯	5
戊寅	戊申	丁丑	丁未	丙子	乙巳	乙亥	甲辰	甲戌	二月 癸卯	乙亥	十二月 甲辰	6
己卯	己酉	戊寅	戊申	丁丑	丙午	丙子	乙巳	乙亥	甲辰	丙子	乙巳	7
庚辰	庚戌	己卯	己酉	戊寅	丁未	丁丑	丙午	丙子	乙巳	丁丑	丙午	8
辛巳	辛亥	庚辰	庚戌	己卯	戊申	戊寅	丁未	丁丑	丙午	戊寅	丁未	9
壬午	壬子	辛巳	辛亥	庚辰	己酉	己卯	戊申	戊寅	丁未	己卯	戊申	10
癸未	癸丑	壬午	壬子	辛巳	庚戌	庚辰	己酉	己卯	戊申	庚辰	己酉	11
甲申	甲寅	癸未	癸丑	壬午	辛亥	辛巳	庚戌	庚辰	己酉	辛巳	庚戌	12
乙酉	乙卯	甲申	甲寅	癸未	壬子	壬午	辛亥	辛巳	庚戌	壬午	辛亥	13
丙戌	丙辰	乙酉	乙卯	甲申	癸丑	癸未	壬子	壬午	辛亥	癸未	壬子	14
丁亥	丁巳	丙戌	丙辰	乙酉	甲寅	甲申	癸丑	癸未	壬子	甲申	癸丑	15
戊子	戊午	丁亥	丁巳	丙戌	乙卯	乙酉	甲寅	甲申	癸丑	乙酉	甲寅	16
己丑	己未	戊子	戊午	丁亥	丙辰	丙戌	乙卯	乙酉	甲寅	丙戌	乙卯	17
庚寅	庚申	己丑	己未	戊子	丁巳	丁亥	丙辰	丙戌	乙卯	丁亥	丙辰	18
辛卯	辛酉	庚寅	庚申	己丑	戊午	戊子	丁巳	丁亥	丙辰	戊子	丁巳	19
壬辰	壬戌	辛卯	辛酉	庚寅	己未	己丑	戊午	戊子	丁巳	己丑	戊午	20
癸巳	癸亥	壬辰	壬戌	辛卯	庚申	庚寅	己未	己丑	戊午	庚寅	己未	21
甲午	甲子	癸巳	癸亥	壬辰	辛酉	辛卯	庚申	庚寅	己未	辛卯	庚申	22
乙未	乙丑	甲午	甲子	癸巳	壬戌	壬辰	辛酉	辛卯	庚申	壬辰	辛酉	23
丙申	丙寅	乙未	乙丑	甲午	癸亥	癸巳	壬戌	壬辰	辛酉	癸巳	壬戌	24
丁酉	丁卯	丙申	丙寅	乙未	甲子	甲午	癸亥	癸巳	壬戌	甲午	癸亥	25
戊戌	戊辰	丁酉	丁卯	丙申	乙丑	乙未	甲子	甲午	癸亥	乙未	甲子	26
十二月 己亥	十一月 己巳	戊戌	戊辰	丁酉	丙寅	丙申	乙丑	乙未	甲子	丙申	乙丑	27
庚子	庚午	十月 己亥	己巳	戊戌	丁卯	丁酉	丙寅	丙申	乙丑	丁酉	丙寅	28
辛丑	辛未	庚子	九月 庚午	己亥	戊辰	戊戌	丁卯	丁酉	丙寅		丁卯	29
壬寅	壬申	辛丑	辛未	八月 庚子	己巳	己亥	戊辰	戊戌	丁卯		戊辰	30
癸卯		壬寅		辛丑	七月 庚午		己巳		戊辰		己巳	31

農曆初一　農曆十五

西曆一九六三年

12月	11月	10月	9月	8月	7月	6月	5月	4月	3月	2月	1月	月/日
戊寅	戊申	丁丑	丁未	丙子	乙巳	乙亥	甲辰	甲戌	癸卯	乙亥	甲辰	1
己卯	己酉	戊寅	戊申	丁丑	丙午	丙子	乙巳	乙亥	甲辰	丙子	乙巳	2
庚辰	庚戌	己卯	己酉	戊寅	丁未	丁丑	丙午	丙子	乙巳	丁丑	丙午	3
辛巳	辛亥	庚辰	庚戌	己卯	戊申	戊寅	丁未	丁丑	丙午	戊寅	丁未	4
壬午	壬子	辛巳	辛亥	庚辰	己酉	己卯	戊申	戊寅	丁未	己卯	戊申	5
癸未	癸丑	壬午	壬子	辛巳	庚戌	庚辰	己酉	己卯	戊申	庚辰	己酉	6
甲申	甲寅	癸未	癸丑	壬午	辛亥	辛巳	庚戌	庚辰	己酉	辛巳	庚戌	7
乙酉	乙卯	甲申	甲寅	癸未	壬子	壬午	辛亥	辛巳	庚戌	壬午	辛亥	8
丙戌	丙辰	乙酉	乙卯	甲申	癸丑	癸未	壬子	壬午	辛亥	癸未	壬子	9
丁亥	丁巳	丙戌	丙辰	乙酉	甲寅	甲申	癸丑	癸未	壬子	甲申	癸丑	10
戊子	戊午	丁亥	丁巳	丙戌	乙卯	乙酉	甲寅	甲申	癸丑	乙酉	甲寅	11
己丑	己未	戊子	戊午	丁亥	丙辰	丙戌	乙卯	乙酉	甲寅	丙戌	乙卯	12
庚寅	庚申	己丑	己未	戊子	丁巳	丁亥	丙辰	丙戌	乙卯	丁亥	丙辰	13
辛卯	辛酉	庚寅	庚申	己丑	戊午	戊子	丁巳	丁亥	丙辰	戊子	丁巳	14
壬辰	壬戌	辛卯	辛酉	庚寅	己未	己丑	戊午	戊子	丁巳	己丑	戊午	15
十一月 癸巳	十月 癸亥	壬辰	壬戌	辛卯	庚申	庚寅	己未	己丑	戊午	庚寅	己未	16
甲午	甲子	九月 癸巳	癸亥	壬辰	辛酉	辛卯	庚申	庚寅	己未	辛卯	庚申	17
乙未	乙丑	甲午	八月 甲子	癸巳	壬戌	壬辰	辛酉	辛卯	庚申	壬辰	辛酉	18
丙申	丙寅	乙未	乙丑	七月 甲午	癸亥	癸巳	壬戌	壬辰	辛酉	癸巳	壬戌	19
丁酉	丁卯	丙申	丙寅	乙未	甲子	甲午	癸亥	癸巳	壬戌	甲午	癸亥	20
戊戌	戊辰	丁酉	丁卯	丙申	六月 乙丑	五月 乙未	甲子	甲午	癸亥	乙未	甲子	21
己亥	己巳	戊戌	戊辰	丁酉	丙寅	丙申	乙丑	乙未	甲子	丙申	乙丑	22
庚子	庚午	己亥	己巳	戊戌	丁卯	丁酉	閏四月 丙寅	丙申	乙丑	丁酉	丙寅	23
辛丑	辛未	庚子	庚午	己亥	戊辰	戊戌	丁卯	四月 丁酉	丙寅	二月 戊戌	丁卯	24
壬寅	壬申	辛丑	辛未	庚子	己巳	己亥	戊辰	戊戌	三月 丁卯	己亥	正月 戊辰	25
癸卯	癸酉	壬寅	壬申	辛丑	庚午	庚子	己巳	己亥	戊辰	庚子	己巳	26
甲辰	甲戌	癸卯	癸酉	壬寅	辛未	辛丑	庚午	庚子	己巳	辛丑	庚午	27
乙巳	乙亥	甲辰	甲戌	癸卯	壬申	壬寅	辛未	辛丑	庚午	壬寅	辛未	28
丙午	丙子	乙巳	乙亥	甲辰	癸酉	癸卯	壬申	壬寅	辛未		壬申	29
丁未	丁丑	丙午	丙子	乙巳	甲戌	甲辰	癸酉	癸卯	壬申		癸酉	30
戊申		丁未		丙午	乙亥		甲戌		癸酉		甲戌	31

農曆初一

農曆十五

西曆一九六四年

12月	11月	10月	9月	8月	7月	6月	5月	4月	3月	2月	1月	月／日
甲申	甲寅	癸未	癸丑	壬午	辛亥	辛巳	庚戌	庚辰	己酉	庚辰	己酉	1
乙酉	乙卯	甲申	甲寅	癸未	壬子	壬午	辛亥	辛巳	庚戌	辛巳	庚戌	2
丙戌	丙辰	乙酉	乙卯	甲申	癸丑	癸未	壬子	壬午	辛亥	壬午	辛亥	3
十一月 丁亥	十月 丁巳	丙戌	丙辰	乙酉	甲寅	甲申	癸丑	癸未	壬子	癸未	壬子	4
戊子	戊午	丁亥	丁巳	丙戌	乙卯	乙酉	甲寅	甲申	癸丑	甲申	癸丑	5
己丑	己未	九月 戊子	八月 戊午	丁亥	丙辰	丙戌	乙卯	乙酉	甲寅	乙酉	甲寅	6
庚寅	庚申	己丑	己未	戊子	丁巳	丁亥	丙辰	丙戌	乙卯	丙戌	乙卯	7
辛卯	辛酉	庚寅	庚申	七月 己丑	戊午	戊子	丁巳	丁亥	丙辰	丁亥	丙辰	8
壬辰	壬戌	辛卯	辛酉	庚寅	六月 己未	己丑	戊午	戊子	丁巳	戊子	丁巳	9
癸巳	癸亥	壬辰	壬戌	辛卯	庚申	五月 庚寅	己未	己丑	戊午	己丑	戊午	10
甲午	甲子	癸巳	癸亥	壬辰	辛酉	辛卯	庚申	庚寅	己未	庚寅	己未	11
乙未	乙丑	甲午	甲子	癸巳	壬戌	壬辰	四月 辛酉	三月 辛卯	庚申	辛卯	庚申	12
丙申	丙寅	乙未	乙丑	甲午	癸亥	癸巳	壬戌	壬辰	辛酉	正月 壬辰	辛酉	13
丁酉	丁卯	丙申	丙寅	乙未	甲子	甲午	癸亥	癸巳	二月 壬戌	癸巳	壬戌	14
戊戌	戊辰	丁酉	丁卯	丙申	乙丑	乙未	甲子	甲午	癸亥	甲午	十二月 癸亥	15
己亥	己巳	戊戌	戊辰	丁酉	丙寅	丙申	乙丑	乙未	甲子	乙未	甲子	16
庚子	庚午	己亥	己巳	戊戌	丁卯	丁酉	丙寅	丙申	乙丑	丙申	乙丑	17
辛丑	辛未	庚子	庚午	己亥	戊辰	戊戌	丁卯	丁酉	丙寅	丁酉	丙寅	18
壬寅	壬申	辛丑	辛未	庚子	己巳	己亥	戊辰	戊戌	丁卯	戊戌	丁卯	19
癸卯	癸酉	壬寅	壬申	辛丑	庚午	庚子	己巳	己亥	戊辰	己亥	戊辰	20
甲辰	甲戌	癸卯	癸酉	壬寅	辛未	辛丑	庚午	庚子	己巳	庚子	己巳	21
乙巳	乙亥	甲辰	甲戌	癸卯	壬申	壬寅	辛未	辛丑	庚午	辛丑	庚午	22
丙午	丙子	乙巳	乙亥	甲辰	癸酉	癸卯	壬申	壬寅	辛未	壬寅	辛未	23
丁未	丁丑	丙午	丙子	乙巳	甲戌	甲辰	癸酉	癸卯	壬申	癸卯	壬申	24
戊申	戊寅	丁未	丁丑	丙午	乙亥	乙巳	甲戌	甲辰	癸酉	甲辰	癸酉	25
己酉	己卯	戊申	戊寅	丁未	丙子	丙午	乙亥	乙巳	甲戌	乙巳	甲戌	26
庚戌	庚辰	己酉	己卯	戊申	丁丑	丁未	丙子	丙午	乙亥	丙午	乙亥	27
辛亥	辛巳	庚戌	庚辰	己酉	戊寅	戊申	丁丑	丁未	丙子	丁未	丙子	28
壬子	壬午	辛亥	辛巳	庚戌	己卯	己酉	戊寅	戊申	丁丑	戊申	丁丑	29
癸丑	癸未	壬子	壬午	辛亥	庚辰	庚戌	己卯	己酉	戊寅		戊寅	30
甲寅		癸丑		壬子	辛巳		庚辰		己卯		己卯	31

農曆初一　農曆十五

西曆一九六五年

12月	11月	10月	9月	8月	7月	6月	5月	4月	3月	2月	1月	月/日
己丑	己未	戊子	戊午	丁亥	丙辰	丙戌	四月 乙卯	乙酉	甲寅	丙戌	乙卯	1
庚寅	庚申	己丑	己未	戊子	丁巳	丁亥	丙辰	三月 丙戌	乙卯	正月 丁亥	丙辰	2
辛卯	辛酉	庚寅	庚申	己丑	戊午	戊子	丁巳	丁亥	二月 丙辰	戊子	十二月 丁巳	3
壬辰	壬戌	辛卯	辛酉	庚寅	己未	己丑	戊午	戊子	丁巳	己丑	戊午	4
癸巳	癸亥	壬辰	壬戌	辛卯	庚申	庚寅	己未	己丑	戊午	庚寅	己未	5
甲午	甲子	癸巳	癸亥	壬辰	辛酉	辛卯	庚申	庚寅	己未	辛卯	庚申	6
乙未	乙丑	甲午	甲子	癸巳	壬戌	壬辰	辛酉	辛卯	庚申	壬辰	辛酉	7
丙申	丙寅	乙未	乙丑	甲午	癸亥	癸巳	壬戌	壬辰	辛酉	癸巳	壬戌	8
丁酉	丁卯	丙申	丙寅	乙未	甲子	甲午	癸亥	癸巳	壬戌	甲午	癸亥	9
戊戌	戊辰	丁酉	丁卯	丙申	乙丑	乙未	甲子	甲午	癸亥	乙未	甲子	10
己亥	己巳	戊戌	戊辰	丁酉	丙寅	丙申	乙丑	乙未	甲子	丙申	乙丑	11
庚子	庚午	己亥	己巳	戊戌	丁卯	丁酉	丙寅	丙申	乙丑	丁酉	丙寅	12
辛丑	辛未	庚子	庚午	己亥	戊辰	戊戌	丁卯	丁酉	丙寅	戊戌	丁卯	13
壬寅	壬申	辛丑	辛未	庚子	己巳	己亥	戊辰	戊戌	丁卯	己亥	戊辰	14
癸卯	癸酉	壬寅	壬申	辛丑	庚午	庚子	己巳	己亥	戊辰	庚子	己巳	15
甲辰	甲戌	癸卯	癸酉	壬寅	辛未	辛丑	庚午	庚子	己巳	辛丑	庚午	16
乙巳	乙亥	甲辰	甲戌	癸卯	壬申	壬寅	辛未	辛丑	庚午	壬寅	辛未	17
丙午	丙子	乙巳	乙亥	甲辰	癸酉	癸卯	壬申	壬寅	辛未	癸卯	壬申	18
丁未	丁丑	丙午	丙子	乙巳	甲戌	甲辰	癸酉	癸卯	壬申	甲辰	癸酉	19
戊申	戊寅	丁未	丁丑	丙午	乙亥	乙巳	甲戌	甲辰	癸酉	乙巳	甲戌	20
己酉	己卯	戊申	戊寅	丁未	丙子	丙午	乙亥	乙巳	甲戌	丙午	乙亥	21
庚戌	庚辰	己酉	己卯	戊申	丁丑	丁未	丙子	丙午	乙亥	丁未	丙子	22
十二月 辛亥	十一月 辛巳	庚戌	庚辰	己酉	戊寅	戊申	丁丑	丁未	丙子	戊申	丁丑	23
壬子	壬午	十月 辛亥	辛巳	庚戌	己卯	己酉	戊寅	戊申	丁丑	己酉	戊寅	24
癸丑	癸未	壬子	九月 壬午	辛亥	庚辰	庚戌	己卯	己酉	戊寅	庚戌	己卯	25
甲寅	甲申	癸丑	癸未	壬子	辛巳	辛亥	庚辰	庚戌	己卯	辛亥	庚辰	26
乙卯	乙酉	甲寅	甲申	八月 癸丑	壬午	壬子	辛巳	辛亥	庚辰	壬子	辛巳	27
丙辰	丙戌	乙卯	乙酉	甲寅	七月 癸未	癸丑	壬午	壬子	辛巳	癸丑	壬午	28
丁巳	丁亥	丙辰	丙戌	乙卯	甲申	六月 甲寅	癸未	癸丑	壬午		癸未	29
戊午	戊子	丁巳	丁亥	丙辰	乙酉	乙卯	甲申	甲寅	癸未		甲申	30
己未		戊午		丁巳	丙戌		五月 乙酉		甲申		乙酉	31

 農曆初一  農曆十五

西曆一九六六年

12月	11月	10月	9月	8月	7月	6月	5月	4月	3月	2月	1月	月/日
甲午	甲子	癸巳	癸亥	壬辰	辛酉	辛卯	庚申	庚寅	己未	辛卯	庚申	1
乙未	乙丑	甲午	甲子	癸巳	壬戌	壬辰	辛酉	辛卯	庚申	壬辰	辛酉	2
丙申	丙寅	乙未	乙丑	甲午	癸亥	癸巳	壬戌	壬辰	辛酉	癸巳	壬戌	3
丁酉	丁卯	丙申	丙寅	乙未	甲子	甲午	癸亥	癸巳	壬戌	甲午	癸亥	4
戊戌	戊辰	丁酉	丁卯	丙申	乙丑	乙未	甲子	甲午	癸亥	乙未	甲子	5
己亥	己巳	戊戌	戊辰	丁酉	丙寅	丙申	乙丑	乙未	甲子	丙申	乙丑	6
庚子	庚午	己亥	己巳	戊戌	丁卯	丁酉	丙寅	丙申	乙丑	丁酉	丙寅	7
辛丑	辛未	庚子	庚午	己亥	戊辰	戊戌	丁卯	丁酉	丙寅	戊戌	丁卯	8
壬寅	壬申	辛丑	辛未	庚子	己巳	己亥	戊辰	戊戌	丁卯	己亥	戊辰	9
癸卯	癸酉	壬寅	壬申	辛丑	庚午	庚子	己巳	己亥	戊辰	庚子	己巳	10
甲辰	甲戌	癸卯	癸酉	壬寅	辛未	辛丑	庚午	庚子	己巳	辛丑	庚午	11
十一月 乙巳	十月 乙亥	甲辰	甲戌	癸卯	壬申	壬寅	辛未	辛丑	庚午	壬寅	辛未	12
丙午	丙子	乙巳	乙亥	甲辰	癸酉	癸卯	壬申	壬寅	辛未	癸卯	壬申	13
丁未	丁丑	九月 丙午	丙子	乙巳	甲戌	甲辰	癸酉	癸卯	壬申	甲辰	癸酉	14
戊申	戊寅	丁未	八月 丁丑	丙午	乙亥	乙巳	甲戌	甲辰	癸酉	乙巳	甲戌	15
己酉	己卯	戊申	戊寅	七月 丁未	丙子	丙午	乙亥	乙巳	甲戌	丙午	乙亥	16
庚戌	庚辰	己酉	己卯	戊申	丁丑	丁未	丙子	丙午	乙亥	丁未	丙子	17
辛亥	辛巳	庚戌	庚辰	己酉	六月 戊寅	戊申	丁丑	丁未	丙子	戊申	丁丑	18
壬子	壬午	辛亥	辛巳	庚戌	己卯	五月 己酉	戊寅	戊申	丁丑	己酉	戊寅	19
癸丑	癸未	壬子	壬午	辛亥	庚辰	庚戌	四月 己卯	己酉	戊寅	二月 庚戌	己卯	20
甲寅	甲申	癸丑	癸未	壬子	辛巳	辛亥	庚辰	閏三月 庚戌	己卯	辛亥	正月 庚辰	21
乙卯	乙酉	甲寅	甲申	癸丑	壬午	壬子	辛巳	辛亥	三月 庚辰	壬子	辛巳	22
丙辰	丙戌	乙卯	乙酉	甲寅	癸未	癸丑	壬午	壬子	辛巳	癸丑	壬午	23
丁巳	丁亥	丙辰	丙戌	乙卯	甲申	甲寅	癸未	癸丑	壬午	甲寅	癸未	24
戊午	戊子	丁巳	丁亥	丙辰	乙酉	乙卯	甲申	甲寅	癸未	乙卯	甲申	25
己未	己丑	戊午	戊子	丁巳	丙戌	丙辰	乙酉	乙卯	甲申	丙辰	乙酉	26
庚申	庚寅	己未	己丑	戊午	丁亥	丁巳	丙戌	丙辰	乙酉	丁巳	丙戌	27
辛酉	辛卯	庚申	庚寅	己未	戊子	戊午	丁亥	丁巳	丙戌	戊午	丁亥	28
壬戌	壬辰	辛酉	辛卯	庚申	己丑	己未	戊子	戊午	丁亥		戊子	29
癸亥	癸巳	壬戌	壬辰	辛酉	庚寅	庚申	己丑	己未	戊子		己丑	30
甲子		癸亥		壬戌	辛卯		庚寅		己丑		庚寅	31

農曆初一　農曆十五

西曆一九六七年

12月	11月	10月	9月	8月	7月	6月	5月	4月	3月	2月	1月	月/日
己亥	己巳	戊戌	戊辰	丁酉	丙寅	丙申	乙丑	乙未	甲子	丙申	乙丑	1
十一月 庚子	十月 庚午	己亥	己巳	戊戌	丁卯	丁酉	丙寅	丙申	乙丑	丁酉	丙寅	2
辛丑	辛未	庚子	庚午	己亥	戊辰	戊戌	丁卯	丁酉	丙寅	戊戌	丁卯	3
壬寅	壬申	九月 辛丑	八月 辛未	庚子	己巳	己亥	戊辰	戊戌	丁卯	己亥	戊辰	4
癸卯	癸酉	壬寅	壬申	辛丑	庚午	庚子	己巳	己亥	戊辰	庚子	己巳	5
甲辰	甲戌	癸卯	癸酉	七月 壬寅	辛未	辛丑	庚午	庚子	己巳	辛丑	庚午	6
乙巳	乙亥	甲辰	甲戌	癸卯	壬申	壬寅	辛未	辛丑	庚午	壬寅	辛未	7
丙午	丙子	乙巳	乙亥	甲辰	六月 癸酉	五月 癸卯	壬申	壬寅	辛未	癸卯	壬申	8
丁未	丁丑	丙午	丙子	乙巳	甲戌	甲辰	四月 癸酉	癸卯	壬申	正月 甲辰	癸酉	9
戊申	戊寅	丁未	丁丑	丙午	乙亥	乙巳	甲戌	三月 甲辰	癸酉	乙巳	甲戌	10
己酉	己卯	戊申	戊寅	丁未	丙子	丙午	乙亥	乙巳	二月 甲戌	丙午	十二月 乙亥	11
庚戌	庚辰	己酉	己卯	戊申	丁丑	丁未	丙子	丙午	乙亥	丁未	丙子	12
辛亥	辛巳	庚戌	庚辰	己酉	戊寅	戊申	丁丑	丁未	丙子	戊申	丁丑	13
壬子	壬午	辛亥	辛巳	庚戌	己卯	己酉	戊寅	戊申	丁丑	己酉	戊寅	14
癸丑	癸未	壬子	壬午	辛亥	庚辰	庚戌	己卯	己酉	戊寅	庚戌	己卯	15
甲寅	甲申	癸丑	癸未	壬子	辛巳	辛亥	庚辰	庚戌	己卯	辛亥	庚辰	16
乙卯	乙酉	甲寅	甲申	癸丑	壬午	壬子	辛巳	辛亥	庚辰	壬子	辛巳	17
丙辰	丙戌	乙卯	乙酉	甲寅	癸未	癸丑	壬午	壬子	辛巳	癸丑	壬午	18
丁巳	丁亥	丙辰	丙戌	乙卯	甲申	甲寅	癸未	癸丑	壬午	甲寅	癸未	19
戊午	戊子	丁巳	丁亥	丙辰	乙酉	乙卯	甲申	甲寅	癸未	乙卯	甲申	20
己未	己丑	戊午	戊子	丁巳	丙戌	丙辰	乙酉	乙卯	甲申	丙辰	乙酉	21
庚申	庚寅	己未	己丑	戊午	丁亥	丁巳	丙戌	丙辰	乙酉	丁巳	丙戌	22
辛酉	辛卯	庚申	庚寅	己未	戊子	戊午	丁亥	丁巳	丙戌	戊午	丁亥	23
壬戌	壬辰	辛酉	辛卯	庚申	己丑	己未	戊子	戊午	丁亥	己未	戊子	24
癸亥	癸巳	壬戌	壬辰	辛酉	庚寅	庚申	己丑	己未	戊子	庚申	己丑	25
甲子	甲午	癸亥	癸巳	壬戌	辛卯	辛酉	庚寅	庚申	己丑	辛酉	庚寅	26
乙丑	乙未	甲子	甲午	癸亥	壬辰	壬戌	辛卯	辛酉	庚寅	壬戌	辛卯	27
丙寅	丙申	乙丑	乙未	甲子	癸巳	癸亥	壬辰	壬戌	辛卯	癸亥	壬辰	28
丁卯	丁酉	丙寅	丙申	乙丑	甲午	甲子	癸巳	癸亥	壬辰		癸巳	29
戊辰	戊戌	丁卯	丁酉	丙寅	乙未	乙丑	甲午	甲子	癸巳		甲午	30
十二月 己巳		戊辰		丁卯	丙申		乙未		甲午		乙未	31

農曆初一　農曆十五

西曆一九六八年

12月	11月	10月	9月	8月	7月	6月	5月	4月	3月	2月	1月	月/日
乙巳	乙亥	甲辰	甲戌	癸卯	壬申	壬寅	辛未	辛丑	庚午	辛丑	庚午	1
丙午	丙子	乙巳	乙亥	甲辰	癸酉	癸卯	壬申	壬寅	辛未	壬寅	辛未	2
丁未	丁丑	丙午	丙子	乙巳	甲戌	甲辰	癸酉	癸卯	壬申	癸卯	壬申	3
戊申	戊寅	丁未	丁丑	丙午	乙亥	乙巳	甲戌	甲辰	癸酉	甲辰	癸酉	4
己酉	己卯	戊申	戊寅	丁未	丙子	丙午	乙亥	乙巳	甲戌	乙巳	甲戌	5
庚戌	庚辰	己酉	己卯	戊申	丁丑	丁未	丙子	丙午	乙亥	丙午	乙亥	6
辛亥	辛巳	庚戌	庚辰	己酉	戊寅	戊申	丁丑	丁未	丙子	丁未	丙子	7
壬子	壬午	辛亥	辛巳	庚戌	己卯	己酉	戊寅	戊申	丁丑	戊申	丁丑	8
癸丑	癸未	壬子	壬午	辛亥	庚辰	庚戌	己卯	己酉	戊寅	己酉	戊寅	9
甲寅	甲申	癸丑	癸未	壬子	辛巳	辛亥	庚辰	庚戌	己卯	庚戌	己卯	10
乙卯	乙酉	甲寅	甲申	癸丑	壬午	壬子	辛巳	辛亥	庚辰	辛亥	庚辰	11
丙辰	丙戌	乙卯	乙酉	甲寅	癸未	癸丑	壬午	壬子	辛巳	壬子	辛巳	12
丁巳	丁亥	丙辰	丙戌	乙卯	甲申	甲寅	癸未	癸丑	壬午	癸丑	壬午	13
戊午	戊子	丁巳	丁亥	丙辰	乙酉	乙卯	甲申	甲寅	癸未	甲寅	癸未	14
己未	己丑	戊午	戊子	丁巳	丙戌	丙辰	乙酉	乙卯	甲申	乙卯	甲申	15
庚申	庚寅	己未	己丑	戊午	丁亥	丁巳	丙戌	丙辰	乙酉	丙辰	乙酉	16
辛酉	辛卯	庚申	庚寅	己未	戊子	戊午	丁亥	丁巳	丙戌	丁巳	丙戌	17
壬戌	壬辰	辛酉	辛卯	庚申	己丑	己未	戊子	戊午	丁亥	戊午	丁亥	18
癸亥	癸巳	壬戌	壬辰	辛酉	庚寅	庚申	己丑	己未	戊子	己未	戊子	19
十一月 甲子	十月 甲午	癸亥	癸巳	壬戌	辛卯	辛酉	庚寅	庚申	己丑	庚申	己丑	20
乙丑	乙未	甲子	甲午	癸亥	壬辰	壬戌	辛卯	辛酉	庚寅	辛酉	庚寅	21
丙寅	丙申	九月 乙丑	八月 乙未	甲子	癸巳	癸亥	壬辰	壬戌	辛卯	壬戌	辛卯	22
丁卯	丁酉	丙寅	丙申	乙丑	甲午	甲子	癸巳	癸亥	壬辰	癸亥	壬辰	23
戊辰	戊戌	丁卯	丁酉	閏七月 丙寅	乙未	乙丑	甲午	甲子	癸巳	甲子	癸巳	24
己巳	己亥	戊辰	戊戌	丁卯	七月 丙申	丙寅	乙未	乙丑	甲午	乙丑	甲午	25
庚午	庚子	己巳	己亥	戊辰	丁酉	六月 丁卯	丙申	丙寅	乙未	丙寅	乙未	26
辛未	辛丑	庚午	庚子	己巳	戊戌	戊辰	五月 丁酉	四月 丁卯	丙申	丁卯	丙申	27
壬申	壬寅	辛未	辛丑	庚午	己亥	己巳	戊戌	戊辰	丁酉	二月 戊辰	丁酉	28
癸酉	癸卯	壬申	壬寅	辛未	庚子	庚午	己亥	己巳	三月 戊戌	己巳	戊戌	29
甲戌	甲辰	癸酉	癸卯	壬申	辛丑	辛未	庚子	庚午	己亥		正月 己亥	30
乙亥		甲戌		癸酉	壬寅		辛丑		庚子		庚子	31

農曆初一　農曆十五

西曆一九六九年

12月	11月	10月	9月	8月	7月	6月	5月	4月	3月	2月	1月	月/日
庚戌	庚辰	己酉	己卯	戊申	丁丑	丁未	丙子	丙午	乙亥	丁未	丙子	1
辛亥	辛巳	庚戌	庚辰	己酉	戊寅	戊申	丁丑	丁未	丙子	戊申	丁丑	2
壬子	壬午	辛亥	辛巳	庚戌	己卯	己酉	戊寅	戊申	丁丑	己酉	戊寅	3
癸丑	癸未	壬子	壬午	辛亥	庚辰	庚戌	己卯	己酉	戊寅	庚戌	己卯	4
甲寅	甲申	癸丑	癸未	壬子	辛巳	辛亥	庚辰	庚戌	己卯	辛亥	庚辰	5
乙卯	乙酉	甲寅	甲申	癸丑	壬午	壬子	辛巳	辛亥	庚辰	壬子	辛巳	6
丙辰	丙戌	乙卯	乙酉	甲寅	癸未	癸丑	壬午	壬子	辛巳	癸丑	壬午	7
丁巳	丁亥	丙辰	丙戌	乙卯	甲申	甲寅	癸未	癸丑	壬午	甲寅	癸未	8
十一月 戊午	戊子	丁巳	丁亥	丙辰	乙酉	乙卯	甲申	甲寅	癸未	乙卯	甲申	9
己未	十月 己丑	戊午	戊子	丁巳	丙戌	丙辰	乙酉	乙卯	甲申	丙辰	乙酉	10
庚申	庚寅	九月 己未	己丑	戊午	丁亥	丁巳	丙戌	丙辰	乙酉	丁巳	丙戌	11
辛酉	辛卯	庚申	八月 庚寅	己未	戊子	戊午	丁亥	丁巳	丙戌	戊午	丁亥	12
壬戌	壬辰	辛酉	辛卯	七月 庚申	己丑	己未	戊子	戊午	丁亥	己未	戊子	13
癸亥	癸巳	壬戌	壬辰	辛酉	六月 庚寅	庚申	己丑	己未	戊子	庚申	己丑	14
甲子	甲午	癸亥	癸巳	壬戌	辛卯	五月 辛酉	庚寅	庚申	己丑	辛酉	庚寅	15
乙丑	乙未	甲子	甲午	癸亥	壬辰	壬戌	四月 辛卯	辛酉	庚寅	壬戌	辛卯	16
丙寅	丙申	乙丑	乙未	甲子	癸巳	癸亥	壬辰	三月 壬戌	辛卯	正月 癸亥	壬辰	17
丁卯	丁酉	丙寅	丙申	乙丑	甲午	甲子	癸巳	癸亥	二月 壬辰	甲子	十二月 癸巳	18
戊辰	戊戌	丁卯	丁酉	丙寅	乙未	乙丑	甲午	甲子	癸巳	乙丑	甲午	19
己巳	己亥	戊辰	戊戌	丁卯	丙申	丙寅	乙未	乙丑	甲午	丙寅	乙未	20
庚午	庚子	己巳	己亥	戊辰	丁酉	丁卯	丙申	丙寅	乙未	丁卯	丙申	21
辛未	辛丑	庚午	庚子	己巳	戊戌	戊辰	丁酉	丁卯	丙申	戊辰	丁酉	22
壬申	壬寅	辛未	辛丑	庚午	己亥	己巳	戊戌	戊辰	丁酉	己巳	戊戌	23
癸酉	癸卯	壬申	壬寅	辛未	庚子	庚午	己亥	己巳	戊戌	庚午	己亥	24
甲戌	甲辰	癸酉	癸卯	壬申	辛丑	辛未	庚子	庚午	己亥	辛未	庚子	25
乙亥	乙巳	甲戌	甲辰	癸酉	壬寅	壬申	辛丑	辛未	庚子	壬申	辛丑	26
丙子	丙午	乙亥	乙巳	甲戌	癸卯	癸酉	壬寅	壬申	辛丑	癸酉	壬寅	27
丁丑	丁未	丙子	丙午	乙亥	甲辰	甲戌	癸卯	癸酉	壬寅	甲戌	癸卯	28
戊寅	戊申	丁丑	丁未	丙子	乙巳	乙亥	甲辰	甲戌	癸卯		甲辰	29
己卯	己酉	戊寅	戊申	丁丑	丙午	丙子	乙巳	乙亥	甲辰		乙巳	30
庚辰		己卯		戊寅	丁未		丙午		乙巳		丙午	31

農曆初一　農曆十五

西曆一九七〇年

12月	11月	10月	9月	8月	7月	6月	5月	4月	3月	2月	1月	月/日
乙卯	乙酉	甲寅	八月 甲申	癸丑	壬午	壬子	辛巳	辛亥	庚辰	壬子	辛巳	1
丙辰	丙戌	乙卯	乙酉	七月 甲寅	癸未	癸丑	壬午	壬子	辛巳	癸丑	壬午	2
丁巳	丁亥	丙辰	丙戌	乙卯	六月 甲申	甲寅	癸未	癸丑	壬午	甲寅	癸未	3
戊午	戊子	丁巳	丁亥	丙辰	乙酉	五月 乙卯	甲申	甲寅	癸未	乙卯	甲申	4
己未	己丑	戊午	戊子	丁巳	丙戌	丙辰	四月 乙酉	乙卯	甲申	丙辰	乙酉	5
庚申	庚寅	己未	己丑	戊午	丁亥	丁巳	丙戌	三月 丙辰	乙酉	正月 丁巳	丙戌	6
辛酉	辛卯	庚申	庚寅	己未	戊子	戊午	丁亥	丁巳	丙戌	戊午	丁亥	7
壬戌	壬辰	辛酉	辛卯	庚申	己丑	己未	戊子	戊午	二月 丁亥	己未	十二月 戊子	8
癸亥	癸巳	壬戌	壬辰	辛酉	庚寅	庚申	己丑	己未	戊子	庚申	己丑	9
甲子	甲午	癸亥	癸巳	壬戌	辛卯	辛酉	庚寅	庚申	己丑	辛酉	庚寅	10
乙丑	乙未	甲子	甲午	癸亥	壬辰	壬戌	辛卯	辛酉	庚寅	壬戌	辛卯	11
丙寅	丙申	乙丑	乙未	甲子	癸巳	癸亥	壬辰	壬戌	辛卯	癸亥	壬辰	12
丁卯	丁酉	丙寅	丙申	乙丑	甲午	甲子	癸巳	癸亥	壬辰	甲子	癸巳	13
戊辰	戊戌	丁卯	丁酉	丙寅	乙未	乙丑	甲午	甲子	癸巳	乙丑	甲午	14
己巳	己亥	戊辰	戊戌	丁卯	丙申	丙寅	乙未	乙丑	甲午	丙寅	乙未	15
庚午	庚子	己巳	己亥	戊辰	丁酉	丁卯	丙申	丙寅	乙未	丁卯	丙申	16
辛未	辛丑	庚午	庚子	己巳	戊戌	戊辰	丁酉	丁卯	丙申	戊辰	丁酉	17
壬申	壬寅	辛未	辛丑	庚午	己亥	己巳	戊戌	戊辰	丁酉	己巳	戊戌	18
癸酉	癸卯	壬申	壬寅	辛未	庚子	庚午	己亥	己巳	戊戌	庚午	己亥	19
甲戌	甲辰	癸酉	癸卯	壬申	辛丑	辛未	庚子	庚午	己亥	辛未	庚子	20
乙亥	乙巳	甲戌	甲辰	癸酉	壬寅	壬申	辛丑	辛未	庚子	壬申	辛丑	21
丙子	丙午	乙亥	乙巳	甲戌	癸卯	癸酉	壬寅	壬申	辛丑	癸酉	壬寅	22
丁丑	丁未	丙子	丙午	乙亥	甲辰	甲戌	癸卯	癸酉	壬寅	甲戌	癸卯	23
戊寅	戊申	丁丑	丁未	丙子	乙巳	乙亥	甲辰	甲戌	癸卯	乙亥	甲辰	24
己卯	己酉	戊寅	戊申	丁丑	丙午	丙子	乙巳	乙亥	甲辰	丙子	乙巳	25
庚辰	庚戌	己卯	己酉	戊寅	丁未	丁丑	丙午	丙子	乙巳	丁丑	丙午	26
辛巳	辛亥	庚辰	庚戌	己卯	戊申	戊寅	丁未	丁丑	丙午	戊寅	丁未	27
十二月 壬午	壬子	辛巳	辛亥	庚辰	己酉	己卯	戊申	戊寅	丁未	己卯	戊申	28
癸未	十一月 癸丑	壬午	壬子	辛巳	庚戌	庚辰	己酉	己卯	戊申		己酉	29
甲申	甲寅	十月 癸未	九月 癸丑	壬午	辛亥	辛巳	庚戌	庚辰	己酉		庚戌	30
乙酉		甲申		癸未	壬子		辛亥		庚戌		辛亥	31

農曆初一　農曆十五

西曆一九七一年

12月	11月	10月	9月	8月	7月	6月	5月	4月	3月	2月	1月	月/日
庚申	庚寅	己未	己丑	戊午	丁亥	丁巳	丙戌	丙辰	乙酉	丁巳	丙戌	1
辛酉	辛卯	庚申	庚寅	己未	戊子	戊午	丁亥	丁巳	丙戌	戊午	丁亥	2
壬戌	壬辰	辛酉	辛卯	庚申	己丑	己未	戊子	戊午	丁亥	己未	戊子	3
癸亥	癸巳	壬戌	壬辰	辛酉	庚寅	庚申	己丑	己未	戊子	庚申	己丑	4
甲子	甲午	癸亥	癸巳	壬戌	辛卯	辛酉	庚寅	庚申	己丑	辛酉	庚寅	5
乙丑	乙未	甲子	甲午	癸亥	壬辰	壬戌	辛卯	辛酉	庚寅	壬戌	辛卯	6
丙寅	丙申	乙丑	乙未	甲子	癸巳	癸亥	壬辰	壬戌	辛卯	癸亥	壬辰	7
丁卯	丁酉	丙寅	丙申	乙丑	甲午	甲子	癸巳	癸亥	壬辰	甲子	癸巳	8
戊辰	戊戌	丁卯	丁酉	丙寅	乙未	乙丑	甲午	甲子	癸巳	乙丑	甲午	9
己巳	己亥	戊辰	戊戌	丁卯	丙申	丙寅	乙未	乙丑	甲午	丙寅	乙未	10
庚午	庚子	己巳	己亥	戊辰	丁酉	丁卯	丙申	丙寅	乙未	丁卯	丙申	11
辛未	辛丑	庚午	庚子	己巳	戊戌	戊辰	丁酉	丁卯	丙申	戊辰	丁酉	12
壬申	壬寅	辛未	辛丑	庚午	己亥	己巳	戊戌	戊辰	丁酉	己巳	戊戌	13
癸酉	癸卯	壬申	壬寅	辛未	庚子	庚午	己亥	己巳	戊戌	庚午	己亥	14
甲戌	甲辰	癸酉	癸卯	壬申	辛丑	辛未	庚子	庚午	己亥	辛未	庚子	15
乙亥	乙巳	甲戌	甲辰	癸酉	壬寅	壬申	辛丑	辛未	庚子	壬申	辛丑	16
丙子	丙午	乙亥	乙巳	甲戌	癸卯	癸酉	壬寅	壬申	辛丑	癸酉	壬寅	17
十一月 丁丑	十月 丁未	丙子	丙午	乙亥	甲辰	甲戌	癸卯	癸酉	壬寅	甲戌	癸卯	18
戊寅	戊申	九月 丁丑	八月 丁未	丙子	乙巳	乙亥	甲辰	甲戌	癸卯	乙亥	甲辰	19
己卯	己酉	戊寅	戊申	丁丑	丙午	丙子	乙巳	乙亥	甲辰	丙子	乙巳	20
庚辰	庚戌	己卯	己酉	七月 戊寅	丁未	丁丑	丙午	丙子	乙巳	丁丑	丙午	21
辛巳	辛亥	庚辰	庚戌	己卯	六月 戊申	戊寅	丁未	丁丑	丙午	戊寅	丁未	22
壬午	壬子	辛巳	辛亥	庚辰	己酉	閏五月 己卯	戊申	戊寅	丁未	己卯	戊申	23
癸未	癸丑	壬午	壬子	辛巳	庚戌	庚辰	五月 己酉	己卯	戊申	庚辰	己酉	24
甲申	甲寅	癸未	癸丑	壬午	辛亥	辛巳	庚戌	四月 庚辰	己酉	二月 辛巳	庚戌	25
乙酉	乙卯	甲申	甲寅	癸未	壬子	壬午	辛亥	辛巳	庚戌	壬午	辛亥	26
丙戌	丙辰	乙酉	乙卯	甲申	癸丑	癸未	壬子	壬午	三月 辛亥	癸未	正月 壬子	27
丁亥	丁巳	丙戌	丙辰	乙酉	甲寅	甲申	癸丑	癸未	壬子	甲申	癸丑	28
戊子	戊午	丁亥	丁巳	丙戌	乙卯	乙酉	甲寅	甲申	癸丑		甲寅	29
己丑	己未	戊子	戊午	丁亥	丙辰	丙戌	乙卯	乙酉	甲寅		乙卯	30
庚寅		己丑		戊子	丁巳		丙辰		乙卯		丙辰	31

農曆初一　農曆十五

西曆一九七二年

12月	11月	10月	9月	8月	7月	6月	5月	4月	3月	2月	1月	月/日
丙寅	丙申	乙丑	乙未	甲子	癸巳	癸亥	壬辰	壬戌	辛卯	壬戌	辛卯	1
丁卯	丁酉	丙寅	丙申	乙丑	甲午	甲子	癸巳	癸亥	壬辰	癸亥	壬辰	2
戊辰	戊戌	丁卯	丁酉	丙寅	乙未	乙丑	甲午	甲子	癸巳	甲子	癸巳	3
己巳	己亥	戊辰	戊戌	丁卯	丙申	丙寅	乙未	乙丑	甲午	乙丑	甲午	4
庚午	庚子	己巳	己亥	戊辰	丁酉	丁卯	丙申	丙寅	乙未	丙寅	乙未	5
十一月 辛未	十月 辛丑	庚午	庚子	己巳	戊戌	戊辰	丁酉	丁卯	丙申	丁卯	丙申	6
壬申	壬寅	九月 辛未	辛丑	庚午	己亥	己巳	戊戌	戊辰	丁酉	戊辰	丁酉	7
癸酉	癸卯	壬申	八月 壬寅	辛未	庚子	庚午	己亥	己巳	戊戌	己巳	戊戌	8
甲戌	甲辰	癸酉	癸卯	七月 壬申	辛丑	辛未	庚子	庚午	己亥	庚午	己亥	9
乙亥	乙巳	甲戌	甲辰	癸酉	壬寅	壬申	辛丑	辛未	庚子	辛未	庚子	10
丙子	丙午	乙亥	乙巳	甲戌	六月 癸卯	五月 癸酉	壬寅	壬申	辛丑	壬申	辛丑	11
丁丑	丁未	丙子	丙午	乙亥	甲辰	甲戌	癸卯	癸酉	壬寅	癸酉	壬寅	12
戊寅	戊申	丁丑	丁未	丙子	乙巳	乙亥	四月 甲辰	甲戌	癸卯	甲戌	癸卯	13
己卯	己酉	戊寅	戊申	丁丑	丙午	丙子	乙巳	三月 乙亥	甲辰	乙亥	甲辰	14
庚辰	庚戌	己卯	己酉	戊寅	丁未	丁丑	丙午	丙子	二月 乙巳	正月 丙子	乙巳	15
辛巳	辛亥	庚辰	庚戌	己卯	戊申	戊寅	丁未	丁丑	丙午	丁丑	十二月 丙午	16
壬午	壬子	辛巳	辛亥	庚辰	己酉	己卯	戊申	戊寅	丁未	戊寅	丁未	17
癸未	癸丑	壬午	壬子	辛巳	庚戌	庚辰	己酉	己卯	戊申	己卯	戊申	18
甲申	甲寅	癸未	癸丑	壬午	辛亥	辛巳	庚戌	庚辰	己酉	庚辰	己酉	19
乙酉	乙卯	甲申	甲寅	癸未	壬子	壬午	辛亥	辛巳	庚戌	辛巳	庚戌	20
丙戌	丙辰	乙酉	乙卯	甲申	癸丑	癸未	壬子	壬午	辛亥	壬午	辛亥	21
丁亥	丁巳	丙戌	丙辰	乙酉	甲寅	甲申	癸丑	癸未	壬子	癸未	壬子	22
戊子	戊午	丁亥	丁巳	丙戌	乙卯	乙酉	甲寅	甲申	癸丑	甲申	癸丑	23
己丑	己未	戊子	戊午	丁亥	丙辰	丙戌	乙卯	乙酉	甲寅	乙酉	甲寅	24
庚寅	庚申	己丑	己未	戊子	丁巳	丁亥	丙辰	丙戌	乙卯	丙戌	乙卯	25
辛卯	辛酉	庚寅	庚申	己丑	戊午	戊子	丁巳	丁亥	丙辰	丁亥	丙辰	26
壬辰	壬戌	辛卯	辛酉	庚寅	己未	己丑	戊午	戊子	丁巳	戊子	丁巳	27
癸巳	癸亥	壬辰	壬戌	辛卯	庚申	庚寅	己未	己丑	戊午	己丑	戊午	28
甲午	甲子	癸巳	癸亥	壬辰	辛酉	辛卯	庚申	庚寅	己未	庚寅	己未	29
乙未	乙丑	甲午	甲子	癸巳	壬戌	壬辰	辛酉	辛卯	庚申		庚申	30
丙申		乙未		甲午	癸亥		壬戌		辛酉		辛酉	31

農曆初一　農曆十五

西曆一九七三年

12月	11月	10月	9月	8月	7月	6月	5月	4月	3月	2月	1月	月/日
辛未	辛丑	庚午	庚子	己巳	戊戌	五月 戊辰	丁酉	丁卯	丙申	戊辰	丁酉	1
壬申	壬寅	辛未	辛丑	庚午	己亥	己巳	戊戌	戊辰	丁酉	己巳	戊戌	2
癸酉	癸卯	壬申	壬寅	辛未	庚子	庚午	四月 己亥	三月 己巳	戊戌	正月 庚午	己亥	3
甲戌	甲辰	癸酉	癸卯	壬申	辛丑	辛未	庚子	庚午	己亥	辛未	十二月 庚子	4
乙亥	乙巳	甲戌	甲辰	癸酉	壬寅	壬申	辛丑	辛未	二月 庚子	壬申	辛丑	5
丙子	丙午	乙亥	乙巳	甲戌	癸卯	癸酉	壬寅	壬申	辛丑	癸酉	壬寅	6
丁丑	丁未	丙子	丙午	乙亥	甲辰	甲戌	癸卯	癸酉	壬寅	甲戌	癸卯	7
戊寅	戊申	丁丑	丁未	丙子	乙巳	乙亥	甲辰	甲戌	癸卯	乙亥	甲辰	8
己卯	己酉	戊寅	戊申	丁丑	丙午	丙子	乙巳	乙亥	甲辰	丙子	乙巳	9
庚辰	庚戌	己卯	己酉	戊寅	丁未	丁丑	丙午	丙子	乙巳	丁丑	丙午	10
辛巳	辛亥	庚辰	庚戌	己卯	戊申	戊寅	丁未	丁丑	丙午	戊寅	丁未	11
壬午	壬子	辛巳	辛亥	庚辰	己酉	己卯	戊申	戊寅	丁未	己卯	戊申	12
癸未	癸丑	壬午	壬子	辛巳	庚戌	庚辰	己酉	己卯	戊申	庚辰	己酉	13
甲申	甲寅	癸未	癸丑	壬午	辛亥	辛巳	庚戌	庚辰	己酉	辛巳	庚戌	14
乙酉	乙卯	甲申	甲寅	癸未	壬子	壬午	辛亥	辛巳	庚戌	壬午	辛亥	15
丙戌	丙辰	乙酉	乙卯	甲申	癸丑	癸未	壬子	壬午	辛亥	癸未	壬子	16
丁亥	丁巳	丙戌	丙辰	乙酉	甲寅	甲申	癸丑	癸未	壬子	甲申	癸丑	17
戊子	戊午	丁亥	丁巳	丙戌	乙卯	乙酉	甲寅	甲申	癸丑	乙酉	甲寅	18
己丑	己未	戊子	戊午	丁亥	丙辰	丙戌	乙卯	乙酉	甲寅	丙戌	乙卯	19
庚寅	庚申	己丑	己未	戊子	丁巳	丁亥	丙辰	丙戌	乙卯	丁亥	丙辰	20
辛卯	辛酉	庚寅	庚申	己丑	戊午	戊子	丁巳	丁亥	丙辰	戊子	丁巳	21
壬辰	壬戌	辛卯	辛酉	庚寅	己未	己丑	戊午	戊子	丁巳	己丑	戊午	22
癸巳	癸亥	壬辰	壬戌	辛卯	庚申	庚寅	己未	己丑	戊午	庚寅	己未	23
十二月 甲午	甲子	癸巳	癸亥	壬辰	辛酉	辛卯	庚申	庚寅	己未	辛卯	庚申	24
乙未	十一月 乙丑	甲午	甲子	癸巳	壬戌	壬辰	辛酉	辛卯	庚申	壬辰	辛酉	25
丙申	丙寅	十月 乙未	九月 乙丑	甲午	癸亥	癸巳	壬戌	壬辰	辛酉	癸巳	壬戌	26
丁酉	丁卯	丙申	丙寅	乙未	甲子	甲午	癸亥	癸巳	壬戌	甲午	癸亥	27
戊戌	戊辰	丁酉	丁卯	八月 丙申	乙丑	乙未	甲子	甲午	癸亥	乙未	甲子	28
己亥	己巳	戊戌	戊辰	丁酉	丙寅	丙申	乙丑	乙未	甲子		乙丑	29
庚子	庚午	己亥	己巳	戊戌	七月 丁卯	六月 丁酉	丙寅	丙申	乙丑		丙寅	30
辛丑		庚子		己亥	戊辰		丁卯		丙寅		丁卯	31

農曆初一　農曆十五

西曆一九七四年

12月	11月	10月	9月	8月	7月	6月	5月	4月	3月	2月	1月	月/日
丙子	丙午	乙亥	乙巳	甲戌	癸卯	癸酉	壬寅	壬申	辛丑	癸酉	壬寅	1
丁丑	丁未	丙子	丙午	乙亥	甲辰	甲戌	癸卯	癸酉	壬寅	甲戌	癸卯	2
戊寅	戊申	丁丑	丁未	丙子	乙巳	乙亥	甲辰	甲戌	癸卯	乙亥	甲辰	3
己卯	己酉	戊寅	戊申	丁丑	丙午	丙子	乙巳	乙亥	甲辰	丙子	乙巳	4
庚辰	庚戌	己卯	己酉	戊寅	丁未	丁丑	丙午	丙子	乙巳	丁丑	丙午	5
辛巳	辛亥	庚辰	庚戌	己卯	戊申	戊寅	丁未	丁丑	丙午	戊寅	丁未	6
壬午	壬子	辛巳	辛亥	庚辰	己酉	己卯	戊申	戊寅	丁未	己卯	戊申	7
癸未	癸丑	壬午	壬子	辛巳	庚戌	庚辰	己酉	己卯	戊申	庚辰	己酉	8
甲申	甲寅	癸未	癸丑	壬午	辛亥	辛巳	庚戌	庚辰	己酉	辛巳	庚戌	9
乙酉	乙卯	甲申	甲寅	癸未	壬子	壬午	辛亥	辛巳	庚戌	壬午	辛亥	10
丙戌	丙辰	乙酉	乙卯	甲申	癸丑	癸未	壬子	壬午	辛亥	癸未	壬子	11
丁亥	丁巳	丙戌	丙辰	乙酉	甲寅	甲申	癸丑	癸未	壬子	甲申	癸丑	12
戊子	戊午	丁亥	丁巳	丙戌	乙卯	乙酉	甲寅	甲申	癸丑	乙酉	甲寅	13
十一月 己丑	十月 己未	戊子	戊午	丁亥	丙辰	丙戌	乙卯	乙酉	甲寅	丙戌	乙卯	14
庚寅	庚申	九月 己丑	己未	戊子	丁巳	丁亥	丙辰	丙戌	乙卯	丁亥	丙辰	15
辛卯	辛酉	庚寅	八月 庚申	己丑	戊午	戊子	丁巳	丁亥	丙辰	戊子	丁巳	16
壬辰	壬戌	辛卯	辛酉	庚寅	己未	己丑	戊午	戊子	丁巳	己丑	戊午	17
癸巳	癸亥	壬辰	壬戌	七月 辛卯	庚申	庚寅	己未	己丑	戊午	庚寅	己未	18
甲午	甲子	癸巳	癸亥	壬辰	六月 辛酉	辛卯	庚申	庚寅	己未	辛卯	庚申	19
乙未	乙丑	甲午	甲子	癸巳	壬戌	五月 壬辰	辛酉	辛卯	庚申	壬辰	辛酉	20
丙申	丙寅	乙未	乙丑	甲午	癸亥	癸巳	壬戌	壬辰	辛酉	癸巳	壬戌	21
丁酉	丁卯	丙申	丙寅	乙未	甲子	甲午	閏四月 癸亥	四月 癸巳	壬戌	二月 甲午	癸亥	22
戊戌	戊辰	丁酉	丁卯	丙申	乙丑	乙未	甲子	甲午	癸亥	乙未	正月 甲子	23
己亥	己巳	戊戌	戊辰	丁酉	丙寅	丙申	乙丑	乙未	三月 甲子	丙申	乙丑	24
庚子	庚午	己亥	己巳	戊戌	丁卯	丁酉	丙寅	丙申	乙丑	丁酉	丙寅	25
辛丑	辛未	庚子	庚午	己亥	戊辰	戊戌	丁卯	丁酉	丙寅	戊戌	丁卯	26
壬寅	壬申	辛丑	辛未	庚子	己巳	己亥	戊辰	戊戌	丁卯	己亥	戊辰	27
癸卯	癸酉	壬寅	壬申	辛丑	庚午	庚子	己巳	己亥	戊辰	庚子	己巳	28
甲辰	甲戌	癸卯	癸酉	壬寅	辛未	辛丑	庚午	庚子	己巳		庚午	29
乙巳	乙亥	甲辰	甲戌	癸卯	壬申	壬寅	辛未	辛丑	庚午		辛未	30
丙午		乙巳		甲辰	癸酉		壬申		辛未		壬申	31

農曆初一　農曆十五

西曆一九七五年

12月	11月	10月	9月	8月	7月	6月	5月	4月	3月	2月	1月	月/日
辛巳	辛亥	庚辰	庚戌	己卯	戊申	戊寅	丁未	丁丑	丙午	戊寅	丁未	1
壬午	壬子	辛巳	辛亥	庚辰	己酉	己卯	戊申	戊寅	丁未	己卯	戊申	2
十一月 癸未	十月 癸丑	壬午	壬子	辛巳	庚戌	庚辰	己酉	己卯	戊申	庚辰	己酉	3
甲申	甲寅	癸未	癸丑	壬午	辛亥	辛巳	庚戌	庚辰	己酉	辛巳	庚戌	4
乙酉	乙卯	九月 甲申	甲寅	癸未	壬子	壬午	辛亥	辛巳	庚戌	壬午	辛亥	5
丙戌	丙辰	乙酉	八月 乙卯	甲申	癸丑	癸未	壬子	壬午	辛亥	癸未	壬子	6
丁亥	丁巳	丙戌	丙辰	七月 乙酉	甲寅	甲申	癸丑	癸未	壬子	甲申	癸丑	7
戊子	戊午	丁亥	丁巳	丙戌	乙卯	乙酉	甲寅	甲申	癸丑	乙酉	甲寅	8
己丑	己未	戊子	戊午	丁亥	六月 丙辰	丙戌	乙卯	乙酉	甲寅	丙戌	乙卯	9
庚寅	庚申	己丑	己未	戊子	丁巳	五月 丁亥	丙辰	丙戌	乙卯	丁亥	丙辰	10
辛卯	辛酉	庚寅	庚申	己丑	戊午	戊子	四月 丁巳	丁亥	丙辰	正月 戊子	丁巳	11
壬辰	壬戌	辛卯	辛酉	庚寅	己未	己丑	戊午	三月 戊子	丁巳	己丑	十二月 戊午	12
癸巳	癸亥	壬辰	壬戌	辛卯	庚申	庚寅	己未	己丑	二月 戊午	庚寅	己未	13
甲午	甲子	癸巳	癸亥	壬辰	辛酉	辛卯	庚申	庚寅	己未	辛卯	庚申	14
乙未	乙丑	甲午	甲子	癸巳	壬戌	壬辰	辛酉	辛卯	庚申	壬辰	辛酉	15
丙申	丙寅	乙未	乙丑	甲午	癸亥	癸巳	壬戌	壬辰	辛酉	癸巳	壬戌	16
丁酉	丁卯	丙申	丙寅	乙未	甲子	甲午	癸亥	癸巳	壬戌	甲午	癸亥	17
戊戌	戊辰	丁酉	丁卯	丙申	乙丑	乙未	甲子	甲午	癸亥	乙未	甲子	18
己亥	己巳	戊戌	戊辰	丁酉	丙寅	丙申	乙丑	乙未	甲子	丙申	乙丑	19
庚子	庚午	己亥	己巳	戊戌	丁卯	丁酉	丙寅	丙申	乙丑	丁酉	丙寅	20
辛丑	辛未	庚子	庚午	己亥	戊辰	戊戌	丁卯	丁酉	丙寅	戊戌	丁卯	21
壬寅	壬申	辛丑	辛未	庚子	己巳	己亥	戊辰	戊戌	丁卯	己亥	戊辰	22
癸卯	癸酉	壬寅	壬申	辛丑	庚午	庚子	己巳	己亥	戊辰	庚子	己巳	23
甲辰	甲戌	癸卯	癸酉	壬寅	辛未	辛丑	庚午	庚子	己巳	辛丑	庚午	24
乙巳	乙亥	甲辰	甲戌	癸卯	壬申	壬寅	辛未	辛丑	庚午	壬寅	辛未	25
丙午	丙子	乙巳	乙亥	甲辰	癸酉	癸卯	壬申	壬寅	辛未	癸卯	壬申	26
丁未	丁丑	丙午	丙子	乙巳	甲戌	甲辰	癸酉	癸卯	壬申	甲辰	癸酉	27
戊申	戊寅	丁未	丁丑	丙午	乙亥	乙巳	甲戌	甲辰	癸酉	乙巳	甲戌	28
己酉	己卯	戊申	戊寅	丁未	丙子	丙午	乙亥	乙巳	甲戌		乙亥	29
庚戌	庚辰	己酉	己卯	戊申	丁丑	丁未	丙子	丙午	乙亥		丙子	30
辛亥		庚戌		己酉	戊寅		丁丑		丙子		丁丑	31

農曆初一　農曆十五

西曆一九七六年

12月	11月	10月	9月	8月	7月	6月	5月	4月	3月	2月	1月	月/日
丁亥	丁巳	丙戌	丙辰	乙酉	甲寅	甲申	癸丑	癸未	二月 壬子	癸未	十二月 壬子	1
戊子	戊午	丁亥	丁巳	丙戌	乙卯	乙酉	甲寅	甲申	癸丑	甲申	癸丑	2
己丑	己未	戊子	戊午	丁亥	丙辰	丙戌	乙卯	乙酉	甲寅	乙酉	甲寅	3
庚寅	庚申	己丑	己未	戊子	丁巳	丁亥	丙辰	丙戌	乙卯	丙戌	乙卯	4
辛卯	辛酉	庚寅	庚申	己丑	戊午	戊子	丁巳	丁亥	丙辰	丁亥	丙辰	5
壬辰	壬戌	辛卯	辛酉	庚寅	己未	己丑	戊午	戊子	丁巳	戊子	丁巳	6
癸巳	癸亥	壬辰	壬戌	辛卯	庚申	庚寅	己未	己丑	戊午	己丑	戊午	7
甲午	甲子	癸巳	癸亥	壬辰	辛酉	辛卯	庚申	庚寅	己未	庚寅	己未	8
乙未	乙丑	甲午	甲子	癸巳	壬戌	壬辰	辛酉	辛卯	庚申	辛卯	庚申	9
丙申	丙寅	乙未	乙丑	甲午	癸亥	癸巳	壬戌	壬辰	辛酉	壬辰	辛酉	10
丁酉	丁卯	丙申	丙寅	乙未	甲子	甲午	癸亥	癸巳	壬戌	癸巳	壬戌	11
戊戌	戊辰	丁酉	丁卯	丙申	乙丑	乙未	甲子	甲午	癸亥	甲午	癸亥	12
己亥	己巳	戊戌	戊辰	丁酉	丙寅	丙申	乙丑	乙未	甲子	乙未	甲子	13
庚子	庚午	己亥	己巳	戊戌	丁卯	丁酉	丙寅	丙申	乙丑	丙申	乙丑	14
辛丑	辛未	庚子	庚午	己亥	戊辰	戊戌	丁卯	丁酉	丙寅	丁酉	丙寅	15
壬寅	壬申	辛丑	辛未	庚子	己巳	己亥	戊辰	戊戌	丁卯	戊戌	丁卯	16
癸卯	癸酉	壬寅	壬申	辛丑	庚午	庚子	己巳	己亥	戊辰	己亥	戊辰	17
甲辰	甲戌	癸卯	癸酉	壬寅	辛未	辛丑	庚午	庚子	己巳	庚子	己巳	18
乙巳	乙亥	甲辰	甲戌	癸卯	壬申	壬寅	辛未	辛丑	庚午	辛丑	庚午	19
丙午	丙子	乙巳	乙亥	甲辰	癸酉	癸卯	壬申	壬寅	辛未	壬寅	辛未	20
十一月 丁未	十月 丁丑	丙午	丙子	乙巳	甲戌	甲辰	癸酉	癸卯	壬申	癸卯	壬申	21
戊申	戊寅	丁未	丁丑	丙午	乙亥	乙巳	甲戌	甲辰	癸酉	甲辰	癸酉	22
己酉	己卯	九月 戊申	戊寅	丁未	丙子	丙午	乙亥	乙巳	甲戌	乙巳	甲戌	23
庚戌	庚辰	己酉	閏八月 己卯	戊申	丁丑	丁未	丙子	丙午	乙亥	丙午	乙亥	24
辛亥	辛巳	庚戌	庚辰	八月 己酉	戊寅	戊申	丁丑	丁未	丙子	丁未	丙子	25
壬子	壬午	辛亥	辛巳	庚戌	己卯	己酉	戊寅	戊申	丁丑	戊申	丁丑	26
癸丑	癸未	壬子	壬午	辛亥	七月 庚辰	六月 庚戌	己卯	己酉	戊寅	己酉	戊寅	27
甲寅	甲申	癸丑	癸未	壬子	辛巳	辛亥	庚辰	庚戌	己卯	庚戌	己卯	28
乙卯	乙酉	甲寅	甲申	癸丑	壬午	壬子	五月 辛巳	四月 辛亥	庚辰	辛亥	庚辰	29
丙辰	丙戌	乙卯	乙酉	甲寅	癸未	癸丑	壬午	壬子	辛巳		辛巳	30
丁巳		丙辰		乙卯	甲申		癸未		三月 壬午		正月 壬午	31

農曆初一　農曆十五

西曆一九七七年

12月	11月	10月	9月	8月	7月	6月	5月	4月	3月	2月	1月	月／日
壬辰	壬戌	辛卯	辛酉	庚寅	己未	己丑	戊午	戊子	丁巳	己丑	戊午	1
癸巳	癸亥	壬辰	壬戌	辛卯	庚申	庚寅	己未	己丑	戊午	庚寅	己未	2
甲午	甲子	癸巳	癸亥	壬辰	辛酉	辛卯	庚申	庚寅	己未	辛卯	庚申	3
乙未	乙丑	甲午	甲子	癸巳	壬戌	壬辰	辛酉	辛卯	庚申	壬辰	辛酉	4
丙申	丙寅	乙未	乙丑	甲午	癸亥	癸巳	壬戌	壬辰	辛酉	癸巳	壬戌	5
丁酉	丁卯	丙申	丙寅	乙未	甲子	甲午	癸亥	癸巳	壬戌	甲午	癸亥	6
戊戌	戊辰	丁酉	丁卯	丙申	乙丑	乙未	甲子	甲午	癸亥	乙未	甲子	7
己亥	己巳	戊戌	戊辰	丁酉	丙寅	丙申	乙丑	乙未	甲子	丙申	乙丑	8
庚子	庚午	己亥	己巳	戊戌	丁卯	丁酉	丙寅	丙申	乙丑	丁酉	丙寅	9
辛丑	辛未	庚子	庚午	己亥	戊辰	戊戌	丁卯	丁酉	丙寅	戊戌	丁卯	10
十一月 壬寅	十月 壬申	辛丑	辛未	庚子	己巳	己亥	戊辰	戊戌	丁卯	己亥	戊辰	11
癸卯	癸酉	壬寅	壬申	辛丑	庚午	庚子	己巳	己亥	戊辰	庚子	己巳	12
甲辰	甲戌	九月 癸卯	八月 癸酉	壬寅	辛未	辛丑	庚午	庚子	己巳	辛丑	庚午	13
乙巳	乙亥	甲辰	甲戌	癸卯	壬申	壬寅	辛未	辛丑	庚午	壬寅	辛未	14
丙午	丙子	乙巳	乙亥	七月 甲辰	癸酉	癸卯	壬申	壬寅	辛未	癸卯	壬申	15
丁未	丁丑	丙午	丙子	乙巳	六月 甲戌	甲辰	癸酉	癸卯	壬申	甲辰	癸酉	16
戊申	戊寅	丁未	丁丑	丙午	乙亥	五月 乙巳	甲戌	甲辰	癸酉	乙巳	甲戌	17
己酉	己卯	戊申	戊寅	丁未	丙子	丙午	四月 乙亥	三月 乙巳	甲戌	正月 丙午	乙亥	18
庚戌	庚辰	己酉	己卯	戊申	丁丑	丁未	丙子	丙午	乙亥	丁未	十二月 丙子	19
辛亥	辛巳	庚戌	庚辰	己酉	戊寅	戊申	丁丑	丁未	二月 丙子	戊申	丁丑	20
壬子	壬午	辛亥	辛巳	庚戌	己卯	己酉	戊寅	戊申	丁丑	己酉	戊寅	21
癸丑	癸未	壬子	壬午	辛亥	庚辰	庚戌	己卯	己酉	戊寅	庚戌	己卯	22
甲寅	甲申	癸丑	癸未	壬子	辛巳	辛亥	庚辰	庚戌	己卯	辛亥	庚辰	23
乙卯	乙酉	甲寅	甲申	癸丑	壬午	壬子	辛巳	辛亥	庚辰	壬子	辛巳	24
丙辰	丙戌	乙卯	乙酉	甲寅	癸未	癸丑	壬午	壬子	辛巳	癸丑	壬午	25
丁巳	丁亥	丙辰	丙戌	乙卯	甲申	甲寅	癸未	癸丑	壬午	甲寅	癸未	26
戊午	戊子	丁巳	丁亥	丙辰	乙酉	乙卯	甲申	甲寅	癸未	乙卯	甲申	27
己未	己丑	戊午	戊子	丁巳	丙戌	丙辰	乙酉	乙卯	甲申	丙辰	乙酉	28
庚申	庚寅	己未	己丑	戊午	丁亥	丁巳	丙戌	丙辰	乙酉		丙戌	29
辛酉	辛卯	庚申	庚寅	己未	戊子	戊午	丁亥	丁巳	丙戌		丁亥	30
壬戌		辛酉		庚申	己丑		戊子		丁亥		戊子	31

農曆初一　農曆十五

西曆一九七八年

12月	11月	10月	9月	8月	7月	6月	5月	4月	3月	2月	1月	月/日
丁酉	十月 丁卯	丙申	丙寅	乙未	甲子	甲午	癸亥	癸巳	壬戌	甲午	癸亥	1
戊戌	戊辰	九月 丁酉	丁卯	丙申	乙丑	乙未	甲子	甲午	癸亥	乙未	甲子	2
己亥	己巳	戊戌	八月 戊辰	丁酉	丙寅	丙申	乙丑	乙未	甲子	丙申	乙丑	3
庚子	庚午	己亥	己巳	七月 戊戌	丁卯	丁酉	丙寅	丙申	乙丑	丁酉	丙寅	4
辛丑	辛未	庚子	庚午	己亥	六月 戊辰	戊戌	丁卯	丁酉	丙寅	戊戌	丁卯	5
壬寅	壬申	辛丑	辛未	庚子	己巳	五月 己亥	戊辰	戊戌	丁卯	己亥	戊辰	6
癸卯	癸酉	壬寅	壬申	辛丑	庚午	庚子	四月 己巳	三月 己亥	戊辰	正月 庚子	己巳	7
甲辰	甲戌	癸卯	癸酉	壬寅	辛未	辛丑	庚午	庚子	己巳	辛丑	庚午	8
乙巳	乙亥	甲辰	甲戌	癸卯	壬申	壬寅	辛未	辛丑	二月 庚午	壬寅	十二月 辛未	9
丙午	丙子	乙巳	乙亥	甲辰	癸酉	癸卯	壬申	壬寅	辛未	癸卯	壬申	10
丁未	丁丑	丙午	丙子	乙巳	甲戌	甲辰	癸酉	癸卯	壬申	甲辰	癸酉	11
戊申	戊寅	丁未	丁丑	丙午	乙亥	乙巳	甲戌	甲辰	癸酉	乙巳	甲戌	12
己酉	己卯	戊申	戊寅	丁未	丙子	丙午	乙亥	乙巳	甲戌	丙午	乙亥	13
庚戌	庚辰	己酉	己卯	戊申	丁丑	丁未	丙子	丙午	乙亥	丁未	丙子	14
辛亥	辛巳	庚戌	庚辰	己酉	戊寅	戊申	丁丑	丁未	丙子	戊申	丁丑	15
壬子	壬午	辛亥	辛巳	庚戌	己卯	己酉	戊寅	戊申	丁丑	己酉	戊寅	16
癸丑	癸未	壬子	壬午	辛亥	庚辰	庚戌	己卯	己酉	戊寅	庚戌	己卯	17
甲寅	甲申	癸丑	癸未	壬子	辛巳	辛亥	庚辰	庚戌	己卯	辛亥	庚辰	18
乙卯	乙酉	甲寅	甲申	癸丑	壬午	壬子	辛巳	辛亥	庚辰	壬子	辛巳	19
丙辰	丙戌	乙卯	乙酉	甲寅	癸未	癸丑	壬午	壬子	辛巳	癸丑	壬午	20
丁巳	丁亥	丙辰	丙戌	乙卯	甲申	甲寅	癸未	癸丑	壬午	甲寅	癸未	21
戊午	戊子	丁巳	丁亥	丙辰	乙酉	乙卯	甲申	甲寅	癸未	乙卯	甲申	22
己未	己丑	戊午	戊子	丁巳	丙戌	丙辰	乙酉	乙卯	甲申	丙辰	乙酉	23
庚申	庚寅	己未	己丑	戊午	丁亥	丁巳	丙戌	丙辰	乙酉	丁巳	丙戌	24
辛酉	辛卯	庚申	庚寅	己未	戊子	戊午	丁亥	丁巳	丙戌	戊午	丁亥	25
壬戌	壬辰	辛酉	辛卯	庚申	己丑	己未	戊子	戊午	丁亥	己未	戊子	26
癸亥	癸巳	壬戌	壬辰	辛酉	庚寅	庚申	己丑	己未	戊子	庚申	己丑	27
甲子	甲午	癸亥	癸巳	壬戌	辛卯	辛酉	庚寅	庚申	己丑	辛酉	庚寅	28
乙丑	乙未	甲子	甲午	癸亥	壬辰	壬戌	辛卯	辛酉	庚寅		辛卯	29
十二月 丙寅	十一月 丙申	乙丑	乙未	甲子	癸巳	癸亥	壬辰	壬戌	辛卯		壬辰	30
丁卯		丙寅		乙丑	甲午		癸巳		壬辰		癸巳	31

農曆初一　農曆十五

西曆一九七九年

12月	11月	10月	9月	8月	7月	6月	5月	4月	3月	2月	1月	月/日
壬寅	壬申	辛丑	辛未	庚子	己巳	己亥	戊辰	戊戌	丁卯	己亥	戊辰	1
癸卯	癸酉	壬寅	壬申	辛丑	庚午	庚子	己巳	己亥	戊辰	庚子	己巳	2
甲辰	甲戌	癸卯	癸酉	壬寅	辛未	辛丑	庚午	庚子	己巳	辛丑	庚午	3
乙巳	乙亥	甲辰	甲戌	癸卯	壬申	壬寅	辛未	辛丑	庚午	壬寅	辛未	4
丙午	丙子	乙巳	乙亥	甲辰	癸酉	癸卯	壬申	壬寅	辛未	癸卯	壬申	5
丁未	丁丑	丙午	丙子	乙巳	甲戌	甲辰	癸酉	癸卯	壬申	甲辰	癸酉	6
戊申	戊寅	丁未	丁丑	丙午	乙亥	乙巳	甲戌	甲辰	癸酉	乙巳	甲戌	7
己酉	己卯	戊申	戊寅	丁未	丙子	丙午	乙亥	乙巳	甲戌	丙午	乙亥	8
庚戌	庚辰	己酉	己卯	戊申	丁丑	丁未	丙子	丙午	乙亥	丁未	丙子	9
辛亥	辛巳	庚戌	庚辰	己酉	戊寅	戊申	丁丑	丁未	丙子	戊申	丁丑	10
壬子	壬午	辛亥	辛巳	庚戌	己卯	己酉	戊寅	戊申	丁丑	己酉	戊寅	11
癸丑	癸未	壬子	壬午	辛亥	庚辰	庚戌	己卯	己酉	戊寅	庚戌	己卯	12
甲寅	甲申	癸丑	癸未	壬子	辛巳	辛亥	庚辰	庚戌	己卯	辛亥	庚辰	13
乙卯	乙酉	甲寅	甲申	癸丑	壬午	壬子	辛巳	辛亥	庚辰	壬子	辛巳	14
丙辰	丙戌	乙卯	乙酉	甲寅	癸未	癸丑	壬午	壬子	辛巳	癸丑	壬午	15
丁巳	丁亥	丙辰	丙戌	乙卯	甲申	甲寅	癸未	癸丑	壬午	甲寅	癸未	16
戊午	戊子	丁巳	丁亥	丙辰	乙酉	乙卯	甲申	甲寅	癸未	乙卯	甲申	17
己未	己丑	戊午	戊子	丁巳	丙戌	丙辰	乙酉	乙卯	甲申	丙辰	乙酉	18
十一月 庚申	庚寅	己未	己丑	戊午	丁亥	丁巳	丙戌	丙辰	乙酉	丁巳	丙戌	19
辛酉	十月 辛卯	庚申	庚寅	己未	戊子	戊午	丁亥	丁巳	丙戌	戊午	丁亥	20
壬戌	壬辰	九月 辛酉	八月 辛卯	庚申	己丑	己未	戊子	戊午	丁亥	己未	戊子	21
癸亥	癸巳	壬戌	壬辰	辛酉	庚寅	庚申	己丑	己未	戊子	庚申	己丑	22
甲子	甲午	癸亥	癸巳	七月 壬戌	辛卯	辛酉	庚寅	庚申	己丑	辛酉	庚寅	23
乙丑	乙未	甲子	甲午	癸亥	閏六月 壬辰	六月 壬戌	辛卯	辛酉	庚寅	壬戌	辛卯	24
丙寅	丙申	乙丑	乙未	甲子	癸巳	癸亥	壬辰	壬戌	辛卯	癸亥	壬辰	25
丁卯	丁酉	丙寅	丙申	乙丑	甲午	甲子	五月 癸巳	四月 癸亥	壬辰	甲子	癸巳	26
戊辰	戊戌	丁卯	丁酉	丙寅	乙未	乙丑	甲午	甲子	癸巳	二月 乙丑	甲午	27
己巳	己亥	戊辰	戊戌	丁卯	丙申	丙寅	乙未	乙丑	三月 甲午	丙寅	正月 乙未	28
庚午	庚子	己巳	己亥	戊辰	丁酉	丁卯	丙申	丙寅	乙未		丙申	29
辛未	辛丑	庚午	庚子	己巳	戊戌	戊辰	丁酉	丁卯	丙申		丁酉	30
壬申		辛未		庚午	己亥		戊戌		丁酉		戊戌	31

農曆初一　農曆十五

西曆一九八〇年

12月	11月	10月	9月	8月	7月	6月	5月	4月	3月	2月	1月	月/日
戊申	戊寅	丁未	丁丑	丙午	乙亥	乙巳	甲戌	甲辰	癸酉	甲辰	癸酉	1
己酉	己卯	戊申	戊寅	丁未	丙子	丙午	乙亥	乙巳	甲戌	乙巳	甲戌	2
庚戌	庚辰	己酉	己卯	戊申	丁丑	丁未	丙子	丙午	乙亥	丙午	乙亥	3
辛亥	辛巳	庚戌	庚辰	己酉	戊寅	戊申	丁丑	丁未	丙子	丁未	丙子	4
壬子	壬午	辛亥	辛巳	庚戌	己卯	己酉	戊寅	戊申	丁丑	戊申	丁丑	5
癸丑	癸未	壬子	壬午	辛亥	庚辰	庚戌	己卯	己酉	戊寅	己酉	戊寅	6
十一月 甲寅	甲申	癸丑	癸未	壬子	辛巳	辛亥	庚辰	庚戌	己卯	庚戌	己卯	7
乙卯	十月 乙酉	甲寅	甲申	癸丑	壬午	壬子	辛巳	辛亥	庚辰	辛亥	庚辰	8
丙辰	丙戌	九月 乙卯	八月 乙酉	甲寅	癸未	癸丑	壬午	壬子	辛巳	壬子	辛巳	9
丁巳	丁亥	丙辰	丙戌	乙卯	甲申	甲寅	癸未	癸丑	壬午	癸丑	壬午	10
戊午	戊子	丁巳	丁亥	七月 丙辰	乙酉	乙卯	甲申	甲寅	癸未	甲寅	癸未	11
己未	己丑	戊午	戊子	丁巳	六月 丙戌	丙辰	乙酉	乙卯	甲申	乙卯	甲申	12
庚申	庚寅	己未	己丑	戊午	丁亥	五月 丁巳	丙戌	丙辰	乙酉	丙辰	乙酉	13
辛酉	辛卯	庚申	庚寅	己未	戊子	戊午	四月 丁亥	丁巳	丙戌	丁巳	丙戌	14
壬戌	壬辰	辛酉	辛卯	庚申	己丑	己未	戊子	三月 戊午	丁亥	戊午	丁亥	15
癸亥	癸巳	壬戌	壬辰	辛酉	庚寅	庚申	己丑	己未	戊子	正月 己未	戊子	16
甲子	甲午	癸亥	癸巳	壬戌	辛卯	辛酉	庚寅	庚申	二月 己丑	庚申	己丑	17
乙丑	乙未	甲子	甲午	癸亥	壬辰	壬戌	辛卯	辛酉	庚寅	辛酉	十二月 庚寅	18
丙寅	丙申	乙丑	乙未	甲子	癸巳	癸亥	壬辰	壬戌	辛卯	壬戌	辛卯	19
丁卯	丁酉	丙寅	丙申	乙丑	甲午	甲子	癸巳	癸亥	壬辰	癸亥	壬辰	20
戊辰	戊戌	丁卯	丁酉	丙寅	乙未	乙丑	甲午	甲子	癸巳	甲子	癸巳	21
己巳	己亥	戊辰	戊戌	丁卯	丙申	丙寅	乙未	乙丑	甲午	乙丑	甲午	22
庚午	庚子	己巳	己亥	戊辰	丁酉	丁卯	丙申	丙寅	乙未	丙寅	乙未	23
辛未	辛丑	庚午	庚子	己巳	戊戌	戊辰	丁酉	丁卯	丙申	丁卯	丙申	24
壬申	壬寅	辛未	辛丑	庚午	己亥	己巳	戊戌	戊辰	丁酉	戊辰	丁酉	25
癸酉	癸卯	壬申	壬寅	辛未	庚子	庚午	己亥	己巳	戊戌	己巳	戊戌	26
甲戌	甲辰	癸酉	癸卯	壬申	辛丑	辛未	庚子	庚午	己亥	庚午	己亥	27
乙亥	乙巳	甲戌	甲辰	癸酉	壬寅	壬申	辛丑	辛未	庚子	辛未	庚子	28
丙子	丙午	乙亥	乙巳	甲戌	癸卯	癸酉	壬寅	壬申	辛丑	壬申	辛丑	29
丁丑	丁未	丙子	丙午	乙亥	甲辰	甲戌	癸卯	癸酉	壬寅		壬寅	30
戊寅		丁丑		丙子	乙巳		甲辰		癸卯		癸卯	31

農曆初一　農曆十五

西曆一九八一年

12月	11月	10月	9月	8月	7月	6月	5月	4月	3月	2月	1月	月／日
癸丑	癸未	壬子	壬午	辛亥	庚辰	庚戌	己卯	己酉	戊寅	庚戌	己卯	1
甲寅	甲申	癸丑	癸未	壬子	六月 辛巳	五月 辛亥	庚辰	庚戌	己卯	辛亥	庚辰	2
乙卯	乙酉	甲寅	甲申	癸丑	壬午	壬子	辛巳	辛亥	庚辰	壬子	辛巳	3
丙辰	丙戌	乙卯	乙酉	甲寅	癸未	癸丑	四月 壬午	壬子	辛巳	癸丑	壬午	4
丁巳	丁亥	丙辰	丙戌	乙卯	甲申	甲寅	癸未	三月 癸丑	壬午	正月 甲寅	癸未	5
戊午	戊子	丁巳	丁亥	丙辰	乙酉	乙卯	甲申	甲寅	二月 癸未	乙卯	十二月 甲申	6
己未	己丑	戊午	戊子	丁巳	丙戌	丙辰	乙酉	乙卯	甲申	丙辰	乙酉	7
庚申	庚寅	己未	己丑	戊午	丁亥	丁巳	丙戌	丙辰	乙酉	丁巳	丙戌	8
辛酉	辛卯	庚申	庚寅	己未	戊子	戊午	丁亥	丁巳	丙戌	戊午	丁亥	9
壬戌	壬辰	辛酉	辛卯	庚申	己丑	己未	戊子	戊午	丁亥	己未	戊子	10
癸亥	癸巳	壬戌	壬辰	辛酉	庚寅	庚申	己丑	己未	戊子	庚申	己丑	11
甲子	甲午	癸亥	癸巳	壬戌	辛卯	辛酉	庚寅	庚申	己丑	辛酉	庚寅	12
乙丑	乙未	甲子	甲午	癸亥	壬辰	壬戌	辛卯	辛酉	庚寅	壬戌	辛卯	13
丙寅	丙申	乙丑	乙未	甲子	癸巳	癸亥	壬辰	壬戌	辛卯	癸亥	壬辰	14
丁卯	丁酉	丙寅	丙申	乙丑	甲午	甲子	癸巳	癸亥	壬辰	甲子	癸巳	15
戊辰	戊戌	丁卯	丁酉	丙寅	乙未	乙丑	甲午	甲子	癸巳	乙丑	甲午	16
己巳	己亥	戊辰	戊戌	丁卯	丙申	丙寅	乙未	乙丑	甲午	丙寅	乙未	17
庚午	庚子	己巳	己亥	戊辰	丁酉	丁卯	丙申	丙寅	乙未	丁卯	丙申	18
辛未	辛丑	庚午	庚子	己巳	戊戌	戊辰	丁酉	丁卯	丙申	戊辰	丁酉	19
壬申	壬寅	辛未	辛丑	庚午	己亥	己巳	戊戌	戊辰	丁酉	己巳	戊戌	20
癸酉	癸卯	壬申	壬寅	辛未	庚子	庚午	己亥	己巳	戊戌	庚午	己亥	21
甲戌	甲辰	癸酉	癸卯	壬申	辛丑	辛未	庚子	庚午	己亥	辛未	庚子	22
乙亥	乙巳	甲戌	甲辰	癸酉	壬寅	壬申	辛丑	辛未	庚子	壬申	辛丑	23
丙子	丙午	乙亥	乙巳	甲戌	癸卯	癸酉	壬寅	壬申	辛丑	癸酉	壬寅	24
丁丑	丁未	丙子	丙午	乙亥	甲辰	甲戌	癸卯	癸酉	壬寅	甲戌	癸卯	25
十二月 戊寅	十一月 戊申	丁丑	丁未	丙子	乙巳	乙亥	甲辰	甲戌	癸卯	乙亥	甲辰	26
己卯	己酉	戊寅	戊申	丁丑	丙午	丙子	乙巳	乙亥	甲辰	丙子	乙巳	27
庚辰	庚戌	十月 己卯	九月 己酉	戊寅	丁未	丁丑	丙午	丙子	乙巳	丁丑	丙午	28
辛巳	辛亥	庚辰	庚戌	八月 己卯	戊申	戊寅	丁未	丁丑	丙午		丁未	29
壬午	壬子	辛巳	辛亥	庚辰	己酉	己卯	戊申	戊寅	丁未		戊申	30
癸未		壬午		辛巳	七月 庚戌		己酉		戊申		己酉	31

農曆初一　農曆十五

西曆一九八二年

12月	11月	10月	9月	8月	7月	6月	5月	4月	3月	2月	1月	月／日
戊午	戊子	丁巳	丁亥	丙辰	乙酉	乙卯	甲申	甲寅	癸未	乙卯	甲申	1
己未	己丑	戊午	戊子	丁巳	丙戌	丙辰	乙酉	乙卯	甲申	丙辰	乙酉	2
庚申	庚寅	己未	己丑	戊午	丁亥	丁巳	丙戌	丙辰	乙酉	丁巳	丙戌	3
辛酉	辛卯	庚申	庚寅	己未	戊子	戊午	丁亥	丁巳	丙戌	戊午	丁亥	4
壬戌	壬辰	辛酉	辛卯	庚申	己丑	己未	戊子	戊午	丁亥	己未	戊子	5
癸亥	癸巳	壬戌	壬辰	辛酉	庚寅	庚申	己丑	己未	戊子	庚申	己丑	6
甲子	甲午	癸亥	癸巳	壬戌	辛卯	辛酉	庚寅	庚申	己丑	辛酉	庚寅	7
乙丑	乙未	甲子	甲午	癸亥	壬辰	壬戌	辛卯	辛酉	庚寅	壬戌	辛卯	8
丙寅	丙申	乙丑	乙未	甲子	癸巳	癸亥	壬辰	壬戌	辛卯	癸亥	壬辰	9
丁卯	丁酉	丙寅	丙申	乙丑	甲午	甲子	癸巳	癸亥	壬辰	甲子	癸巳	10
戊辰	戊戌	丁卯	丁酉	丙寅	乙未	乙丑	甲午	甲子	癸巳	乙丑	甲午	11
己巳	己亥	戊辰	戊戌	丁卯	丙申	丙寅	乙未	乙丑	甲午	丙寅	乙未	12
庚午	庚子	己巳	己亥	戊辰	丁酉	丁卯	丙申	丙寅	乙未	丁卯	丙申	13
辛未	辛丑	庚午	庚子	己巳	戊戌	戊辰	丁酉	丁卯	丙申	戊辰	丁酉	14
十一月 壬申	十月 壬寅	辛未	辛丑	庚午	己亥	己巳	戊戌	戊辰	丁酉	己巳	戊戌	15
癸酉	癸卯	壬申	壬寅	辛未	庚子	庚午	己亥	己巳	戊戌	庚午	己亥	16
甲戌	甲辰	九月 癸酉	八月 癸卯	壬申	辛丑	辛未	庚子	庚午	己亥	辛未	庚子	17
乙亥	乙巳	甲戌	甲辰	癸酉	壬寅	壬申	辛丑	辛未	庚子	壬申	辛丑	18
丙子	丙午	乙亥	乙巳	七月 甲戌	癸卯	癸酉	壬寅	壬申	辛丑	癸酉	壬寅	19
丁丑	丁未	丙子	丙午	乙亥	甲辰	甲戌	癸卯	癸酉	壬寅	甲戌	癸卯	20
戊寅	戊申	丁丑	丁未	丙子	六月 乙巳	五月 乙亥	甲辰	甲戌	癸卯	乙亥	甲辰	21
己卯	己酉	戊寅	戊申	丁丑	丙午	丙子	乙巳	乙亥	甲辰	丙子	乙巳	22
庚辰	庚戌	己卯	己酉	戊寅	丁未	丁丑	閏四月 丙午	丙子	乙巳	丁丑	丙午	23
辛巳	辛亥	庚辰	庚戌	己卯	戊申	戊寅	丁未	四月 丁丑	丙午	二月 戊寅	丁未	24
壬午	壬子	辛巳	辛亥	庚辰	己酉	己卯	戊申	戊寅	三月 丁未	己卯	正月 戊申	25
癸未	癸丑	壬午	壬子	辛巳	庚戌	庚辰	己酉	己卯	戊申	庚辰	己酉	26
甲申	甲寅	癸未	癸丑	壬午	辛亥	辛巳	庚戌	庚辰	己酉	辛巳	庚戌	27
乙酉	乙卯	甲申	甲寅	癸未	壬子	壬午	辛亥	辛巳	庚戌	壬午	辛亥	28
丙戌	丙辰	乙酉	乙卯	甲申	癸丑	癸未	壬子	壬午	辛亥		壬子	29
丁亥	丁巳	丙戌	丙辰	乙酉	甲寅	甲申	癸丑	癸未	壬子		癸丑	30
戊子		丁亥		丙戌	乙卯		甲寅		癸丑		甲寅	31

農曆初一　農曆十五

西曆一九八三年

12月	11月	10月	9月	8月	7月	6月	5月	4月	3月	2月	1月	月/日
癸亥	癸巳	壬戌	壬辰	辛酉	庚寅	庚申	己丑	己未	戊子	庚申	己丑	1
甲子	甲午	癸亥	癸巳	壬戌	辛卯	辛酉	庚寅	庚申	己丑	辛酉	庚寅	2
乙丑	乙未	甲子	甲午	癸亥	壬辰	壬戌	辛卯	辛酉	庚寅	壬戌	辛卯	3
十一月 丙寅	丙申	乙丑	乙未	甲子	癸巳	癸亥	壬辰	壬戌	辛卯	癸亥	壬辰	4
丁卯	十月 丁酉	丙寅	丙申	乙丑	甲午	甲子	癸巳	癸亥	壬辰	甲子	癸巳	5
戊辰	戊戌	九月 丁卯	丁酉	丙寅	乙未	乙丑	甲午	甲子	癸巳	乙丑	甲午	6
己巳	己亥	戊辰	八月 戊戌	丁卯	丙申	丙寅	乙未	乙丑	甲午	丙寅	乙未	7
庚午	庚子	己巳	己亥	戊辰	丁酉	丁卯	丙申	丙寅	乙未	丁卯	丙申	8
辛未	辛丑	庚午	庚子	七月 己巳	戊戌	戊辰	丁酉	丁卯	丙申	戊辰	丁酉	9
壬申	壬寅	辛未	辛丑	庚午	六月 己亥	己巳	戊戌	戊辰	丁酉	己巳	戊戌	10
癸酉	癸卯	壬申	壬寅	辛未	庚子	五月 庚午	己亥	己巳	戊戌	庚午	己亥	11
甲戌	甲辰	癸酉	癸卯	壬申	辛丑	辛未	庚子	庚午	己亥	辛未	庚子	12
乙亥	乙巳	甲戌	甲辰	癸酉	壬寅	壬申	四月 辛丑	三月 辛未	庚子	正月 壬申	辛丑	13
丙子	丙午	乙亥	乙巳	甲戌	癸卯	癸酉	壬寅	壬申	辛丑	癸酉	十二月 壬寅	14
丁丑	丁未	丙子	丙午	乙亥	甲辰	甲戌	癸卯	癸酉	二月 壬寅	甲戌	癸卯	15
戊寅	戊申	丁丑	丁未	丙子	乙巳	乙亥	甲辰	甲戌	癸卯	乙亥	甲辰	16
己卯	己酉	戊寅	戊申	丁丑	丙午	丙子	乙巳	乙亥	甲辰	丙子	乙巳	17
庚辰	庚戌	己卯	己酉	戊寅	丁未	丁丑	丙午	丙子	乙巳	丁丑	丙午	18
辛巳	辛亥	庚辰	庚戌	己卯	戊申	戊寅	丁未	丁丑	丙午	戊寅	丁未	19
壬午	壬子	辛巳	辛亥	庚辰	己酉	己卯	戊申	戊寅	丁未	己卯	戊申	20
癸未	癸丑	壬午	壬子	辛巳	庚戌	庚辰	己酉	己卯	戊申	庚辰	己酉	21
甲申	甲寅	癸未	癸丑	壬午	辛亥	辛巳	庚戌	庚辰	己酉	辛巳	庚戌	22
乙酉	乙卯	甲申	甲寅	癸未	壬子	壬午	辛亥	辛巳	庚戌	壬午	辛亥	23
丙戌	丙辰	乙酉	乙卯	甲申	癸丑	癸未	壬子	壬午	辛亥	癸未	壬子	24
丁亥	丁巳	丙戌	丙辰	乙酉	甲寅	甲申	癸丑	癸未	壬子	甲申	癸丑	25
戊子	戊午	丁亥	丁巳	丙戌	乙卯	乙酉	甲寅	甲申	癸丑	乙酉	甲寅	26
己丑	己未	戊子	戊午	丁亥	丙辰	丙戌	乙卯	乙酉	甲寅	丙戌	乙卯	27
庚寅	庚申	己丑	己未	戊子	丁巳	丁亥	丙辰	丙戌	乙卯	丁亥	丙辰	28
辛卯	辛酉	庚寅	庚申	己丑	戊午	戊子	丁巳	丁亥	丙辰		丁巳	29
壬辰	壬戌	辛卯	辛酉	庚寅	己未	己丑	戊午	戊子	丁巳		戊午	30
癸巳		壬辰		辛卯	庚申		己未		戊午		己未	31

農曆初一　農曆十五

西曆一九八四年

12月	11月	10月	9月	8月	7月	6月	5月	4月	3月	2月	1月	月/日
己巳	己亥	戊辰	戊戌	丁卯	丙申	丙寅	四月 乙未	三月 乙丑	甲午	乙丑	甲午	1
庚午	庚子	己巳	己亥	戊辰	丁酉	丁卯	丙申	丙寅	乙未	正月 丙寅	乙未	2
辛未	辛丑	庚午	庚子	己巳	戊戌	戊辰	丁酉	丁卯	二月 丙申	丁卯	十二月 丙申	3
壬申	壬寅	辛未	辛丑	庚午	己亥	己巳	戊戌	戊辰	丁酉	戊辰	丁酉	4
癸酉	癸卯	壬申	壬寅	辛未	庚子	庚午	己亥	己巳	戊戌	己巳	戊戌	5
甲戌	甲辰	癸酉	癸卯	壬申	辛丑	辛未	庚子	庚午	己亥	庚午	己亥	6
乙亥	乙巳	甲戌	甲辰	癸酉	壬寅	壬申	辛丑	辛未	庚子	辛未	庚子	7
丙子	丙午	乙亥	乙巳	甲戌	癸卯	癸酉	壬寅	壬申	辛丑	壬申	辛丑	8
丁丑	丁未	丙子	丙午	乙亥	甲辰	甲戌	癸卯	癸酉	壬寅	癸酉	壬寅	9
戊寅	戊申	丁丑	丁未	丙子	乙巳	乙亥	甲辰	甲戌	癸卯	甲戌	癸卯	10
己卯	己酉	戊寅	戊申	丁丑	丙午	丙子	乙巳	乙亥	甲辰	乙亥	甲辰	11
庚辰	庚戌	己卯	己酉	戊寅	丁未	丁丑	丙午	丙子	乙巳	丙子	乙巳	12
辛巳	辛亥	庚辰	庚戌	己卯	戊申	戊寅	丁未	丁丑	丙午	丁丑	丙午	13
壬午	壬子	辛巳	辛亥	庚辰	己酉	己卯	戊申	戊寅	丁未	戊寅	丁未	14
癸未	癸丑	壬午	壬子	辛巳	庚戌	庚辰	己酉	己卯	戊申	己卯	戊申	15
甲申	甲寅	癸未	癸丑	壬午	辛亥	辛巳	庚戌	庚辰	己酉	庚辰	己酉	16
乙酉	乙卯	甲申	甲寅	癸未	壬子	壬午	辛亥	辛巳	庚戌	辛巳	庚戌	17
丙戌	丙辰	乙酉	乙卯	甲申	癸丑	癸未	壬子	壬午	辛亥	壬午	辛亥	18
丁亥	丁巳	丙戌	丙辰	乙酉	甲寅	甲申	癸丑	癸未	壬子	癸未	壬子	19
戊子	戊午	丁亥	丁巳	丙戌	乙卯	乙酉	甲寅	甲申	癸丑	甲申	癸丑	20
己丑	己未	戊子	戊午	丁亥	丙辰	丙戌	乙卯	乙酉	甲寅	乙酉	甲寅	21
十一月 庚寅	庚申	己丑	己未	戊子	丁巳	丁亥	丙辰	丙戌	乙卯	丙戌	乙卯	22
辛卯	閏十月 辛酉	庚寅	庚申	己丑	戊午	戊子	丁巳	丁亥	丙辰	丁亥	丙辰	23
壬辰	壬戌	十月 辛卯	辛酉	庚寅	己未	己丑	戊午	戊子	丁巳	戊子	丁巳	24
癸巳	癸亥	壬辰	九月 壬戌	辛卯	庚申	庚寅	己未	己丑	戊午	己丑	戊午	25
甲午	甲子	癸巳	癸亥	壬辰	辛酉	辛卯	庚申	庚寅	己未	庚寅	己未	26
乙未	乙丑	甲午	甲子	八月 癸巳	壬戌	壬辰	辛酉	辛卯	庚申	辛卯	庚申	27
丙申	丙寅	乙未	乙丑	甲午	七月 癸亥	癸巳	壬戌	壬辰	辛酉	壬辰	辛酉	28
丁酉	丁卯	丙申	丙寅	乙未	甲子	六月 甲午	癸亥	癸巳	壬戌	癸巳	壬戌	29
戊戌	戊辰	丁酉	丁卯	丙申	乙丑	乙未	甲子	甲午	癸亥		癸亥	30
己亥		戊戌		丁酉	丙寅		五月 乙丑		甲子		甲子	31

農曆初一　農曆十五

西曆一九八五年

12月	11月	10月	9月	8月	7月	6月	5月	4月	3月	2月	1月	月/日
甲戌	甲辰	癸酉	癸卯	壬申	辛丑	辛未	庚子	庚午	己亥	辛未	庚子	1
乙亥	乙巳	甲戌	甲辰	癸酉	壬寅	壬申	辛丑	辛未	庚子	壬申	辛丑	2
丙子	丙午	乙亥	乙巳	甲戌	癸卯	癸酉	壬寅	壬申	辛丑	癸酉	壬寅	3
丁丑	丁未	丙子	丙午	乙亥	甲辰	甲戌	癸卯	癸酉	壬寅	甲戌	癸卯	4
戊寅	戊申	丁丑	丁未	丙子	乙巳	乙亥	甲辰	甲戌	癸卯	乙亥	甲辰	5
己卯	己酉	戊寅	戊申	丁丑	丙午	丙子	乙巳	乙亥	甲辰	丙子	乙巳	6
庚辰	庚戌	己卯	己酉	戊寅	丁未	丁丑	丙午	丙子	乙巳	丁丑	丙午	7
辛巳	辛亥	庚辰	庚戌	己卯	戊申	戊寅	丁未	丁丑	丙午	戊寅	丁未	8
壬午	壬子	辛巳	辛亥	庚辰	己酉	己卯	戊申	戊寅	丁未	己卯	戊申	9
癸未	癸丑	壬午	壬子	辛巳	庚戌	庚辰	己酉	己卯	戊申	庚辰	己酉	10
甲申	甲寅	癸未	癸丑	壬午	辛亥	辛巳	庚戌	庚辰	己酉	辛巳	庚戌	11
十一月 乙酉	十月 乙卯	甲申	甲寅	癸未	壬子	壬午	辛亥	辛巳	庚戌	壬午	辛亥	12
丙戌	丙辰	乙酉	乙卯	甲申	癸丑	癸未	壬子	壬午	辛亥	癸未	壬子	13
丁亥	丁巳	九月 丙戌	丙辰	乙酉	甲寅	甲申	癸丑	癸未	壬子	甲申	癸丑	14
戊子	戊午	丁亥	八月 丁巳	丙戌	乙卯	乙酉	甲寅	甲申	癸丑	乙酉	甲寅	15
己丑	己未	戊子	戊午	七月 丁亥	丙辰	丙戌	乙卯	乙酉	甲寅	丙戌	乙卯	16
庚寅	庚申	己丑	己未	戊子	丁巳	丁亥	丙辰	丙戌	乙卯	丁亥	丙辰	17
辛卯	辛酉	庚寅	庚申	己丑	六月 戊午	五月 戊子	丁巳	丁亥	丙辰	戊子	丁巳	18
壬辰	壬戌	辛卯	辛酉	庚寅	己未	己丑	戊午	戊子	丁巳	己丑	戊午	19
癸巳	癸亥	壬辰	壬戌	辛卯	庚申	庚寅	四月 己未	三月 己丑	戊午	正月 庚寅	己未	20
甲午	甲子	癸巳	癸亥	壬辰	辛酉	辛卯	庚申	庚寅	二月 己未	辛卯	十二月 庚申	21
乙未	乙丑	甲午	甲子	癸巳	壬戌	壬辰	辛酉	辛卯	庚申	壬辰	辛酉	22
丙申	丙寅	乙未	乙丑	甲午	癸亥	癸巳	壬戌	壬辰	辛酉	癸巳	壬戌	23
丁酉	丁卯	丙申	丙寅	乙未	甲子	甲午	癸亥	癸巳	壬戌	甲午	癸亥	24
戊戌	戊辰	丁酉	丁卯	丙申	乙丑	乙未	甲子	甲午	癸亥	乙未	甲子	25
己亥	己巳	戊戌	戊辰	丁酉	丙寅	丙申	乙丑	乙未	甲子	丙申	乙丑	26
庚子	庚午	己亥	己巳	戊戌	丁卯	丁酉	丙寅	丙申	乙丑	丁酉	丙寅	27
辛丑	辛未	庚子	庚午	己亥	戊辰	戊戌	丁卯	丁酉	丙寅	戊戌	丁卯	28
壬寅	壬申	辛丑	辛未	庚子	己巳	己亥	戊辰	戊戌	丁卯		戊辰	29
癸卯	癸酉	壬寅	壬申	辛丑	庚午	庚子	己巳	己亥	戊辰		己巳	30
甲辰		癸卯		壬寅	辛未		庚午		己巳		庚午	31

農曆初一

農曆十五

西曆一九八六年

12月	11月	10月	9月	8月	7月	6月	5月	4月	3月	2月	1月	月/日
己卯	己酉	戊寅	戊申	丁丑	丙午	丙子	乙巳	乙亥	甲辰	丙子	乙巳	1
十一月 庚辰	十月 庚戌	己卯	己酉	戊寅	丁未	丁丑	丙午	丙子	乙巳	丁丑	丙午	2
辛巳	辛亥	庚辰	庚戌	己卯	戊申	戊寅	丁未	丁丑	丙午	戊寅	丁未	3
壬午	壬子	九月 辛巳	八月 辛亥	庚辰	己酉	己卯	戊申	戊寅	丁未	己卯	戊申	4
癸未	癸丑	壬午	壬子	辛巳	庚戌	庚辰	己酉	己卯	戊申	庚辰	己酉	5
甲申	甲寅	癸未	癸丑	七月 壬午	辛亥	辛巳	庚戌	庚辰	己酉	辛巳	庚戌	6
乙酉	乙卯	甲申	甲寅	癸未	六月 壬子	五月 壬午	辛亥	辛巳	庚戌	壬午	辛亥	7
丙戌	丙辰	乙酉	乙卯	甲申	癸丑	癸未	壬子	壬午	辛亥	癸未	壬子	8
丁亥	丁巳	丙戌	丙辰	乙酉	甲寅	甲申	四月 癸丑	三月 癸未	壬子	正月 甲申	癸丑	9
戊子	戊午	丁亥	丁巳	丙戌	乙卯	乙酉	甲寅	甲申	二月 癸丑	乙酉	十二月 甲寅	10
己丑	己未	戊子	戊午	丁亥	丙辰	丙戌	乙卯	乙酉	甲寅	丙戌	乙卯	11
庚寅	庚申	己丑	己未	戊子	丁巳	丁亥	丙辰	丙戌	乙卯	丁亥	丙辰	12
辛卯	辛酉	庚寅	庚申	己丑	戊午	戊子	丁巳	丁亥	丙辰	戊子	丁巳	13
壬辰	壬戌	辛卯	辛酉	庚寅	己未	己丑	戊午	戊子	丁巳	己丑	戊午	14
癸巳	癸亥	壬辰	壬戌	辛卯	庚申	庚寅	己未	己丑	戊午	庚寅	己未	15
甲午	甲子	癸巳	癸亥	壬辰	辛酉	辛卯	庚申	庚寅	己未	辛卯	庚申	16
乙未	乙丑	甲午	甲子	癸巳	壬戌	壬辰	辛酉	辛卯	庚申	壬辰	辛酉	17
丙申	丙寅	乙未	乙丑	甲午	癸亥	癸巳	壬戌	壬辰	辛酉	癸巳	壬戌	18
丁酉	丁卯	丙申	丙寅	乙未	甲子	甲午	癸亥	癸巳	壬戌	甲午	癸亥	19
戊戌	戊辰	丁酉	丁卯	丙申	乙丑	乙未	甲子	甲午	癸亥	乙未	甲子	20
己亥	己巳	戊戌	戊辰	丁酉	丙寅	丙申	乙丑	乙未	甲子	丙申	乙丑	21
庚子	庚午	己亥	己巳	戊戌	丁卯	丁酉	丙寅	丙申	乙丑	丁酉	丙寅	22
辛丑	辛未	庚子	庚午	己亥	戊辰	戊戌	丁卯	丁酉	丙寅	戊戌	丁卯	23
壬寅	壬申	辛丑	辛未	庚子	己巳	己亥	戊辰	戊戌	丁卯	己亥	戊辰	24
癸卯	癸酉	壬寅	壬申	辛丑	庚午	庚子	己巳	己亥	戊辰	庚子	己巳	25
甲辰	甲戌	癸卯	癸酉	壬寅	辛未	辛丑	庚午	庚子	己巳	辛丑	庚午	26
乙巳	乙亥	甲辰	甲戌	癸卯	壬申	壬寅	辛未	辛丑	庚午	壬寅	辛未	27
丙午	丙子	乙巳	乙亥	甲辰	癸酉	癸卯	壬申	壬寅	辛未	癸卯	壬申	28
丁未	丁丑	丙午	丙子	乙巳	甲戌	甲辰	癸酉	癸卯	壬申		癸酉	29
戊申	戊寅	丁未	丁丑	丙午	乙亥	乙巳	甲戌	甲辰	癸酉		甲戌	30
十二月 己酉		戊申		丁未	丙子		乙亥		甲戌		乙亥	31

農曆初一　農曆十五

西曆一九八七年

12月	11月	10月	9月	8月	7月	6月	5月	4月	3月	2月	1月	月/日
甲申	甲寅	癸未	癸丑	壬午	辛亥	辛巳	庚戌	庚辰	己酉	辛巳	庚戌	1
乙酉	乙卯	甲申	甲寅	癸未	壬子	壬午	辛亥	辛巳	庚戌	壬午	辛亥	2
丙戌	丙辰	乙酉	乙卯	甲申	癸丑	癸未	壬子	壬午	辛亥	癸未	壬子	3
丁亥	丁巳	丙戌	丙辰	乙酉	甲寅	甲申	癸丑	癸未	壬子	甲申	癸丑	4
戊子	戊午	丁亥	丁巳	丙戌	乙卯	乙酉	甲寅	甲申	癸丑	乙酉	甲寅	5
己丑	己未	戊子	戊午	丁亥	丙辰	丙戌	乙卯	乙酉	甲寅	丙戌	乙卯	6
庚寅	庚申	己丑	己未	戊子	丁巳	丁亥	丙辰	丙戌	乙卯	丁亥	丙辰	7
辛卯	辛酉	庚寅	庚申	己丑	戊午	戊子	丁巳	丁亥	丙辰	戊子	丁巳	8
壬辰	壬戌	辛卯	辛酉	庚寅	己未	己丑	戊午	戊子	丁巳	己丑	戊午	9
癸巳	癸亥	壬辰	壬戌	辛卯	庚申	庚寅	己未	己丑	戊午	庚寅	己未	10
甲午	甲子	癸巳	癸亥	壬辰	辛酉	辛卯	庚申	庚寅	己未	辛卯	庚申	11
乙未	乙丑	甲午	甲子	癸巳	壬戌	壬辰	辛酉	辛卯	庚申	壬辰	辛酉	12
丙申	丙寅	乙未	乙丑	甲午	癸亥	癸巳	壬戌	壬辰	辛酉	癸巳	壬戌	13
丁酉	丁卯	丙申	丙寅	乙未	甲子	甲午	癸亥	癸巳	壬戌	甲午	癸亥	14
戊戌	戊辰	丁酉	丁卯	丙申	乙丑	乙未	甲子	甲午	癸亥	乙未	甲子	15
己亥	己巳	戊戌	戊辰	丁酉	丙寅	丙申	乙丑	乙未	甲子	丙申	乙丑	16
庚子	庚午	己亥	己巳	戊戌	丁卯	丁酉	丙寅	丙申	乙丑	丁酉	丙寅	17
辛丑	辛未	庚子	庚午	己亥	戊辰	戊戌	丁卯	丁酉	丙寅	戊戌	丁卯	18
壬寅	壬申	辛丑	辛未	庚子	己巳	己亥	戊辰	戊戌	丁卯	己亥	戊辰	19
癸卯	癸酉	壬寅	壬申	辛丑	庚午	庚子	己巳	己亥	戊辰	庚子	己巳	20
十一月 甲辰	十月 甲戌	癸卯	癸酉	壬寅	辛未	辛丑	庚午	庚子	己巳	辛丑	庚午	21
乙巳	乙亥	甲辰	甲戌	癸卯	壬申	壬寅	辛未	辛丑	庚午	壬寅	辛未	22
丙午	丙子	九月 乙巳	八月 乙亥	甲辰	癸酉	癸卯	壬申	壬寅	辛未	癸卯	壬申	23
丁未	丁丑	丙午	丙子	七月 乙巳	甲戌	甲辰	癸酉	癸卯	壬申	甲辰	癸酉	24
戊申	戊寅	丁未	丁丑	丙午	乙亥	乙巳	甲戌	甲辰	癸酉	乙巳	甲戌	25
己酉	己卯	戊申	戊寅	丁未	閏六月 丙子	六月 丙午	乙亥	乙巳	甲戌	丙午	乙亥	26
庚戌	庚辰	己酉	己卯	戊申	丁丑	丁未	五月 丙子	丙午	乙亥	丁未	丙子	27
辛亥	辛巳	庚戌	庚辰	己酉	戊寅	戊申	丁丑	四月 丁未	丙子	二月 戊申	丁丑	28
壬子	壬午	辛亥	辛巳	庚戌	己卯	己酉	戊寅	戊申	三月 丁丑		正月 戊寅	29
癸丑	癸未	壬子	壬午	辛亥	庚辰	庚戌	己卯	己酉	戊寅		己卯	30
甲寅		癸丑		壬子	辛巳		庚辰		己卯		庚辰	31

 農曆初一  農曆十五

西曆一九八八年

12月	11月	10月	9月	8月	7月	6月	5月	4月	3月	2月	1月	月/日
庚寅	庚申	己丑	己未	戊子	丁巳	丁亥	丙辰	丙戌	乙卯	丙戌	乙卯	1
辛卯	辛酉	庚寅	庚申	己丑	戊午	戊子	丁巳	丁亥	丙辰	丁亥	丙辰	2
壬辰	壬戌	辛卯	辛酉	庚寅	己未	己丑	戊午	戊子	丁巳	戊子	丁巳	3
癸巳	癸亥	壬辰	壬戌	辛卯	庚申	庚寅	己未	己丑	戊午	己丑	戊午	4
甲午	甲子	癸巳	癸亥	壬辰	辛酉	辛卯	庚申	庚寅	己未	庚寅	己未	5
乙未	乙丑	甲午	甲子	癸巳	壬戌	壬辰	辛酉	辛卯	庚申	辛卯	庚申	6
丙申	丙寅	乙未	乙丑	甲午	癸亥	癸巳	壬戌	壬辰	辛酉	壬辰	辛酉	7
丁酉	丁卯	丙申	丙寅	乙未	甲子	甲午	癸亥	癸巳	壬戌	癸巳	壬戌	8
戊戌（十一月）	戊辰（十月）	丁酉	丁卯	丙申	乙丑	乙未	甲子	甲午	癸亥	甲午	癸亥	9
己亥	己巳	戊戌	戊辰	丁酉	丙寅	丙申	乙丑	乙未	甲子	乙未	甲子	10
庚子	庚午	己亥（九月）	己巳（八月）	戊戌	丁卯	丁酉	丙寅	丙申	乙丑	丙申	乙丑	11
辛丑	辛未	庚子	庚午	己亥（七月）	戊辰	戊戌	丁卯	丁酉	丙寅	丁酉	丙寅	12
壬寅	壬申	辛丑	辛未	庚子	己巳	己亥	戊辰	戊戌	丁卯	戊戌	丁卯	13
癸卯	癸酉	壬寅	壬申	辛丑	庚午（六月）	庚子（五月）	己巳	己亥	戊辰	己亥	戊辰	14
甲辰	甲戌	癸卯	癸酉	壬寅	辛未	辛丑	庚午	庚子	己巳	庚子	己巳	15
乙巳	乙亥	甲辰	甲戌	癸卯	壬申	壬寅	辛未（四月）	辛丑（三月）	庚午	辛丑	庚午	16
丙午	丙子	乙巳	乙亥	甲辰	癸酉	癸卯	壬申	壬寅	辛未	壬寅（正月）	辛未	17
丁未	丁丑	丙午	丙子	乙巳	甲戌	甲辰	癸酉	癸卯	壬申（二月）	癸卯	壬申	18
戊申	戊寅	丁未	丁丑	丙午	乙亥	乙巳	甲戌	甲辰	癸酉	甲辰	癸酉（十二月）	19
己酉	己卯	戊申	戊寅	丁未	丙子	丙午	乙亥	乙巳	甲戌	乙巳	甲戌	20
庚戌	庚辰	己酉	己卯	戊申	丁丑	丁未	丙子	丙午	乙亥	丙午	乙亥	21
辛亥	辛巳	庚戌	庚辰	己酉	戊寅	戊申	丁丑	丁未	丙子	丁未	丙子	22
壬子	壬午	辛亥	辛巳	庚戌	己卯	己酉	戊寅	戊申	丁丑	戊申	丁丑	23
癸丑	癸未	壬子	壬午	辛亥	庚辰	庚戌	己卯	己酉	戊寅	己酉	戊寅	24
甲寅	甲申	癸丑	癸未	壬子	辛巳	辛亥	庚辰	庚戌	己卯	庚戌	己卯	25
乙卯	乙酉	甲寅	甲申	癸丑	壬午	壬子	辛巳	辛亥	庚辰	辛亥	庚辰	26
丙辰	丙戌	乙卯	乙酉	甲寅	癸未	癸丑	壬午	壬子	辛巳	壬子	辛巳	27
丁巳	丁亥	丙辰	丙戌	乙卯	甲申	甲寅	癸未	癸丑	壬午	癸丑	壬午	28
戊午	戊子	丁巳	丁亥	丙辰	乙酉	乙卯	甲申	甲寅	癸未	甲寅	癸未	29
己未	己丑	戊午	戊子	丁巳	丙戌	丙辰	乙酉	乙卯	甲申		甲申	30
庚申		己未		戊午	丁亥		丙戌		乙酉		乙酉	31

農曆初一　農曆十五

西曆一九八九年

12月	11月	10月	9月	8月	7月	6月	5月	4月	3月	2月	1月	月/日
乙未	乙丑	甲午	甲子	七月 癸巳	壬戌	壬辰	辛酉	辛卯	庚申	壬辰	辛酉	1
丙申	丙寅	乙未	乙丑	甲午	癸亥	癸巳	壬戌	壬辰	辛酉	癸巳	壬戌	2
丁酉	丁卯	丙申	丙寅	乙未	六月 甲子	甲午	癸亥	癸巳	壬戌	甲午	癸亥	3
戊戌	戊辰	丁酉	丁卯	丙申	乙丑	五月 乙未	甲子	甲午	癸亥	乙未	甲子	4
己亥	己巳	戊戌	戊辰	丁酉	丙寅	丙申	四月 乙丑	乙未	甲子	丙申	乙丑	5
庚子	庚午	己亥	己巳	戊戌	丁卯	丁酉	丙寅	三月 丙申	乙丑	正月 丁酉	丙寅	6
辛丑	辛未	庚子	庚午	己亥	戊辰	戊戌	丁卯	丁酉	丙寅	戊戌	丁卯	7
壬寅	壬申	辛丑	辛未	庚子	己巳	己亥	戊辰	戊戌	二月 丁卯	己亥	十二月 戊辰	8
癸卯	癸酉	壬寅	壬申	辛丑	庚午	庚子	己巳	己亥	戊辰	庚子	己巳	9
甲辰	甲戌	癸卯	癸酉	壬寅	辛未	辛丑	庚午	庚子	己巳	辛丑	庚午	10
乙巳	乙亥	甲辰	甲戌	癸卯	壬申	壬寅	辛未	辛丑	庚午	壬寅	辛未	11
丙午	丙子	乙巳	乙亥	甲辰	癸酉	癸卯	壬申	壬寅	辛未	癸卯	壬申	12
丁未	丁丑	丙午	丙子	乙巳	甲戌	甲辰	癸酉	癸卯	壬申	甲辰	癸酉	13
戊申	戊寅	丁未	丁丑	丙午	乙亥	乙巳	甲戌	甲辰	癸酉	乙巳	甲戌	14
己酉	己卯	戊申	戊寅	丁未	丙子	丙午	乙亥	乙巳	甲戌	丙午	乙亥	15
庚戌	庚辰	己酉	己卯	戊申	丁丑	丁未	丙子	丙午	乙亥	丁未	丙子	16
辛亥	辛巳	庚戌	庚辰	己酉	戊寅	戊申	丁丑	丁未	丙子	戊申	丁丑	17
壬子	壬午	辛亥	辛巳	庚戌	己卯	己酉	戊寅	戊申	丁丑	己酉	戊寅	18
癸丑	癸未	壬子	壬午	辛亥	庚辰	庚戌	己卯	己酉	戊寅	庚戌	己卯	19
甲寅	甲申	癸丑	癸未	壬子	辛巳	辛亥	庚辰	庚戌	己卯	辛亥	庚辰	20
乙卯	乙酉	甲寅	甲申	癸丑	壬午	壬子	辛巳	辛亥	庚辰	壬子	辛巳	21
丙辰	丙戌	乙卯	乙酉	甲寅	癸未	癸丑	壬午	壬子	辛巳	癸丑	壬午	22
丁巳	丁亥	丙辰	丙戌	乙卯	甲申	甲寅	癸未	癸丑	壬午	甲寅	癸未	23
戊午	戊子	丁巳	丁亥	丙辰	乙酉	乙卯	甲申	甲寅	癸未	乙卯	甲申	24
己未	己丑	戊午	戊子	丁巳	丙戌	丙辰	乙酉	乙卯	甲申	丙辰	乙酉	25
庚申	庚寅	己未	己丑	戊午	丁亥	丁巳	丙戌	丙辰	乙酉	丁巳	丙戌	26
辛酉	辛卯	庚申	庚寅	己未	戊子	戊午	丁亥	丁巳	丙戌	戊午	丁亥	27
十二月 壬戌	十一月 壬辰	辛酉	辛卯	庚申	己丑	己未	戊子	戊午	丁亥	己未	戊子	28
癸亥	癸巳	十月 壬戌	壬辰	辛酉	庚寅	庚申	己丑	己未	戊子		己丑	29
甲子	甲午	癸亥	九月 癸巳	壬戌	辛卯	辛酉	庚寅	庚申	己丑		庚寅	30
乙丑		甲子		八月 癸亥	壬辰		辛卯		庚寅		辛卯	31

 農曆初一  農曆十五

西曆一九九〇年

12月	11月	10月	9月	8月	7月	6月	5月	4月	3月	2月	1月	月/日
庚子	庚午	己亥	己巳	戊戌	丁卯	丁酉	丙寅	丙申	乙丑	丁酉	丙寅	1
辛丑	辛未	庚子	庚午	己亥	戊辰	戊戌	丁卯	丁酉	丙寅	戊戌	丁卯	2
壬寅	壬申	辛丑	辛未	庚子	己巳	己亥	戊辰	戊戌	丁卯	己亥	戊辰	3
癸卯	癸酉	壬寅	壬申	辛丑	庚午	庚子	己巳	己亥	戊辰	庚子	己巳	4
甲辰	甲戌	癸卯	癸酉	壬寅	辛未	辛丑	庚午	庚子	己巳	辛丑	庚午	5
乙巳	乙亥	甲辰	甲戌	癸卯	壬申	壬寅	辛未	辛丑	庚午	壬寅	辛未	6
丙午	丙子	乙巳	乙亥	甲辰	癸酉	癸卯	壬申	壬寅	辛未	癸卯	壬申	7
丁未	丁丑	丙午	丙子	乙巳	甲戌	甲辰	癸酉	癸卯	壬申	甲辰	癸酉	8
戊申	戊寅	丁未	丁丑	丙午	乙亥	乙巳	甲戌	甲辰	癸酉	乙巳	甲戌	9
己酉	己卯	戊申	戊寅	丁未	丙子	丙午	乙亥	乙巳	甲戌	丙午	乙亥	10
庚戌	庚辰	己酉	己卯	戊申	丁丑	丁未	丙子	丙午	乙亥	丁未	丙子	11
辛亥	辛巳	庚戌	庚辰	己酉	戊寅	戊申	丁丑	丁未	丙子	戊申	丁丑	12
壬子	壬午	辛亥	辛巳	庚戌	己卯	己酉	戊寅	戊申	丁丑	己酉	戊寅	13
癸丑	癸未	壬子	壬午	辛亥	庚辰	庚戌	己卯	己酉	戊寅	庚戌	己卯	14
甲寅	甲申	癸丑	癸未	壬子	辛巳	辛亥	庚辰	庚戌	己卯	辛亥	庚辰	15
乙卯	乙酉	甲寅	甲申	癸丑	壬午	壬子	辛巳	辛亥	庚辰	壬子	辛巳	16
十一月 丙辰	十月 丙戌	乙卯	乙酉	甲寅	癸未	癸丑	壬午	壬子	辛巳	癸丑	壬午	17
丁巳	丁亥	九月 丙辰	丙戌	乙卯	甲申	甲寅	癸未	癸丑	壬午	甲寅	癸未	18
戊午	戊子	丁巳	八月 丁亥	丙辰	乙酉	乙卯	甲申	甲寅	癸未	乙卯	甲申	19
己未	己丑	戊午	戊子	七月 丁巳	丙戌	丙辰	乙酉	乙卯	甲申	丙辰	乙酉	20
庚申	庚寅	己未	己丑	戊午	丁亥	丁巳	丙戌	丙辰	乙酉	丁巳	丙戌	21
辛酉	辛卯	庚申	庚寅	己未	六月 戊子	戊午	丁亥	丁巳	丙戌	戊午	丁亥	22
壬戌	壬辰	辛酉	辛卯	庚申	己丑	閏五月 己未	戊子	戊午	丁亥	己未	戊子	23
癸亥	癸巳	壬戌	壬辰	辛酉	庚寅	庚申	五月 己丑	己未	戊子	庚申	己丑	24
甲子	甲午	癸亥	癸巳	壬戌	辛卯	辛酉	庚寅	四月 庚申	己丑	二月 辛酉	庚寅	25
乙丑	乙未	甲子	甲午	癸亥	壬辰	壬戌	辛卯	辛酉	庚寅	壬戌	辛卯	26
丙寅	丙申	乙丑	乙未	甲子	癸巳	癸亥	壬辰	壬戌	三月 辛卯	癸亥	正月 壬辰	27
丁卯	丁酉	丙寅	丙申	乙丑	甲午	甲子	癸巳	癸亥	壬辰	甲子	癸巳	28
戊辰	戊戌	丁卯	丁酉	丙寅	乙未	乙丑	甲午	甲子	癸巳		甲午	29
己巳	己亥	戊辰	戊戌	丁卯	丙申	丙寅	乙未	乙丑	甲午		乙未	30
庚午		己巳		戊辰	丁酉		丙申		乙未		丙申	31

農曆初一　農曆十五

西曆一九九一年

12月	11月	10月	9月	8月	7月	6月	5月	4月	3月	2月	1月	月/日
乙巳	乙亥	甲辰	甲戌	癸卯	壬申	壬寅	辛未	辛丑	庚午	壬寅	辛未	1
丙午	丙子	乙巳	乙亥	甲辰	癸酉	癸卯	壬申	壬寅	辛未	癸卯	壬申	2
丁未	丁丑	丙午	丙子	乙巳	甲戌	甲辰	癸酉	癸卯	壬申	甲辰	癸酉	3
戊申	戊寅	丁未	丁丑	丙午	乙亥	乙巳	甲戌	甲辰	癸酉	乙巳	甲戌	4
己酉	己卯	戊申	戊寅	丁未	丙子	丙午	乙亥	乙巳	甲戌	丙午	乙亥	5
十一月 庚戌	十月 庚辰	己酉	己卯	戊申	丁丑	丁未	丙子	丙午	乙亥	丁未	丙子	6
辛亥	辛巳	庚戌	庚辰	己酉	戊寅	戊申	丁丑	丁未	丙子	戊申	丁丑	7
壬子	壬午	九月 辛亥	八月 辛巳	庚戌	己卯	己酉	戊寅	戊申	丁丑	己酉	戊寅	8
癸丑	癸未	壬子	壬午	辛亥	庚辰	庚戌	己卯	己酉	戊寅	庚戌	己卯	9
甲寅	甲申	癸丑	癸未	七月 壬子	辛巳	辛亥	庚辰	庚戌	己卯	辛亥	庚辰	10
乙卯	乙酉	甲寅	甲申	癸丑	壬午	壬子	辛巳	辛亥	庚辰	壬子	辛巳	11
丙辰	丙戌	乙卯	乙酉	甲寅	六月 癸未	五月 癸丑	壬午	壬子	辛巳	癸丑	壬午	12
丁巳	丁亥	丙辰	丙戌	乙卯	甲申	甲寅	癸未	癸丑	壬午	甲寅	癸未	13
戊午	戊子	丁巳	丁亥	丙辰	乙酉	乙卯	四月 甲申	甲寅	癸未	乙卯	甲申	14
己未	己丑	戊午	戊子	丁巳	丙戌	丙辰	乙酉	三月 乙卯	甲申	正月 丙辰	乙酉	15
庚申	庚寅	己未	己丑	戊午	丁亥	丁巳	丙戌	丙辰	二月 乙酉	丁巳	十二月 丙戌	16
辛酉	辛卯	庚申	庚寅	己未	戊子	戊午	丁亥	丁巳	丙戌	戊午	丁亥	17
壬戌	壬辰	辛酉	辛卯	庚申	己丑	己未	戊子	戊午	丁亥	己未	戊子	18
癸亥	癸巳	壬戌	壬辰	辛酉	庚寅	庚申	己丑	己未	戊子	庚申	己丑	19
甲子	甲午	癸亥	癸巳	壬戌	辛卯	辛酉	庚寅	庚申	己丑	辛酉	庚寅	20
乙丑	乙未	甲子	甲午	癸亥	壬辰	壬戌	辛卯	辛酉	庚寅	壬戌	辛卯	21
丙寅	丙申	乙丑	乙未	甲子	癸巳	癸亥	壬辰	壬戌	辛卯	癸亥	壬辰	22
丁卯	丁酉	丙寅	丙申	乙丑	甲午	甲子	癸巳	癸亥	壬辰	甲子	癸巳	23
戊辰	戊戌	丁卯	丁酉	丙寅	乙未	乙丑	甲午	甲子	癸巳	乙丑	甲午	24
己巳	己亥	戊辰	戊戌	丁卯	丙申	丙寅	乙未	乙丑	甲午	丙寅	乙未	25
庚午	庚子	己巳	己亥	戊辰	丁酉	丁卯	丙申	丙寅	乙未	丁卯	丙申	26
辛未	辛丑	庚午	庚子	己巳	戊戌	戊辰	丁酉	丁卯	丙申	戊辰	丁酉	27
壬申	壬寅	辛未	辛丑	庚午	己亥	己巳	戊戌	戊辰	丁酉	己巳	戊戌	28
癸酉	癸卯	壬申	壬寅	辛未	庚子	庚午	己亥	己巳	戊戌		己亥	29
甲戌	甲辰	癸酉	癸卯	壬申	辛丑	辛未	庚子	庚午	己亥		庚子	30
乙亥		甲戌		癸酉	壬寅		辛丑		庚子		辛丑	31

農曆初一　農曆十五

西曆一九九二年

12月	11月	10月	9月	8月	7月	6月	5月	4月	3月	2月	1月	月/日
辛亥	辛巳	庚戌	庚辰	己酉	戊寅	五月 戊申	丁丑	丁未	丙子	丁未	丙子	1
壬子	壬午	辛亥	辛巳	庚戌	己卯	己酉	戊寅	戊申	丁丑	戊申	丁丑	2
癸丑	癸未	壬子	壬午	辛亥	庚辰	庚戌	四月 己卯	三月 己酉	戊寅	己酉	戊寅	3
甲寅	甲申	癸丑	癸未	壬子	辛巳	辛亥	庚辰	庚戌	二月 己卯	正月 庚戌	己卯	4
乙卯	乙酉	甲寅	甲申	癸丑	壬午	壬子	辛巳	辛亥	庚辰	辛亥	十二月 庚辰	5
丙辰	丙戌	乙卯	乙酉	甲寅	癸未	癸丑	壬午	壬子	辛巳	壬子	辛巳	6
丁巳	丁亥	丙辰	丙戌	乙卯	甲申	甲寅	癸未	癸丑	壬午	癸丑	壬午	7
戊午	戊子	丁巳	丁亥	丙辰	乙酉	乙卯	甲申	甲寅	癸未	甲寅	癸未	8
己未	己丑	戊午	戊子	丁巳	丙戌	丙辰	乙酉	乙卯	甲申	乙卯	甲申	9
庚申	庚寅	己未	己丑	戊午	丁亥	丁巳	丙戌	丙辰	乙酉	丙辰	乙酉	10
辛酉	辛卯	庚申	庚寅	己未	戊子	戊午	丁亥	丁巳	丙戌	丁巳	丙戌	11
壬戌	壬辰	辛酉	辛卯	庚申	己丑	己未	戊子	戊午	丁亥	戊午	丁亥	12
癸亥	癸巳	壬戌	壬辰	辛酉	庚寅	庚申	己丑	己未	戊子	己未	戊子	13
甲子	甲午	癸亥	癸巳	壬戌	辛卯	辛酉	庚寅	庚申	己丑	庚申	己丑	14
乙丑	乙未	甲子	甲午	癸亥	壬辰	壬戌	辛卯	辛酉	庚寅	辛酉	庚寅	15
丙寅	丙申	乙丑	乙未	甲子	癸巳	癸亥	壬辰	壬戌	辛卯	壬戌	辛卯	16
丁卯	丁酉	丙寅	丙申	乙丑	甲午	甲子	癸巳	癸亥	壬辰	癸亥	壬辰	17
戊辰	戊戌	丁卯	丁酉	丙寅	乙未	乙丑	甲午	甲子	癸巳	甲子	癸巳	18
己巳	己亥	戊辰	戊戌	丁卯	丙申	丙寅	乙未	乙丑	甲午	乙丑	甲午	19
庚午	庚子	己巳	己亥	戊辰	丁酉	丁卯	丙申	丙寅	乙未	丙寅	乙未	20
辛未	辛丑	庚午	庚子	己巳	戊戌	戊辰	丁酉	丁卯	丙申	丁卯	丙申	21
壬申	壬寅	辛未	辛丑	庚午	己亥	己巳	戊戌	戊辰	丁酉	戊辰	丁酉	22
癸酉	癸卯	壬申	壬寅	辛未	庚子	庚午	己亥	己巳	戊戌	己巳	戊戌	23
十二月 甲戌	十一月 甲辰	癸酉	癸卯	壬申	辛丑	辛未	庚子	庚午	己亥	庚午	己亥	24
乙亥	乙巳	甲戌	甲辰	癸酉	壬寅	壬申	辛丑	辛未	庚子	辛未	庚子	25
丙子	丙午	十月 乙亥	九月 乙巳	甲戌	癸卯	癸酉	壬寅	壬申	辛丑	壬申	辛丑	26
丁丑	丁未	丙子	丙午	乙亥	甲辰	甲戌	癸卯	癸酉	壬寅	癸酉	壬寅	27
戊寅	戊申	丁丑	丁未	八月 丙子	乙巳	乙亥	甲辰	甲戌	癸卯	甲戌	癸卯	28
己卯	己酉	戊寅	戊申	丁丑	丙午	丙子	乙巳	乙亥	甲辰	乙亥	甲辰	29
庚辰	庚戌	己卯	己酉	戊寅	七月 丁未	六月 丁丑	丙午	丙子	乙巳		乙巳	30
辛巳		庚辰		己卯	戊申		丁未		丙午		丙午	31

農曆初一　農曆十五

西曆一九九三年

12月	11月	10月	9月	8月	7月	6月	5月	4月	3月	2月	1月	月/日
丙辰	丙戌	乙卯	乙酉	甲寅	癸未	癸丑	壬午	壬子	辛巳	癸丑	壬午	1
丁巳	丁亥	丙辰	丙戌	乙卯	甲申	甲寅	癸未	癸丑	壬午	甲寅	癸未	2
戊午	戊子	丁巳	丁亥	丙辰	乙酉	乙卯	甲申	甲寅	癸未	乙卯	甲申	3
己未	己丑	戊午	戊子	丁巳	丙戌	丙辰	乙酉	乙卯	甲申	丙辰	乙酉	4
庚申	庚寅	己未	己丑	戊午	丁亥	丁巳	丙戌	丙辰	乙酉	丁巳	丙戌	5
辛酉	辛卯	庚申	庚寅	己未	戊子	戊午	丁亥	丁巳	丙戌	戊午	丁亥	6
壬戌	壬辰	辛酉	辛卯	庚申	己丑	己未	戊子	戊午	丁亥	己未	戊子	7
癸亥	癸巳	壬戌	壬辰	辛酉	庚寅	庚申	己丑	己未	戊子	庚申	己丑	8
甲子	甲午	癸亥	癸巳	壬戌	辛卯	辛酉	庚寅	庚申	己丑	辛酉	庚寅	9
乙丑	乙未	甲子	甲午	癸亥	壬辰	壬戌	辛卯	辛酉	庚寅	壬戌	辛卯	10
丙寅	丙申	乙丑	乙未	甲子	癸巳	癸亥	壬辰	壬戌	辛卯	癸亥	壬辰	11
丁卯	丁酉	丙寅	丙申	乙丑	甲午	甲子	癸巳	癸亥	壬辰	甲子	癸巳	12
十一月 戊辰	戊戌	丁卯	丁酉	丙寅	乙未	乙丑	甲午	甲子	癸巳	乙丑	甲午	13
己巳	十月 己亥	戊辰	戊戌	丁卯	丙申	丙寅	乙未	乙丑	甲午	丙寅	乙未	14
庚午	庚子	九月 己巳	己亥	戊辰	丁酉	丁卯	丙申	丙寅	乙未	丁卯	丙申	15
辛未	辛丑	庚午	八月 庚子	己巳	戊戌	戊辰	丁酉	丁卯	丙申	戊辰	丁酉	16
壬申	壬寅	辛未	辛丑	庚午	己亥	己巳	戊戌	戊辰	丁酉	己巳	戊戌	17
癸酉	癸卯	壬申	壬寅	七月 辛未	庚子	庚午	己亥	己巳	戊戌	庚午	己亥	18
甲戌	甲辰	癸酉	癸卯	壬申	六月 辛丑	辛未	庚子	庚午	己亥	辛未	庚子	19
乙亥	乙巳	甲戌	甲辰	癸酉	壬寅	五月 壬申	辛丑	辛未	庚子	壬申	辛丑	20
丙子	丙午	乙亥	乙巳	甲戌	癸卯	癸酉	四月 壬寅	壬申	辛丑	二月 癸酉	壬寅	21
丁丑	丁未	丙子	丙午	乙亥	甲辰	甲戌	癸卯	閏三月 癸酉	壬寅	甲戌	癸卯	22
戊寅	戊申	丁丑	丁未	丙子	乙巳	乙亥	甲辰	甲戌	三月 癸卯	乙亥	正月 甲辰	23
己卯	己酉	戊寅	戊申	丁丑	丙午	丙子	乙巳	乙亥	甲辰	丙子	乙巳	24
庚辰	庚戌	己卯	己酉	戊寅	丁未	丁丑	丙午	丙子	乙巳	丁丑	丙午	25
辛巳	辛亥	庚辰	庚戌	己卯	戊申	戊寅	丁未	丁丑	丙午	戊寅	丁未	26
壬午	壬子	辛巳	辛亥	庚辰	己酉	己卯	戊申	戊寅	丁未	己卯	戊申	27
癸未	癸丑	壬午	壬子	辛巳	庚戌	庚辰	己酉	己卯	戊申	庚辰	己酉	28
甲申	甲寅	癸未	癸丑	壬午	辛亥	辛巳	庚戌	庚辰	己酉		庚戌	29
乙酉	乙卯	甲申	甲寅	癸未	壬子	壬午	辛亥	辛巳	庚戌		辛亥	30
丙戌		乙酉		甲申	癸丑		壬子		辛亥		壬子	31

農曆初一　農曆十五

西曆一九九四年

12月	11月	10月	9月	8月	7月	6月	5月	4月	3月	2月	1月	月/日
辛酉	辛卯	庚申	庚寅	己未	戊子	戊午	丁亥	丁巳	丙戌	戊午	丁亥	1
壬戌	壬辰	辛酉	辛卯	庚申	己丑	己未	戊子	戊午	丁亥	己未	戊子	2
十一月 癸亥	十月 癸巳	壬戌	壬辰	辛酉	庚寅	庚申	己丑	己未	戊子	庚申	己丑	3
甲子	甲午	癸亥	癸巳	壬戌	辛卯	辛酉	庚寅	庚申	己丑	辛酉	庚寅	4
乙丑	乙未	九月 甲子	甲午	癸亥	壬辰	壬戌	辛卯	辛酉	庚寅	壬戌	辛卯	5
丙寅	丙申	乙丑	八月 乙未	甲子	癸巳	癸亥	壬辰	壬戌	辛卯	癸亥	壬辰	6
丁卯	丁酉	丙寅	丙申	七月 乙丑	甲午	甲子	癸巳	癸亥	壬辰	甲子	癸巳	7
戊辰	戊戌	丁卯	丁酉	丙寅	乙未	乙丑	甲午	甲子	癸巳	乙丑	甲午	8
己巳	己亥	戊辰	戊戌	丁卯	六月 丙申	五月 丙寅	乙未	乙丑	甲午	丙寅	乙未	9
庚午	庚子	己巳	己亥	戊辰	丁酉	丁卯	丙申	丙寅	乙未	正月 丁卯	丙申	10
辛未	辛丑	庚午	庚子	己巳	戊戌	戊辰	四月 丁酉	三月 丁卯	丙申	戊辰	丁酉	11
壬申	壬寅	辛未	辛丑	庚午	己亥	己巳	戊戌	戊辰	二月 丁酉	己巳	十二月 戊戌	12
癸酉	癸卯	壬申	壬寅	辛未	庚子	庚午	己亥	己巳	戊戌	庚午	己亥	13
甲戌	甲辰	癸酉	癸卯	壬申	辛丑	辛未	庚子	庚午	己亥	辛未	庚子	14
乙亥	乙巳	甲戌	甲辰	癸酉	壬寅	壬申	辛丑	辛未	庚子	壬申	辛丑	15
丙子	丙午	乙亥	乙巳	甲戌	癸卯	癸酉	壬寅	壬申	辛丑	癸酉	壬寅	16
丁丑	丁未	丙子	丙午	乙亥	甲辰	甲戌	癸卯	癸酉	壬寅	甲戌	癸卯	17
戊寅	戊申	丁丑	丁未	丙子	乙巳	乙亥	甲辰	甲戌	癸卯	乙亥	甲辰	18
己卯	己酉	戊寅	戊申	丁丑	丙午	丙子	乙巳	乙亥	甲辰	丙子	乙巳	19
庚辰	庚戌	己卯	己酉	戊寅	丁未	丁丑	丙午	丙子	乙巳	丁丑	丙午	20
辛巳	辛亥	庚辰	庚戌	己卯	戊申	戊寅	丁未	丁丑	丙午	戊寅	丁未	21
壬午	壬子	辛巳	辛亥	庚辰	己酉	己卯	戊申	戊寅	丁未	己卯	戊申	22
癸未	癸丑	壬午	壬子	辛巳	庚戌	庚辰	己酉	己卯	戊申	庚辰	己酉	23
甲申	甲寅	癸未	癸丑	壬午	辛亥	辛巳	庚戌	庚辰	己酉	辛巳	庚戌	24
乙酉	乙卯	甲申	甲寅	癸未	壬子	壬午	辛亥	辛巳	庚戌	壬午	辛亥	25
丙戌	丙辰	乙酉	乙卯	甲申	癸丑	癸未	壬子	壬午	辛亥	癸未	壬子	26
丁亥	丁巳	丙戌	丙辰	乙酉	甲寅	甲申	癸丑	癸未	壬子	甲申	癸丑	27
戊子	戊午	丁亥	丁巳	丙戌	乙卯	乙酉	甲寅	甲申	癸丑	乙酉	甲寅	28
己丑	己未	戊子	戊午	丁亥	丙辰	丙戌	乙卯	乙酉	甲寅		乙卯	29
庚寅	庚申	己丑	己未	戊子	丁巳	丁亥	丙辰	丙戌	乙卯		丙辰	30
辛卯		庚寅		己丑	戊午		丁巳		丙辰		丁巳	31

農曆初一　農曆十五

西曆一九九五年

12月	11月	10月	9月	8月	7月	6月	5月	4月	3月	2月	1月	月/日
丙寅	丙申	乙丑	乙未	甲子	癸巳	癸亥	壬辰	壬戌	(二月)辛卯	癸亥	(十二月)壬辰	1
丁卯	丁酉	丙寅	丙申	乙丑	甲午	甲子	癸巳	癸亥	壬辰	甲子	癸巳	2
戊辰	戊戌	丁卯	丁酉	丙寅	乙未	乙丑	甲午	甲子	癸巳	乙丑	甲午	3
己巳	己亥	戊辰	戊戌	丁卯	丙申	丙寅	乙未	乙丑	甲午	丙寅	乙未	4
庚午	庚子	己巳	己亥	戊辰	丁酉	丁卯	丙申	丙寅	乙未	丁卯	丙申	5
辛未	辛丑	庚午	庚子	己巳	戊戌	戊辰	丁酉	丁卯	丙申	戊辰	丁酉	6
壬申	壬寅	辛未	辛丑	庚午	己亥	己巳	戊戌	戊辰	丁酉	己巳	戊戌	7
癸酉	癸卯	壬申	壬寅	辛未	庚子	庚午	己亥	己巳	戊戌	庚午	己亥	8
甲戌	甲辰	癸酉	癸卯	壬申	辛丑	辛未	庚子	庚午	己亥	辛未	庚子	9
乙亥	乙巳	甲戌	甲辰	癸酉	壬寅	壬申	辛丑	辛未	庚子	壬申	辛丑	10
丙子	丙午	乙亥	乙巳	甲戌	癸卯	癸酉	壬寅	壬申	辛丑	癸酉	壬寅	11
丁丑	丁未	丙子	丙午	乙亥	甲辰	甲戌	癸卯	癸酉	壬寅	甲戌	癸卯	12
戊寅	戊申	丁丑	丁未	丙子	乙巳	乙亥	甲辰	甲戌	癸卯	乙亥	甲辰	13
己卯	己酉	戊寅	戊申	丁丑	丙午	丙子	乙巳	乙亥	甲辰	丙子	乙巳	14
庚辰	庚戌	己卯	己酉	戊寅	丁未	丁丑	丙午	丙子	乙巳	丁丑	丙午	15
辛巳	辛亥	庚辰	庚戌	己卯	戊申	戊寅	丁未	丁丑	丙午	戊寅	丁未	16
壬午	壬子	辛巳	辛亥	庚辰	己酉	己卯	戊申	戊寅	丁未	己卯	戊申	17
癸未	癸丑	壬午	壬子	辛巳	庚戌	庚辰	己酉	己卯	戊申	庚辰	己酉	18
甲申	甲寅	癸未	癸丑	壬午	辛亥	辛巳	庚戌	庚辰	己酉	辛巳	庚戌	19
乙酉	乙卯	甲申	甲寅	癸未	壬子	壬午	辛亥	辛巳	庚戌	壬午	辛亥	20
丙戌	丙辰	乙酉	乙卯	甲申	癸丑	癸未	壬子	壬午	辛亥	癸未	壬子	21
(十一月)丁亥	(十月)丁巳	丙戌	丙辰	乙酉	甲寅	甲申	癸丑	癸未	壬子	甲申	癸丑	22
戊子	戊午	丁亥	丁巳	丙戌	乙卯	乙酉	甲寅	甲申	癸丑	乙酉	甲寅	23
己丑	己未	(九月)戊子	戊午	丁亥	丙辰	丙戌	乙卯	乙酉	甲寅	丙戌	乙卯	24
庚寅	庚申	己丑	(閏八月)己未	戊子	丁巳	丁亥	丙辰	丙戌	乙卯	丁亥	丙辰	25
辛卯	辛酉	庚寅	庚申	(八月)己丑	戊午	戊子	丁巳	丁亥	丙辰	戊子	丁巳	26
壬辰	壬戌	辛卯	辛酉	庚寅	(七月)己未	己丑	戊午	戊子	丁巳	己丑	戊午	27
癸巳	癸亥	壬辰	壬戌	辛卯	庚申	(六月)庚寅	己未	己丑	戊午	庚寅	己未	28
甲午	甲子	癸巳	癸亥	壬辰	辛酉	辛卯	(五月)庚申	庚寅	己未		庚申	29
乙未	乙丑	甲午	甲子	癸巳	壬戌	壬辰	辛酉	(四月)辛卯	庚申		辛酉	30
丙申		乙未		甲午	癸亥		壬戌		(三月)辛酉		(正月)壬戌	31

農曆初一　農曆十五

西曆一九九六年

12月	11月	10月	9月	8月	7月	6月	5月	4月	3月	2月	1月	月／日
壬申	壬寅	辛未	辛丑	庚午	己亥	己巳	戊戌	戊辰	丁酉	戊辰	丁酉	1
癸酉	癸卯	壬申	壬寅	辛未	庚子	庚午	己亥	己巳	戊戌	己巳	戊戌	2
甲戌	甲辰	癸酉	癸卯	壬申	辛丑	辛未	庚子	庚午	己亥	庚午	己亥	3
乙亥	乙巳	甲戌	甲辰	癸酉	壬寅	壬申	辛丑	辛未	庚子	辛未	庚子	4
丙子	丙午	乙亥	乙巳	甲戌	癸卯	癸酉	壬寅	壬申	辛丑	壬申	辛丑	5
丁丑	丁未	丙子	丙午	乙亥	甲辰	甲戌	癸卯	癸酉	壬寅	癸酉	壬寅	6
戊寅	戊申	丁丑	丁未	丙子	乙巳	乙亥	甲辰	甲戌	癸卯	甲戌	癸卯	7
己卯	己酉	戊寅	戊申	丁丑	丙午	丙子	乙巳	乙亥	甲辰	乙亥	甲辰	8
庚辰	庚戌	己卯	己酉	戊寅	丁未	丁丑	丙午	丙子	乙巳	丙子	乙巳	9
辛巳	辛亥	庚辰	庚戌	己卯	戊申	戊寅	丁未	丁丑	丙午	丁丑	丙午	10
十一月 壬午	十月 壬子	辛巳	辛亥	庚辰	己酉	己卯	戊申	戊寅	丁未	戊寅	丁未	11
癸未	癸丑	九月 壬午	壬子	辛巳	庚戌	庚辰	己酉	己卯	戊申	己卯	戊申	12
甲申	甲寅	癸未	八月 癸丑	壬午	辛亥	辛巳	庚戌	庚辰	己酉	庚辰	己酉	13
乙酉	乙卯	甲申	甲寅	七月 癸未	壬子	壬午	辛亥	辛巳	庚戌	辛巳	庚戌	14
丙戌	丙辰	乙酉	乙卯	甲申	癸丑	癸未	壬子	壬午	辛亥	壬午	辛亥	15
丁亥	丁巳	丙戌	丙辰	乙酉	六月 甲寅	五月 甲申	癸丑	癸未	壬子	癸未	壬子	16
戊子	戊午	丁亥	丁巳	丙戌	乙卯	乙酉	四月 甲寅	甲申	癸丑	甲申	癸丑	17
己丑	己未	戊子	戊午	丁亥	丙辰	丙戌	乙卯	三月 乙酉	甲寅	乙酉	甲寅	18
庚寅	庚申	己丑	己未	戊子	丁巳	丁亥	丙辰	丙戌	二月 乙卯	正月 丙戌	乙卯	19
辛卯	辛酉	庚寅	庚申	己丑	戊午	戊子	丁巳	丁亥	丙辰	丁亥	十二月 丙辰	20
壬辰	壬戌	辛卯	辛酉	庚寅	己未	己丑	戊午	戊子	丁巳	戊子	丁巳	21
癸巳	癸亥	壬辰	壬戌	辛卯	庚申	庚寅	己未	己丑	戊午	己丑	戊午	22
甲午	甲子	癸巳	癸亥	壬辰	辛酉	辛卯	庚申	庚寅	己未	庚寅	己未	23
乙未	乙丑	甲午	甲子	癸巳	壬戌	壬辰	辛酉	辛卯	庚申	辛卯	庚申	24
丙申	丙寅	乙未	乙丑	甲午	癸亥	癸巳	壬戌	壬辰	辛酉	壬辰	辛酉	25
丁酉	丁卯	丙申	丙寅	乙未	甲子	甲午	癸亥	癸巳	壬戌	癸巳	壬戌	26
戊戌	戊辰	丁酉	丁卯	丙申	乙丑	乙未	甲子	甲午	癸亥	甲午	癸亥	27
己亥	己巳	戊戌	戊辰	丁酉	丙寅	丙申	乙丑	乙未	甲子	乙未	甲子	28
庚子	庚午	己亥	己巳	戊戌	丁卯	丁酉	丙寅	丙申	乙丑	丙申	乙丑	29
辛丑	辛未	庚子	庚午	己亥	戊辰	戊戌	丁卯	丁酉	丙寅		丙寅	30
壬寅		辛丑		庚子	己巳		戊辰		丁卯		丁卯	31

農曆初一　農曆十五

西曆一九九七年

12月	11月	10月	9月	8月	7月	6月	5月	4月	3月	2月	1月	月/日
丁丑	丁未	丙子	丙午	乙亥	甲辰	甲戌	癸卯	癸酉	壬寅	甲戌	癸卯	1
戊寅	戊申	九月 丁丑	八月 丁未	丙子	乙巳	乙亥	甲辰	甲戌	癸卯	乙亥	甲辰	2
己卯	己酉	戊寅	戊申	七月 丁丑	丙午	丙子	乙巳	乙亥	甲辰	丙子	乙巳	3
庚辰	庚戌	己卯	己酉	戊寅	丁未	丁丑	丙午	丙子	乙巳	丁丑	丙午	4
辛巳	辛亥	庚辰	庚戌	己卯	六月 戊申	五月 戊寅	丁未	丁丑	丙午	戊寅	丁未	5
壬午	壬子	辛巳	辛亥	庚辰	己酉	己卯	戊申	戊寅	丁未	己卯	戊申	6
癸未	癸丑	壬午	壬子	辛巳	庚戌	庚辰	四月 己酉	三月 己卯	戊申	正月 庚辰	己酉	7
甲申	甲寅	癸未	癸丑	壬午	辛亥	辛巳	庚戌	庚辰	己酉	辛巳	庚戌	8
乙酉	乙卯	甲申	甲寅	癸未	壬子	壬午	辛亥	辛巳	二月 庚戌	壬午	十二月 辛亥	9
丙戌	丙辰	乙酉	乙卯	甲申	癸丑	癸未	壬子	壬午	辛亥	癸未	壬子	10
丁亥	丁巳	丙戌	丙辰	乙酉	甲寅	甲申	癸丑	癸未	壬子	甲申	癸丑	11
戊子	戊午	丁亥	丁巳	丙戌	乙卯	乙酉	甲寅	甲申	癸丑	乙酉	甲寅	12
己丑	己未	戊子	戊午	丁亥	丙辰	丙戌	乙卯	乙酉	甲寅	丙戌	乙卯	13
庚寅	庚申	己丑	己未	戊子	丁巳	丁亥	丙辰	丙戌	乙卯	丁亥	丙辰	14
辛卯	辛酉	庚寅	庚申	己丑	戊午	戊子	丁巳	丁亥	丙辰	戊子	丁巳	15
壬辰	壬戌	辛卯	辛酉	庚寅	己未	己丑	戊午	戊子	丁巳	己丑	戊午	16
癸巳	癸亥	壬辰	壬戌	辛卯	庚申	庚寅	己未	己丑	戊午	庚寅	己未	17
甲午	甲子	癸巳	癸亥	壬辰	辛酉	辛卯	庚申	庚寅	己未	辛卯	庚申	18
乙未	乙丑	甲午	甲子	癸巳	壬戌	壬辰	辛酉	辛卯	庚申	壬辰	辛酉	19
丙申	丙寅	乙未	乙丑	甲午	癸亥	癸巳	壬戌	壬辰	辛酉	癸巳	壬戌	20
丁酉	丁卯	丙申	丙寅	乙未	甲子	甲午	癸亥	癸巳	壬戌	甲午	癸亥	21
戊戌	戊辰	丁酉	丁卯	丙申	乙丑	乙未	甲子	甲午	癸亥	乙未	甲子	22
己亥	己巳	戊戌	戊辰	丁酉	丙寅	丙申	乙丑	乙未	甲子	丙申	乙丑	23
庚子	庚午	己亥	己巳	戊戌	丁卯	丁酉	丙寅	丙申	乙丑	丁酉	丙寅	24
辛丑	辛未	庚子	庚午	己亥	戊辰	戊戌	丁卯	丁酉	丙寅	戊戌	丁卯	25
壬寅	壬申	辛丑	辛未	庚子	己巳	己亥	戊辰	戊戌	丁卯	己亥	戊辰	26
癸卯	癸酉	壬寅	壬申	辛丑	庚午	庚子	己巳	己亥	戊辰	庚子	己巳	27
甲辰	甲戌	癸卯	癸酉	壬寅	辛未	辛丑	庚午	庚子	己巳	辛丑	庚午	28
乙巳	乙亥	甲辰	甲戌	癸卯	壬申	壬寅	辛未	辛丑	庚午		辛未	29
十二月 丙午	十一月 丙子	乙巳	乙亥	甲辰	癸酉	癸卯	壬申	壬寅	辛未		壬申	30
丁未		十月 丙午		乙巳	甲戌		癸酉		壬申		癸酉	31

農曆初一　農曆十五

西曆一九九八年

12月	11月	10月	9月	8月	7月	6月	5月	4月	3月	2月	1月	月/日
壬午	壬子	辛巳	辛亥	庚辰	己酉	己卯	戊申	戊寅	丁未	己卯	戊申	1
癸未	癸丑	壬午	壬子	辛巳	庚戌	庚辰	己酉	己卯	戊申	庚辰	己酉	2
甲申	甲寅	癸未	癸丑	壬午	辛亥	辛巳	庚戌	庚辰	己酉	辛巳	庚戌	3
乙酉	乙卯	甲申	甲寅	癸未	壬子	壬午	辛亥	辛巳	庚戌	壬午	辛亥	4
丙戌	丙辰	乙酉	乙卯	甲申	癸丑	癸未	壬子	壬午	辛亥	癸未	壬子	5
丁亥	丁巳	丙戌	丙辰	乙酉	甲寅	甲申	癸丑	癸未	壬子	甲申	癸丑	6
戊子	戊午	丁亥	丁巳	丙戌	乙卯	乙酉	甲寅	甲申	癸丑	乙酉	甲寅	7
己丑	己未	戊子	戊午	丁亥	丙辰	丙戌	乙卯	乙酉	甲寅	丙戌	乙卯	8
庚寅	庚申	己丑	己未	戊子	丁巳	丁亥	丙辰	丙戌	乙卯	丁亥	丙辰	9
辛卯	辛酉	庚寅	庚申	己丑	戊午	戊子	丁巳	丁亥	丙辰	戊子	丁巳	10
壬辰	壬戌	辛卯	辛酉	庚寅	己未	己丑	戊午	戊子	丁巳	己丑	戊午	11
癸巳	癸亥	壬辰	壬戌	辛卯	庚申	庚寅	己未	己丑	戊午	庚寅	己未	12
甲午	甲子	癸巳	癸亥	壬辰	辛酉	辛卯	庚申	庚寅	己未	辛卯	庚申	13
乙未	乙丑	甲午	甲子	癸巳	壬戌	壬辰	辛酉	辛卯	庚申	壬辰	辛酉	14
丙申	丙寅	乙未	乙丑	甲午	癸亥	癸巳	壬戌	壬辰	辛酉	癸巳	壬戌	15
丁酉	丁卯	丙申	丙寅	乙未	甲子	甲午	癸亥	癸巳	壬戌	甲午	癸亥	16
戊戌	戊辰	丁酉	丁卯	丙申	乙丑	乙未	甲子	甲午	癸亥	乙未	甲子	17
己亥	己巳	戊戌	戊辰	丁酉	丙寅	丙申	乙丑	乙未	甲子	丙申	乙丑	18
十一月 庚子	十月 庚午	己亥	己巳	戊戌	丁卯	丁酉	丙寅	丙申	乙丑	丁酉	丙寅	19
辛丑	辛未	九月 庚子	庚午	己亥	戊辰	戊戌	丁卯	丁酉	丙寅	戊戌	丁卯	20
壬寅	壬申	辛丑	八月 辛未	庚子	己巳	己亥	戊辰	戊戌	丁卯	己亥	戊辰	21
癸卯	癸酉	壬寅	壬申	七月 辛丑	庚午	庚子	己巳	己亥	戊辰	庚子	己巳	22
甲辰	甲戌	癸卯	癸酉	壬寅	六月 辛未	辛丑	庚午	庚子	己巳	辛丑	庚午	23
乙巳	乙亥	甲辰	甲戌	癸卯	壬申	閏五月 壬寅	辛未	辛丑	庚午	壬寅	辛未	24
丙午	丙子	乙巳	乙亥	甲辰	癸酉	癸卯	壬申	壬寅	辛未	癸卯	壬申	25
丁未	丁丑	丙午	丙子	乙巳	甲戌	甲辰	五月 癸酉	四月 癸卯	壬申	甲辰	癸酉	26
戊申	戊寅	丁未	丁丑	丙午	乙亥	乙巳	甲戌	甲辰	癸酉	二月 乙巳	甲戌	27
己酉	己卯	戊申	戊寅	丁未	丙子	丙午	乙亥	乙巳	三月 甲戌	丙午	正月 乙亥	28
庚戌	庚辰	己酉	己卯	戊申	丁丑	丁未	丙子	丙午	乙亥		丙子	29
辛亥	辛巳	庚戌	庚辰	己酉	戊寅	戊申	丁丑	丁未	丙子		丁丑	30
壬子		辛亥		庚戌	己卯		戊寅		丁丑		戊寅	31

農曆初一　農曆十五

西曆一九九九年

12月	11月	10月	9月	8月	7月	6月	5月	4月	3月	2月	1月	月/日
丁亥	丁巳	丙戌	丙辰	乙酉	甲寅	甲申	癸丑	癸未	壬子	甲申	癸丑	1
戊子	戊午	丁亥	丁巳	丙戌	乙卯	乙酉	甲寅	甲申	癸丑	乙酉	甲寅	2
己丑	己未	戊子	戊午	丁亥	丙辰	丙戌	乙卯	乙酉	甲寅	丙戌	乙卯	3
庚寅	庚申	己丑	己未	戊子	丁巳	丁亥	丙辰	丙戌	乙卯	丁亥	丙辰	4
辛卯	辛酉	庚寅	庚申	己丑	戊午	戊子	丁巳	丁亥	丙辰	戊子	丁巳	5
壬辰	壬戌	辛卯	辛酉	庚寅	己未	己丑	戊午	戊子	丁巳	己丑	戊午	6
癸巳	癸亥	壬辰	壬戌	辛卯	庚申	庚寅	己未	己丑	戊午	庚寅	己未	7
十一月 甲午	十月 甲子	癸巳	癸亥	壬辰	辛酉	辛卯	庚申	庚寅	己未	辛卯	庚申	8
乙未	乙丑	九月 甲午	甲子	癸巳	壬戌	壬辰	辛酉	辛卯	庚申	壬辰	辛酉	9
丙申	丙寅	乙未	八月 乙丑	甲午	癸亥	癸巳	壬戌	壬辰	辛酉	癸巳	壬戌	10
丁酉	丁卯	丙申	丙寅	七月 乙未	甲子	甲午	癸亥	癸巳	壬戌	甲午	癸亥	11
戊戌	戊辰	丁酉	丁卯	丙申	乙丑	乙未	甲子	甲午	癸亥	乙未	甲子	12
己亥	己巳	戊戌	戊辰	丁酉	六月 丙寅	丙申	乙丑	乙未	甲子	丙申	乙丑	13
庚子	庚午	己亥	己巳	戊戌	丁卯	五月 丁酉	丙寅	丙申	乙丑	丁酉	丙寅	14
辛丑	辛未	庚子	庚午	己亥	戊辰	戊戌	四月 丁卯	丁酉	丙寅	戊戌	丁卯	15
壬寅	壬申	辛丑	辛未	庚子	己巳	己亥	戊辰	三月 戊戌	丁卯	正月 己亥	戊辰	16
癸卯	癸酉	壬寅	壬申	辛丑	庚午	庚子	己巳	己亥	戊辰	庚子	十二月 己巳	17
甲辰	甲戌	癸卯	癸酉	壬寅	辛未	辛丑	庚午	庚子	二月 己巳	辛丑	庚午	18
乙巳	乙亥	甲辰	甲戌	癸卯	壬申	壬寅	辛未	辛丑	庚午	壬寅	辛未	19
丙午	丙子	乙巳	乙亥	甲辰	癸酉	癸卯	壬申	壬寅	辛未	癸卯	壬申	20
丁未	丁丑	丙午	丙子	乙巳	甲戌	甲辰	癸酉	癸卯	壬申	甲辰	癸酉	21
戊申	戊寅	丁未	丁丑	丙午	乙亥	乙巳	甲戌	甲辰	癸酉	乙巳	甲戌	22
己酉	己卯	戊申	戊寅	丁未	丙子	丙午	乙亥	乙巳	甲戌	丙午	乙亥	23
庚戌	庚辰	己酉	己卯	戊申	丁丑	丁未	丙子	丙午	乙亥	丁未	丙子	24
辛亥	辛巳	庚戌	庚辰	己酉	戊寅	戊申	丁丑	丁未	丙子	戊申	丁丑	25
壬子	壬午	辛亥	辛巳	庚戌	己卯	己酉	戊寅	戊申	丁丑	己酉	戊寅	26
癸丑	癸未	壬子	壬午	辛亥	庚辰	庚戌	己卯	己酉	戊寅	庚戌	己卯	27
甲寅	甲申	癸丑	癸未	壬子	辛巳	辛亥	庚辰	庚戌	己卯	辛亥	庚辰	28
乙卯	乙酉	甲寅	甲申	癸丑	壬午	壬子	辛巳	辛亥	庚辰		辛巳	29
丙辰	丙戌	乙卯	乙酉	甲寅	癸未	癸丑	壬午	壬子	辛巳		壬午	30
丁巳		丙辰		乙卯	甲申		癸未				癸未	31

農曆初一　農曆十五

西曆二〇〇〇年

12月	11月	10月	9月	8月	7月	6月	5月	4月	3月	2月	1月	月/日
癸巳	癸亥	壬辰	壬戌	辛卯	庚申	庚寅	己未	己丑	戊午	己丑	戊午	1
甲午	甲子	癸巳	癸亥	壬辰	六月 辛酉	五月 辛卯	庚申	庚寅	己未	庚寅	己未	2
乙未	乙丑	甲午	甲子	癸巳	壬戌	壬辰	辛酉	辛卯	庚申	辛卯	庚申	3
丙申	丙寅	乙未	乙丑	甲午	癸亥	癸巳	四月 壬戌	壬辰	辛酉	壬辰	辛酉	4
丁酉	丁卯	丙申	丙寅	乙未	甲子	甲午	癸亥	三月 癸巳	壬戌	正月 癸巳	壬戌	5
戊戌	戊辰	丁酉	丁卯	丙申	乙丑	乙未	甲子	甲午	二月 癸亥	甲午	癸亥	6
己亥	己巳	戊戌	戊辰	丁酉	丙寅	丙申	乙丑	乙未	甲子	乙未	十二月 甲子	7
庚子	庚午	己亥	己巳	戊戌	丁卯	丁酉	丙寅	丙申	乙丑	丙申	乙丑	8
辛丑	辛未	庚子	庚午	己亥	戊辰	戊戌	丁卯	丁酉	丙寅	丁酉	丙寅	9
壬寅	壬申	辛丑	辛未	庚子	己巳	己亥	戊辰	戊戌	丁卯	戊戌	丁卯	10
癸卯	癸酉	壬寅	壬申	辛丑	庚午	庚子	己巳	己亥	戊辰	己亥	戊辰	11
甲辰	甲戌	癸卯	癸酉	壬寅	辛未	辛丑	庚午	庚子	己巳	庚子	己巳	12
乙巳	乙亥	甲辰	甲戌	癸卯	壬申	壬寅	辛未	辛丑	庚午	辛丑	庚午	13
丙午	丙子	乙巳	乙亥	甲辰	癸酉	癸卯	壬申	壬寅	辛未	壬寅	辛未	14
丁未	丁丑	丙午	丙子	乙巳	甲戌	甲辰	癸酉	癸卯	壬申	癸卯	壬申	15
戊申	戊寅	丁未	丁丑	丙午	乙亥	乙巳	甲戌	甲辰	癸酉	甲辰	癸酉	16
己酉	己卯	戊申	戊寅	丁未	丙子	丙午	乙亥	乙巳	甲戌	乙巳	甲戌	17
庚戌	庚辰	己酉	己卯	戊申	丁丑	丁未	丙子	丙午	乙亥	丙午	乙亥	18
辛亥	辛巳	庚戌	庚辰	己酉	戊寅	戊申	丁丑	丁未	丙子	丁未	丙子	19
壬子	壬午	辛亥	辛巳	庚戌	己卯	己酉	戊寅	戊申	丁丑	戊申	丁丑	20
癸丑	癸未	壬子	壬午	辛亥	庚辰	庚戌	己卯	己酉	戊寅	己酉	戊寅	21
甲寅	甲申	癸丑	癸未	壬子	辛巳	辛亥	庚辰	庚戌	己卯	庚戌	己卯	22
乙卯	乙酉	甲寅	甲申	癸丑	壬午	壬子	辛巳	辛亥	庚辰	辛亥	庚辰	23
丙辰	丙戌	乙卯	乙酉	甲寅	癸未	癸丑	壬午	壬子	辛巳	壬子	辛巳	24
丁巳	丁亥	丙辰	丙戌	乙卯	甲申	甲寅	癸未	癸丑	壬午	癸丑	壬午	25
十二月 戊午	十一月 戊子	丁巳	丁亥	丙辰	乙酉	乙卯	甲申	甲寅	癸未	甲寅	癸未	26
己未	己丑	十月 戊午	戊子	丁巳	丙戌	丙辰	乙酉	乙卯	甲申	乙卯	甲申	27
庚申	庚寅	己未	九月 己丑	戊午	丁亥	丁巳	丙戌	丙辰	乙酉	丙辰	乙酉	28
辛酉	辛卯	庚申	庚寅	八月 己未	戊子	戊午	丁亥	丁巳	丙戌	丁巳	丙戌	29
壬戌	壬辰	辛酉	辛卯	庚申	己丑	己未	戊子	戊午	丁亥		丁亥	30
癸亥		壬戌		辛酉	七月 庚寅		己丑		戊子		戊子	31

農曆初一　農曆十五

西曆二〇〇一年

12月	11月	10月	9月	8月	7月	6月	5月	4月	3月	2月	1月	月／日
戊戌	戊辰	丁酉	丁卯	丙申	乙丑	乙未	甲子	甲午	癸亥	乙未	甲子	1
己亥	己巳	戊戌	戊辰	丁酉	丙寅	丙申	乙丑	乙未	甲子	丙申	乙丑	2
庚子	庚午	己亥	己巳	戊戌	丁卯	丁酉	丙寅	丙申	乙丑	丁酉	丙寅	3
辛丑	辛未	庚子	庚午	己亥	戊辰	戊戌	丁卯	丁酉	丙寅	戊戌	丁卯	4
壬寅	壬申	辛丑	辛未	庚子	己巳	己亥	戊辰	戊戌	丁卯	己亥	戊辰	5
癸卯	癸酉	壬寅	壬申	辛丑	庚午	庚子	己巳	己亥	戊辰	庚子	己巳	6
甲辰	甲戌	癸卯	癸酉	壬寅	辛未	辛丑	庚午	庚子	己巳	辛丑	庚午	7
乙巳	乙亥	甲辰	甲戌	癸卯	壬申	壬寅	辛未	辛丑	庚午	壬寅	辛未	8
丙午	丙子	乙巳	乙亥	甲辰	癸酉	癸卯	壬申	壬寅	辛未	癸卯	壬申	9
丁未	丁丑	丙午	丙子	乙巳	甲戌	甲辰	癸酉	癸卯	壬申	甲辰	癸酉	10
戊申	戊寅	丁未	丁丑	丙午	乙亥	乙巳	甲戌	甲辰	癸酉	乙巳	甲戌	11
己酉	己卯	戊申	戊寅	丁未	丙子	丙午	乙亥	乙巳	甲戌	丙午	乙亥	12
庚戌	庚辰	己酉	己卯	戊申	丁丑	丁未	丙子	丙午	乙亥	丁未	丙子	13
辛亥	辛巳	庚戌	庚辰	己酉	戊寅	戊申	丁丑	丁未	丙子	戊申	丁丑	14
十一月 壬子	十月 壬午	辛亥	辛巳	庚戌	己卯	己酉	戊寅	戊申	丁丑	己酉	戊寅	15
癸丑	癸未	壬子	壬午	辛亥	庚辰	庚戌	己卯	己酉	戊寅	庚戌	己卯	16
甲寅	甲申	九月 癸丑	八月 癸未	壬子	辛巳	辛亥	庚辰	庚戌	己卯	辛亥	庚辰	17
乙卯	乙酉	甲寅	甲申	癸丑	壬午	壬子	辛巳	辛亥	庚辰	壬子	辛巳	18
丙辰	丙戌	乙卯	乙酉	七月 甲寅	癸未	癸丑	壬午	壬子	辛巳	癸丑	壬午	19
丁巳	丁亥	丙辰	丙戌	乙卯	甲申	甲寅	癸未	癸丑	壬午	甲寅	癸未	20
戊午	戊子	丁巳	丁亥	丙辰	六月 乙酉	五月 乙卯	甲申	甲寅	癸未	乙卯	甲申	21
己未	己丑	戊午	戊子	丁巳	丙戌	丙辰	乙酉	乙卯	甲申	丙辰	乙酉	22
庚申	庚寅	己未	己丑	戊午	丁亥	丁巳	閏四月 丙戌	四月 丙辰	乙酉	二月 丁巳	丙戌	23
辛酉	辛卯	庚申	庚寅	己未	戊子	戊午	丁亥	丁巳	丙戌	戊午	正月 丁亥	24
壬戌	壬辰	辛酉	辛卯	庚申	己丑	己未	戊子	戊午	三月 丁亥	己未	戊子	25
癸亥	癸巳	壬戌	壬辰	辛酉	庚寅	庚申	己丑	己未	戊子	庚申	己丑	26
甲子	甲午	癸亥	癸巳	壬戌	辛卯	辛酉	庚寅	庚申	己丑	辛酉	庚寅	27
乙丑	乙未	甲子	甲午	癸亥	壬辰	壬戌	辛卯	辛酉	庚寅	壬戌	辛卯	28
丙寅	丙申	乙丑	乙未	甲子	癸巳	癸亥	壬辰	壬戌	辛卯		壬辰	29
丁卯	丁酉	丙寅	丙申	乙丑	甲午	甲子	癸巳	癸亥	壬辰		癸巳	30
戊辰		丁卯		丙寅	乙未		甲午		癸巳		甲午	31

 農曆初一　 農曆十五

西曆二〇〇二年

12月	11月	10月	9月	8月	7月	6月	5月	4月	3月	2月	1月	月/日
癸卯	癸酉	壬寅	壬申	辛丑	庚午	庚子	己巳	己亥	戊辰	庚子	己巳	1
甲辰	甲戌	癸卯	癸酉	壬寅	辛未	辛丑	庚午	庚子	己巳	辛丑	庚午	2
乙巳	乙亥	甲辰	甲戌	癸卯	壬申	壬寅	辛未	辛丑	庚午	壬寅	辛未	3
十一月 丙午	丙子	乙巳	乙亥	甲辰	癸酉	癸卯	壬申	壬寅	辛未	癸卯	壬申	4
丁未	十月 丁丑	丙午	丙子	乙巳	甲戌	甲辰	癸酉	癸卯	壬申	甲辰	癸酉	5
戊申	戊寅	九月 丁未	丁丑	丙午	乙亥	乙巳	甲戌	甲辰	癸酉	乙巳	甲戌	6
己酉	己卯	戊申	八月 戊寅	丁未	丙子	丙午	乙亥	乙巳	甲戌	丙午	乙亥	7
庚戌	庚辰	己酉	己卯	戊申	丁丑	丁未	丙子	丙午	乙亥	丁未	丙子	8
辛亥	辛巳	庚戌	庚辰	七月 己酉	戊寅	戊申	丁丑	丁未	丙子	戊申	丁丑	9
壬子	壬午	辛亥	辛巳	庚戌	六月 己卯	己酉	戊寅	戊申	丁丑	己酉	戊寅	10
癸丑	癸未	壬子	壬午	辛亥	庚辰	五月 庚戌	己卯	己酉	戊寅	庚戌	己卯	11
甲寅	甲申	癸丑	癸未	壬子	辛巳	辛亥	四月 庚辰	庚戌	己卯	正月 辛亥	戊辰	12
乙卯	乙酉	甲寅	甲申	癸丑	壬午	壬子	辛巳	三月 辛亥	庚辰	壬子	十二月 辛巳	13
丙辰	丙戌	乙卯	乙酉	甲寅	癸未	癸丑	壬午	壬子	二月 辛巳	癸丑	壬午	14
丁巳	丁亥	丙辰	丙戌	乙卯	甲申	甲寅	癸未	癸丑	壬午	甲寅	癸未	15
戊午	戊子	丁巳	丁亥	丙辰	乙酉	乙卯	甲申	甲寅	癸未	乙卯	甲申	16
己未	己丑	戊午	戊子	丁巳	丙戌	丙辰	乙酉	乙卯	甲申	丙辰	乙酉	17
庚申	庚寅	己未	己丑	戊午	丁亥	丁巳	丙戌	丙辰	乙酉	丁巳	丙戌	18
辛酉	辛卯	庚申	庚寅	己未	戊子	戊午	丁亥	丁巳	丙戌	戊午	丁亥	19
壬戌	壬辰	辛酉	辛卯	庚申	己丑	己未	戊子	戊午	丁亥	己未	戊子	20
癸亥	癸巳	壬戌	壬辰	辛酉	庚寅	庚申	己丑	己未	戊子	庚申	己丑	21
甲子	甲午	癸亥	癸巳	壬戌	辛卯	辛酉	庚寅	庚申	己丑	辛酉	庚寅	22
乙丑	乙未	甲子	甲午	癸亥	壬辰	壬戌	辛卯	辛酉	庚寅	壬戌	辛卯	23
丙寅	丙申	乙丑	乙未	甲子	癸巳	癸亥	壬辰	壬戌	辛卯	癸亥	壬辰	24
丁卯	丁酉	丙寅	丙申	乙丑	甲午	甲子	癸巳	癸亥	壬辰	甲子	癸巳	25
戊辰	戊戌	丁卯	丁酉	丙寅	乙未	乙丑	甲午	甲子	癸巳	乙丑	甲午	26
己巳	己亥	戊辰	戊戌	丁卯	丙申	丙寅	乙未	乙丑	甲午	丙寅	乙未	27
庚午	庚子	己巳	己亥	戊辰	丁酉	丁卯	丙申	丙寅	乙未	丁卯	丙申	28
辛未	辛丑	庚午	庚子	己巳	戊戌	戊辰	丁酉	丁卯	丙申		丁酉	29
壬申	壬寅	辛未	辛丑	庚午	己亥	己巳	戊戌	戊辰	丁酉		戊戌	30
癸酉		壬申		辛未	庚子		己亥		戊戌		己亥	31

農曆初一　農曆十五

西曆二〇〇三年

12月	11月	10月	9月	8月	7月	6月	5月	4月	3月	2月	1月	月/日
戊申	戊寅	丁未	丁丑	丙午	乙亥	乙巳	四月 甲戌	甲辰	癸酉	正月 乙巳	甲戌	1
己酉	己卯	戊申	戊寅	丁未	丙子	丙午	乙亥	三月 乙巳	甲戌	丙午	乙亥	2
庚戌	庚辰	己酉	己卯	戊申	丁丑	丁未	丙子	丙午	二月 乙亥	丁未	十二月 丙子	3
辛亥	辛巳	庚戌	庚辰	己酉	戊寅	戊申	丁丑	丁未	丙子	戊申	丁丑	4
壬子	壬午	辛亥	辛巳	庚戌	己卯	己酉	戊寅	戊申	丁丑	己酉	戊寅	5
癸丑	癸未	壬子	壬午	辛亥	庚辰	庚戌	己卯	己酉	戊寅	庚戌	己卯	6
甲寅	甲申	癸丑	癸未	壬子	辛巳	辛亥	庚辰	庚戌	己卯	辛亥	庚辰	7
乙卯	乙酉	甲寅	甲申	癸丑	壬午	壬子	辛巳	辛亥	庚辰	壬子	辛巳	8
丙辰	丙戌	乙卯	乙酉	甲寅	癸未	癸丑	壬午	壬子	辛巳	癸丑	壬午	9
丁巳	丁亥	丙辰	丙戌	乙卯	甲申	甲寅	癸未	癸丑	壬午	甲寅	癸未	10
戊午	戊子	丁巳	丁亥	丙辰	乙酉	乙卯	甲申	甲寅	癸未	乙卯	甲申	11
己未	己丑	戊午	戊子	丁巳	丙戌	丙辰	乙酉	乙卯	甲申	丙辰	乙酉	12
庚申	庚寅	己未	己丑	戊午	丁亥	丁巳	丙戌	丙辰	乙酉	丁巳	丙戌	13
辛酉	辛卯	庚申	庚寅	己未	戊子	戊午	丁亥	丁巳	丙戌	戊午	丁亥	14
壬戌	壬辰	辛酉	辛卯	庚申	己丑	己未	戊子	戊午	丁亥	己未	戊子	15
癸亥	癸巳	壬戌	壬辰	辛酉	庚寅	庚申	己丑	己未	戊子	庚申	己丑	16
甲子	甲午	癸亥	癸巳	壬戌	辛卯	辛酉	庚寅	庚申	己丑	辛酉	庚寅	17
乙丑	乙未	甲子	甲午	癸亥	壬辰	壬戌	辛卯	辛酉	庚寅	壬戌	辛卯	18
丙寅	丙申	乙丑	乙未	甲子	癸巳	癸亥	壬辰	壬戌	辛卯	癸亥	壬辰	19
丁卯	丁酉	丙寅	丙申	乙丑	甲午	甲子	癸巳	癸亥	壬辰	甲子	癸巳	20
戊辰	戊戌	丁卯	丁酉	丙寅	乙未	乙丑	甲午	甲子	癸巳	乙丑	甲午	21
己巳	己亥	戊辰	戊戌	丁卯	丙申	丙寅	乙未	乙丑	甲午	丙寅	乙未	22
十二月 庚午	庚子	己巳	己亥	戊辰	丁酉	丁卯	丙申	丙寅	乙未	丁卯	丙申	23
辛未	十一月 辛丑	庚午	庚子	己巳	戊戌	戊辰	丁酉	丁卯	丙申	戊辰	丁酉	24
壬申	壬寅	十月 辛未	辛丑	庚午	己亥	己巳	戊戌	戊辰	丁酉	己巳	戊戌	25
癸酉	癸卯	壬申	九月 壬寅	辛未	庚子	庚午	己亥	己巳	戊戌	庚午	己亥	26
甲戌	甲辰	癸酉	癸卯	壬申	辛丑	辛未	庚子	庚午	己亥	辛未	庚子	27
乙亥	乙巳	甲戌	甲辰	八月 癸酉	壬寅	壬申	辛丑	辛未	庚子	壬申	辛丑	28
丙子	丙午	乙亥	乙巳	甲戌	七月 癸卯	癸酉	壬寅	壬申	辛丑		壬寅	29
丁丑	丁未	丙子	丙午	乙亥	甲辰	六月 甲戌	癸卯	癸酉	壬寅		癸卯	30
戊寅		丁丑		丙子	乙巳		五月 甲辰		癸卯		甲辰	31

農曆初一　農曆十五

西曆二〇〇四年

12月	11月	10月	9月	8月	7月	6月	5月	4月	3月	2月	1月	月/日
甲寅	甲申	癸丑	癸未	壬子	辛巳	辛亥	庚辰	庚戌	己卯	庚戌	己卯	1
乙卯	乙酉	甲寅	甲申	癸丑	壬午	壬子	辛巳	辛亥	庚辰	辛亥	庚辰	2
丙辰	丙戌	乙卯	乙酉	甲寅	癸未	癸丑	壬午	壬子	辛巳	壬子	辛巳	3
丁巳	丁亥	丙辰	丙戌	乙卯	甲申	甲寅	癸未	癸丑	壬午	癸丑	壬午	4
戊午	戊子	丁巳	丁亥	丙辰	乙酉	乙卯	甲申	甲寅	癸未	甲寅	癸未	5
己未	己丑	戊午	戊子	丁巳	丙戌	丙辰	乙酉	乙卯	甲申	乙卯	甲申	6
庚申	庚寅	己未	己丑	戊午	丁亥	丁巳	丙戌	丙辰	乙酉	丙辰	乙酉	7
辛酉	辛卯	庚申	庚寅	己未	戊子	戊午	丁亥	丁巳	丙戌	丁巳	丙戌	8
壬戌	壬辰	辛酉	辛卯	庚申	己丑	己未	戊子	戊午	丁亥	戊午	丁亥	9
癸亥	癸巳	壬戌	壬辰	辛酉	庚寅	庚申	己丑	己未	戊子	己未	戊子	10
甲子	甲午	癸亥	癸巳	壬戌	辛卯	辛酉	庚寅	庚申	己丑	庚申	己丑	11
十一月 乙丑	十月 乙未	甲子	甲午	癸亥	壬辰	壬戌	辛卯	辛酉	庚寅	辛酉	庚寅	12
丙寅	丙申	乙丑	乙未	甲子	癸巳	癸亥	壬辰	壬戌	辛卯	壬戌	辛卯	13
丁卯	丁酉	九月 丙寅	八月 丙申	乙丑	甲午	甲子	癸巳	癸亥	壬辰	癸亥	壬辰	14
戊辰	戊戌	丁卯	丁酉	丙寅	乙未	乙丑	甲午	甲子	癸巳	甲子	癸巳	15
己巳	己亥	戊辰	戊戌	七月 丁卯	丙申	丙寅	乙未	乙丑	甲午	乙丑	甲午	16
庚午	庚子	己巳	己亥	戊辰	六月 丁酉	丁卯	丙申	丙寅	乙未	丙寅	乙未	17
辛未	辛丑	庚午	庚子	己巳	戊戌	五月 戊辰	丁酉	丁卯	丙申	丁卯	丙申	18
壬申	壬寅	辛未	辛丑	庚午	己亥	己巳	四月 戊戌	三月 戊辰	丁酉	戊辰	丁酉	19
癸酉	癸卯	壬申	壬寅	辛未	庚子	庚午	己亥	己巳	戊戌	二月 己巳	戊戌	20
甲戌	甲辰	癸酉	癸卯	壬申	辛丑	辛未	庚子	庚午	閏二月 己亥	庚午	己亥	21
乙亥	乙巳	甲戌	甲辰	癸酉	壬寅	壬申	辛丑	辛未	庚子	辛未	正月 庚子	22
丙子	丙午	乙亥	乙巳	甲戌	癸卯	癸酉	壬寅	壬申	辛丑	壬申	辛丑	23
丁丑	丁未	丙子	丙午	乙亥	甲辰	甲戌	癸卯	癸酉	壬寅	癸酉	壬寅	24
戊寅	戊申	丁丑	丁未	丙子	乙巳	乙亥	甲辰	甲戌	癸卯	甲戌	癸卯	25
己卯	己酉	戊寅	戊申	丁丑	丙午	丙子	乙巳	乙亥	甲辰	乙亥	甲辰	26
庚辰	庚戌	己卯	己酉	戊寅	丁未	丁丑	丙午	丙子	乙巳	丙子	乙巳	27
辛巳	辛亥	庚辰	庚戌	己卯	戊申	戊寅	丁未	丁丑	丙午	丁丑	丙午	28
壬午	壬子	辛巳	辛亥	庚辰	己酉	己卯	戊申	戊寅	丁未	戊寅	丁未	29
癸未	癸丑	壬午	壬子	辛巳	庚戌	庚辰	己酉	己卯	戊申		戊申	30
甲申		癸未		壬午	辛亥		庚戌		己酉		己酉	31

農曆初一　農曆十五

西曆二〇〇五年

12月	11月	10月	9月	8月	7月	6月	5月	4月	3月	2月	1月	月/日
己未（十一月）	己丑	戊午	戊子	丁巳	丙戌	丙辰	乙酉	乙卯	甲申	丙辰	乙酉	1
庚申	庚寅（十月）	己未	己丑	戊午	丁亥	丁巳	丙戌	丙辰	乙酉	丁巳	丙戌	2
辛酉	辛卯	庚申（九月）	庚寅	己未	戊子	戊午	丁亥	丁巳	丙戌	戊午	丁亥	3
壬戌	壬辰	辛酉	辛卯（八月）	庚申	己丑	己未	戊子	戊午	丁亥	己未	戊子	4
癸亥	癸巳	壬戌	壬辰	辛酉（七月）	庚寅	庚申	己丑	己未	戊子	庚申	己丑	5
甲子	甲午	癸亥	癸巳	壬戌	辛卯（六月）	辛酉	庚寅	庚申	己丑	辛酉	庚寅	6
乙丑	乙未	甲子	甲午	癸亥	壬辰	壬戌（五月）	辛卯	辛酉	庚寅	壬戌	辛卯	7
丙寅	丙申	乙丑	乙未	甲子	癸巳	癸亥	壬辰（四月）	壬戌	辛卯	癸亥	壬辰	8
丁卯	丁酉	丙寅	丙申	乙丑	甲午	甲子	癸巳	癸亥（三月）	壬辰	甲子（正月）	癸巳	9
戊辰	戊戌	丁卯	丁酉	丙寅	乙未	乙丑	甲午	甲子	癸巳（二月）	乙丑	甲午（十二月）	10
己巳	己亥	戊辰	戊戌	丁卯	丙申	丙寅	乙未	乙丑	甲午	丙寅	乙未	11
庚午	庚子	己巳	己亥	戊辰	丁酉	丁卯	丙申	丙寅	乙未	丁卯	丙申	12
辛未	辛丑	庚午	庚子	己巳	戊戌	戊辰	丁酉	丁卯	丙申	戊辰	丁酉	13
壬申	壬寅	辛未	辛丑	庚午	己亥	己巳	戊戌	戊辰	丁酉	己巳	戊戌	14
癸酉	癸卯	壬申	壬寅	辛未	庚子	庚午	己亥	己巳	戊戌	庚午	己亥	15
甲戌	甲辰	癸酉	癸卯	壬申	辛丑	辛未	庚子	庚午	己亥	辛未	庚子	16
乙亥	乙巳	甲戌	甲辰	癸酉	壬寅	壬申	辛丑	辛未	庚子	壬申	辛丑	17
丙子	丙午	乙亥	乙巳	甲戌	癸卯	癸酉	壬寅	壬申	辛丑	癸酉	壬寅	18
丁丑	丁未	丙子	丙午	乙亥	甲辰	甲戌	癸卯	癸酉	壬寅	甲戌	癸卯	19
戊寅	戊申	丁丑	丁未	丙子	乙巳	乙亥	甲辰	甲戌	癸卯	乙亥	甲辰	20
己卯	己酉	戊寅	戊申	丁丑	丙午	丙子	乙巳	乙亥	甲辰	丙子	乙巳	21
庚辰	庚戌	己卯	己酉	戊寅	丁未	丁丑	丙午	丙子	乙巳	丁丑	丙午	22
辛巳	辛亥	庚辰	庚戌	己卯	戊申	戊寅	丁未	丁丑	丙午	戊寅	丁未	23
壬午	壬子	辛巳	辛亥	庚辰	己酉	己卯	戊申	戊寅	丁未	己卯	戊申	24
癸未	癸丑	壬午	壬子	辛巳	庚戌	庚辰	己酉	己卯	戊申	庚辰	己酉	25
甲申	甲寅	癸未	癸丑	壬午	辛亥	辛巳	庚戌	庚辰	己酉	辛巳	庚戌	26
乙酉	乙卯	甲申	甲寅	癸未	壬子	壬午	辛亥	辛巳	庚戌	壬午	辛亥	27
丙戌	丙辰	乙酉	乙卯	甲申	癸丑	癸未	壬子	壬午	辛亥	癸未	壬子	28
丁亥	丁巳	丙戌	丙辰	乙酉	甲寅	甲申	癸丑	癸未	壬子		癸丑	29
戊子	戊午	丁亥	丁巳	丙戌	乙卯	乙酉	甲寅	甲申	癸丑		甲寅	30
己丑（十二月）		戊子		丁亥	丙辰		乙卯		甲寅		乙卯	31

 農曆初一

 農曆十五

西曆二〇〇六年

12月	11月	10月	9月	8月	7月	6月	5月	4月	3月	2月	1月	月/日
甲子	甲午	癸亥	癸巳	壬戌	辛卯	辛酉	庚寅	庚申	己丑	辛酉	庚寅	1
乙丑	乙未	甲子	甲午	癸亥	壬辰	壬戌	辛卯	辛酉	庚寅	壬戌	辛卯	2
丙寅	丙申	乙丑	乙未	甲子	癸巳	癸亥	壬辰	壬戌	辛卯	癸亥	壬辰	3
丁卯	丁酉	丙寅	丙申	乙丑	甲午	甲子	癸巳	癸亥	壬辰	甲子	癸巳	4
戊辰	戊戌	丁卯	丁酉	丙寅	乙未	乙丑	甲午	甲子	癸巳	乙丑	甲午	5
己巳	己亥	戊辰	戊戌	丁卯	丙申	丙寅	乙未	乙丑	甲午	丙寅	乙未	6
庚午	庚子	己巳	己亥	戊辰	丁酉	丁卯	丙申	丙寅	乙未	丁卯	丙申	7
辛未	辛丑	庚午	庚子	己巳	戊戌	戊辰	丁酉	丁卯	丙申	戊辰	丁酉	8
壬申	壬寅	辛未	辛丑	庚午	己亥	己巳	戊戌	戊辰	丁酉	己巳	戊戌	9
癸酉	癸卯	壬申	壬寅	辛未	庚子	庚午	己亥	己巳	戊戌	庚午	己亥	10
甲戌	甲辰	癸酉	癸卯	壬申	辛丑	辛未	庚子	庚午	己亥	辛未	庚子	11
乙亥	乙巳	甲戌	甲辰	癸酉	壬寅	壬申	辛丑	辛未	庚子	壬申	辛丑	12
丙子	丙午	乙亥	乙巳	甲戌	癸卯	癸酉	壬寅	壬申	辛丑	癸酉	壬寅	13
丁丑	丁未	丙子	丙午	乙亥	甲辰	甲戌	癸卯	癸酉	壬寅	甲戌	癸卯	14
戊寅	戊申	丁丑	丁未	丙子	乙巳	乙亥	甲辰	甲戌	癸卯	乙亥	甲辰	15
己卯	己酉	戊寅	戊申	丁丑	丙午	丙子	乙巳	乙亥	甲辰	丙子	乙巳	16
庚辰	庚戌	己卯	己酉	戊寅	丁未	丁丑	丙午	丙子	乙巳	丁丑	丙午	17
辛巳	辛亥	庚辰	庚戌	己卯	戊申	戊寅	丁未	丁丑	丙午	戊寅	丁未	18
壬午	壬子	辛巳	辛亥	庚辰	己酉	己卯	戊申	戊寅	丁未	己卯	戊申	19
十一月 癸未	癸丑	壬午	壬子	辛巳	庚戌	庚辰	己酉	己卯	戊申	庚辰	己酉	20
甲申	十月 甲寅	癸未	癸丑	壬午	辛亥	辛巳	庚戌	庚辰	己酉	辛巳	庚戌	21
乙酉	乙卯	九月 甲申	八月 甲寅	癸未	壬子	壬午	辛亥	辛巳	庚戌	壬午	辛亥	22
丙戌	丙辰	乙酉	乙卯	甲申	癸丑	癸未	壬子	壬午	辛亥	癸未	壬子	23
丁亥	丁巳	丙戌	丙辰	閏七月 乙酉	甲寅	甲申	癸丑	癸未	壬子	甲申	癸丑	24
戊子	戊午	丁亥	丁巳	丙戌	七月 乙卯	乙酉	甲寅	甲申	癸丑	乙酉	甲寅	25
己丑	己未	戊子	戊午	丁亥	丙辰	六月 丙戌	乙卯	乙酉	甲寅	丙戌	乙卯	26
庚寅	庚申	己丑	己未	戊子	丁巳	丁亥	五月 丙辰	丙戌	乙卯	丁亥	丙辰	27
辛卯	辛酉	庚寅	庚申	己丑	戊午	戊子	丁巳	四月 丁亥	丙辰	二月 戊子	丁巳	28
壬辰	壬戌	辛卯	辛酉	庚寅	己未	己丑	戊午	戊子	三月 丁巳		正月 戊午	29
癸巳	癸亥	壬辰	壬戌	辛卯	庚申	庚寅	己未	己丑	戊午		己未	30
甲午		癸巳		壬辰	辛酉		庚申		己未		庚申	31

農曆初一　農曆十五

西曆二〇〇七年

12月	11月	10月	9月	8月	7月	6月	5月	4月	3月	2月	1月	月/日
己巳	己亥	戊辰	戊戌	丁卯	丙申	丙寅	乙未	乙丑	甲午	丙寅	乙未	1
庚午	庚子	己巳	己亥	戊辰	丁酉	丁卯	丙申	丙寅	乙未	丁卯	丙申	2
辛未	辛丑	庚午	庚子	己巳	戊戌	戊辰	丁酉	丁卯	丙申	戊辰	丁酉	3
壬申	壬寅	辛未	辛丑	庚午	己亥	己巳	戊戌	戊辰	丁酉	己巳	戊戌	4
癸酉	癸卯	壬申	壬寅	辛未	庚子	庚午	己亥	己巳	戊戌	庚午	己亥	5
甲戌	甲辰	癸酉	癸卯	壬申	辛丑	辛未	庚子	庚午	己亥	辛未	庚子	6
乙亥	乙巳	甲戌	甲辰	癸酉	壬寅	壬申	辛丑	辛未	庚子	壬申	辛丑	7
丙子	丙午	乙亥	乙巳	甲戌	癸卯	癸酉	壬寅	壬申	辛丑	癸酉	壬寅	8
丁丑	丁未	丙子	丙午	乙亥	甲辰	甲戌	癸卯	癸酉	壬寅	甲戌	癸卯	9
十一月 戊寅	十月 戊申	丁丑	丁未	丙子	乙巳	乙亥	甲辰	甲戌	癸卯	乙亥	甲辰	10
己卯	己酉	九月 戊寅	八月 戊申	丁丑	丙午	丙子	乙巳	乙亥	甲辰	丙子	乙巳	11
庚辰	庚戌	己卯	己酉	戊寅	丁未	丁丑	丙午	丙子	乙巳	丁丑	丙午	12
辛巳	辛亥	庚辰	庚戌	七月 己卯	戊申	戊寅	丁未	丁丑	丙午	戊寅	丁未	13
壬午	壬子	辛巳	辛亥	庚辰	六月 己酉	己卯	戊申	戊寅	丁未	己卯	戊申	14
癸未	癸丑	壬午	壬子	辛巳	庚戌	五月 庚辰	己酉	己卯	戊申	庚辰	己酉	15
甲申	甲寅	癸未	癸丑	壬午	辛亥	辛巳	庚戌	庚辰	己酉	辛巳	庚戌	16
乙酉	乙卯	甲申	甲寅	癸未	壬子	壬午	四月 辛亥	三月 辛巳	庚戌	壬午	辛亥	17
丙戌	丙辰	乙酉	乙卯	甲申	癸丑	癸未	壬子	壬午	辛亥	正月 癸未	壬子	18
丁亥	丁巳	丙戌	丙辰	乙酉	甲寅	甲申	癸丑	癸未	二月 壬子	甲申	十二月 癸丑	19
戊子	戊午	丁亥	丁巳	丙戌	乙卯	乙酉	甲寅	甲申	癸丑	乙酉	甲寅	20
己丑	己未	戊子	戊午	丁亥	丙辰	丙戌	乙卯	乙酉	甲寅	丙戌	乙卯	21
庚寅	庚申	己丑	己未	戊子	丁巳	丁亥	丙辰	丙戌	乙卯	丁亥	丙辰	22
辛卯	辛酉	庚寅	庚申	己丑	戊午	戊子	丁巳	丁亥	丙辰	戊子	丁巳	23
壬辰	壬戌	辛卯	辛酉	庚寅	己未	己丑	戊午	戊子	丁巳	己丑	戊午	24
癸巳	癸亥	壬辰	壬戌	辛卯	庚申	庚寅	己未	己丑	戊午	庚寅	己未	25
甲午	甲子	癸巳	癸亥	壬辰	辛酉	辛卯	庚申	庚寅	己未	辛卯	庚申	26
乙未	乙丑	甲午	甲子	癸巳	壬戌	壬辰	辛酉	辛卯	庚申	壬辰	辛酉	27
丙申	丙寅	乙未	乙丑	甲午	癸亥	癸巳	壬戌	壬辰	辛酉	癸巳	壬戌	28
丁酉	丁卯	丙申	丙寅	乙未	甲子	甲午	癸亥	癸巳	壬戌		癸亥	29
戊戌	戊辰	丁酉	丁卯	丙申	乙丑	乙未	甲子	甲午	癸亥		甲子	30
己亥		戊戌		丁酉	丙寅		乙丑		甲子		乙丑	31

農曆初一　農曆十五

西曆二〇〇八年

12月	11月	10月	9月	8月	7月	6月	5月	4月	3月	2月	1月	月／日
乙亥	乙巳	甲戌	甲辰	癸酉（七月）	壬寅	壬申	辛丑	辛未	庚子	辛未	庚子	1
丙子	丙午	乙亥	乙巳	甲戌	癸卯	癸酉	壬寅	壬申	辛丑	壬申	辛丑	2
丁丑	丁未	丙子	丙午	乙亥	甲辰（六月）	甲戌	癸卯	癸酉	壬寅	癸酉	壬寅	3
戊寅	戊申	丁丑	丁未	丙子	乙巳	乙亥（五月）	甲辰	甲戌	癸卯	甲戌	癸卯	4
己卯	己酉	戊寅	戊申	丁丑	丙午	丙子	乙巳（四月）	乙亥	甲辰	乙亥	甲辰	5
庚辰	庚戌	己卯	己酉	戊寅	丁未	丁丑	丙午	丙子（三月）	乙巳	丙子	乙巳	6
辛巳	辛亥	庚辰	庚戌	己卯	戊申	戊寅	丁未	丁丑	丙午	丁丑（正月）	丙午	7
壬午	壬子	辛巳	辛亥	庚辰	己酉	己卯	戊申	戊寅	丁未（二月）	戊寅	丁未（十二月）	8
癸未	癸丑	壬午	壬子	辛巳	庚戌	庚辰	己酉	己卯	戊申	己卯	戊申	9
甲申	甲寅	癸未	癸丑	壬午	辛亥	辛巳	庚戌	庚辰	己酉	庚辰	己酉	10
乙酉	乙卯	甲申	甲寅	癸未	壬子	壬午	辛亥	辛巳	庚戌	辛巳	庚戌	11
丙戌	丙辰	乙酉	乙卯	甲申	癸丑	癸未	壬子	壬午	辛亥	壬午	辛亥	12
丁亥	丁巳	丙戌	丙辰	乙酉	甲寅	甲申	癸丑	癸未	壬子	癸未	壬子	13
戊子	戊午	丁亥	丁巳	丙戌	乙卯	乙酉	甲寅	甲申	癸丑	甲申	癸丑	14
己丑	己未	戊子	戊午	丁亥	丙辰	丙戌	乙卯	乙酉	甲寅	乙酉	甲寅	15
庚寅	庚申	己丑	己未	戊子	丁巳	丁亥	丙辰	丙戌	乙卯	丙戌	乙卯	16
辛卯	辛酉	庚寅	庚申	己丑	戊午	戊子	丁巳	丁亥	丙辰	丁亥	丙辰	17
壬辰	壬戌	辛卯	辛酉	庚寅	己未	己丑	戊午	戊子	丁巳	戊子	丁巳	18
癸巳	癸亥	壬辰	壬戌	辛卯	庚申	庚寅	己未	己丑	戊午	己丑	戊午	19
甲午	甲子	癸巳	癸亥	壬辰	辛酉	辛卯	庚申	庚寅	己未	庚寅	己未	20
乙未	乙丑	甲午	甲子	癸巳	壬戌	壬辰	辛酉	辛卯	庚申	辛卯	庚申	21
丙申	丙寅	乙未	乙丑	甲午	癸亥	癸巳	壬戌	壬辰	辛酉	壬辰	辛酉	22
丁酉	丁卯	丙申	丙寅	乙未	甲子	甲午	癸亥	癸巳	壬戌	癸巳	壬戌	23
戊戌	戊辰	丁酉	丁卯	丙申	乙丑	乙未	甲子	甲午	癸亥	甲午	癸亥	24
己亥	己巳	戊戌	戊辰	丁酉	丙寅	丙申	乙丑	乙未	甲子	乙未	甲子	25
庚子	庚午	己亥	己巳	戊戌	丁卯	丁酉	丙寅	丙申	乙丑	丙申	乙丑	26
辛丑（十二月）	辛未	庚子	庚午	己亥	戊辰	戊戌	丁卯	丁酉	丙寅	丁酉	丙寅	27
壬寅	壬申（十一月）	辛丑	辛未	庚子	己巳	己亥	戊辰	戊戌	丁卯	戊戌	丁卯	28
癸卯	癸酉	壬寅（十月）	壬申（九月）	辛丑	庚午	庚子	己巳	己亥	戊辰	己亥	戊辰	29
甲辰	甲戌	癸卯	癸酉	壬寅	辛未	辛丑	庚午	庚子	己巳		己巳	30
乙巳		甲辰		癸卯（八月）	壬申		辛未		庚午		庚午	31

農曆初一　農曆十五

西曆二〇〇九年

12月	11月	10月	9月	8月	7月	6月	5月	4月	3月	2月	1月	月/日
庚辰	庚戌	己卯	己酉	戊寅	丁未	丁丑	丙午	丙子	乙巳	丁丑	丙午	1
辛巳	辛亥	庚辰	庚戌	己卯	戊申	戊寅	丁未	丁丑	丙午	戊寅	丁未	2
壬午	壬子	辛巳	辛亥	庚辰	己酉	己卯	戊申	戊寅	丁未	己卯	戊申	3
癸未	癸丑	壬午	壬子	辛巳	庚戌	庚辰	己酉	己卯	戊申	庚辰	己酉	4
甲申	甲寅	癸未	癸丑	壬午	辛亥	辛巳	庚戌	庚辰	己酉	辛巳	庚戌	5
乙酉	乙卯	甲申	甲寅	癸未	壬子	壬午	辛亥	辛巳	庚戌	壬午	辛亥	6
丙戌	丙辰	乙酉	乙卯	甲申	癸丑	癸未	壬子	壬午	辛亥	癸未	壬子	7
丁亥	丁巳	丙戌	丙辰	乙酉	甲寅	甲申	癸丑	癸未	壬子	甲申	癸丑	8
戊子	戊午	丁亥	丁巳	丙戌	乙卯	乙酉	甲寅	甲申	癸丑	乙酉	甲寅	9
己丑	己未	戊子	戊午	丁亥	丙辰	丙戌	乙卯	乙酉	甲寅	丙戌	乙卯	10
庚寅	庚申	己丑	己未	戊子	丁巳	丁亥	丙辰	丙戌	乙卯	丁亥	丙辰	11
辛卯	辛酉	庚寅	庚申	己丑	戊午	戊子	丁巳	丁亥	丙辰	戊子	丁巳	12
壬辰	壬戌	辛卯	辛酉	庚寅	己未	己丑	戊午	戊子	丁巳	己丑	戊午	13
癸巳	癸亥	壬辰	壬戌	辛卯	庚申	庚寅	己未	己丑	戊午	庚寅	己未	14
甲午	甲子	癸巳	癸亥	壬辰	辛酉	辛卯	庚申	庚寅	己未	辛卯	庚申	15
十一月 乙未	乙丑	甲午	甲子	癸巳	壬戌	壬辰	辛酉	辛卯	庚申	壬辰	辛酉	16
丙申	十月 丙寅	乙未	乙丑	甲午	癸亥	癸巳	壬戌	壬辰	辛酉	癸巳	壬戌	17
丁酉	丁卯	九月 丙申	丙寅	乙未	甲子	甲午	癸亥	癸巳	壬戌	甲午	癸亥	18
戊戌	戊辰	丁酉	八月 丁卯	丙申	乙丑	乙未	甲子	甲午	癸亥	乙未	甲子	19
己亥	己巳	戊戌	戊辰	七月 丁酉	丙寅	丙申	乙丑	乙未	甲子	丙申	乙丑	20
庚子	庚午	己亥	己巳	戊戌	丁卯	丁酉	丙寅	丙申	乙丑	丁酉	丙寅	21
辛丑	辛未	庚子	庚午	己亥	六月 戊辰	戊戌	丁卯	丁酉	丙寅	戊戌	丁卯	22
壬寅	壬申	辛丑	辛未	庚子	己巳	閏五月 己亥	戊辰	戊戌	丁卯	己亥	戊辰	23
癸卯	癸酉	壬寅	壬申	辛丑	庚午	庚子	五月 己巳	己亥	戊辰	庚子	己巳	24
甲辰	甲戌	癸卯	癸酉	壬寅	辛未	辛丑	庚午	四月 庚子	己巳	二月 辛丑	庚午	25
乙巳	乙亥	甲辰	甲戌	癸卯	壬申	壬寅	辛未	辛丑	庚午	壬寅	正月 辛未	26
丙午	丙子	乙巳	乙亥	甲辰	癸酉	癸卯	壬申	壬寅	三月 辛未	癸卯	壬申	27
丁未	丁丑	丙午	丙子	乙巳	甲戌	甲辰	癸酉	癸卯	壬申	甲辰	癸酉	28
戊申	戊寅	丁未	丁丑	丙午	乙亥	乙巳	甲戌	甲辰	癸酉		甲戌	29
己酉	己卯	戊申	戊寅	丁未	丙子	丙午	乙亥	乙巳	甲戌		乙亥	30
庚戌		己酉		戊申	丁丑		丙子		乙亥		丙子	31

 農曆初一  農曆十五

西曆二〇一〇年

12月	11月	10月	9月	8月	7月	6月	5月	4月	3月	2月	1月	月/日
乙酉	乙卯	甲申	甲寅	癸未	壬子	壬午	辛亥	辛巳	庚戌	壬午	辛亥	1
丙戌	丙辰	乙酉	乙卯	甲申	癸丑	癸未	壬子	壬午	辛亥	癸未	壬子	2
丁亥	丁巳	丙戌	丙辰	乙酉	甲寅	甲申	癸丑	癸未	壬子	甲申	癸丑	3
戊子	戊午	丁亥	丁巳	丙戌	乙卯	乙酉	甲寅	甲申	癸丑	乙酉	甲寅	4
己丑	己未	戊子	戊午	丁亥	丙辰	丙戌	乙卯	乙酉	甲寅	丙戌	乙卯	5
十一月 庚寅	十月 庚申	己丑	己未	戊子	丁巳	丁亥	丙辰	丙戌	乙卯	丁亥	丙辰	6
辛卯	辛酉	庚寅	庚申	己丑	戊午	戊子	丁巳	丁亥	丙辰	戊子	丁巳	7
壬辰	壬戌	九月 辛卯	八月 辛酉	庚寅	己未	己丑	戊午	戊子	丁巳	己丑	戊午	8
癸巳	癸亥	壬辰	壬戌	辛卯	庚申	庚寅	己未	己丑	戊午	庚寅	己未	9
甲午	甲子	癸巳	癸亥	七月 壬辰	辛酉	辛卯	庚申	庚寅	己未	辛卯	庚申	10
乙未	乙丑	甲午	甲子	癸巳	壬戌	壬辰	辛酉	辛卯	庚申	壬辰	辛酉	11
丙申	丙寅	乙未	乙丑	甲午	六月 癸亥	五月 癸巳	壬戌	壬辰	辛酉	癸巳	壬戌	12
丁酉	丁卯	丙申	丙寅	乙未	甲子	甲午	癸亥	癸巳	壬戌	甲午	癸亥	13
戊戌	戊辰	丁酉	丁卯	丙申	乙丑	乙未	四月 甲子	三月 甲午	癸亥	正月 乙未	甲子	14
己亥	己巳	戊戌	戊辰	丁酉	丙寅	丙申	乙丑	乙未	甲子	丙申	十二月 乙丑	15
庚子	庚午	己亥	己巳	戊戌	丁卯	丁酉	丙寅	丙申	二月 乙丑	丁酉	丙寅	16
辛丑	辛未	庚子	庚午	己亥	戊辰	戊戌	丁卯	丁酉	丙寅	戊戌	丁卯	17
壬寅	壬申	辛丑	辛未	庚子	己巳	己亥	戊辰	戊戌	丁卯	己亥	戊辰	18
癸卯	癸酉	壬寅	壬申	辛丑	庚午	庚子	己巳	己亥	戊辰	庚子	己巳	19
甲辰	甲戌	癸卯	癸酉	壬寅	辛未	辛丑	庚午	庚子	己巳	辛丑	庚午	20
乙巳	乙亥	甲辰	甲戌	癸卯	壬申	壬寅	辛未	辛丑	庚午	壬寅	辛未	21
丙午	丙子	乙巳	乙亥	甲辰	癸酉	癸卯	壬申	壬寅	辛未	癸卯	壬申	22
丁未	丁丑	丙午	丙子	乙巳	甲戌	甲辰	癸酉	癸卯	壬申	甲辰	癸酉	23
戊申	戊寅	丁未	丁丑	丙午	乙亥	乙巳	甲戌	甲辰	癸酉	乙巳	甲戌	24
己酉	己卯	戊申	戊寅	丁未	丙子	丙午	乙亥	乙巳	甲戌	丙午	乙亥	25
庚戌	庚辰	己酉	己卯	戊申	丁丑	丁未	丙子	丙午	乙亥	丁未	丙子	26
辛亥	辛巳	庚戌	庚辰	己酉	戊寅	戊申	丁丑	丁未	丙子	戊申	丁丑	27
壬子	壬午	辛亥	辛巳	庚戌	己卯	己酉	戊寅	戊申	丁丑	己酉	戊寅	28
癸丑	癸未	壬子	壬午	辛亥	庚辰	庚戌	己卯	己酉	戊寅		己卯	29
甲寅	甲申	癸丑	癸未	壬子	辛巳	辛亥	庚辰	庚戌	己卯		庚辰	30
乙卯		甲寅		癸丑	壬午		辛巳		庚辰		辛巳	31

農曆初一

農曆十五

西曆二〇二一年

12月	11月	10月	9月	8月	7月	6月	5月	4月	3月	2月	1月	月/日
庚寅	庚申	己丑	己未	戊子	六月 丁巳	丁亥	丙辰	丙戌	乙卯	丁亥	丙辰	1
辛卯	辛酉	庚寅	庚申	己丑	戊午	五月 戊子	丁巳	丁亥	丙辰	戊子	丁巳	2
壬辰	壬戌	辛卯	辛酉	庚寅	己未	己丑	四月 戊午	三月 戊子	丁巳	正月 己丑	戊午	3
癸巳	癸亥	壬辰	壬戌	辛卯	庚申	庚寅	己未	己丑	戊午	庚寅	十二月 己未	4
甲午	甲子	癸巳	癸亥	壬辰	辛酉	辛卯	庚申	庚寅	二月 己未	辛卯	庚申	5
乙未	乙丑	甲午	甲子	癸巳	壬戌	壬辰	辛酉	辛卯	庚申	壬辰	辛酉	6
丙申	丙寅	乙未	乙丑	甲午	癸亥	癸巳	壬戌	壬辰	辛酉	癸巳	壬戌	7
丁酉	丁卯	丙申	丙寅	乙未	甲子	甲午	癸亥	癸巳	壬戌	甲午	癸亥	8
戊戌	戊辰	丁酉	丁卯	丙申	乙丑	乙未	甲子	甲午	癸亥	乙未	甲子	9
己亥	己巳	戊戌	戊辰	丁酉	丙寅	丙申	乙丑	乙未	甲子	丙申	乙丑	10
庚子	庚午	己亥	己巳	戊戌	丁卯	丁酉	丙寅	丙申	乙丑	丁酉	丙寅	11
辛丑	辛未	庚子	庚午	己亥	戊辰	戊戌	丁卯	丁酉	丙寅	戊戌	丁卯	12
壬寅	壬申	辛丑	辛未	庚子	己巳	己亥	戊辰	戊戌	丁卯	己亥	戊辰	13
癸卯	癸酉	壬寅	壬申	辛丑	庚午	庚子	己巳	己亥	戊辰	庚子	己巳	14
甲辰	甲戌	癸卯	癸酉	壬寅	辛未	辛丑	庚午	庚子	己巳	辛丑	庚午	15
乙巳	乙亥	甲辰	甲戌	癸卯	壬申	壬寅	辛未	辛丑	庚午	壬寅	辛未	16
丙午	丙子	乙巳	乙亥	甲辰	癸酉	癸卯	壬申	壬寅	辛未	癸卯	壬申	17
丁未	丁丑	丙午	丙子	乙巳	甲戌	甲辰	癸酉	癸卯	壬申	甲辰	癸酉	18
戊申	戊寅	丁未	丁丑	丙午	乙亥	乙巳	甲戌	甲辰	癸酉	乙巳	甲戌	19
己酉	己卯	戊申	戊寅	丁未	丙子	丙午	乙亥	乙巳	甲戌	丙午	乙亥	20
庚戌	庚辰	己酉	己卯	戊申	丁丑	丁未	丙子	丙午	乙亥	丁未	丙子	21
辛亥	辛巳	庚戌	庚辰	己酉	戊寅	戊申	丁丑	丁未	丙子	戊申	丁丑	22
壬子	壬午	辛亥	辛巳	庚戌	己卯	己酉	戊寅	戊申	丁丑	己酉	戊寅	23
癸丑	癸未	壬子	壬午	辛亥	庚辰	庚戌	己卯	己酉	戊寅	庚戌	己卯	24
十二月 甲寅	十一月 甲申	癸丑	癸未	壬子	辛巳	辛亥	庚辰	庚戌	己卯	辛亥	庚辰	25
乙卯	乙酉	甲寅	甲申	癸丑	壬午	壬子	辛巳	辛亥	庚辰	壬子	辛巳	26
丙辰	丙戌	十月 乙卯	九月 乙酉	甲寅	癸未	癸丑	壬午	壬子	辛巳	癸丑	壬午	27
丁巳	丁亥	丙辰	丙戌	乙卯	甲申	甲寅	癸未	癸丑	壬午	甲寅	癸未	28
戊午	戊子	丁巳	丁亥	八月 丙辰	乙酉	乙卯	甲申	甲寅	癸未		甲申	29
己未	己丑	戊午	戊子	丁巳	丙戌	丙辰	乙酉	乙卯	甲申		乙酉	30
庚申		己未		戊午	七月 丁亥		丙戌		乙酉		丙戌	31

 農曆初一  農曆十五

西曆二〇二二年

12月	11月	10月	9月	8月	7月	6月	5月	4月	3月	2月	1月	月/日
丙申	丙寅	乙未	乙丑	甲午	癸亥	癸巳	壬戌	壬辰	辛酉	壬辰	辛酉	1
丁酉	丁卯	丙申	丙寅	乙未	甲子	甲午	癸亥	癸巳	壬戌	癸巳	壬戌	2
戊戌	戊辰	丁酉	丁卯	丙申	乙丑	乙未	甲子	甲午	癸亥	甲午	癸亥	3
己亥	己巳	戊戌	戊辰	丁酉	丙寅	丙申	乙丑	乙未	甲子	乙未	甲子	4
庚子	庚午	己亥	己巳	戊戌	丁卯	丁酉	丙寅	丙申	乙丑	丙申	乙丑	5
辛丑	辛未	庚子	庚午	己亥	戊辰	戊戌	丁卯	丁酉	丙寅	丁酉	丙寅	6
壬寅	壬申	辛丑	辛未	庚子	己巳	己亥	戊辰	戊戌	丁卯	戊戌	丁卯	7
癸卯	癸酉	壬寅	壬申	辛丑	庚午	庚子	己巳	己亥	戊辰	己亥	戊辰	8
甲辰	甲戌	癸卯	癸酉	壬寅	辛未	辛丑	庚午	庚子	己巳	庚子	己巳	9
乙巳	乙亥	甲辰	甲戌	癸卯	壬申	壬寅	辛未	辛丑	庚午	辛丑	庚午	10
丙午	丙子	乙巳	乙亥	甲辰	癸酉	癸卯	壬申	壬寅	辛未	壬寅	辛未	11
丁未	丁丑	丙午	丙子	乙巳	甲戌	甲辰	癸酉	癸卯	壬申	癸卯	壬申	12
十一月 戊申	戊寅	丁未	丁丑	丙午	乙亥	乙巳	甲戌	甲辰	癸酉	甲辰	癸酉	13
己酉	十月 己卯	戊申	戊寅	丁未	丙子	丙午	乙亥	乙巳	甲戌	乙巳	甲戌	14
庚戌	庚辰	九月 己酉	己卯	戊申	丁丑	丁未	丙子	丙午	乙亥	丙午	乙亥	15
辛亥	辛巳	庚戌	八月 庚辰	己酉	戊寅	戊申	丁丑	丁未	丙子	丁未	丙子	16
壬子	壬午	辛亥	辛巳	七月 庚戌	己卯	己酉	戊寅	戊申	丁丑	戊申	丁丑	17
癸丑	癸未	壬子	壬午	辛亥	庚辰	庚戌	己卯	己酉	戊寅	己酉	戊寅	18
甲寅	甲申	癸丑	癸未	壬子	六月 辛巳	五月 辛亥	庚辰	庚戌	己卯	庚戌	己卯	19
乙卯	乙酉	甲寅	甲申	癸丑	壬午	壬子	辛巳	辛亥	庚辰	辛亥	庚辰	20
丙辰	丙戌	乙卯	乙酉	甲寅	癸未	癸丑	閏四月 壬午	四月 壬子	辛巳	壬子	辛巳	21
丁巳	丁亥	丙辰	丙戌	乙卯	甲申	甲寅	癸未	癸丑	三月 壬午	二月 癸丑	壬午	22
戊午	戊子	丁巳	丁亥	丙辰	乙酉	乙卯	甲申	甲寅	癸未	甲寅	正月 癸未	23
己未	己丑	戊午	戊子	丁巳	丙戌	丙辰	乙酉	乙卯	甲申	乙卯	甲申	24
庚申	庚寅	己未	己丑	戊午	丁亥	丁巳	丙戌	丙辰	乙酉	丙辰	乙酉	25
辛酉	辛卯	庚申	庚寅	己未	戊子	戊午	丁亥	丁巳	丙戌	丁巳	丙戌	26
壬戌	壬辰	辛酉	辛卯	庚申	己丑	己未	戊子	戊午	丁亥	戊午	丁亥	27
癸亥	癸巳	壬戌	壬辰	辛酉	庚寅	庚申	己丑	己未	戊子	己未	戊子	28
甲子	甲午	癸亥	癸巳	壬戌	辛卯	辛酉	庚寅	庚申	己丑	庚申	己丑	29
乙丑	乙未	甲子	甲午	癸亥	壬辰	壬戌	辛卯	辛酉	庚寅		庚寅	30
丙寅		乙丑		甲子	癸巳		壬辰		辛卯		辛卯	31

農曆初一　農曆十五

西曆二〇一三年

12月	11月	10月	9月	8月	7月	6月	5月	4月	3月	2月	1月	月/日
辛丑	辛未	庚子	庚午	己亥	戊辰	戊戌	丁卯	丁酉	丙寅	戊戌	丁卯	1
壬寅	壬申	辛丑	辛未	庚子	己巳	己亥	戊辰	戊戌	丁卯	己亥	戊辰	2
(十一月) 癸卯	(十月) 癸酉	壬寅	壬申	辛丑	庚午	庚子	己巳	己亥	戊辰	庚子	己巳	3
甲辰	甲戌	癸卯	癸酉	壬寅	辛未	辛丑	庚午	庚子	己巳	辛丑	庚午	4
乙巳	乙亥	(九月) 甲辰	(八月) 甲戌	癸卯	壬申	壬寅	辛未	辛丑	庚午	壬寅	辛未	5
丙午	丙子	乙巳	乙亥	甲辰	癸酉	癸卯	壬申	壬寅	辛未	癸卯	壬申	6
丁未	丁丑	丙午	丙子	(七月) 乙巳	甲戌	甲辰	癸酉	癸卯	壬申	甲辰	癸酉	7
戊申	戊寅	丁未	丁丑	丙午	(六月) 乙亥	(五月) 乙巳	甲戌	甲辰	癸酉	乙巳	甲戌	8
己酉	己卯	戊申	戊寅	丁未	丙子	丙午	乙亥	乙巳	甲戌	丙午	乙亥	9
庚戌	庚辰	己酉	己卯	戊申	丁丑	丁未	(四月) 丙子	(三月) 丙午	乙亥	(正月) 丁未	丙子	10
辛亥	辛巳	庚戌	庚辰	己酉	戊寅	戊申	丁丑	丁未	丙子	戊申	丁丑	11
壬子	壬午	辛亥	辛巳	庚戌	己卯	己酉	戊寅	戊申	(二月) 丁丑	己酉	(十二月) 戊寅	12
癸丑	癸未	壬子	壬午	辛亥	庚辰	庚戌	己卯	己酉	戊寅	庚戌	己卯	13
甲寅	甲申	癸丑	癸未	壬子	辛巳	辛亥	庚辰	庚戌	己卯	辛亥	庚辰	14
乙卯	乙酉	甲寅	甲申	癸丑	壬午	壬子	辛巳	辛亥	庚辰	壬子	辛巳	15
丙辰	丙戌	乙卯	乙酉	甲寅	癸未	癸丑	壬午	壬子	辛巳	癸丑	壬午	16
丁巳	丁亥	丙辰	丙戌	乙卯	甲申	甲寅	癸未	癸丑	壬午	甲寅	癸未	17
戊午	戊子	丁巳	丁亥	丙辰	乙酉	乙卯	甲申	甲寅	癸未	乙卯	甲申	18
己未	己丑	戊午	戊子	丁巳	丙戌	丙辰	乙酉	乙卯	甲申	丙辰	乙酉	19
庚申	庚寅	己未	己丑	戊午	丁亥	丁巳	丙戌	丙辰	乙酉	丁巳	丙戌	20
辛酉	辛卯	庚申	庚寅	己未	戊子	戊午	丁亥	丁巳	丙戌	戊午	丁亥	21
壬戌	壬辰	辛酉	辛卯	庚申	己丑	己未	戊子	戊午	丁亥	己未	戊子	22
癸亥	癸巳	壬戌	壬辰	辛酉	庚寅	庚申	己丑	己未	戊子	庚申	己丑	23
甲子	甲午	癸亥	癸巳	壬戌	辛卯	辛酉	庚寅	庚申	己丑	辛酉	庚寅	24
乙丑	乙未	甲子	甲午	癸亥	壬辰	壬戌	辛卯	辛酉	庚寅	壬戌	辛卯	25
丙寅	丙申	乙丑	乙未	甲子	癸巳	癸亥	壬辰	壬戌	辛卯	癸亥	壬辰	26
丁卯	丁酉	丙寅	丙申	乙丑	甲午	甲子	癸巳	癸亥	壬辰	甲子	癸巳	27
戊辰	戊戌	丁卯	丁酉	丙寅	乙未	乙丑	甲午	甲子	癸巳	乙丑	甲午	28
己巳	己亥	戊辰	戊戌	丁卯	丙申	丙寅	乙未	乙丑	甲午		乙未	29
庚午	庚子	己巳	己亥	戊辰	丁酉	丁卯	丙申	丙寅	乙未		丙申	30
辛未		庚午		己巳	戊戌		丁酉		丙申		丁酉	31

 農曆初一　 農曆十五

西曆二〇一四年

12月	11月	10月	9月	8月	7月	6月	5月	4月	3月	2月	1月	月/日
丙午	丙子	乙巳	乙亥	甲辰	癸酉	癸卯	壬申	壬寅	二月 辛未	癸卯	十二月 壬申	1
丁未	丁丑	丙午	丙子	乙巳	甲戌	甲辰	癸酉	癸卯	壬申	甲辰	癸酉	2
戊申	戊寅	丁未	丁丑	丙午	乙亥	乙巳	甲戌	甲辰	癸酉	乙巳	甲戌	3
己酉	己卯	戊申	戊寅	丁未	丙子	丙午	乙亥	乙巳	甲戌	丙午	乙亥	4
庚戌	庚辰	己酉	己卯	戊申	丁丑	丁未	丙子	丙午	乙亥	丁未	丙子	5
辛亥	辛巳	庚戌	庚辰	己酉	戊寅	戊申	丁丑	丁未	丙子	戊申	丁丑	6
壬子	壬午	辛亥	辛巳	庚戌	己卯	己酉	戊寅	戊申	丁丑	己酉	戊寅	7
癸丑	癸未	壬子	壬午	辛亥	庚辰	庚戌	己卯	己酉	戊寅	庚戌	己卯	8
甲寅	甲申	癸丑	癸未	壬子	辛巳	辛亥	庚辰	庚戌	己卯	辛亥	庚辰	9
乙卯	乙酉	甲寅	甲申	癸丑	壬午	壬子	辛巳	辛亥	庚辰	壬子	辛巳	10
丙辰	丙戌	乙卯	乙酉	甲寅	癸未	癸丑	壬午	壬子	辛巳	癸丑	壬午	11
丁巳	丁亥	丙辰	丙戌	乙卯	甲申	甲寅	癸未	癸丑	壬午	甲寅	癸未	12
戊午	戊子	丁巳	丁亥	丙辰	乙酉	乙卯	甲申	甲寅	癸未	乙卯	甲申	13
己未	己丑	戊午	戊子	丁巳	丙戌	丙辰	乙酉	乙卯	甲申	丙辰	乙酉	14
庚申	庚寅	己未	己丑	戊午	丁亥	丁巳	丙戌	丙辰	乙酉	丁巳	丙戌	15
辛酉	辛卯	庚申	庚寅	己未	戊子	戊午	丁亥	丁巳	丙戌	戊午	丁亥	16
壬戌	壬辰	辛酉	辛卯	庚申	己丑	己未	戊子	戊午	丁亥	己未	戊子	17
癸亥	癸巳	壬戌	壬辰	辛酉	庚寅	庚申	己丑	己未	戊子	庚申	己丑	18
甲子	甲午	癸亥	癸巳	壬戌	辛卯	辛酉	庚寅	庚申	己丑	辛酉	庚寅	19
乙丑	乙未	甲子	甲午	癸亥	壬辰	壬戌	辛卯	辛酉	庚寅	壬戌	辛卯	20
丙寅	丙申	乙丑	乙未	甲子	癸巳	癸亥	壬辰	壬戌	辛卯	癸亥	壬辰	21
十一月 丁卯	十月 丁酉	丙寅	丙申	乙丑	甲午	甲子	癸巳	癸亥	壬辰	甲子	癸巳	22
戊辰	戊戌	丁卯	丁酉	丙寅	乙未	乙丑	甲午	甲子	癸巳	乙丑	甲午	23
己巳	己亥	閏九月 戊辰	九月 戊戌	丁卯	丙申	丙寅	乙未	乙丑	甲午	丙寅	乙未	24
庚午	庚子	己巳	己亥	八月 戊辰	丁酉	丁卯	丙申	丙寅	乙未	丁卯	丙申	25
辛未	辛丑	庚午	庚子	己巳	戊戌	戊辰	丁酉	丁卯	丙申	戊辰	丁酉	26
壬申	壬寅	辛未	辛丑	庚午	七月 己亥	六月 己巳	戊戌	戊辰	丁酉	己巳	戊戌	27
癸酉	癸卯	壬申	壬寅	辛未	庚子	庚午	己亥	己巳	戊戌	庚午	己亥	28
甲戌	甲辰	癸酉	癸卯	壬申	辛丑	辛未	五月 庚子	四月 庚午	己亥		庚子	29
乙亥	乙巳	甲戌	甲辰	癸酉	壬寅	壬申	辛丑	辛未	庚子		辛丑	30
丙子		乙亥		甲戌	癸卯		壬寅		三月 辛丑		正月 壬寅	31

農曆初一　農曆十五

西曆二〇二五年

12月	11月	10月	9月	8月	7月	6月	5月	4月	3月	2月	1月	月/日
辛亥	辛巳	庚戌	庚辰	己酉	戊寅	戊申	丁丑	丁未	丙子	戊申	丁丑	1
壬子	壬午	辛亥	辛巳	庚戌	己卯	己酉	戊寅	戊申	丁丑	己酉	戊寅	2
癸丑	癸未	壬子	壬午	辛亥	庚辰	庚戌	己卯	己酉	戊寅	庚戌	己卯	3
甲寅	甲申	癸丑	癸未	壬子	辛巳	辛亥	庚辰	庚戌	己卯	辛亥	庚辰	4
乙卯	乙酉	甲寅	甲申	癸丑	壬午	壬子	辛巳	辛亥	庚辰	壬子	辛巳	5
丙辰	丙戌	乙卯	乙酉	甲寅	癸未	癸丑	壬午	壬子	辛巳	癸丑	壬午	6
丁巳	丁亥	丙辰	丙戌	乙卯	甲申	甲寅	癸未	癸丑	壬午	甲寅	癸未	7
戊午	戊子	丁巳	丁亥	丙辰	乙酉	乙卯	甲申	甲寅	癸未	乙卯	甲申	8
己未	己丑	戊午	戊子	丁巳	丙戌	丙辰	乙酉	乙卯	甲申	丙辰	乙酉	9
庚申	庚寅	己未	己丑	戊午	丁亥	丁巳	丙戌	丙辰	乙酉	丁巳	丙戌	10
十一月 辛酉	辛卯	庚申	庚寅	己未	戊子	戊午	丁亥	丁巳	丙戌	戊午	丁亥	11
壬戌	十月 壬辰	辛酉	辛卯	庚申	己丑	己未	戊子	戊午	丁亥	己未	戊子	12
癸亥	癸巳	九月 壬戌	八月 壬辰	辛酉	庚寅	庚申	己丑	己未	戊子	庚申	己丑	13
甲子	甲午	癸亥	癸巳	七月 壬戌	辛卯	辛酉	庚寅	庚申	己丑	辛酉	庚寅	14
乙丑	乙未	甲子	甲午	癸亥	壬辰	壬戌	辛卯	辛酉	庚寅	壬戌	辛卯	15
丙寅	丙申	乙丑	乙未	甲子	六月 癸巳	五月 癸亥	壬辰	壬戌	辛卯	癸亥	壬辰	16
丁卯	丁酉	丙寅	丙申	乙丑	甲午	甲子	癸巳	癸亥	壬辰	甲子	癸巳	17
戊辰	戊戌	丁卯	丁酉	丙寅	乙未	乙丑	四月 甲午	甲子	癸巳	乙丑	甲午	18
己巳	己亥	戊辰	戊戌	丁卯	丙申	丙寅	乙未	三月 乙丑	甲午	正月 丙寅	乙未	19
庚午	庚子	己巳	己亥	戊辰	丁酉	丁卯	丙申	丙寅	二月 乙未	丁卯	十二月 丙申	20
辛未	辛丑	庚午	庚子	己巳	戊戌	戊辰	丁酉	丁卯	丙申	戊辰	丁酉	21
壬申	壬寅	辛未	辛丑	庚午	己亥	己巳	戊戌	戊辰	丁酉	己巳	戊戌	22
癸酉	癸卯	壬申	壬寅	辛未	庚子	庚午	己亥	己巳	戊戌	庚午	己亥	23
甲戌	甲辰	癸酉	癸卯	壬申	辛丑	辛未	庚子	庚午	己亥	辛未	庚子	24
乙亥	乙巳	甲戌	甲辰	癸酉	壬寅	壬申	辛丑	辛未	庚子	壬申	辛丑	25
丙子	丙午	乙亥	乙巳	甲戌	癸卯	癸酉	壬寅	壬申	辛丑	癸酉	壬寅	26
丁丑	丁未	丙子	丙午	乙亥	甲辰	甲戌	癸卯	癸酉	壬寅	甲戌	癸卯	27
戊寅	戊申	丁丑	丁未	丙子	乙巳	乙亥	甲辰	甲戌	癸卯	乙亥	甲辰	28
己卯	己酉	戊寅	戊申	丁丑	丙午	丙子	乙巳	乙亥	甲辰		乙巳	29
庚辰	庚戌	己卯	己酉	戊寅	丁未	丁丑	丙午	丙子	乙巳		丙午	30
辛巳		庚辰		己卯	戊申		丁未		丙午		丁未	31

農曆初一　農曆十五

西曆二〇一六年

12月	11月	10月	9月	8月	7月	6月	5月	4月	3月	2月	1月	月/日
丁巳	丁亥	九月 丙辰	八月 丙戌	乙卯	甲申	甲寅	癸未	癸丑	壬午	癸丑	壬午	1
戊午	戊子	丁巳	丁亥	丙辰	乙酉	乙卯	甲申	甲寅	癸未	甲寅	癸未	2
己未	己丑	戊午	戊子	七月 丁巳	丙戌	丙辰	乙酉	乙卯	甲申	乙卯	甲申	3
庚申	庚寅	己未	己丑	戊午	六月 丁亥	丁巳	丙戌	丙辰	乙酉	丙辰	乙酉	4
辛酉	辛卯	庚申	庚寅	己未	戊子	五月 戊午	丁亥	丁巳	丙戌	丁巳	丙戌	5
壬戌	壬辰	辛酉	辛卯	庚申	己丑	己未	戊子	戊午	丁亥	戊午	丁亥	6
癸亥	癸巳	壬戌	壬辰	辛酉	庚寅	庚申	四月 己丑	三月 己未	戊子	己未	戊子	7
甲子	甲午	癸亥	癸巳	壬戌	辛卯	辛酉	庚寅	庚申	己丑	正月 庚申	己丑	8
乙丑	乙未	甲子	甲午	癸亥	壬辰	壬戌	辛卯	辛酉	二月 庚寅	辛酉	庚寅	9
丙寅	丙申	乙丑	乙未	甲子	癸巳	癸亥	壬辰	壬戌	辛卯	壬戌	十二月 辛卯	10
丁卯	丁酉	丙寅	丙申	乙丑	甲午	甲子	癸巳	癸亥	壬辰	癸亥	壬辰	11
戊辰	戊戌	丁卯	丁酉	丙寅	乙未	乙丑	甲午	甲子	癸巳	甲子	癸巳	12
己巳	己亥	戊辰	戊戌	丁卯	丙申	丙寅	乙未	乙丑	甲午	乙丑	甲午	13
庚午	庚子	己巳	己亥	戊辰	丁酉	丁卯	丙申	丙寅	乙未	丙寅	乙未	14
辛未	辛丑	庚午	庚子	己巳	戊戌	戊辰	丁酉	丁卯	丙申	丁卯	丙申	15
壬申	壬寅	辛未	辛丑	庚午	己亥	己巳	戊戌	戊辰	丁酉	戊辰	丁酉	16
癸酉	癸卯	壬申	壬寅	辛未	庚子	庚午	己亥	己巳	戊戌	己巳	戊戌	17
甲戌	甲辰	癸酉	癸卯	壬申	辛丑	辛未	庚子	庚午	己亥	庚午	己亥	18
乙亥	乙巳	甲戌	甲辰	癸酉	壬寅	壬申	辛丑	辛未	庚子	辛未	庚子	19
丙子	丙午	乙亥	乙巳	甲戌	癸卯	癸酉	壬寅	壬申	辛丑	壬申	辛丑	20
丁丑	丁未	丙子	丙午	乙亥	甲辰	甲戌	癸卯	癸酉	壬寅	癸酉	壬寅	21
戊寅	戊申	丁丑	丁未	丙子	乙巳	乙亥	甲辰	甲戌	癸卯	甲戌	癸卯	22
己卯	己酉	戊寅	戊申	丁丑	丙午	丙子	乙巳	乙亥	甲辰	乙亥	甲辰	23
庚辰	庚戌	已卯	己酉	戊寅	丁未	丁丑	丙午	丙子	乙巳	丙子	乙巳	24
辛巳	辛亥	庚辰	庚戌	己卯	戊申	戊寅	丁未	丁丑	丙午	丁丑	丙午	25
壬午	壬子	辛巳	辛亥	庚辰	己酉	已卯	戊申	戊寅	丁未	戊寅	丁未	26
癸未	癸丑	壬午	壬子	辛巳	庚戌	庚辰	己酉	己卯	戊申	己卯	戊申	27
甲申	甲寅	癸未	癸丑	壬午	辛亥	辛巳	庚戌	庚辰	己酉	庚辰	己酉	28
十二月 乙酉	十一月 乙卯	甲申	甲寅	癸未	壬子	壬午	辛亥	辛巳	庚戌	辛巳	庚戌	29
丙戌	丙辰	乙酉	乙卯	甲申	癸丑	癸未	壬子	壬午	辛亥		辛亥	30
丁亥		十月 丙戌		乙酉	甲寅		癸丑		壬子		壬子	31

農曆初一　農曆十五

西曆二〇一七年

12月	11月	10月	9月	8月	7月	6月	5月	4月	3月	2月	1月	月/日
壬戌	壬辰	辛酉	辛卯	庚申	己丑	己未	戊子	戊午	丁亥	己未	戊子	1
癸亥	癸巳	壬戌	壬辰	辛酉	庚寅	庚申	己丑	己未	戊子	庚申	己丑	2
甲子	甲午	癸亥	癸巳	壬戌	辛卯	辛酉	庚寅	庚申	己丑	辛酉	庚寅	3
乙丑	乙未	甲子	甲午	癸亥	壬辰	壬戌	辛卯	辛酉	庚寅	壬戌	辛卯	4
丙寅	丙申	乙丑	乙未	甲子	癸巳	癸亥	壬辰	壬戌	辛卯	癸亥	壬辰	5
丁卯	丁酉	丙寅	丙申	乙丑	甲午	甲子	癸巳	癸亥	壬辰	甲子	癸巳	6
戊辰	戊戌	丁卯	丁酉	丙寅	乙未	乙丑	甲午	甲子	癸巳	乙丑	甲午	7
己巳	己亥	戊辰	戊戌	丁卯	丙申	丙寅	乙未	乙丑	甲午	丙寅	乙未	8
庚午	庚子	己巳	己亥	戊辰	丁酉	丁卯	丙申	丙寅	乙未	丁卯	丙申	9
辛未	辛丑	庚午	庚子	己巳	戊戌	戊辰	丁酉	丁卯	丙申	戊辰	丁酉	10
壬申	壬寅	辛未	辛丑	庚午	己亥	己巳	戊戌	戊辰	丁酉	己巳	戊戌	11
癸酉	癸卯	壬申	壬寅	辛未	庚子	庚午	己亥	己巳	戊戌	庚午	己亥	12
甲戌	甲辰	癸酉	癸卯	壬申	辛丑	辛未	庚子	庚午	己亥	辛未	庚子	13
乙亥	乙巳	甲戌	甲辰	癸酉	壬寅	壬申	辛丑	辛未	庚子	壬申	辛丑	14
丙子	丙午	乙亥	乙巳	甲戌	癸卯	癸酉	壬寅	壬申	辛丑	癸酉	壬寅	15
丁丑	丁未	丙子	丙午	乙亥	甲辰	甲戌	癸卯	癸酉	壬寅	甲戌	癸卯	16
戊寅	戊申	丁丑	丁未	丙子	乙巳	乙亥	甲辰	甲戌	癸卯	乙亥	甲辰	17
十一月 己卯	十月 己酉	戊寅	戊申	丁丑	丙午	丙子	乙巳	乙亥	甲辰	丙子	乙巳	18
庚辰	庚戌	己卯	己酉	戊寅	丁未	丁丑	丙午	丙子	乙巳	丁丑	丙午	19
辛巳	辛亥	九月 庚辰	八月 庚戌	己卯	戊申	戊寅	丁未	丁丑	丙午	戊寅	丁未	20
壬午	壬子	辛巳	辛亥	庚辰	己酉	己卯	戊申	戊寅	丁未	己卯	戊申	21
癸未	癸丑	壬午	壬子	七月 辛巳	庚戌	庚辰	己酉	己卯	戊申	庚辰	己酉	22
甲申	甲寅	癸未	癸丑	壬午	閏六月 辛亥	辛巳	庚戌	庚辰	己酉	辛巳	庚戌	23
乙酉	乙卯	甲申	甲寅	癸未	壬子	六月 壬午	辛亥	辛巳	庚戌	壬午	辛亥	24
丙戌	丙辰	乙酉	乙卯	甲申	癸丑	癸未	壬子	壬午	辛亥	癸未	壬子	25
丁亥	丁巳	丙戌	丙辰	乙酉	甲寅	甲申	五月 癸丑	四月 癸未	壬子	二月 甲申	癸丑	26
戊子	戊午	丁亥	丁巳	丙戌	乙卯	乙酉	甲寅	甲申	癸丑	乙酉	甲寅	27
己丑	己未	戊子	戊午	丁亥	丙辰	丙戌	乙卯	乙酉	三月 甲寅	丙戌	正月 乙卯	28
庚寅	庚申	己丑	己未	戊子	丁巳	丁亥	丙辰	丙戌	乙卯		丙辰	29
辛卯	辛酉	庚寅	庚申	己丑	戊午	戊子	丁巳	丁亥	丙辰		丁巳	30
壬辰		辛卯		庚寅	己未		戊午		丁巳		戊午	31

農曆初一　農曆十五

西曆二〇一八年

12月	11月	10月	9月	8月	7月	6月	5月	4月	3月	2月	1月	月/日
丁卯	丁酉	丙寅	丙申	乙丑	甲午	甲子	癸巳	癸亥	壬辰	甲子	癸巳	1
戊辰	戊戌	丁卯	丁酉	丙寅	乙未	乙丑	甲午	甲子	癸巳	乙丑	甲午	2
己巳	己亥	戊辰	戊戌	丁卯	丙申	丙寅	乙未	乙丑	甲午	丙寅	乙未	3
庚午	庚子	己巳	己亥	戊辰	丁酉	丁卯	丙申	丙寅	乙未	丁卯	丙申	4
辛未	辛丑	庚午	庚子	己巳	戊戌	戊辰	丁酉	丁卯	丙申	戊辰	丁酉	5
壬申	壬寅	辛未	辛丑	庚午	己亥	己巳	戊戌	戊辰	丁酉	己巳	戊戌	6
十一月 癸酉	癸卯	壬申	壬寅	辛未	庚子	庚午	己亥	己巳	戊戌	庚午	己亥	7
甲戌	十月 甲辰	癸酉	癸卯	壬申	辛丑	辛未	庚子	庚午	己亥	辛未	庚子	8
乙亥	乙巳	九月 甲戌	甲辰	癸酉	壬寅	壬申	辛丑	辛未	庚子	壬申	辛丑	9
丙子	丙午	乙亥	八月 乙巳	甲戌	癸卯	癸酉	壬寅	壬申	辛丑	癸酉	壬寅	10
丁丑	丁未	丙子	丙午	七月 乙亥	甲辰	甲戌	癸卯	癸酉	壬寅	甲戌	癸卯	11
戊寅	戊申	丁丑	丁未	丙子	乙巳	乙亥	甲辰	甲戌	癸卯	乙亥	甲辰	12
己卯	己酉	戊寅	戊申	丁丑	六月 丙午	丙子	乙巳	乙亥	甲辰	丙子	乙巳	13
庚辰	庚戌	己卯	己酉	戊寅	丁未	五月 丁丑	丙午	丙子	乙巳	丁丑	丙午	14
辛巳	辛亥	庚辰	庚戌	己卯	戊申	戊寅	四月 丁未	丁丑	丙午	戊寅	丁未	15
壬午	壬子	辛巳	辛亥	庚辰	己酉	己卯	戊申	三月 戊寅	丁未	正月 己卯	戊申	16
癸未	癸丑	壬午	壬子	辛巳	庚戌	庚辰	己酉	己卯	二月 戊申	庚辰	十二月 己酉	17
甲申	甲寅	癸未	癸丑	壬午	辛亥	辛巳	庚戌	庚辰	己酉	辛巳	庚戌	18
乙酉	乙卯	甲申	甲寅	癸未	壬子	壬午	辛亥	辛巳	庚戌	壬午	辛亥	19
丙戌	丙辰	乙酉	乙卯	甲申	癸丑	癸未	壬子	壬午	辛亥	癸未	壬子	20
丁亥	丁巳	丙戌	丙辰	乙酉	甲寅	甲申	癸丑	癸未	壬子	甲申	癸丑	21
戊子	戊午	丁亥	丁巳	丙戌	乙卯	乙酉	甲寅	甲申	癸丑	乙酉	甲寅	22
己丑	己未	戊子	戊午	丁亥	丙辰	丙戌	乙卯	乙酉	甲寅	丙戌	乙卯	23
庚寅	庚申	己丑	己未	戊子	丁巳	丁亥	丙辰	丙戌	乙卯	丁亥	丙辰	24
辛卯	辛酉	庚寅	庚申	己丑	戊午	戊子	丁巳	丁亥	丙辰	戊子	丁巳	25
壬辰	壬戌	辛卯	辛酉	庚寅	己未	己丑	戊午	戊子	丁巳	己丑	戊午	26
癸巳	癸亥	壬辰	壬戌	辛卯	庚申	庚寅	己未	己丑	戊午	庚寅	己未	27
甲午	甲子	癸巳	癸亥	壬辰	辛酉	辛卯	庚申	庚寅	己未	辛卯	庚申	28
乙未	乙丑	甲午	甲子	癸巳	壬戌	壬辰	辛酉	辛卯	庚申		辛酉	29
丙申	丙寅	乙未	乙丑	甲午	癸亥	癸巳	壬戌	壬辰	辛酉		壬戌	30
丁酉		丙申		乙未	甲子		癸亥		壬戌		癸亥	31

農曆初一　農曆十五

西曆二〇一九年

12月	11月	10月	9月	8月	7月	6月	5月	4月	3月	2月	1月	月/日
壬申	壬寅	辛未	辛丑	七月 庚午	己亥	己巳	戊戌	戊辰	丁酉	己巳	戊戌	1
癸酉	癸卯	壬申	壬寅	辛未	庚子	庚午	己亥	己巳	戊戌	庚午	己亥	2
甲戌	甲辰	癸酉	癸卯	壬申	六月 辛丑	五月 辛未	庚子	庚午	己亥	辛未	庚子	3
乙亥	乙巳	甲戌	甲辰	癸酉	壬寅	壬申	辛丑	辛未	庚子	壬申	辛丑	4
丙子	丙午	乙亥	乙巳	甲戌	癸卯	癸酉	四月 壬寅	三月 壬申	辛丑	正月 癸酉	壬寅	5
丁丑	丁未	丙子	丙午	乙亥	甲辰	甲戌	癸卯	癸酉	壬寅	甲戌	十二月 癸卯	6
戊寅	戊申	丁丑	丁未	丙子	乙巳	乙亥	甲辰	甲戌	二月 癸卯	乙亥	甲辰	7
己卯	己酉	戊寅	戊申	丁丑	丙午	丙子	乙巳	乙亥	甲辰	丙子	乙巳	8
庚辰	庚戌	己卯	己酉	戊寅	丁未	丁丑	丙午	丙子	乙巳	丁丑	丙午	9
辛巳	辛亥	庚辰	庚戌	己卯	戊申	戊寅	丁未	丁丑	丙午	戊寅	丁未	10
壬午	壬子	辛巳	辛亥	庚辰	己酉	己卯	戊申	戊寅	丁未	己卯	戊申	11
癸未	癸丑	壬午	壬子	辛巳	庚戌	庚辰	己酉	己卯	戊申	庚辰	己酉	12
甲申	甲寅	癸未	癸丑	壬午	辛亥	辛巳	庚戌	庚辰	己酉	辛巳	庚戌	13
乙酉	乙卯	甲申	甲寅	癸未	壬子	壬午	辛亥	辛巳	庚戌	壬午	辛亥	14
丙戌	丙辰	乙酉	乙卯	甲申	癸丑	癸未	壬子	壬午	辛亥	癸未	壬子	15
丁亥	丁巳	丙戌	丙辰	乙酉	甲寅	甲申	癸丑	癸未	壬子	甲申	癸丑	16
戊子	戊午	丁亥	丁巳	丙戌	乙卯	乙酉	甲寅	甲申	癸丑	乙酉	甲寅	17
己丑	己未	戊子	戊午	丁亥	丙辰	丙戌	乙卯	乙酉	甲寅	丙戌	乙卯	18
庚寅	庚申	己丑	己未	戊子	丁巳	丁亥	丙辰	丙戌	乙卯	丁亥	丙辰	19
辛卯	辛酉	庚寅	庚申	己丑	戊午	戊子	丁巳	丁亥	丙辰	戊子	丁巳	20
壬辰	壬戌	辛卯	辛酉	庚寅	己未	己丑	戊午	戊子	丁巳	己丑	戊午	21
癸巳	癸亥	壬辰	壬戌	辛卯	庚申	庚寅	己未	己丑	戊午	庚寅	己未	22
甲午	甲子	癸巳	癸亥	壬辰	辛酉	辛卯	庚申	庚寅	己未	辛卯	庚申	23
乙未	乙丑	甲午	甲子	癸巳	壬戌	壬辰	辛酉	辛卯	庚申	壬辰	辛酉	24
丙申	丙寅	乙未	乙丑	甲午	癸亥	癸巳	壬戌	壬辰	辛酉	癸巳	壬戌	25
十二月 丁酉	十一月 丁卯	丙申	丙寅	乙未	甲子	甲午	癸亥	癸巳	壬戌	甲午	癸亥	26
戊戌	戊辰	丁酉	丁卯	丙申	乙丑	乙未	甲子	甲午	癸亥	乙未	甲子	27
己亥	己巳	十月 戊戌	戊辰	丁酉	丙寅	丙申	乙丑	乙未	甲子	丙申	乙丑	28
庚子	庚午	己亥	九月 己巳	戊戌	丁卯	丁酉	丙寅	丙申	乙丑		丙寅	29
辛丑	辛未	庚子	庚午	八月 己亥	戊辰	戊戌	丁卯	丁酉	丙寅		丁卯	30
壬寅		辛丑		庚子	己巳		戊辰		丁卯		戊辰	31

農曆初一　農曆十五

西曆二〇二〇年

12月	11月	10月	9月	8月	7月	6月	5月	4月	3月	2月	1月	月／日
戊寅	戊申	丁丑	丁未	丙子	乙巳	乙亥	甲辰	甲戌	癸卯	甲戌	癸卯	1
己卯	己酉	戊寅	戊申	丁丑	丙午	丙子	乙巳	乙亥	甲辰	乙亥	甲辰	2
庚辰	庚戌	己卯	己酉	戊寅	丁未	丁丑	丙午	丙子	乙巳	丙子	乙巳	3
辛巳	辛亥	庚辰	庚戌	己卯	戊申	戊寅	丁未	丁丑	丙午	丁丑	丙午	4
壬午	壬子	辛巳	辛亥	庚辰	己酉	己卯	戊申	戊寅	丁未	戊寅	丁未	5
癸未	癸丑	壬午	壬子	辛巳	庚戌	庚辰	己酉	己卯	戊申	己卯	戊申	6
甲申	甲寅	癸未	癸丑	壬午	辛亥	辛巳	庚戌	庚辰	己酉	庚辰	己酉	7
乙酉	乙卯	甲申	甲寅	癸未	壬子	壬午	辛亥	辛巳	庚戌	辛巳	庚戌	8
丙戌	丙辰	乙酉	乙卯	甲申	癸丑	癸未	壬子	壬午	辛亥	壬午	辛亥	9
丁亥	丁巳	丙戌	丙辰	乙酉	甲寅	甲申	癸丑	癸未	壬子	癸未	壬子	10
戊子	戊午	丁亥	丁巳	丙戌	乙卯	乙酉	甲寅	甲申	癸丑	甲申	癸丑	11
己丑	己未	戊子	戊午	丁亥	丙辰	丙戌	乙卯	乙酉	甲寅	乙酉	甲寅	12
庚寅	庚申	己丑	己未	戊子	丁巳	丁亥	丙辰	丙戌	乙卯	丙戌	乙卯	13
辛卯	辛酉	庚寅	庚申	己丑	戊午	戊子	丁巳	丁亥	丙辰	丁亥	丙辰	14
十一月 壬辰	十月 壬戌	辛卯	辛酉	庚寅	己未	己丑	戊午	戊子	丁巳	戊子	丁巳	15
癸巳	癸亥	壬辰	壬戌	辛卯	庚申	庚寅	己未	己丑	戊午	己丑	戊午	16
甲午	甲子	九月 癸巳	八月 癸亥	壬辰	辛酉	辛卯	庚申	庚寅	己未	庚寅	己未	17
乙未	乙丑	甲午	甲子	癸巳	壬戌	壬辰	辛酉	辛卯	庚申	辛卯	庚申	18
丙申	丙寅	乙未	乙丑	七月 甲午	癸亥	癸巳	壬戌	壬辰	辛酉	壬辰	辛酉	19
丁酉	丁卯	丙申	丙寅	乙未	甲子	甲午	癸亥	癸巳	壬戌	癸巳	壬戌	20
戊戌	戊辰	丁酉	丁卯	丙申	六月 乙丑	五月 乙未	甲子	甲午	癸亥	甲午	癸亥	21
己亥	己巳	戊戌	戊辰	丁酉	丙寅	丙申	乙丑	乙未	甲子	乙未	甲子	22
庚子	庚午	己亥	己巳	戊戌	丁卯	丁酉	閏四月 丙寅	四月 丙申	乙丑	二月 丙申	乙丑	23
辛丑	辛未	庚子	庚午	己亥	戊辰	戊戌	丁卯	丁酉	三月 丙寅	丁酉	丙寅	24
壬寅	壬申	辛丑	辛未	庚子	己巳	己亥	戊辰	戊戌	丁卯	戊戌	正月 丁卯	25
癸卯	癸酉	壬寅	壬申	辛丑	庚午	庚子	己巳	己亥	戊辰	己亥	戊辰	26
甲辰	甲戌	癸卯	癸酉	壬寅	辛未	辛丑	庚午	庚子	己巳	庚子	己巳	27
乙巳	乙亥	甲辰	甲戌	癸卯	壬申	壬寅	辛未	辛丑	庚午	辛丑	庚午	28
丙午	丙子	乙巳	乙亥	甲辰	癸酉	癸卯	壬申	壬寅	辛未	壬寅	辛未	29
丁未	丁丑	丙午	丙子	乙巳	甲戌	甲辰	癸酉	癸卯	壬申		壬申	30
戊申		丁未		丙午	乙亥		甲戌		癸酉		癸酉	31

農曆初一　農曆十五

西曆二〇二一年

12月	11月	10月	9月	8月	7月	6月	5月	4月	3月	2月	1月	月/日
癸未	癸丑	壬午	壬子	辛巳	庚戌	庚辰	己酉	己卯	戊申	庚辰	己酉	1
甲申	甲寅	癸未	癸丑	壬午	辛亥	辛巳	庚戌	庚辰	己酉	辛巳	庚戌	2
乙酉	乙卯	甲申	甲寅	癸未	壬子	壬午	辛亥	辛巳	庚戌	壬午	辛亥	3
十一月 丙戌	丙辰	乙酉	乙卯	甲申	癸丑	癸未	壬子	壬午	辛亥	癸未	壬子	4
丁亥	十月 丁巳	丙戌	丙辰	乙酉	甲寅	甲申	癸丑	癸未	壬子	甲申	癸丑	5
戊子	戊午	九月 丁亥	丁巳	丙戌	乙卯	乙酉	甲寅	甲申	癸丑	乙酉	甲寅	6
己丑	己未	戊子	八月 戊午	丁亥	丙辰	丙戌	乙卯	乙酉	甲寅	丙戌	乙卯	7
庚寅	庚申	己丑	己未	七月 戊子	丁巳	丁亥	丙辰	丙戌	乙卯	丁亥	丙辰	8
辛卯	辛酉	庚寅	庚申	己丑	戊午	戊子	丁巳	丁亥	丙辰	戊子	丁巳	9
壬辰	壬戌	辛卯	辛酉	庚寅	六月 己未	五月 己丑	戊午	戊子	丁巳	己丑	戊午	10
癸巳	癸亥	壬辰	壬戌	辛卯	庚申	庚寅	己未	己丑	戊午	庚寅	己未	11
甲午	甲子	癸巳	癸亥	壬辰	辛酉	辛卯	四月 庚申	三月 庚寅	己未	正月 辛卯	庚申	12
乙未	乙丑	甲午	甲子	癸巳	壬戌	壬辰	辛酉	辛卯	二月 庚申	壬辰	十二月 辛酉	13
丙申	丙寅	乙未	乙丑	甲午	癸亥	癸巳	壬戌	壬辰	辛酉	癸巳	壬戌	14
丁酉	丁卯	丙申	丙寅	乙未	甲子	甲午	癸亥	癸巳	壬戌	甲午	癸亥	15
戊戌	戊辰	丁酉	丁卯	丙申	乙丑	乙未	甲子	甲午	癸亥	乙未	甲子	16
己亥	己巳	戊戌	戊辰	丁酉	丙寅	丙申	乙丑	乙未	甲子	丙申	乙丑	17
庚子	庚午	己亥	己巳	戊戌	丁卯	丁酉	丙寅	丙申	乙丑	丁酉	丙寅	18
辛丑	辛未	庚子	庚午	己亥	戊辰	戊戌	丁卯	丁酉	丙寅	戊戌	丁卯	19
壬寅	壬申	辛丑	辛未	庚子	己巳	己亥	戊辰	戊戌	丁卯	己亥	戊辰	20
癸卯	癸酉	壬寅	壬申	辛丑	庚午	庚子	己巳	己亥	戊辰	庚子	己巳	21
甲辰	甲戌	癸卯	癸酉	壬寅	辛未	辛丑	庚午	庚子	己巳	辛丑	庚午	22
乙巳	乙亥	甲辰	甲戌	癸卯	壬申	壬寅	辛未	辛丑	庚午	壬寅	辛未	23
丙午	丙子	乙巳	乙亥	甲辰	癸酉	癸卯	壬申	壬寅	辛未	癸卯	壬申	24
丁未	丁丑	丙午	丙子	乙巳	甲戌	甲辰	癸酉	癸卯	壬申	甲辰	癸酉	25
戊申	戊寅	丁未	丁丑	丙午	乙亥	乙巳	甲戌	甲辰	癸酉	乙巳	甲戌	26
己酉	己卯	戊申	戊寅	丁未	丙子	丙午	乙亥	乙巳	甲戌	丙午	乙亥	27
庚戌	庚辰	己酉	己卯	戊申	丁丑	丁未	丙子	丙午	乙亥	丁未	丙子	28
辛亥	辛巳	庚戌	庚辰	己酉	戊寅	戊申	丁丑	丁未	丙子		丁丑	29
壬子	壬午	辛亥	辛巳	庚戌	己卯	己酉	戊寅	戊申	丁丑		戊寅	30
癸丑		壬子		辛亥	庚辰		己卯		戊寅		己卯	31

農曆初一　農曆十五

西曆二〇二二年

12月	11月	10月	9月	8月	7月	6月	5月	4月	3月	2月	1月	月/日
戊子	戊午	丁亥	丁巳	丙戌	乙卯	乙酉	四月 甲寅	三月 甲申	癸丑	正月 乙酉	甲寅	1
己丑	己未	戊子	戊午	丁亥	丙辰	丙戌	乙卯	乙酉	甲寅	丙戌	乙卯	2
庚寅	庚申	己丑	己未	戊子	丁巳	丁亥	丙辰	丙戌	二月 乙卯	丁亥	十二月 丙辰	3
辛卯	辛酉	庚寅	庚申	己丑	戊午	戊子	丁巳	丁亥	丙辰	戊子	丁巳	4
壬辰	壬戌	辛卯	辛酉	庚寅	己未	己丑	戊午	戊子	丁巳	己丑	戊午	5
癸巳	癸亥	壬辰	壬戌	辛卯	庚申	庚寅	己未	己丑	戊午	庚寅	己未	6
甲午	甲子	癸巳	癸亥	壬辰	辛酉	辛卯	庚申	庚寅	己未	辛卯	庚申	7
乙未	乙丑	甲午	甲子	癸巳	壬戌	壬辰	辛酉	辛卯	庚申	壬辰	辛酉	8
丙申	丙寅	乙未	乙丑	甲午	癸亥	癸巳	壬戌	壬辰	辛酉	癸巳	壬戌	9
丁酉	丁卯	丙申	丙寅	乙未	甲子	甲午	癸亥	癸巳	壬戌	甲午	癸亥	10
戊戌	戊辰	丁酉	丁卯	丙申	乙丑	乙未	甲子	甲午	癸亥	乙未	甲子	11
己亥	己巳	戊戌	戊辰	丁酉	丙寅	丙申	乙丑	乙未	甲子	丙申	乙丑	12
庚子	庚午	己亥	己巳	戊戌	丁卯	丁酉	丙寅	丙申	乙丑	丁酉	丙寅	13
辛丑	辛未	庚子	庚午	己亥	戊辰	戊戌	丁卯	丁酉	丙寅	戊戌	丁卯	14
壬寅	壬申	辛丑	辛未	庚子	己巳	己亥	戊辰	戊戌	丁卯	己亥	戊辰	15
癸卯	癸酉	壬寅	壬申	辛丑	庚午	庚子	己巳	己亥	戊辰	庚子	己巳	16
甲辰	甲戌	癸卯	癸酉	壬寅	辛未	辛丑	庚午	庚子	己巳	辛丑	庚午	17
乙巳	乙亥	甲辰	甲戌	癸卯	壬申	壬寅	辛未	辛丑	庚午	壬寅	辛未	18
丙午	丙子	乙巳	乙亥	甲辰	癸酉	癸卯	壬申	壬寅	辛未	癸卯	壬申	19
丁未	丁丑	丙午	丙子	乙巳	甲戌	甲辰	癸酉	癸卯	壬申	甲辰	癸酉	20
戊申	戊寅	丁未	丁丑	丙午	乙亥	乙巳	甲戌	甲辰	癸酉	乙巳	甲戌	21
己酉	己卯	戊申	戊寅	丁未	丙子	丙午	乙亥	乙巳	甲戌	丙午	乙亥	22
十二月 庚戌	庚辰	己酉	己卯	戊申	丁丑	丁未	丙子	丙午	乙亥	丁未	丙子	23
辛亥	十一月 辛巳	庚戌	庚辰	己酉	戊寅	戊申	丁丑	丁未	丙子	戊申	丁丑	24
壬子	壬午	十月 辛亥	辛巳	庚戌	己卯	己酉	戊寅	戊申	丁丑	己酉	戊寅	25
癸丑	癸未	壬子	九月 壬午	辛亥	庚辰	庚戌	己卯	己酉	戊寅	庚戌	己卯	26
甲寅	甲申	癸丑	癸未	八月 壬子	辛巳	辛亥	庚辰	庚戌	己卯	辛亥	庚辰	27
乙卯	乙酉	甲寅	甲申	癸丑	壬午	壬子	辛巳	辛亥	庚辰	壬子	辛巳	28
丙辰	丙戌	乙卯	乙酉	甲寅	七月 癸未	六月 癸丑	壬午	壬子	辛巳		壬午	29
丁巳	丁亥	丙辰	丙戌	乙卯	甲申	甲寅	五月 癸未	癸丑	壬午		癸未	30
戊午		丁巳		丙辰	乙酉		甲申		癸未		甲申	31

農曆初一　農曆十五

西曆二〇二三年

12月	11月	10月	9月	8月	7月	6月	5月	4月	3月	2月	1月	月/日
癸巳	癸亥	壬辰	壬戌	辛卯	庚申	庚寅	己未	己丑	戊午	庚寅	己未	1
甲午	甲子	癸巳	癸亥	壬辰	辛酉	辛卯	庚申	庚寅	己未	辛卯	庚申	2
乙未	乙丑	甲午	甲子	癸巳	壬戌	壬辰	辛酉	辛卯	庚申	壬辰	辛酉	3
丙申	丙寅	乙未	乙丑	甲午	癸亥	癸巳	壬戌	壬辰	辛酉	癸巳	壬戌	4
丁酉	丁卯	丙申	丙寅	乙未	甲子	甲午	癸亥	癸巳	壬戌	甲午	癸亥	5
戊戌	戊辰	丁酉	丁卯	丙申	乙丑	乙未	甲子	甲午	癸亥	乙未	甲子	6
己亥	己巳	戊戌	戊辰	丁酉	丙寅	丙申	乙丑	乙未	甲子	丙申	乙丑	7
庚子	庚午	己亥	己巳	戊戌	丁卯	丁酉	丙寅	丙申	乙丑	丁酉	丙寅	8
辛丑	辛未	庚子	庚午	己亥	戊辰	戊戌	丁卯	丁酉	丙寅	戊戌	丁卯	9
壬寅	壬申	辛丑	辛未	庚子	己巳	己亥	戊辰	戊戌	丁卯	己亥	戊辰	10
癸卯	癸酉	壬寅	壬申	辛丑	庚午	庚子	己巳	己亥	戊辰	庚子	己巳	11
甲辰	甲戌	癸卯	癸酉	壬寅	辛未	辛丑	庚午	庚子	己巳	辛丑	庚午	12
十一月 乙巳	十月 乙亥	甲辰	甲戌	癸卯	壬申	壬寅	辛未	辛丑	庚午	壬寅	辛未	13
丙午	丙子	乙巳	乙亥	甲辰	癸酉	癸卯	壬申	壬寅	辛未	癸卯	壬申	14
丁未	丁丑	九月 丙午	八月 丙子	乙巳	甲戌	甲辰	癸酉	癸卯	壬申	甲辰	癸酉	15
戊申	戊寅	丁未	丁丑	七月 丙午	乙亥	乙巳	甲戌	甲辰	癸酉	乙巳	甲戌	16
己酉	己卯	戊申	戊寅	丁未	丙子	丙午	乙亥	乙巳	甲戌	丙午	乙亥	17
庚戌	庚辰	己酉	己卯	戊申	六月 丁丑	五月 丁未	丙子	丙午	乙亥	丁未	丙子	18
辛亥	辛巳	庚戌	庚辰	己酉	戊寅	戊申	四月 丁丑	丁未	丙子	戊申	丁丑	19
壬子	壬午	辛亥	辛巳	庚戌	己卯	己酉	戊寅	三月 戊申	丁丑	二月 己酉	戊寅	20
癸丑	癸未	壬子	壬午	辛亥	庚辰	庚戌	己卯	己酉	戊寅	庚戌	己卯	21
甲寅	甲申	癸丑	癸未	壬子	辛巳	辛亥	庚辰	庚戌	閏二月 己卯	辛亥	正月 庚辰	22
乙卯	乙酉	甲寅	甲申	癸丑	壬午	壬子	辛巳	辛亥	庚辰	壬子	辛巳	23
丙辰	丙戌	乙卯	乙酉	甲寅	癸未	癸丑	壬午	壬子	辛巳	癸丑	壬午	24
丁巳	丁亥	丙辰	丙戌	乙卯	甲申	甲寅	癸未	癸丑	壬午	甲寅	癸未	25
戊午	戊子	丁巳	丁亥	丙辰	乙酉	乙卯	甲申	甲寅	癸未	乙卯	甲申	26
己未	己丑	戊午	戊子	丁巳	丙戌	丙辰	乙酉	乙卯	甲申	丙辰	乙酉	27
庚申	庚寅	己未	己丑	戊午	丁亥	丁巳	丙戌	丙辰	乙酉	丁巳	丙戌	28
辛酉	辛卯	庚申	庚寅	己未	戊子	戊午	丁亥	丁巳	丙戌		丁亥	29
壬戌	壬辰	辛酉	辛卯	庚申	己丑	己未	戊子	戊午	丁亥		戊子	30
癸亥		壬戌		辛酉	庚寅		己丑		戊子		己丑	31

農曆初一　農曆十五

西曆二〇二四年

12月	11月	10月	9月	8月	7月	6月	5月	4月	3月	2月	1月	月／日
十一月 己亥	十月 己巳	戊戌	戊辰	丁酉	丙寅	丙申	乙丑	乙未	甲子	乙未	甲子	1
庚子	庚午	己亥	己巳	戊戌	丁卯	丁酉	丙寅	丙申	乙丑	丙申	乙丑	2
辛丑	辛未	九月 庚子	八月 庚午	己亥	戊辰	戊戌	丁卯	丁酉	丙寅	丁酉	丙寅	3
壬寅	壬申	辛丑	辛未	七月 庚子	己巳	己亥	戊辰	戊戌	丁卯	戊戌	丁卯	4
癸卯	癸酉	壬寅	壬申	辛丑	庚午	庚子	己巳	己亥	戊辰	己亥	戊辰	5
甲辰	甲戌	癸卯	癸酉	壬寅	六月 辛未	五月 辛丑	庚午	庚子	己巳	庚子	己巳	6
乙巳	乙亥	甲辰	甲戌	癸卯	壬申	壬寅	辛未	辛丑	庚午	辛丑	庚午	7
丙午	丙子	乙巳	乙亥	甲辰	癸酉	癸卯	四月 壬申	壬寅	辛未	壬寅	辛未	8
丁未	丁丑	丙午	丙子	乙巳	甲戌	甲辰	癸酉	三月 癸卯	壬申	癸卯	壬申	9
戊申	戊寅	丁未	丁丑	丙午	乙亥	乙巳	甲戌	甲辰	二月 癸酉	正月 甲辰	癸酉	10
己酉	己卯	戊申	戊寅	丁未	丙子	丙午	乙亥	乙巳	甲戌	乙巳	十二月 甲戌	11
庚戌	庚辰	己酉	己卯	戊申	丁丑	丁未	丙子	丙午	乙亥	丙午	乙亥	12
辛亥	辛巳	庚戌	庚辰	己酉	戊寅	戊申	丁丑	丁未	丙子	丁未	丙子	13
壬子	壬午	辛亥	辛巳	庚戌	己卯	己酉	戊寅	戊申	丁丑	戊申	丁丑	14
癸丑	癸未	壬子	壬午	辛亥	庚辰	庚戌	己卯	己酉	戊寅	己酉	戊寅	15
甲寅	甲申	癸丑	癸未	壬子	辛巳	辛亥	庚辰	庚戌	己卯	庚戌	己卯	16
乙卯	乙酉	甲寅	甲申	癸丑	壬午	壬子	辛巳	辛亥	庚辰	辛亥	庚辰	17
丙辰	丙戌	乙卯	乙酉	甲寅	癸未	癸丑	壬午	壬子	辛巳	壬子	辛巳	18
丁巳	丁亥	丙辰	丙戌	乙卯	甲申	甲寅	癸未	癸丑	壬午	癸丑	壬午	19
戊午	戊子	丁巳	丁亥	丙辰	乙酉	乙卯	甲申	甲寅	癸未	甲寅	癸未	20
己未	己丑	戊午	戊子	丁巳	丙戌	丙辰	乙酉	乙卯	甲申	乙卯	甲申	21
庚申	庚寅	己未	己丑	戊午	丁亥	丁巳	丙戌	丙辰	乙酉	丙辰	乙酉	22
辛酉	辛卯	庚申	庚寅	己未	戊子	戊午	丁亥	丁巳	丙戌	丁巳	丙戌	23
壬戌	壬辰	辛酉	辛卯	庚申	己丑	己未	戊子	戊午	丁亥	戊午	丁亥	24
癸亥	癸巳	壬戌	壬辰	辛酉	庚寅	庚申	己丑	己未	戊子	己未	戊子	25
甲子	甲午	癸亥	癸巳	壬戌	辛卯	辛酉	庚寅	庚申	己丑	庚申	己丑	26
乙丑	乙未	甲子	甲午	癸亥	壬辰	壬戌	辛卯	辛酉	庚寅	辛酉	庚寅	27
丙寅	丙申	乙丑	乙未	甲子	癸巳	癸亥	壬辰	壬戌	辛卯	壬戌	辛卯	28
丁卯	丁酉	丙寅	丙申	乙丑	甲午	甲子	癸巳	癸亥	壬辰	癸亥	壬辰	29
戊辰	戊戌	丁卯	丁酉	丙寅	乙未	乙丑	甲午	甲子	癸巳		癸巳	30
己巳		戊辰		丁卯	丙申		乙未		甲午		甲午	31

農曆初一　農曆十五

西曆二〇二五年

12月	11月	10月	9月	8月	7月	6月	5月	4月	3月	2月	1月	月/日
甲辰	甲戌	癸卯	癸酉	壬寅	辛未	辛丑	庚午	庚子	己巳	辛丑	庚午	1
乙巳	乙亥	甲辰	甲戌	癸卯	壬申	壬寅	辛未	辛丑	庚午	壬寅	辛未	2
丙午	丙子	乙巳	乙亥	甲辰	癸酉	癸卯	壬申	壬寅	辛未	癸卯	壬申	3
丁未	丁丑	丙午	丙子	乙巳	甲戌	甲辰	癸酉	癸卯	壬申	甲辰	癸酉	4
戊申	戊寅	丁未	丁丑	丙午	乙亥	乙巳	甲戌	甲辰	癸酉	乙巳	甲戌	5
己酉	己卯	戊申	戊寅	丁未	丙子	丙午	乙亥	乙巳	甲戌	丙午	乙亥	6
庚戌	庚辰	己酉	己卯	戊申	丁丑	丁未	丙子	丙午	乙亥	丁未	丙子	7
辛亥	辛巳	庚戌	庚辰	己酉	戊寅	戊申	丁丑	丁未	丙子	戊申	丁丑	8
壬子	壬午	辛亥	辛巳	庚戌	己卯	己酉	戊寅	戊申	丁丑	己酉	戊寅	9
癸丑	癸未	壬子	壬午	辛亥	庚辰	庚戌	己卯	己酉	戊寅	庚戌	己卯	10
甲寅	甲申	癸丑	癸未	壬子	辛巳	辛亥	庚辰	庚戌	己卯	辛亥	庚辰	11
乙卯	乙酉	甲寅	甲申	癸丑	壬午	壬子	辛巳	辛亥	庚辰	壬子	辛巳	12
丙辰	丙戌	乙卯	乙酉	甲寅	癸未	癸丑	壬午	壬子	辛巳	癸丑	壬午	13
丁巳	丁亥	丙辰	丙戌	乙卯	甲申	甲寅	癸未	癸丑	壬午	甲寅	癸未	14
戊午	戊子	丁巳	丁亥	丙辰	乙酉	乙卯	甲申	甲寅	癸未	乙卯	甲申	15
己未	己丑	戊午	戊子	丁巳	丙戌	丙辰	乙酉	乙卯	甲申	丙辰	乙酉	16
庚申	庚寅	己未	己丑	戊午	丁亥	丁巳	丙戌	丙辰	乙酉	丁巳	丙戌	17
辛酉	辛卯	庚申	庚寅	己未	戊子	戊午	丁亥	丁巳	丙戌	戊午	丁亥	18
壬戌	壬辰	辛酉	辛卯	庚申	己丑	己未	戊子	戊午	丁亥	己未	戊子	19
十一月 癸亥	十月 癸巳	壬戌	壬辰	辛酉	庚寅	庚申	己丑	己未	戊子	庚申	己丑	20
甲子	甲午	九月 癸亥	癸巳	壬戌	辛卯	辛酉	庚寅	庚申	己丑	辛酉	庚寅	21
乙丑	乙未	甲子	八月 甲午	癸亥	壬辰	壬戌	辛卯	辛酉	庚寅	壬戌	辛卯	22
丙寅	丙申	乙丑	乙未	七月 甲子	癸巳	癸亥	壬辰	壬戌	辛卯	癸亥	壬辰	23
丁卯	丁酉	丙寅	丙申	乙丑	甲午	甲子	癸巳	癸亥	壬辰	甲子	癸巳	24
戊辰	戊戌	丁卯	丁酉	丙寅	閏六月 乙未	六月 乙丑	甲午	甲子	癸巳	乙丑	甲午	25
己巳	己亥	戊辰	戊戌	丁卯	丙申	丙寅	乙未	乙丑	甲午	丙寅	乙未	26
庚午	庚子	己巳	己亥	戊辰	丁酉	丁卯	五月 丙申	丙寅	乙未	丁卯	丙申	27
辛未	辛丑	庚午	庚子	己巳	戊戌	戊辰	丁酉	四月 丁卯	丙申	二月 戊辰	丁酉	28
壬申	壬寅	辛未	辛丑	庚午	己亥	己巳	戊戌	戊辰	三月 丁酉		正月 戊戌	29
癸酉	癸卯	壬申	壬寅	辛未	庚子	庚午	己亥	己巳	戊戌		己亥	30
甲戌		癸酉		壬申	辛丑		庚子		己亥		庚子	31

農曆初一　農曆十五

西曆二〇二六年

12月	11月	10月	9月	8月	7月	6月	5月	4月	3月	2月	1月	月/日
己酉	己卯	戊申	戊寅	丁未	丙子	丙午	乙亥	乙巳	甲戌	丙午	乙亥	1
庚戌	庚辰	己酉	己卯	戊申	丁丑	丁未	丙子	丙午	乙亥	丁未	丙子	2
辛亥	辛巳	庚戌	庚辰	己酉	戊寅	戊申	丁丑	丁未	丙子	戊申	丁丑	3
壬子	壬午	辛亥	辛巳	庚戌	己卯	己酉	戊寅	戊申	丁丑	己酉	戊寅	4
癸丑	癸未	壬子	壬午	辛亥	庚辰	庚戌	己卯	己酉	戊寅	庚戌	己卯	5
甲寅	甲申	癸丑	癸未	壬子	辛巳	辛亥	庚辰	庚戌	己卯	辛亥	庚辰	6
乙卯	乙酉	甲寅	甲申	癸丑	壬午	壬子	辛巳	辛亥	庚辰	壬子	辛巳	7
丙辰	丙戌	乙卯	乙酉	甲寅	癸未	癸丑	壬午	壬子	辛巳	癸丑	壬午	8
十一月 丁巳	十月 丁亥	丙辰	丙戌	乙卯	甲申	甲寅	癸未	癸丑	壬午	甲寅	癸未	9
戊午	戊子	九月 丁巳	丁亥	丙辰	乙酉	乙卯	甲申	甲寅	癸未	乙卯	甲申	10
己未	己丑	戊午	八月 戊子	丁巳	丙戌	丙辰	乙酉	乙卯	甲申	丙辰	乙酉	11
庚申	庚寅	己未	己丑	戊午	丁亥	丁巳	丙戌	丙辰	乙酉	丁巳	丙戌	12
辛酉	辛卯	庚申	庚寅	七月 己未	戊子	戊午	丁亥	丁巳	丙戌	戊午	丁亥	13
壬戌	壬辰	辛酉	辛卯	庚申	六月 己丑	己未	戊子	戊午	丁亥	己未	戊子	14
癸亥	癸巳	壬戌	壬辰	辛酉	庚寅	五月 庚申	己丑	己未	戊子	庚申	己丑	15
甲子	甲午	癸亥	癸巳	壬戌	辛卯	辛酉	庚寅	庚申	己丑	辛酉	庚寅	16
乙丑	乙未	甲子	甲午	癸亥	壬辰	壬戌	四月 辛卯	三月 辛酉	庚寅	正月 壬戌	辛卯	17
丙寅	丙申	乙丑	乙未	甲子	癸巳	癸亥	壬辰	壬戌	辛卯	癸亥	壬辰	18
丁卯	丁酉	丙寅	丙申	乙丑	甲午	甲子	癸巳	癸亥	二月 壬辰	甲子	十二月 癸巳	19
戊辰	戊戌	丁卯	丁酉	丙寅	乙未	乙丑	甲午	甲子	癸巳	乙丑	甲午	20
己巳	己亥	戊辰	戊戌	丁卯	丙申	丙寅	乙未	乙丑	甲午	丙寅	乙未	21
庚午	庚子	己巳	己亥	戊辰	丁酉	丁卯	丙申	丙寅	乙未	丁卯	丙申	22
辛未	辛丑	庚午	庚子	己巳	戊戌	戊辰	丁酉	丁卯	丙申	戊辰	丁酉	23
壬申	壬寅	辛未	辛丑	庚午	己亥	己巳	戊戌	戊辰	丁酉	己巳	戊戌	24
癸酉	癸卯	壬申	壬寅	辛未	庚子	庚午	己亥	己巳	戊戌	庚午	己亥	25
甲戌	甲辰	癸酉	癸卯	壬申	辛丑	辛未	庚子	庚午	己亥	辛未	庚子	26
乙亥	乙巳	甲戌	甲辰	癸酉	壬寅	壬申	辛丑	辛未	庚子	壬申	辛丑	27
丙子	丙午	乙亥	乙巳	甲戌	癸卯	癸酉	壬寅	壬申	辛丑	癸酉	壬寅	28
丁丑	丁未	丙子	丙午	乙亥	甲辰	甲戌	癸卯	癸酉	壬寅		癸卯	29
戊寅	戊申	丁丑	丁未	丙子	乙巳	乙亥	甲辰	甲戌	癸卯		甲辰	30
己卯		戊寅		丁丑	丙午		乙巳		甲辰		乙巳	31

農曆初一　農曆十五

①甲子日

子午相沖 起伏較大動中生財

【財運方面】

甲子日出生者的個人地支與流年日腳屬「子午沖」，日犯太歲的年份運勢難免會起伏較大，而且「午火」中包含「土」亦會輕微沖犯財星，故新一年需要謹慎為上，不宜對財運有太高期望，投資亦切忌過分進取。

「沖日腳」的年份宜動不宜靜，多往外走動可以「動中生財」帶旺運氣。從商者不妨離開原居地往外拓展，亦要主動聯絡客戶、親力親為始能得財，其他以口得財的行業財運亦尚算有得着。惟相沖年份始終較為動盪，不同月份的業績起伏頗大，亦要提防因為搬遷或長者健康毛病而有額外開銷，財務需要預作準備，以積穀防饑。投資方面則要持保守態度，避免大興土木。

眾多季節之中，以命格較寒的冬天（農曆十月及十一月）出生者較有利，財運相對理想。秋天（農曆七月及八月）出生者次之，惟弱木行火屬「剋泄交加」，只算中規中矩。夏天（農曆四月及五月）出生者最為艱辛，因夏火過旺，要有多勞少得及奔波走動的心理準備。春天（農曆正月及二月）出生者亦只屬一般。土重月份（農曆三月、六月、九月及十二月）出生者雖然有金錢回報但亦會遇上波動，凡事不宜進取。

【事業方面】

日犯太歲的年份行驛馬運宜多往外闖，若工作需要經常走動者，不妨主動爭取出差機會提升運勢。至於從事地產、銷售、中介等以口得財者，業績亦尚算滿意。

不過，任職大機構或管理階層則要咬緊牙關，容易因為下屬犯錯而連累自己。文職或工作性質相對穩定者，亦要有心理準備面對上司調職或個人崗位變動等變化，並要注意人事糾紛，建議保持低調謹守崗位為上。

至於有意更換工作者可把握農曆五月及年底的機會，惟相沖年運勢始終有暗湧，故必須認清大環境，多作思量始下決定。

【感情方面】

「沖日腳」代表沖「夫婦宮」，情侶或夫妻之間容易因為瑣事而爭執不斷，加上新一年個人脾氣較為暴躁，故必須多加溝通、包容忍讓，以免關係僵持。另外，馬年亦可採取人為的「聚

流月運勢

♥吉 ♡中吉 ♡平 ♥凶

♡	2026年2月4日至3月4日	踏入正月人事紛擾頻繁，容易因為瑣事而起爭執，需要多加忍讓，免傷和氣。本月手部容易受傷，戶外活動時要特別小心。
♡	2026年3月5日至4月4日	事業運順遂，惟工作壓力頗大，職場上亦容易惹是非，建議「少説話、多做事」，保持低調為佳。
♥	2026年4月5日至5月4日	貴人助力充足，連帶財運亦有輕微進帳，惟個人容易胡思亂想，不妨多接觸大自然吸收正能量，緩解心中鬱結。
♡	2026年5月5日至6月4日	宜動不宜靜的月份，可爭取出差或多往外走動，工作上會有意想不到的收穫，不妨積極把握機會。
♥	2026年6月5日至7月6日	相沖月份運勢動盪，容易無辜破財，與身邊人也會有較多爭執，建議安排短途旅遊，放鬆身心。
♡	2026年7月7日至8月6日	劫財月份雖然不乏賺錢機會，但亦容易一得一失，建議不宜胡亂揮霍，需要積穀防饑，做好財務把關。
♥	2026年8月7日至9月6日	健康運受衝擊，容易有傷風、感冒等小毛病，不宜工作過勞或安排太多應酬活動，不妨多爭取休息時間。
♡	2026年9月7日至10月7日	事業運有明顯進步，惟要提防忙中有錯，尤其簽署文件、合約時要留心細節，以免無辜惹上官非。
♥	2026年10月8日至11月6日	財運走勢上揚，無論正財或偏財均有進帳，投資方面本月可略為進取，把握眼前機遇賺取回報。
♥	2026年11月7日至12月6日	精神緊張、情緒低落，因睡眠質素欠佳而影響判斷力。本月不宜作任何重大決定，以免有決策錯誤情況。
♡	2026年12月7日至2027年1月4日	職場上的人事紛爭不斷，需要多花心力應對，令情緒較為焦慮。可幸整體運勢尚算平穩，只需以平常心面對即可。
♥	2027年1月5日至2月3日	事業運穩步向前，可望獲得上司或老闆賞識，工作如虎添翼。加上財運走勢不俗，可望賺取一筆可觀報酬。

少離多」方式相處，各自專注於事業發展或多出差、旅遊等，減少見面則關係會更為融洽。

單身一族將會有不少聚會應酬，可望結識不同範疇的新朋友，亦會遇上短暫桃花或異地姻緣，惟關係未算太實在。建議新一年先以擴闊社交圈子為目標，廣結良朋並靜待時機再作發展。

【健康方面】

「子午沖」的年份容易輕微受傷，尤其頭部及腳部關節首當其衝，熱愛運動或有偏頭痛問題者要特別留心。若工作需要接觸機械者亦要提高警覺，以免意外受傷。

相沖年份宜外遊，惟出門後要小心遇上輕微汽車碰撞或小驚嚇，建議購買旅遊保險保平安。馬年亦要多關心家中女性長輩健康，遇有不適應盡快求醫。

由於馬年應酬聚會不斷，需要提防因飲食過量而體重上升。為人父母需要為子女的健康或情緒問題而勞心，加上人事紛擾令身心疲累，建議多做運動或多接觸大自然，放鬆身心兼提升運勢。

② 乙丑日

日犯太歲 學習運佳注意口舌

【財運方面】

個人地支「丑」與流年日腳「午」屬「相害」，雖然這種日犯太歲未算嚴重，但難免會遇上輕微波折，亦容易遭小人陷害。加上自己的天干屬木，而丙午流年火極旺，木生火為「傷官」，故人事紛爭更多，建議馬年待人接物需要保持低調，處理好人際關係運勢方會較為順遂。

雖然「傷官」易惹是非，但同時代表名氣運及以口得財，而「午火」亦屬輕微財星，所以木旺的春天（農曆正月及二月）出生者，若能親力親為接觸客戶則仍有利可圖。土重月份（農曆三月、六月、九月及十二月）出生者木弱再行火運容易財來財去，不宜保存太多現金以免破財。火旺的夏天（農曆四月及五月）出生者較為多勞少得，調節心態輕鬆度過為佳。秋天（農曆七月及八月）出生者有「剋泄交加」之象，打工一族運勢尚可，從商者要較艱苦經營。寒命的冬天（農曆十月及十一月）出生者有火平衡運勢相對理想，不妨多走動以「動中生財」賺取收入。

由於新一年未能大展拳腳，從商者必須穩守，投資方面只能以中長線為主。可幸學習運順遂，不妨進修增值自己，並要留心馬年容易因為家宅問題而有額外開支，需要量力而為。

【事業方面】

整體而言，新一年的事業走向需要視乎行業而定。「傷官」代表名氣運，從事廣告、編劇、藝術創作等範疇前景不俗；以口得財、自由職業等外向性高的工種亦可受惠，若能親力親為、主動出擊更見成效。

惟「傷官」較為不利公務員或任職大機構之僱員，新一年口舌是非頻繁，亦有多勞少得情況，建議把握機會進修，增值自己。管理階層則要面對下屬轉流較大、難以控制的問題，亦要提防對方出錯而遭拖累，必須多作監管。既然馬年不屬轉職的好年份，建議保持低調，謹守崗位為上。

【感情方面】

「傷官」星代表外向性高、有眾多活動應酬，單身一族於馬年有望出席不同類型的朋友聚會，男士更有機會結識心儀對象，但謹記忌急

流月運勢

♥吉　♡中吉　♡平　♥凶

♡	2026年2月4日至3月4日	心緒不寧、睡眠質素欠佳，容易有失眠問題，建議可多到戶外郊遊，以大自然力量緩解負面情緒。
♡	2026年3月5日至4月4日	財運走勢上揚，可望有不俗進帳。惟人事紛爭不斷，需要多加溝通忍讓，亦要提防手部容易扭傷摔傷。
♥	2026年4月5日至5月4日	長輩及貴人運順遂，財運亦會有輕微增長，但腸胃及消化系統較弱，需要提防出現食物過敏問題。
♥	2026年5月5日至6月4日	人際關係疲弱，被是非口舌纏擾，待人處事宜保持低調，並盡量「少説話、多做事」免傷和氣。
♡	2026年6月5日至7月6日	劫財月份健康有小毛病，遇有不適應及早求醫，亦可往外地旅遊，以「借地運」方式提升運勢。
♥	2026年7月7日至8月6日	動盪不安、運勢起伏不定，人事紛爭頻繁，亦要提防一時大意而破財或腳部受傷，需要格外留神。
♡	2026年8月7日至9月6日	事業迎來新發展，惟職場上的流言蜚語在所難免，建議謹守工作崗位，對閒言閒語毋須過分介懷。
♥	2026年9月7日至10月7日	職場上的人際關係有所修復，加上個人工作表現突出，備受各方賞識，不妨把握機會勇往直前。
♡	2026年10月8日至11月6日	有輕微的偏財運臨門，投資策略可以略為進取，惟必須謹記「見好即收」，以免最後得不償失。
♡	2026年11月7日至12月6日	不宜留守原居地、可多往外走動的月份，不妨安排一次短途旅行，以「動中生財」的方式帶旺運勢。
♥	2026年12月7日至2027年1月4日	「天合地合」令運勢較為波動，不宜作出任何重要決定，亦要多注意自己及家庭成員的身體健康，不宜諱疾忌醫。
♡	2027年1月5日至2月3日	工作會遇上波折，感覺較為煩心，可幸眼前困境只屬先難後易，只要多加耐性即可循序漸進解決。

進，需要循序漸進慢慢發展。單身女士則未算是桃花燦爛的一年，不妨以擴闊社交圈子為目標，不宜期望有太多「脱單」機會。

已婚者與另一半有較多小爭執，亦容易因為家人的問題而意見不合，又或為小朋友瑣事而煩心，可幸整體不屬嚴重相沖，謹記夫妻相處之道貴乎坦誠，只要雙方願意溝通、互諒互讓，冷靜尋求共識即可。

【健康方面】

丙午年屬輕微「日犯太歲」，故難免有較多皮膚敏感、神經痛或牙痛等小毛病，尤其弱命如夏、秋兩季出生者情況更甚。加上新一年應酬聚會頻繁、飲食機會頻繁，需要多作體重管理，以免引發都市病，亦可贈醫施藥提升運勢。另外，由於新一年個人脾氣較為暴躁，容易與身邊人起衝突，不妨抽時間多做減壓運動及接觸大自然，以提升正能量修復自己。

至於為人父母則要多花時間關注小朋友的身體健康，尤其要留心廚房、浴室等家居小陷阱，提防意外受傷摔傷。

③ 丙寅日

劫財之年　謹言慎行提防受傷

【財運方面】

由於個人與流年天干同屬「丙」，新一年財運容易有損耗，亦要有心理準備有較多開支，需要謹慎部署。這種劫財之年，外表看似有所發揮，實則內裏波動，宜修身養性，低調穩守，方可避險保盈。

一眾季節之中，以火旺的夏天（農曆四月及五月）出生者受影響最大，建議於農曆生日月份前往寒冷地方旅遊，以「借地運」方式提升運勢。木旺的春天（正月及二月）出生者則會胡思亂想，需要調整心態。秋天（農曆七月及八月）出生者財運尚可，但有較多開銷。水旺的冬天（農曆十月及十一月）出生者運勢相對理想，惟始終不屬行財運之年，仍要格外穩守。土重月份（農曆三月、六月、九月及十二月）出生者有流年的火平衡，尚算不過不失。

整體而言，馬年屬宜守不宜攻的年份，尤其上半年出生者較為艱辛，建議大量使用米、白及淺藍色物品助運，賺取收入後亦宜購買實物保值，避免保留太多現金。投資方面則要選擇中長線項目，切忌短炒投機。另外，由於「丙火」見「午火」令火過旺，新一年需要提防意外受傷，建議購買醫療保險，既可主動應驗破財運勢又較有保障，亦可多作贈醫施藥善舉，助人自助提升運勢。

【事業方面】

雖然新一年個人工作態度積極、拚勁十足，可發揮表現及獲得賞識，惟始終整體運勢未能配合，加上同事之間的競爭大、有明爭暗鬥情況，故要有心理準備難有大幅薪酬調整或大升遷，建議視馬年為鍛煉的年份，好好裝備自己，待好運加持時再重新出發。

至於工作需要面對客戶、以口得財或經常出門走動者則仍有發展，但公務員、管理層或任職大機構人士則較為勞心，雖然未算有重大失誤，但始終較為多勞少得。另外，馬年不宜轉職或作出重大變動，建議謹守崗位更為理想。

【感情方面】

有伴侶或已婚者於丙午年並無特別沖犯，故二人關係算是平穩，惟「丙火」遇上「午火」令情緒起伏較大，容易因為瑣事而爭執，需要多加

流月運勢

♥吉 ♡中吉 ♡平 ♥凶

♡	2026年2月4日至3月4日	有輕微偏財運進帳，但又會有較多意料之外的開銷，較為財來財去，需要量入為出，謹慎理財。
♥	2026年3月5日至4月4日	桃花破財的月份，與新相識的異性不宜有太多金錢轇轕，以免惹是生非。健康方面則喉嚨、氣管較弱，生冷食物可免則免。
♥	2026年4月5日至5月4日	事業有發展空間，工作表現獲眾人賞識，惟職場的人事糾爭頻繁，需要多加包容忍讓，免傷和氣。
♡	2026年5月5日至6月4日	事業迎來突破發展，不妨把握機會勇往直前。惟健康方面要留心關節容易扭傷、摔傷，有運動習慣者要特別小心。
♡	2026年6月5日至7月6日	健康運持續受衝擊，容易有意外受傷機會，尤其外遊時不宜參加高危的戶外活動，以免樂極生悲。
♥	2026年7月7日至8月6日	是非口舌不斷、令自己頗為煩心，亦容易因此而胡思亂想。建議待人接物要保持謙虛低調，不宜鋒芒太露。
♡	2026年8月7日至9月6日	宜多往外走動的月份，惟出門後要小心看管個人財物，容易無辜被盜而破財。本月亦容易受金屬所傷，駕駛者要格外小心。
♥	2026年9月7日至10月7日	財運走勢上揚，可望憑個人實力而有額外進帳，不妨好好把握。惟謹記凡事要見好即收，不宜貪婪。
♡	2026年10月8日至11月6日	個人頭腦清晰，加上學習運強勁，若有進修打算者不妨於本月落實執行，可望有一個好開始。
♡	2026年11月7日至12月6日	家宅運一般，需要多花時間關心家中長輩健康，遇有不適應及早求醫。個人心情較為煩躁，需要以和為貴，避免爭執。
♥	2026年12月7日至2027年1月4日	運勢全面回升，之前遇到的困難阻滯可望見曙光，不妨請教朋友提供意見，事情終可圓滿解決。
♡	2027年1月5日至2月3日	事業循序漸進有發展，惟仍會被瑣瑣碎碎的問題纏擾，可幸只屬先難後易，多加耐性即可迎來好運。

包容忍讓，亦可採取人為的「聚少離多」方式相處，各自專注於事業發展或進修之上，關係可望更和諧。

單身一族的社交生活多姿多采，可望於應酬、聚會等場合結識新朋友，亦會有人穿針引線作介紹。惟馬年的桃花未算暢旺，故即使有心儀對象仍屬追追逐逐的感情，較難開花結果，建議抱持交朋結友的心態，順其自然靜待時機。

【健康方面】

「丙火」再遇「午火」為「羊刃」，代表容易有輕微血光之災，若工作要接觸金屬者、駕駛者或熱愛運動者需要多加留心，提防意外受傷或有輕微的汽車碰撞，尤其上半年及踏入端午節的月份更要提高警覺，不妨購買醫療保險及以贈醫施藥善舉提升運勢。另外，由於馬年應酬聚會頻繁，宜節制飲食，慎選聚會場合，並提防食物過敏情況，免招身體不適。

既然健康運平平，建議大量使用米、白或淺藍等顏色，適量佩戴金、銀及白金飾物，夏天出生者可於農曆生日月份前往寒冷地方，以「借地運」方式助旺。

④ 丁卯日

火旺無制　易有耗損慎防人事

【財運方面】

「丁火」遇上流年的「丙火」屬「劫財」，新一年開銷龐大、難有儲備，加上日腳的「卯」與流年的「午」屬「破太歲」，人際關係遭受破壞，從商者與合作伙伴需要多加溝通，以免因為誤會而影響雙方關係。

由於丙午屬大火之年，而丁卯日天干屬火、地支屬木，大部分人遇火運並無優勢，只有命格寒冷的冬天（農曆十月及十一月）出生者、尤其生於午夜者相對順遂，財運尚算中規中矩。土重月份（農曆三月、六月、九月及十二月）出生者仍有賺錢機會，但始終難以聚財。秋天（農曆七月及八月）出生者只屬平穩，但壓力較大，亦有輕微多勞少得。

至於春、夏兩季（農曆正月、二月及四月、五月）出生者難免要較辛勞，尤其夏天出生者需要沉着應戰，不宜將目標訂得太高。投資方向可選擇中長線項目，切忌短炒投機。新一年亦有機會因為搬遷或家人問題而要花費，惟只宜量力而為，不宜作任何借貸擔保，否則要有「一借無回頭」的心理準備。從商者要避免讓客戶賒數，賺取收入後可購買穩健的實物保值，避免保留太多現金，凡事謹慎方為上策。

【事業方面】

事業運不過不失，因個人日腳「卯」與流年地支「午」關係一般，「破太歲」代表人際關係上的破敗，同事之間誤會頻生兼有明爭暗鬥，尤其任職大機構者更要謹慎處理人事問題，提防被小人暗箭所傷。建議新一年明哲保身，事不關己不宜多管閒事，避免當中間人排難解紛，以免無辜捲入辦公室政治。

另外，馬年的工作量有所增加，惟薪酬難有大幅調整，亦要面對一定壓力，需要調節心態應對。欲轉職或轉換環境則未屬合適時機，建議留守原有崗位及多作進修增值。

【感情方面】

由於馬年人際關係一般，若戀情剛萌芽、關係未算穩定者，不宜急於融入伴侶的家人或朋友圈子，以免周遭的閒言閒語或意見而左右自己的看法，甚或影響二人感情。新一年不妨先低調享

流月運勢

♥吉 ♡中吉 ♡平 ♥凶

♡	2026年2月4日至3月4日	流言滿天飛、是非口舌纏身，建議「少說話、多做事」，事不關己不宜多加意見，保持低調為上策。
♥	2026年3月5日至4月4日	爛桃花臨門的月份，容易出現桃花破財，尤其已有伴侶者更加需要克制自己，堅決抗拒外來誘惑。
♡	2026年4月5日至5月4日	焦慮不安、心情煩躁，不妨出外旅遊散心。上半年出生者可前往寒冷國家，下半年出生者宜到熱帶地區，以「借地運」方式催旺運勢。
♡	2026年5月5日至6月4日	破財月份不宜魯莽開展新投資計劃，容易招致損失。本月亦要留心眼睛的小毛病，建議及早求醫。
♥	2026年6月5日至7月6日	人際關係如履薄冰，尤其容易因為言語誤會而捲入是非漩渦，需要多加溝通，凡事以和為貴。
♥	2026年7月7日至8月6日	運勢有所回升，貴人運順遂、可得助力解決問題，工作亦會有新進展，不妨把握好運積極向前。
♡	2026年8月7日至9月6日	財運有上揚之勢，惟仍會有輕微財來財去情況，賺取收入後不宜揮霍，需要留心個人理財方向。
♡	2026年9月7日至10月7日	與身邊人會為瑣事而爭執，建議採取人為的「聚少離多」方式相處，減少見面反而可免傷和氣。
♡	2026年10月8日至11月6日	有新合作機會臨門，惟不宜輕舉妄動，建議先審時度勢及向行業中的前輩請教，謹慎考慮再作行動。
♥	2026年11月7日至12月6日	事業上迎來利好消息，工作會有明顯進步，不妨抓緊眼前機遇多表現自己，為未來發展而鋪路。
♡	2026年12月7日至2027年1月4日	事業持續有新進展，財運亦會有輕微反彈，惟健康方面則較為疲弱，需要平衡工作與休息時間。
♡	2027年1月5日至2月3日	有輕微偏財運進帳，投資方面不妨採取以小博大的方式，可望憑個人獨到眼光而有獲利機會。

受二人世界，關係將會更為甜蜜。

已婚者與另一半感情穩定，惟容易因為雙方的家人問題而起爭執，建議不宜過分干涉伴侶的家事或妄加意見，盡量保持獨立，以免無風起浪。單身一族有不少聚會、應酬，可望擴闊社交圈子，惟「脫單」機會不高，多花心力於事業發展更為合適。

【健康方面】

丙午本身已屬大火之年，加上個人天干「丁火」通根至流年日腳「午火」、再疊加「丙火」令火氣更旺盛，容易衍生心臟及血壓問題，尤以夏天出生者情況更甚，需要特別提防喉嚨、氣管及膀胱毛病，建議多用米、白、淺藍色及佩戴金、銀、白金飾物助運，亦可前往寒冷地方「借地運」調節命格。

新一年亦要注意家中男性長輩健康，若有兄弟姊妹需要協助只能量力而為，不宜強出頭。馬年不妨主動裝修或維修家居，亦可更換沙發、窗簾等及多贈醫施藥，主動應驗破財運，也有助穩定健康。

5 戊辰日

厚積薄發 低調保守裝備自己

【財運方面】

戊辰日天干、地支同屬土，大部分人命格並不缺土，惟丙午為大火之年，火生土令土更旺，故除非冬天（農曆十月及十一月）及於半夜出生者，適合用流年的火來暖命者始能受惠，金旺的秋天（農曆七月及八月）出生者次之，貴人及工作運略有進步，至於其他季節出生者均較難入運。

當中土重月份（農曆三月、六月、九月及十二月）出生者，因遇上大火年令土更旺，個人思想更為偏執，容易脾氣暴躁及胡思亂想，需要多聆聽別人意見，並大量使用藍、綠色及條紋圖案物品，家中亦可多栽種植物，有助邏輯思維更為通透。夏天（農曆四月及五月）出生者火旺缺水，宜前往寒冷地方旅遊「借地運」，並適量佩戴金飾助旺。木旺的春天（農曆正月及二月）出生者，雖有木剋日主之勢，幸馬年火土流通，運勢尚算平穩。

不過，戊辰日的財星屬水，流年行火運始終不算有利，難免要辛苦得財，投資方面不宜將目標訂得太高。可幸丙午屬有利思想的星，從事顧問工作或從商者若能放棄因循守舊、想出創意方案則仍有機會突圍，加上有長輩貴人助力，不妨多利用人脈擴闊個人資源網絡，重整旗鼓，再待運勢加持時重新出發。

【事業方面】

新一年貴人運暢旺，尤其女性長輩助力最大，若直屬上司為較年長的女性，馬年將會對自己有提拔作用，當中公務員及任職大機構者最有優勢，從事分析研究、顧問工作或創意等範疇亦有發展。

不過，新一年與同輩及下屬關係一般，加上自己思想較為固執、容易鑽進死胡同，需要多聆聽別人意見。而馬年亦適宜進修增值，不妨報讀課程開闊眼界，謹記丙午年為循序漸進及鋪墊之年，不宜期望有大幅加薪或大升遷等實際利益，建議多作部署、裝備自己，為未來事業發展打好基礎。

【感情方面】

丙午年的感情運並無大進展，情侶關係尚能維持，但感覺較為原地踏步。已婚者則要多花時間關心家中女性長輩健康，亦容易因為家事而與另一半起爭執，建議夫婦之間需要多加溝通，了

流月運勢

♥吉 ♡中吉 ♡平 ♥凶

♥（吉）	2026年2月4日至3月4日	事業發展頗為順遂，加上學習運良好，不妨報讀與工作相關的進修課程，把握機會增值自己。
♡（平）	2026年3月5日至4月4日	人際關係倒退，建議「少說話、多做事」，事不關己不宜多管閒事，以免無辜捲入是非漩渦。
♡（中吉）	2026年4月5日至5月4日	有輕微偏財運，投資方面只要不太貪心將有進帳。惟腸胃及消化系統疲弱，需要多注意日常飲食。
♡（平）	2026年5月5日至6月4日	焦慮不安、容易杞人憂天，較難集中精神，不妨相約朋友聚會傾訴，或趁假期出門外遊，解開心結。
♡（平）	2026年6月5日至7月6日	簽署文件、合約時要特別留意條款細則，以免大意出錯而惹麻煩。本月亦要多關心女性長輩健康，若有不適應立即陪同求醫。
♥（凶）	2026年7月7日至8月6日	破財月份不宜開展任何新投資投機計劃，容易因為判斷錯誤而招致損失，凡事需要三思而後行。
♥（吉）	2026年8月7日至9月6日	運勢漸入佳境，各方面也會有進展，雖然家宅上仍有瑣碎問題需要勞心，可幸多加耐性處理即可解決。
♡（平）	2026年9月7日至10月7日	與身邊人意見不合、爭端頻繁，建議各自專注於事業發展，並採取「聚少離多」的方式相處，關係將較為和諧。
♡（平）	2026年10月8日至11月6日	宜多走動帶旺運勢，惟有輕微劫財運，出門後需要小心看管個人財物，以免無辜被盜而破財。
♥（吉）	2026年11月7日至12月6日	運勢全面回升，加上貴人助力充足，之前遇到的麻煩困境可望見曙光，亦可借助外力而圓滿解決。
♡（中吉）	2026年12月7日至2027年1月4日	財運走勢上揚，可望賺取一筆可觀收入，惟要謹記不宜作借貸擔保。本月與同事關係緊張，需要謹慎處理人事問題 。
♥（吉）	2027年1月5日至2月3日	個人才華得以發揮，工作表現亦會備受各方認同，不妨積極主動爭取，事業可望更上一層樓。

解伴侶心中所想，以免因誤會而生嫌隙。

單身一族可望透過女性長輩介紹相親而結識新朋友，惟能覓得心儀對象的機會不大。單身男士有望邂逅年齡比自己稍大的女性，若不介意年齡差距者，此段「姊弟戀」仍可萌芽，惟馬年始終不屬桃花燦爛之年，故仍要多加觀察緩慢發展。

【健康方面】

戊辰日本身已屬土旺，若再於土重月份出生五行會變得極為傾側，較影響個人思緒，容易焦慮及胡思亂想，亦要提防心臟及血壓問題，建議大量使用藍、綠兩色的隨身物品，並前往東面或北方旅遊強化運勢。

雖然秋、冬兩季出生者影響較微，但始終火、土過旺，任何季節出生均容易有情緒低落問題，甚至會有失眠情況，建議多做運動及接觸大自然減壓。新一年亦要多關心女性長輩健康，不妨為對方家居裝修、維修，更換沙發、牀褥或窗簾等物品，多作施棺及贈醫施藥善舉提升家宅運勢。

⑥ 己巳日

謹慎部署 善用人脈注意健康

【財運方面】

己巳日天干屬土、地支則以火、土為主，大部分人命格均為土旺，而丙午年天干、地支同屬火，只有冬天（農曆十月及十一月）加上午夜出生者，得流年之火暖和命格方可較為入運，個人判斷力及決策有所提升，投資方面亦可略為進取。

惟其他大部分人則無特別優勢，尤其於土重月份（農曆三月、六月、九月及十二月）及中午出生者，遇上火運難免容易焦慮及胡思亂想，故不宜作重大決定或大額投資，建議大量使用藍、綠兩色及於家中擺放水種植物疏通思路。夏天（農曆四月及五月）出生者更有劫財之象，從商者宜守住原有的生意範疇，不宜大興土木或短炒投機。

至於春天（農曆正月及二月）出生者以打工一族運勢較佳，事業有貴人之助，從商者只屬不過不失。秋天（農曆七月及八月）出生者事業及貴人運有輕微進步，惟財運未有明顯進帳，較為多勞少得。

可幸馬年貴人仍有一定助力，不妨利用人脈擴展資源網絡，並借助貴人消息而賺取收入，惟需謹記凡事要步步為營，不宜急進。新一年亦要多關心女性長輩健康，可多作贈醫施藥善舉提升運勢。

【事業方面】

丙午年以女性長輩的助力最大，若直屬上司是女性可望獲提拔，惟亦要有心理準備對方要求頗高、脾氣較不穩定，需要多加包容忍讓。另外，若從事美容、化妝或女士時裝等以女性顧客為主的行業，業績亦有望更上一層樓。

不過，馬年行思想星令個人焦慮較多，加上工作壓力龐大、薪酬及職位又未有大幅調整，感覺較為艱辛，需要調節心態應對。有轉職打算者，不妨請女性長輩如前上司、老闆代為引薦較容易成功，惟馬年始終不屬有重大變動的年份，故仍要三思而行。

【感情方面】

感情運屬平淡的一年，已婚者與另一半關係穩定，並無重大衝擊。情侶則要多花時間了解身邊女性長輩的想法，因新一年容易因意見不合或對對方不滿而影響雙方感情，需要多作溝通

流月運勢

♥吉 ♡中吉 ♡平 ♥凶

♡	2026年2月4日至3月4日	人際關係倒退，精神壓力頗大，建議「少說話、多做事」，專注於個人事業發展，不宜多管閒事。
♡	2026年3月5日至4月4日	事業有輕微進步，工作上有發揮空間，惟不宜給予自己太大壓力，需要懂得調節放鬆，以免弄巧反拙。
♥	2026年4月5日至5月4日	破財月份不宜開展新投資計劃，容易得不償失。健康方面腸胃較弱，生冷及辛辣食物可免則免。
♡	2026年5月5日至6月4日	財運有上揚之勢，惟賺取收入後不宜胡亂揮霍，以免入不敷支。腳部有機會意外受傷，熱愛運動者要提高警覺。
♡	2026年6月5日至7月6日	簽署文件、合約前需要小心核對條款及細則，遇有疑問應向專業人士請教，以免大意出錯而要對簿公堂。
♡	2026年7月7日至8月6日	將有家人、親友提出財務借貸請求，建議只能量力而為，以免對方「一借不回頭」而令自己陷入財困。
♥	2026年8月7日至9月6日	與身邊人爭執頻繁，需要多加包容忍讓。本月亦會受家中瑣事煩擾，需要多花時間耐性處理。
♡	2026年9月7日至10月7日	有新合作機會臨門，惟看似順遂但亦有表面風光之勢，不宜輕舉妄動，需要多了解市場形勢再作決定。
♡	2026年10月8日至11月6日	財運容易有耗損，需要格外謹慎理財，尤其不宜聽信小道消息作短炒投機，容易誤墮騙局而破財。
♥	2026年11月7日至12月6日	有輕微血光之災，熱愛運動者要特別留心，駕駛人士亦要奉公守法、時刻注意道路安全，提防汽車碰撞。
♥	2026年12月7日至2027年1月4日	整體運勢有提升，財運亦有輕微進步，可望獲得一筆額外的收入進帳，不妨把握機會勇往直前。
♥	2027年1月5日至2月3日	工作量大，但始終屬多勞少得，需要調整心態面對。職場上人事關係複雜，建議低調行事，不宜捲入是非漩渦。

及協調。

單身一族關係則較為原地踏步，雖然仍有權威的女性長輩安排相親活動或作引薦，所介紹對象的條件及背景亦尚算理想。惟馬年始終不屬大桃花年，能開展新戀情的機會不算高，建議先以擴大社交圈子及交朋結友為基礎，多花時間觀察了解，待時機合適再開展關係將更為持久。

【健康方面】

流年行火運令命格失衡，尤其土重月份出生者火旺土燥，要留心膀胱、腎臟、心臟、血壓及脾胃毛病。夏天出生者則要注意心臟、喉嚨及氣管問題，秋、冬兩季出生者並無大礙，春天出生者亦屬平穩。

建議己巳日於馬年可多用米、白及藍色物品，土重月份出生者則宜加配綠色平衡命格，並於農曆生日月份「借地運」，夏天出生者可到寒帶、冬天出生者宜到熱帶地方旅遊。馬年亦要注意情緒，可多做瑜伽、打坐或接觸大自然減壓。為防女性長輩有輕微血光，建議為對方家居裝修、維修或更換家俬助運。

7 庚午日

迎難而上 調節心態主動進修

【事業方面】

新一年可望有不俗的晉升機會，也適合進修學習，尤其警隊、海關或消防等紀律部隊最為有利，若有升職考核不妨積極參予，可望獲取好成績。不過，由於大部分人五行金弱，尤其春、夏兩季出生者情況更甚，故馬年將會是壓力沉重、精神緊張的一年，需要面對前所未有的挑戰，必須有迎難而上的心態，遇有疑問亦可多向前輩請教。

雖然於原有公司要面對眾多新局面，惟新一年不宜有大變動，安守本位更佳。另外，由於事業運較財運理想，故工作量增加但薪酬難有大幅調整，需要沉着應對。

【財運方面】

庚午日天干屬金、地支屬火，丙午年則天干、地支同屬火，「丙火」通根至「午火」令火氣更旺，若再於馬年或午時出生者命格將會更失衡；加上個人與流年地支「午午刑」屬日犯太歲，故新一年務必要謹慎部署。

一眾季節當中，只有金旺的秋天（農曆七月及八月）出生者能入運，鬥志及思維均有進步，運勢頗為理想。木旺的春天（農曆正月及二月）出生者被流年之火剋金，工作過程艱辛、精神壓力沉重，凡事要親力親為。火旺的夏天（農曆四月及五月）出生者五行最為失衡，馬年將會充滿挑戰，建議大量使用米、白兩色及佩戴金、銀、白金飾物助運。土重月份（農曆三月、六月、九月及十二月）出生者仍有輕微貴人助力，惟要面對龐大壓力。水旺的冬天（農曆十月及十一月）出生者亦未見優勢，只算中規中矩。

由於大部分人運勢一般，故馬年不宜冒險，尤其從商者要守住熟悉的生意範疇，避免讓客戶借貸賒數，簽署文件、合約前要多加核對，以免大意出錯起爭執甚至要對簿公堂。投資方面則要經過個人分析研究，並以中長線項目為主，避免短炒投機。

【感情方面】

女士的桃花較為多姿多采，單身一族可望結識年紀稍輕的異性，若不介意「姊弟戀」者不妨一試，可望開展戀情。惟已有伴侶者則要提防有桃花重疊情況，尤其女士要堅決抗拒外

流月運勢

♥吉 ♡中吉 ♡平 ♥凶

♡	2026年2月4日至3月4日	財來財去、難有儲備的月份，投資方面需要特別謹慎，切忌誤信小道消息而冒險投機，容易得不償失。
♡	2026年3月5日至4月4日	有輕微桃花運臨門，單身一族可望結識異性，惟關係始終未算明朗，建議多花時間觀察了解，不宜操之過急。
♥	2026年4月5日至5月4日	貴人運順遂，可望獲上司賞識而工作上有新發展機遇，不妨積極把握，事業可望更上一層樓。
♡	2026年5月5日至6月4日	做事一波三折，可幸眼前困境只屬先難後易，多加耐性即可解決，亦可多向行業中的前輩請教。
♡	2026年6月5日至7月6日	人事糾紛頻繁、職場上是非口舌纏身，加上做事遇上阻滯、容易節外生枝，建議請假外遊「借地運」，可望提升運勢。
♥	2026年7月7日至8月6日	「天合地合」的月份荊棘滿途，本月不宜作任何重大決定，以免有決策錯誤情況，亦要多關注家中長輩健康。
♡	2026年8月7日至9月6日	事業重上軌道，獲得上司委以重任，惟難免會面對一定工作壓力，需要學懂放鬆心情及勞逸結合。
♥	2026年9月7日至10月7日	運勢持續向上，之前付出的努力將會有所回報，不妨把握眼前好運繼續勇往直前，可獲得豐碩成果。
♡	2026年10月8日至11月6日	貴人助力充足，惟與身邊人或同輩容易因言語誤會而有輕微爭執，需要多加溝通，凡事以和為貴。
♡	2026年11月7日至12月6日	個人才華及領導能力得以發揮，惟需要提防下屬大意出錯而遭受連累，工作上需要親力親為多作監管。
♡	2026年12月7日至2027年1月4日	相沖月份宜動不宜靜，建議安排出門外遊，既可放鬆身心，亦可以「動中生財」方式帶旺運勢。
♡	2027年1月5日至2月3日	身體會出現小毛病，尤其要留心皮膚或氣管敏感問題，遇有不適應立即求醫，以免小事化大。

來誘惑，以免令自己陷入困境。男士的心力則會專注於事業發展之上，對追求感情較為淡泊，故關係上較難有突破。

已婚者與另一半會因小誤會起爭執，需要多加溝通，亦容易因為工作忙碌而冷落身邊人，需要平衡工作與私人時間。由於夫妻宮有刑剋，馬年要多關心伴侶健康，遇有不適宜盡快求醫。

【健康方面】

受「午午刑」影響，馬年需要多注意身體健康，尤其心臟、血壓方面的都市病，以及喉嚨、氣管及呼吸道毛病，若本身體質較弱者更要特別留心。

火過旺亦容易精神緊張、神經衰弱，加上事業上的未知因素令自己增添壓力，容易有失眠問題，建議調節心態、以平常心面對，亦可多接觸大自然，放鬆身心。由於命格失衡，新一年宜多用米、白兩色及佩戴金飾助運，並最好於家中五黃及二黑的流年方位（正南及西北）擺放金屬重物鎮壓，也適合往西面旅遊以「借地運」，對運勢均有幫助。

8 辛未日

天合地合 迎接變化主動沖喜

【財運方面】

受「丙辛合」及「午未合」影響，丙午年將會迎來六十年一次的「天合地合」，雖然運勢未必一面倒，但難免會出現較多變化。若於蛇年年底或馬年有結婚、添丁、置業或創業等喜事，則可主動應驗運勢，否則就要特別提高警覺。

一眾辛未日出生者之中，以秋、冬兩季（農曆七月、八月及十月、十一月）出生者運勢較為理想，土重月份（農曆三月、六月、九月及十二月）出生者亦稍能平衡。惟火旺的夏天（農曆四月及五月）出生者則要注意喉嚨及氣管毛病，春天（農曆正月及二月）出生者亦有剋泄交加情況。建議所有辛未日出生者可多用米、白兩色，佩戴金飾、於辦公桌擺放金屬擺件及於夏天外遊「借地運」保平安。

由於大部分辛未日命格金弱，會合的年份做事容易節外生枝，從商者務必要注意客戶的財政狀況，並穩守原有生意範疇，不宜輕言擴充或大興土木。新一年亦要多關心自己及長輩身體健康，不妨於蛇年年底進行詳細的身體檢查，多作贈醫施藥善舉。未有沖喜計劃者可裝修或維修家居、更換窗簾、沙發或牀褥等大型家俬，均有助提升氣運。

【事業方面】

「丙午」是個人事業星，新一年可望發揮領導才能，尤其秋、冬兩季出生者將有升職機會，春、夏兩季出生者則仍有輕微多勞少得。眾多行業之中，以警隊、海關、消防等紀律部隊最能受惠，任職大機構者亦能一展所長，惟自己及上司要求較高，加上面對陌生的工作範疇壓力較大，需要調節心態面對，遇有疑問亦不妨多向前輩請教。

「天合地合」之年也特別容易出現調職、出差或直屬上司更替等突如其來變化，即使變動後亦未能即時適應，惟馬年不屬轉職的好時機，新工作與期望會有所落差，建議謹守崗位較合適。

【感情方面】

「天合地合」對感情運的衝擊較大，情侶要面對所謂的「關口年」，若關係穩定者、不妨計

流月運勢

♥吉 ♡中吉 ♡平 ♥凶

♥	2026年2月4日至3月4日	劫財月份財運起伏不定，不宜魯莽開展新投資計劃，亦要避免投入資源擴充業務，容易招致損失。
♡	2026年3月5日至4月4日	偏財運臨門，只要不太貪心可有一筆幸運之財。惟健康一般，有輕微打針、食藥運，不宜工作過勞。
♥	2026年4月5日至5月4日	貴人運順遂，能獲上司提攜而事業有新發展機遇，不妨積極主動表現自己，可望有正面回報。
♡	2026年5月5日至6月4日	職場上人事複雜，是非口舌在所難免，建議待人處事盡量謙虛低調，以免鋒芒太露而遭受攻擊。
♥	2026年6月5日至7月6日	做事一波三折、節外生枝，加上要面對陌生的工作範疇，感覺壓力較大，建議放鬆心情，並多加耐性處理。
♡	2026年7月7日至8月6日	面對人事糾紛心情較煩躁，做事力不從心，不妨趁假期出門外遊，以「借地運」方式提升運勢。
♡	2026年8月7日至9月6日	健康運不穩，尤其喉嚨、氣管及呼吸系統較弱，本身屬敏感體質者要特別留心，不宜前往人群擁擠的地方。
♡	2026年9月7日至10月7日	單身一族有輕微桃花運，尤其女士可多留意身邊人，惟與新相識的異性要多花時間觀察了解，不宜操之過急。
♥	2026年10月8日至11月6日	人際關係如履薄冰，同輩之間蜚短流長，亦容易因為言語誤會而起爭執，需要多加包容忍讓，避免樹敵。
♥	2026年11月7日至12月6日	整體運勢有所回升，之前的煩惱一掃而空，事業上亦會迎來好消息，不妨積極把握眼前機遇發展。
♡	2026年12月7日至2027年1月4日	小人當道、是非口舌不斷，可幸個人心態樂觀積極，流言對自己未有太大影響，以平常心面對即可。
♡	2027年1月5日至2月3日	「天合地合」之年即將完結，本月將會頻繁走動，需要提防意外受傷，有運動習慣者要特別留心。

劃結婚主動應驗變化，否則就要提防關係容易生變甚至有離合情況，需要多花時間維繫。

已婚者若未有添丁打算，亦需要與伴侶多加溝通及包容忍讓，堅決抗拒外來誘惑，以免墮入錯綜複雜的三角關係而影響關係。建議馬年可採取人為的「聚少離多」方式相處，各自專注於事業發展，減少見面關係將會更為融洽。新一年亦可考慮置業或搬遷主動應驗變化，對運勢可有幫助。

【健康方面】

「天合地合」健康會有較多小毛病，需要注意日常生活習慣，盡量作息定時及多作體重管理，亦可花費於保健品、運動之上，或者贈醫施藥，主動應驗因健康而破財運勢。新一年亦要提防輕微意外，建議購買醫療及旅遊保險保平安。夏天出生者可大量使用米、白兩色及佩戴金飾助運。

「天合地合」亦會衝擊長輩及身邊人健康，不妨裝修家居、維修損壞的電器或更換家俬提升氣運，也要避免觸動家中的流年五黃及二黑(正南及西北)位置。另外，最好在蛇年年底檢查身體、馬年之始再作祈福，凡事謹慎則可平安大吉。

9 壬申日

丙壬相沖 財來財去積穀防饑

【財運方面】

流年天干的「丙火」與自己的「壬水」相沖，雖然天干相沖影響相對輕微，但此相沖屬沖財，故馬年財運起伏較大，容易財來財去。加上壬申日天干屬水、地支屬金，「丙午」的火為個人財星，新一年財運屬不穩定的偏財，故無論從商或投資均要多花時間管理，並採取以小博大的方式進行，不宜過分進取，賺取收入後亦要留起一部分作儲備，慎防有「三更窮、五更富」情況。另外，「丙壬沖」亦代表糾紛，從商者要注意與生意伙伴的關係，凡事宜多加溝通，以和為貴。

一眾壬申日出生者之中，以財旺身弱的夏天（農曆四月及五月）出生者破財機會最大，需要謹慎理財。土重月份（農曆三月、六月、九月及十二月）出生者亦屬困局，建議此兩季出生者可多使用米、白及藍色緩和大火對命格的影響。

至於春天（農曆正月及二月）出生者需要努力作個人分析，始有賺錢機會，惟能否聚財仍視乎個人的管理能力。水旺的冬天（農曆十月及十一月）出生者得流年火局暖和命格，運勢最為理想，既能賺取收入亦容易有盈餘。秋天（農曆七月及八月）出生者財運亦尚算穩定，不妨積極把握。

【事業方面】

馬年的財運較事業運理想，尤其從事前線銷售者業績有望提升，收入水漲船高。不過，任職管理層或自由職業者則受「丙壬沖」影響，雖然仍有升職、加薪機會，惟難免要面對複雜的人事問題，同事之間的明爭暗鬥令工作增添壓力，尤其春、夏兩季出生者更為艱辛，需要沉着應對。

相沖年份亦可考慮有崗位變動或出差，惟以下半年及農曆七、八月後始作變動較為理想。若於原有公司面對人事糾紛未有太大發展，建議報讀進修課程裝備自己，待相沖年過去可望有更好發揮。

【感情方面】

相沖年份與伴侶爭執頻繁，無論情侶或已婚者均會因為日常瑣事而起衝突，需要多花時間溝通，互諒互讓。馬年亦要留心另一半的家事會成為爭端源頭，建議保持適當距

流月運勢

♥吉 ♡中吉 ♡平 ♥凶

♡	2026年2月4日至3月4日	宜出門走動帶旺運勢，惟外遊時需要注意安全，尤其腰、膝關節容易受傷，戶外活動要特別小心。
♥	2026年3月5日至4月4日	有輕微偏財運進帳，投資方面不妨採取以小博大的方式進行，可望憑個人眼光而賺取合理回報。
♡	2026年4月5日至5月4日	劫財月份財運欠佳，需要多作財務管理，以免入不敷支。本月工作量龐大、壓力沉重，需要全神貫注避免分心。
♡	2026年5月5日至6月4日	做事遇上波折、難以一步到位，遇有疑難不妨多向前輩請教，有助解決問題。財運走勢一般，不宜投資投機。
♥	2026年6月5日至7月6日	人事爭執頻繁、被是非口舌纏身，建議謹守崗位，對閒言閒語毋須過分上心。本月有輕微打針、食藥運，需要注意作息時間。
♥	2026年7月7日至8月6日	學習運強勁，不妨於工餘時間報讀進修課程，既可增值自己，又可為未來事業發展打好基礎。
♡	2026年8月7日至9月6日	人事糾紛令身心疲累，需要多加忍讓，凡事以和為貴。財運起伏甚大，瑣碎開支較多，不宜胡亂揮霍。
♡	2026年9月7日至10月7日	無故焦慮及胡思亂想，引發失眠問題，建議調節心態從容面對，亦可多接觸大自然吸收正能量。
♥	2026年10月8日至11月6日	簽署文件、合約時要小心核對條款細則，遇有疑問應向專業人士請教，以免大意出錯惹上官非。
♡	2026年11月7日至12月6日	運勢回升、做事開始順遂，之前遇到的問題可望圓滿解決。惟本月容易受傷，需要提防廚房、浴室等家居陷阱。
♥	2026年12月7日至2027年1月4日	獲得力的貴人提攜，可望借助對方的人脈而令事情水到渠成，不妨積極向目標進發，可有豐碩成果。
♡	2027年1月5日至2月3日	健康響起警號，尤其要提防皮膚或腸胃過敏等瑣碎毛病，遇有不適應及早就醫，以免小事化大。

離，不宜過分牽涉對方的家事，以免無風起浪。

單身一族以男士的桃花較為暢旺，有機會結識年齡比自己稍大的異性，惟對方的性格較為剛烈，若鍾情小鳥依人者需要三思。單身女性則較難覓得心儀對象，即使邂逅亦屬曇花一現的短暫桃花，建議與異性需要多溝通了解不宜太快投入，以免受到情傷。

【健康方面】

「丙壬沖」屬水火相沖，新一年要提防心臟及血壓等都市病，亦要注意喉嚨、氣管及呼吸系統問題，需要多作健康管理，亦可檢查身體保平安。馬年亦容易有受傷機會，尤其頭部及手部首當其衝，有運動習慣或鍾情攀山、滑雪等戶外活動者要特別提防。

受相沖影響，馬年容易心情煩躁及衝動行事，建議避免使用紅、綠兩色，多用粉藍或淺色物品調和，尤其火旺的夏天出生者可多用米、白及淺藍色。新一年亦要留心男性長輩健康，建議為長輩家居裝修、維修、更換家俬，以及藉由贈醫施藥提升氣運。

⑩ 癸酉日

先難後易 親力親為積極守財

【財運方面】

丙午年天干、地支均屬火，兩火交疊形成協同效應令馬年的火氣更盛，屬正午太陽之火，故癸酉日出生者新一年能否入運，很大程度要視乎其命格中的水是否夠強。

若是屬水的生肖如豬或鼠，再加上生於冬季及午夜，命格為全盤水局，遇上大火年運勢固然最理想，惟此命局較偏並不常見。其次如秋、冬（農曆七月、八月及十月、十一月）兼黃昏後出生者的水局亦能承受火運，運勢亦算有所得着。

不過，若生於夏天（農曆四月及五月）、肖蛇、肖馬或於午時、巳時出生者，命格水弱再行火運，便會呈現「財旺身弱」，收入平平兼有破財機會，賺錢後宜購買實物保值，也最好多使用藍色及前往寒冷地方「借地運」。春天（農曆正月及二月）出生者則有「剋泄交加」情況，財運未有太大進展，需要穩守前行。土重月份（農曆三月、六月、九月及十二月）出生者壓力頗為龐大，需要辛苦得財。

整體而言，除了秋、冬兩季出生者較順遂，其餘大部分人雖有財運，但較難有儲蓄，有輕微表面風光之勢，建議新一年要積穀防饑、多作儲備，凡事穩守則可平安大吉。

【事業方面】

馬年的事業走向，需要視乎從事的行業而定。任職前線銷售、中介或自由職業者，業績將有提升，可望賺取合理回報。不過，於大機構工作或行政管理階層則發展平平，雖然薪酬有調整，但需要面對龐大壓力，只有土重月份出生較輕鬆，其他季節出生者要咬緊牙關，尤其春、夏兩季出生者最為艱辛。

另外，由於新一年貴人運欠奉，凡事要親力親為，亦要有心理準備經歷波折始能成功，需要多加耐性處理。惟馬年不適宜作出重大變動，有意轉職者不宜輕舉妄動，靜待時機為佳。

【感情方面】

單身一族以男士的桃花較為燦爛，可望結識條件及背景不俗的異性，惟對方脾氣較為剛烈，有意發展者需要多加體諒。女士則不屬大

流月運勢

♥吉 ♡中吉 ♡平 ♥凶

♡（平）	2026年2月4日至3月4日	被輕微的是非口舌纏身，建議「少說話、多做事」，待人處事盡量低調，以免捲入人事漩渦。
♡（中吉）	2026年3月5日至4月4日	相沖月份人事糾紛頻繁，需要多花時間溝通，可幸將會有貴人出手拔刀相助，事情最終可迎刃而解。
♥（凶）	2026年4月5日至5月4日	荊棘滿途、做事有障礙，需要冷靜沉着應對。若有重大決定建議稍為推遲，以免有決策錯誤情況。
♡（平）	2026年5月5日至6月4日	劫財月份財運下滑，不宜魯莽投資投機，尤其避免聽信小道消息而冒險短炒，容易招致損失。
♡（平）	2026年6月5日至7月6日	財運起伏較大、容易財來財去，投資獲利後需要見好即收，不宜過分進取，以免最終「貪字得個貧」。
♡（中吉）	2026年7月7日至8月6日	學習運強勁，不妨報讀課程增值自己。惟工作壓力沉重，需要平衡工作與生活，盡量作息定時。
♥（吉）	2026年8月7日至9月6日	運勢全面向好，得貴人扶持而事業有新發展，財運亦會水漲船高，不妨把握眼前好運加以發展。
♡（平）	2026年9月7日至10月7日	身體健康亮起紅燈，尤其要留心眼睛、腸胃及消化系統方面的小毛病，建議及早求診，不宜諱疾忌醫。
♥（凶）	2026年10月8日至11月6日	「天合地合」做事一波三折，需要做好兩手準備應對。本月亦不宜作重要決定，出門外遊輕鬆度過為佳。
♥（吉）	2026年11月7日至12月6日	整體運勢上揚，之前的麻煩阻礙一掃而空，尤其事業上會迎來新曙光，不妨把握機遇主動表現自己。
♥（吉）	2026年12月7日至2027年1月4日	事業有新發展，加上貴人助力充足，可望借助對方的人脈網絡而達成目標，財運將會水漲船高。
♡（中吉）	2027年1月5日至2月3日	有新合作機會臨門，惟決定前必須多留意市況，面對不熟悉範疇可向行業的前輩請教，不宜輕舉妄動。

桃花年，即使遇上有好感的異性亦只能徘徊於曖昧邊緣，關係較難有突破。

已婚者需要抗拒外來誘惑，尤其男士最容易有三角關係，亦要提防因為專注工作而冷落對方，建議多結伴外遊或尋找共同興趣，培養感情。新一年亦有機會因為家宅瑣事或小朋友的管教問題而與另一半爭執，宜多包容忍讓，亦可多用米、白或淺藍色紓緩煩躁情緒。

【健康方面】

丙午屬火旺之年，只有秋、冬兩季出生者命格較能承受，其他月份出生者需要多注意健康。土重月份出生者容易胡思亂想、情緒低落，不妨多接觸大自然吸收正能量，亦可相約朋友聚會傾訴，解開心結。春天出生者則要提防眼睛、膀胱及腎臟毛病，火旺的夏天出生者要留意心臟及血壓問題，不妨前往寒冷地方旅遊「借地運」。

馬年亦多關注男性長輩健康，建議檢查身體保平安，為對方家居作小量裝修、維修或更換大型家俬，亦可以長輩名義增醫施藥，助人自助兼提升運勢。

⑪ 甲戌日

節外生枝　慎防暗湧未雨綢繆

【財運方面】

甲戌日遇上丙午年，由於「寅午戌」屬會合，半會合之年對運勢始終有輕微影響，做事會有較多枝節，容易有意料之外情況，需要做好兩手準備迎接。「合日腳」亦代表有新合作機會，惟應否落實就要視乎個人命格而定。

甲戌日天干屬木、地支屬土，地支「戌土」當中有火的餘氣，而流年「丙午」屬大火之年，若命格利火者可較為進取，否則不宜輕舉妄動。春天（農曆正月及二月）出生者木旺能生火，財運相對理想。冬天（農曆十月及十一月）出生者屬寒木有平衡作用，土重月份（農曆三月、六月、九月及十二月）出生者火生土，兩者財運尚算中規中矩。不過，夏、秋（農曆四月、五月及七月、八月）兩季出生者則只屬一般，宜謹慎理財。

由於馬年財運以正財為主，投資方面可選擇穩健的中長線項目，避免短炒投機。新一年有利學習及溝通，可憑個人力量或以口得財，從商者不妨多主動接觸客戶，親力親為帶動業績。惟同行之間競爭較大，難免要面對是非口舌，加上下屬運平平，要提防人事轉流問題或對方出錯而連累自己，需要謹慎監察。

【事業方面】

由於丙午年行「食神」運，以口得財的行業如保險、地產等前線銷售或需要經常接觸客戶的代理、中介等將會較為有利，業績有望提升。惟管理階層或後勤工種則較難受惠，同事之間合作性不足、下屬頻繁流動，亦要面對口舌是非，建議待人處事要保持低調，謹記言多必失。

雖然馬年的事業未算有太大突破，惟不宜輕言轉工，謹守崗位為佳。可幸個人心態樂觀積極，能從容面對逆境，加上學習運順遂，不妨多進修增值及涉獵不同範疇，長遠對事業發展可有幫助。

【感情方面】

男士於馬年有不少應酬聚會，可望擴闊社交圈子及遇上暗地桃花，惟始終屬於追追逐逐的感情，未必能即時開展。建議可先從朋友開始溝通

流月運勢

♥吉 ♡中吉 ♡平 ♥凶

♥	2026年2月4日至3月4日	人事糾紛頻繁，提防因為言語誤會而起衝突，需要多溝通忍讓。手部容易受傷，熱愛戶外活動者要特別留心。
♡	2026年3月5日至4月4日	做事遇上障礙，與預期有所落差，可幸眼前困局只屬先難後易，多加耐性處理即可迎刃而解。
♡	2026年4月5日至5月4日	相沖月份宜動不宜靜，不妨放假出門外遊，既可沉澱身心，亦可以「動中生財」方式帶旺運勢。
♥	2026年5月5日至6月4日	貴人助力充足，可望借助對方的人脈而建立資源網絡，不妨把握機會表現自己，可望水到渠成。
♡	2026年6月5日至7月6日	心情煩躁、情緒焦慮不安，建議相約朋友聚會傾訴，解開心結。本月屬劫財月份，不宜投資投機。
♡	2026年7月7日至8月6日	被家宅瑣事纏擾，需要多關心長輩健康，遇有不適盡快求醫。財運起伏不定，需要量入為出。
♥	2026年8月7日至9月6日	運勢開始重上軌道，之前遇到的疑難可望一掃而空，事業亦迎來新發展機遇，不妨積極把握。
♡	2026年9月7日至10月7日	事業繼續向好，惟個人期望太高令工作壓力龐大，建議多做運動或多接觸大自然，紓緩減壓。
♡	2026年10月8日至11月6日	財運走勢上揚，可望獲得一筆偏財收入，惟投資方面需要眼明手快、見好即收，以免財來財去。
♡	2026年11月7日至12月6日	心情焦慮、引發失眠問題，需要注意作息時間。手部容易扭傷摔傷，要提防廚房、浴室等家居陷阱。
♡	2026年12月7日至2027年1月4日	宜多往外走動的月份，若有出差機會不妨主動爭取，亦可安排一次短程旅遊，有望提升運勢。
♥	2027年1月5日至2月3日	運勢逆轉勝，可望於事業上發揮個人才能，工作表現備受上司賞識，財運亦會因此而有進帳。

了解，待時機成熟始再發展更為合適。女士的感情狀況則較為原地踏步，「脫單」機會輕微。

日腳半合的年份關係亦容易出現暗湧，已婚者與另一半有較多小誤會爭執，尤其容易因為小朋友問題而意見分歧，需要多加溝通，亦可採取人為的「聚少離多」方式相處化解爭端，各自專注於事業發展或爭取出差機會，「小別勝新婚」關係可更為昇華。

【健康方面】

半會合的年份會有較多瑣碎毛病，如牙痛、神經痛等，加上行「食神」運應酬、聚會頻繁，需要多作體重管理，提防飲食過量而有高血壓、膽固醇問題，建議凡事適可而止，並養成恆常運動習慣。另外，出門外遊時要小心水土不服，不妨帶備平安藥，夏天出生者亦可多使用藍、綠兩色平衡命格。

火旺之年亦容易令情緒焦慮，加上馬年會為小朋友的管教或健康問題而勞心，若子女年紀尚小需要特別提防廚房、浴室等家居陷阱，凡事注意安全。半會合之年亦要多關心伴侶健康，遇有不適應及早求醫。

⑫ 乙亥日

傷官運強 以口得財慎防是非

【財運方面】

流年地支「午火」暗藏乙亥日的財星，故新一年仍有輕微財運，但馬年主要行「傷官」運，故從事表演藝術或以才華、名氣得財者，發展可謂如魚得水。從商者則要奇兵突出，於市場上提升辨識度方可突圍。

乙亥日天干屬木、地支屬水，為飄浮於水上無根之木，生於冬天（農曆十月及十一月）可得流年之火暖和命局，財運較得心應手。土重月份（農曆三月、六月、九月及十二月）出生者「財旺身弱」，火局生旺土故財運亦有得着，賺錢較為輕鬆。

不過，木旺如春天（農曆正月及二月）出生者則難免被是非纏身，有輕微多勞少得。夏天（農曆四月及五月）出生者財運亦未算理想。秋天（農曆七月及八月）出生者行火運亦相對艱辛，建議這三季出生者可大量使用綠色，以木幫扶命格。

另外，由於流年「傷官」極強，容易於業界闖出名堂，惟隨之而來的口舌是非在所難免，需要小心處理人際關係。建議新一年遵從做事高調、做人低調的道理，以免無辜受牽連。由於財運未算特別強，除了秋天及土重月份出生者投資方向可略為進取外，其他季節出生者宜穩健保守。

【事業方面】

官星是個人事業星，流年行「傷官」運，顧名思義就是對事業有所傷害，尤其任職政府部門、大機構等工種比較穩定者，新一年做事較多枝節，同事之間明爭暗鬥、是非口舌頻繁，管理層也要面對下屬流轉率高的挑戰，宜調整心態應對。惟馬年不宜輕言轉職，建議先處理好人際關係，亦可多報讀進修或興趣課程自我增值。

可幸「傷官」亦屬財旺之星，若靠個人技術、名氣或說話得財，如從事演藝界、編劇或寫作等事業者新一年可望靈感不絕，任職地產、保險等前線銷售或中介業績亦有提升，不妨積極把握。

【感情方面】

乙亥日於馬年的外向性高，有不少朋友聚會及結交異性機會，惟始終不屬桃花燦爛之年，男士尚有機會遇上有好感的對象，惟雙方發展較為緩慢，需要多花時間相處了解，從朋

流月運勢

♥吉 ♡中吉 ♡平 ♥凶

♡	2026年2月4日至3月4日	「天合地合」的月份做事較多障礙，個人情緒亦受影響，不妨出門外遊散心，亦可「借地運」提升運勢。
♥	2026年3月5日至4月4日	流言滿天飛、人事爭執不斷，待人處事需要保持謙虛低調，以免鋒芒太露而樹敵甚至被暗箭所傷。
♥	2026年4月5日至5月4日	貴人助力充足，有望憑對方提供的小道消息而於投資上獲利，惟謹記見好即收，以免得不償失。
♡	2026年5月5日至6月4日	相沖月份容易受傷摔傷，駕駛者要奉公守法，時刻注意道路安全，有運動習慣者亦要特別小心。
♥	2026年6月5日至7月6日	劫財月份財運有耗損，不宜魯莽開展投資計劃。外出時亦要小心看管個人財物，以免無辜被盜。
♡	2026年7月7日至8月6日	財來財去的月份，收入有提升但又有親友提出財務借貸請求，謹記只能量力而為，以免令自己入不敷支。
♥	2026年8月7日至9月6日	事業走勢強勁，可望有突破自己的機會，惟工作壓力龐大，不妨相約朋友聚會傾訴，解開心結。
♡	2026年9月7日至10月7日	工作上有突出表現，領導才能可獲上司賞識，惟同事之間合作性一般，容易因小事而起爭執，需要多加溝通。
♥	2026年10月8日至11月6日	財運走勢順遂，無論正財及偏財均有進帳，投資短炒若眼明手快可有獲利機會，不妨積極把握。
♡	2026年11月7日至12月6日	宜多往外走的月份，若有出差機會不妨主動爭取，又或安排假期出門外遊，以「動中生財」帶旺運勢。
♥	2026年12月7日至2027年1月4日	容易因為大意出錯而惹官非，尤其簽署文件、合約前要細閱條款細則，遇有疑問可向專業人士請教。
♡	2027年1月5日至2月3日	財運向上、有機會獲得意外之財，惟與身邊人因為瑣事而起爭執，需要多體諒對方，凡事以和為貴。

友循序漸進發展成為情侶。單身女士遇上真命天子的機會不高，不宜對「脫單」抱有太大期望。

已有伴侶者社交生活同樣活躍，要提防因為應酬頻繁而冷落身邊人，需要懂得分配時間。已婚者容易因為家庭瑣事或小朋友問題而與另一半爭執，謹記夫婦相處之道貴乎坦誠，多加溝通即可達成共識。

【健康方面】

相對乙巳蛇年，馬年健康運相對有進步，尤其關節問題有改善，惟「丙午」始終屬火旺之年，大部分人命格失衡，冬天出生者因水火對沖要提防心臟、血壓及皮膚敏感等毛病，夏天出生者則火過旺要小心喉嚨、氣管及呼吸道問題。

另外，已婚者要多關心小朋友健康，有較多傷風、感冒等小毛病，亦要注意廚房、浴室等家居陷阱，提防意外受傷。若子女房間位處流年的五黃星（正南）及二黑星（西北）方位，宜放銅器重物化解，亦可作小量裝修、維修或更換沙發、牀褥等，均有助提升家宅運。

⑬ 丙子日

日腳相沖　宜多走動提防破財

【財運方面】

「子午沖」屬日腳相沖，新一年需要面對較多變化，而沖夫妻宮之年與伴侶爭執頻繁，加上流年與個人天干同屬「丙火」，行同類型運勢代表劫財，馬年不宜魯莽投資投機，建議購買實物保值為佳。

由於「丙火」通根至「午火」令火氣極盛，若生於夏天（農曆四月及五月）者漏財機會更大，宜大量使用藍色及波浪形物品彌補缺水問題，適量使用米、白兩色及佩戴金飾補助金弱情況。春天（農曆正月及二月）出生者同樣要以金幫扶，可使用米、白兩色及佩戴金飾。

土重月份（農曆三月、六月、九月及十二月）出生者影響則相對輕微，惟做事仍有阻礙，亦要面對是非。金旺的秋天（農曆七月及八月）出生者運勢尚算平穩，冬天（農曆十月及十一月）出生者水旺則算是最有優勢。

其實丙午年的大火運對大部分人不算特別有利，容易有突如其來的開支，需要積穀防饑、謹慎守財。沖日腳之年亦宜多往外走動，惟出門後要注意人身安全，提防輕微的汽車碰撞或意外受傷，建議於蛇年年底檢查身體、馬年之始捐血及洗牙，多購買保健產品或醫療保險，主動破財擋災保平安。

【事業方面】

日腳相沖令馬年的運勢波濤起伏，若能多往外走動則影響較輕微，故不妨主動爭取出差機會，可望有發揮機會兼「動中生財」。惟流年行火運始終對丙子日出生者有不同程度影響，較為多勞少得，尤其春、夏兩季出生者頗為艱辛，同事之間競爭激烈及有明爭暗鬥情況，加上心情較為煩躁，需要多控制情商，避免衝動行事。

若有轉職打算者或要有心理準備，新一年不屬能突飛猛進的年份，轉換崗位或工作位置尚可，跳槽則未屬合適時機。可幸個人心態仍算積極，不妨持續進修，為未來事業打好基礎。

【感情方面】

沖日腳即沖夫妻宮，感情運較受衝擊，加上天干行同類型運勢更容易跌入分離運，情侶要提防因為瑣事而爭持不下，甚或會出現分手危機，需要多加忍讓。火旺之年亦會影響情緒，已

流月運勢

♥吉 ♡中吉 ♡平 ♥凶

♡	2026年2月4日至3月4日	有輕微偏財運進帳，投資方面不妨以小博大，可望獲得幸運之財，惟需要見好即收，以免先盈後虧。
♥	2026年3月5日至4月4日	心情煩躁兼容易桃花破財，與異性不宜有太多金錢轇轕，亦要注意喉嚨、氣管及呼吸系統等方面的毛病，不宜前往人群擁擠的地方。
♡	2026年4月5日至5月4日	事業尚算順利，辛勤工作可有成果，惟職場上人事爭執頻繁，需要控制情緒，多加包容忍讓。
♡	2026年5月5日至6月4日	事業如魚得水，面對排山倒海的工作仍可應付自如，惟自我要求高令壓力沉重，建議放鬆心情表現會更為突出。
♡	2026年6月5日至7月6日	宜外遊多走動的月份，惟出門後要提防意外受傷，避免進行高危的戶外活動，亦要小心看管行李及財物，以免無辜被盜。
♥	2026年7月7日至8月6日	人際關係四面受敵，被是非口舌纏身，建議「少説話、多做事」，事不關己不宜多管閒事，以免被小人中傷。
♡	2026年8月7日至9月6日	財來財去、較難有儲蓄，收入增加但又會有較多突如其來的開支，需要謹慎理財，量入為出。
♥	2026年9月7日至10月7日	財運亨通、收入可望水漲船高，亦有機會開拓新路向及資源網絡，有助日後發展，不妨積極把握。
♡	2026年10月8日至11月6日	學習運強勁，個人頭腦清晰、思維敏捷，不妨報讀與工作相關的在職課程進修增值，為事業打好基礎。
♥	2026年11月7日至12月6日	運勢全面回升、之前遇到的麻煩可逐漸見曙光，事業亦有突破性發展，不妨把握好運勇往直前。
♡	2026年12月7日至2027年1月4日	財運走勢上揚，惟起伏較大，需要積穀防饑，建議賺取收入後可購買實物保值，不宜胡亂揮霍。
♡	2027年1月5日至2月3日	「天合地合」的月份要為家宅瑣事勞心，亦要多花時間關心長輩健康，若有不適應盡快求醫。

婚者與另一半亦要保持溝通，多關心對方的身體健康，亦可採取人為的「聚少離多」方式相處，各自專注於事業發展或培養個人興趣，減少見面可避免衝突。

單身一族的桃花較為黯淡，唯有出門外遊時稍有機會結識異性，惟關係始終較為短暫、較難開花結果，需要多花時間觀察。

【健康方面】

沖日腳的年份本來已較容易受傷，加上「丙火」通根至「午火」令火更旺，需要提防輕微開刀破相。水火對沖亦要留意心臟及血壓毛病，尤其命局中愈多火的元素風險愈高，如生於午年、農曆五月或午時等，這種疊加效應令命格更為不平衡，建議多用米、白、淺藍色及佩戴金、銀、白金飾物，亦可前往寒冷地方「借地運」。

由於健康不穩，不宜坐臥或生旺家中的流年五黃星及二黑星（正南及西北）位置，另外最好在蛇年年底作身體檢查、馬年之始捐血或洗牙，主動購買醫療保險，多關注健康則可安然度過。

14 丁丑日

財來財去 低調應對保守理財

【財運方面】

個人日腳「丑」與流年地支「午」屬相害，「害」有陷害及被中傷之意，新一年人際關係面臨考驗，做事亦會遇上輕微波折，需要注意口舌是非。從商者則要提防遭競爭對手抹黑而影響商譽，待人處事要保持謙虛低調。

丁丑日天干屬火、地支屬濕土，「丁火」為蠟燭之火不算強，若於冬天（農曆十月及十一月）及午夜出生者得流年之火暖和命局，做事將會較為順心。秋天（農曆七月及八月）出生者五行金旺火弱，馬年亦可憑火運而有裨益。土重月份（農曆三月、六月、九月及十二月）出生者火能催旺土命格有強化，惟始終是非口舌較多。至於春、夏兩季（農曆正月、二月及農曆四月、五月）出生者則未見優勢，需要謹慎行事。

另外，「丙火」始終是劫財星，馬年有較多瑣碎開支，即使收入提升但容易財來財去，需要積穀防饑，投資方向也要格外保守，宜選擇三至五年的中長線項目，避免短炒投機。新一年亦會有家人親友提出財務借貸請求，建議只能量力而為，並要有「一去不回頭」的心理準備，以免超出能力範圍而令自己陷入財困。

【事業方面】

相害之年需要小心處理人際關係，同事之間競爭激烈、容易有明爭暗鬥，尤其任職大機構或管理層者更要提防小人，建議「少說話、多做事」，不宜捲入是非漩渦。

一眾丁丑日之中，以秋、冬兩季出生者事業發展較佳，春、夏兩季則做事有較大阻力，不宜將目標訂得太高。既然未算有太大發揮，不妨多進修增值充實自己，日犯太歲之年亦宜多往外走動，若有出差機會可主動爭取，有望帶動運勢。新一年不宜作出重大變動，建議謹守原有崗位，多注意人事關係，保守為上。

【感情方面】

新一年的感情運容易受到周遭的人事影響，已婚者不宜過分干涉伴侶的家事，以免流言蜚語影響雙方感情。關係未算穩定的情侶亦宜多花時間獨處了解，待感情穩定後始融入對方的

流月運勢

♥吉　♡中吉　♡平　♥凶

♥	2026年2月4日至3月4日	可望憑個人靈感而有輕微偏財運進帳，惟投資始終不宜過分進取，需要見好即收，以免得不償失。
♡	2026年3月5日至4月4日	胡思亂想、做事猶豫不決，不妨多向身邊的前輩或朋友請教，整合意見後多加分析再作決定。
♡	2026年4月5日至5月4日	焦慮不安、情緒低落，思想較為負面及影響睡眠質素，建議多接觸大自然或放假出門外遊，放鬆身心。
♡	2026年5月5日至6月4日	有新合作機會臨門，不妨積極把握。惟落實簽署文件、合約時需要多留意條款細則，以免魔鬼在細節而有所損失。
♡	2026年6月5日至7月6日	人際關係倒退，要提防被競爭對手暗箭中傷，建議「少說話、多做事」，避免無辜捲入是非圈。
♥	2026年7月7日至8月6日	相沖月份宜多往外走動，惟關節容易扭傷摔傷，尤其腳部首當其衝，戶外活動時要特別注意安全。
♡	2026年8月7日至9月6日	財運有回升迹象，惟仍會有較多突如其來的開支，容易財來財去，需要量入為出，謹慎理財。
♡	2026年9月7日至10月7日	做事遇上阻力、容易節外生枝，可幸當前困境只屬先難後易，只要多加時間耐性即可圓滿解決。
♡	2026年10月8日至11月6日	學習運強勁，不妨報讀進修課程增值自己。人際關係平平，容易無故惹是生非，需要提防小人。
♥	2026年11月7日至12月6日	事業扶搖直上，之前停滯不前的項目亦會有明顯進展，不妨主動爭取發揮機會，可望獲得賞識。
♡	2026年12月7日至2027年1月4日	運勢起伏較大，事業面臨挑戰，投資方面亦會有意料之外的事情發生，需要做好兩手準備應對。
♡	2027年1月5日至2月3日	財運節節向上，惟工作壓力沉重，需要調節心態、學懂放鬆，亦可多郊遊及接觸大自然吸收正能量。

家人朋友圈子，以免意見紛紜而令感情有所動搖。新一年亦要提防有競爭對手出現，需要多花時間溝通維繫感情。

單身一族則不算是桃花年，雖然可結交朋友，惟社交圈子亦較多是非，要提防舊友有誤會紛爭、新相識難以經歷時間考驗的問題，建議避免擔當中間人角色，保持圓融的人際關係則運勢較佳。

【健康方面】

馬年會有較多傷風、感冒或關節痛等瑣碎毛病，亦要注意腸胃及消化系統，出門後提防水土不服或食物過敏，建議帶備藥物保平安。一眾丁丑日之中，秋、冬兩季出生者命格被強化健康較佳，春、夏兩季則要留意心臟、血壓及喉嚨氣管問題，宜多用米、白及淺藍色，忌用紅、綠兩色，亦可適量佩戴金或白金飾物助運。

夫婦宮受沖則要多關注伴侶身體，亦要為兄弟姊妹問題操心，若對方提出借貸請求只能量力而為。由於丁丑日性格較為緊張、容易失眠，需要調節心態，隨緣隨遇身心反而更健康。

⑮ 戊寅日

貴人得力 財運受惠注意情緒

【財運方面】

戊寅日天干屬高山泥土、地支則屬木，由於「寅木」刑剋「戊土」，故大部分人命格中的土不算強，遇上流年「丙午」行火運有生旺作用，新一年可得貴人助力，尤其弱命者將會更能入運。

秋、冬（農曆七月、八月及農曆十月、十一月）兩季出生者屬土弱，有火加持運勢頗為理想，木旺的春天（農曆正月及二月）出生者於丙午年亦有不俗發展。惟土重月份（農曆三月、六月、九月及十二月）及夏天（農曆四月及五月）出生者則有輕微「火旺土燥」情況，運勢未有太大受惠。

雖然馬年不是直接行財運，可幸長輩貴人得力，能借助對方的人脈網絡而得益，打工一族可獲較年長的女性上司器重，從商者亦可獲女性長輩支持，尤其經營的生意以女性顧客為主，如時裝、美容或女士服裝等，新一年業績將會水漲船高。投資方面亦會有長輩貴人消息，經個人分析研究可望獲利。

不過，由於新一年個人焦慮較多、容易胡思亂想，需要調節心態保持樂觀。馬年亦要多關心家中女性長輩健康，建議多贈醫施藥或施棺，既可平穩家宅亦可幫扶財運。

【事業方面】

地支「寅木」是事業星，加上馬年貴人運強，尤其女性長輩助力充足，打工一族若直屬上司是較年長女性，對方將會對自己有提拔作用；若經營或從事以女性為對象生意或行業的人士，馬年亦可獲得顧客支持，業績有望提升。

不過，土重月份及夏天出生者則有輕微「火旺土燥」，做事較為衝動急進，容易自亂陣腳，需要放慢腳步及控制情商，以免破壞原本向好的事業運。新一年亦可作多方面嘗試，能得貴人之助探索不同路向，惟不屬有大升遷或適宜轉職之年，穩守向前方為上策。

【感情方面】

丙午年雖然不屬桃花燦爛之年，可幸貴人助力充足，單身一族有望透過女性長輩介紹相親而

流月運勢

♥吉 ♡中吉 ♡平 ♥凶

♡	2026年2月4日至3月4日	事業有突出表現，個人領導才能會備受賞識，惟工作壓力沉重，需要調節心態，亦要提防同事之間的口舌是非。
♡	2026年3月5日至4月4日	做事一波三折、需要克服重重困難，可幸眼前困境只屬先難後易，多加耐性問題即可迎刃而解。
♡	2026年4月5日至5月4日	財運有進帳，惟亦有一得一失之象，屬輕微表面風光，需要多注意個人理財方向，量入為出。
♥	2026年5月5日至6月4日	做事遇上障礙、未能盡如人意，影響情緒兼有失眠問題，建議做好兩手準備應對，亦可出門外遊緩解鬱結。
♡	2026年6月5日至7月6日	工作量龐大、壓力沉重，做事力不從心，下重要決定前宜作多角度思考，可望有一番新景象。
♡	2026年7月7日至8月6日	是非纏身、甚至會惹上官非訴訟，簽署文件、合約前需要仔細閱讀條款細則，遇有疑問可向專業人士請教，以免誤墮法網。
♥	2026年8月7日至9月6日	相沖月份容易受傷，駕駛人士要注意道路安全，提防輕微汽車碰撞，其他道路使用者亦要奉公守法，免生意外。
♥	2026年9月7日至10月7日	工作表現出色，加上有貴人扶持做事如虎添翼，不妨爭取表現自己的機會，可望有突破性發揮。
♡	2026年10月8日至11月6日	破財月份不宜開展新投資計劃，容易因為誤判形勢而招致損失，建議多作儲備，或將現金化作實物保值。
♡	2026年11月7日至12月6日	財運有所回升，投資方面可小試牛刀，有望以小博大賺取利潤。腰、膝關節容易受傷，戶外活動要特別提防。
♥	2026年12月7日至2027年1月4日	運勢漸入佳境，事業處於衝刺階段，籌備多時的項目開始漸見成果，不妨把握好運加持，繼續踏實向前。
♡	2027年1月5日至2月3日	管理層與下屬關係欠佳，容易因為工作方式有異而起爭執，需要多花時間溝通達成共識，免傷和氣。

結識異性，對方屬較為成熟穩重的類型。惟馬年的感情運不屬一見鍾情的類型，故關係發展較為緩慢，需要多花時間溝通相處，不宜操之過急。

已婚者則要提防因為其他家族成員意見而與另一半起衝突，尤其要留心女性長輩如岳母、家婆等較為強勢，對方的意見有機會影響夫妻感情，建議多作橋樑處理好家事，以免積累不滿情緒，令自己成為「夾心人」左右為難。

【健康方面】

大部分戊寅日出生者命格屬弱土，本身腸胃及皮膚較弱，得馬年的火運幫扶健康反而較為理想，尤其春、秋及冬季出生者最有進步。不過，土重月份出生者命格失衡，需要注意心臟及血壓毛病，夏天出生者亦要提防心臟、膀胱及腎臟問題，可幸整體不算嚴重，多加管理即可。

新一年亦要關心女性長輩健康，容易有輕微血光之災，建議為對方家居作小量裝修、維修或更換沙發、牀褥等貼身家俬，亦可以長輩名義贈醫施藥或以自己名義施棺，均可強化健康運。

⑯己卯日

思想運佳 人際兩極提防小人

【事業方面】

事業有貴人之助發展頗為暢順，尤其經營以女性顧客為主的生意，如美容、化妝或女士服裝等，可望獲客戶支持而業績有所增長。若直屬上司是較年長的女性，對方亦會有提拔作用，加上流年思想運佳、決斷力強，若任職管理層、大機構或政府部門者更能受惠，雖然未必是大幅度升職加薪，但做事得力較為順心，可望為未來事業發展打好基礎。

不過，「午卯相破」始終會影響人際關係，與同輩或下屬相處時要多溝通，提防被小人中傷。由於整體不屬變動之年，建議留守原有崗位發展較佳。

【感情方面】

馬年的事業處於衝刺階段，故己卯日出生者的心力會專注於工作之上，對談戀愛的意欲不

【財運方面】

流年地支「午」與個人日腳「卯」屬相破，「破」代表人際關係的破敗，新一年要提防與老朋友反目或與生意伙伴意見不合情況，需要多加溝通，避免互相猜疑引發誤會。

己卯日天干屬土、地支屬木，濕土坐於強木之上而木剋土，故大部分人均屬弱命。其中，春天（農曆正月及二月）、秋天（農曆七月及八月）及冬天（農曆十月及十一月）出生者雖然在新一年沒有直接的財運降臨，但能得貴人加持，財運尚算有進帳，亦可借助對方的能力解困。不過，土重月份（農曆三月、六月、九月及十二月）出生者則未算太受惠，整體只屬中規中矩。火旺的夏天（農曆四月及五月）出生者，相對財運亦未及於其他季節出生理想，需要謹慎理財。

雖然馬年不算大豐收的年份，可幸貴人助力充足，從商或投資者均可憑藉貴人的人脈網絡而獲益，加上個人思路清晰、分析力強，所作的決定頗為正確，故整體仍屬有進步。惟投資方面仍不宜急進短炒，建議選擇中長線項目效果較佳。另外，馬年始終屬輕微日犯太歲，與長輩相處融洽，但與同輩或下屬則要留心，需要小心經營人際關係。

流月運勢

♥吉 ♡中吉 ♡平 ♥凶

♥	2026年2月4日至3月4日	事業運有明顯進步，可望於職場上發揮領導才能，工作表現會備受他人賞識，不妨積極把握。
♡	2026年3月5日至4月4日	社交聚會及應酬頻繁，惟人事紛擾不斷，建議「少説話、多做事」不宜高調，以免鋒芒太露遭受攻擊。
♡	2026年4月5日至5月4日	財運走勢上揚，惟人際關係倒退，容易因為言語誤會而起爭執，需要多加忍讓，亦可出門外遊放鬆心情。
♥	2026年5月5日至6月4日	貴人運旺盛，可望借助對方的人脈網絡而帶動財運，投資方面亦有機會獲利，策略可以稍為進取。
♡	2026年6月5日至7月6日	容易受傷、摔傷的月份，尤其手部及頭部首當其衝，戶外活動要特別小心，亦要提防浴室、廚房等家居陷阱。
♥	2026年7月7日至8月6日	是非纏身、甚至有機會惹上官非，簽署文件、合約前要細閱條款細則，以免一時大意而要對簿公堂。
♥	2026年8月7日至9月6日	學習運強勁，個人頭腦清晰，不妨報讀與工作相關的課程進修增值，亦可參加興趣小組陶冶性情。
♡	2026年9月7日至10月7日	相沖月份宜動不宜靜，有出差機會不妨主動爭取，亦可考慮出門外遊，以「動中生財」方式帶旺運勢。
♥	2026年10月8日至11月6日	做事遇上波折、難以一步到位，看似簡單的任務也不能掉以輕心，需要多加耐性及做好兩手準備應對。
♡	2026年11月7日至12月6日	財運一得一失，不宜留太多現金儲備，以免破財。若有家人、親友提出借貸請求只能量力而為，不宜強出頭。
♡	2026年12月7日至2027年1月4日	桃花破財的月份，不宜與異性合作投資，容易因財失義。本月亦要提防是非，事不關己不宜多加意見。
♥	2027年1月5日至2月3日	整體運勢回升，財運有進帳、事業運亦有進步，不妨把握機會表現自己，可望獲取合理回報。

高，感情運較難有突破，關係將會原地踏步。情侶尚可維持現狀，單身一族則頗為享受獨處時光，反而身邊的長輩會積極作介紹引薦，建議先以交朋結友為基礎，多花時間相處了解，待時機成熟始決定是否發展。

已婚者與另一半關係尚算融洽，感情亦無重大爭執，惟要為瑣碎的家事而勞心，尤其要多花時間關心女性長輩健康，若有不適應盡快求醫，以免小事化大。

【健康方面】

新一年的身體健康並無大礙，惟「破太歲」年份會影響情緒，脾氣較為反覆、容易焦慮不安，加上工作上自我要求高形成壓力，與同輩及下屬相處未算融洽，多思多慮難免影響睡眠質素，建議要作息定時、多做運動及接觸大自然，學懂平衡減壓。一眾己卯日之中，以火旺的夏天出生者情況更甚，不妨佩戴金、銀、白金或珍珠飾物平衡命格。

丙午年亦要多關注女性長輩健康，不妨為對方更換沙發、牀褥等影響氣運的貼身家俬，亦可多作贈醫施藥善舉，助人自助提升健康運。

⑰ 庚辰日

事業起飛 戒急用忍提防官非

【財運方面】

新一年有流年「丙火」鍛煉自己出生日的「庚金」，原則上事業運會較財運順遂。雖無直接的財運，但丙午年無沖無合，整體尚算穩定有輕微進步。

一眾出生季節之中，以金旺的秋天（農曆七月及八月）出生者最為入運，馬年的奮鬥心強、工作能力亦有進步，有望帶動財運上升。土重月份（農曆三月、六月、九月及十二月）出生者則貴人運最理想，惟仍有輕微「厚土埋金」情況，能得助力但較難突圍。冬天（農曆十月及十一月）出生者命格水冷金寒，有火運暖和命局情緒樂觀正面較為輕鬆。春天（農曆正月及二月）出生者工作壓力稍大，可幸財運仍算平穩。惟夏天（農曆四月及五月）出生者金弱再行火做事難免會遇上障礙，感覺較為艱辛，需要調節心態應對。

整體而言，大部分人運勢皆有進步，加上馬年屬親力親為有回報的年份，從商者不妨主動接觸客戶，亦可多花時間構思新策略，面對競爭可望脱穎而出。投資方面宜多作個人分析研究，惟不宜大額投資。不過，新一年精神壓力較大，亦要提防惹上官非，簽署合約或監管機構的往來文件要特別小心，以免大意出錯引發訴訟而破財。

【事業方面】

事業處於上升軌道，尤其任職大機構、管理層，或消防、警察等紀律部隊，個人雄心壯志，面對挑戰勇於嘗新，可望展現領導才能。雖然未見有大幅度薪酬調整，可幸有升遷機會，尤其秋天出生者發展最順遂，欲轉職者亦可一試，將有不俗進步空間。

不過，新一年要注意人際關係，容易因為表現突出而招人妒忌或惹是非，待人處事需要謙虛低調，以免樹敵而遭受衝擊。馬年亦要提防工作壓力，尤其夏天出生者較為艱辛，需要學懂減壓。可幸學習及考試運佳，不妨多作進修增值自己。

【感情方面】

單身一族以女士的桃花較為燦爛，有望結識年紀比自己稍輕的異性，若不介意「姊弟戀」者可嘗試發展。惟對方的性格較為偏執及有主見，相處時要多留意對方的脾氣，多溝通及互

流月運勢

♥吉　♡中吉　♡平　♥凶

♡（中吉）	2026年2月4日至3月4日	劫財月份容易財來財去，收入有提升但又會有突如其來的開支，需要量入為出，以免入不敷支。
♡（中吉）	2026年3月5日至4月4日	人際關係出現隱憂，建議「少說話、多做事」，不宜當中間人排難解紛，以免無辜捲入是非漩渦。
♥（凶）	2026年4月5日至5月4日	身體響起警號，較多腸胃炎、牙痛或神經痛等瑣碎毛病，需要多關注健康，若有不適應及早求醫。
♥（吉）	2026年5月5日至6月4日	事業走勢上揚，做事如虎添翼，不妨把握機會展現個人領導才能，可望有突出表現而受賞識。
♡（平）	2026年6月5日至7月6日	相沖月份人事糾紛頻繁，遇分歧需要多加溝通，不宜偏執己見，謹記保持圓融的人際關係對運勢較有裨益。
♡（平）	2026年7月7日至8月6日	精神緊張、神經衰弱，容易胡思亂想，加上工作壓力影響睡眠質素，不妨趁假期出門外遊為自己充電。
♡（中吉）	2026年8月7日至9月6日	有新合作機會臨門，惟落實簽署文件、合約前宜聘請專業人士審閱條文細則，以免誤墮法網。
♥（凶）	2026年9月7日至10月7日	一波三折、事與願違的月份，需要多花時間解難，重要決定宜稍為推遲，以免有決策錯誤情況。
♡（中吉）	2026年10月8日至11月6日	相沖月份宜多出門走動，有望「動中生財」帶旺運勢。惟情緒起伏較大，要提防與身邊人起爭執，凡事以和為貴。
♥（吉）	2026年11月7日至12月6日	外界助力充足，做事得心應手，加上財運走勢上揚，投資方面只要不太貪心可望獲得輕微利潤。
♡（平）	2026年12月7日至2027年1月4日	事業有新突破，可望於職場上表現自己，不妨積極把握。惟財運有輕微耗損，不宜胡亂揮霍。
♥（吉）	2027年1月5日至2月3日	貴人運順遂兼獲得賞識，有望借助對方的人脈網絡而豐富個人資源，做事事半功倍，事業亦會更上一層樓。

相體諒。單身男士的專注力會落在事業發展之上，加上工作壓力沉重，對談情說愛未有太大期望，關係較為原地踏步。

由於流年行火運較容易心浮氣躁，已婚者需要提防因瑣事而與伴侶起爭執，不妨相約朋友聚會傾訴，或適當時間獨處沉澱自己，避免將負面情緒發泄於另一半身上影響關係。

【健康方面】

新一年健康並無大礙，但始終大火運令金受剋，喉嚨、氣管及呼吸道較弱，過敏體質者需要多留意。馬年亦要提防精神壓力，尤其春、夏兩季出生者容易精神緊張、神經衰弱，建議多做運動及接觸大自然，多用米、白兩色及佩戴金、銀或白金飾物助運，並於農曆生日月份前往出生地之西面旅遊，以「借地運」方式提升運勢。

火旺之年亦會影響情緒，處事特別急進及暴躁，兼容易出現失眠問題，建議盡量作息定時，並要留意牀頭是否位於流年的五黃星及二黑星（正南及西北）方位，如位處病星方位，宜擺放銅器重物鎮壓。

⑱ 辛巳日

事業上揚　壓力日增宜借地運

【財運方面】

受流年與自己的天干「丙辛合」影響，新一年做事會有較多波折，需要經過困難始能成功。加上丙午年屬大火之年，若再於春、夏兩季（農曆正月、二月及農曆四月、五月）出生者將最為艱辛，簡單的事情容易變得複雜化，需要有心理準備迎難而上。

秋天（農曆七月及八月）出生者影響相對輕微，加上個人思路清晰、規律性強，做事尚算順遂。冬天（農曆十月及十一月）出生者有流年之火暖和命格，情緒較為樂觀積極，惟財運始終未有太大得着。土重月份（農曆三月、六月、九月及十二月）出生者能得貴人助力，但仍難有突出表現。

由於新一年事業運較出色，故不宜對財運有太大期望，建議守住原有範疇、積穀防饑，凡事親力親為及多作部署。馬年亦容易惹上官非，簽署文件合約前宜請教專業人士，從商者則不宜讓客戶借貸賒數，以免起爭執而要破財訴諸法律。火旺之年亦要注意喉嚨、氣管及呼吸道健康，不妨多用米、白兩色，佩戴金、銀、白金飾物平衡命格，亦可多贈醫施藥、購買保健產品、主動裝修家居、更換家俬或電器等，破財擋災提升運勢。

【事業方面】

事業穩步上揚，可望有不俗發展機會及升遷，惟工作量龐大、壓力沉重，過程較為艱辛，需要有心理準備面對挑戰。一眾出生日之中，以秋天及土重月份出生者較能應付自如，夏天出生者則要披荊斬棘，建議多沉澱自己及多花時間心力處理，遇有疑問亦可虛心向前輩請教。

至於有意轉職者則要三思，因新環境會有難以適應情況，甚至較原來的工作更為刻苦，反而新一年若有內部調職、出差、工作位置或上司變動等變化，則可算是主動應驗了相合年份之波動運勢。

【感情方面】

單身女士的桃花極為暢旺，可望邂逅心儀對象兼開展戀情，不妨積極把握。不過，由於對方的脾氣較為率直剛烈，需要多花時間溝通遷就。單身男士則不屬桃花年，而且專注力會集中

流月運勢

♥吉　♡中吉　♡平　♥凶

♡（平）	2026年2月4日至3月4日	財來財去的月份，需要注意理財方向，以免入不敷支。腰、膝關節有小毛病，有舊患者要特別提防。
♡（中吉）	2026年3月5日至4月4日	仍有輕微打針、食藥運，身體不適應盡快求醫，以免小事化大。可幸財運上揚，投資方面將有輕微收穫。
♥（吉）	2026年4月5日至5月4日	貴人助力充足，做事如魚得水，不妨多表現自己及發揮領導才能，可望獲賞識而對事業發展有幫助。
♡（平）	2026年5月5日至6月4日	容易意外受傷，駕駛人士要時刻注意道路安全，提防輕微汽車碰撞，其他道路使用者亦要奉公守法。
♥（凶）	2026年6月5日至7月6日	人事糾紛頻繁，工作量大令壓力極為沉重，存在分歧時要冷靜溝通及多聆聽他人意見，不宜偏執硬碰。
♡（中吉）	2026年7月7日至8月6日	被是非口舌纏擾，可幸個人心態樂觀，建議「少説話、多做事」，謹守崗位即可。手部容易受傷，熱愛運動者要注意安全。
♥（凶）	2026年8月7日至9月6日	「天合地合」令運勢起伏較大，不宜作重要決定，亦要多花時間處理家宅問題，時間許可不妨出門「借地運」。
♥（吉）	2026年9月7日至10月7日	有輕微桃花運臨門，單身一族可多留意身邊人，看能否遇上心儀對象。本月亦有新合作機會，需要多思考始作決定。
♡（中吉）	2026年10月8日至11月6日	貴人運順遂，外界助力充足，惟即使好運加持亦不宜急於求成，需要冷靜及放慢腳步多作部署。
♡（平）	2026年11月7日至12月6日	相沖月份宜往外走動，不妨趁假期出門外遊，既可放鬆身心，又可以「動中生財」方式帶旺運勢。
♥（吉）	2026年12月7日至2027年1月4日	撥開雲霧見青天的月份，之前遇到的麻煩阻礙將會漸露曙光，只要多加點耐性即可迎刃而解。
♡（平）	2027年1月5日至2月3日	破財月份不宜揮霍，亦要小心看管個人財物，以免無辜被盜而破財。本月長者健康一般，不妨檢查身體保平安。

於事業發展之上，關係較為原地踏步。情侶更要提防因為工作忙碌而冷落另一半，需要平衡事業與私人時間。

已婚者與伴侶未有重大問題，惟容易因為外來因素或家族中其他成員而有誤會或微言，相處時要互諒互讓，亦可考慮於農曆出生月份前往寒冷地方旅遊，以「借地運」方式提升運勢。

【健康方面】

火旺的年份金受刑剋，需要特別關注身體健康，尤其喉嚨、氣管及呼吸系統較弱，容易有久咳不癒情況，若本身屬於敏感體質或有吸煙習慣者更要注意肺部健康。

火太旺亦加上工作壓力容易有精神緊張、神經衰弱問題，甚或影響睡眠質素，建議作息定時，可多做瑜伽、打坐等運動及多接觸大自然減壓。由於健康運不穩，馬年不宜再觸動家中的五黃星及二黑星（正南及西北）病星位置，多使用金、銀、米、白等顏色及佩戴金、銀、白金飾物，也適合前往西方一帶國家旅遊，以「借地運」提升運勢。

⑲ 壬午日

橫發橫破　提前部署見好即收

【財運方面】

壬午日於丙午年的情況較為特殊，因天干「丙壬沖」、地支「午午刑」，流年運勢本來已較反覆，加上之後的羊年為六十年一次的「天合地合」，代表要面對連續兩年的波動，部分人更會提早入運，所以必須超前部署。另外，此兩年的運勢將會如天秤般一高一低，若馬年走勢順遂則羊年要特別小心，相反，馬年荊棘滿途則羊年較為順境，需要多作籌謀。

壬午日天干屬水、地支屬火，大部分人命格水弱，再行偏財運更容易大起大落，只有冬天（農曆十月及十一月）出生者最能把握，財運上揚兼可有儲蓄。秋天（農曆七月及八月）出生者收入增加但容易橫發橫破，宜將現金化作實物保值。夏天（農曆四月及五月）出生者「財旺身弱」，財富提升但難免破財。春天（農曆正月及二月）及土重月份（農曆三月、六月、九月及十二月）出生者則屬輕微困局。

由於財運起伏不定，投資方面要見好即收，不宜涉獵高風險的投機炒賣。建議馬年大量使用淺藍色及波浪圖案，多前往沿海或寒冷地區旅遊彌補命格不足，多做善事主動「破歡喜財」。日犯太歲亦會衝擊人際關係，需要提防爭執，切記凡事謹慎則可安然度過。

【事業方面】

新一年事業運有進步，尤其從事中介、銷售、自由職業或以口得財者最有發揮機會，但始終行偏財起伏較大，加上既沖且刑要注意與顧客的關係容易生變，需要多加包容忍讓。打工一族亦有升職加薪機會，惟與同事或上司、下屬相處宜有爭執，宜保持邊界。

相沖年份適合「動中生財」，不妨多出差或往外走動帶旺運勢。若有轉職打算者則要多籌劃，因之後的羊年屬「天合地合」運勢難免會波濤起伏，有機會出現主動或被動變化，故必須三思，盡量穩健前行、以小博大為佳。

【感情方面】

男士於丙午年桃花處處，但受到相刑影響關係較為不穩定，情侶更容易起爭執，需要抗拒外來誘惑。加上之後的羊年屬「天合地合」，若打

流月運勢

♥吉 ♡中吉 ♡平 ♥凶

♡	2026年2月4日至3月4日	貴人運順遂，外界助力充足，惟處事高調容易招人妒忌，建議「少説話、多做事」，避免捲入是非漩渦。
♡	2026年3月5日至4月4日	有桃花運臨門，可望邂逅心儀對像，惟關係較為模糊不清，需要多花時間觀察了解，不宜太快投入感情。
♥	2026年4月5日至5月4日	本月有破財機會，慎防因投資失誤而財運受損，簽署文件、合約前亦要細閱條款，以免惹上官非而破財。
♡	2026年5月5日至6月4日	運勢較為起伏，尤其財運容易一得一失，投資方面有機會獲利，惟需要見好即收，以免先盈後虧。
♥	2026年6月5日至7月6日	身體健康響起警號，需要特別留意心臟或血壓方面的都市病，若有不適應及早預約專科求診。
♥	2026年7月7日至8月6日	做事遇上麻煩阻礙，看似簡單的事情亦會節外生枝，需要做好兩手準備應付突如其來的事故。
♡	2026年8月7日至9月6日	得貴人之助做事事半功倍，之前遇到的問題亦有望解決。惟人際關係平平，容易因為誤會而起爭執，需要多溝通忍讓。
♡	2026年9月7日至10月7日	情緒焦慮不安、較為杞人憂天，建議多做減壓運動或多接觸大自然，亦可趁假期出門外遊散心。
♡	2026年10月8日至11月6日	事業走勢順遂、做事如虎添翼，惟工作量大及壓力沉重，情緒容易鑽進死胡同，需要學懂紓緩減壓。
♡	2026年11月7日至12月6日	運勢回升、情緒也轉趨樂觀積極，之前陰霾一掃而空，不妨多出門外遊走動，可望令運勢更上一層樓。
♡	2026年12月7日至2027年1月4日	與身邊人爭執不斷，建議「聚少離多」，減少見面關係反而較為融洽。本月有受傷機會，戶外活動時要留心。
♡	2027年1月5日至2月3日	得貴人助力加持，可望借助對方的人脈網絡而帶動事業發展，惟本月要收拾心情準備迎接「天合地合」之年來臨。

算於羊年結婚者可應驗運勢，未有計劃則要提防「關口年」出現離合。

單身男士可邂逅心儀對象，惟對方的脾氣較剛烈，需要多相處再決定對方是否適合自己。女士亦能結識有好感的異性，惟關係較為晦暗及短暫，宜多花時間觀察。已婚者情緒起伏較大，容易將脾氣發泄於另一半身上，建議採取人為的「聚少離多」方式相處，減少見面可避免衝突。

【健康方面】

壬午日於丙午年屬水火對沖，要提防心臟及血壓方面的毛病，尤其春、夏兩季出生者宜大量使用米、白、淺藍色及佩戴金飾助運。既沖且刑的年份亦要多注意家宅，尤其要關心男性長輩健康，不妨為對方家居作小量裝修、維修。

由於壬午日本身屬水受困容易焦慮，加上連續兩年運勢動盪，需要調節心態，多作部署及隨遇而安。「天合地合」之年健康亦較受衝擊，建議於馬年年底進行詳細的身體檢查，主動購買醫療保險及保健品破財擋災，亦可多作贈醫施藥善舉，助人自助提升氣運。

20 癸未日

機會湧現 謹慎行事提防變數

【財運方面】

流年地支「午」與個人日腳「未」屬相合，合日腳的年份有較多新合作，惟過程中又會橫生枝節及有意料之外的變數，故不宜輕舉妄動，需要調節心態，做好兩手準備應對。

雖然丙午年算財運之年，但能否把握則要視乎命格中的水孰強孰弱。水旺的冬天（農曆十月及十一月）出生者最為入運，財運順遂兼可有盈餘。金旺的秋天（農曆七月及八月）出生者收入亦有提升。土重月份（農曆三月、六月、九月及十二月）出生者雖有賺錢機會但壓力龐大，木旺的春天（農曆正月及二月）出生者則較為財來財去。至於夏天（農曆四月及五月）出生者本來已屬「財旺身弱」，再行財運容易得不償失。

由於新一年看似順遂但亦有暗湧，從商者宜守住原有生意範疇，留意與合作伙伴的關係，凡事親力親為，避免假手於人而有失誤。馬年亦有機會因為裝修、搬遷等而有額外開支，需要居安思危，積穀防饑。投資方面只宜以小博大及選擇中長線項目，獲利後不宜保留太多現金，不妨購買實物保值。合日腳的年份亦宜多走動，尤其春、夏兩季可前往寒冷地區及多用藍色、波浪圖案物品調和命格。

【事業方面】

「丙午」當中含土是自己的事業星，新一年事業算是有進展，尤其從事銷售、中介等現買現賣的行業業績可望提升。打工一族雖然薪酬有調整，但做事較多障礙，加上工作量龐大、壓力倍增，故不宜將目標訂得太高。另外，財旺之年能否有盈餘要視乎命格強弱，水旺的秋、冬季出生者較為入運，春、夏兩季則未算理想。

馬年亦要注意是非口舌，待人處事需要保持低調，以免遭受攻擊。合日腳之年亦不宜輕言轉職，加上羊年「癸丁沖」有機會出現被動變化，建議謹守崗位，靜候更佳時機。

【感情方面】

單身男士的桃花頗為多姿多采，可望結識條件優越的異性，惟對方脾氣較剛烈，關係未算穩定，需要多花時間溝通了解。單身女士的感情

流月運勢

♥吉　♡中吉　♡平　♥凶

♡（中吉）	2026年2月4日至3月4日	有輕微貴人助力加持，惟容易招妒忌及惹是非，待人處事要保持低調，以免四面受敵遭受攻擊。
♡（中吉）	2026年3月5日至4月4日	有新合作機會臨門，惟會有輕微表面風光，故不宜輕舉妄動，需要多了解市場形勢再作決定。
♥（凶）	2026年4月5日至5月4日	做事遇上困局，難以一步到位，工作壓力龐大令情緒失控，建議請行內的前輩出手幫忙解決問題。
♡（平）	2026年5月5日至6月4日	劫財月份財運有耗損，收入有進帳但又會有較多瑣碎開支，容易財來財去，需要量入為出，謹慎理財。
♥（凶）	2026年6月5日至7月6日	做事困難重重、充滿障礙，同事及下屬欠缺助力，不妨放假出門外遊，以「借地運」方式提升運勢。
♡（中吉）	2026年7月7日至8月6日	事業運有進步，之前的困境可望逐一解決，惟工作壓力仍然龐大，容易有失眠問題，需要學懂紓緩減壓。
♥（吉）	2026年8月7日至9月6日	運勢轉趨順遂，個人思路清晰、分析力強，事業上有新發展，連帶財運亦有進帳，不妨積極把握。
♡（平）	2026年9月7日至10月7日	眼睛出現小毛病，要提防敏感或視力衰退等問題，建議及早檢查或向專科求診，以免小事化大。
♥（凶）	2026年10月8日至11月6日	情緒低落、焦慮不安，容易鑽進死胡同，加上家宅運一般，較多瑣碎問題要處理，建議出門外遊放鬆身心。
♥（吉）	2026年11月7日至12月6日	整體走勢上揚、事業發展開始露曙光，之前停滯不前的困局亦可逐漸解決，可放下心頭大石。
♥（凶）	2026年12月7日至2027年1月4日	小人當道、是非口舌纏身，容易有「言者無心、聽者有意」情況，需要多注意言行，以免無辜開罪他人。
♡（平）	2027年1月5日至2月3日	動盪變化的月份，腳部容易扭傷摔傷，需要注意廚房、浴室等家居陷阱，戶外活動時亦要小心。

運則較為黯淡，與心儀對象處於曖昧階段，不妨透過朋友聚會多相處，再循序漸進看是否能開花結果。

已婚者與另一半關係平穩，惟有機會因為理財方向而起爭執，建議盡量財政獨立避免爭端。若新一年有家人提出財務借貸請求只能量力而為，不宜超越個人能力範圍。合日腳之年亦要多關心伴侶健康，遇有不適應盡快陪伴求醫。

【健康方面】

合日腳之年有較多傷風、感冒、皮膚過敏等瑣碎毛病，而火土困水則要留心膀胱及腎臟健康，最好避免生旺家中的流年五黃及二黑（正南及西北）的病星位置，以免令病氣加劇。土重月份出生者個人較多焦慮，建議多做運動減壓。

由於流年火旺，春、夏及土重月份出生者宜以水彌補不足，建議大量使用米、白、藍色及波浪圖案物品，並於農曆生日月份前往西、北面或寒冷地方旅遊「借地運」。新一年男性長輩容易有小手術，建議檢查身體保平安，亦可為對方家居裝修、維修等助運。

21 甲申日

以口得財 下屬運弱親力親為

【財運方面】

丙午年行「食傷運」有利以口得財，例如經營食肆，從事前線銷售、地產或保險等需要與客戶溝通、交際應酬的代理中介工作的，馬年若能親力親為則仍不乏商機。

不過，由於大部分甲申日五行木弱，需要以木、水調和，遇上大火之年難免會較為艱辛，只有木強的春天（農曆正月及二月）出生者財運最理想，其次是水旺的冬天（農曆十月及十一月）出生者亦可獲助力。土重月份（農曆三月、六月、九月及十二月）出生者「財旺身弱」，收入有進步但較難有儲蓄，容易財來財去。夏天（農曆四月及五月）出生者有輕微多勞少得，秋天（農曆七月及八月）出生者財運亦只求不過不失。

另外，新一年人事糾紛頻繁，容易招惹是非，管理層的下屬轉流較快、難以控制，亦要提防因對方犯錯失誤而招致損失，需要多作監管。馬年亦有較多開支，宜積穀防饑，水、木弱者可多用藍、綠兩色，佩戴木手串及於家居擺放水種植物彌補命格不足。總括而言，馬年屬天道酬勤之年，若努力付出仍會有合理回報，故不宜倚靠他人或打算以投機心態獲利。

【事業方面】

流年火剋金而金是個人事業星，故除非工種的外向性高，如前線銷售、中介等需要面對群眾或以口得財者仍有發揮，否則做事會較多掣肘，工作頗為艱辛。而且行「食神」是非爭端較多，待人處事要保持低調，管理層亦要注意與下屬的關係，提防對方出錯而連累自己。

除了春、冬兩季事業相對理想，其他季節出生者較難有大幅升遷或薪酬調整，故不宜將目標訂得太高。惟新一年不宜有大轉變，建議謹守原有崗位較佳。可幸馬年的學習運強，不妨多作進修增值，對長遠事業發展可有裨益。

【感情方面】

馬年的感情運會有較多爭執，已婚者容易因為小朋友問題而意見分歧，較為勞心勞力。建

流月運勢

♥吉 ♡中吉 ♡平 ♥凶

♥	2026年2月4日至3月4日	「天沖地沖」令運勢變化起伏，尤其要注意人際關係、提防人事糾紛，建議出門走動「借地運」提升運勢。
♡	2026年3月5日至4月4日	有木助旺的月份運勢較上月穩定，之前停滯不前的項目亦可逐漸見曙光，不妨多加耐性，可望有好成績。
♥	2026年4月5日至5月4日	貴人運強勁、可望獲得扶持，透過對方的人脈網絡而獲得助力，財運亦有上揚，不妨積極把握。
♡	2026年5月5日至6月4日	運勢反覆不定，做事遇上波折，需要做好兩手準備應對。可幸眼前困境只屬暫時性，多加耐性即可解決。
♥	2026年6月5日至7月6日	劫財月份財運易有虧損，不宜魯莽開展新投資投機計劃，亦要避免作借貸擔保，以免招致損失。
♡	2026年7月7日至8月6日	財運一得一失，投資方面要眼明手快，尤其面對風高浪急的市況更要見好即收，以免得不償失。
♥	2026年8月7日至9月6日	有輕微打針、食藥運，休息不足容易患上傷風、感冒等小毛病。本月亦要多關心家人健康，若有不適應盡快求醫。
♥	2026年9月7日至10月7日	運勢迎來逆轉勝，事業得力、工作事半功倍，連帶財運亦有提升，不妨積極爭取表現，可望獲得理想回報。
♡	2026年10月8日至11月6日	有輕微偏財運臨門，投資方面不妨小注怡情，可望憑個人靈感或分析研究而獲利，亦可購買彩票碰碰運氣。
♡	2026年11月7日至12月6日	精神緊張、神經衰弱，胡思亂想影響睡眠質素，建議多做運動或接觸大自然，亦可出門外遊放鬆身心。
♥	2026年12月7日至2027年1月4日	人事糾紛頻繁，情緒焦慮不安，待人接物要保持低調，事不關己亦不宜多加意見，以免無辜捲入是非漩渦。
♡	2027年1月5日至2月3日	財運向好、收入有提升，不妨購買心頭好獎勵自己。事業迎來新發展，宜把握表現機會，可望更上一層樓。

議夫婦二人各司其職，於家庭崗位上盡量分工清晰，亦要控制情緒及多加溝通忍讓，免傷和氣。

單身一族在馬年較多社交活動，有不少出席飯局應酬機會，可望擴闊社交圈子。惟馬年始終不屬桃花旺盛之年，能開展感情的機會不算高，關係將會較為原地踏步。可幸新一年有不俗的進修運，有機會於學習場所結識有好感異性，不妨多花時間相處了解，再靜待良機決定是否適合發展。

【健康方面】

大部分甲申日出生者五行木弱，遇上流年行火運會有較多瑣碎毛病，尤其要慎防筋骨關節或肌肉勞損等問題，常用電腦或熱愛運動者需特別留心。另外，甲申日本身肺部及喉嚨氣管較弱，容易有鼻敏感或久咳問題，流年受火剋金影響更要提防情況加劇，不妨多用藍、綠兩色及條紋圖案物品，亦可於家居栽種水種植物平衡命格。

已婚者則會為小朋友的健康而煩惱，容易有輕微扭傷、摔傷，需要提防廚房、浴室等家居陷阱，亦要留意子女的情緒，多關心了解其需要。

22 乙酉日

傷官星旺 名氣得財低調為上

【財運方面】

丙午年行比較強「傷官」運，此星屬藝術才華、有利說話及表達之星，從商者必須主動出擊，放棄因循守舊、敢於創新突破，始能於競爭者之中脫穎而出。不過，由於營銷手法新穎、較同業走得更前，需要提防招來妒忌或遭競爭對手惡意中傷而令名氣或商譽受損，宜保持低調慎防是非，亦要奉公守法，以免惹上官非。

雖然「午火」中有輕微的土是個人財星，惟財運始終不算強，雖然有賺錢機會但未必能有儲蓄，加上馬年屬辛苦得財，需要親力親為策劃嶄新市場策略、奔波勞碌始能獲利，其中土重月份（農曆三月、六月、九月及十二月）出生者最能受惠，春天（農曆正月及二月）與冬天（農曆十月及十一月）出生者亦尚算有得着，夏季（農曆四月及五月）、秋季（農曆七月及八月）則得益不大，過程較為艱辛。

由於夏、秋兩季命格在馬年最不平衡，不妨多用藍、綠兩色及條紋圖案補助水、木不足，亦可前往東面或北面旅遊「借地運」。整體而言，新一年屬宜學習新事物及以技術、想法賺取回報的年份，面對不熟悉的範疇可小試牛刀，投資方面則必須以穩健為大前提，不宜聽信小道消息，反而經過個人分析研究獲利機會較高。

【事業方面】

「傷官」屬思想及藝術才華的星，若從事編劇、廣告創作或表演藝術等以名氣及想像力致勝者，馬年可望靈感不絕，於業界闖出名堂。不過，此星亦代表是非口舌，容易因為知名度而惹麻煩，若工種毋須倚靠名氣者更要注意人際關係，以免無辜捲入辦公室政治。

由於「傷官」對任職大機構或政府部門等內向性高的工種不算有利，故不宜將目標訂得太高。可幸此星有利學習，發展未如理想者不妨多進修，無論是在職課程或興趣小組均可擴闊人脈網絡，充實自己長遠來看亦有得着。

【感情方面】

單身一族馬年有不少聚會應酬，可望結識新朋友，亦有機會於學習場所遇上有好感的對象，惟始終不屬桃花燦爛之年，發展較為緩慢，關係亦難以跨進一步，建議多花時間相處了

流月運勢

♥吉 ♡中吉 ♡平 ♥凶

♡	2026年2月4日至3月4日	精神緊張、神經衰弱，容易引發失眠問題，不妨多接觸大自然或找朋友聚會傾訴，解開心結。
♥	2026年3月5日至4月4日	「天沖地沖」不利人際關係，加上人事紛爭頻繁令自己較為煩心。本月亦要注意關節受傷，不妨出門「借地運」提升運勢。
♡	2026年4月5日至5月4日	做事遇上變數，要有心理準備出現意料之外的情況，可幸能得貴人助力，最終困局仍可圓滿解決。
♥	2026年5月5日至6月4日	有新合作機會臨門，兼有長輩助力支持，惟仍需要多觀察市況，不宜輕舉妄動或大舉投入資源。
♥	2026年6月5日至7月6日	劫財月份容易破財，不宜作借貸擔保，即使家人親友提出財務借貸請求亦只能量力而為，投資方面要特別謹慎。
♡	2026年7月7日至8月6日	財運一得一失，收入有增長但又會有突如其來的開銷，需要全面審視個人理財方向，量入為出。
♥	2026年8月7日至9月6日	運勢節節上升，財運及事業運均會有明顯進步，做事如虎添翼，不妨把握眼前好運積極向前。
♥	2026年9月7日至10月7日	健康運疲弱，容易意外受傷，駕駛人士需要提防輕微汽車碰撞，出門外遊亦要小心飲食，以免有水土不服情況。
♡	2026年10月8日至11月6日	財運走勢向好，投資方面不妨眼明手快，以及採取以小博大的方式進行，可望憑眼光而賺取合理回報。
♥	2026年11月7日至12月6日	「動中生財」的月份宜出門走動，有望帶動生意發展，甚至可落實新合作或新投資，不妨把握機會。
♥	2026年12月7日至2027年1月4日	桃花破財的月份，不宜與異性有太多金錢轇轕，以免因財失義。個人情緒低落，宜多找朋友聚會傾訴。
♡	2027年1月5日至2月3日	財運有進步、收入亦有提升，惟簽署文件、合約前宜請教專業人士，提防大意出錯而要對簿公堂。

解，亦可透過朋友聚會推動發展，不宜操之過急。另外，雖然新一年社交運活躍，但朋友圈中較多是非，故不宜作中間人排難解紛，以免「好心做壞事」。

已婚者則會為小朋友的健康或情緒問題而操心，建議二人要分工清晰、擔任不同的家庭崗位，以免因想法或管教方式分歧而起爭執。

【健康方面】

受火剋金影響喉嚨、氣管及呼吸道較弱，除了秋天出生者能抗衡外，其他季節出生者要多加注意，若本身屬敏感體質更要提防致敏原。而木弱者遇上大火運，更易有氣血不順或筋骨問題，只有春天出生者較能倖免。另外，馬年因工作量龐大及人際關係倒退會帶來壓力，需要調節心態，亦可多做運動或接觸大自然提升氣運。

已婚者丙午年要為小朋友的健康問題而操心，需慎防廚房、浴室等家居陷阱，以免意外受傷或有輕微開刀破相。新一年亦要多關顧其情緒，宜多溝通了解及從旁開導。

23 丙戌日

滿盤火局 運勢疲弱慎防受傷

【財運方面】

流年與個人天干同屬「丙火」構成「比肩」之象，代表容易破財，加上地支「午戌會合」成為全盤火局，財運更容易有損耗，故新一年需要特別謹慎理財。

由於流年火氣極盛，大部分人均未見優勢，只有秋、冬兩季（農曆七月、八月及農曆十月及十一月）及於黃昏後出生者仍有輕微助力，惟即使有賺錢機會亦較難守財。火旺的夏天（農曆四月及五月）出生者財運最弱，建議將現金購買實物保值避免破財。春天（農曆正月及二月）出生者亦屬木、火旺難有盈餘，土重月份（農曆三月、六月、九月及十二月）出生者則勉強能維持。

整體而言，大部分丙戌日均宜以金、水調和失衡命格，建議大量使用米、白、淺藍色及佩戴金、銀、白金飾物，前往寒冷地區「借地運」。由於財運欠佳，從商者要多留意客戶的財政狀況，避免借貸、賒數，亦不宜短炒投機。另外，「丙火」見「午」屬羊刃會有較多受傷及開刀破相機會，建議於蛇年年底檢查身體、馬年之始捐血或洗牙，多購買保健品及贈醫施藥主動破財擋災，不宜觸動家中的五黃（正南）二黑（西北）病星位置，凡事謹慎則可安然度過。

【事業方面】

新一年事業要面對較大競爭，同事之間有明爭暗鬥，做事亦有阻力，需要多控制個人情緒，以免令關係陷入僵局。雖然馬年事業未算有起色，但貿然轉職需要承受較大風險，建議欲作出改變者只宜轉換工作位置，即使堅持離開舊東家亦宜於下半年或年底執行，否則容易出現決策錯誤情況。

由於事業發展平平，馬年不宜將目標訂得太高，盡量保持圓融的人際關係，多走動及爭取出差機會，尤其前往寒冷地方、西面或北面較有利，亦可多進修學習新範疇提升競爭力。

【感情方面】

感情運受到衝擊，情侶之間容易跌入多角戀，若關係未算穩定者需要多花時間維繫，遇有爭執時亦要冷靜處理，以免互不相讓而令第三者乘虛而入，甚或導致分手收場。

流月運勢

♥吉　♡中吉　♡平　♥凶

♡	2026年2月4日至3月4日	有得力的貴人加持，可借助對方的人脈或消息而財運有增長，惟仍有輕微表面風光，需要量入為出。
♡	2026年3月5日至4月4日	「天合地合」做事容易遇上突如其來變化，需要做好兩手準備應對。喉嚨、氣管較弱，容易有久咳問題，宜注意保暖。
♥	2026年4月5日至5月4日	「天沖地沖」令運勢起伏不定，連續兩個月的動盪較為影響情緒，建議做事要格外謹慎保守，亦可多出門走動帶旺運勢。
♡	2026年5月5日至6月4日	運勢開始轉趨穩定，事業亦有進步，做事得心應手，惟財運仍會有輕微波動，需要謹慎投資。
♡	2026年6月5日至7月6日	健康運受到衝擊、容易意外受傷，尤其出門外遊時要注意人身安全，不宜進行高危的戶外活動。
♡	2026年7月7日至8月6日	長輩貴人助力充足，工作可望有所推進，惟情緒較為低落，不妨多接觸大自然或找朋友傾訴，不宜自困愁城。
♥	2026年8月7日至9月6日	苦盡甘來的月份，財運有顯著進步，之前遇到的麻煩亦漸露曙光，即將望見成果，不妨購買心頭好獎勵自己。
♡	2026年9月7日至10月7日	變化月份會有新合作機會湧現，惟需要審視大環境及循序漸進發展，不宜輕舉妄動，以免破財。
♡	2026年10月8日至11月6日	職場上是非口舌頻繁，心情較為煩躁，可幸學習運不俗，不妨報讀短期興趣課程，有助陶冶性情。
♥	2026年11月7日至12月6日	好運加持的月份，尤其事業發展平步青雲，不妨把握好運積極表現自己，可望獲取豐厚回報。
♡	2026年12月7日至2027年1月4日	有輕微偏財運臨門，投資方面可以小試牛刀，鍾情賽馬或麻將耍樂者亦可小注怡情，惟要謹記見好即收。
♡	2027年1月5日至2月3日	身體不適、尤其喉嚨、氣管較弱，加上要為家宅瑣事而煩心，需要調整作息時間，以免影響健康。

已婚者與伴侶亦有較多爭執，建議採取人為的「聚少離多」方式相處，各自專注於事業或個人興趣發展，擁有私人空間可避免爭端。不過，馬年仍要多關心另一半身體健康，若有不適應盡快陪同求醫。單身一族的桃花發展極為緩慢，雖然仍有機會結交朋友，惟能遇上心儀對象的機會不高，關係較為原地踏步。

【健康方面】

馬年全盤火局要特別留意心臟及血壓毛病，「丙火」見「午」亦代表開刀破相，出門時要特別小心發生意外，不宜進行爬山、攀石、跳傘、滑雪等高危活動，即使堅持參與亦必須與教練同行，以免樂極生悲。

由於命格失衡，蛇年年底宜檢查身體、馬年之始捐血或洗牙，主動購買醫療保險及贈醫施藥；另外如前所述，家中的流年五黃及二黑病星方位宜靜不宜動，也要收起尖刀、石頭等具煞氣物品。個人方面宜多用米、白、淺藍色及佩戴金、銀、白金飾物，避免使用紅色，前往西或北面旅遊助運，凡事穩妥則較為平安。

24 丁亥日

同輩幫扶 財運進步量入為出

【財運方面】

丁亥日天干屬火、地支屬水，而「丁火」是蠟燭之火，再加諸「亥水」之上並不算強，原則上大部分人均屬弱命，故丙午年行大火運對自己命格有幫扶，情況就如自身力量不夠強大，當遭遇攻擊時有人伸出援手，所以運勢會較為理想。

一眾季節之中，以滿盤水局的冬天（農曆十月及十一月）出生者最為入運，得流年大火強化命格，財運頗為稱心。其次是秋天（農曆七月及八月）出生者屬「財通門戶」，馬年有賺錢機會亦容易有盈餘。土重月份（農曆三月、六月、九月及十二月）出生者工作表現出色，財運中規中矩。本身屬火旺的夏天（農曆四月及五月）出生者則略嫌火氣過盛，財運相對其他月份遜色。木火通明的春天（農曆正月及二月）出生者亦有輕微火太旺情況，雖有賺錢機會但難較儲蓄。

整體而言，大部分人屬有進步之年，從商者可得同輩貴人助力，投資方面亦有新機遇，不妨小試牛刀。馬年亦可借助對方的人脈拓展市場，惟始終較多瑣碎開支，最終能否守財就要視乎個人策劃能力。另外，丙午年亦有機會因為家人的借貸請求而破財，建議量力而為，以免令自己陷入財困。

【事業方面】

弱命遇同類型運勢對命格有幫助，新一年事業發展頗為稱心，職場上人際關係融和，同事之間或上司下屬相處和睦，工作亦更有默契。加上個人心態積極、對公司的歸屬感有所提升，尤其冬天出生者更有輕微升遷機會，不妨積極爭取表現。

不過，新一年不屬有即時回報或適宜變動之年，故不宜期望有大幅薪酬調整，可幸發展機遇處處，打工一族可望接觸新的工作範疇、層面亦會更為廣泛，故不妨視馬年為鋪墊之年，多投放心力於工作及進修之上，打好基礎長遠對事業發展可有裨益。

【感情方面】

新一年桃花運並不明顯，單身一族雖然有不少聚會應酬，可望結識新朋友，惟感情運並無突破，即使遇上有好感的異性亦有猶豫不決情況，關係較為原地踏步。可幸馬年學習運順

流月運勢

♥吉　♡中吉　♡平　♥凶

♥（吉）	2026年2月4日至3月4日	貴人運順遂，可望憑對方的人脈而擴大資源網絡，有助未來事業發展。財運走勢上揚，投資方面只要不太貪心可有進帳。
♡（中吉）	2026年3月5日至4月4日	有人邀約合作，不妨多作分析研究及了解市場環境，並採取以小博大的方式試行，財運將有突破。
♡（平）	2026年4月5日至5月4日	做事一波三折、困難重重，情緒受困引發失眠問題，需要調節心態，以樂觀積極態度迎難而上。
♥（凶）	2026年5月5日至6月4日	「天沖地沖」月份不宜作重要決定，容易有決策錯誤情況。眼部及腳部有機會受傷，駕駛者要格外小心。
♡（中吉）	2026年6月5日至7月6日	事業出現阻礙，需要與同事齊心合力研究對應方案，可幸眼前困境只屬先難後易，多加耐性即可圓滿解決。
♥（吉）	2026年7月7日至8月6日	貴人助力充足，獲對方賞識而事業有新發展機遇，可望做出好成績。惟過程較為刻苦，需要咬緊牙關面對。
♡（中吉）	2026年8月7日至9月6日	財運一得一失，有輕微進帳但又有較多意料之外的開支，需要多作財務管理，以免入不敷支。
♥（凶）	2026年9月7日至10月7日	劫財月份財運有耗損，尤其家人的財政問題會成為絆腳石，建議提供協助亦只能量力而為，以免助人不成反令自己債務纏身。
♡（平）	2026年10月8日至11月6日	小人當道蜚短流長，待人處事需要保持謙虛低調，事不關己亦不宜多加意見，以免無辜被中傷。
♥（凶）	2026年11月7日至12月6日	健康出現小毛病，尤其容易關節受損或摔傷，有運動習慣者要特別提防，本身有舊患者更要多加留心。
♡（中吉）	2026年12月7日至2027年1月4日	事業有升遷機會，雖然工作壓力較大，可幸個人心態樂觀、能力亦能勝任，不妨多出門接觸大自然紓緩減壓。
♡（平）	2027年1月5日至2月3日	有輕微偏財運臨門，鍾情賽馬或麻將耍樂者不妨小賭怡情，亦可購買彩票碰碰運氣。惟人際關係欠佳，亦要提防受騙破財。

遂，有機會於工作環境中邂逅心儀對象，惟始終較難跨前一步，需要多花時間相處了解再作決定。

已婚者與伴侶相處融洽，惟容易因為雙方家人問題而起爭執，需要釐清關係及保持邊界感，不宜過分牽涉對方家事，以免好心做壞事。馬年亦容易因家人的財政問題而受到困擾，宜仔細思量自己的承擔能力，以免日後互相埋怨影響感情。

【健康方面】

大部分丁亥日出生者屬弱命，來到丙午年命格反而能有補助，個人自信心有所增強，過往的焦慮情緒及瑣碎健康問題亦有改善，尤其冬天出生者最能受惠，生於秋天及土重月份健康亦有進步。不過，夏天出生者喉嚨及氣管較弱，亦要注意心臟及血壓毛病，春天出生者則要慎防關節受傷。

另外，新一年有較多應酬飯局，需要注意體重管理及控制飲食，凡事適可而止。馬年亦要多關心家人，尤其兄弟姊妹等同輩身體健康容易響起警號，需要多加關注及從旁提點。

25 戊子日

運勢波動　大利外闖破財擋災

【事業方面】

丙午年的事業穩定性較低，屬需要辛苦經營的年份，加上沖日腳宜動不宜靜，若能多出差或離開原居地發展則可應驗運勢，否則不宜將目標訂得太高。一眾工種之中，以任職大機構或行政管理等收入穩定者相對有利，工作層面有擴大，惟薪酬則未見明顯升幅。至於從事前線銷售、中介代理等業務者發展一般，業績起伏甚大，需要積穀防饑。

可幸馬年仍有貴人扶持，若老闆或直屬上司是較年長的女性，對方會有提拔作用。不過，相沖年份心情較為煩躁，與同事相處時要注意言行，以免開罪他人。

【感情方面】

沖日腳即沖夫妻宮，已有伴侶者容易因為瑣事爭執而僵持不下，建議採取人為的「聚少離多」相處方式，各自專注於事業發展或多外遊出差，減少見面可避免衝突。不過，沖日腳之年要

【財運方面】

水是戊子日出生者的財星，「戊土」於「子水」之上本屬自坐財星，但馬年受到「子午沖」影響，財運起伏較大及有較多開支，需要謹慎理財。

馬年的財運，很大程度視乎出生季節而定。若於冬天（農曆十月及十一月）、屬水之年或午夜出生者，行火運有助暖和命局，能提升賺錢機會，亦最容易有盈餘。秋天（農曆七月及八月）出生者有貴人照應做事較順遂，惟財運只算中規中矩。夏天（農曆四月及五月）出生者火旺土燥，辛苦得財之餘也有破財之象。春天（農曆正月及二月）出生者收入雖然未有大幅提升，可幸情緒較為樂觀，整體不過不失。土重月份（農曆三月、六月、九月及十二月）出生者有貴人助力，惟始終財來財去。

雖然沖日腳運勢未必一面倒，但難免較為動盪，若能夠多出差走動或前往不同國家地區拓展業務則可望「動中生財」。從商者則要留心各月份盈利起伏較大，需要積穀防饑、開源節流，慎防客戶拖欠款項。既然財運不穩，建議將現金化作實物或置業保值，不宜投機炒賣。馬年亦有受傷機會，加上外遊機會頻繁，宜購買意外及旅遊保險，破財擋災主動應驗則可平安大吉。

流月運勢

♥吉 ♡中吉 ♡平 ♥凶

♡	2026年2月4日至3月4日	事業運有輕微進步，可望展現個人才華及成為眾人焦點，惟壓力較為沉重，需要學懂紓緩減壓。
♥	2026年3月5日至4月4日	與伴侶關係受衝擊，容易因為瑣事而起爭執，需要多加忍讓。本月亦要提防桃花破財，與新相識的異性不宜有太多金錢轇輵。
♡	2026年4月5日至5月4日	財運大躍進，既有賺錢機會亦能輕鬆守財，偏財方面只要不太貪心亦有進帳，不妨積極把握。
♡	2026年5月5日至6月4日	精神緊張、神經衰弱，情緒焦慮不安，引發失眠問題，建議毋須杞人憂天，可多接觸大自然吸收正能量。
♡	2026年6月5日至7月6日	相沖月份宜動不宜靜，時間許可不妨出門「借地運」，惟外遊時要小心看管個人財物，以免無辜被盜而破財。
♥	2026年7月7日至8月6日	人際關係陷入僵局，甚至有機會惹官非，簽署文件、合約前宜聘請專業人士草擬條款細則，以免誤墮法網。
♡	2026年8月7日至9月6日	學習運強勁，無論報讀在職進修或興趣課程均可獲得好成績。本月亦有新合作機會臨門，建議採取小試牛刀方式進行較易獲利。
♥	2026年9月7日至10月7日	桃花開遍地、個人自信及魅力倍增，加上貴人助力充足，事業有望向前推進，不妨多花心力發展。
♡	2026年10月8日至11月6日	事業繼續有進步，可望於工作中展現個人領導才能，惟有輕微破財運，需要謹慎理財，以免入不敷支。
♡	2026年11月7日至12月6日	財運有輕微進帳，但又會有突如其來的開支，較為財來財去，需要量入為出，不宜胡亂揮霍。
♥	2026年12月7日至2027年1月4日	財運有躍進，尤其從商者銷售的產品或服務能於市場中突圍而出，業績亦有顯著提升，不妨把握好運。
♡	2027年1月5日至2月3日	家宅運受衝擊，要為家人瑣事而煩心，需多加耐性解決。本月亦要多關注長輩健康，可檢查身體以策萬全。

多關心伴侶健康，若有不適應盡快陪同求醫。

單身一族會有女性長輩熱心作介紹相親，惟關係不易穩定，緣份未到難有發展，反而馬年有機會於出門外遊時遇上有緣人，又或對方前來自己的原居地發展，不妨多加留意。惟關係較為不穩定，故不宜操之過急，建議由朋友開始多花時間相處，或相約朋友聚會多作鋪墊較佳。

【健康方面】

由於五行中火生土，行火運對土弱的秋、冬出生者頗為有利，身體健康有明顯進步。不過，生於盛夏則因為火、土過旺，要慎防膀胱、腎臟及腸胃毛病。另外，沖日腳之年要多關心伴侶及女性長輩健康，慎防生旺家中的流年五黃（正南）及二黑（西北）等病星，亦可為長輩家居裝修、維修或更換家俬提升氣運。

相沖之年頭部及手腳亦容易受傷，尤其馬年外遊機會高，出發前務必購買旅遊保險，避免進行爬山、攀石、滑雪、跳傘等高危活動，並帶備平安藥提防水土不服，凡事穩妥則可平安大吉。

26 己丑日

長輩運強　注意言行慎防中傷

【財運方面】

流年地支「午」與個人日腳「丑」屬相害，害有遭人陷害之意，新一年小人當道、是非口舌頻繁，需要特別注意人際關係。

己丑日天干、地支同屬土，大部分人喜金、水而忌火、土，故馬年行大火運未算有利，尤其土重月份（農曆三月、六月、九月及十二月）出生者更有劫財情況，夏天（農曆四月及五月）出生者亦有較多支出，容易財來財去。冬天（農曆十月及十一月）出生者心情較輕鬆，秋天（農曆七月及八月）出生者做事相對順心，春天（農曆正月及二月）出生者則思路清晰、決策較為正確，惟整體財運未算明顯暢旺，收入難有突破性增長。

另外，日腳相害的年份要留心人事問題，從商者慎防與生意伙伴有誤會糾紛，務必要分工清晰、數目分明，以免因財失義。可幸馬年仍有貴人助旺，若從事美容、化妝、女士服裝等以女性顧客為主的生意，則仍有進帳，遇上疑難亦可借助女性長輩的人脈解決問題。整體而言，新一年屬穩步前行的年份，不宜將目標訂得太高或貿然開展新投資項目，建議凡事穩妥、多注意言行即可平安大吉。

【事業方面】

丙午年長輩運頗強，若直屬上司或老闆是較年長女性，對方將會有提拔作用。如果銷售的產品或服務對象以女性為主，如美容、化妝或珠寶首飾等，業績亦算理想。加上馬年思路清晰及分析能力強，行政人員或管理階層有不俗發揮，工作表現備受認同，遇上麻煩阻礙則不妨尋求舊老闆或上司協助解決，問題可望迎刃而解。

不過，害太歲要留心與同輩或下屬關係，慎防被陷害中傷。由於馬年宜守不宜攻，不宜輕言轉職或轉換跑道，謹守原有崗位更為合適。

【感情方面】

「丑午相害」衝擊人際關係，新一年容易因為閒言閒語而影響感情，若戀情剛萌芽、關係未算穩定者，建議多花時間相處及享受二人世界，不宜高調公開戀情，以免人多口雜左右自

流月運勢

♥吉 ♡中吉 ♡平 ♥凶

♥	2026年2月4日至3月4日	思路清晰、個人分析能力極強，能於職場上有突出表現，負責的項目亦廣受支持，成績斐然。
♡	2026年3月5日至4月4日	流言滿天飛的月份，建議明哲保身，避免捲入是非漩渦。本月做事先難後易，需要多加耐性處理。
♡	2026年4月5日至5月4日	財運有輕微增長，惟容易因為自己大意出錯而無辜破財，需要特別小心個人財物，以免財來財去。
♡	2026年5月5日至6月4日	有新合作機會出現，落實前要考慮大局及多了解市場環境，遇有疑問不妨向前輩請教，不宜輕舉妄動。
♡	2026年6月5日至7月6日	健康出現小毛病，尤其手部容易意外受傷，運動愛好者要特別注意。本月情緒焦慮不安，需要爭取休息時間，不宜工作過勞。
♥	2026年7月7日至8月6日	相沖月份運勢受衝擊，駕駛人士要奉公守法，時刻注意道路安全，亦可考慮出門「借地運」提升運勢。
♥	2026年8月7日至9月6日	運勢起飛、事業有表現機會，加上貴人助力充足，可望憑對方的人脈網絡而扶搖直上，不妨積極把握。
♡	2026年9月7日至10月7日	有輕微桃花運臨門，單身一族不妨於朋友圈或學習場所多留意身邊人，看能否邂逅可發展的心儀對象。
♥	2026年10月8日至11月6日	劫財月份運勢走逆風，投資炒賣容易招致損失，故不宜作任何重要決定，以免有決策錯誤情況。
♡	2026年11月7日至12月6日	財運有輕微回升，惟又有突如其來的開支，較為一得一失。腳部容易扭傷，要提防廚房、浴室等家居陷阱。
♥	2026年12月7日至2027年1月4日	一波三折、舉步維艱，做事要格外謹慎，管理層面對下屬要多作監管，以防對方出錯而遭受連累。
♡	2027年1月5日至2月3日	情緒低落、容易杞人憂天，可幸實際運勢並不算差，做事亦有輕微助力，不妨相約朋友聚會傾訴，解開心結。

己對伴侶的觀感。

已婚者亦容易因為雙方家人問題而爭執，建議不宜越界干涉對方家事，面對家人借貸擔保請求只能量力而為，以免好心做壞事或引發身邊人不滿。單身一族則不屬桃花年，雖然有女性長輩積極介紹引薦，亦可於學習場所結識對象，惟發展較為緩慢，需要循序漸進，不宜操之過急。

【健康方面】

日腳相害之年有較多傷風、感冒、牙痛或皮膚敏感等小毛病，加上社交聚會頻繁，飲食應酬要適可而止，盡量作息定時及多作體重管理，以免引發都市病。夏天及土重月份出生者行火、土運，需要慎防喉嚨、氣管及腸胃問題，冬天出生者則健康最有進步，其他季節出生者亦算平穩。

另外，馬年要多關心身邊人及女性長輩健康，慎防因為廚房、浴室等家居陷阱而意外受傷，建議做好安全措施，亦最好於家中五黃（正南）及二黑（西北）的流年病星位置擺放銅器重物，以保家宅平安。

27 庚寅日

意志堅毅　奇兵突出壓力倍增

【財運方面】

天干「庚金」遇上地支「寅木」，原屬自坐財星格局。但馬年丙午火旺，屬衝鋒陷陣之象，新一年從商者鬥志高昂，有如將軍親自率軍過關斬將，凡事必須親力親為方能見效。若希望突圍而出，宜策劃與主流市場不同的營銷策略。惟過程辛苦，收穫未必與付出成正比，須有多勞少得的心理準備。

一眾季節之中，以金旺的秋天（農曆七月及八月）出生者相對入運，做事稱心亦相對容易成功。弱命的冬天（農曆十月及十一月）出生者有火暖和命局，運勢尚算有得着。土重月份（農曆三月、六月、九月及十二月）出生者能得貴人助力，惟要作出突破並不輕鬆。春天（農曆正月及二月）出生者原本已屬財旺身弱，財運相對其他季節稍勝，有賺錢機會但需要刻苦經營。夏天（農曆四月及五月）出生者則最為吃力，加上壓力龐大，需要學懂紓緩放鬆。

由於丙午年不是行財運的年份，收入未算突飛猛進，若能以創新思維致勝則仍有發展。投資方面要憑個人分析研究獨具慧眼選擇市場上較冷門的項目，不宜聽信小道消息，並採取以小博大的方式試行及見好即收，謹記大額投資容易招致損失。

【事業方面】

流年「丙火」坐「午火」屬強火的組合，此亦是領導才能及調兵遣將的星，若任職大機構、從事行政管理或警隊、消防、海關等紀律部隊，新一年將會找到發揮天賦的舞台，可望有突出表現，尤其秋天出生者可有升遷機會，需要積極把握。

不過，事業高光時刻難免會帶來壓力，尤其春、夏兩季出生者未有貴人助力最為艱辛，需要調節心態迎難而上。另外，馬年自我要求頗高、做事急進，與同輩及下屬關係緊張，需要多控制情商，保持圓融的人際關係，以免鋒芒畢露而遭白眼或惹上是非。

【感情方面】

庚寅日的女士將會有姻緣運臨門，有機會邂逅心儀對象，惟對方將會比自己稍為年輕或性格極度強勢，若不介意「姊弟戀」或小鳥依人者則

流月運勢

♥吉 ♡中吉 ♡平 ♥凶

♥	2026年2月4日至3月4日	流月的天干地支與個人出生月份完全相同，容易跌入劫財運，不宜開展任何投資計劃，否則容易招致損失。
♡	2026年3月5日至4月4日	正財收入有增長但又容易無故漏財，面對似是而非的賺錢機會需要三思，以免最終「貪字得個貧」。
♥	2026年4月5日至5月4日	得長輩貴人相助做事如虎添翼，事業將會有發揮機會，工作項目可望超額完成，不妨積極把握。
♡	2026年5月5日至6月4日	健康運較受衝擊，腰、膝關節容易扭傷、摔傷，運動愛好者需要格外留神，尤其要慎防觸及舊患。
♥	2026年6月5日至7月6日	人事糾紛不斷、被是非口舌纏擾，情緒受影響難以集中，需要提防一時大意分神而令手部受傷。
♡	2026年7月7日至8月6日	焦慮不安令睡眠質素下降，不妨相約朋友聚會傾訴，時間許可亦可安排出門外遊，以「借地運」方式提升運勢。
♡	2026年8月7日至9月6日	相沖月份有較多爭執，不宜過分堅持己見。驛馬月份有利「動中生財」，惟出門後要注意道路安全。
♥	2026年9月7日至10月7日	做事順心、工作如魚得水，職場上將會有新機遇，不妨把握機會表現自己，可望獲賞識而有晉升機會。
♡	2026年10月8日至11月6日	貴人助力充足，惟個人做事較為急躁，容易自亂陣腳，建議重整步伐再出發，可有意料之外的佳績。
♡	2026年11月7日至12月6日	財運順遂、有機會於投機炒賣中獲利，惟始終短線項目起伏較大，需要眼明手快及見好即收，以免先盈後虧。
♥	2026年12月7日至2027年1月4日	友儕間容易因言語誤會而惹對方不滿，需要注意個人言辭及多加溝通，以免出現「言者無心、聽者有意」情況。
♥	2027年1月5日至2月3日	貴人力量強勁，憑藉對方的人脈網絡可望拓展商機，事業處於上升軌道，不妨多花時間心力發展。

不妨多留意身邊人，有望開展戀情。不過，男士則未有太大機遇，加上大部分精力已投放於事業發展之上，對談戀愛的意欲較為淡泊，關係原地踏步。

已婚者亦要謹記平衡工作與家庭生活，以免身邊人感覺被冷落而有怨言。新一年與伴侶亦要多加包容忍讓，慎防因為家庭瑣事起爭執而累積不滿，建議舊地重遊或培養共同興趣，給予另一半小驚喜維繫感情。

【健康方面】

馬年為火極旺之年，同屬強火命格的夏天出生者因為金受剋，需要多注意喉嚨、氣管及肺部健康，尤其本身有呼吸道問題或屬於敏感體質者更要特別小心，以免病況加劇。

由於新一年事業處於衝刺期，需要面對龐大壓力，尤其夏、秋兩季出生者最容易有失眠問題，建議調節心態、從容面對，多做打坐、太極或瑜伽等減壓運動沉澱自己，亦可多接觸大自然吸收正能量。另外，若牀頭方位坐落於五黃（正南）及二黑（西北）等流年病星位置，建議擺放銅器重物化解，有助改善睡眠質素及提升健康運。

28 辛卯日

事業衝刺 橫生枝節慎防官非

【財運方面】

新一年事業運較財運突出，且受天干「丙辛合」影響，做事容易橫生枝節，看似簡單的事亦會變得複雜，預期失敗最終又會成功，結果難料惟有以平常心面對。至於個人地支「卯」與流年日腳「午」屬相破，代表人際關係上的破敗，馬年要慎防人事問題或有舊朋友反目情況。相合年份亦有較多新合作機會，建議盡量不熟不做，即使決定投資亦要以小博大，落實前務必聘請專業人士草擬合約，以免惹上官非。

一眾辛卯日出生者之中，春天（農曆正月及二月）出生者財旺身弱，有賺錢機遇但財來財去。土重月份（農曆三月、六月、九月及十二月）出生者貴人得力能有幫扶，但始終較難突圍。夏天（農曆四月及五月）出生者最舉步維艱，屬輕微多勞少得。秋天（農曆七月及八月）出生者相對入運，不妨主動爭取機會，收入將有提升。冬天（農曆正月及二月）出生者能得助力，惟不算有重大優勢。

整體而言，辛卯日於馬年需要憑一己之力打拚，從商者不妨多往外走動尋找機會，惟要特別注意是非甚至有官非訴訟，不宜觸動家中及辦公室的流年三碧是非星（正西）飛臨位置，以免情況加劇。

【事業方面】

馬年行「官星」運，對任職大機構、管理層或公務員最為有利，可望有升遷機會，尤其秋天出生者可積極把握。雖然職銜有提升，不過薪酬未見大幅調整，需要有心理準備接受。

另外，新一年工作壓力沉重，而且會有人主動邀約轉職，惟需要提防吉中藏凶，決定前務必謹慎思量及多作打聽，以免實際環境與期望有落差，又或出現變數令自己進退失據。若留守原有公司則要注意人際關係，有機會出現上司變動而需要時間適應，可幸考試及升遷運不俗，不妨積極參與爭取表現。

【感情方面】

單身女士有望於馬年邂逅心儀對象，對方的條件及背景優越，亦屬自己鍾情的類型，故不妨多留意身邊人，看能否開展新戀情。單身男士則不屬桃花旺盛之年，雖然有機會於工作場所結

流月運勢

♥吉 ♡中吉 ♡平 ♥凶

♡	2026年2月4日至3月4日	破財月份財運易有耗損，面對不確定的投資項目不宜輕舉妄動。本月要為瑣碎事情而煩心，宜多花時間耐性逐一擊破。
♥	2026年3月5日至4月4日	流月的天干地支與自己相同屬於劫財，加上身體健康一般，需要多爭取休息時間，以免因病而要破財。
♡	2026年4月5日至5月4日	工作有發揮空間，惟職場的人際關係倒退，容易因為表現亮眼而招人妒忌，待人處事謹記保持低調。
♥	2026年5月5日至6月4日	事業運持續有進步，上月付出的努力可望見成果，上司亦會認同自己的表現，不妨多花心力向前行。
♡	2026年6月5日至7月6日	財運有增長，惟「財多身子弱」有輕微打針、食藥運，不宜安排太多飯局應酬，以免拖垮健康。
♡	2026年7月7日至8月6日	捲入辦公室政治或人事糾紛漩渦，需要花心力處理爛攤子，可幸能得貴人相助，問題最終仍可圓滿解決。
♡	2026年8月7日至9月6日	事業平步青雲，負責的項目成績裴然，惟工作過勞令健康運疲弱，需要特別注意喉嚨、氣管及呼吸道毛病。
♡	2026年9月7日至10月7日	相沖月份適宜多往外走動，不妨安排一次短線旅遊，既可放鬆身心亦可透過「動中生財」帶旺運勢。
♥	2026年10月8日至11月6日	吉中藏凶、有輕微表面風光的月份，投資炒賣需要見好即收，以免風高浪急而最終招致損失。
♥	2026年11月7日至12月6日	運勢順遂、做事得心應手，財運亦處於上揚軌道，投資方面可小試牛刀，有望賺取合理回報。
♥	2026年12月7日至2027年1月4日	桃花破財的月份，若有異性提出借貸請務必三思，即使決定幫忙亦只能量力而為，並要有「一去不回頭」的心理準備。
♡	2027年1月5日至2月3日	獲行業中有分量的貴人提拔，對方的人脈網絡將會有助事業發展，連帶財運亦有提升，惟要注意家宅及長者健康。

識異性，惟始終屬於追追逐逐、較為錯配的感情，關係難以開展。

至於已婚者受相合及相破影響，與伴侶關係較為緊張。除了工作壓力偶爾令情緒失控，亦會因為周邊的家人親友財務借貸請求而令雙方意見分歧，需要與另一半多加溝通、尋求共識，以免受外來因素影響而破壞雙方感情。

【健康方面】

辛卯日出生者呼吸系統本來就較弱，加上受「丙辛合」影響，氣管或鼻敏感情況加劇，容易有久咳不癒情況，需要留心家具、牀單或被鋪等是否含有致敏原，吸煙人士則要格外注意肺部健康。地支相刑亦要多關心家人及伴侶健康，若身體不適宜及早陪同求醫。

馬年事業起飛但人際關係倒退，容易招惹是非甚至官非，多方面的壓力容易引發失眠，建議作息定時，多做運動及多外遊帶動運勢，其中春、夏兩季出生者宜多用米、白兩色，亦可適量佩戴金飾或擺放金屬擺件，以助提升健康運勢。

29 壬辰日

偏財受沖 波動難免穩守理財

【財運方面】

流年天干「丙火」是自己的偏財星，由於偏財本身已起伏較大，加上流年與個人天干「丙壬沖」，雖然相沖運勢未必一面倒，但難免會令財運再添變數，需要慎防有橫發橫破情況。

由於具有不穩定因素，能否聚財則要視乎出生季節而定。壬辰天干屬「水」、地支屬「土」，而「辰」本身亦屬水庫，若再生於冬天（農曆十月及十一月）則水更旺，行火運既有賺錢機會亦能輕鬆聚財。秋天（農曆七月及八月）出生者有進帳但波動性較高，需要謹慎理財。火旺的夏天（農曆四月及五月）出生者財旺身弱，容易有表面風光，收入有提升但仍難免破財。土重月份（農曆三月、六月、九月及十二月）出生者壓力龐大，賺錢過程艱辛，未算有太大得着。春天（農曆正月及二月）出生者亦難有優勢，較為多勞少得。建議春、夏及土重月份出生者多用藍色、波浪圖案物品及前往沿海地區旅行，對運勢均有幫助。

總括而言，馬年始終是行偏財運的年份，可望有輕微幸運之財，若鍾情賽馬活動或麻將耍樂可小注怡情，亦可購買彩票碰碰運氣，惟不宜涉獵大額或高風險的投機炒賣，以免招致損失。

【事業方面】

事業發展尚算理想，打工一族薪酬有滿意調整、職銜亦有輕微提升，若任職前線銷售或工作需要接觸客戶者，業績亦頗為理想，惟從事行政管理則做事要經歷障礙，需要學懂面對壓力。

一眾季節之中以生於冬天者相對理想，春、夏及土重月份出生者則較艱辛，土重月份雖然有升遷機會，惟面對陌生工作範疇較難適應，需要調整心態及降低目標，遇有疑問亦要放下身段，虛心向他人請教。天干相沖要注意人際關係，加上工作壓力令脾氣較為暴躁，容易與同事有爭執，宜多控制情商。

【感情方面】

「丙壬沖」令夫妻關係較受衝擊，已婚者容易因為雙方的家宅問題而爭執，又或於理財及投資方向上意見分歧，建議分工盡量清晰及數目分明，亦可採取人為的「聚少離多」相處方

流月運勢

♥吉 ♡中吉 ♡平 ♥凶

♡	2026年2月4日至3月4日	有輕微貴人助力，加上學習運順遂，不妨趁年頭訂下持續進修目標，對未來事業發展可有裨益。
♡	2026年3月5日至4月4日	獲長輩扶持做事得力，惟同輩之間的關係如履薄冰，容易招來妒忌，需要多注意個人言行，不宜鋒芒太露。
♥	2026年4月5日至5月4日	流月與個人天干地支完全相同，心情煩躁、容易焦慮不安，健康亦會出現小毛病，需要多爭取休息時間。
♡	2026年5月5日至6月4日	財運一得一失，收入有進帳但又會輕微漏財，需要小心看管個人財物，以免無辜被盜而招致損失。
♡	2026年6月5日至7月6日	表面風光、實際有苦自己知，工作有成果但過程中舉步維艱，背後需要付出極大心力處理問題。
♥	2026年7月7日至8月6日	容易惹上官非訴訟，簽署文件、合約前宜聘請專業人士審閱條款細則，以免誤墮法網而需要對簿公堂。
♡	2026年8月7日至9月6日	有輕微財運進帳，惟始終較為財來財去，面對似是而非的新合作機會不宜輕舉妄動，以免得不償失。
♥	2026年9月7日至10月7日	「天合地合」的月份做事較多障礙，情緒亦備受困擾難以集中，不妨出門外遊「借地運」提升運勢。
♡	2026年10月8日至11月6日	相沖月份宜出門「動中生財」，事業上亦有晉升機會，惟工作壓力較大，需要調節心態面對。
♥	2026年11月7日至12月6日	運勢逆轉勝、心情愉快做事亦事半功倍，事業可有新突破，工作表現備受認同，不妨積極把握好運勇往直前。
♡	2026年12月7日至2027年1月4日	貴人助力充足，透過對方的人脈網絡可望拓展新商機。惟容易扭傷、摔傷，不宜進行高危的戶外活動。
♥	2027年1月5日至2月3日	事業平步青雲，工作效率高、項目成績斐然，可望被賞識而有升遷機會，需要把握機會多表現自己。

式，各自擁有私人空間，採「小別勝新婚」模式相處反而較為融洽。

單身女士有機會結識心儀對象，惟始終馬年的桃花運較為平淡，未必能修成正果。男士的感情運波動較大，單身一族容易遇上性格率直及脾氣剛烈的女性，需要視乎是否適合自己。已有伴侶者則關係反覆，容易出現離合情況，整體不穩，需要多花時間維繫。

【健康方面】

「丙壬沖」屬水火對沖，新一年要慎防頭部、心臟及血壓問題，尤其高血壓或偏頭痛患者要格外小心，以免病情加劇。另外，由於馬年壓力沉重，情緒容易受困，春、夏及土重月份出生者不妨多於安全情況下出海或進行水上活動，並於農曆生日月份前往寒冷地方旅遊「借地運」，惟出門後需要注意安全，不宜進行高危活動，以免意外受傷。

新一年亦要多關心男性長輩健康，容易有輕微血光之災，不妨為對方家居作小量裝修、維修，如更換家俬或加裝防滑裝置，以減低意外風險。

30 癸巳日

自坐財星 一得一失以守代攻

【財運方面】

流年「丙火」是自己的財星，而「癸巳」天干屬水、地支屬火，本身亦為自坐財星，奈何大部分人均屬財旺身弱，包括春(農曆正月及二月)、夏(農曆四月及五月)及土重月份(農曆三月、六月、九月及十二月)出生者均喜金、水之運，遇上丙午年行大火運未能受惠，故即使財運臨門收入有所增長，但破財機會亦高，容易有財來財去情況。

一眾癸巳日當中，只有冬天(農曆十月及十一月)出生者守財能力相對理想，秋天(農曆七月及八月)出生者次之，其他季節出生者務必要提防漏財。若以出生時辰論之，生於黃昏至午夜等屬水的時辰財運較理想，生於早上到日落前等木、火重的時辰則更難有得着。行業方面則以從事酒店、旅遊、運輸、物流或海產等與水相關行業者較能入運。相反，石油化工、氣體燃料、燈飾等屬火的行業則難免更為艱難，建議命局缺水者馬年大量使用藍色、波浪圖案物品及佩戴金飾助運，亦可多前往寒冷地區旅遊「借地運」。

由於新一年財運容易一得一失，不宜保留太多現金，建議購買實際資產保值。從商者亦有機會因為店鋪或廠房裝修、搬遷等而有額外開銷，需要積穀防饑，亦要多注意客戶的財政狀況，不宜借貸擔保，慎防對方賴帳而有損失。

【事業方面】

事業運循序漸進向前，打工一族薪酬有調整，從事前線銷售、中介或自由職業者業績亦有提升，尤其秋、冬兩季出生者面對不明市況生意額亦有上漲。至於任職大機構、行政管理者則較為艱辛，壓力頗為龐大，需要多加放鬆。可幸馬年人際關係圓融，與上司、同事或下屬相處融洽，辛苦之餘亦算是有合理回報。

另外，新一年不宜變動，留守原有公司較為合適，亦可把握良好的學習運報讀課程進修增值。由於「水」的特性為流動，若能多出差往外走動、尤其前往寒冷地方則有望帶動運勢。

【感情方面】

單身男士桃花機遇處處，有望邂逅背景及條件不俗的異性及開展戀情，惟需要多花時間相處了解，不宜過分急進，以免熱情冷卻令關係快來快去。單身女士的姻緣運較為不實在，即使雙方

流月運勢

♥吉 ♡中吉 ♡平 ♥凶

♡	2026年2月4日至3月4日	流月天干地支與自己完全相同，財運容易有耗損，面對新投資計劃需要三思及多作部署，不宜輕舉妄動。
♡	2026年3月5日至4月4日	財運一得一失，投資方面可憑個人眼光賺取合理回報，但務必需要見好即收，以免貪勝不知輸而破財。
♥	2026年4月5日至5月4日	貴人扶持運勢順遂，可憑對方的人脈網絡而擴大個人事業版圖，從商者亦可拓展新商機，不妨積極把握。
♡	2026年5月5日至6月4日	健康運備受衝擊，容易有意外受傷機會，尤其腰、膝關節首當其衝，熱愛運動者要特別提防。
♥	2026年6月5日至7月6日	人事紛擾不斷，與他人意見分歧時應多溝通及了解對方想法，不宜偏執己見。手部容易扭傷、摔傷，需提防家居陷阱。
♡	2026年7月7日至8月6日	情緒焦慮不安，引發失眠問題，不妨多找朋友聚會傾訴，亦可放假出門外遊，以「借地運」方式帶動運勢。
♡	2026年8月7日至9月6日	相沖月份人事糾紛不斷，不妨多出門走動，可望「動中生財」。惟外遊時要注意道路安全，提防輕微汽車碰撞。
♥	2026年9月7日至10月7日	個人幹勁十足、做事如虎添翼，出色的工作表現會被賞識兼有晉升機會，事業走上光明大道。
♡	2026年10月8日至11月6日	貴人運旺盛，憑對方強大的人脈網絡可突圍而出，惟自己做事較為急進，容易自亂陣腳，需要調整步伐重新出發。
♡	2026年11月7日至12月6日	財運有輕微增長，惟不穩定性始終較高，面對風高浪急的投資市場需要眼明手快，以免得不償失。
♥	2026年12月7日至2027年1月4日	人際關係如履薄冰，朋友圈中流言滿天飛，容易因為言語誤會而生嫌隙，需要多注意個人言行。
♥	2027年1月5日至2月3日	運勢全面回升，有貴人扶持做事事半功倍，之前試行的項目亦漸見成果，事業處於上升軌道。

有好感但關係始終難以向前邁進，不妨借助朋友聚會推動培養感情。

已婚者容易因為財政問題或投資方向不同而起衝突，建議盡量財政獨立，減少金錢轇轕，亦不宜越界過分牽涉對方家事。新一年亦要提防因為過分專注工作而冷落對方，需要學懂分配時間，平衡工作與家庭生活。

【健康方面】

丙午年為大火之年，理論上秋、冬兩季出生者健康會有改善，惟火旺的夏天出生者金受剋，需要留意呼吸系統及肺部毛病，若本身屬敏感體質者要特別提防，注意空氣質素及貼身用品是否含有致敏原。

另外，由於馬年壓力龐大，春、夏兩季出生者最容易有失眠問題，需要調節心態，以平常心面對。建議新一年可多進行瑜伽、太極或打坐等減壓運動作身心沉澱，亦可接觸大自然吸收正能量。若牀頭坐落於流年的五黃（正南）及二黑（西北）病星位置則更要化解，以免睡眠質素欠佳而引發情緒問題。

31 甲午日

午火重疊 深耕細作親力親為

【財運方面】

流年地支與個人日腳「午午刑」屬日犯太歲，新一年做事會遇上波折，賺錢過程亦較艱辛，需要付出額外努力面對。

「甲午」天干屬木、「丙午」天干屬火，兩者地支均以火為主並含小量的土，雖然馬年仍有賺錢機遇，惟有輕微多勞少得，從商者必須開源節流，積穀防饑。從事中介、銷售、顧問等工種的人士則可憑人脈發展，惟財運未算特別理想。另外，馬年下屬運疲弱，員工流失率高甚至有惡奴欺主情況，各行各業的管理層需要親力親為多作監管，慎防下屬出錯招致損失。

一眾甲午日當中，以「水泛木漂」的冬天（農曆十月及十一月）出生者較入運，自信心增強、做事相對順遂。春天（農曆正月及二月）出生者的強木被火泄弱命格得以平衡，運勢中規中矩。生於夏天（農曆四月及五月）則最為勞心勞力，尤其農曆五月三重「午火」交疊，要格外注意情緒及健康。秋天及土重月份（農曆七月、八月及農曆三月、六月、九月及十二月）則要辛苦得財。

總括而言，馬年不是直接得財之象，凡事要親力親為、深耕細作，注意個人情緒及提防人事糾紛，謹記保持圓融的人際關係則財運自然較理想。

【事業方面】

新一年以手藝或說話為主的工種發展會較理想，如地產、保險等中介銷售或咖啡師、甜品師等，可望憑技術及人脈網絡而有新機遇，惟馬年始終財運未算特別暢旺。至於管理階層、公務員或任職大機構者則要留意下屬問題，容易出現人事變動或轉流較快情況，宜多溝通監管，慎防對方出錯而受影響。

另外，受「午午相刑」影響工作會遇上波折，需要多加耐性處理，夏、秋及土重月份出生者命格不妨於家居或辦公室擺放富貴竹等水種植物，可有助旺作用。

【感情方面】

馬年雖然不屬爭執頻繁的年份，但由於個人情緒不穩，容易將伴侶的缺點放大、諸多挑剔而生嫌隙，已婚者亦會為小朋友的管教問題而意見分歧，建議有伴侶或已組織家庭者均要多加忍

流月運勢

♥吉　♡中吉　♡平　♥凶

♡	2026年2月4日至3月4日	人事糾紛不斷、流言滿天飛，可幸貴人助力充足，是非對自己影響不大，不妨抱着「清者自清」的心態面對。
♡	2026年3月5日至4月4日	事業向前推進，發展運籌帷幄，不妨積極爭取機會。惟容易遇上爛桃花，尤其已有伴侶者要克制自己，慎防外在誘惑。
♥	2026年4月5日至5月4日	貴人運暢旺，可憑藉對方的人脈網絡而有商機，財運亦受帶動而有提升，不妨把握力爭上游的機會。
♡	2026年5月5日至6月4日	破財月份財運有耗損，不宜魯莽開展新投資計劃，尤其面對似是而非的項目更要格外謹慎，以免招致損失。
♥	2026年6月5日至7月6日	流月天干地支與自己完全相同，財運容易有損失，亦有輕微打針、食藥運，需要多關注健康，不宜工作過勞。
♡	2026年7月7日至8月6日	劫財月份會有家人親友提出財務借貸請求，建議量力而為，亦要有心理準備過程會令自己較為勞心，需要以平常心面對。
♡	2026年8月7日至9月6日	事業處於上升軌道，惟是非口舌較多，待人處事要保持低調。家宅運一般，家長要多注意小朋友健康。
♥	2026年9月7日至10月7日	職場上表現亮眼，執行力強、領導才能出眾，可望獲上司賞識而有晉升機會，不妨主動爭取。
♡	2026年10月8日至11月6日	有輕微偏財運臨門，面對心儀的投資項目不妨採取以小博大方式進行，可望獲取回報，惟要見好即收，慎防「貪勝不知輸」。
♡	2026年11月7日至12月6日	情緒不穩、焦躁不安，精神難以集中，要慎防一時大意而令手部意外受傷，不妨多出門外遊帶動運勢。
♥	2026年12月7日至2027年1月4日	「天沖地沖」的月份有較多突發事情，例如居住方面的變化或人事爭執，需要做好兩手準備應對。
♥	2027年1月5日至2月3日	事業有新發展機遇，可望展現個人才能，連帶財運亦有進帳，不妨多作籌劃，可望更上一層樓。

讓，盡量分工清晰，並採取人為的「聚少離多」方式相處，各自擁有獨處空間反而會較為穩定。

至於單身一族社交運暢旺，可望擴闊社交圈子，尤其男士交朋結友機會更多，惟馬年始終不屬桃花燦爛之年，故結識異性後需要多花時間相處了解，循序漸進由朋友開始發展，關係將會更能持久。

【健康方面】

丙午年行「食神」運，飯局及社交活動頻繁，容易心廣體胖。謹記應酬雖多亦要適可而止，並注重體重管理，以免引發都市病。另外，馬年膝、腰關節容易受傷，不妨多用藍、綠兩色，亦可於家中種植富貴竹等水種植物，補助命格中水、木不足問題。

家長們則會為子女的健康小問題而煩心，除了要關顧其情緒，亦要慎防有輕微意外受傷情況，慎防廚房、浴室等家居陷阱，進行戶外活動時亦要多加照顧。若小朋友的牀頭坐落於流年五黃（正南）及二黑（西北）病星位置宜加以化解，凡事謹慎則可平安大吉。

32 乙未日

運勢多變 機會湧現吉中藏凶

【財運方面】

流年地支與個人日腳屬「午未合」，馬年將會有新合作機會，惟合日腳之年運勢較多變數，表面看似順遂但過程中容易有落差，以為失敗最終又會成功，結局難料故只能以平常心面對。一眾乙未日之中，約有七成人運勢會轉好，但亦有三成人走向一般，故決定前務必仔細思量，盡量不熟不做及擁有話語權，以免情況失控。

另外，馬年被合走的「土」是自己的財星，從商者需要留意客戶的財政狀況，慎防對方賴帳，亦要注意與生意伙伴因誤會爭執而分道揚鑣。簽署文件、合約前則要格外小心，以免因為人事糾紛或官非而破財。

由於大部分乙未日命格需要水、木扶助，尤其於夏（農曆四月及五月）、秋（農曆七月及八月）及土重月份（三月、六月、九月及十二月）出生者更甚，故行火運不算特別有利。可幸「傷官」主導名氣及創作，若工種以創意先行者仍有不俗發展，又或以口得財、多主動接觸客戶亦有機會突圍，其他較靜態的行業則要辛苦得財。

整體而言，新一年屬「力不到不為財」之年，做事要親力親為，不宜倚仗偏財或短炒投機，投資方面宜選擇中長線項目，凡事謹慎則可穩步前行。

【事業方面】

合日腳始終對事業有一定影響，原本的工作有機會出現變化，加上行「傷官」之年是非口舌頻繁，需要特別注意人際關係。可幸「傷官」亦掌管創意及名氣，若從事的工種與創作有關，如編劇、廣告或市場推廣等，馬年可望靈感不絕，任職保險或銷售等若能多接觸客戶亦有發展。惟大機構或管理層要面對人事失控及下屬不得力等問題，需要多花耐性處理。

另外，馬年不屬轉職好時機，建議留守原有崗位，發展未如理想者可報讀在職培訓或其他興趣課程增值自己，對事業有鋪墊作用。

【感情方面】

新一年情侶會有較多爭執，加上工作壓力龐大，脾氣較為暴躁，容易將不滿情緒發泄於另一半身上，對對方諸多挑剔，甚至會因為瑣事而引發分手念頭。建議馬年要互相忍讓，亦可採取人

流月運勢

♥吉　♡中吉　♡平　♥凶

♡	2026年2月4日至3月4日	財運走勢順遂，惟精神緊張、神經衰弱，容易有失眠情況，不妨多郊遊及接觸大自然吸收正能量。
♡	2026年3月5日至4月4日	有新合作機會出現，惟落實前要多觀察市場環境，過程中亦要提防人事糾紛，待人處事宜保持謙虛低調。
♥	2026年4月5日至5月4日	貴人運暢旺，有望借助對方的人脈網絡而拓展商機，財運亦會有進帳，不妨積極把握眼前機遇。
♥	2026年5月5日至6月4日	是非口舌頻繁，容易招惹小人及甚至被惡意中傷，建議「少說話、多做事」，避免捲入辦公室政治漩渦。
♡	2026年6月5日至7月6日	身體健康響起警號，宜控制飲食及盡量作息定時。家宅亦會出現小問題，需要多花時間處理。
♡	2026年7月7日至8月6日	流月天干地支與自己完全相同，建議多出門走動「借地運」，尤其熱天出生者宜到寒冷地區旅遊，有助提升運勢。
♥	2026年8月7日至9月6日	事業處於上升軌道，將有機會嘗試不同範疇的工作，出色表現備受上司認同，不妨積極把握。
♡	2026年9月7日至10月7日	有輕微人事糾紛，與人溝通時需要注意個人言辭，盡量保持心平氣和。本月亦有輕微破財運，不宜投資投機。
♡	2026年10月8日至11月6日	財運順遂、收入有額外進帳，惟家宅有小問題需要處理，較為影響情緒，建議放鬆心情以平常心面對。
♡	2026年11月7日至12月6日	宜多往外走動的月份，不妨放假出門外遊，既可放鬆身心，亦可以「動中生財」方式帶旺運勢。
♥	2026年12月7日至2027年1月4日	人事紛擾頻繁，情緒跌落谷底，不宜作中間人為他人排難解紛，以免「好心做壞事」而遭受埋怨。
♡	2027年1月5日至2月3日	「天沖地沖」月份運勢較多變化，有機會因為裝修或搬遷而有額外開支，亦會有較多頻撲走動，需要爭取休息時間。

為的「聚少離多」方式相處，擁有獨處時光反而較能維繫感情。已婚者則會為小朋友的管教問題而互相指責或埋怨，建議盡量分工清晰，並多花時間溝通尋求共識。

單身一族社交運暢旺，可望擴闊朋友圈子，亦有機會於學習環境中結識異性，惟馬年始終不屬桃花年，故只能慢慢觀察了解再作打算。

【健康方面】

「午未合」需要注意自己及伴侶身體健康，尤其流年火、土甚強，需要特別留意腸胃及消化系統健康，本身脾胃較弱者要小心出現過敏症或引發其他疾病，夏天及土重月份出生者亦要留心關節問題。另外，馬年工作忙碌、做事較勞心力勞，加上應酬聚會頻繁，容易身心疲累，需要多爭取休息時間，以免拖垮健康。

至於已婚者則會為小朋友問題而操心，除了要慎防意外受傷，若子女正值反叛期，需要多花時間溝通及了解其想法，有需要亦可尋求專業人士意見，協助梳理其情緒問題。

33 丙申日

天干交疊 開源節流慎防漏財

【財運方面】

雖然丙申日自坐財星，但流年與個人天干同屬「丙火」形成疊加效應，加上天干通根至「午火」令火更為強大，即使有賺錢機會但也容易破財，必須量入為出。

一眾季節之中，以夏天（農曆四月及五月）出生者財運最緊絀，若生於農曆五月、午時或巳時情況更甚，宜多用米、白色及佩戴金飾助運。木旺的春天（農曆正月及二月）出生者財運只算不過不失，土重月份（農曆三月、六月、九月及十二月）出生者親力親為則仍有賺錢機會。秋天（農曆七月及八月）出生者收入相若但開支倍增，需要開源節流。水旺的冬天（農曆十月及十一月）出生者相對入運，若再於午夜出生則屬滿盆水局，賺錢過程最輕鬆兼有盈餘。若將時辰計算在內，則日間出生者運勢會稍為削弱，晚上出生者命格稍為有利。

由於馬年漏財機會甚高，從商者宜守住熟悉範疇，不宜開展新戰線，亦要慎防客戶賴帳而有損失。建議賺取收入後可置業自住或購買實物保值，不宜保留太多現金，但馬年有機會因為家人而有額外開銷，故仍需預留一筆應急錢。投資方面則可選擇中長線項目，避免短炒投機。

【事業方面】

馬年個人鬥志高昂，惟始終時不與我，工作量增加但薪酬難有調整，感覺較為多勞少得。至於任職大機構、行政管理人員、自由職業、銷售或中介等均要面對較大競爭，加上人事關係複雜，同事或同行之間有明爭暗鬥情況，需要以平常心面對壓力。春、夏兩季出生者不妨多前往西面或北面出差或旅遊，以「借地運」方式提升運勢。

由於馬年不屬轉職好時機，付出的回報亦不屬立竿見影，建議視之為鋪墊之年，謹守崗位及多作進修增值，為未來的事業發展打好基礎。

【感情方面】

丙午年工作繁重、脾氣較為暴躁，情侶之間容易因為瑣事而有爭執，需要互相體諒及冷靜處理，亦可以人為的「聚少離多」方式相處，減少見面可避免衝突。已有穩定伴侶者則

流月運勢

♥吉 ♡中吉 ♡平 ♥凶

♥	2026年2月4日至3月4日	相沖月份健康運受衝擊，尤其腰、膝關節容易扭傷、摔傷，若本身有舊患者更要提防傷患加劇。
♡	2026年3月5日至4月4日	財運有輕微突破，惟「財多身子弱」，要小心喉嚨、氣管及呼吸系統疾病，不宜前往人煙稠密的地方。
♡	2026年4月5日至5月4日	人事爭執不斷、被小人是非口舌纏擾，建議「少說話、多做事」，事不關己不宜多加意見，以免樹敵而遭受攻擊。
♥	2026年5月5日至6月4日	合日腳的月份做事一波三折，容易出現突如其來的變數，凡事需要多作部署，做好兩手準備迎接挑戰。
♡	2026年6月5日至7月6日	容易意外受傷留疤的月份，駕駛人士要時刻注意道路安全，提防輕微汽車碰撞，運動愛好者亦要格外謹慎。
♥	2026年7月7日至8月6日	貴人助力充足，對方的提拔可望令事業更上一層樓，不妨把握機遇表現個人才能，可望獲得好成績。
♡	2026年8月7日至9月6日	流月與個人天干地支完全相同屬劫財，財運有進帳但又容易無辜破財，需要量入為出，謹慎理財。
♡	2026年9月7日至10月7日	財運仍然反覆不定，尤其面對風高浪急的投資市場要眼明手快，賺取回報後宜見好即收，避免「貪勝不知輸」。
♡	2026年10月8日至11月6日	學習運順遂，不妨報讀在職培訓或興趣課程為事業鋪墊。惟人際關係疲弱，要提防鋒芒太露而惹人妒忌。
♥	2026年11月7日至12月6日	做事順心、工作如虎添翼，負責的項目將會有亮眼成績，可望有不俗晉升機會，事業扶搖直上。
♡	2026年12月7日至2027年1月4日	有輕微偏財運，投資方面只要不太貪心可有得着。惟工作量龐大、壓力沉重，不妨放假外遊或多接觸大自然。
♡	2027年1月5日至2月3日	事業發展持續向上，惟精神壓力影響睡眠質素，需要學懂紓緩減壓及勞逸結合，以免健康響起警號。

要堅決抗拒外來誘惑，慎防競爭對手乘虛而入以致離合。已婚者亦要留心自己及伴侶健康，提防因為金錢問題而意見分歧，建議盡量數目分明，避免無風起浪。

單身一族姻緣運疲弱，「脫單」機會較微，惟馬年要慎防有桃花破財情況，與新相識的異性不宜有太多金錢轇轕，以免因財失義或反目收場。

【健康方面】

「丙火」交疊加上通根至「午火」令火更強大，馬年要提防意外受傷或開刀破相，尤其生於農曆五月者要特別小心，不宜進行高危活動，以免樂極生悲。火過旺亦要注意心臟及呼吸道毛病，不妨於蛇年年底檢查身體、馬年之始捐血及洗牙，購買醫療保險及贈醫施藥，主動化解提升運勢。

馬年亦宜裝修、維修家居，惟要避免觸動五黃（正南）及二黑（西北）病星位置，以免病氣加劇。生於春、夏兩季者可多用米、白、淺藍色及佩戴金、銀、白金飾物，避免使用紅、綠兩色，凡事穩妥則可平安大吉。

34 丁酉日

天干劫財 爭奪之象謹慎謀事

【財運方面】

個人天干「丁」與流年天干「丙」同屬火，行同類型運勢代表有爭奪之象，新一年財運容易有耗損，需要謹慎策劃理財方向。

雖然馬年有劫財運，惟實際的財運走勢則要視乎自己的「丁火」孰強孰弱而定。若生於夏天（農曆四月及五月）或於巳時、午時出生者，命格本來已屬火旺，再行大火運難免容易破財，需要量入為出。木強的春天（農曆正月及三月）出生者有「木多火塞」情況，財運同樣未算有利。土重月份（農曆三月、六月、九月及十二月）出生者有火稍作平衡，整體不過不失。至於秋、冬兩季（農曆七月、八月及農曆十月、十一月）或於黃昏至午夜出生者，因本身的命格較為寒冷，得流年大火暖和命局，收入有提升亦屬輕有盈餘，屬最為入運的一群。

總括而言，「丁火」坐於「酉金」屬自坐財星，惟行劫財運難免財來財去，從商者有機會因為裝修、搬遷或客戶賴帳等而有額外開銷，需要開源節流、積穀防饑，不宜輕言擴展業務。投資方向則應選擇三至五年的中長線項目，避免短炒投機，亦不宜聽信他人的小道消息，凡事謹慎則可避免損失。

【事業方面】

馬年的事業高低，很大程度取決於其出生季節。秋、冬兩季或於黃昏至半夜出生者，因其「丁火」較弱，以往做事需要親力親為，丙午年喜獲貴人之助，同事工作得力、彼此相處融洽，雖然未有明顯升遷，可幸薪酬有調整，事業發展方向清晰，故不妨積極把握。

不過，春、夏兩季出生者則較難受惠，需要面對職場上的明爭暗鬥，感覺較為吃力。土重月份出生者尚算平穩。可幸馬年心態積極，既然不屬尋求轉變的好時機，運弱者不妨多花時間協調避免爭端，保持圓融的人際關係則事業亦可較順心。

【感情方面】

行相同類型運勢有爭奪之象，男士有機會跌入三角關係及需要面對強大的競爭對手，宜多花心力保護戀情。單身男士欲

流月運勢

♥吉 ♡中吉 ♡平 ♥凶

♡	2026年2月4日至3月4日	有輕微偏財運臨門，投資方面不太貪心可有收穫。惟思緒較混亂，容易胡思亂想，不妨多接觸大自然吸收正能量。
♡	2026年3月5日至4月4日	與伴侶容易為瑣事爭執，需要互諒互讓免傷和氣，亦可趁相沖月份多出門走動，以「動中生財」方式帶旺運勢。
♥	2026年4月5日至5月4日	「天合地合」的月份做事困難重重，需要做好兩手準備應對。本月不宜作任何重要決定，以免有決策錯誤情況。
♡	2026年5月5日至6月4日	做事遇上小波折，可幸眼前困境只屬先難後易，多花耐性解決即可。本月要留心眼睛及心臟方面的小毛病，建議檢查身體保平安。
♡	2026年6月5日至7月6日	有輕微桃花運臨門，惟關係未算穩定，結識有好感的異性後可多花時間觀察了解，不宜操之過急。
♥	2026年7月7日至8月6日	貴人運暢旺，外來的助力充足，借助對方的人脈網絡可為事業發展鋪路，不妨把握好運力爭上游。
♡	2026年8月7日至9月6日	「財旺身弱」的月份較難守財，即使收入有提升但又會無辜破財，較為財來財去，需要注意理財方向。
♥	2026年9月7日至10月7日	容易意外受傷的月份，加上個人焦慮較多、容易杞人憂天，引發失眠問題，不妨相約朋友聚會傾訴解開心結。
♥	2026年10月8日至11月6日	是非口舌不斷、流言滿天飛，待人處事宜保持低調，盡量少管閒事，以免「好心做壞事」而遭埋怨。
♡	2026年11月7日至12月6日	事業有新發展方向，惟面對陌生的工作範疇壓力較大，需要調節心態應對，遇有疑問亦可虛心向前輩請教。
♡	2026年12月7日至2027年1月4日	偏財運順遂，鍾情賽馬活動或麻將耍樂者可小賭怡情，亦可購買彩票碰碰運氣。本月容易桃花破財，不宜與異性有太多金錢轇轕。
♥	2027年1月5日至2月3日	有新合作機會出現，若審視計劃後不妨以小試牛刀方式進行，可望有收穫及財運上漲，不妨積極把握。

向心儀對象展開追求，惟對方亦有不少傾慕者，需要加把勁應付。女士的姻緣運平平，已有伴侶者關係原地踏步，單身者則只能擴闊社交圈子，「脱單」機會渺茫。

已婚者與另一半關係尚算平穩，惟要慎防因工作或財政壓力而有爭執，建議盡量財政獨立，避免過分牽涉伴侶的家事。馬年亦要避免工作太忙碌而冷落對方，不妨多結伴外遊或培養共同興趣維繫感情。

【健康方面】

「丁火」是蠟燭之火較為微弱，尤其於農曆七月至十二月或黃昏至午夜出生者，本身較容易擔心焦慮，得流年之火強化命格，馬年自信心有所增強，情緒較為樂觀積極，健康亦有進步。不過，春、夏兩季出生者則變成火過旺，需要注意心臟、血壓、喉嚨、氣管及呼吸道毛病，遇有不適應盡快求醫。

雖然新一年自己並無大礙，但一眾丁酉日均要多注意家族中同輩的身體健康，尤其兄弟姊妹遇上「羊刃」有機會要接受小手術，需要從旁多提醒及關心對方。

35 戊戌日

日腳相合 屢生枝節冷靜應對

【財運方面】

流年與個人地支「午戌合」屬合日腳，馬年將會有新合作機遇，惟能否順利發展，則要視出生季節而定。合日腳亦代表做事較多枝節，開展順遂會功敗垂成、困難重重卻又能成功，結果難料，唯有以平常心面對。

「戊戌」天干地支同屬土，冬天（農曆十月及十一月）或黃昏至午夜出生者行火運可有助力，做事順遂兼有賺錢機遇。秋天（農曆七月及八月）出生者仍有輕微波折，可幸結果仍屬正面。春天（農曆正月及二月）出生者有火平衡，財運亦不算差。土重月份出生者運勢兩極，農曆三月及六月容易破財；農曆九月收入能維持但較多勞少得；農曆十二月運勢尚算理想。夏天（農曆四月及五月）出生者則最為失衡，宜大量使用米、白、淺藍色及佩戴金飾助旺。

由於獲女性貴人關顧，若經營的業務以女性顧客為主，或老闆、合伙人是較年長女性，馬年可有優勢，其他行業亦可善用對方人脈幫助解決問題。新一年行思想星，若能策劃新點子亦有突圍機會。投資方面則要選擇中長線項目，不能靠短炒投機獲利，若有女性長輩提供消息可小試牛刀，惟不宜大手下注。

【事業方面】

丙午年行思想星，若工作需要依靠想像力，如編劇、廣告或市場推廣等可有發展，行政管理人員若上司是較年長女性，亦可獲賞識而有提拔機會。馬年亦有利進修及涉獵不同範疇工作，多作嘗試有助為未來事業發展打好基礎。不過，從事前線銷售、中介等職位者，除非以女性顧客為主則仍有支持，否則未算受惠，加上壓力大及容易焦慮，需要調整心態面對。

合日腳之年人際關係緊張，容易無故惹是非，建議少管閒事。欲轉職亦不屬合適時機，即使堅持轉變亦宜於下半年或中秋後始作籌劃，以免進退失據。

【感情方面】

馬年行貴人運而非桃花運，故感情未算有大突破，欲「脱單」者需要借助女性長輩推動，亦

流月運勢

♥吉 ♡中吉 ♡平 ♥凶

運勢	日期	內容
吉	2026年2月4日至3月4日	事業走勢上揚，上司委派的工作可望超額完成，成績有目共睹。學習運順遂，不妨報讀課程進修增值。
凶	2026年3月5日至4月4日	做事障礙重重，工作遇上瓶頸位，需要做好兩手準備迎接挑戰。若束手無策時不妨向女性長輩請教，對方的意見可令自己獲益良多。
中吉	2026年4月5日至5月4日	有輕微財運臨門，投資方面不妨以小博大，可望有回報。惟相沖月份宜動不宜靜，建議多出門外遊帶動運勢。
平	2026年5月5日至6月4日	焦慮不安、情緒跌入困局，影響睡眠質素，建議調節步伐、重新出發，亦可相約朋友聚會傾訴。
平	2026年6月5日至7月6日	健康響起警號，尤其腸胃及消化系統疲弱，需要慎防「病從口入」，生冷及肥膩食物可免則免。
凶	2026年7月7日至8月6日	情緒低落、做事提不起勁，加上本月容易惹官非，簽署文件、合約前務必要請教專業人士，以免誤墮法網。
吉	2026年8月7日至9月6日	運勢逆轉勝，貴人助力充足、做事如虎添翼，個人情緒亦較樂觀積極，謹記抱持正念態度，運氣亦會有所提升。
中吉	2026年9月7日至10月7日	貴人運持續暢旺，對方的助力可令事業更上一層樓，惟要為下屬或小朋友之瑣事而勞心，需要多加包容忍讓。
平	2026年10月8日至11月6日	流月與自己的天干地支完全相同，運勢起伏不定，建議放假出門外遊，既可「借地運」亦可放鬆身心。
吉	2026年11月7日至12月6日	各方面的運勢均有好轉，尤其財運處於高鋒期，可望賺取額外收入，工作亦見曙光，不妨繼續努力向前。
中吉	2026年12月7日至2027年1月4日	運勢仍處於上升軌道，財運有輕微進帳，投資方面只要不太貪心可有回報，惟需要謹記「見好即收」。
平	2027年1月5日至2月3日	家宅有較多小問題需要處理，尤其長輩的身體健康令自己頗為操心，建議及早陪同求醫，以免小事化大。

可多出席對方安排的聚會或相親活動，可望擴闊社交圈子，或有機會遇上心儀對象而循序漸進發展。

已婚者與伴侶關係尚算融洽，惟容易受女性長輩影響而有爭執，需要慎防婆媳糾紛，建議多作協調；自己亦不宜過分參與對方家事，盡量保持邊界感，以免因為意見分歧而無風起浪。另外，合日腳之年需要注意伴侶身體健康，宜多花時間關心對方，遇有不適亦應盡快陪同求醫。

【健康方面】

馬年身體健康並無大礙，但若命格忌火者仍須注意小毛病，尤其夏天出生者要留心腸胃及消化系統問題，提防心臟及血壓等都市病。春、夏兩季出生者不妨多前往寒冷地方或沿海地區旅遊，以「借地運」方式提升個人氣運。生於土重月份亦要小心脾胃問題，不妨多用藍、綠兩色疏通土過旺之命局。

合日腳之年亦要注意伴侶及女性長輩健康，提防因為家居陷阱而意外受傷，不妨為長輩更換牀墊、沙發等具有個人氣運的物品，並謹記不宜觸動流年五黃（正南）及二黑（西北）病星位置，以免病氣加劇。

36 己亥日

貴人得力 人脈推動循序漸進

【財運方面】

己亥日天干屬土、地支屬水，由於沼澤濕土坐於水上，故除了夏天及土重月份出生者土局較強外，其餘季節出生者均屬弱命，遇上丙午年行大火運頗為有利，得貴人關顧連帶財運亦有提升。

一眾季節之中，以秋、冬出生者最能受惠。金旺的秋天（農曆七月及八月）出生者命格被火強化，做事信心倍增，選擇也較正確。冬天（農曆十月及十一月）出生者原本為財旺身弱，行火運命格得以平衡，收入上漲兼能聚財。春天（農曆正月及二月）出生者亦可有貴人力量支持。不過，夏天（農曆四月及五月）出生者屬火旺土燥，收入相若但開支增多難有儲蓄。土重月份（農曆三月、六月、九月及十二月）出生者雖有貴人運，但賺錢能力相對其他季節出生者弱。

由於馬年貴人助力極大，從商者不妨與較年長的女性合作，透過對方的人脈幫助擴展生意版圖，投資方面亦可多藉女性長輩提供的消息或意見而獲利。不過，由於新一年行思想運而並非直接行財運，故仍需要實事實幹，主動策劃與市場不同的新方向突圍，成績未必會立竿見影，但會獲市場認同而為生意帶來新方向，長遠對財運亦有裨益。

【事業方面】

馬年喜獲女性貴人加持，事業處於上升軌道，尤其若直屬上司是女性，又或同事、客戶以女性為主，新一年將會明顯見優勢，尤其行政管理人員工作最為得力，表現備受認同。雖然職銜及薪酬不屬大幅調整，可幸整體亦屬進步。惟銷售、中介等則發展一般，宜多利用人脈接觸舊有客戶。至於有意轉職者亦可尋求女性長輩或前僱主協助，成功機會較高。

不過，新一年難免有工作壓力，尤其夏天出生者步伐較急進，感覺未有太大發揮空間，不妨多作進修增值，可望循序漸進向上。

【感情方面】

單身一族社交運未算特別暢旺，可幸有女性長輩熱心推動，欲「脫單」者不妨多出席對方安排的相親聚會，看能否結識合眼緣異性而有發展

流月運勢

♥吉 ♡中吉 ♡平 ♥凶

♡	2026年2月4日至3月4日	小人當道、被流言蜚語纏身，建議少管閒事，以免開罪他人甚至成為眾矢之的。關節容易扭傷、摔傷，運動愛好者要特別小心。
♥	2026年3月5日至4月4日	事業處於高光時刻，工作有極大發揮空間，不妨把握好運積極表現自己，可望給予上司留下好印象。
♡	2026年4月5日至5月4日	財運走勢順遂、尤其偏財運將有進帳，投資方面不妨小試牛刀，惟謹記見好即收，以免先盈後虧。
♡	2026年5月5日至6月4日	相沖月份運勢有較多不明變化，時間許可不妨多出門走動或出國旅遊，可望「動中生財」帶旺運勢。
♥	2026年6月5日至7月6日	做事遇上重重障礙、精神壓力較大，可幸只屬先難後易，多作部署即可逐一擊破。手部容易意外受傷，需要慎防廚房、浴室等家居陷阱。
♡	2026年7月7日至8月6日	本月有機會惹上官非，簽署文件、合約前宜聘請專業人士核對條款，以免大意出錯而要對簿公堂。
♥	2026年8月7日至9月6日	貴人助力充足，得對方賞識而事業有新發展機遇，加上學習運順遂，不妨報讀課程進修增值。
♡	2026年9月7日至10月7日	好事多磨、事情與預期有所落差，工作較為多勞少得，需要咬緊牙關迎難而上。財運容易耗損，不宜投資投機。
♡	2026年10月8日至11月6日	財運持續不穩，面對似是而非的投資計劃要三思，若有親友提出借貸請求亦只能量力而為，以免超出能力範圍而令自己陷入財困。
♥	2026年11月7日至12月6日	流月與自己的天干地支完全相同，健康運較受衝擊，尤其需要注意有腸胃或皮膚過敏情況，建議及早尋求專科診治。
♥	2026年12月7日至2027年1月4日	陰霾漸散、整體運勢回升，工作有新突破，個人表現出色，財運亦受帶動而有增長，屬好運加持的月份。
♡	2027年1月5日至2月3日	運勢穩步向前，家庭與事業均有新發展方向，加上個人思路清晰，所作的選擇亦屬正確，不妨把握好運勇往直前。

機會。至於戀情剛萌芽者，關係亦會獲雙方長輩認同而有穩定發展。

至於已婚者與另一半相處亦算融洽，彼此包容體諒。惟馬年始終工作量較大，容易因為壓力而情緒起伏，不妨多抽時間與伴侶出門外遊，既可放鬆身心亦可維繫感情。新一年亦要多留意雙方家族中的女性長輩健康，若有不適應及早陪同求醫，以免小事化大。

【健康方面】

丙午年以秋、冬兩季或黃昏至午夜出生者健康最理想，因「己土」屬沼澤泥土較濕潤，「丙火」為最強太陽之火，得此照耀體魄明顯有改善，連帶情緒亦更樂觀正面。不過，春、夏兩季或午時、巳時出生者則火太旺形成疊加效應，需要提防心臟及血壓毛病。土重月份出生者則要小心腸胃過敏或出門後水土不服，飲食宜清淡，亦要多作體重管理。

另外，馬年需要特別關心家中女性長輩健康，尤其要慎防有小手術或意外受傷，宜為對方家居作小量裝修、維修，例如更換燈泡、加設扶手等，有助化解病氣，亦可提升整體家宅運。

37 庚子日

突破框架 動中生財慎防受傷

【財運方面】

踏入丙午年，因個人日腳「子」與流年地支「午」屬相沖，雖然不是直接沖財運，但運勢難免會起伏較大，加上這種沖日腳有如別人向自己發動攻擊，若原地不動容易受傷，故馬年適宜頻繁往外走動避開衝突，亦可「動中生財」。

「庚子」天干屬金、地支屬水，丙午年行火運原則上能暖和命局，尤其水冷金寒的冬天（農曆十月及十一月）出生者做事最得心應手，心情亦較輕鬆。秋天（農曆七月及八月）出生者命格中的金被火鍛煉，個人鬥志強勁，做事頗為順心。惟生於夏天（農曆四月及五月）則有輕微火過旺情況，工作艱辛及壓力較大，尤其農曆五月出生更甚。春天（農曆正月及二月）出生者有賺錢機會但財來財去，需要多作管理。生於土重月份（農曆三月、六月、九月及十二月）則最受掣肘，思想處於矛盾混沌狀態，做事欠動力，需要調整心態。

整體而言，馬年屬需要親力親為及以新思維突破的年份，無論業務或投資均宜放諸四海，打工一族不妨多爭取出差機會，從商者亦可拓展海外市場。不過，馬年亦容易惹官非，簽署文件、合約前務必謹慎核對，以免因為對簿公堂而破財。

【事業方面】

由於「丙午」是個人事業星，新一年心態積極，可望於職場上大展拳腳，尤其警隊、消防、海關等紀律部隊或於大機構、政府部門任職者最為有利，可發揮領導才能統領下屬，工作表現亦備受認同，將有不俗升遷機會，不妨積極把握。

不過，春、夏兩季出生者工作壓力較大，需要學懂紓緩減壓。沖日腳之年亦宜往外闖，打工一族可多爭取出差機會，從商者亦宜將生意版圖拓展至海外，長遠對事業發展有裨益。有意轉職者可積極籌劃，惟要有心理準備新工作將更為艱辛，需要更賣力應對。

【感情方面】

沖日腳即沖夫妻宮，情侶或已婚者馬年會因為瑣事爭執，需要多溝通及互諒互讓，亦可採取人為的「聚少離多」方式相處，各自專注於

流月運勢

♥吉 ♡中吉 ♡平 ♥凶

♡	2026年2月4日至3月4日	劫財月份財運一得一失，收入有增長但又容易無辜破財，需要量入為出、謹慎理財，慎防入不敷支。
♥	2026年3月5日至4月4日	人際關係複雜，感情亦會出現衝擊，已有伴侶者要堅決抗拒外來誘惑，以免有第三者出現，破壞與伴侶之間的互信關係。
♥	2026年4月5日至5月4日	貴人運順遂，對方會對自己有提拔作用，領導才能得以發揮，不妨積極把握，事業可望更上一層樓。
♡	2026年5月5日至6月4日	事業繼續處於上升軌道，能開闊眼界、接觸不同範疇的新工作，惟壓力稍大，需要學懂勞逸結合。
♡	2026年6月5日至7月6日	「天沖地沖」令運勢變化動盪，加上人事糾紛纏擾，需要做好兩手準備應對。若時間許可不妨出門走動，有助提升氣運。
♥	2026年7月7日至8月6日	人際關係持續倒退，被是非口舌纏身，情緒受困兼有失眠問題，需要以平常心面對，亦可相約朋友聚會緩解壓力。
♥	2026年8月7日至9月6日	事業有新發展機遇，同事之間的合作性高，做事如虎添翼，可望大展拳腳兼交出一份亮麗的成績表。
♥	2026年9月7日至10月7日	暗地漏財的月份，需要注意理財方向，尤其面對陌生的投資計劃不宜輕舉妄動，容易招致損失。
♡	2026年10月8日至11月6日	貴人助力充足，工作才華得以發揮，惟自己較為急進，謹記「欲速則不達」，宜調整步伐重新出發。
♡	2026年11月7日至12月6日	為家宅瑣事或小朋友的管教問題而勞心，加上是非口舌頻繁，建議少管閒事，以免樹敵而遭受攻擊。
♥	2026年12月7日至2027年1月4日	流月與個人天干地支完全相同，若有親友提出借貸請求務必三思，即使答允協助亦要量力而為，慎防遭連累而陷入財困。
♡	2027年1月5日至2月3日	合日腳的月份做事會遇上輕微障礙，可幸眼前困局只屬先難後易，多花時間耐性即可圓滿解決。

事業或興趣發展，「小別勝新婚」反而可減少衝突，讓關係更見穩定。

單身女士可望結識心儀對象，惟對方的年紀會比自己稍輕或年長甚多，若不介意年齡差距者可嘗試開展感情。不過，由於對方的性格亦頗為剛烈強悍，需要多花時間磨合。單身男士的事業心較強，唯有出門後較容易遇上，惟關係較為短暫，需多花時間觀察了解，不宜太快投入感情。

【健康方面】

馬年身體並無大礙，惟「子午沖」代表頭部、手部及腳部容易受傷，尤其腳部首當其衝，運動愛好者要特別留心。春天出生者則要注意喉嚨、氣管及呼吸道毛病，不宜前往人煙稠密的地方。由於相沖年走動頻繁，旅途中容易出現小驚嚇，出發前宜購買旅遊保險，到埗後小心看管個人財物，避免進行高危活動，凡事穩妥則可平安大吉。

另外，馬年事業暢旺但工作壓力龐大，焦慮情緒較會影響睡眠質素，建議多接觸大自然提升正能量。沖夫妻宮亦要多關心伴侶健康，遇有不適宜盡快陪同求醫。

38 辛丑日

吉凶參半 慎選伙伴細節為先

【財運方面】

辛丑日來到丙午年，因天干屬「丙辛合」，而地支則為「丑午害」，運勢複雜需要謹慎應對。首先，相合之年會有新合作機會出現，惟要提防有表面風光之假象，亦要慎防惹上官非，尤其海關、稅局等監管機構的往來文件務必要條理清晰，簽署合約前亦要仔細核對條款細則，以免大意遺漏而惹上官非。至於相害則有陷害及被中傷之意，從商者要小心處理與合作伙伴或前下屬的關係，亦要注意客戶的財政狀況，提防對方賴帳而有無妄之災。

辛丑日天干屬金、地支為濕土，大部分人命格偏寒，尤其生於農曆七月、八月、十月、十一月及十二月者金、水較旺，得流年之火運暖和命局，運勢相對理想。不過，農曆四月及五月的夏天出生者金弱再被火刑剋，難免需要面對龐大壓力，至於農曆正月及二月的春天出生者亦有類似情況，要調節心態應付。

整體而言，馬年既相合又有相害，做事難免會遇上阻礙，從商者宜守住熟悉範疇，不宜輕言開拓新領域。可幸丙午年有「官星」出現，對自己亦有管束作用，自我要求高、做事亦較有規律，只需要多注意營運細節，凡事奉公守法則可安然度過。

【事業方面】

「丙午」是官星即事業星，任職大機構、政府部門或行政管理者將有不俗發展，亦會有不俗升遷機會。惟相合與相害做事會遇上小波折，亦要小心處理人際關係，尤其生於春、夏、冬季弱命者金受刑剋，自己及上司均有極高要求，壓力在所難免，需要以平常心面對。

若打算轉換工作環境者，馬年毋須主動出擊，將會有人邀約加盟，惟要有心理準備新崗位同樣艱辛及要面對挑戰，去或留則要視乎原有公司的條件而定，若發展欠佳則不妨放手一試，若條件尚可則宜留守，以免新工作與期望有所落差。

【感情方面】

單身女士姻緣運頗為暢旺，可望結識有好感的異性，惟能否開花結果仍屬未知數，尤其相害之年雙方長輩或親友會持不同意見或反對

流月運勢

♥吉 ♡中吉 ♡平 ♥凶

♥	2026年2月4日至3月4日	劫財月份財運一得一失，尤其牽涉大額或高風險的投資項目不宜輕舉妄動，容易受連累而招致損失。
♡	2026年3月5日至4月4日	健康運受衝擊，尤其呼吸系統較弱，建議避免前往人煙稠密的地方，以免受感染而打亂日常工作。
♡	2026年4月5日至5月4日	情緒受困擾、容易胡思亂想，但實際運勢並不算差，不妨放假出門外遊，以「借地運」方式帶旺運勢。
♡	2026年5月5日至6月4日	面對陌生的工作感到束手無策，壓力甚為龐大，不妨虛心向前輩請教，對方的意見可望幫助解決問題。
♥	2026年6月5日至7月6日	事業走勢凌厲，職場上有突出表現，惟工作過勞身體容易出現小毛病，需要多爭取休息時間。
♡	2026年7月7日至8月6日	「天沖地沖」的月份做事充滿變數，亦要提防人事糾紛，建議多出門往外走動，可望「動中生財」。
♥	2026年8月7日至9月6日	有是非口舌或官非纏身，簽署文件、合約前務必小心核對，遇有疑問應徵詢專業人士意見，以免誤墮法網。
♥	2026年9月7日至10月7日	桃花運暢旺，個人魅力十足，尤其單身女士有機會邂逅條件不俗的對象，不妨多留意身邊人。
♡	2026年10月8日至11月6日	貴人運順遂，即使做事仍會遇上小波折，可幸只屬先難後易，對方的人脈助力將有助解決問題。
♥	2026年11月7日至12月6日	上司委以重任，可幸個人幹勁十足、才華亦得以發揮，不妨把握機會表現自己，事業可望扶搖直上。
♥	2026年12月7日至2027年1月4日	家宅有漏水、噪音等小問題需要處理，建議盡快聘請專業人士維修，以免小事化大而要破財。
♡	2027年1月5日至2月3日	仍然受家宅瑣事煩擾，可幸外來助力充足，事情亦已漸見曙光，多花時間耐性即可圓滿解決。

聲音，若戀情剛萌芽、關係未算穩定者不宜太快公開，以免被流言蜚語破壞感情。單身男士則不屬桃花年，加上心力多集中在事業發展之上，關係較為原地踏步。

已婚者則容易因為工作忙碌而冷落身邊人，又或將負面情緒發泄於伴侶身上而互相埋怨，需要多溝通忍讓，亦要多抽時間陪伴家人或結伴同遊，以免累積不滿而爆發衝突。

【健康方面】

「辛金」見「丙火」本來就容易有咳嗽問題，新一年要提防鼻敏感、氣管過敏或喉嚨發炎等呼吸道毛病，尤其吸煙者要注意肺部健康。相害之年亦有較多牙痛或神經痛等小問題，慎防事業強勢而有工作壓力，沖日腳則要關心伴侶健康，不妨結伴多做運動，既可減壓亦可強身健體。

新一年亦不宜觸動流年五黃（正南）及二黑（西北）病星位置，最好放置銅葫蘆或銅器重物鎮壓，也可考慮燃點香薰以改善睡眠質素。生於春、夏及冬季命格金較弱，宜多用米、白、啡、黃色及佩戴金飾助運。

39 壬寅日

表面風光　財運動盪實物保值

【財運方面】

丙午年為行財運之年，惟流年與個人天干也出現「丙壬沖」，此相沖正值沖犯偏財星，故雖然馬年不乏賺取機會，但最終能否有盈餘則仍要視乎命格而定。強命者聚財能力較高，弱命者則容易財來財去，需要特別審慎守財。

壬寅日天干屬水、地支屬木，五行循環中水生木，由於「壬水」需要生旺「寅木」，故受先天影響大部分人命格中的水不算強，流年行財運難免有輕微表面風光之象。尤其「丙午」為大偏財運，新一年需要提防有橫發橫破情況出現，財運有進帳但又會無辜破財，當中只有水較旺的秋天（農曆七月及八月）與冬天（農曆十月及十一月）出生者尚能承受，其他出生季節務必要刻意守財，建議多用藍色及波浪圖案物品補助水弱命格，亦可多前往寒冷或沿海地區旅遊助運。

由於馬年的財運起伏較大，從商者容易有「三更窮、五更富」情況，不妨將部分現金化作實物保值，如置業自住、購買黃金或投放於穩健的基金之上，以免有無妄之災而破財。新一年亦要避免讓客戶借貸或賒貨，慎防對方賴帳而招致損失。投資方面則要眼明手快，賺取回報後見好即收，以免出現先盈後虧情況而得不償失。

【事業方面】

馬年財運較事業運理想，若工種以賺取佣金為主，如地產、保險等銷售中介則仍有發展機遇，惟業績起伏較大，需要積穀防饑。至於收取固定薪金的打工一族則未有太大突破，可幸薪酬仍有調整，惟相沖年份要多注意人際關係，尤其管理層要妥善協調上司與下屬，保持和睦則事業發展會較為順心。

另外，大部分人「壬水」較弱，遇上火運難免較為艱辛，工作需要經歷困難，建議春、夏及土重月份出生者可多爭取出差機會，尤其適宜前往寒冷地方，亦可多用米、白或淺藍色助運。

【感情方面】

單身男士有望遇上條件出眾的異性，惟對方會比自己稍為年長，性格亦頗為強悍，而且「丙壬沖」代表離合變化，男士有機會出現短暫情緣，故不宜太快投入感情，以免開展後熱情冷卻，又或有感對方不適合自己而關係快來快

流月運勢

♥吉 ♡中吉 ♡平 ♥凶

♡（中吉）	2026年2月4日至3月4日	有貴人運加持做事如虎添翼，加上學習運順遂，不妨趁一年之始訂下目標，為自己進修增值。
♥（凶）	2026年3月5日至4月4日	人事糾紛不斷、是非口舌纏身，做事會遇上波折，建議本月不宜作任何重要決定，以免有決策錯誤情況。
♡（平）	2026年4月5日至5月4日	劫財月份財來財去，需要量入為出，加上工作壓力龐大，情緒頗受困擾，不妨相約朋友聚會傾訴放鬆心情。
♡（平）	2026年5月5日至6月4日	容易意外受傷的月份，要提防廚房、浴室等家居陷阱，熱愛戶外活動者亦要特別小心，以免樂極生悲。
♡（中吉）	2026年6月5日至7月6日	財運走勢上揚，投資可有輕微收穫。惟管理層要花時間協調下屬，已婚者則會為小朋友瑣事而操心，需要多加耐性處理。
♥（吉）	2026年7月7日至8月6日	天馬行空、想像力澎湃，從事創意工作者可望靈感不絕，惟職場是非口舌較多，需要以平常心面對。
♥（凶）	2026年8月7日至9月6日	「天沖地沖」令運勢起伏不定，時間許可不妨放假出門外遊，否則就要有心理準備經歷波折。
♡（平）	2026年9月7日至10月7日	精神緊張、神經衰弱，容易因為焦慮而引發失眠問題，不妨多做運動或多接觸大自然，放鬆身心。
♡（中吉）	2026年10月8日至11月6日	事業處於上升軌道，工作表現出色兼有升遷運，惟自我要求甚高令壓力極大，需要學習勞逸結合。
♥（吉）	2026年11月7日至12月6日	運勢漸入佳境，外界助力充足，做事亦得心應手，之前遇到的困難阻礙可望一一解決，屬收穫甚豐的月份。
♥（凶）	2026年12月7日至2027年1月4日	健康響起警號，需要提防有輕微血光之災，駕駛人士要奉公守法，時刻注意道路安全，提防輕微汽車碰撞。
♥（吉）	2027年1月5日至2月3日	得強而有力的貴人加持，借助對方的人脈網絡可望拓展新商機，不妨主動爭取，事業可更上一層樓。

去。單身女士亦會有小量桃花運，但始終未算清晰，需要多花時間觀察了解，不宜急進。

已婚者則會因為財政問題而爭執，建議盡量財政獨立，避免因為金錢問題而起衝突。馬年亦有機會為男性長輩健康而有額外開支，夫妻之間需要有商有量，多溝通尋求共識。

【健康方面】

「丙壬沖」屬水火相沖，馬年要注意心臟、血壓等都市病，土重月份（農曆三月、六月、九月及十二月）出生者則要小心膀胱及腎臟問題。由於水的本質適宜流動，除了秋、冬季健康相對理想，其他季節出生者要慎防情緒受困擾或睡眠質素下降，不妨多用米、白、淺藍色及波浪圖案物品，亦可前往寒冷及沿海地區「借地運」。

馬年亦要關心男性長輩健康，容易意外受傷或有小手術，建議以長輩名義贈醫施藥，亦可為對方家居裝修、維修或更換家俬，不妨在踏入馬年之前，先於蛇年年底接受詳細的身體檢查，以求趨吉避凶。

40 癸卯日

富屋窮人　把握機遇謹慎守財

【財運方面】

由於「丙午」是自己的正財星，原則上馬年屬有財運臨門，惟「丙午」過強並非所有命格均能承受，故最終能否聚財，仍要視乎整體命格而定。強命者行財運收入有增長亦易聚財，但弱命者則屬「富屋窮人」，有賺錢機會但實際利益不多，有輕微表面風光。

癸卯日天干屬水、地支屬木，五行循環中水生木，除非於冬天或子時、亥時等午夜出生，否則大部分人先天水局較弱，尤其春、夏兩季及土重月份（農曆正月至六月、農曆九月）出生者更甚，即使行財運也難守財，甚至有入不敷支情況。只有冬天（農曆十月及十一月）出生者財運最理想，既有賺錢機會亦能儲蓄。秋天（農曆七月及八月）出生者次之，有貴人幫扶，財運中規中矩。農曆十二月出生者命格亦稍得平衡，但未算財源廣進。

整體而言，馬年行財運機遇處處，惟務必要懂得把握及小心管理，從商者面對條件優厚的新商機要特別謹慎，提防客戶賴帳或有隱藏細節，宜做好後備方案應對。投資方向則宜以小博大，避免大額出擊。新一年亦有機會因為男性長輩健康而破財，需要積穀防饑，凡事穩妥則仍可平穩向上。

【事業方面】

新一年財星暢旺，打工一族原則上薪酬會有滿意調整，從事保險、地產等銷售中介業績亦會水漲船高，惟謹記要親力親為接觸客戶，不宜抱持僥倖心態。不過，馬年的升遷運則未如理想，收入增加但亦要提防開支眾多，需要量入為出，多作籌劃。

至於打算轉換工作環境者亦有機遇，惟工作較為艱辛，新環境亦容易與期望有所落差，尤其春、夏兩季出生者要花較長時間適應公司文化及人事問題，建議慎重考量，未做好心理準備迎接挑戰者宜留守原有位置較為合適。

【感情方面】

單身男士的桃花運多姿多采，能邂逅條件出眾的異性，尤其冬天出生者更屬機遇處處，亦有機會遇上能開花結果的姻緣，故不妨多留意身邊人，把握機會開展關係。不過，單身女士的感情

流月運勢

♥吉 ♡中吉 ♡平 ♥凶

♡	2026年2月4日至3月4日	有看似條件優厚的新合作機會出現，惟不宜輕舉妄動或被表面的假象蒙蔽，需要多花時間了解實際運作，三思而後行。
♥	2026年3月5日至4月4日	貴人助力充足，透過對方的人脈能為自己拓展商機，做事得心應手，亦可發揮個人才能，不妨把握力爭上游的機會。
♡	2026年4月5日至5月4日	事業運持續向好，惟小人當道、是非口舌纏身，待人處事需要保持低調，以免樹敵而遭受攻擊。
♡	2026年5月5日至6月4日	財運一得一失，正財收入有提升但開支又同樣增加，需要謹慎策劃個人理財方向，量入為出。
♥	2026年6月5日至7月6日	運勢跌入困局，做事勞心勞力、舉步維艱，加上工作壓力極為龐大，感覺較為多勞少得，需要調整心態迎難而上。
♡	2026年7月7日至8月6日	學習運強勁，個人思路清晰，不妨訂下持續進修目標，既可增值自己，亦可為事業奠下良好基石。
♥	2026年8月7日至9月6日	貴人加持財運上揚，對方將會提供有用的意見或小道消息，不妨小試牛刀，可望於投資上獲利。
♥	2026年9月7日至10月7日	「天沖地沖」變化頻繁，若有重要決定宜稍為推遲，以免有決策錯誤情況。時間許可則不妨多出門走外遊，有望帶動運勢。
♡	2026年10月8日至11月6日	「天合地合」運勢繼續反覆不定，做事遇上阻礙，情緒亦較為困擾，建議請朋友或前輩幫忙，問題可迎刃而解。
♥	2026年11月7日至12月6日	運勢逆轉勝，事業有新發展機遇，之前所面對的困難亦可見曙光，財運隨之上揚，不妨積極把握。
♡	2026年12月7日至2027年1月4日	破財月份需要格外謹慎理財，尤其家人、親友有機會需要財政協助，建議量力而為，不宜強出頭。
♥	2027年1月5日至2月3日	獲背景雄厚的貴人支持，事業上會出現一番新景象，不妨把握機會多表現自己，可望扶搖直上。

運較疲弱，容易遇上鏡花水月姻緣，不宜太快投入感情，以免關係快來快去而受情傷。

已婚者與伴侶關係尚算穩定，惟仍會為小朋友管教方式或長輩健康問題而勞心，亦有機會因為財政問題而有小爭執，建議夫妻之間獨立理財，不宜過分牽涉對方家事，遇有分歧時需要多作溝通，互諒互讓尋求共識。

【健康方面】

新一年未有沖合，健康雖無大礙，但春、夏及土重月份出生者「癸水」較弱，需要留心膀胱、腎臟及婦科毛病，不妨多用米、白、淺藍色及佩戴金飾助旺。而「卯」及「午」均為桃花星，馬年會有較多應酬聚會，加上行財運容易心廣體胖，需要控制飲食及盡量作息定時，多作體重管理，提防有三高等都市病。

至於家宅方面則要多關心男性長輩健康，容易意外受傷或有輕微小手術，不妨於蛇年年底帶長輩檢查身體，為對方家居作小量裝修、維修或更換沙發、牀墊等，可望提升家宅運。

41 甲辰日

食神運旺　親力親為技術得財

【財運方面】

丙午年行「食神」運代表以說話、才藝或專業技術得財，若從事設計、咖啡師或銷售中介等職業的人士，馬年將不乏賺錢機會，從商者則要多與客戶保持聯繫，以自身力量換取回報。「甲辰」天干屬木、地支屬土，本身為自坐財星，而流年地支「午火」亦含有小量的土，故馬年原則上是行財運，惟能否成功聚財仍要視乎出生季節而定。春天（農曆正月及二月）出生者木強能生旺火，財運最為理想。土重月份（農曆三月、六月、九月及十二月）出生者收入雖有增加，但始終財旺身弱，需要注意守財。冬天（農曆十月及十一月）出生者有流年之火暖和命局，發展亦算中規中矩。不過，木弱的秋天（農曆七月及八月）出生者賺錢過程將會較為艱辛，回報未必成正比。火旺的夏天（農曆四月及五月）出生者是非口舌頻繁，較為多勞少得。

整體而言，馬年屬需要親力親為、自力更生的年份，從商者宜主動接觸客戶打好關係，投資方面則務必要經過個人分析研究，不能聽信小道消息。惟馬年正財始終較偏財理想，故只宜選擇中長線項目及小額投資，不宜涉獵高風險的投機炒賣，以免無辜破財。

【事業方面】

馬年的事業走向，需要視乎其行業而定。「食神」有利外向性高、以說話或技藝得財的工種，故從事銷售、中介等人士仍可望借助人脈而提升業績，倚靠專業技術得財者亦可有發揮，不妨積極把握。不過，任職大機構或管理層者則要為下屬問題勞心，容易有轉流較快甚至惡奴欺主情況，需要多溝通及親力親為監察，以免對方出錯而受牽連。

另外，雖然馬年不屬有明顯升遷或大幅加薪的年份，可幸能涉獵多個新工作範疇，表現亦備受認同，故不妨視之為學習之年，為未來事業發展打好基礎。

【感情方面】

新一年人緣運暢旺，應酬聚會頻繁，可望交朋結友。不過，馬年始終不屬桃花年，遇上真命天子的機會不高，即使能結識異性亦

流月運勢

♥吉　♡中吉　♡平　♥凶

♡	2026年2月4日至3月4日	人際關係如履薄冰，面對人事紛擾需要冷靜處理，不宜衝動行事。手部容易意外受傷，高危活動可免則免。
♥	2026年3月5日至4月4日	小人當道、流言滿天飛，建議「少説話、多做事」明哲保身，與同事保持邊界感，避免捲入辦公室政治。
♡	2026年4月5日至5月4日	貴人助力充足，對方的人脈網絡可有助發展商機，惟聚會應酬頻繁令身心疲累，需要提防因為飲食過量而有腸胃毛病。
♥	2026年5月5日至6月4日	事業運暢順、工作有發揮空間，上司將會委以重任，不妨積極爭取表現，可望交出一份亮麗的成績表。
♥	2026年6月5日至7月6日	劫財月份財運有耗損，不宜開展任何新投資計劃，容易招致損失。健康出現小毛病，宜多爭取作息時間。
♡	2026年7月7日至8月6日	財運一得一失，正財收入有提升但又會無辜漏財，需要量入為出、謹慎理財，以免入不敷支。
♡	2026年8月7日至9月6日	有新合作機會臨門，惟下決定前務必要仔細思量及多了解細節，亦要驗證訊息的真偽，慎防被假象蒙蔽而有損失。
♡	2026年9月7日至10月7日	做事遇上重重障礙、較為意興闌珊，需要做好兩手準備應對。可幸眼前困境亦只屬先難後易，多加耐性最終仍可圓滿解決。
♡	2026年10月8日至11月6日	相沖月份有較多人事糾紛，討論時要保持理性及心平氣和，不宜意氣用事。財運走勢不俗，建議多出門外遊「動中生財」。
♡	2026年11月7日至12月6日	工作量龐大、精神壓力沉重，影響睡眠質素，不妨多外遊或接觸大自然，以正能量修補負面情緒。
♡	2026年12月7日至2027年1月4日	事業出現被動變化，有機會是上司或崗位調動，可幸整體走勢仍屬向好，只要調整心態適應即可。
♥	2027年1月5日至2月3日	好運加持的月份，事業有明顯進步，工作表現亦會備受認同，財運隨之有進帳，不妨把握力爭上游的機會。

只屬追追逐逐的感情，較難開花結果。建議先擴闊社交圈子，毋須操之過急。

情侶之間的相處尚算融洽，惟偶爾仍會為日常瑣事而爭執，需要互諒互讓，亦可多培養共同興趣或結伴外遊維繫感情。已婚者則會為小朋友的管教方式而鬧意見，建議夫妻之間盡量各司其職，多溝通尋求共識，亦要花時間了解子女的想法，保持開明態度則可促進家庭和睦。

【健康方面】

馬年行「食神」運顧名思義代表飲食應酬，需要提防腸胃超出負荷或有心廣體胖情況，謹記凡事適可而止，恆常運動及作息定時。嗜杯中物者則要注意肝臟健康，尤其木弱的秋天出生者最要留心，以免因為飲食過量而引發都市病。

已婚者則會為小朋友問題而勞心，尤其若子女正值反叛期，更需要多溝通及關顧其情緒，亦要慎防有意外受傷情況，不宜進行高危的戶外活動，注意廚房、浴室等家居陷阱，避免觸動家中五黃（正南）及二黑（西北）的流年病星位置，凡事穩妥則可保家宅平安。

42 乙巳日

擺脫伏吟　重整旗鼓步向平穩

【財運方面】

經歷了六十年一次的「伏吟」之年，來到馬年原則上運勢將會較為穩定，尤其蛇年曾有結婚、添丁、置業或創業沖喜者，新一年可望延續喜慶運勢；即使蛇年已經歷離合變化，馬年亦會步向平穩，不妨調整步伐重新出發。

不過，「乙巳」天干屬木、地支屬火，「丙午」則為大火之年，故運勢走向仍要視乎出生季節而定。冬天（農曆十月及十一月）、尤其午夜出生者得流年之火暖和命局財運最為理想，做事亦得心應手。木旺的春天（農曆正月及二月）出生者有火之助財運不過不失。土重月份（農曆三月、六月、九月及十二月）出生者能借助貴人力量賺取收入，尤其農曆九月及十二月較佳。不過，木弱的夏、秋（農曆四月、五月及農曆七月、八月）兩季則未見起色，付出與收穫難相稱，較為多勞少得。

總括而言，馬年行「傷官」代表靠自身才智得財，從商者要劍走偏鋒、籌劃新市場策略始能突圍，又或借助個人名氣提升業績，故不妨建立鮮明的品牌形象。投資方面亦要獨具慧眼選擇較冷門但具潛力的項目，並採取以小博大的方式進行較有機會獲利。

【事業方面】

行「傷官」運代表以說話、名氣或才藝得財，從事編劇、廣告、設計、自媒體等可望一展所長，較容易獲得關注及成名；任職前線銷售、中介等自由職業或以口得財者亦能得到新舊客戶支持，業績有望提升。

不過，「傷官」亦會影響規律，任職大機構或政府部門等工作較為穩定者，事業發展較多掣肘，人際關係複雜，容易因為言語誤會而激起千重浪，需要謹言慎行。若事業未有太大突破，不妨把握學習運多進修，亦可涉獵不同興趣範疇，對未來事業發展可有裨益。

【感情方面】

不少人於「伏吟」之年已經歷了感情變化，若蛇年已成家立室、馬年將可延續好運，有添丁打算者不妨落實執行，可望夢想成真。至於蛇年已分手的、馬年亦可重新出發，有望結交不

流月運勢

♥吉 ♡中吉 ♡平 ♥凶

♡	2026年2月4日至3月4日	精神緊張、神經衰弱，容易引發失眠問題，不妨多接觸大自然吸收正能量。關節有機會扭傷、摔傷，熱愛運動者要特別小心。
♡	2026年3月5日至4月4日	財運走勢上揚，正財收入有進帳，不妨購買心頭好獎勵自己。惟職場上有人事糾紛，謹記言多必失，需要保持低調。
♥	2026年4月5日至5月4日	貴人助力充足，可望獲對方支持而做事如虎添翼，財運亦會逐漸向好，不妨把握好運勇往直前。
♡	2026年5月5日至6月4日	工作有發揮機會，可於職場上大展拳腳，表現亦會備受認同。惟容易意外受傷，工作需要接觸機械者要時刻提高警覺。
♥	2026年6月5日至7月6日	小人當道、是非口舌纏身，謹記「不招人妒是庸才」，以平常心面對即可。本月有破財機會，不宜投資投機。
♡	2026年7月7日至8月6日	財運起伏不定，收入有輕微進帳，但又容易因為投資失誤而破財，較為財來財去，需要量入為出。
♥	2026年8月7日至9月6日	做事一波三折、處處碰壁，感覺較為意興闌珊，遇上瓶頸位不妨虛心向前輩請教，並做好兩手準備應對。
♡	2026年9月7日至10月7日	有新合作機會臨門，惟投資額較為龐大，要慎防有資金不足問題，建議三思後行，不宜輕舉妄動。
♥	2026年10月8日至11月6日	財運走勢理想，尤其投資方面可望憑個人眼光賺取回報，惟只宜小額下注，亦要謹記見好即收。
♡	2026年11月7日至12月6日	相沖月份宜多往外走動，可望「動中生財」帶旺運勢。惟出門後要注意道路安全，提防輕微汽車碰撞。
♥	2026年12月7日至2027年1月4日	焦慮不安、個人較為意志消沉，精神狀態一般，若需要簽署文件、合約務必要小心核對，以免大意出錯而惹官非。
♡	2027年1月5日至2月3日	有較多家宅小問題需要處理，與身邊人亦會因此而意見分歧，需要冷靜溝通尋求共識，亦要多關心長者健康。

同領域的新朋友，即使當下未必能即時發展成情侶，但彼此溝通融洽，不妨循序漸進，靜待緣份成熟。不過，馬年亦要慎防朋友圈中較多是非爭執，需要以和為貴。

為人父母則會為小朋友之事而勞心，尤其容易因為管教方式不同而意見分歧，建議夫妻二人盡量分工清晰，亦要多花時間溝通，包容忍讓避免衝突。

【健康方面】

擺脫了蛇年的「伏吟」，馬年身體健康有進步，整體穩定性亦較高。而且新一年家宅容易有喜，若去年已婚、今年成功懷孕者，謹記按照傳統，待懷胎三個月始向外公布喜訊，保持低調以免好事多磨。

不過，大火之年難免有金、水不足問題，需要提防呼吸道及肺部毛病，若本身有氣管過敏或鼻敏感者要特別小心，夏天出生者亦要注意心臟及血壓方面的都市病。另外，由於馬年外向性高、玩樂應酬頻繁，需要學懂選擇及分配時間，避免因為吃喝玩樂而疲於奔命，影響作息時間而拖垮健康。

43 丙午日

伏吟之年 主動破財健康是福

【財運方面】

丙午年的天干地支與自己出生日柱完全相同，此為六十年一次的「伏吟」之年，運勢難免會有較大起伏。若馬年有結婚、添丁、置業或創業計劃，則可將其負面力量減到最低，否則就要做好準備迎接挑戰。

「丙午」天干屬火、地支以火為主含小量的土，命格本來已較為傾側，加上流年天干「丙火」通根至個人地支「午火」，個人天干又遇上流年地支「午火」，多重的疊加效應令火旺無制，尤其春、夏（農曆正月、二月及農曆四月、五月）兩季或再於火年、巳時或午時出生者命格最為失衡，財運難有優勢。土重月份及秋天（農曆三月、六月、九月、十二月及農曆七月、八月）出生者屬中規中矩，只有生於冬天（農曆十月及十一月）者受影響相對輕微。

另外，流年遇上同類型運勢屬「劫財」，故馬年務必要謹慎理財，不宜涉獵高風險的投資炒賣，對物業市場持樂觀態度者可置業自住，或將資金投放於實物資產及中長線項目之上，減持現金流避免破財。馬年亦可採取「讓運」心態稍為躺平，不宜大興土木。惟馬年亦要慎防意外受傷，建議於蛇年年底檢查身體，主動購買醫療保險，破財擋災提升運勢。

【事業方面】

丙午日出生者本身的個性較為急進，再行火運令情況加劇，事業欲爭取表現但競爭激烈，容易失去耐性甚至萌生轉換跑道或創業念頭。其實「伏吟」之年有變化屬平常事，惟落實前務必要審時度勢，慎防有突如其來的變數。若決心作出改變亦可以小博大或選擇投放人力資源，避免大額投資。

有轉職打算者則不宜抱有太大期望，較為多勞少得，建議視馬年為鍛煉之年，留守原有崗位多爭取出差機會，尤其夏天出生者可前往寒冷地方「借地運」。惟出門後要注意人身安全，凡事穩妥則可保平安。

【感情方面】

「伏吟」之年關係容易生變，情侶若未有結婚打算的屬「關口年」，需要慎防有第三者乘虛而入或有爭奪之象，又或一言不合而跌入分手運，建議採取人為的「聚少離多」方式相處，減

流月運勢

♥吉　♡中吉　♡平　♥凶

♡	2026年2月4日至3月4日	有輕微幸運之財，鍾情賽馬活動或麻將耍樂者不妨小注怡情。惟本月容易胡思亂想，建議相約朋友聚會傾訴解開心結。
♡	2026年3月5日至4月4日	得貴人扶持做事得心應手，惟健康較為疲弱，尤其呼吸道容易出現小毛病，不宜前往人煙稠密的地方，以免受感染。
♥	2026年4月5日至5月4日	「丙壬沖」影響人際關係，容易因為瑣事而有口舌之爭，建議「少說話、多做事」，避免捲入是非漩渦。
♡	2026年5月5日至6月4日	火旺的月份身體健康受衝擊，加上情緒急進暴躁，需要多控制情商，尤其本身有血壓問題者更要特別小心。
♡	2026年6月5日至7月6日	全年火最旺的月份不宜留守，不妨爭取出差機會或放假出門外遊，建議前往寒冷地方「借地運」，有望帶旺運勢。
♥	2026年7月7日至8月6日	日腳相合做事會遇上重重障礙，表面看似順遂但最終有機會功敗垂成，需要做好準備迎難而上。
♡	2026年8月7日至9月6日	財運走勢上揚、可望有一筆額外收入，惟始終較為財來財去，不宜胡亂揮霍，需要謹慎理財。
♥	2026年9月7日至10月7日	財運持續有進步，做事如魚得水，之前遇到的困難阻礙可望一一拆解，不妨把握好運勇往直前。
♥	2026年10月8日至11月6日	個人才華得以發揮，關注度高及容易受人賞識，若工作需要倚靠名氣者更有機會於行內闖出名堂，不妨把握機會爭取表現。
♡	2026年11月7日至12月6日	事業處於上升軌道，做事能得助力而水到渠成，之前付出的努力亦會漸見成果，屬收穫甚豐的月份。
♥	2026年12月7日至2027年1月4日	沖日腳令運勢起伏不定，工作容易出現變化，若想主動作出改變宜謹慎保守，慎防有突如其來的變數。
♡	2027年1月5日至2月3日	身體健康響起警號，要慎防工作壓力而拖垮健康，需要調整心態、放鬆身心，亦可多做運動及多接觸大自然減壓。

少見面可避免衝突。已婚者則容易有喜，惟成功懷孕後必須依照傳統，待三個月後始向外公佈喜訊，亦要多控制情商及收斂脾氣，避免將負面情緒發泄於另一半身上。

單身一族則不屬桃花暢旺之年，雖然社交運不俗，可望有出門走動及交朋結友機會，惟始終較難遇上合眼緣對象開花結果，關係較為原地踏步。

【健康方面】

丙午日命格火旺，流年再行火運形成疊加效應，需要提防頭部、手部、腳部意外受傷留疤，春、夏兩季出生者則要注意心臟及血壓毛病，建議大量使用米、白、淺藍色及多前往寒冷地方「借地運」。土重月份及秋天出生者亦宜多用淺色及避免使用紅色，以免進一步催旺火運。

既然健康受沖，蛇年年底宜檢查身體、馬年之始可捐血及洗牙，購買醫療及旅遊保險，避免觸動五黃（正南）及二黑（西北）的流年病星位置，以免病氣加劇。馬年亦要多關心長輩健康，不妨為對方家居進行裝修、維修，做足準備則可平安大吉。

44 丁未日

日腳相合 及早部署迎接伏吟

【財運方面】

流年地支「午」與個人日腳「未」屬相合，馬年運勢會有較多變化，當中約七成人走勢向好，但亦有三成人發展一般，需要視乎命格而定。合日腳之年將有新合作機會，惟之後的羊年為天干地支完全相同的「伏吟」之年，部分人會提早入運，故除非有結婚、添丁、置業或創業沖喜則可減低衝擊，否則就要及早部署。

丁未日天干屬火、地支則為火、土，「丁火」為蠟燭之火本身並不算強，行火運以冬天（農曆十月及十一月）出生者最入運，尤其於下午至午夜出生者做事可得心應手。秋天（農曆七月及八月）出生者有火調和亦可有得着。土重月份（農曆三月、六月、九月及十二月）出生者命格稍為平衡，惟難免仍有是非及多勞少得。不過，春、夏（農曆正月、二月及農曆三月、四月）兩季本身已屬木、火旺，遇上大火年則難有優勢。

另外，羊年始終為六十年一次的「伏吟」之年，運勢難免起伏，建議於馬年年底檢查身體，多關心長輩健康。投資方向務必保守，尤其牽涉跨年的項目要先行結算，以免踏入羊年出現急速變化，切記凡事謹慎則「伏吟」來臨亦可安然度過。

【事業方面】

合日腳之年做事難免會有阻礙，有機會出現崗位或工作位置調動，管理層則要應付下屬轉流較快、難以控制等問題。而合日腳的影響不一，部分人能得貴人助力而擴大工作範疇，但亦有一部分人需要面對激烈競爭，職銜及薪酬加幅未似預期，感覺較為艱辛。

由於馬年的事業運未算有太大突破，部分人會萌生轉職念頭，惟之後的羊年屬「伏吟」之年，事業勢必會較為動盪，故決定前務必要考慮周詳，以免新公司有變卦而令自己進退失據，又或新工作與期望有所落差，令自己更難適應。

【感情方面】

馬年為合太歲、之後的羊年則為「伏吟」，關係上需要尋求突破，情侶若有結婚打算不妨於馬年籌劃及羊年執行，可望應驗變

流月運勢

♥吉　♡中吉　♡平　♥凶

♥（吉）	2026年2月4日至3月4日	貴人運順遂，透過對方的人脈網絡可望拓展新商機，財運亦會因此而水漲船高，不妨把握機會。
♡（中吉）	2026年3月5日至4月4日	有輕微偏財運進帳，可望於風高浪急的投資市場上賺取回報，惟謹記要見好即收，以免先盈後虧。
♡（平）	2026年4月5日至5月4日	焦慮不安、精神難以集中，影響睡眠質素及工作表現，建議多做運動及多郊遊，以大自然的能量紓緩減壓。
♥（凶）	2026年5月5日至6月4日	相沖月份人事爭執不斷，遇有意見分歧時需要心平氣和討論，避免衝動行事。本月眼睛有小毛病，要提防視力衰退或敏感問題。
♥（凶）	2026年6月5日至7月6日	做事遇上障礙、容易節外生枝，表面看似順遂但過程中又會出現變數，需要做好兩手準備迎接挑戰。
♡（平）	2026年7月7日至8月6日	情緒低落、精神欠佳，工作上提不起勁，建議相約朋友聚會傾訴，亦可安排假期出門外遊緩解壓力。
♡（中吉）	2026年8月7日至9月6日	財運一得一失，收入有進帳，但又會有突如其來的開支而漏財，需要做好財務管理，以免入不敷支。
♡（平）	2026年9月7日至10月7日	破財月份財運易耗損，面對似是而非的投資計劃需要三思，不宜輕舉妄動。人際關係倒退，建議「少說話、多做事」保持低調。
♡（中吉）	2026年10月8日至11月6日	小人當道、是非口舌纏身，面對流言毋須太在意，以平常心面對即可。本月學習運順遂，不妨報讀課程進修增值。
♥（吉）	2026年11月7日至12月6日	整體運勢上揚，得貴人扶持而事業有新發展空間，可望於職場上大展拳腳，不妨把握好運積極向前。
♡（平）	2026年12月7日至2027年1月4日	人際關係出現小誤會，溝通時需要注意個人言辭，亦要辨識訊息的真偽，以免被假象蒙蔽而受騙。
♡（平）	2027年1月5日至2月3日	相沖月份有較多家宅瑣事需要煩心，宜多花時間耐性處理，亦要做好部署迎接「伏吟」來臨。

化。惟未有計劃者要慎防「關口年」跌入分手運，需要認真考慮去向。已婚者則要堅決抗拒外來誘惑，慎防有第三者衝擊而影響感情，建議與另一半多相處溝通，亦要多關心伴侶健康，不妨於馬年年底結伴檢查身體保平安。

單身一族容易有短暫情緣，惟關係較為曇花一現，結識有好感的異性後需要多花時間觀察了解，不宜太快投入感情，以免為情所傷。

【健康方面】

丙午年屬大火之年，春、夏兩季出生者健康相對有較多小毛病，需要注意心臟、血壓及腸胃問題，尤其合日腳之年飯局應酬頻繁，土重月份出生者最需要小心飲食，慎防有消化不良或腸胃炎情況。

另外，由於羊年為「伏吟」衝擊較大，需要多關心自己及家人健康，建議於馬年年底預約詳細的身體檢查，多作體重管理。若馬年未有沖喜計劃者，可考慮於年底為家居進行裝修、維修，或更換貼身家俬如沙發、牀褥等，有助提升氣運，謹記凡事謹慎、多作部署則可平安大吉。

45 戊申日

貴人得力 積極學習調整情緒

【財運方面】

五行循環中以火生土，故流年天干「丙火」能生旺自己的「戊土」，原則上有助旺作用，惟是否有得着則仍要視乎命格中的「戊土」孰強孰弱而定。

「戊土」為高山泥土自身力量不算強，再坐在地支「申金」之上，故大部分人的「戊土」偏弱，流年行火運反而能強化命格，金旺土弱的秋天（農曆七月及八月）出生者將最為入運。冬天（農曆十月及十一月）、尤其午夜出生者有火暖和命局走勢亦屬向好。生於春天（農曆正月及二月）則土較單薄，有火之助運勢亦有進步。土重月份（農曆三月、六月、九月及十二月）出生者算是中規中矩，受惠程度較其他出生季節輕微。不過，生於夏天（農曆四月及五月）本來已屬火旺土燥，再行火運為劫財難有優勢。

整體而言，大部分人馬年思維清晰、可得貴人力量，雖然回報未必立竿見影，但擴闊人脈長遠對運勢亦有幫助。惟個人焦慮較多，壓力在所難免。投資方面亦有長輩提供消息，但只宜小額投資，不宜涉獵高風險投機炒賣。新一年亦有機會因為長輩健康而花費，可幸仍有貴人扶持，謹記善用人脈資源，則馬年仍屬緩慢向上之年。

【事業方面】

馬年的長輩貴人運順遂，打工一族若直屬上司是較年長的女性，對方將會有提拔作用，尤其從事行政管理、研究或分析等工作可有理想發展。從商者若經營以女性顧客為主的業務，業績亦有望提升。

不過，新一年不屬有大幅薪酬調整或職銜升遷的年份，加上下屬運疲弱，「偏印」又會影響思想，故容易有瞻前顧後、杞人憂天情況，要學懂紓緩減壓。可幸馬年有利學習，不妨向專業進修之路進發。至於前線銷售、中介等雖然有貴人支持，惟個人外向性不足，需要親力親為多主動接觸客戶。

【感情方面】

受貴人運帶動，馬年將會有女性長輩熱心作介紹引薦，單身一族不妨多出席對方安排的相親活動，可望結識有好感的異性，繼而循序漸進發展。

流月運勢

♥吉 ♡中吉 ♡平 ♥凶

♡	2026年2月4日至3月4日	驛馬月份宜多往外走動，惟出門後需要注意安全，尤其腰、膝關節有機會扭傷、摔傷，需要特別小心。
♡	2026年3月5日至4月4日	事業有新發展空間，惟面對陌生工作範疇壓力較大，不妨虛心向前輩請教，對方的經驗可幫助自己解決問題。
♥	2026年4月5日至5月4日	運勢順遂、做事如虎添翼，工作表現亦會備受賞識，連帶財運也有正面增長，不妨購買心頭好獎勵自己。
♥	2026年5月5日至6月4日	「天合地合」做事一波三折，面對困境有力不從心之感，建議本月不宜作任何重要決定，亦可出門「借地運」提升運勢。
♡	2026年6月5日至7月6日	容易惹是非甚至有官非纏身，可幸有貴人之助，若簽署文件、合約前不妨向專業人士請教，以免誤墮法網。
♥	2026年7月7日至8月6日	事業走勢向好，能於職場上大展拳腳，成績有目共睹，不妨把握機會表現自己，有望更上一層樓。
♡	2026年8月7日至9月6日	健康較為疲弱，容易因為休息不足而有傷風、感冒等小毛病，亦要注意飲食，小心病從口入。
♡	2026年9月7日至10月7日	有新合作機會出現，若評估風險後牽涉的投資金額不高則不妨一試，可望以小博大賺取合理回報。
♥	2026年10月8日至11月6日	事業走勢上揚，領導才能得以發揮，能於工作項目上發揮個人所長，表現亦會受上司賞識，不妨加把勁奮力向前。
♡	2026年11月7日至12月6日	正財收入有提升，惟亦會有家人、親友提出財務借貸請求，建議量力而為，以免超出能力範圍而導致財困。
♡	2026年12月7日至2027年1月4日	已婚者會為小朋友的健康或情緒問題而煩惱，管理階層則會為下屬工作態度問題而勞心，需要多加溝通尋求共識。
♥	2027年1月5日至2月3日	運勢漸入佳境，事業穩步向前，可望於職場發揮領導力，帶領下屬做出好成績，連帶收入亦有提升。

不過，情侶關係則較為原地踏步，亦會因為個人顧慮太多、擔心對方是否適合自己或能否作長遠發展等，需要調節心態。由於貴人力量強大，戀情剛萌芽者要提防因為女性長輩的意見而帶來壓力，關係未穩定者不宜太早公開戀情。已婚者亦要慎防女性長輩或婆媳關係影響夫妻感情，需要多作橋樑溝通，以免惹誤會而生嫌隙。

【健康方面】

得流年之火生旺「戊土」，大部分人健康運均有進步，尤其春、秋及冬季出生者體魄明顯有改善，土重月份出生者亦算平穩，只有生於夏天因為火、土過旺，需要留意心臟、血壓及腸胃方面的都市病。

不過，「偏印」屬思想星，馬年容易有擔心焦慮情緒，加上工作壓力龐大，需要學懂紓緩減壓，亦要盡量作息定時，多做運動、接觸大自然或前往能量正面的地方，避免前往夜店、賭場等能量混雜之地。丙午年的女性長輩健康一般，不妨為對方家居作小量裝修、維修，有助提升家宅運。

46 己酉日

長輩運強　助力充足穩健向前

【財運方面】

己酉日天干屬土、地支屬金，「己土」為沼澤泥土力量較弱，而五行循環中以火生土，故流年行火運能強化命格，加上貴人運順遂，從商者可借助人脈資源而得財，銷售中介等亦能得客戶支持而業績上升，投資方面亦有機會得貴人資訊而獲利。而「印星」是思想之星，馬年邏輯思維較強，從事科研、學術性或顧問等工作的人士亦能有不俗發展。

一眾季節之中，以冬天（農曆十月及十一月）出生者的「己土」最為薄弱，有火照耀做事得心應手。秋天（農曆七月及八月）出生者行火運命格亦能得平衡，不妨把握新合作機會。土重月份（農曆三月、六月、九月及十二月）出生者行火運則略嫌土過盛，財運有進帳但較為財來財去。木旺的春天（農曆正月及二月）出生者既剋土亦能生火，情緒樂觀做事亦較積極。不過，夏天（農曆四月及五月）出生者行火運則屬劫財，財運未有太大增長，個人亦容易焦慮。

總括而言，馬年屬以人為本的年份，若能善用人脈優勢、尤其女性長輩助力則仍有賺錢機會，惟部分季節出生者需要較為刻意守財，可幸整體仍算進步，不妨把握助力奮發向前。

【事業方面】

得貴人扶持事業穩步向前，打工一族容易受老闆青睞，尤其可受女性上司器重，不妨積極爭取表現。前線銷售或從商者若業務以女性顧客為主，馬年的客戶支持度充足，有望提升業績。加上新一年個人邏輯思維及分析力強，從事科研、顧問、導師等亦有不俗發展，惟任職管理層的人士下屬運疲弱，需要多花時間溝通。

不過，新一年未有明顯升遷運，但亦不屬轉職的好時機，建議謹守原有崗位，善用人脈關係擴大資源網絡，並把握學習運多進修，則整體仍屬平步青雲之年。

【感情方面】

丙午年的桃花較為黯淡，加上受「印星」影響個人較為多思多慮，即使遇上有好感的異性仍會有猶豫不決、庸人自擾情況，思前想後令關係

流月運勢

♥吉 ♡中吉 ♡平 ♥凶

♥	2026年2月4日至3月4日	事業順遂、能於職場上一展所長，上司委派的工作項目能超額完成，不妨把握機會表現自己，可望走出一條光明大道。
♡	2026年3月5日至4月4日	相沖月份較多問題需要處理，已婚者會為子女的健康或情緒問題而操心，管理層則要多監察下屬工作，慎防對方大意出錯而遭牽連。
♡	2026年4月5日至5月4日	有出門外遊機會，惟旅途中要注意安全，提防有行李延誤或水土不服情況，出發前宜購買旅遊保險，亦可帶備平安藥以策萬全。
♥	2026年5月5日至6月4日	貴人力量充足，對方將會提供投資市場上的小道消息，若風險不高不妨小試牛刀，可望輕微獲利。
♥	2026年6月5日至7月6日	工作量龐大、壓力極為沉重，容易因為焦慮而引發失眠問題，時間許可不妨出門外遊，可望「借地運」提升運勢。
♡	2026年7月7日至8月6日	事業仍要面對一定壓力，可幸工作項目已漸上軌道，之前的麻煩阻礙亦有曙光，惟財運仍有輕微耗損，需要謹慎理財。
♥	2026年8月7日至9月6日	做事會遇上波折，表面看似順遂，但過程中又會出現暗湧，凡事不宜急進，需要做好準備應付突如其來的變數。
♡	2026年9月7日至10月7日	身體健康及家宅運均受衝擊，容易意外受傷，不宜進行高危的戶外活動。本月亦要多關心女性長輩健康，若有不適應盡快求醫。
♡	2026年10月8日至11月6日	財運容易有損耗，若家人親友提出財務借貸請求只能量力而為，以免超出能力範圍而陷入財困。
♡	2026年11月7日至12月6日	正財收入有進帳，打工一族有機會獲得年終酬金，從商者亦可望收回被拖欠的帳目，不妨購買心頭好獎勵自己。
♡	2026年12月7日至2027年1月4日	桃花破財的月份，與新相識的異性不宜有太多金錢轇轕，亦要避免合作投資，以免因財失義而反目收場。
♥	2027年1月5日至2月3日	運勢轉趨平穩，事業有新發展機會，財運亦隨之上揚，投資方面不妨以小博大，可望賺取回報。

難以跨進一步。若渴望「脱單」者不妨請女性長輩作介紹引薦，成功機會較高，惟馬年始終不屬桃花年，進展較為緩慢，需要多花時間相處了解，不宜期望太高。

已婚者與另一半相處尚算融洽，惟周遭的長輩意見紛紜，要慎防人多口雜而令夫妻之間起衝突，亦有機會因為家宅瑣事而有輕微爭執，可幸二人能坦誠相向，多溝通尋求共識即可。

【健康方面】

命理中的五行與中醫理論相似，均以平衡及中庸為佳，而「己土」本身為沼澤泥土較為薄弱，五行循環中則以火生土，故「己土」遇上「丙火」命格會受強化，尤其己酉日出生者本身較容易有過敏體質，踏入馬年身體健康將有進步，傷風、感冒等毛病亦會明顯減少。

不過，「印星」屬思想之星，新一年容易有焦慮情緒，較為影響睡眠質素，生於夏天者情況更甚，需要調節心態面對，亦可多做運動或多接觸大自然減壓。馬年亦要多關心女性長輩健康，不妨為對方裝修、維修家居，或更換牀墊、椅子等貼身家具以提升氣運。

47 庚戌日

機遇處處　吉中藏凶逆境突圍

【財運方面】

流年地支與個人日腳「午戌合」，合日腳之年會有新合作機會，惟亦有較多困難阻礙，表面順遂但過程中又有波折，故不宜被表象蒙蔽，需要多花時間觀察了解，提防吉中藏凶。

「庚戌」天干屬金、地支屬土而有火的餘氣，流年行火運金受剋，賺錢過程會較為艱辛，可幸個人鬥志堅定，從商者若能親力親為、以具前瞻性的策略則可於市場上突圍。一眾季節之中，金旺的秋天（農曆七月及八月）出生者最需要以火作鍛煉，故財運最有得着，其次是冬天（農曆十月及十一月）出生者有火暖和命局，財運亦算理想。不過，其他季節出生者付出與回報難成正比，尤其春、夏（農曆正月、二月及農曆四月及五月）壓力龐大，土重月份（農曆三月、六月、九月及十二月）出生者亦受掣肘難有發揮。

整體而言，丙午年只有秋、冬兩季較為順心，其他出生季節則處於被動狀態，建議多使用米、白色及佩戴金飾助運。投資方面則要憑一己之力分析研究，不宜聽信小道消息，不妨選擇較偏鋒但具有潛力的項目，惟由於馬年不是行財運，故只能以小博大，大額或高風險投機可免則免。

【事業方面】

事業發展機遇處處，尤其警隊、消防、海關等武職或於大機構工作者，可望發揮領導才能，若有升遷考核不妨主動爭取，能獲取優異成績而有晉升機會。不過，馬年始終不是行財運之年，薪酬未必有大幅調整，加上工作壓力龐大，尤其生於夏天最為艱辛，需要調整心態，建議視之為播種之年，把握機會為事業奠下基礎。

另外，行「七殺」運個人較為獨行獨斷，需要小心處理人際關係，待人處事宜保持謙虛，以免遭受攻擊。馬年亦不屬宜轉動的年份，留守原有崗位默默耕耘較為合適。

【感情方面】

單身女士的姻緣運暢旺，有機會結識條件優秀的異性，惟對象將會比自己稍為年輕或年長八至十歲，若不介意年齡差距者不妨嘗試發展。不

流月運勢

♥吉 ♡中吉 ♡平 ♥凶

♡	2026年2月4日至3月4日	財來財去、暗地漏財的月份，收入有進帳但又會有額外開支，需要量入為出，多作財務管理。
♥	2026年3月5日至4月4日	做事一波三折、困難重重，亦會有無辜破財機會，面對看似穩健的投資項目不宜輕舉妄動，容易招致損失。
♡	2026年4月5日至5月4日	相沖月份宜動不宜靜，不妨放假出門外遊，有望「動中生財」。惟人際關係四面受敵，需要謹言慎行，以免遭受攻擊。
♡	2026年5月5日至6月4日	事業運有進步，可望被上司賞識而有升遷機會，惟工作量龐大、精神壓力沉重，需要學習紓緩減壓。
♡	2026年6月5日至7月6日	人事不和、容易因為意見分歧而發生摩擦，討論時需要保持心平氣和，以免意氣用事而令關係陷入僵局。
♥	2026年7月7日至8月6日	情緒低落、焦慮不安，精神難以集中，時間許可不妨安排出門短線旅遊，既可散心亦可帶旺運勢。
♡	2026年8月7日至9月6日	做事能得助力而水到渠成，惟投資方面容易接收到虛假的小道消息，需要三思後行，以免招致損失。
♡	2026年9月7日至10月7日	運勢起飛、事業扶搖直上，之前遇到的困難阻礙將會有新解決方案，多加耐性即可取得圓滿結果。
♡	2026年10月8日至11月6日	才華得以發揮，領導才能會備受賞識，惟應酬飯局頻繁，要提防因為飲食過量而令腸胃超出負荷。
♡	2026年11月7日至12月6日	為人父母會為子女的管教問題而勞心，需要持開明態度，多花時間溝通及了解對方的想法。本月要注意理財方向，容易入不敷支。
♥	2026年12月7日至2027年1月4日	小人當道、流言滿天飛，建議「少說話、多做事」保持低調，以免鋒芒太露而招妒忌或遭惡意中傷。
♡	2027年1月5日至2月3日	家人、親友將會有事相求，惟不宜過分介入，尤其牽涉金錢交易更要量力而為，以免超出能力範圍而陷入財困。

過，由於對方的個性較為剛烈，雙方需要時間相處磨合，故不宜太快投入感情。

單身男士則忙於為事業打拚，未有閒暇談情說愛，關係難有突破。蜜運中的情侶或已婚者則要慎防生活或工作壓力而冷落另一半，需要學懂分配時間，避免將負面情緒發泄於伴侶身上，建議適量安排獨處時光沉澱身心，以免因為瑣事爭執而影響感情。

【健康方面】

丙午年的事業處於衝刺期，面對新挑戰需要刻苦耐勞，容易因此而有壓力，影響睡眠質素，需要調節心態、盡量作息定時，亦可多做運動及多接觸大自然減壓，又或相約朋友聚會互相傾訴。

除了精神健康，夏天出生者要留意喉嚨、氣管及呼吸系統毛病，不妨多使用米、白色及適量佩戴金、銀、白金等金屬類飾物助旺，避免使用鮮色，以免火氣進一步加強。新一年亦宜多前往西方旅遊「借地運」，避免往南方走。另外，合日腳之年要多關心伴侶健康，不妨結伴作身體檢查，以策萬全。

48 辛亥日

重新出發 事業運強慎防官非

【財運方面】

乙巳蛇年為六十年一次的「天沖地沖」，相信不少人已經歷了跌宕起伏的一年，踏入馬年整體將會步向穩定，若去年曾有結婚、添丁、置業或創業等沖喜者則可延續氣運，即使已經歷離合變化，馬年亦屬重新開始之年。

「辛亥」天干屬金、地支屬水，雖然流年與個人天干「丙辛合」仍對運勢有一定影響，可幸整體始終比蛇年平穩。其中秋天（農曆七月及八月）出生者金旺得火鍛煉，馬年將不乏賺錢機會。滿盤水局的冬天（農曆十月及十一月）出生者有大火暖和命格，做事亦算順心。不過，弱命遇上火運發展一般，生於春天（農曆正月及二月）要面對龐大壓力，土重月份（農曆三月、六月、九月及十二月）有貴人扶持但始終較難發揮，夏天（農曆四月及五月）出生者火氣過旺，尤其要提防官非纏身。

由於「官星」主宰管束能力，丙午年做事較有規律，從商者要親力親為多策劃新路向賺取回報，投資方向亦要經過個人分析研究，不宜聽信小道消息。惟「官星」過旺容易惹官非，簽署文件、合約前宜請教專業人士，尤其稅務、海關等監管機構的往來文件更要清晰，以免大意遺漏而對簿公堂。

【事業方面】

「官星」即事業星，馬年事業發展路向清晰，可望於職場上大展拳腳，若有升級考核不妨主動爭取，可望獲取好成績兼有升遷運。不過，馬年行事業運而非財運，故職銜及權責擴大，但薪酬加幅只屬一般，而且晉升後要涉獵新工作範疇，壓力頗為沉重，尤其夏天出生者情況更甚，需要以積極態度面對挑戰。

至於有意轉換工作環境者亦有不俗機遇，惟要有心理準備新崗位工作量同樣龐大，亦要適應公司文化及人際關係，需要花額外心機時間應對，不宜抱持僥倖心態。

【感情方面】

單身女士的桃花機遇處處，尤其蛇年曾經歷分手離合者，馬年可望重新出發，有機會邂逅條件出眾的對象，無論儀表、家庭背景或事業皆表現不俗，不妨積極把握。不過，對方的性格略

流月運勢

♥吉　♡中吉　♡平　♥凶

♡（中吉）	2026年2月4日至3月4日	有輕微偏財運進帳，投資方面可小注怡情。惟合日腳做事較多波折，可幸只屬先難後易，多加耐性即可拆解。
♡（平）	2026年3月5日至4月4日	財運一得一失，收入有進帳但又有突如其來的開支，不妨主動「破歡喜財」，適量購買心頭好應驗運勢。
♡（中吉）	2026年4月5日至5月4日	貴人運順遂，得對方提拔事業有新發展空間，不妨把握機會爭取表現，惟亦要提防樹大招風招惹是非。
♥（凶）	2026年5月5日至6月4日	相沖月份容易意外受傷，駕駛人士要遵守交通規則，提防輕微汽車碰撞，有運動習慣者亦要特別謹慎。
♥（吉）	2026年6月5日至7月6日	事業扶搖直上，工作表現突出兼有晉升機會，財運亦有新機遇，投資方面有望憑個人眼光賺取回報。
♥（凶）	2026年7月7日至8月6日	人事不和、容易與同事有摩擦，溝通時需要注意言辭及多加忍讓，以免一時意氣而影響關係。
♥（凶）	2026年8月7日至9月6日	本月有機會惹官非，簽署文件、合約前要仔細了解條款細則，遇有疑問亦可向專業人士請教，以免誤墮法網而掀訴訟。
♡（中吉）	2026年9月7日至10月7日	桃花開遍地的月份，尤其單身女士魅力十足，不妨多留意身邊人，可望邂逅心儀對象及開展戀情。
♥（吉）	2026年10月8日至11月6日	喜獲德高望重的貴人支持，不妨善用對方的人脈網絡拓展生意版圖，事業將會迎來突破性發展。
♥（凶）	2026年11月7日至12月6日	身體健康響起警號，加上個人焦慮較多，容易杞人憂天，為免虛驚一場，建議預約身體檢查保平安。
♡（平）	2026年12月7日至2027年1月4日	為家宅瑣事或小朋友的管教問題而煩惱，若子女正值反叛期需要多花時間耐性溝通，不宜過於專橫強勢。
♡（中吉）	2027年1月5日至2月3日	貴人助力充足，對方提供的消息可望於投資市場上獲利，惟本月仍有輕微破財運，故必須眼明手快、見好即收，以免先盈後虧。

為偏執，若有信心磨合者不妨一試，可望長遠發展。單身男士社交運暢旺，可望結識新朋友，惟始終未有桃花臨門，故「脫單」機會渺茫。

已婚者與伴侶關係平穩，惟因為事業走勢強勁而令壓力倍增，需要多控制個人情商，避免將負面情緒發泄於另一半身上，亦要慎防工作忙碌而冷落對方，宜多抽時間陪伴家人。

【健康方面】

擺脫了衝擊力強大的「天沖地沖」，馬年健康運明顯有進步，惟仍要稍為注意喉嚨、氣管及呼吸系統毛病，若本身屬過敏體質容易久咳不癒或有鼻敏感問題，需要多注意肺部健康，尤其春、夏兩季出生者情況更甚，不妨多使用米白、淺藍色及佩戴金、銀、白金飾物，以彌補命格不足。

另外，馬年忙於為事業打拚，工作壓力容易令情緒低落，引發失眠問題，需要作息定時，亦要學懂紓緩減壓，不妨適量運動或多相約朋友聚會傾訴，不宜一力承擔，以免長期處於高壓狀態而令身體出亂子。

49 壬子日

天沖地沖 跌宕起伏穩中求變

【財運方面】

受「丙壬沖」及「子午沖」影響，馬年將會迎來六十年一次的「天沖地沖」，其衝擊力量極為強大，故運勢將會充滿變數，甚至有機會走向極端。若有結婚、添丁、置業或創業計劃則可主動應驗變化，否則就要多作部署及謹慎提防。

至於丙午年的實際運勢走向，則要視乎命格是否利火而定。秋、冬（農曆七月、八月及農曆十月、十一月）兩季出生者命格偏寒，得流年大火補助運勢反而有所支持，尤其冬季及生於下午至午夜的最有優勢。土重月份（農曆三月、六月、九月及十二月）出生者土局被火生旺而水受制衡，運勢算是平衡。不過，木、火旺的春、夏（農曆正月、二月及農曆四月、五月）兩季出生者命格較為傾側，整體較為失色。

另外，「天沖地沖」勢必會對財運構成影響，加上「丙午」屬偏財運，投資方面起伏甚大，面對風高浪急的投資市場必須要見好即收，亦要積穀防饑，賺取收入後不妨考慮置業自住或購買實物資產保值，保留太多現金反而容易破財。相沖之年亦要多關注自己及家人身體健康，建議贈醫施藥、購買旅遊及醫療保險以防突發事故，穩中求變、主動應驗則可保平安。

【事業方面】

相沖就如有人向自己發動攻擊，若留守原地容易受傷，故馬年適宜離開原居地發展，打工一族不妨主動爭取出差機會，從商者亦宜開拓海外市場，有利「動中生財」，從事銷售、中介人士若能親力親為業績亦算理想。

不過，有意轉職者要慎防突如其來的變數，或新工作與期望有所落差，需要一轉再轉，下決定前必須謹慎評估風險。另外，壬子日出生者本身的性格較為剛烈，遇上「丙午」情況更甚，於職場上要多忍讓及控制情商，不宜過分堅執己見，以免釀成衝突而影響人際關係。

【感情方面】

「天沖地沖」為感情上的「關口年」，關係需要尋求突破，情侶若有結婚打算不妨落實執行，惟於籌辦婚禮過程中務必要互諒互讓及分工清晰，以免因瑣事爭執影響感情，宜多體諒互

流月運勢

♥吉 ♡中吉 ♡平 ♥凶

♡	2026年2月4日至3月4日	為工作而奔波勞碌，惟付出與收穫未必能成正比，較為多勞少得，需要調節心態，積極面對。
♥	2026年3月5日至4月4日	人際關係倒退，職場或朋友圈容易因為言語誤會而有不滿，需要多加溝通，亦要避免作中間人為他人排難解紛。
♥	2026年4月5日至5月4日	容易分神而意外受傷，工作需要接觸機械者要提高警覺，進行戶外活動亦宜結伴同行，凡事安全為上。
♡	2026年5月5日至6月4日	有機會獲得一筆幸運之財，但又容易有意料之外的開支，較為財來財去，需要量入為出，謹慎守財。
♥	2026年6月5日至7月6日	相沖月份人際關係處處碰壁，容易與人有摩擦，建議放假出門外遊，既可平靜身心亦可帶動運勢。
♡	2026年7月7日至8月6日	職場人事複雜，作為中層管理者面對上司、下屬需要掌握分寸，以免兩面不討好而遭受攻擊。
♡	2026年8月7日至9月6日	獲強而有力的貴人扶助，可望靠對方的人脈網絡而有新發展機遇。惟健康運疲弱，尤其頭部容易受傷，需要慎防家居陷阱。
♡	2026年9月7日至10月7日	工作壓力大、情緒較受困擾，要提防因為焦慮而引發失眠問題，不妨多相約朋友聚會，互相傾訴解開心結。
♡	2026年10月8日至11月6日	乘風破浪、事業啟航，惟面對壓力心神恍惚，處理監管機構的往來文件要特別小心，慎防大意出錯而惹官非。
♥	2026年11月7日至12月6日	運勢終於否極泰來，做事能得助力而事半功倍，不妨把握好運多表現自己，事業有望更上一層樓。
♡	2026年12月7日至2027年1月4日	破財月份投資容易有失誤，面對真假難辨的消息不宜輕舉妄動。本月關節容易受傷，駕駛人士要注意道路安全。
♥	2027年1月5日至2月3日	「天沖地沖」之年即將過去，運勢會轉趨平穩，加上得貴人力量事業有新發展，不妨重整旗鼓迎接新一年來臨。

讓，共同應對挑戰。至於未有計劃成家立室則要慎防感情生變，甚至會有分手危機，需要多花時間維繫。

已婚者則要堅決抗拒外來誘惑，提防因為瑣事爭執，建議採取人為的「聚少離多」方式相處，各自專注於事業或興趣發展，「小別勝新婚」主動應驗分離運反而能維繫感情。相沖年份亦要多關心伴侶健康，若有不適應盡快陪同求醫。

【健康方面】

壬子日本來已較容易受傷，加上「天沖地沖」疊加效應力量更強，而「丙壬沖」代表頭部、血壓及心臟，「子午沖」則是腳部及關節，馬年要慎防意外，不宜進行爬山、攀石、滑雪等高危活動，如堅持參與，亦應有專業教練陪同，保障安全為上，尤其春、夏兩季出生者更要小心，不妨多用米、白及淺藍色助運。

由於馬年出門機會較多，旅途中要注意安全，出發前購買旅遊及醫療保險，於蛇年年底檢查身體、馬年之始捐血及洗牙，亦可裝修維修家居，惟要避免觸動五黃（正南）及二黑（西北）的流年病星位置，以免病氣加劇。

50 癸丑日

地支相害　先難後易慎防暗箭

【財運方面】

個人日腳「丑」與流年地支「午」在新一年呈相害之象，「害」有遭人陷害之意，馬年做事會有較多波折，尤其從商者要慎防與生意伙伴因誤會而反目。可幸「丙午」亦是自己的財運，馬年將不乏賺錢機會，惟能否有盈餘則要視乎命局中的水孰強孰弱而定。

「癸水」是天上雨水、「丑土」則為濕土，水旺者行財運始能承受，水弱者則難免有財來財去情況，故命格較寒冷的冬天（農曆十月及十一月）出生者最有優勢，收入水漲船高亦能輕鬆守財，秋天（農曆七月及八月）出生者次之，此兩季不妨略為進取。不過，春、夏（農曆正月、二月及農曆四月、五月）出生者水弱無力，再行火運就要辛苦得財，加上開支龐雜，容易有表面風光，建議多用藍色及波浪圖案物品彌補命格不足。至於土重月份（農曆三月、六月、九月及十二月）出生者行火運令水欠缺流動性，有輕微財運進帳但始終較容易破財。

另外，馬年過後的羊年為「天沖地沖」，此六十年一次的相沖勢必會帶來關鍵性變化，財運亦會起伏較大，故馬年投資要考慮更周詳，尤其涉及跨年項目宜先行結算，以免羊年來臨形勢逆轉而招致損失。

【事業方面】

馬年屬行財運之年，打工一族薪酬將會有滿意調整，而且與直屬上司或老闆關係融洽，可望有輕微升遷機會。不過，「丑午相害」較為不利於同輩關係，容易遭白眼而被小人陷害中傷，待人處事宜保持謙遜低調，以免樹大招風而遭受攻擊。

由於馬年工作壓力較大，部分人會產生離心，惟之後的羊年為六十年一次的「天沖地沖」，事業勢必會再次出現變數，若馬年離職要慎防新公司文化難以適應而萌生去意，故下決定前必須要更加考慮周詳，慎防一轉再轉自亂陣腳。

【感情方面】

單身一族桃花較為黯淡及不實在，雖然有機會結識合眼緣對象，惟家人、親友反對聲音不斷，容易令自己信心動搖。戀情剛萌芽者宜低調

流月運勢

♥吉 ♡中吉 ♡平 ♥凶

♡	2026年2月4日至3月4日	做事得力、工作表現突出，惟是非口舌頻繁，建議「少說話、多做事」保持低調，以免鋒芒太露而成為眾矢之的。
♥	2026年3月5日至4月4日	才華得以發揮，工作表現亦會備受認同，可獲德高望重的貴人賞識，不妨把握機會力爭上游。
♡	2026年4月5日至5月4日	事業運持續有進步，惟工作壓力稍大，加上同事之間有明爭暗鬥，建議不宜多管閒事，明哲保身為佳。
♡	2026年5月5日至6月4日	破財月份不宜魯莽開展新計劃，尤其面對似是而非的合作機會需要三思，慎防被華麗的表象蒙蔽，但開展時卻要面對重重困難。
♥	2026年6月5日至7月6日	人際關係倒退、是非口舌纏身，做事會遭遇挫折，建議不宜硬碰，不妨放假出門外遊，以「借地運」方式提升運勢。
♡	2026年7月7日至8月6日	相沖月份關節容易受傷，駕駛人士要注意路面情況，提防汽車碰撞，熱愛運動者亦要特別留心。
♥	2026年8月7日至9月6日	運勢逆轉、工作終於現曙光，之前遇到的困難會有解決方案，不妨多加耐性，可望迎刃而解。
♡	2026年9月7日至10月7日	長輩助力充足，遇有疑難不妨虛心請教，對方的意見可望令自己獲益良多。惟健康運一般，要慎防有視力衰退或眼睛敏感等小毛病。
♥	2026年10月8日至11月6日	焦慮不安、面對情緒壓力缺乏出口，建議本月稍為躺平，不宜作任何重要決定，亦可安排短線旅遊放鬆身心。
♡	2026年11月7日至12月6日	事業向上、做事得心應手，財運亦有提升，惟「財多身子弱」容易受傷，需要提防廚房、浴室等家居陷阱。
♡	2026年12月7日至2027年1月4日	個人較為急進、做事欠缺耐性，工作項目會出現突如其來的變數，需要調節心態及重整步伐再出發。
♥	2027年1月5日至2月3日	本月做事會遇上障礙，並開始感受到「天沖地沖」帶來的負面影響，需要多作籌備部署迎接挑戰。

發展，避免太早讓對方融入朋友圈，以免人多口雜影響穩定性。

已婚者與伴侶相處愉快，惟相害之年偶爾仍會為生活瑣事而爭執，尤其要慎防家人、親友的閒言閒語帶來壓力，需要做好溝通橋樑角色。另外，之後的羊年為「天沖地沖」，若有添丁打算不妨積極籌劃，尤其於馬年有喜、羊年分娩更可應驗運勢，否則就要提防潛伏危機令關係生變。

【健康方面】

馬年始終為「害太歲」之年，難免會有牙痛、神經痛等小毛病需要關注，而春、夏兩季出生者命格缺水，需要留心膀胱及腎臟問題，女士則要提防婦科疾病，亦要多關心另一半健康。

另外，之後的丁未年為「天沖地沖」，此相沖對健康衝擊更大，需要慎防眼部、腳部及關節受傷，而且有部分人會提早入運，為免虛驚一場建議提早部署，於馬年年底進行詳細的身體檢查，購買醫療保險，多作贈醫施藥善舉及裝修、維修家居，主動應驗則相沖之年來臨亦可平安大吉。

51 甲寅日

食神運旺 以口得財遠離是非

【財運方面】

丙午年行「食神」運，代表以口才或個人技藝賺取財富，故新一年需要多表達、多說話或倚靠專業技術始能開拓財源。

甲寅日出生者天干、地支均屬木，大部分人命格木旺，強木生火，算是頗有優勢，尤其春天（農曆正月及二月）出生者過旺的木被削弱，命局得以平衡，做事得心應手，從商者不妨主動接觸客戶，從事前線銷售、中介或自媒體等人士亦可受惠。土重月份（農曆三月、六月、九月及十二月）出生者亦有賺錢機遇，收入可有提升。夏天（農曆四月及五月）出生者木、火過旺需要金、水作調節，較為多勞少得，建議多前往西方或北方旅遊「借地運」。秋天（農曆七月及八月）出生者金旺而木相對弱，做事需要親力親為多作監察。冬天（農曆十月及十一月）出生者有火暖和命局心情頗為愉快，宜多往外走動帶旺運勢。

整體而言，甲寅日於馬年不乏賺錢機會，惟始終不是行偏財運，難以倚靠投機炒賣獲利，反而以個人力量、說話或技術可賺取財富。不過，火旺之年較為奔波勞碌，亦會有口舌是非，可幸個人心態樂觀積極，即使艱辛亦樂在其中，故整體仍屬緩慢進步。

【事業方面】

行「食神」運有利銷售、中介或以說話、技術得財，若能夠多接觸客戶，則事業仍有發展。但要注意的是，雖對外八面玲瓏，惟對內人際關係緊張，同事之間是非口舌頻繁，待人處事宜保持低調。管理層亦易為下屬問題而勞心，對方的工作態度容易走向兩極，一是恃才傲物、投機取巧，一是資質平庸、工作效率低，需要多加耐性溝通，亦要親力親為作監管，提防大意出錯而遭受牽連。

雖然新一年未有大幅升遷或薪酬調整，惟亦不宜作出重大變動，建議留守原有崗位，默默耕耘為佳。

【感情方面】

單身一族社交運暢旺，將有不少飯局應酬及交朋結友機會，亦會有人熱心作介紹引薦，惟馬年始終不屬桃花燦爛之年，即使有機會結識異

流月運勢

♥吉　♡中吉　♡平　♥凶

♥	2026年2月4日至3月4日	人事紛擾不斷，尤其容易被小人暗箭所傷，待人接物需要保持低調。本月亦有漏財機會，宜量入為出。
♡	2026年3月5日至4月4日	做事仍有小波折，可幸整體事業運勢上揚，工作可有突出表現，眼前困境只要多加耐性即可解決。
♥	2026年4月5日至5月4日	貴人力量充足，對方的人脈網絡將有助發展商機，財運亦會水漲船高，不妨把握機會令財富增值。
♡	2026年5月5日至6月4日	容易意外受傷或留疤，駕駛者要時刻注意道路安全，有運動習慣者亦要特別留心，凡事安全為上。
♡	2026年6月5日至7月6日	財運順境、可望獲得一筆額外收入，惟「財多身子弱」，健康容易有小毛病，需要多爭取作息時間。
♡	2026年7月7日至8月6日	財運一得一失，面對風高浪急的投資市場需要眼明手快，賺取回報後見好即收，以免招致損失。
♡	2026年8月7日至9月6日	相沖月份宜動不宜靜，不妨放假出門外遊，既可放鬆身心，亦可以「借地運」方式帶旺運勢。
♥	2026年9月7日至10月7日	易有無妄之災，輕則招惹是非，重則會有官司訴訟，簽署文件、合約前要小心核對條款細則，慎防誤墮法網。
♡	2026年10月8日至11月6日	有輕微偏財運，投資方面不太貪心將有收穫，鍾情賽馬活動或麻將耍樂者可小注怡情，有望獲得幸運之財。
♥	2026年11月7日至12月6日	「天合地合」月份諸事不順，做事亦會遇上麻煩阻礙，建議不宜作任何重要決定，以免有決策錯誤情況而招致損失。
♡	2026年12月7日至2027年1月4日	相沖月份宜多往外走動，惟出門後要注意人身安全，尤其手部容易扭傷、摔傷，不宜進行高危的戶外活動。
♥	2027年1月5日至2月3日	運勢全面回升，事業有新發展機遇，財運亦會有進帳，不妨把握好運積極向前，可望有豐碩成果。

性，關係卻往往曖昧難明，難以順利展開。建議調節心態、不宜操之過急，先以擴闊社交圈子為目標，多花時間相處了解，假以時日再作發展。

已婚者則會為小朋友之事而煩心，夫妻之間會因為管教方式不同而起衝突，需要多花時間溝通尋求共識。新一年亦要多關顧子女的情緒，尤其正值反叛期更要多聆聽其想法，不宜過於專橫強勢。

【健康方面】

「食神」顧名思義就是飯局應酬，新一年需要提防因為飲食過量而體重上升，建議凡事要適可而止，盡量作息定時，亦要多作體重管理，慎防因為不良生活習慣而引發三高等都市病。

已婚者要多關心子女的身體及情緒健康，過敏體質要注意空氣質素及致敏原，提防廚房、浴室等家居陷阱，不宜參加高危活動，以免有意外受傷留疤情況。由於家宅運一般，小朋友的牀頭或書桌位置不宜觸動五黃（正南）及二黑（西北）的流年病星位置，以免病氣加劇，亦可考慮更換沙發、牀褥等家俬提升氣運。

52 乙卯日

名氣得財　小人當道慎防破局

【財運方面】

流年地支「午」與個人日腳「卯」屬相破，「破」有破敗之意，馬年人際關係遭破壞，加上行「傷官」運本來就容易招惹是非，故務必要謹言慎行免受攻擊。

乙卯日天干、地支同屬木，大部分人命格木旺，而丙午年則為大火之年，行「傷官」運有利才華發揮，若以專業技能、藝術創作、名氣或以口得財者容易闖出名堂及帶動財運上升。不過，從商或現買現賣則要面對複雜的人事問題，賺錢過程較為艱辛，亦要提防遭同行中傷而影響商譽。

以季節而論，春天（農曆正月及二月）出生者木旺行火運可開拓財源，土重月份（農曆三月、六月、九月及十二月）出生者亦能得貴人支持而有賺錢機遇。夏天（農曆四月及五月）出生者較為多勞少得，實際利益不多。秋天（農曆七月及八月）出生者收入尚能維持，財運不過不失。冬天（農曆十月及十一月）出生者情緒樂觀積極，但財運增長一般。

總括而言，馬年需要親力親為以個人力量或名氣得財，管理層則要面對下屬流轉快或有工作懶散情況。投資方面只宜選擇熟悉範疇，避免高風險的投機炒賣，凡事謹慎則仍可穩步前行。

【事業方面】

丙午年行「傷官」運有利才華發揮，從事編劇、廣告或藝術創作等人士可望靈感不絕，咖啡師、廚師等以專業技術謀生者亦有發展。由於「傷官」的外向性高，故地產、保險等銷售中介從業員業績亦有望提升。

不過，「破太歲」及「傷官」容易招惹是非，於大機構任職則要面對複雜的人事糾紛，同事之間有明爭暗鬥，工作壓力頗大，建議保持低調及謹守崗位，不宜作中間人排難解紛，以免遭受攻擊。可幸馬年的學習運強，無論報讀與工作相關的進修課程或其他雜藝亦會有好成績，不妨積極把握。

【感情方面】

行「傷官」運容易惹是非，已婚者面對家族中不同成員的聲音需要保持冷靜，慎防因為外

流月運勢

♥吉　♡中吉　♡平　♥凶

♡	2026年2月4日至3月4日	受「天合地合」影響做事會有較多障礙，需要保持冷靜、做好兩手準備應對，不宜自亂陣腳。
♥	2026年3月5日至4月4日	人事複雜、為瑣事而爭持不下，建議放低成見平心靜氣討論。本月有輕微破財運，不宜投資投機。
♥	2026年4月5日至5月4日	獲德高望重的貴人扶持，有望於職場上大展拳腳，連帶財運亦有增長，不妨把握機會爭取表現。
♡	2026年5月5日至6月4日	小人當道、是非口舌不斷，建議「少說話、多做事」保持低調，慎防捲入錯綜複雜的辦公室政治當中。
♡	2026年6月5日至7月6日	人際關係倒退，為人事問題而煩惱，建議毋須過分介懷，以平常心面對即可。本月應酬聚會頻繁，需要多爭取作息時間。
♡	2026年7月7日至8月6日	財來財去、一得一失的月份，收入有進帳但又會有突如其來的開支，需要量入為出，謹慎理財。
♥	2026年8月7日至9月6日	事業處於上升軌道，上司委派的工作項目得以順利完成，可望交出一份亮麗的成績表，不妨積極把握。
♡	2026年9月7日至10月7日	相沖月份無風起浪，尤其容易與身邊人因為言語誤會而起衝突，需要注意個人言辭，多溝通忍讓。
♡	2026年10月8日至11月6日	財運有所提升，可望於投資市場中獲利，惟亦有輕微表面風光，面對風高浪急的市況需要眼明手快，慎防突然出現逆轉。
♥	2026年11月7日至12月6日	財源滾滾來的月份，之前的投資項目可望收取回報，不妨放假出門外遊走動，有望「動中生財」帶旺運勢。
♡	2026年12月7日至2027年1月4日	桃花破財的月份，不宜與異性有太多金錢轇轕或合作投資，以免因財失義。本月容易因為工作壓力而失眠，需要調節心態面對。
♡	2027年1月5日至2月3日	財運走勢向好，惟「財多身子弱」，健康會出現小毛病，尤其手部容易扭傷、摔傷，有運動習慣者要特別留心。

來因素而與伴侶起衝突，建議與對方家庭保持適當距離，事不關己不宜過度介入，亦可刻意安排「聚少離多」的相處模式，各自專注於事業或興趣發展，減少見面反而關係更易維繫。另外，馬年亦有機會因為小朋友的管教方式不同而爭執，需要多加溝通尋求共識。

單身人士可望廣交朋友，惟始終難有機緣遇上心儀對象，「脫單」機會不高，不妨先擴闊社交圈子，多相處了解再待時機成熟始作打算。

【健康方面】

日犯太歲之年有較多傷風、感冒等小毛病，若本身屬過敏體質者要注意空氣質素及致敏原，有關節舊患者亦要慎防情況加劇。另外，「傷官」的外向性高，馬年將有不少飯局應酬，謹記凡事適可而止，嗜杯中物者亦只宜淺酌，慎防因為飲食過量或休息不足而引發都市病。另外，秋天出生者較容易情緒低落，不妨多接觸大自然吸收正能量。

至於已婚者則會為小朋友的健康問題而勞心，需要慎防廚房、浴室等家居陷阱，以免意外受傷留疤，亦要多關顧子女情緒，多花時間溝通及陪伴開解。

53 丙辰日

財運耗損 穩守為上慎防意外

【財運方面】

流年與個人天干同屬「丙火」，而「丙火」又穿透到流年地支「午火」，行同類型運勢有爭奪之象，馬年財運難免有耗損，可幸弱命者仍有貴人幫扶能力保不失，惟強命者損耗機會較大，需要謹慎理財。

丙辰日天干屬火、地支以土為主，丙午年行火運只有命格偏寒的冬天（農曆十月及十一月）出生者能受惠，總結過後仍可有儲備。秋天（農曆七月及八月）出生者收支平衡，損失機會較微。不過，春天（農曆正月及二月）出生者木、火過旺，即使有賺錢機會亦難免破財。土重月份（農曆三月、六月、九月及十二月）出生者做事勞心勞力，較為多勞少得。夏天（農曆四月及五月）出生者破財情況最為嚴重，需要以大量金、水調和命格。

由於命格失衡，除秋、冬兩季出生者較有支持外，其他季節出生者必須開源節流、積穀防饑，投資方向以保守為前提，不宜輕言擴張或為他人借貸擔保。建議將現金投放於實物資產之上，如自置物業、店鋪或辦公室等，避免短炒投機。另外，馬年亦可「破歡喜財」，多贈醫施藥、購買醫療保險及花費於醫療保健之上，主動應驗提升運勢。

【事業方面】

馬年對事業雄心壯志，領導才能得以發揮，工作表現亦會備受賞識，職銜及權責可望提升，不過，由於丙午年並非行財運，故實際薪酬回報未必如預期，需要調節心態面對。

另外，由於馬年一心為事業打拚，做事較為急進及獨行獨斷，容易影響人際關係，同事之間亦有明爭暗鬥，需要慎防因為過分進取而招惹是非，建議待人處事要保持低調，避免樹敵影響發揮。新一年亦要面對工作壓力，部分人士或會萌生去意，但丙午年不屬適宜有大變動之年，建議謹守原有崗位為佳。

【感情方面】

行同類型運勢代表有人爭奪，情侶關係未算穩定，容易因為生活瑣事而有摩擦及互不相讓，或會被第三者乘虛而入，令關係陷入僵

流月運勢

♥吉　♡中吉　♡平　♥凶

♥	2026年2月4日至3月4日	貴人助力充足，對方提供的資訊可望於投資市場上獲利，惟謹記見好即收，慎防「貪字得個貧」招致損失。
♡	2026年3月5日至4月4日	人際關係倒退，提防樹大招風而遭受攻擊。健康運一般，尤其呼吸系統較弱，不宜前往人煙稠密的地方。
♥	2026年4月5日至5月4日	流言滿天飛、被人事糾紛纏擾，精神緊張令腸胃及消化系統失調，需要注意飲食及作息時間。
♡	2026年5月5日至6月4日	事業上揚、惟工作壓力令情緒陷入低潮，容易因為脾氣失控而影響職場的人事關係，建議相約朋友聚會傾訴緩解鬱結。
♥	2026年6月5日至7月6日	容易意外受傷或輕微開刀破相，駕駛人士要注意道路安全，提防汽車碰撞，熱愛戶外活動者亦要提高警覺。
♥	2026年7月7日至8月6日	運勢否極泰來，之前面對的困難阻礙可漸見曙光，各方面也漸入佳境，只要多加耐性即可圓滿解決。
♡	2026年8月7日至9月6日	劫財月份財運一得一失，收入有進帳但又會無辜破財，需要審視個人理財方向，以免入不敷支。
♥	2026年9月7日至10月7日	運勢充滿變數與挑戰，做事困難重重、一波三折，感覺較為患得患失，需要冷靜沉着以耐性處理。
♡	2026年10月8日至11月6日	相沖月份人事複雜，容易無辜捲入是非漩渦，建議保持低調，亦可多出門外遊走動，以「動中生財」方式帶旺運勢。
♡	2026年11月7日至12月6日	事業走勢強勁，可望於職場上發揮領導才能，加上學習運強勁，不妨報讀在職課程或興趣小組進修增值。
♥	2026年12月7日至2027年1月4日	工作有突破性發展，團隊的合作性高，可望帶領下屬做出佳績，收入亦會水漲船高，宜把握機會勇往直前。
♡	2027年1月5日至2月3日	喉嚨、氣管及呼吸道較弱，本身屬敏感體質者要注意空氣質素，盡量作息定時，以免因為工作過勞而拖垮健康。

局。若有意維繫感情者，則要多花時間溝通及關心對方；若有感伴侶不屬合適人選，則不如將心力專注於事業發展之上，不宜對感情有太大期望。

已婚者則會因為雙方家人或財政問題而起衝突，建議不宜過分干預對方的家事，亦要盡量財政獨立，若有家人、親友提出借貸擔保請求務必三思，以免因為外來因素而破壞二人建立已久的互信關係。

【健康方面】

「丙火」穿透流年地支「午火」令火氣極旺，馬年容易有輕微血光之災或開刀破相情況，工作需要接觸機械者要特別小心，熱愛運動者亦要注意安全，不宜進行爬山、攀石、滑雪、跳傘等高危活動，即使堅持參與亦務必要與專業教練同行，以免樂極生悲。

由於健康運疲弱，建議預先購買醫療及意外保險，駕駛人士則可花費於汽車維修保養之上，主動破財擋災。春、夏兩季出生者不妨大量使用米、白及淺藍色彌補金、水不足問題。另外，馬年會為兄弟姊妹的健康問題而勞心，需要多關心對方。

54 丁巳日

火旺失衡　守財避險平穩當先

【財運方面】

丁巳日天干屬火、地支則為火、土，大部分人命格本來已屬火旺，丙午年行同類型運勢有爭奪之象，財運難有起色。加上地支「巳」與「午」屬半會合，面對新合作機會務必要考慮周詳，提防洽商時進展順利、但落實後又困難重重，有表面風光情況，需要謹慎應對。

一眾季節之中，以木、火旺的春、夏兩季（農曆正月、二月及農曆四月、五月）出生者財運最為疲弱，建議大量使用米、白、淺藍色及適量佩戴金飾平衡命格，亦可多前往寒冷地方「借地運」，減少破財機會。秋、冬兩季（農曆七月、八月及農曆十月、十一月）出生者雖然影響相對輕微，但始終「丁巳」命局火旺，只有少數人於火運的流年中能獲得支持，故財運仍未算理想。土重月份（農曆三月、六月、九月及十二月）出生者財運亦屬中規中矩，實際利益一般。

總括而言，馬年不宜對財運有太大期望，加上破財機會高，需要特別謹慎理財，不宜輕言擴張或胡亂投資，從商者要密切留意客戶的財政狀況，避免賒數、賒貨，以免對方周轉不靈而遭受連累，謹記馬年若能力保不失守財已屬平安大吉。

【事業方面】

丙午年事業發展尚算平穩，雖然職位或薪酬未有大幅調整，可幸工作氛圍良好，同事之間相處融洽，是非口舌較少，尤其任職大機構或管理層能成為上司、下屬的橋樑，團隊合作性頗高。不過，從事前線銷售、中介或需要見客行業的人士則要面對經營困難問題，有輕微多勞少得。

另外，有部分人士會蠢蠢欲動作出變化，惟馬年不屬適宜有重大改變的年份，新工作收入未有明顯增長，更需要花較長時間適應新環境，建議留守或於原有公司申請崗位調動，並多作進修增值，為未來事業發展作好部署。

【感情方面】

馬年的感情運無大進展，屬平淡及原地踏步的年份。情侶關係尚算穩定，惟單身一族則難有

流月運勢

♥吉 ♡中吉 ♡平 ♥凶

♡	2026年2月4日至3月4日	財運走勢不俗，正財收入可望有輕微進帳。惟容易意外受傷，尤其腰、膝關節首當其衝，有運動習慣者要特別小心。
♥	2026年3月5日至4月4日	貴人助力充足，對方提供的資訊可望於投資上獲利，惟面對風高浪急的市場環境宜見好即收，以免先盈後虧。
♥	2026年4月5日至5月4日	焦慮不安、情緒低落，精神難以集中，建議放假外遊放鬆身心，以「借地運」方式提升運勢。
♡	2026年5月5日至6月4日	健康出現小毛病，要提防眼睛發炎或有視力衰退問題，戶外活動時亦要小心扭傷腳部，凡事以安全為上。
♡	2026年6月5日至7月6日	胡思亂想、容易杞人憂天，不妨相約朋友聚會傾訴，亦可多做瑜伽、太極等減壓運動緩解鬱結。
♥	2026年7月7日至8月6日	事業有發展機會，得貴人扶持能於職場上大展所長，工作亦會取得突破性進展，不妨把握機會力爭上游。
♡	2026年8月7日至9月6日	財運不穩、容易財來財去，需要謹慎理財。本月做事一波三折、困難重重，宜做好兩手準備迎接挑戰。
♡	2026年9月7日至10月7日	有新合作機會臨門，惟本月有暗地漏財之象，落實前要審視大局及分析市場形勢，不宜輕舉妄動。
♥	2026年10月8日至11月6日	被是非口舌纏身，事不關己不宜多管閒事，亦要避免做中間人為他人排難解紛，建議保持低調明哲保身。
♡	2026年11月7日至12月6日	事業走勢強勁，可於職場上大展拳腳，工作表現將會備受賞識。本月亦可多出門走動，以「動中生財」方式進一步帶旺運勢。
♥	2026年12月7日至2027年1月4日	運勢全面向好，事業持續有進步，之前的工作項目將可獲取回報，連帶財運亦有提升，不妨把握助力繼續發展。
♡	2027年1月5日至2月3日	家宅有漏水、噪音等小問題需要處理，建議及早聘請專業人士作修繕，以免情況加劇而有更多額外開支。

「脫單」機會，即使能於工作場所或學習環境中認識有好感的異性，但始終「神女有心，襄王無夢」較為追追逐逐及難以開展，故不宜抱有太大期望。

已婚者與另一半關係平穩，惟偶爾仍會為雙方的家人、長輩瑣事或財政問題而有摩擦，建議盡量財政獨立，不宜過分干涉伴侶家事，亦要慎防因為工作忙碌而冷落對方，宜多抽時間陪伴，亦可培養共同興趣或結伴外遊維繫感情。

【健康方面】

行火運令大部人命格失衡，尤其春、夏兩季木、火過旺形成疊加效應，若再於馬年或農曆五月出生者情況更甚，雖然不屬重大的健康問題，但仍要多加關注，提防心臟及血壓等都市病，若本身有心血管問題者更要多作健康管理。另外亦要注意喉嚨、氣管及腎臟問題，建議先於蛇年年底進行詳細的身體檢查，以保馬年平安。

馬年亦要為兄弟姊妹等同輩的身體健康而憂心，謹記提醒對方不宜觸動家中的五黃（正南）及二黑（西北）的流年病星位置，以免病氣加強，宜在此兩處方位擺放銅器重物化解，凡事多做準備則可萬無一失。

55 戊午日

貴人相助 抓緊機會注意健康

【財運方面】

戊午日來到丙午年，因流年與個人地支「午午刑」屬日犯太歲，需要多注意自己及身邊人健康，慎防因此而有額外開支。戊午日天干屬土、地支屬火，水是個人財星，故流年行火運財運未算有太大突破。從商者需要奇兵突出，構思出與別不同的市場策略始有成功機會，否則較難突圍。另外，由於五行循環中火生土，馬年會有較多焦慮情緒，需要調節心態從容面對。

可幸新一年尚算有貴人支持，尤其女性長輩助力最大，若銷售對象以女性為主則仍有商機。不過，春、夏兩季（農曆正月、二月及農曆四月、五月）出生者始終火、土太旺，財運難有進展。土重月份（農曆三月、六月、九月及十二月）出生者亦未見優勢，只有生於秋、冬（農曆七月、八月及農曆十月、十一月）者相對能獲支持。

由於丙午年需要以人脈致勝，投資方面若有女性長輩提供消息則仍有機會獲利，惟高風險的投機炒賣不宜沾手，亦要注意理財方向，有機會因為女性長輩健康問題而要動用資金，建議準備一筆應急錢，並安排對方檢查身體及為長輩家居作小量裝修、維修，凡事謹慎則可平安度過。

【事業方面】

「印星」代表思想及智慧，新一年有利創意發展，編劇或藝術工作者可望靈感不絕，學者或研究團隊亦有不俗發揮，不妨積極把握。另外，女性長輩將於馬年起關鍵作用，若直屬上司是較年長女性，對方將會提拔自己；從商者若主要銷售對象為女性，業績亦能獲得支持。

至於有意轉職者，不妨請前老闆或同事轉介，惟新環境人事複雜，需要花較長時間適應，建議隨緣隨遇考慮是否轉職。馬年亦因為要接觸新工作範疇而有壓力，可幸能力足以應付，多加信心即可，亦可多學習進修提升運勢。

【感情方面】

馬年的感情運需要透過女性長輩推波助瀾，單身一族不妨多出席對方安排的相親聚會，可望結識條件及背景不俗的對象。惟始終個

流月運勢

♥吉 ♡中吉 ♡平 ♥凶

♡	2026年2月4日至3月4日	事業發展順遂，惟工作壓力龐大，面對陌生的工作範疇需要時間學習，建議以平常心面對將有更佳發揮。
♡	2026年3月5日至4月4日	容易大意出錯，尤其草擬或簽署文件、合約前要仔細核對條款細則，以免有遺漏而惹上官非。
♡	2026年4月5日至5月4日	財運走勢上揚，偏財方面可望有輕微收穫，惟始終開支龐雜，較為財來財去，需要謹慎理財。
♡	2026年5月5日至6月4日	情緒焦慮、容易因為家庭瑣事而操心，建議放鬆心情，亦可向朋友尋求協助，對方的經驗將有助解決問題。
♥	2026年6月5日至7月6日	健康運疲弱，有較多傷風、感冒等小毛病，加上工作壓力沉重，影響睡眠質素，需要多爭取休息時間。
♡	2026年7月7日至8月6日	做事能有助力，惟過程中仍會遭遇挫折，可幸個人鬥志強頑，眼前困難只屬先難後易，多加耐性即可圓滿解決。
♡	2026年8月7日至9月6日	貴人運強勁，對方的人脈網絡有望帶動商機，加上學習運良好，不妨報讀課程進修增值。惟長輩健康一般，若有不適應盡快求醫。
♡	2026年9月7日至10月7日	有桃花運臨門，單身一族可多留意身邊人，看能否結識有好感的異性，溝通相處再作進一步發展。
♡	2026年10月8日至11月6日	事業有新發展機遇，領導才能得以發揮，不妨積極表現自己。惟本月有破財運，不宜胡亂揮霍。
♥	2026年11月7日至12月6日	財運逆轉勝，無論正財或偏財均有回報，鍾情賽馬活動或麻將耍樂者不妨小注怡情，可望有所收穫。
♡	2026年12月7日至2027年1月4日	適合「動中生財」的月份，打工一族不妨多出門走動帶旺運勢，從商者若有拓展海外市場計劃亦可小試牛刀。
♡	2027年1月5日至2月3日	財運有新發展方向，惟面對看似吸引的機遇需要多作分析，並要審時度勢，不宜魯莽作大額投資。

人焦慮較多，即使有好感但又會瞻前顧後，關係尚在摸索階段，故不妨多花時間相處了解，不宜太快跨進一步，以免決策錯誤而令關係快來快去。

已婚者亦有多思多慮情況，容易因此而與伴侶有誤會，又或因為雙方家人問題或女性長輩介入而惹爭端，建議要擔當溝通橋樑角色，處理好婆媳或其他家人之關係，慎防因為外來因素而影響夫妻感情。

【健康方面】

馬年的精神狀態一般，容易焦慮及有負面情緒，引發失眠問題，加上地支「午午刑」難免會有較多牙痛、神經痛或眼睛發炎等小毛病，建議作息定時，並多做太極、瑜伽等運動沉澱自己，亦可接觸大自然或相約朋友聚會紓緩減壓。夏天出生者則宜多用米、白、淺藍或淺綠色平衡命格。

新一年亦要多關心女性長輩健康，容易意外受傷或有小手術，需要注意廚房、浴室等家居陷阱，不宜觸動五黃（正南）及二黑（西北）的流年病星位置，亦可為對方更換沙發、牀褥等貼身家俬提升氣運。

56 己未日

合中藏忌 貴人提攜慎防變數

【財運方面】

流年地支與個人日腳「午未合」，馬年容易有新合作機會，加上長輩貴人助力充足，可望獲對方提拔而有發展機遇。不過，由於大部分人命格土旺屬身強，行同類型運勢財運未算太有優勢，加上合日腳之年做事會有較多阻礙，自己與長輩的個性又同樣偏執，容易因此而起衝突，故能否成功仍要視乎命格是否需要「丙火」而定。

一眾季節之中，冬天（農曆十月及十一月）出生者命格寒冷，有火暖和做事最為順利，金強的秋天（農曆七月及八月）出生者有火助旺成功機會亦較高。生於春天（農曆正月及二月）強木剋土命格得以平衡亦屬不過不失。不過，五行循環中以火生土，故土重月份（農曆三月、六月、九月及十二月）出生者變成滿盤土局，馬年難免有劫財運勢，宜多加小心。夏天（農曆四月及五月）出生者火旺土燥，宜多用藍色及前往寒冷地方助運。

整體而言，馬年不妨多善用人脈優勢賺取財富，尤其秋、冬兩季出生者宜積極把握，其他季節出生者面對機遇則要更加謹慎處理。投資方面可憑藉對方提供的資訊而早着先機，惟要見好即收，慎防「貪字得個貧」而得不償失。

【事業方面】

雖然丙午年年不屬有大幅升職加薪的年份，可幸長輩貴人力量充足，有望利用人脈而拓展事業。打工一族若直屬上司是較年長的女性，對方將會有提拔作用，不妨積極把握機會。另外，由於馬年行思想星，個人思維敏捷、頭腦清晰，任職大機構、管理層或工作需要分析研究者亦有出色表現，整體仍算有進步。

不過，行思想星容易令人胡思亂想，雖然職場上未有太多是非，但受器重難免會帶來一定工作壓力，需要調節心態、以平常心面對，則工作表現亦會更為理想。

【感情方面】

新一年的感情運並無大突破，可幸有女性長輩熱心安排聚會作介紹引薦，單身一族不妨多參與其中，看能否結識心儀對象，再待時機成熟始作發展。情侶之間的關係算是平穩向前，惟個人

流月運勢

♥吉 ♡中吉 ♡平 ♥凶

♡（中吉）	2026年2月4日至3月4日	事業走勢上揚，工作表現出色而備受讚賞，惟要提防鋒芒太露而招惹是非口舌，需要保持謙虛低調。
♥（凶）	2026年3月5日至4月4日	容易惹上官非，從商者要小心處理稅局、海關等監管機構的文件往來，慎防大意出錯而誤墮法網。
♡（中吉）	2026年4月5日至5月4日	財運一得一失，可望憑貴人提供的消息而於投資市場上獲利，惟又會有較多瑣碎開支，需要量入為出。
♡（平）	2026年5月5日至6月4日	財運走勢持續不穩，收入有進帳但又會無可避免暗地漏財，實際利益不多，屬輕微表面風光。
♥（凶）	2026年6月5日至7月6日	「天合地合」月份做事一波三折，較為多勞少得，建議若有重要決定宜稍為推遲，以免決策錯誤而招致損失。
♡（中吉）	2026年7月7日至8月6日	事業運暢旺，負責的工作項目可望有理想成果，惟財運仍然疲弱，需要多作財務管理，不宜盲目消費。
♥（吉）	2026年8月7日至9月6日	得貴人之助事業有新發展機遇，可望發揮領導才能，並於負責的工作項目中取得突破，不妨積極爭取表現。
♡（平）	2026年9月7日至10月7日	管理層要為下屬工作問題而操心，需要多加耐性溝通，亦要親力親為多作監管，不宜假手於人，慎防對方大意出錯而遭受連累。
♥（凶）	2026年10月8日至11月6日	破財月份財運容易有耗損，不妨主動以「破歡喜財」方式出門外遊消費，兼可「借地運」提升運勢。
♡（中吉）	2026年11月7日至12月6日	財運否極泰來，打工一族收入有提升，從商者亦可收回舊帳，惟始終有輕微入不敷支情況，需要檢視理財方向。
♥（凶）	2026年12月7日至2027年1月4日	人際關係如履薄冰，朋友之間容易因為言語誤會而起衝突，同事亦會有明爭暗鬥情況，建議「少說話、多做事」明哲保身。
♡（中吉）	2027年1月5日至2月3日	相沖月份宜動不宜靜，不妨安排假期與家人外遊共享天倫樂，以良好的精神面貌迎接新一年來臨。

較為多思多慮、容易猶豫不決，對伴侶是否真命天子仍存有疑問，故不妨多花時間相處了解。

已婚者與另一半相處尚算融洽，惟仍會因為雙方家人或女性長輩等外來因素而有摩擦，建議與伴侶家人保持適當的邊界感，以免家人、親友過分干涉夫妻生活而令自己左右為難，甚或破壞二人感情。

【健康方面】

合日腳之年難免有較多小毛病，加上不少已未日屬過敏體質容易皮膚敏感，需要多注意牀單、被鋪或沐浴露等日常用品是否含有致敏原。而命格土重再行火、土運腸胃會較弱，飲食宜盡量清淡，以免消化不良而引發疾病。新一年亦會因為工作壓力而有焦慮情緒，不妨多放假外遊或接觸大自然緩解鬱結。

另外，馬年要多關心女性長輩健康，容易有小手術或都市病，不妨為對方預約身體檢查保平安，並於五黃（正南）及二黑（西北）的流年病星位置擺放銅器重物化解，凡事穩健則可平安大吉。

57 庚申日

試煉之年　事業衝刺人和為重

【財運方面】

經歷了蛇年的「天合地合」，馬年運勢將會步向平穩，若去年曾結婚、添丁、置業或創業，則馬年可望延續喜慶；若去年運勢波濤起伏，新一年亦可以重新出發。

庚申日天干、地支同屬金，流年行火運對大部分人運勢均有助力，尤其金旺的秋天（農曆七月及八月）出生者做事最為順遂，事業及財運均有進步。土重月份（農曆三月、六月、九月及十二月）出生者以土生金財運亦算理想。春、冬兩季（農曆正月、二月及農曆十月、十一月）出生者命格中的金雖不及其他季節旺盛，但始終本質不弱，故仍會有所得着。唯獨生於夏天（農曆四月及五月）則火過旺，再行火運財運難免較遜色。

總括而言，馬年有火煉金令個人幹勁十足、邏輯思維較強，做事充滿拚勁，惟始終並非直接行財運，故仍要親力親為，從商者不妨多接觸客戶、學習新技能及認識市場資訊，可望拓展商機賺取回報，惟收穫會與預期稍有距離，建議視之為試煉之年，為未來發展奠下基礎。另外，庚申日出生者個性較為急進，新一年宜放慢腳步，尤其投資方面宜多作分析研究或多聽取意見，避免衝動行事而決策錯誤。

【事業方面】

「七殺」代表將軍調兵遣將、馳騁沙場，馬年能發揮領導才能，尤其警隊、消防、海關等紀律部隊或管理層最有發揮，可望運籌帷幄。另外，馬年的學習運及考試運俱佳，若有升遷考核不妨主動爭取，有望獲取佳績。

不過，由於事業處於衝刺期，工作壓力較大，又有機會要面對直屬上司更替或對方有「雞蛋裏挑骨頭」情況，加上庚申日個性較為急進，容易情緒失控或與人起衝突，需要多加包容忍讓。至於有意轉職者，則不妨於農曆四月及五月事業運最強的月份一試，成功機會較高。

【感情方面】

單身女性的桃花燦爛，能有不少機遇結識對象，惟多屬比自己年長或年輕八至十歲的異性，且性格比較剛烈，若不介意年齡差距者不妨

流月運勢

♥吉 ♡中吉 ♡平 ♥凶

♥	2026年2月4日至3月4日	財運容易有耗損，不妨趁驛馬月份主動外遊「破歡喜財」，惟出門後要注意道路安全，亦要提防關節受傷。
♡	2026年3月5日至4月4日	財運一得一失，可望於投資或博彩方面獲得一筆幸運之財，惟又會有輕微漏財情況，需要量入為出。
♥	2026年4月5日至5月4日	獲貴人扶持運勢有所回升，能借助對方的人脈網絡或資源而拓展商機，事業可望更上一層樓。
♡	2026年5月5日至6月4日	工作遇上障礙，需要應付突如其來的變數，可幸個人意志高昂，加上團隊的合作性高，多加耐性即可撥開迷霧。
♡	2026年6月5日至7月6日	事業走向光明大道，惟職場上人事糾紛不斷，需要多花時間溝通尋求共識。本月手部容易受傷，工作需要接觸機械者要提高警覺。
♡	2026年7月7日至8月6日	精神緊張、神經衰弱，容易因為焦慮情緒而失眠，建議放假外遊「借地運」，可望紓緩減壓。
♥	2026年8月7日至9月6日	身體健康響起警號，宜多爭取休息時間，若有身體不適應盡快求診，以免諱疾忌醫而令小事化大。
♡	2026年9月7日至10月7日	事業平步青雲，工作會有突出表現，惟財運疲弱、容易因為魯莽而招致損失，需要小心看管個人財物。
♡	2026年10月8日至11月6日	貴人運極強，遇有困難時不妨虛心請教前輩，亦可向前上司或前同事尋求協助，問題有望迎刃而解。
♥	2026年11月7日至12月6日	工作順遂、領導才能得以發揮，上司亦會認同自己的表現。惟會為家庭瑣事而操心，需要多花耐性處理。
♡	2026年12月7日至2027年1月4日	有新合作機會臨門，惟落實前需要審視市場環境再作周詳考慮，以免被表象蒙蔽而有破財機會。
♡	2027年1月5日至2月3日	做事能得助力事半功倍，惟財運較為波動，尤其投資方面要特別謹慎，不宜涉獵高風險的投機炒賣。

嘗試開展。至於單身男士的心力會專注於事業發展之上，對談情說愛的追求較為淡泊，關係原地踏步。

已婚者同樣會因為忙於為事業打拚而疏忽身邊人，加上工作壓力龐大，既要兼顧事業又要照顧家庭，容易因此而與另一半有摩擦，需要多加包容忍讓，亦可適當獨處，沉澱自己。已婚女性則要堅決抗拒外來誘惑，避免破壞雙方共建的互信關係。

【健康方面】

擺脫了乙巳年的「天合地合」，馬年身體健康大有進步，不過始終金受剋，需要注意喉嚨、氣管及呼吸系統毛病，若本身有鼻敏感、氣管過敏或吸煙習慣者更要注意肺部健康。另外，金受剋容易皮膚敏感，火過旺則要提防心臟及血壓等都市病。

另外，蛇年「天合地合」容易有焦慮情緒，較為影響睡眠質素，來到馬年情況有所緩和，加上自己對健康管理的關注度有所提高，掌握生活節奏及恆常運動，精神健康亦有改善，惟始終仍受工作壓力困擾，需要適時紓緩減壓。

58 辛酉日

強火煉金　奮發向上防範糾紛

【財運方面】

流年與個人天干屬「丙辛合」，相合的年份約有七成人運勢向上，但也會有三成人要經歷變化，實際情況需要視乎個人命格而定。

辛酉日天干地支同屬金，除非生於水年、水月及午夜或火年、火月及中午等少數極端組合，否則大部分人命格金旺，得流年之火鍛煉將會更為上乘，馬年個人心態積極，邏輯思維及紀律性有所增強，尤其秋天（農曆七月及八月）出生者獲益最大，若再於申時及酉時出生更為入運，財運優勢明顯。木旺的春天（農曆正月及二月）出生者有「丙火」鍛煉，財運亦算有得着。另外，由於五行循環中土生金，故土重月份（農曆三月、六月、九月及十二月）出生者亦有貴人扶持，做事頗為順心。冬天（農曆十月及十一月）出生者屬水冷金寒，有火暖和命格心情亦較輕鬆愉快。至於夏天（農曆四月及五月）出生者，原局火旺金弱，未必能承受馬年火氣，財運方面或有入不敷支之虞。

另外要注意因流年「丙火」為自己的官星，從商者要慎防官非，尤其應對稅局、海關或消防等監管機構更要奉公守法，不宜讓客戶賒數、賒貨，以免要對簿公堂而破財。投資方面則不宜聽信小道消息，必須經過個人分析研究，並以保守為大前提，凡事穩妥則可萬無一失。

【事業方面】

馬年事業運處於高光時刻，加上學習運及考試運俱佳，若有升遷考核不妨主動參與，成功機會頗高。打算轉職者亦會有人臨門邀約，毋須主動出擊，無論選擇留守或接受挑戰均有進步，不妨積極把握。

雖然工作表現出色、才華備受認同，惟上司要求極為嚴格，且要兼顧更廣的工作範疇，需要調整心態，從容面對壓力。另外，「官」有管束之意，任職大機構、政府部門或管理層等工作性質較穩定的人士發展最有利，事業可望更上一層樓，惟銷售、中介等對外工作則只屬一般，需要咬緊牙關面對。

【感情方面】

「辛金」是珠寶首飾的金，而「酉」則是桃花，大部分辛酉日的外貌及身型頗為吸引，而「丙火」是自己的官星，單身女性有望於馬年邂

流月運勢

♥吉 ♡中吉 ♡平 ♥凶

♡（中吉）	2026年2月4日至3月4日	財運走勢不俗，正財收入將有提升，偏財方面只要不太貪心亦有收穫，惟謹記見好即收，以免得不償失。
♥（凶）	2026年3月5日至4月4日	天干相同的月份容易桃花破財，與異性不宜有太多金錢轇轕，亦要避免合作投資，以免因財失義。
♡（平）	2026年4月5日至5月4日	身體健康響起警號，容易有傷風、感冒等小毛病，建議養成健康的生活習慣，盡量早睡早起，不宜工作過勞。
♥（吉）	2026年5月5日至6月4日	事業突飛猛進，能於職場上大展拳腳，出色的工作表現會備受認同，不妨奮力向前爭取好成績。
♡（中吉）	2026年6月5日至7月6日	事業順遂兼有升遷機會，可望於工作崗位上大放異彩，惟工作壓力較大，建議相約朋友聚會，互相傾訴解開鬱結。
♡（平）	2026年7月7日至8月6日	相沖月份人際關係疲弱，容易因為言語誤會而有爭端，需要冷靜溝通。本月手部容易受傷，要提防廚房、浴室等家居陷阱。
♥（凶）	2026年8月7日至9月6日	好事多磨、工作困難重重，情緒跌入低谷，需要調整心態迎難而上，做好兩手準備應對不同挑戰。
♡（平）	2026年9月7日至10月7日	暗地漏財的月份，面對看似穩賺的投機炒賣項目需要三思，以免被表面風光蒙蔽而招致損失。
♡（平）	2026年10月8日至11月6日	運勢一得一失，工作會遇上始料不及的問題，可幸能獲德高望重的貴人扶持，問題最終可迎刃而解。
♥（吉）	2026年11月7日至12月6日	貴人力量持續發揮作用，個人才華得以彰顯，事業亦會有明顯進步空間，可望於行內嶄露頭角。
♡（中吉）	2026年12月7日至2027年1月4日	桃花燦爛的月份，單身一族不妨多留意身邊人，可望結識合眼緣的異性。惟投資運一般，不宜衝動行事。
♡（中吉）	2027年1月5日至2月3日	獲長輩貴人支持拓展商機，惟處理文件、合約時需要特別小心，慎防大意遺漏惹上官非而需要破財。

逅心儀對象，惟對方的性格較為木訥耿直，若喜歡成熟敦厚者不妨嘗試發展。單身男士則會以事業為重，對愛情無心戀戰，關係難有突破。

情侶關係平穩，惟容易因為過分專注事業而冷落對方，需要平衡工作與私人時間。已婚者與另一半相處融洽，彼此並無重大摩擦，惟始終工作忙碌無暇兼顧家事，容易因為子女的管教問題而有爭執，需要多加溝通忍讓。

【健康方面】

馬年的健康運大致向好，惟「丙辛合」要提防呼吸系統及肺部毛病，容易有久咳不癒問題，建議多進行帶氧運動強身健體。若有氣管敏感或鼻敏感則更要注意，慎防季節交替令情況加劇。另外，「辛酉」遇上「丙火」容易皮膚過敏，要留心牀單、被鋪等日常用品或家俬是否含有致敏原，不妨於五黃(正南)及二黑(西北)的流年病星位置擺放銅器重物化解。

另外，由於馬年壓力較大，亦有機會因為官司纏身而有失眠問題，需要調節心態、紓緩減壓，不妨多做運動及多接觸大自然，以正能量修補負面情緒。

59 壬戌日

沖合夾擊　起伏不定橫發橫破

【財運方面】

由於流年與個人天干屬「丙壬沖」、地支則為「午戌合」，受到沖與合雙重夾擊，馬年難免要面對較大挑戰。新一年雖然有賺錢機遇，但始終起伏較大，加上合日腳亦有破財機會，而且沖與合均指向財星，故馬年要提防有橫發橫破情況，需要謹慎守財。

壬戌日天干屬水、地支屬土，由於水受土困，故大部分人命格水弱，只有冬天（農曆十月及十一月）或子時、丑時、亥時出生者水較旺財運相對理想，既可賺取收入亦能儲蓄。而五行循環中金生水，故金旺的秋天（農曆七月及八月）出生者亦算不過不失。不過，生於春、夏及土重月份（農曆正月至六月及農曆九月、十二月）則較為財來財去，即使有賺錢機會但開支較多容易破財。

總括而言，身弱行財運容易有「富屋窮人」情況，而且偏財屬不穩定之財，從商者面對新合作要謹慎審視箇中風險，不宜被表面風光蒙蔽；落實後亦要親力親為多作監管，不宜讓客戶賒數、賒貨，慎防對方資金周轉不靈而招致損失。建議馬年賺取收入後將部分資金轉移為實物資產保值，投資方面亦要見好即收，凡事穩妥則可安然度過。

【事業方面】

「丙火」是個人財星，故從事地產、保險等銷售中介業績將有進步，收入亦會有提升，任職大機構或管理層薪酬亦有合理調整。不過，受到沖與合夾擊，馬年工作艱辛、壓力較大，加上人事問題複雜，是非口舌頻繁，待人處事需要保持低調，事不關己亦不宜多加意見，以免遭受攻擊而拖垮事業發展。

至於有意轉換工作環境者，馬年未算是合適時機，能覓得理想工作的機會不高，建議謹守原有崗位，並趁沖與合之年多爭取出差機會，人在外地可望有較佳發揮。

【感情方面】

單身男士馬年將會有桃花臨門，可望結識條件不俗的異性，惟對方脾氣較為剛烈，而且關係未算穩定、容易熱情冷卻，建議多花時間相處了解，不宜急於開展。單身女士亦有機會遇上心儀

流月運勢

♥吉 ♡中吉 ♡平 ♥凶

♡	2026年2月4日至3月4日	為工作而奔波勞碌，惟付出與收穫難成正比，感覺較為心力交瘁，需要調節心態以積極態度面對。
♡	2026年3月5日至4月4日	做事一波三折、困難重重，可幸有貴人幫忙而絕處逢生，不妨借助對方的人脈網絡解決問題。
♥	2026年4月5日至5月4日	相沖月份宜動不宜靜，加上職場人事糾紛頻繁，兼有漏財情況，不妨放假出門外遊，有助帶動運勢。
♡	2026年5月5日至6月4日	財運有表面風光之勢，投資方面有輕微收穫，惟又會暗地漏財，需要見好即收及多作財務管理。
♡	2026年6月5日至7月6日	財運走勢上揚，但與身邊人關係較緊張，容易因為家庭瑣事意見分歧，需要冷靜溝通尋求共識。
♡	2026年7月7日至8月6日	健康運疲弱，抵抗力弱容易有較多傷風、感冒等小問題，建議多做運動強身健體，亦要多爭取休息時間。
♡	2026年8月7日至9月6日	工作得力、做事事半功倍，惟職場的人事糾紛令自己頗為困擾，建議「少說話、多做事」，避免捲入是非漩渦。
♡	2026年9月7日至10月7日	「天合地合」月份運勢波濤起伏，建議本月不宜作任何重大決定，亦可出門「借地運」提升運勢。
♡	2026年10月8日至11月6日	事業走勢強勁兼有升遷運，惟工作壓力極大，情緒容易鑽進死胡同，不妨相約朋友聚會互相傾訴。
♥	2026年11月7日至12月6日	運勢否極泰來，之前的麻煩阻礙一掃而空，事業有新發展，財運亦能水漲船高，不妨把握機會奮力向前。
♡	2026年12月7日至2027年1月4日	享受成果的月份，之前負責的工作項目可望有收穫，不妨購買心頭好獎勵自己。惟本月容易受傷，進行戶外活動時要注意安全。
♥	2027年1月5日至2月3日	做事遇上挫折、工作容易分心，尤其簽署文件、合約時要特別小心核對條款細則，慎防大意出錯而惹官非。

對象，惟多屬曇花一現的短暫桃花，不宜太快投入感情，以免感情受挫。

已婚者壓力繁重、脾氣較為暴躁，容易因此而與另一半爭執，建議採取人為的「聚少離多」方式相處，多出差或各自專注於事業發展，減少見面可避免衝突。不過，合日腳會衝擊伴侶健康，即使忙碌亦要抽時間多關心對方。

【健康方面】

「壬戌」遇上「丙午」屬水火相沖，需要提防心臟及血壓毛病，水受困則要注意膀胱及腎臟問題，尤其春、夏兩季出生者情況更甚，不妨大量使用米、白及淺藍色彌補命格不足。至於土重月份出生者容易有焦慮情緒，需要學懂紓緩減壓。

合日腳之年要關注伴侶身體健康，馬年亦要多關心男性長輩，容易意外受傷或有小手術，需要提防廚房、浴室等家居陷阱，不妨為對方家居作小量裝修、維修，亦可更換沙發、牀褥等貼身家俬提升氣運，作好風險管理則可萬無一失。

60 癸亥日

財星拱照　貴人得力宜守宜進

【財運方面】

癸亥日天干、地支同屬水，大部分人命格水旺屬身強，而遇上丙午馬年代表出現正財運，既有賺錢機會亦能守財，加上貴人力量充足，做事成功機會較高，不妨積極把握。

一眾癸亥日當中，以水旺的冬天（農曆十月及十一月）出生者最為入運，財運算是相當理想。秋天（農曆七月及八月）出生者金能生旺水，收入亦有明顯增長。春天（農曆正月及二月）出生者相對秋、冬兩季較為勞心勞力，但仍算有不俗進帳。土重月份（農曆三月、六月、九月及十二月）出生者雖然水受制衡，但整體仍算有優勢，惟處理監管機構的文件、合約時要特別小心。夏天（農曆四月及五月）出生者火旺形成疊加效應，財運有提升但需要多作管理防止漏財，可幸癸亥日本身的水不算弱，故尚算中規中矩。

總括而言，丙午年屬財運臨門的年份，投資者不妨多花心力發展，有意擴充業務者亦可借助貴人力量達成目標。投資方面若憑個人分析研究可有進帳，惟宜以中長線項目為主，大手的短炒投機需要衡量風險。另外，馬年有機會因為家人健康問題而破財，不妨多作贈醫施藥善舉，主動應驗提升運勢。

【事業方面】

馬年財星高照，打工一族及管理層加薪幅度滿意，自媒體、服務業或從事地產、保險等銷售中介的人士收入亦有明顯增長，惟權責及職銜提升則未必如預期中理想，需要調節心態接受。另外，馬年做事充滿幹勁，工作能力亦備受認同，惟個性較為急進，需要注意人際關係，慎防過分鋒芒畢露而遭受攻擊。

如有意轉換工作者，馬年亦不妨放膽一試，可望有不俗發展。惟新一年工作壓力較大，除了秋、冬兩季出生者相對能應付，春、夏兩季會較過去艱辛，土重月份更甚，可幸辛苦付出過後能有金錢回報，故仍屬勞而有功之年。

【感情方面】

丙午年對男性而言桃花較旺，有望結識合眼緣兼可發展的對象，惟已有伴侶者則要慎防桃花交疊而陷入三角關係，需要認真思考去

流月運勢

♥吉 ♡中吉 ♡平 ♥凶

♡	2026年2月4日至3月4日	獲貴人扶持有新合作機會，惟不宜輕舉妄動，需要多審視市場環境，亦可徵詢前輩意見再作決定。
♥	2026年3月5日至4月4日	領導才能得以發揮，加上有貴人之助可拓展人脈網絡，做事將會事半功倍，不妨積極爭取表現。
♡	2026年4月5日至5月4日	事業持續有進步，出色的表現會成為眾人焦點，惟工作壓力較大，需要調節心態面對。本月財運有耗損，不宜投資投機。
♥	2026年5月5日至6月4日	破財月份不宜魯莽開展新計劃，尤其高風險的投機炒賣更要三思，容易被表面風光蒙蔽。本月關節容易受傷，進行戶外活動時要特別留心。
♥	2026年6月5日至7月6日	財運走勢順遂，工作表現出色，正財收入有提升，偏財方面只要不太貪心亦有收穫，不妨購買彩票碰碰運氣。
♥	2026年7月7日至8月6日	做事遇上障礙，容易因為大意失誤而功虧一簣，感覺較為氣餒，建議調節心態，做好兩手準備迎難而上。
♡	2026年8月7日至9月6日	財運有提升，可望獲得輕微幸運之財，惟情緒較為焦慮、容易杞人憂天，不妨相約朋友聚會互相傾訴，解開鬱結。
♡	2026年9月7日至10月7日	貴人助力充足，借助對方的人脈資源可望拓展商機，不妨積極把握。惟本月容易有視力衰退或眼部小毛病，建議盡快尋求專科診治。
♡	2026年10月8日至11月6日	事業運上揚，惟工作壓力沉重，容易因為情緒低落而有失眠問題，建議多接觸大自然，以正能量紓緩負面情緒。
♥	2026年11月7日至12月6日	容易扭傷、摔傷，尤其手部或腳部關節首當其衝，進行戶外活動時宜結伴同行，凡事安全為上。
♡	2026年12月7日至2027年1月4日	心情欠佳、脾氣較為急進，建議趁年末假期出門外遊，既可放鬆身心，亦可以「借地運」方式提升運勢。
♥	2027年1月5日至2月3日	事業處於高光時刻，之前付出的努力終於可獲回報，兼會有不俗升遷運，不妨購買心頭好獎勵自己。

向。單身女士容易遇上暗地桃花，與新相識的異性尚在摸索階段，需要多花時間相處了解。

已婚男士則要堅決抗拒外來誘惑，女士會因為工作壓力而冷落伴侶，需要多加溝通，互相體諒。馬年亦容易因為金錢問題而有摩擦，建議盡量財政獨立，若需要調動較大量資金時亦要有商有量，慎防因為雙方家人的財政負擔而互相埋怨，影響夫妻感情。

【健康方面】

大部分癸亥日五行水旺，流年行火運令命格得以平衡，尤其冬天出生者健康最有進步。不過，始終流年呈現水火相遇之象，需要注意心臟及血壓毛病，夏天出生者則要提防膀胱及腎臟問題。由於癸亥日本身較容易受傷，熱愛運動者要注意關節健康，駕駛人士亦要留心道路安全，提防輕微汽車碰撞，凡事謹慎則可平安大吉。

另外，馬年亦要多關心男性長輩健康，容易意外受傷或有輕微血光之災，不妨安排身體檢查保平安，亦可為對方家居作小量裝修、維修或更換沙發、牀褥等家俬提升氣運。

每月運勢西曆日子對照表（按中國廿四節氣而分）

農曆	西曆
農曆正月	西曆二六年二月四日至三月四日
農曆二月	西曆二六年三月五日至四月四日
農曆三月	西曆二六年四月五日至五月四日
農曆四月	西曆二六年五月五日至六月四日
農曆五月	西曆二六年六月五日至七月六日
農曆六月	西曆二六年七月七日至八月六日
農曆七月	西曆二六年八月七日至九月六日
農曆八月	西曆二六年九月七日至十月七日
農曆九月	西曆二六年十月八日至十一月六日
農曆十月	西曆二六年十一月七日至十二月六日
農曆十一月	西曆二六年十二月七日至二七年一月四日
農曆十二月	西曆二七年一月五日至二月三日

馬年行好運
風水佈局

馬年九大吉凶方位

如何催旺桃花人緣、正偏財運、地位升遷、喜慶吉事？又怎樣化解小人是非、損財傷丁、疾病困擾？不時都有傳媒或客人，問我該如何就不同的範疇佈陣，以求催吉避凶。其實在玄空飛星學派中，每間住宅的吉凶方位年年都會不同。上年的財位在今年可以變成病位，桃花位亦可變成凶位。這些年年不同的吉凶方位統稱為流年飛星，想知道今年該如何佈陣，務必先了解不同方位的吉凶屬性。

下面的**丙午馬年（二〇二六年）**九宮飛星圖，顯示了九大流年飛星在馬年飛臨的方位。要注意的是，流年風水陣的應用以每年的「立春」為界，並非正月初一。換言之，下面的風水陣適用期為西曆**二〇二六年二月四日上午四時零三分至二〇二七年二月四日上午九時四十七分**。

二〇二六丙午馬年九宮飛星圖

南（上）、北（下）、東（左）、西（右）

9	5〔太歲〕	7
8	1（中宮）	3
4	6〔三煞〕〔歲破〕	2

正東

八白星（貴人星／左輔星）
五行屬性：土
影響範疇：升職、財運、田宅

催旺方法：

踏入九運以後，雖然八白並非當時得令的財星，但八白本身也屬吉星，代表功名富貴及田宅，也象徵貴人，所以若運用得宜，對財運、田產及貴人運也有幫助。

今年八白星所在位置是**正東**，因八白星屬土，而火又生土，若要催旺此星力量，**正東**一帶宜多用屬火及屬土的紅黃兩色，也可擺放黃晶或陶瓷飾物，皆有利八白星之力量。

東南

九紫星（得令旺星／喜慶星／右弼星）
五行屬性：火
影響範疇：各種喜慶吉事，尤其是嫁娶及添丁

九紫星不僅象徵喜氣，在九運之中也是力量最強的吉星，所以更要善用九紫飛星的流年方位。本年九紫星的方位在東南，九紫星本身代表一切喜慶事宜，即使並非急於嫁娶或生兒育女，加以催旺亦百利而無一害。加上現已踏進九運，九紫星也是最得令的飛星，大利貴人及財運，若能催旺自然相得益彰，凡事喜上加喜。

催旺方法：

九紫屬火，而木又生火，最適宜用土種植物來催旺，例如放一盆多果實的植物、泥種大葉盆景，便可達致木火通明之吉象，而擺放帶紫紅色的蘭花亦是理想之選。另外，也可在今年的東南一帶多放紫、紅、綠等色來催旺，例如紅色盆栽、揮春或地氈等等，也可長期開着一盞紅燈，皆有助提升喜氣。至於金元寶或聚寶盆等等旺財的吉祥物品，同樣適合放在流年九紫星的方位，有助加強財星之力量。要注意的是，九紫星方位不宜堆放雜物，以免阻礙旺氣流動，另外也不利出現水種植物，和藍、黑及灰色等物品，恐防將火氣減弱，有損其力量。

正南

五黃星（災星／廉貞星）
五行屬性：土
影響範疇：疾病、災禍

化解方法：

五黃是「災星」，其破壞力較二黑「病星」更嚴重，但化解原理及方法相同。五黃星今年飛臨正南，因黃色代表土，紅色代表火，而五黃星屬土，火又生土，所以今年房子的正南一帶忌見紅黃兩色，並要避免動土、養魚、放水種植物及長期坐臥。

因金有助泄去土氣，而數字「6」又代表金，所以可多放銅製或金色重物，例如錢兜、六件銅製飾物或安忍水等，有助進一步化解五黃的病氣。其實五黃災星最適合用聲音去化解，所以能發聲的圓形銅鐘或六層的金色風鈴亦特別有幫助。

必須注意的是，今年的正南亦為太歲方位，所謂太歲頭上動土必有禍，加上五黃災星同時飛臨，所以今年正南一帶絕對不宜大型裝修，尤其是鑿地，否則病氣會更重；若為大門、睡房或廚房，更要加倍提防。

西南

七赤星（盜賊星／破軍星）
五行屬性：金
影響範疇：破財、盜賊、牢獄、損丁

化解方法：

七赤的破壞力量很強，若不慎催旺，恐防有損家宅運。本年屬金的七赤星飛臨西南，因七赤帶肅殺之氣，所以宜靜不宜動，不可擺放流動性高的物品，只宜擺放藍色物品（象徵一白水星），以泄肅殺之氣，作陰陽平和。

正西

三碧星（是非星／祿存星）
五行屬性：木
影響範疇：官非、鬥爭、是非、小劫

化解方法：

三碧星乃是非星，容易引發爭吵及困擾之事。今年三碧星飛臨正西，因三碧屬木，而水又生木，為免刺激此是非星，所以忌見綠（屬木）、藍（屬水）兩色。三碧星飛臨之地亦不宜養魚，故此今年家裏的正西一帶，要避免擺放水種植物及魚缸。

另外因木生火，而紅色及數字「9」又代表火，如要化是非或減少一家人的爭吵，可用火泄掉三碧星的木氣，所以最適宜擺放九枝紅玫瑰來化是非（玫瑰一定要去葉，因綠色不利）。如不方便，亦可在正西之處多用紅色物品，或擺放一盞紅燈，並長期亮着。

西北

二黑星（病星／巨門星）
五行屬性：土
影響範疇：健康問題，尤其是婦科病及腸胃病

化解方法：

二黑乃病星，力量雖然不及五黃災星，但仍然具有損丁的力量。本年二黑病星飛臨西北，因二黑星屬土，而火又生土，所以今年西北一帶皆要避忌黃色（屬土）及紅色（屬火），以免進一步增強災星的力量。

因為土生金，金可以泄去土氣，而數字「6」又代表金，要化解西北的病氣，宜長期擺放銅製或金色重物，例如錢兜或六件銅製飾物等。另外，因流動性物品會助長凶星力量，所以凡是病星飛臨之處除了不宜動土及長期坐臥，也不利養魚或擺放水種植物。

正北

六白星（偏財星／武曲星）
五行屬性：金
影響範疇：驛馬、權力、偏財

催旺方法

六白武曲星代表的是技術性、勞動性或經常要出外走動的工作，既代表權力管理，也是一顆偏財星，但凡文職以外的工作者想催旺事業運及財運，一定要好好利用六白星。所以家中若有成員為軍政界、紀律部隊、技術人員、運動員，或有投資投機習慣的話，催旺六白星就更有幫助了。

今年六白武曲星飛臨正北，因六白屬金，而土又生金，所以有利在今年的正北位置多放黃色及金色物品，陶瓷及石頭亦有幫助。另外，數字「8」亦代表土，加上流動性高的物品皆可加強力量，所以在此飼養八條金魚、擺放金色風扇及水種植物等等亦佳。至於貔貅、龍龜、蟾蜍等金色的吉祥擺設，也適合催旺六白星之力量。要注意的是，六白不宜受火氣克制，故忌見紅橙兩色，亦不宜燃點香薰。

此外，本年三煞亦位處正北。傳統上，三煞「忌坐不忌向」，所以本年「坐北向南」的家宅亦不宜裝修。

東北

四綠星（文昌星／文曲星）
五行屬性：木
影響範疇：考試、進修、升職、名譽、文職工作

催旺方法：

四綠星今年飛臨東北，因文昌屬木，而綠色及數字「4」均代表木，所以最適宜擺放四枝水養富貴竹來催旺，也適合多見綠色及藍色。如果書房或睡房位處東北，房內的牀單被鋪或其他布藝用品，不妨多選用綠色、藍色或條紋圖案來加強力量，書桌若能位處東北亦佳，同樣有正面作用。其他綠色物品、文昌塔或筆座等皆可助旺文昌星，有利考試、進修及創作表現。

中宮

一白星（桃花星／貪狼星）
五行屬性：水
影響範疇：姻緣、拍拖、人緣、出門、遠行

催旺方法：

本年的中宮（房子中央一帶）為一白桃花位，桃花星屬水，如果想拍拖或改善人緣，均可在中宮放任何水種植物或顏色鮮豔的花卉，而粉晶擺設亦佳。

不過已有伴侶又擔心桃花太旺會影響感情的話，不妨放八粒石春削弱桃花力量。因為土剋水，而數字「8」又代表土，所以雙管齊下最佳。要注意如果家中有人從事人際關係為主的工作（如傳銷、營業員及公關等），則不可過分化解桃花位，否則人緣不佳，工作運亦會轉壞。

馬年家居全方位風水陣

前文講解了馬年九大吉凶方位所在，這部分會按照不同坐向的家居圖來簡單指出佈陣方法。使用方法是先找出家中大門的坐向，然後參考下列的佈陣圖，當中所用的風水物品亦有其他選擇，如有需要可參閱前文。

正東（八白）：紅黃物品／陶瓷
東南（九紫）：泥種植物／紅燈
正南（五黃）：銅製或金色重物／銅葫蘆
西南（七赤）：藍色物品／波浪紋物品
正西（三碧）：九枝去葉玫瑰／紅色物品
西北（二黑）：銅製或金色重物／錢兜
正北（六白）：貔貅／一對龍龜
東北（四綠）：四枝富貴竹／藍綠物品
中宮（一白）：鮮花／水種植物

（東南） 泥種植物	（南） 銅製重物	（西南） 藍色物品
（東） 紅黃物品	（中宮） 水種鮮花	（西） 去葉玫瑰
（東北） 富貴竹	（北） 一對龍龜	（西北） 銅製重物

二〇二六丙午馬年佈陣一覽圖
適用期：西曆2026年2月4日04:03至2027年2月4日09:47

馬年家宅運預測

每一住宅的門向（大門往外走之方向）都十分重要，因為大門是氣流最常進出之處，如果流年方位好，自然引入喜慶吉事，反之亦然。

下面列舉了馬年八大門向的好壞影響。如果家中大門正好是吉位，當然值得高興；如果大門方向恰巧是流年凶位，亦不必太杞人憂天，只要加以避忌及化解，家宅運也不致太差。

要注意，錯認大門坐向會嚴重影響佈局，故大家應利用指南針來找出正確的家宅坐向方位——所謂「向」，基本以家中面對大門往外走的方向；「坐」即面對大門時所背對的方向。要得知自己家宅的坐向，可以在家中面向大門正中的位置，手持指南針，指南針所指出的門外方向，便為「向」。舉例說，若門外方向為正南，其對立的正北便為「坐」，即坐北向南。

（註：現時大部分智能電話已附有指南針程式，應用上更方便。如採用坊間出售的一般指南針，大多需要用者自行調校方向。記着指南針並非指「南」，針上有顏色的一端應該調校至正北，如此才不會計錯方向。）

大門向正東八白星臨門：

今年家中各人的工作運頗佳，財運亦有提升，如要進一步催旺，大門位置宜擺放紅色或黃色地氈，另外陶瓷擺設亦可助旺八白吉星。

大門向東南九紫星臨門：

此為九運中最強的吉星，也為當旺財星及喜慶星，今年家中容易喜事臨門，尤其有利嫁娶及添丁。若要進一步加強，適合在大門使用紅色或綠色地氈，玄關一帶則可擺放大葉植物、金元寶或任何帶有「開門見喜」意象的吉祥物品。另外也可在門旁裝上一盞長期亮着的小燈，亦有助催旺喜事及財運。

大門向正南五黃星臨門：

今年整體健康運不佳，更要提防舊病復發，因此大門及附近一帶切忌裝修動土，也不利擺放紅色、黃色地氈，以免進一步損害健康運。今年適宜在大門旁掛白玉葫蘆、能發聲的圓形銅鐘或銅鑼，亦可擺放淺灰色或米色地氈，並在下面放銅片及六個銅錢化解病氣。

另外，因今年太歲飛臨正南，太歲方位「忌向不忌坐」，大門向正南之家宅也屬犯太歲，所以本年全屋切忌裝修、動土，尤忌鑿地，否則家宅的健康運會易受衝擊。

大門向西南七赤星臨門：

今年家宅運較弱，要慎防盜賊及官非訴訟，也要小心受金屬利器所傷或與人爭吵。此外大門位置不宜動土，也不利擺放帶流動性的物品，宜放粉藍色地氈化解。

大門向正西三碧是非星臨門：

今年家中是非及爭吵特別多，宜平心靜氣處事，大門一帶則忌用綠色及藍色地氈，宜用紅色地氈或張貼紅色海報、揮春。

大門向西北二黑星臨門：

今年要特別注意健康，尤其是婦女及腸胃病等；忌見紅黃兩色的地氈，宜在大門一帶擺放銅製重物或白玉葫蘆，並使用淺灰色或米色地氈，底下再放六個銅錢化解病氣。另外，亦可選擇在地氈底放一塊大銅片，也有助提升健康運。

大門向正北

六白星臨門：

今年整體家宅運不俗，尤其有利文職以外的工作，也對偏財有幫助；如要催旺可放黃色或金色地氈，玄關一帶也適合擺放金色的吉祥擺設，有助升職及加強名氣。**另要注意，雖然今年正北同為三煞臨門，但三煞「忌坐不忌向」，若大門向着三煞也不足為忌。**

大門向東北

四綠星臨門：

今年家中各人特別有利考試、升職及提升名氣，不論是進修或讀書皆有明顯進步，適宜放粉藍色或綠色地氈再作催旺，也適合在大門旁放四枝水養富貴竹或文昌塔。

二〇二六馬年簡易風水陣

不論是來找我算命的客人還是傳媒朋友，一般都只會關心如何針對他們的問題來佈陣解決，對於問題以外的枝節，或許不會太熱衷。其實也理所當然，因找我的朋友大多早已備受煩惱纏擾，而且又是玄學的門外漢，又何來心思精力研究箇中原理？

有見及此，為方便大家手執此書仍不致毫無頭緒、無從入手，我特意為各種常見的疑難列出針對性的解決辦法。大家只要按自己的願望對號入座，便可得知如何自行佈陣了。

以下所教的風水陣之特色：

- 所用工具盡量簡單實用，只要符合相關原則，也可用其他物品取代。
- 佈陣方位除了可應用於整個家宅，也可應用於私人空間（如睡房、書房）及辦公室。
- 若只得一張辦公桌，亦可照樣佈陣。方法是先將屬於自己的面積（例如辦公桌連坐椅位置）看成一個長方形，再平均劃成九格，便可用指南針找出相關位置。

❤ 我要加強姻緣

急於脫單的話，首先就要催旺流年桃花位。

本年桃花星飛臨**中宮**（即房子中央一帶），如果牀頭或辦公桌能在此位置自然更佳，若要加強桃花星力量，除了擺放水種鮮花，也可放粉紅水晶、紅紋石、紅色絲帶花或蝴蝶擺設等等，既有點綴作用，亦能催旺姻緣。但切忌在**中宮**位置使用過多的黑色或深色，因為這些象徵孤寡顏色，恐防削弱姻緣運。

東南	正南	西南
正東	中宮 水種鮮花／粉紅水晶／紅紋石／紅色絲帶花／蝴蝶擺設	正西
東北	正北	西北

我要感情甜蜜

不論是情人還是已婚夫婦，想彼此感情與日俱增，不妨在流年的正西作風水佈局。本年的正西乃是非星降臨，特別忌見任何綠色，尤其是睡房位處正西者，更要小心避忌，否則容易爭吵不休。若想改善關係，可於正西一帶擺放紅色物品或九枝紅玫瑰，但玫瑰一定要去葉，這才可控制是非星的力量。

西南	正南	東南
正西 紅色物品／九枝去葉紅玫瑰	中宮	正東
西北	正北	東北

我要結婚或添丁

本年的東南是喜慶位，代表一切喜事，尤其有利嫁娶及生兒育女。所以拍拖已久，希望於今年共諧連理，又或者已婚夫婦打算生兒育女的話，可於家中的東南多放紅色、綠色物品或帶果實的泥種植物。至於孖公仔或鴛鴦擺設，也對有意結婚的情侶有直接催旺之幫助。

西南	正南	東南 紅色、綠色物品／帶果實的泥種植物／孖公仔／鴛鴦擺設
正西	中宮	正東
西北	正北	東北

我要工作穩定

打工一族想「保飯碗」，避免被裁員，要注意自己在辦公室的座位會否「欠靠山」（如背後欠牆或無高櫃遮擋）。如無任何大物在背後遮擋，一般會削弱運勢，易受煞氣所沖，所以最好在背後掛上意象祥和的山水畫、加高椅背或擺放八粒石春。另外，家中的沙發也宜背靠實牆或高闊穩重之物，否則也會出現欠靠山之意象。

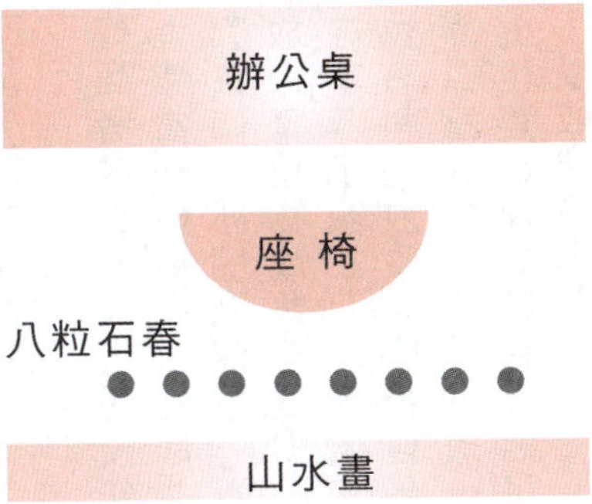

辦公桌

座椅

八粒石春

山水畫

在辦公室的座位背後掛上山水畫，加高椅背或擺放八粒石春，可化解煞氣。

我要升職加薪

想升職加薪，不妨在家裏或辦公室催旺文昌星及當旺財星位置。今年的文昌星在**東北**，此方位宜用流動性強而又帶綠色的物品催旺升職機會，最佳選擇當然是四枝富貴竹。另外，**東南**的九紫星為本年最強的吉星，此處宜多放紅色物品或紫晶擺件。如此雙管齊下，更有望升職加薪。

東南 紅色物品／紫晶擺件	正南	西南
正東	中宮	正西
東北 流動性強的綠色物品／四枝富貴竹	正北	西北

我要生意更好

營商者或自僱人士想流年生意更好，宜同時催旺九紫當旺財星及六白武曲星。今年最強的財星飛臨東南，亦即九紫星，為了帶動財氣，此處宜擺放大葉植物或象徵旺財的金元寶物品。而六白星在本年飛臨正北，該處宜多用黃色、金色物品，也有利擺放黃晶或金髮晶。另外，也可在商舖或辦公室的門口向外擺放一對貔貅以作招財，收銀機位置或保險箱附近則可擺放聚寶盆等風水物品，以收守財之效。

東南 大葉植物／ 金元寶物品	正南	西南
正東	中宮	正西
東北	正北 黃色、 金色物品／ 黃晶／金髮晶	西北

我要避開是非

想減少是非之爭，首要切忌在今年的正西位置動土。因今年的正西為是非星降臨，此處擺放流動性愈強的物品在或經常搬動物品，便愈易引發爭吵衝突。要化解是非星，除了避免動土，也適宜擺放紅色物品及黑曜石水晶，皆有助減弱是非星的力量。

東南	正南	西南
正東	中宮	正西 紅色物品/ 黑曜石水晶
東北	正北	西北

我要提升人緣

桃花亦代表人緣，所以想改善人際關係，不妨在今年的中宮桃花方位花點功夫。今年中宮所見的顏色愈鮮豔愈佳，而且任何水種植物皆可加強人際關係。如果想在辦公室佈陣，只需於桌面放一盆簡單的水種小植物便可。

東南	正南	西南
正東	中宮 水種植物	正西
東北	正北	西北

我要身心安泰

今年的正南及西北分別為五黃災星及二黑病星位，兩者皆對健康不利，當中尤以五黃最嚴重。要提升健康運，必須注意家中的沙發、睡牀及公司中的坐向是否位處此兩方向，因為在病位長期坐臥皆會容易引發大病小痛。所以正南及西北均要避忌動土及不宜擺放紅黃兩色物品，宜放銅製或金色重物加以化解。

東南	正南 銅製／ 金色重物	西南
正東	中宮	正西
東北	正北	西北 銅製／ 金色重物

我要防爛桃花

戀情最怕有第三者介入，如果自覺桃花太旺盛或對伴侶的自我克制力不太有信心，其實可於流年的桃花位着手化解。因為桃花星既可催旺亦可削弱，不論是未婚或已婚，今年均可於中宮一帶擺放木製的公雞飾物，以減低桃花力量，但必須注意的是，謹記桃花星方位忌放空花瓶，否則更易惹壞桃花。要注意的是桃花亦代表人緣，化桃花多少會削弱人際關係，若從事對外工作，如公關、營銷等，便容易有不利影響，所以化桃花前一定要考慮清楚。

東南	正南	西南
正東	中宮 木製 公雞飾物	正西
東北	正北	西北

二〇二六馬年辦公室秘密風水陣

雖然家居風水相當重要，但近年人們的工作時間愈來愈長，可能留在辦公室的時間比在家裏還要多。如果你認為最近的工作不太如意，不妨花點心思在公司佈個小風水陣，不但實用，而且絕不勞師動眾。

多勞少得

針對問題：

工作量與日俱增，精神卻難以集中，經常覺得工作辛苦及情緒不佳。若出現此情況可能是因為自己的座位有煞氣侵襲，例如與洗手間太近或對着尖角等，皆會形成煞氣，令事業發展受阻。

解決辦法：

在辦公桌附近加上板塊或其他遮擋物品，以防煞氣。

建議用具：

只有辦公桌的話，最簡單的方法是在桌面的正前方或旁邊豎立一塊水松板。如不確定煞氣來源，一般可放在正前方。

如擁有獨立辦公室，煞氣可能來自窗外，可選擇在窗上貼上大幅海報或者長期拉下窗簾。

❤ 口舌困擾

針對問題：

職場上的閒言閒語特別多，即使自己沒有主動說三道四，是非也會找上門，影響工作。如果自問別人對你的不滿多屬誤會，可能是公司中所坐的方位特別招惹是非。

解決辦法：

在個人辦公室或面對自己的辦公桌，以指南針找出流年「三碧是非星」飛臨之處，然後在該方位多使用紅色物品，以化解不利影響。**（丙午年的三碧星在正西）**

建議用具：

按辦公室的大小而選用適當的紅色物品，若空間有限，宜靈活運用紅色的日常用品，例如小地氈、滑鼠墊、紙鎮及文件夾等等皆可。另外也可在椅背掛上紅色外套，以減弱是非星力量。

過年習俗
知識

做尾禡

何謂「做禡」？

「做禡」就是拜祭土地公公的意思。中國人以農立國，所以歷代的農民甚或商人都對土地十分敬重。他們相信要豐衣足食，就要得到土地公公的庇佑，所以除了農曆正月外，其他月份中的初二和十六，他們都會「做禡」。而每年的農曆二月初二是「頭禡」，「尾禡」就是農曆十二月十六日。

「尾禡」與「無情雞」有何關連？

一年二十二次的「做禡」中，以「尾禡」最為人熟悉及特別受重視。傳統上，公司上上下下都會在過年前聚在一起吃一頓飯，而席上總會有一道以雞為主的菜式，相信大家也聽過這一個說法：雞頭對着某人，便代表那人將要被「炒魷」。這個「無情雞」傳統在今天看來已被視為笑話，但在往日卻是真有其事的，而這跟「尾禡」的由來大有關聯。原來根據清朝的僱傭制，「尾禡」被定為評核員工表現的日子。

在「尾禡」日子裏，僱主除了會派利市（類似現代社會的雙糧、花紅）獎勵員工外，亦會藉着在祭祀後大家圍坐在一起用膳的機會，以含蓄的手法來指出裁員的人選，那就是所謂給人吃「無情雞」了。

如果僱主決定了要辭退某人，便會將在一道熱葷中的雞頭對準那個員工，那是代表要請他吃「無情雞」；而如果雞頭對準的是僱主自己，則代表他不會辭退任何人。

時至今日，仍有少數舊式的酒樓及海味店會在「尾禡」當日拜祭土地及設宴款待辛勞了一整年的員工，而「無情雞」則已絕少派上用場了。現代僱主要裁員，派一個「大信封」，直接簡單得多。

祭祀「尾禡」要準備什麼物品？

燒肉、雞、香燭、三杯酒及一對沙田柚（每個柚子都要以紅筆在外皮上垂直寫上「招財進寶」四個字）。衣紙選用運財祿、地主貴人符、貴人馬及祿馬等，將之焚香三拜後火化即可。

何日是做「尾禡」日子？

「做尾禡」不一定要在正日（即農曆十二月十六日），其他日子也是可以的，只要那日不與公司負責人的生肖相沖，而且又屬於好日子便可。拜祭後，可保佑公司來年生意滔滔，並且可消除是非口舌之爭。

大掃除

大掃除有何意義？

「年廿八，洗邋遢」，玄學家相信，每年一次的大掃除的確有助改善宅氣，可在新一年的開始，將旺氣引入室內。即使撇開玄學不談，大掃除亦有如傳統節慶般備受重視，因為它提醒人們是時候去舊迎新，將家居收拾乾淨，無論在外觀或心理上，這都是好事。

應在何日大掃除？

擇個好日子來去舊迎新，來年家宅運便會更加順利。一般來說，只要日子並不跟家中成員的生肖相沖，《通勝》中所列的「成日」及「除日」皆可用；至於「破日」本身向來不宜祭祀，不過因為大掃除有破舊立新的意思，所以不常用的「破日」亦可選擇。

（請參考本書頁410「馬年吉時吉日」部分，以得知年尾適宜大掃除的日子。）

應如何清潔神位？

家中如有神位，在大掃除當日，應以碌柚葉、肩柏、芙蓉或七色花煲水，然後以此水來洗淨神櫃，方法是用新毛巾從上至下、由內至外把所有污垢盡除。

貼揮春有何宜忌？

很多家庭都會在大掃除後貼上新揮春，這做法可增加新年的喜慶氣氛，也象徵迎接新的開始。不過，因揮春往往會張貼一整年，其顏色及內容也會對家宅運有影響，所以貼揮春時要注意以下兩點。

第一，不可把紅色的揮春貼在流年的的**五黃災星**及**二黑病星**的方位，因為此舉會加強這兩顆病星的力量，尤其以**五黃災星**為甚。（馬年的五黃災星及二黑病星，分別位於正南及西北。）

第二，揮春的字不宜與流年的生肖相沖，否則有犯太歲之象。例如流年為馬年的話，便不宜貼上有「馬」字或相同諧音的揮春，如「馬到功成」、「龍馬精神」等等。

年花之吉利方位？

農曆新年的節日氣氛熱鬧，其中最好的活動便是行年宵了。無論經濟好壞，每年各個年宵市場中，都有很多人爭相買年花回家擺放，一來可美化家居，二來又可討個意頭，可謂一舉兩得。如果懂得妙用流年方位擺放年花，更可助旺運勢，而不同款式的年花，也有特別吉利的流年方位可作配對：

馬年九紫當旺星在東南（有利財運及喜事）：宜用果實或大葉類，並以泥種為佳，如五代同堂、年桔、富貴子、牡丹、水仙。

馬年一白桃花星在中宮（有利人緣及桃花）：宜用鮮花類，如蘭花、桃花或各式鮮豔花卉。

馬年四綠文昌星在東北（有利讀書及工作）：宜用常綠類，如富貴竹或各種象徵步步高升的植物。

擺放植物有禁忌？

其實只要自己喜歡，大部分植物都可以擺放在家中。不過，要注意有刺植物的擺放位置，例如玫瑰和仙人掌等，假如將有刺植物放在家中的桃花位（馬年在中宮），便很容易惹來「桃花劫」；建議為免一時錯手，還是少放為妙。

另外，每年的五黃災星（馬年在正南）及二黑病星（馬年在西北）之方位也切忌擺放植物，以免催旺病氣，反而得不償失。

團年

應在何日吃團年飯？

現代人生活忙碌，雖然各家各戶仍然保留着吃團年飯的習俗，但現在已不一定在年三十晚團年了。其實只要團年的日子並非屬於「陰錯」、「陽錯」或「破日」便可；而最佳的選擇，是在「天德」或「月德」等的好日子（有關日子可翻查《通勝》）。

有何團年習俗要遵守？

從前在家吃一頓團年飯，人們有不少習俗要遵守，但時移世易，不少人為了方便快捷，都會選擇一家人出外用膳。以下所提及的習俗儀式僅作參考，不管如何安排團年飯的細節，只要是一家人高高興興地聚在一起吃，便已很足夠了。

（一）吃團年飯前，要拜祭神明及祖先。拜菩薩要大香、細香各三支；拜地主要五支香；要在分別拜過五方土地龍神後；然後才上三支香拜祖先。如果有家庭成員未能出席，家人應代其拜祭以示尊重神明。

（二）團年飯的菜餚要包括至少一款酒（如糯米酒），及要具備意頭吉祥的小菜，例如髮菜（意謂「發財」）、韭菜（意謂「長長久久」）及蠔豉（意謂「好事」）等。另外，要有魚、肉、雞、鴨等四道主菜，再加上另外四道小菜，這稱為「四盤四碗」，取其諧音「事事如意」。

（三）在吃團年飯時，各人皆宜添飯，代表「添福添壽」；而為團年煮的米飯亦需準備多一些，好讓可以留起一點，代表「年年有餘」，此舉又可避免在年初一打開飯煲時，出現「空空如也」的不吉利情況。

（四）飯後長輩會派利市給後輩，而放於枕頭下的利市稱為「壓歲錢」，注意「壓歲錢」的數目應該為雙數，將之放於枕頭下，代表來年可有充足的金錢使用。

新春習俗多

全盒食物講意頭？

「全盒」本稱「攢盒」，是古代喜慶場合時用作盛載各式糖果小吃的器皿。由於「攢」與「全」同音，加上「全」有「十全十美」之意，故現時大多數人已簡化寫成全盒。而新一代的全盒會擺放糖果、朱古力等零食，不過，原來傳統全盒每一種食物也講意頭，而中心一格名為「正供」，宜擺放有「抓銀」諧音的大紅瓜子款客。

食物	寓意
瓜子	抓銀
糖蓮子	年生貴子
糖蓮藕	佳偶天成
糖甘橘	金玉滿堂
糖椰絲	有爺有子
笑口棗	笑口常開
煎堆	金銀滿屋
油角	財源滾滾

從前的全盒以圓形為主，寓意一家團圓；不過新派的全盒加入不同創意，有正方形、五角形、八角形甚至不規則形狀，可隨個人喜好選擇。但切記避免使用三角形全盒，因為三角形屬火，對心臟健康較為不利。顏色方面，除了傳統的大紅、大金等喜慶顏色外，粉紅、桃紅亦是不俗的選擇，只要避免使用黑色、深藍色即可。

年初一如何行大運？

不少人都喜愛於大年初一「行大運」，象徵迎春接福，討個好意頭。「行大運」既可以是出門到街上走走，也可以結伴到郊外踏青，無論用哪一種方式，只要大年初一配合當天吉時外出，便代表迎接了全年的財神及貴神，祈求新一年萬事大吉。

至於行大運的有利方向，不妨記着一個原則：出門後先向吉利方向走一圈，不論是迎接財神、貴神或喜神的方向也可以，然後就可繼續原訂的行程，不必全天也跟着該方向而行。

（請參考本書頁411「馬年吉時吉日」部分，以得知年初一行大運的吉時及宜忌方向。）

年初一不宜洗頭？

人們相信年初一當日一言一行也會影響來年運勢，所以事事講求意頭。按傳統習俗，晚輩會於年初一大清早起牀梳洗整妝，向家中長輩拜年後，長輩便封紅包予晚輩。

坊間也流傳年初一不宜洗頭的說法，原因是相傳洗頭會將好運財氣一併洗去，其實這與古人的一把長髮有關。由於古時沒有風筒等設備，一把長髮弄濕後難以風乾，而年初一披頭散髮的樣子才被視為不吉利。今時今日，現代人已百無禁忌，加上洗髮後可用風筒吹乾，所以年初一不能洗頭的習俗已變得沒大關係。

其他年初一宜忌？

✓宜穿鮮色衣服拜年，不妨多穿紅、紫、金等，寓意鴻運當頭、富貴吉祥。

✓宜吃素，農曆年初一的第一餐吃素，福報比起全年吃素更佳。

×忌掃地、向屋外潑水或倒垃圾，有倒財之象，趕走屋內財氣。

×忌說不吉利說話或發脾氣，避免說病、鬼、死、窮等字眼，以免帶來霉運。

×忌打破碗碟器皿，如真的不慎打破，要說「落地開花，富貴榮華」等吉利說話。

×忌使用刀、剪刀、斧頭等鋒利物品，以免有凶及破之意，影響家宅平安。

×忌午睡，年初一是一年之始，本應精神爽利，睡午覺有慵懶之意，影響來年運勢。

×忌直呼全名催促別人起牀，亦不宜於睡牀上向別人拜年，以免影響健康運。

年初二開年飯之意義？

年初二是農曆年後的第一個「禡」，人們習慣進行首個祭祀儀式，亦即「開年」。由於中國人每逢祭祀完畢都會準備一頓豐富的飯菜慶祝，所以無論家庭或店舖，年初二都有聚首一堂吃「開年飯」的傳統，祈求來年事事順利。

開年雖然定於年初二，但祭祀的時間則各處鄉村各處例，有些家庭選擇在年初一剛過、年初二的凌晨進行拜祭儀式及準備開年飯，這純粹是風俗習慣，不必嚴格執行。但要注意年初二也不一定是好日，如果適逢歲破，便要選擇在好的時辰來進行拜祭儀式。在上香拜神後，一家人便可一起吃開年飯。

開年飯的菜式通常比平日豐富，有魚、燒肉、雞及生菜等，按照傳統最好有九款菜餚，取其「長長久久」之意。至於公司或店舖的開年飯則會加入意頭菜，如髮菜、蠔豉、豬脷等，代表「發財好市，大吉大利」。

年初二回娘家？

除了開年飯，年初二也是出嫁女回娘家探親的日子，俗稱「迎婿日」。因為古代的婦女出嫁後不能經常回娘家，而年初二則是一年當中認可回家的一日。按傳統，外嫁女會一早起牀準備賀禮，帶同丈夫、子女回娘家拜年及吃午飯，稱為「食日晝」，而晚上則要回婆家吃開年飯。

年初三忌拜年？

年初三即「赤口」，又名為「赤狗日」。據說赤狗是「熛怒之神」，會為人間帶來口舌是非，因此傳統上年初三不宜外出及到親友家中拜年，以免招引爭執。而且「赤」亦有「赤貧」之意，若此日宴客有可能會沖犯「赤狗」而帶來惡運。

民間亦有另一個關於年初三晚上是「老鼠嫁女」的傳說，所以一般人都會盡早上牀就寢，以免騷擾鼠輩，帶來惡運或瘟疫病邪。時至今日，大年初三若不外出拜年，香港市民習慣到車公廟「轉風車」開運。若上一年運勢如意，宜順時針轉動風車，以保持運勢向上；若運勢未如理想，則以逆時針方向轉動風車，以求轉走「霉運」。

年初四迎灶君？

傳說每年的農曆十二月二十四日為送神日，諸神返回天庭後，會在年初四回到人間，家家戶戶都會準備鮮花、素果、牲禮，並且燃放鞭炮恭迎眾神回歸。大年初四也為「迎灶神」的日子，灶神俗稱「灶君」，除主宰一家飲食，亦負責監督家中大小德行，每年向玉皇大帝匯報，從而決定每戶人家下一年的吉凶禍福。因此，昔日民間在年初四迎接灶神皆慎重虔誠，不宜在廚房裸露身體、哭泣吵鬧，以示尊敬。現代人如果想討個吉利也可化繁為簡，因相傳灶神喜甜，年初四當天不妨在家中準備甜食、熱茶，以求新一年衣食豐足、甜蜜如意。

年初五送窮迎財神？

年初五又稱為「破五」，代表正月初一至初四的諸多禁忌可以在這一天破除，尤其古人認為年初一至初四家中的垃圾為「財氣」不宜清走，到了初五垃圾則變成「窮氣」，務必清理乾淨，以象徵「送窮」。而大年初五也相傳為財神誕辰，乃迎接財神的大日子，送走窮氣便可「接財神」回家。正所謂「財不入污門」，現代人在年初五當天不妨主動清理新春期間的垃圾，保持地方明亮整潔，並穿上整齊光鮮的衣服以迎接新一年財氣，更可一起吃象徵金元寶的餃子，寓意全年更好運。

避免開工吉日相沖？

正月初五傳統上是新春假期結束的日子，如公司選擇的開工吉日剛好與自己生肖相沖，則可選擇一個和自己不相沖的吉日吉時，在家先行啟動電腦處理和工作相關的電郵文件，又或打電話給客戶或上司談談有關工作的事，也等同吉日開工，同樣可以催旺新一年工作運。

馬年
吉時吉日

大掃除

	吉日	吉時	沖生肖
首選	農曆十二月廿三日 西曆二〇二六年二月十日	午時（早上十一時至下午一時） 未時（下午一時至三時）	雞
	農曆十二月廿六日 西曆二〇二六年二月十三日	巳時（早上九時至十一時） 午時（早上十一時至下午一時） 未時（下午一時至三時）	鼠
次選	農曆十二月廿四日 西曆二〇二六年二月十一日	巳時（早上九時至十一時） 午時（早上十一時至下午一時）	狗

酬神

	吉日	吉時	沖生肖
首選	農曆十二月十七日 西曆二〇二六年二月四日	辰時（早上七時至九時） 巳時（早上九時至十一時） 午時（早上十一時至下午一時） 未時（下午一時至三時）	兔
	農曆十二月廿三日 西曆二〇二六年二月十日	辰時（早上七時至九時） 午時（早上十一時至下午一時） 未時（下午一時至三時）	雞

次選

日期	吉時	
農曆十二月十九日 西曆二〇二六年二月六日	辰時（早上七時至九時） 午時（早上十一時至下午一時） 未時（下午一時至三時）	蛇
農曆十二月廿六日 西曆二〇二六年二月十三日	辰時（早上七時至 九時） 巳時（早上九時至十一時） 午時（早上十一時至下午一時） 未時（下午一時至三時）	鼠

上頭炷香及拜神

吉日

農曆正月初一
西曆二〇二六年二月十七日

吉時

丑時（凌晨一時至三時）
寅時（凌晨三時至五時）
卯時（早上五時至七時）

提示

年初一喜神、財神同在正南方，貴神在正東方，喜神象徵喜氣喜事，財神掌管天下錢財，貴神代表貴人扶持。拜神時可向此兩方位誠心參拜，祈求全年大吉大利、喜事連綿、招財進寶。

行大運

吉日

農曆正月初一
西曆二〇二六年二月十七日

吉時

卯時（早上五時至七時）
巳時（早上九時至十一時）
午時（早上十一時至下午一時）
未時（下午一時至三時）

提示

年初一行大運是迎接新一年開始，踏出家門後，應先向有利方向走一圈，對整年運勢有提升作用。馬年年初一有利方向為正南方（喜神及財神）及正東方（貴神），可迎神招財。

拜太歲

	吉日	吉時	沖生肖
首選	農曆正月初九 西曆二〇二六年二月廿五日	午時（早上十一時至下午一時） 未時（下午一時至三時）	鼠
	農曆正月初十 西曆二〇二六年二月廿六日	巳時（早上九時至十一時） 午時（早上十一時至下午一時）	牛
次選	農曆正月初六 西曆二〇二六年二月廿二日	午時（早上十一時至下午一時） 未時（下午一時至三時）	雞
	農曆正月初七 西曆二〇二六年二月廿三日	巳時（早上九時至十一時） 未時（下午一時至三時）	狗
	農曆正月十三 西曆二〇二六年三月一日	巳時（早上九時至十一時） 未時（下午一時至三時）	龍

開年拜神

吉日	吉時
農曆正月初二 西曆二〇二六年二月十八日	丑時（凌晨一時至三時） 寅時（凌晨三時至五時） 卯時（早上五時至七時） 辰時（早上七時至九時） 午時（早上十一時至下午一時）

開市

	吉日	吉時	沖生肖
首選	農曆正月初九 西曆二〇二六年二月廿五日	午時（早上十一時至下午一時） 未時（下午一時至三時）	鼠
	農曆正月初十 西曆二〇二六年二月廿六日	巳時（早上九時至十一時） 午時（早上十一時至下午一時）	牛
次選	農曆正月初五 西曆二〇二六年二月廿一日	午時（早上十一時至下午一時）	猴
	農曆正月初六 西曆二〇二六年二月廿二日	午時（早上十一時至下午一時） 未時（下午一時至三時）	雞

嫁娶吉日

農曆正月

農曆	西曆	星期	沖生肖
初六	西曆二〇二六年二月廿二日	日	雞
初九	西曆二〇二六年二月廿五日	三	鼠
初十	西曆二〇二六年二月廿六日	四	牛
廿二	西曆二〇二六年三月十日	二	牛
廿三	西曆二〇二六年三月十一日	三	虎
廿五	西曆二〇二六年三月十三日	五	龍
廿八	西曆二〇二六年三月十六日	一	羊

農曆二月

農曆	西曆	星期	沖生肖
十三	西曆二〇二六年三月卅一日	二	狗
十八	西曆二〇二六年四月五日	日	兔
廿六	西曆二〇二六年四月十三日	一	豬

農曆三月

農曆	西曆	星期	沖生肖
初五	西曆二〇二六年四月廿一日	二	羊
初七	西曆二〇二六年四月廿三日	四	雞
十三	西曆二〇二六年四月廿九日	三	兔
十七	西曆二〇二六年五月三日	日	羊
廿一	西曆二〇二六年五月七日	四	豬
廿四	西曆二〇二六年五月十日	日	虎
廿五	西曆二〇二六年五月十一日	一	兔
三十	西曆二〇二六年五月十六日	六	猴

農曆四月

農曆	西曆	星期	沖生肖
初一	西曆二〇二六年五月十七日	日	雞
初四	西曆二〇二六年五月二十日	三	鼠
初六	西曆二〇二六年五月廿二日	五	虎
初七	西曆二〇二六年五月廿三日	六	兔
初八	西曆二〇二六年五月廿四日	日	龍
十一	西曆二〇二六年五月廿七日	三	羊
十五	西曆二〇二六年五月卅一日	日	豬
十九	西曆二〇二六年六月四日	四	兔
二十	西曆二〇二六年六月五日	五	龍
廿六	西曆二〇二六年六月十一日	四	狗

農曆五月

農曆	西曆	星期	沖生肖
初三	西曆二O二六年六月十七日	三	龍
十二	西曆二O二六年六月廿六日	五	牛
十五	西曆二O二六年六月廿九日	一	龍
十九	西曆二O二六年七月三日	五	猴
廿一	西曆二O二六年七月五日	日	狗
廿四	西曆二O二六年七月八日	三	牛
廿五	西曆二O二六年七月九日	四	虎

農曆六月

農曆	西曆	星期	沖生肖
初三	西曆二O二六年七月十六日	四	雞
初七	西曆二O二六年七月二十日	一	牛
初十	西曆二O二六年七月廿三日	四	龍
十五	西曆二O二六年七月廿八日	二	雞
十六	西曆二O二六年七月廿九日	三	狗
二十	西曆二O二六年八月二日	日	虎
廿一	西曆二O二六年八月三日	一	兔
廿七	西曆二O二六年八月九日	日	雞
廿九	西曆二O二六年八月十一日	二	豬
三十	西曆二O二六年八月十二日	三	鼠

農曆七月

農曆	西曆	星期	沖生肖
初四	西曆二〇二六年八月十六日	日	龍
初九	西曆二〇二六年八月廿一日	五	雞
十一	西曆二〇二六年八月廿三日	日	豬
十四	西曆二〇二六年八月廿六日	三	虎
十九	西曆二〇二六年八月卅一日	一	羊
廿三	西曆二〇二六年九月四日	五	豬
廿四	西曆二〇二六年九月五日	六	鼠
廿六	西曆二〇二六年九月七日	一	虎

農曆八月

農曆	西曆	星期	沖生肖
初二	西曆二〇二六年九月十二日	六	羊
初五	西曆二〇二六年九月十五日	二	狗
初六	西曆二〇二六年九月十六日	三	豬
初七	西曆二〇二六年九月十七日	四	鼠
初八	西曆二〇二六年九月十八日	五	牛
十八	西曆二〇二六年九月廿八日	一	豬
十九	西曆二〇二六年九月廿九日	二	鼠
廿一	西曆二〇二六年十月一日	四	虎
廿三	西曆二〇二六年十月三日	六	龍
廿六	西曆二〇二六年十月六日	二	羊

農曆九月

農曆	西曆	星期	沖生肖
初二	西曆二〇二六年十月十一日	日	鼠
十一	西曆二〇二六年十月二十日	二	雞
十三	西曆二〇二六年十月廿二日	四	豬
十四	西曆二〇二六年十月廿三日	五	鼠
十五	西曆二〇二六年十月廿四日	六	牛
廿三	西曆二〇二六年十一月一日	日	雞
廿五	西曆二〇二六年十一月三日	二	豬
廿六	西曆二〇二六年十一月四日	三	鼠

農曆十月

農曆	西曆	星期	沖生肖
初四	西曆二〇二六年十一月十二日	四	猴
初五	西曆二〇二六年十一月十三日	五	雞
初六	西曆二〇二六年十一月十四日	六	狗
初八	西曆二〇二六年十一月十六日	一	鼠
初九	西曆二〇二六年十一月十七日	二	牛
十六	西曆二〇二六年十一月廿四日	二	猴
十七	西曆二〇二六年十一月廿五日	三	雞
十八	西曆二〇二六年十一月廿六日	四	狗
廿三	西曆二〇二六年十二月一日	二	兔
廿八	西曆二〇二六年十二月六日	日	猴
三十	西曆二〇二六年十二月八日	二	狗

農曆十一月

農曆	西曆	星期	沖生肖
初九	西曆二〇二六年十二月十七日	四	羊
十二	西曆二〇二六年十二月二十日	日	狗
十六	西曆二〇二六年十二月廿四日	四	虎
廿一	西曆二〇二六年十二月廿九日	二	羊
廿二	西曆二〇二六年十二月三十日	三	猴
廿四	西曆二〇二七年一月一日	五	狗
廿八	西曆二〇二七年一月五日	二	虎
廿九	西曆二〇二七年一月六日	三	兔

農曆十二月

農曆	西曆	星期	沖生肖
初四	西曆二〇二七年一月十一日	一	猴
初七	西曆二〇二七年一月十四日	四	豬
十一	西曆二〇二七年一月十八日	一	兔
十七	西曆二〇二七年一月廿四日	日	雞
十九	西曆二〇二七年一月廿六日	二	豬
廿三	西曆二〇二七年一月三十日	六	兔
廿九	西曆二〇二七年二月五日	五	雞

時辰對照表

時辰	時間
子時	晚上十一時至凌晨一時
丑時	凌晨一時至三時
寅時	凌晨三時至五時
卯時	早上五時至七時
辰時	早上七時至九時
巳時	早上九時至十一時
午時	早上十一時至下午一時
未時	下午一時至三時
申時	下午三時至五時
酉時	下午五時至晚上七時
戌時	晚上七時至九時
亥時	晚上九時至十一時

每日
通勝

二〇二六年西曆二月／三月

丙午年農曆正月

西曆月	西曆日	農曆	星期	干支	建月	宜	忌	吉凶	子	丑	寅	卯	辰	巳	午	未	申	酉	戌	亥	沖
2	17	正月初一	二	壬戌	成	萬事大吉	合帳、新船	♥			♥	♥		♥		♥			♥	♥	龍
2	18	初二	三	癸亥	收	祭祀、裁衣、捕捉、田獵	詞訟、嫁娶	♡			♥	♥	♥		♥				♥	♥	蛇
2	19	初三	四	甲子	開	祭祀、拆卸	開倉、出財	♥		♥	♥		♥			♥					馬
2	20	初四	五	乙丑	閉	出行、安牀、結網	栽種、動土	♡		♥	♥	♥						♥			羊
2	21	初五	六	丙寅	建	訂婚、納采、交易、安葬	祭祀、作灶	♡				♥			♥			♥			猴
2	22	初六	日	丁卯	除	祭祀、出行、嫁娶、移徙	理髮、穿井	♡			♥				♥	♥					雞
2	23	初七	一	戊辰	滿	祭祀、會友、理髮、安牀	置產、行喪	♡		♥		♥		♥		♥		♥			狗
2	24	初八	二	己巳	平	平治道塗、修飾垣牆	遠行、除服	♡			♥				♥	♥					豬
2	25	初九	三	庚午	定	祭祀、出行、嫁娶、交易	動土、除靈	♥		♥	♥				♥	♥		♥			鼠
2	26	初十	四	辛未	執	祭祀、祈福、出行、嫁娶	合醬、造酒	♥			♥	♥		♥	♥						牛
2	27	十一	五	壬申	破	破屋壞垣	開渠、放水	♥		♥		♥	♥	♥		♥		♥			虎
2	28	十二	六	癸酉	危	出行、修造、動土、安葬	詞訟、出財	♥		♥	♥		♥	♥							兔
3	1	十三	日	甲戌	成	祭祀、開市、交易、補塞	除靈、成服	♡		♥	♥	♥		♥		♥					龍
3	2	十四	一	乙亥	收	理髮、掃舍	嫁娶、成服	♡		♥	♥	♥				♥					蛇
3	3	十五	二	丙子	開	祭祀	作灶、修廚	♥		♥				♥				♥	♥	♥	馬

♥ 吉　♡ 中吉　♡ 平　♥ 凶

西曆 月	西曆 日	吉凶	農曆	星期	干支	建月	宜	忌	是日吉時	吉
3	4	♡ 平	十六	三	丁丑	閉	裁衣、安牀、補垣塞穴	理髮、動土	巳、午、酉、亥	羊
3	5	♥ 吉	十七	四	戊寅	建	納采、訂婚、會友、立約	置產、祭祀	丑、卯、辰、巳、午、未	猴
3	6	♡ 平	十八	五	己卯	建	出行、會友、裁衣、結網	動土、穿井	寅、卯、午、未	雞
3	7	♡ 平	十九	六	庚辰	除	出行、裁衣、理髮、掃舍	除服、行喪	丑、寅、辰、巳、午、未、亥	狗
3	8	♡ 中吉	二十	日	辛巳	滿	祭祀、會友、開市、交易	醞釀、動土	丑、寅、巳、午、未、戌	豬
3	9	♡ 平	廿一	一	壬午	平	平治道塗、修飾垣牆	開渠、苫蓋	丑、寅、卯、巳、未、亥	鼠
3	10	♥ 吉	廿二	二	癸未	定	嫁娶、納采、祈福、祭祀	詞訟、針灸	寅、卯、巳、午、戌	牛
3	11	♡ 中吉	廿三	三	甲申	執	嫁娶、移徙、動土、安葬	開倉、安牀	丑、辰、巳、未、申	虎
3	12	♥ 凶	廿四	四	乙酉	破	破屋壞垣	栽種、行喪	丑、寅、辰、申	兔
3	13	♡ 中吉	廿五	五	丙戌	危	嫁娶、出行、祈福、移徙	修廚、作灶	寅、卯、巳、申、戌、亥	龍
3	14	♥ 吉	廿六	六	丁亥	成	納采、入學、會友、醫病	嫁娶、成服	丑、寅、午、未、戌、亥	蛇
3	15	♥ 凶	廿七	日	戊子	收	拆卸、掃舍	買田、置業	丑、卯、辰、巳、申	馬
3	16	♡ 中吉	廿八	一	己丑	開	嫁娶、開市、祭祀、出行	補垣、安葬	寅、卯、巳、申	羊
3	17	♡ 中吉	廿九	二	庚寅	閉	訂婚、立約、交易、修造	祭祀、結網	丑、寅、卯、辰	猴
3	18	♡ 中吉	三十	三	辛卯	建	祭祀、裁衣、出行、交易	動土、穿井	寅、卯、巳、午、戌	雞

二〇二六年西曆三月/四月
丙午年農曆二月

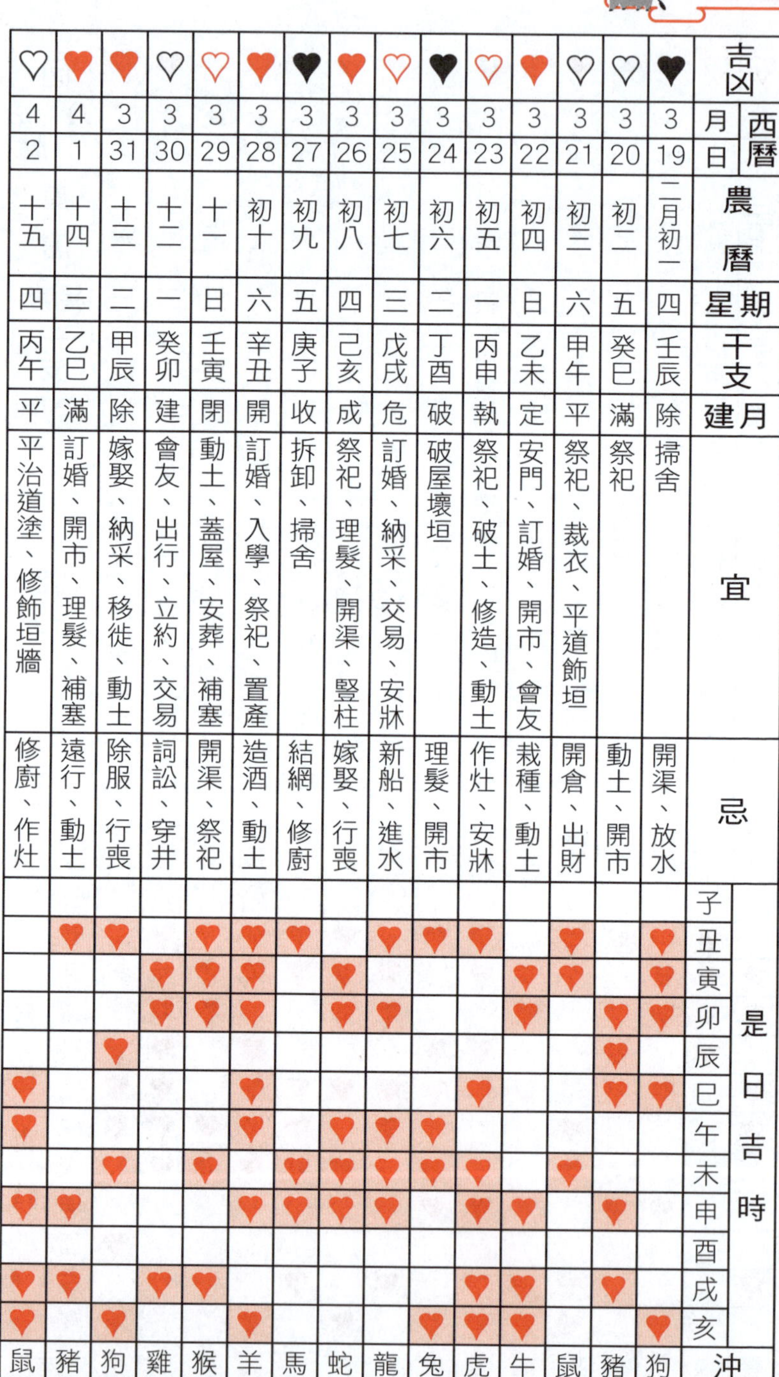

西曆月	西曆日	農曆	星期	干支	建月	吉凶	宜	忌	子	丑	寅	卯	辰	巳	午	未	申	酉	戌	亥	沖
3	19	二月初一	四	壬辰	除	♥	掃舍	開渠、放水		♥	♥	♥		♥						♥	狗
3	20	初二	五	癸巳	滿	♡	祭祀	動土、開市				♥	♥	♥			♥		♥		豬
3	21	初三	六	甲午	平	♡	祭祀、裁衣、平道飾垣	開倉、出財		♥	♥					♥					鼠
3	22	初四	日	乙未	定	♥	安門、訂婚、開市、會友	栽種、動土			♥	♥					♥		♥	♥	牛
3	23	初五	一	丙申	執	♡	祭祀、破土、修造、動土	作灶、安牀		♥				♥		♥	♥		♥	♥	虎
3	24	初六	二	丁酉	破	♥	破屋壞垣	理髮、開市		♥					♥	♥				♥	兔
3	25	初七	三	戊戌	危	♡	訂婚、納采、交易、安牀	新船、進水		♥		♥			♥	♥	♥				龍
3	26	初八	四	己亥	成	♥	祭祀、理髮、開渠、竪柱	嫁娶、行喪			♥	♥			♥	♥	♥				蛇
3	27	初九	五	庚子	收	♥	拆卸、掃舍	結網、修廚		♥						♥	♥				馬
3	28	初十	六	辛丑	開	♥	訂婚、入學、祭祀、置產	造酒、動土		♥	♥	♥		♥	♥		♥			♥	羊
3	29	十一	日	壬寅	閉	♡	動土、蓋屋、安葬、補塞	開渠、祭祀		♥	♥	♥				♥			♥		猴
3	30	十二	一	癸卯	建	♡	會友、出行、立約、交易	詞訟、穿井			♥	♥							♥		雞
3	31	十三	二	甲辰	除	♥	嫁娶、納采、移徙、動土	除服、行喪		♥			♥			♥				♥	狗
4	1	十四	三	乙巳	滿	♥	訂婚、開市、理髮、補塞	遠行、動土		♥							♥		♥		豬
4	2	十五	四	丙午	平	♡	平治道塗、修飾垣牆	修廚、作灶						♥	♥		♥		♥	♥	鼠

♥ 吉　♡ 中吉　♡ 平　♥ 凶

吉凶	西曆 月	西曆 日	農曆	星期	干支	建月	宜	忌	是日吉時	沖
吉	4	3	十六	五	丁未	定	豎柱、祭祀、動土、納畜	整甲、理髮	巳、午、未、亥	牛
中吉	4	4	十七	六	戊申	執	出行、理髮、掃舍、修造	買田、置業	丑、辰、巳、未、申	虎
吉	4	5	十八	日	己酉	執	嫁娶、掃舍、安門、作灶	動土、除靈	辰、巳、午、未、申	兔
凶	4	6	十九	一	庚戌	破	求醫治病、破屋壞垣	結網、開市	丑、午、未、申	龍
平	4	7	二十	二	辛亥	危	會友、安牀、納財、納畜	嫁娶、成服	丑、寅、卯、午、未	蛇
凶	4	8	廿一	三	壬子	成	拆卸、掃舍	開渠、放水	丑、寅、卯、辰、巳、未	馬
中吉	4	9	廿二	四	癸丑	收	祭祀、作灶、納財、納畜	詞訟、修倉	丑、辰、巳、申、酉	羊
吉	4	10	廿三	五	甲寅	開	置產、上樑、出行、醫病	祭祀、祈福	寅、辰、未、酉	猴
吉	4	11	廿四	六	乙卯	閉	出行、祭祀、祈福、動土	栽種、穿井	寅、卯、未、申、亥	雞
平	4	12	廿五	日	丙辰	建	祭祀、裁衣、平道飾垣	作灶、動土	巳、申、酉、亥	狗
吉	4	13	廿六	一	丁巳	除	嫁娶、納采、求嗣、訂婚	理髮、整甲	丑、巳、午、未、酉	豬
中吉	4	14	廿七	二	戊午	滿	會友、出行、理髮、開市	買田、置業	卯、巳、未、申、酉	鼠
平	4	15	廿八	三	己未	平	理髮、平道飾垣	修倉、針灸	寅、卯、巳、午、未、申	牛
中吉	4	16	廿九	四	庚申	定	理髮、裁衣、掃舍、安葬	結網、安牀	丑、辰、巳、午、未、申	虎

二〇二六年西曆四月/五月

丙午年農曆三月

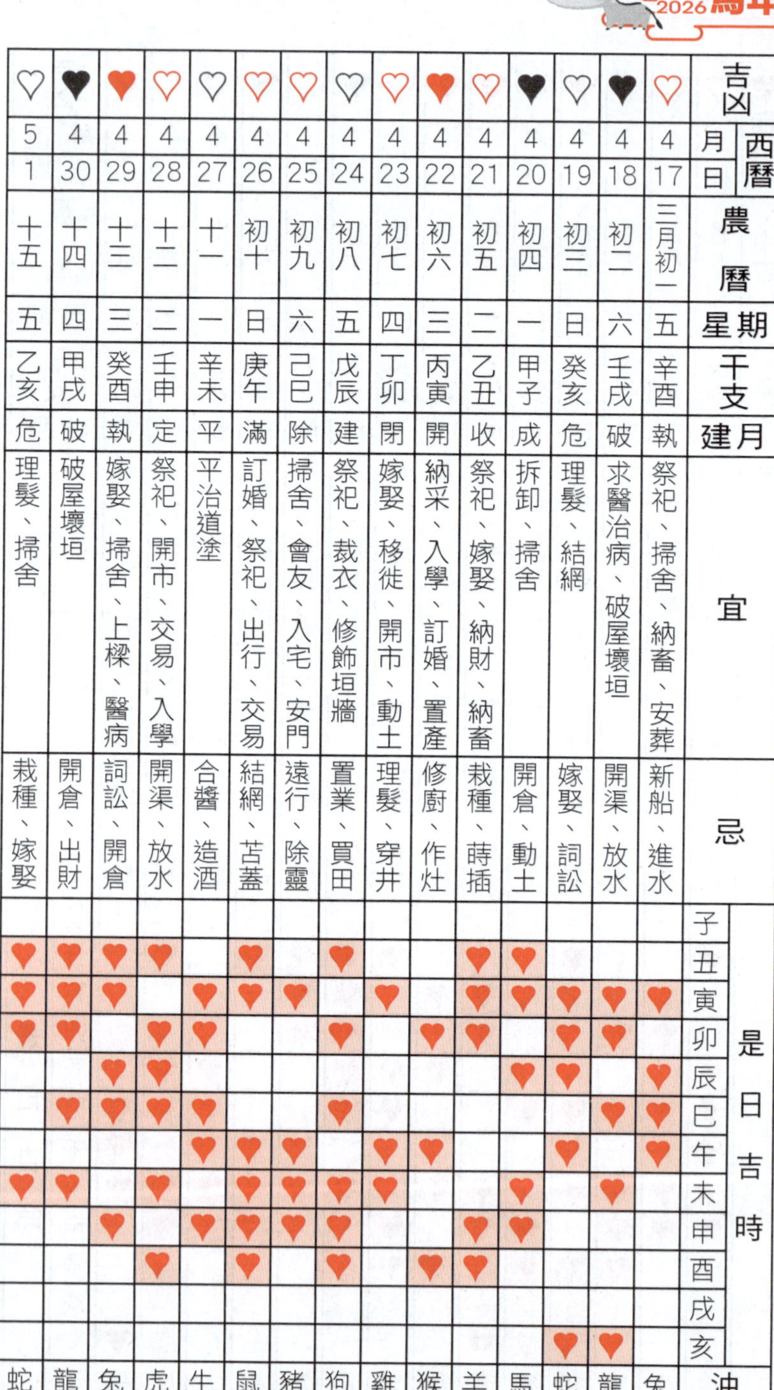

吉凶	西曆 月	西曆 日	農曆	星期	干支	建月	宜	忌	子	丑	寅	卯	辰	巳	午	未	申	酉	戌	亥	沖
♡	4	17	三月初一	五	辛酉	執	祭祀、掃舍、納畜、安葬	新船、進水			♥		♥	♥	♥						兔
♥	4	18	初二	六	壬戌	破	求醫治病、破屋壞垣	開渠、放水			♥	♥		♥		♥				♥	龍
♡	4	19	初三	日	癸亥	危	理髮、結網	嫁娶、詞訟			♥	♥	♥		♥					♥	蛇
♥	4	20	初四	一	甲子	成	拆卸、掃舍	開倉、動土		♥	♥		♥			♥	♥				馬
♡	4	21	初五	二	乙丑	收	祭祀、嫁娶、納財、納畜	栽種、蒔插		♥	♥	♥					♥	♥			羊
♥	4	22	初六	三	丙寅	開	納采、入學、訂婚、置產	修廚、作灶				♥			♥			♥			猴
♡	4	23	初七	四	丁卯	閉	嫁娶、移徙、開市、動土	理髮、穿井			♥				♥	♥					雞
♡	4	24	初八	五	戊辰	建	祭祀、裁衣、修飾垣牆	置業、買田		♥		♥		♥		♥	♥	♥			狗
♡	4	25	初九	六	己巳	除	掃舍、會友、入宅、安門	遠行、除靈			♥				♥	♥	♥				豬
♡	4	26	初十	日	庚午	滿	訂婚、祭祀、出行、交易	結網、苫蓋		♥	♥				♥	♥	♥	♥			鼠
♡	4	27	十一	一	辛未	平	平治道塗	合醬、造酒			♥	♥		♥	♥		♥				牛
♡	4	28	十二	二	壬申	定	祭祀、開市、交易、入學	開渠、放水		♥		♥	♥	♥		♥		♥			虎
♥	4	29	十三	三	癸酉	執	嫁娶、掃舍、上樑、醫病	詞訟、開倉		♥	♥		♥	♥			♥				兔
♥	4	30	十四	四	甲戌	破	破屋壞垣	開倉、出財		♥	♥	♥		♥		♥					龍
♡	5	1	十五	五	乙亥	危	理髮、掃舍	栽種、嫁娶		♥	♥	♥				♥					蛇

（子至亥欄為「是日吉時」）

♥ 吉　♡ 中吉　♡ 平　♥ 凶

西曆 月	西曆 日	吉凶	農曆	星期	干支	建月	宜	忌	子	丑	寅	卯	辰	巳	午	未	申	酉	戌	亥	沖
5	2	♥ 凶	十六	六	丙子	成	祭祀、拆卸	修廚、作灶		♥				♥				♥		♥	馬
5	3	♥ 吉	十七	日	丁丑	收	嫁娶、納采、裁衣、合帳	新船、進水						♥	♥			♥		♥	羊
5	4	♥ 凶	十八	一	戊寅	開	掃舍	祭祀、安葬		♥		♥	♥	♥	♥	♥					猴
5	5	♡ 平	十九	二	己卯	閉	補垣塞穴	穿井、針灸			♥	♥			♥	♥					雞
5	6	♡ 中吉	二十	三	庚辰	閉	祭祀、出行、移徙、動土	經絡、結網		♥	♥		♥	♥	♥	♥					狗
5	7	♡ 中吉	廿一	四	辛巳	建	嫁娶、納采、祭祀、祈福	合醬、遠行		♥	♥			♥	♥	♥			♥		豬
5	8	♥ 吉	廿二	五	壬午	除	出行、理髮、裁衣、開市	開渠、放水		♥	♥	♥		♥		♥					鼠
5	9	♡ 平	廿三	六	癸未	滿	栽種、補垣塞穴、置產	詞訟、行喪			♥	♥		♥	♥				♥		牛
5	10	♡ 中吉	廿四	日	甲申	平	嫁娶、祭祀、掃舍、平道	開倉、安牀		♥			♥	♥		♥	♥	♥			虎
5	11	♥ 吉	廿五	一	乙酉	定	嫁娶、求嗣、修倉、移徙	田獵、取魚		♥	♥		♥				♥	♥			兔
5	12	♡ 中吉	廿六	二	丙戌	執	祭祀、訂婚、入宅、安牀	作灶、除服			♥	♥		♥			♥	♥	♥		龍
5	13	♥ 凶	廿七	三	丁亥	破	破屋壞垣	理髮、嫁娶		♥	♥				♥	♥		♥	♥		蛇
5	14	♥ 凶	廿八	四	戊子	危	拆卸、掃舍	買田、置業		♥		♥	♥	♥			♥	♥			馬
5	15	♥ 吉	廿九	五	己丑	成	納采、求嗣、訂婚、祭祀	詞訟、遠回			♥	♥		♥			♥	♥			羊
5	16	♥ 吉	三十	六	庚寅	收	嫁娶、出行、赴任、會友	祭祀、祈福		♥	♥	♥	♥								猴

（子至亥欄為「是日吉時」）

二〇二六年西曆五月/六月

丙午年農曆四月

吉凶	♥	♡	♡	♥	♡	♡	♥	♥	♥	♥	♥	♡	♡	♡	♡
西曆 月	5	5	5	5	5	5	5	5	5	5	5	5	5	5	5
西曆 日	17	18	19	20	21	22	23	24	25	26	27	28	29	30	31
農曆	四月初一	初二	初三	初四	初五	初六	初七	初八	初九	初十	十一	十二	十三	十四	十五
星期	日	一	二	三	四	五	六	日	一	二	三	四	五	六	日
干支	辛卯	壬辰	癸巳	甲午	乙未	丙申	丁酉	戊戌	己亥	庚子	辛丑	壬寅	癸卯	甲辰	乙巳
建月	開	閉	建	除	滿	平	定	執	破	危	成	收	開	閉	建
宜	嫁娶、祭祀、納采、出行	田獵、結網	會友	嫁娶、移徙、訂婚、掃舍	祭祀、掃舍	嫁娶、祭祀、出行、上樑	嫁娶、納采、交易、開市	嫁娶、求嗣、祭祀、祈福	破屋壞垣	祭祀、拆卸	嫁娶、納采、會友、醫病	捕捉、結網	入學、訂婚、動土、安牀	建屋、安牀、作灶、安葬	嫁娶、納采、會友、醫病
忌	合醬、造酒	開渠、放水	除服、動土	苫蓋、搭廁	栽種、蒔插	作灶、安牀	新船、進水	買田、置業	嫁娶、除服	結網、開市	合醬、造酒	祭祀、開渠	詞訟、穿井	開倉、針灸	栽種、蒔插
是日吉時 子															
丑		♥		♥		♥	♥	♥		♥	♥	♥		♥	♥
寅	♥	♥		♥	♥				♥		♥	♥	♥		
卯	♥	♥	♥		♥			♥	♥		♥	♥	♥		
辰			♥											♥	
巳	♥	♥	♥			♥					♥				
午	♥						♥	♥	♥		♥				
未				♥		♥	♥	♥	♥	♥		♥		♥	
申			♥		♥	♥		♥	♥	♥	♥				♥
酉		♥		♥		♥	♥			♥				♥	♥
戌	♥		♥		♥	♥						♥	♥		♥
亥															
沖	雞	狗	豬	鼠	牛	虎	兔	龍	蛇	馬	羊	猴	雞	狗	豬

♥ 吉　♡ 中吉　♡ 平　♥ 凶

吉凶	西曆 月	西曆 日	農曆	星期	干支	建月	宜	忌	是日吉時 子	丑	寅	卯	辰	巳	午	未	申	酉	戌	亥	沖
中吉	6	1	十六	一	丙午	除	動土、掃舍、移徙、訂婚	作灶、除服						♥	♥		♥	♥	♥		鼠
平	6	2	十七	二	丁未	滿	會友、結網	理髮、行喪						♥	♥	♥		♥			牛
平	6	3	十八	三	戊申	平	理髮、掃舍、平治道塗	買產、安牀		♥			♥	♥		♥	♥				虎
吉	6	4	十九	四	己酉	定	嫁娶、移徙、納采、納畜	動土、補塞					♥	♥	♥	♥	♥				兔
吉	6	5	二十	五	庚戌	執	嫁娶、祭祀、納采、移徙	修廚、作灶		♥					♥	♥	♥				龍
平	6	6	廿一	六	辛亥	執	理髮、動土、上樑、作灶	合醬、嫁娶		♥	♥	♥			♥	♥			♥		蛇
凶	6	7	廿二	日	壬子	破	破屋壞垣	開渠、放水		♥	♥	♥	♥	♥		♥					馬
中吉	6	8	廿三	一	癸丑	危	祭祀、開市、補塞、安牀	詞訟、除服		♥			♥	♥			♥	♥	♥		羊
吉	6	9	廿四	二	甲寅	成	訂婚、醫病、醞釀、納畜	開倉、出財			♥		♥			♥		♥	♥		猴
平	6	10	廿五	三	乙卯	收	祭祀、結網	栽種、穿井			♥	♥				♥	♥		♥	♥	雞
吉	6	11	廿六	四	丙辰	開	嫁娶、納采、訂婚、裁衣	作灶、新船						♥			♥	♥		♥	狗
中吉	6	12	廿七	五	丁巳	閉	築隄、移居、入宅、作灶	理髮、遠行		♥				♥	♥	♥		♥	♥		豬
平	6	13	廿八	六	戊午	建	祭祀	動土、置產				♥		♥		♥	♥	♥			鼠
吉	6	14	廿九	日	己未	除	祭祀、祈福、立約、交易	除靈、行喪			♥	♥		♥	♥	♥	♥				牛

二〇二六年西曆六月／七月

丙午年農曆五月

西曆 月	西曆 日	農曆	星期	干支	建月	吉凶	宜	忌	子	丑	寅	卯	辰	巳	午	未	申	酉	戌	亥	沖
6	15	五月初一	一	庚申	滿	♡（紅）	祭祀、祈福、出行、理髮	安牀、結網		♥			♥	♥	♥	♥	♥				虎
6	16	初二	二	辛酉	平	♡	理髮、掃舍、平治道塗	合醬、造酒			♥		♥	♥	♥						兔
6	17	初三	三	壬戌	定	♥（紅）	嫁娶、納采、交易、開市	新船、進水			♥	♥		♥		♥			♥	♥	龍
6	18	初四	四	癸亥	執	♡	祭祀、捕捉、結網	詞訟、嫁娶			♥	♥	♥		♥				♥	♥	蛇
6	19	初五	五	甲子	破	♥（黑）	破屋壞垣	開倉、出財		♥	♥		♥			♥	♥				馬
6	20	初六	六	乙丑	危	♥（黑）	祭祀	栽種、蒔插		♥	♥	♥					♥	♥			羊
6	21	初七	日	丙寅	成	♡	會友、出行	修廚、作灶				♥			♥			♥			猴
6	22	初八	一	丁卯	收	♡	祭祀、裁衣	理髮、穿井			♥				♥	♥					雞
6	23	初九	二	戊辰	開	♥（紅）	祭祀、入學、會友、出行	買田、置業		♥		♥		♥		♥	♥	♥			狗
6	24	初十	三	己巳	閉	♡（紅）	祭祀、裁衣、補塞、栽種	遠行、除服			♥				♥	♥	♥				豬
6	25	十一	四	庚午	建	♡	修飾垣牆	結網、動土		♥	♥				♥	♥	♥	♥			鼠
6	26	十二	五	辛未	除	♥（紅）	嫁娶、納采、會友、上樑	合醬、造酒			♥	♥		♥	♥		♥				牛
6	27	十三	六	壬申	滿	♡（紅）	出行、動土、裁衣、補塞	開渠、安牀		♥		♥	♥	♥		♥		♥			虎
6	28	十四	日	癸酉	平	♡	平治道塗、修飾垣牆	詞訟、作灶		♥	♥		♥	♥			♥				兔
6	29	十五	一	甲戌	定	♥（紅）	嫁娶、納采、修倉、醞釀	開倉、出財		♥	♥	♥		♥		♥					龍

（子至亥欄為「是日吉時」）

♥ 吉　♡ 中吉　♡ 平　♥ 凶

吉凶	西曆 月	西曆 日	農曆	星期	干支	建月	宜	忌	是日吉時 子	丑	寅	卯	辰	巳	午	未	申	酉	戌	亥	沖
♡ (平)	6	30	十六	二	乙亥	執	理髮	嫁娶、除服		♥	♥	♥				♥					蛇
♥ (凶)	7	1	十七	三	丙子	破	破屋壞垣	修廚、作灶		♥				♥				♥	♥	♥	馬
♡ (平)	7	2	十八	四	丁丑	危	祭祀、修造、動土、安牀	理髮、整甲						♥	♥			♥		♥	羊
♥ (吉)	7	3	十九	五	戊寅	成	嫁娶、納采、交易、開市	買田、置業		♥		♥	♥	♥	♥	♥					猴
♡ (平)	7	4	二十	六	己卯	收	祭祀、捕捉	穿井、開倉			♥	♥			♥	♥					雞
♥ (吉)	7	5	廿一	日	庚辰	開	嫁娶、出行、動土、移徙	結網、補塞		♥	♥		♥		♥	♥				♥	狗
♡ (中吉)	7	6	廿二	一	辛巳	閉	築隄、補塞、安門、修廚	合醬、除服		♥	♥			♥	♥	♥			♥		豬
♡ (平)	7	7	廿三	二	壬午	閉	醞釀、補垣、除服、安葬	針灸、開渠		♥	♥	♥		♥		♥				♥	鼠
♡ (中吉)	7	8	廿四	三	癸未	建	嫁娶、移居、會友、上樑	詞訟、動土			♥	♥		♥	♥				♥		牛
♥ (吉)	7	9	廿五	四	甲申	除	嫁娶、納采、入學、掃舍	安牀、田獵					♥	♥		♥	♥	♥			虎
♡ (中吉)	7	10	廿六	五	乙酉	滿	掃舍、裁衣、合帳、動土	新船、進水			♥		♥				♥	♥			兔
♡ (平)	7	11	廿七	六	丙戌	平	祭祀、結網	作灶、動土			♥	♥		♥			♥	♥	♥	♥	龍
♥ (吉)	7	12	廿八	日	丁亥	定	豎柱、上樑、牧養、納畜	理髮、嫁娶			♥				♥	♥		♥	♥	♥	蛇
♥ (凶)	7	13	廿九	一	戊子	執	拆卸、掃舍	買田、置業				♥	♥	♥			♥	♥			馬

二〇二六年西曆七月／八月

丙午年農曆六月

吉凶	西曆月	西曆日	農曆	星期	干支	建月	宜	忌	是日吉時	沖
♥(黑)	7	14	六月初一	二	己丑	破	祭祀、破屋壞垣	成服、除服	寅、卯、巳、申、酉	羊
♡	7	15	初二	三	庚寅	危	入學、訂婚、安牀、安葬	祭祀、作灶	寅、卯、辰	猴
♥	7	16	初三	四	辛卯	成	嫁娶、移徙、安牀、安葬	穿井、開池	寅、卯、巳、午、戌	雞
♡	7	17	初四	五	壬辰	收	納財、栽種、納畜、裁衣	開渠、放水	寅、卯、巳、酉、亥	狗
♡	7	18	初五	六	癸巳	開	訂婚、會友、醫病、納畜	詞訟、除服	卯、辰、巳、申、戌	豬
♡(黑)	7	19	初六	日	甲午	閉	祭祀、補塞、破土、安葬	開倉、針灸	寅、未、酉	鼠
♡	7	20	初七	一	乙未	建	嫁娶、赴任、開市、上樑	動土、行喪	寅、卯、申、戌、亥	牛
♥	7	21	初八	二	丙申	除	祭祀、掃舍、裁衣、出火	修廚、作灶	巳、未、申、酉、戌、亥	虎
♥	7	22	初九	三	丁酉	滿	動土、安門、安葬、豎柱	理髮、整甲	午、未、酉、亥	兔
♡	7	23	初十	四	戊戌	平	嫁娶、結網	動土、行喪	卯、午、未、申	龍
♥	7	24	十一	五	己亥	定	移徙、祭祀、祈福、納采	嫁娶、除服	寅、卯、午、未、申	蛇
♥(黑)	7	25	十二	六	庚子	執	拆卸、掃舍	結網、問卜	未、申、酉	馬
♥(黑)	7	26	十三	日	辛丑	破	求醫治病、破屋壞垣	合醬、造酒	寅、卯、巳、午、申、亥	羊
♥	7	27	十四	一	壬寅	危	訂婚、入學、移居、入宅	祭祀、祈福	寅、卯、未、戌	猴
♥	7	28	十五	二	癸卯	成	嫁娶、納采、築隄、醫病	開池、取魚	寅、卯、戌	雞

♥ 吉　♡ 中吉　♡ 平　♥ 凶

吉凶	西曆 月	西曆 日	農曆	星期	干支	建月	宜	忌	子	丑	寅	卯	辰	巳	午	未	申	酉	戌	亥	沖
♡ 中吉	7	29	十六	三	甲辰	收	嫁娶、納采、出行、裁衣	開倉、出財					♥			♥		♥		♥	狗
♡ 中吉	7	30	十七	四	乙巳	開	建屋、裁衣、作灶、開渠	遠行、除服									♥	♥	♥		豬
♡ 平	7	31	十八	五	丙午	閉	掃舍、補垣塞穴、除服	修廚、作灶						♥	♥		♥	♥	♥	♥	鼠
♡ 平	8	1	十九	六	丁未	建	出行、上樑、安牀	理髮、行喪						♥	♥	♥		♥		♥	牛
♡ 中吉	8	2	二十	日	戊申	除	嫁娶、理髮、移居、赴任	安牀、除服					♥	♥		♥	♥				虎
♥ 吉	8	3	廿一	一	己酉	滿	嫁娶、納采、補塞、納畜	行喪、針灸					♥	♥	♥	♥	♥				兔
♡ 平	8	4	廿二	二	庚戌	平	平治道塗、修飾垣牆	結網、動土							♥	♥	♥				龍
♥ 吉	8	5	廿三	三	辛亥	定	祭祀、祈福、入學、修倉	嫁娶、除服			♥	♥			♥	♥			♥		蛇
♥ 凶	8	6	廿四	四	壬子	執	理髮	開渠、放水			♥	♥	♥	♥		♥					馬
♥ 凶	8	7	廿五	五	癸丑	破	破屋壞垣	新船、進水					♥	♥			♥	♥	♥		羊
♥ 凶	8	8	廿六	六	甲寅	破	破屋壞垣	開倉、祭祀					♥			♥		♥	♥		猴
♡ 中吉	8	9	廿七	日	乙卯	危	嫁娶、安牀、理髮、安葬	栽種、穿井				♥				♥	♥		♥	♥	雞
♡ 中吉	8	10	廿八	一	丙辰	成	祭祀、入學、訂婚、開市	作灶、針灸						♥			♥	♥		♥	狗
♥ 吉	8	11	廿九	二	丁巳	收	嫁娶、納采、移徙、開倉	理髮、動土		♥				♥	♥	♥		♥	♥		豬
♥ 吉	8	12	三十	三	戊午	開	嫁娶、納采、移徙、出行	置業、新船				♥		♥		♥	♥	♥			鼠

(子至亥欄為「是日吉時」)

二〇二六年西曆八月／九月 丙午年農曆七月

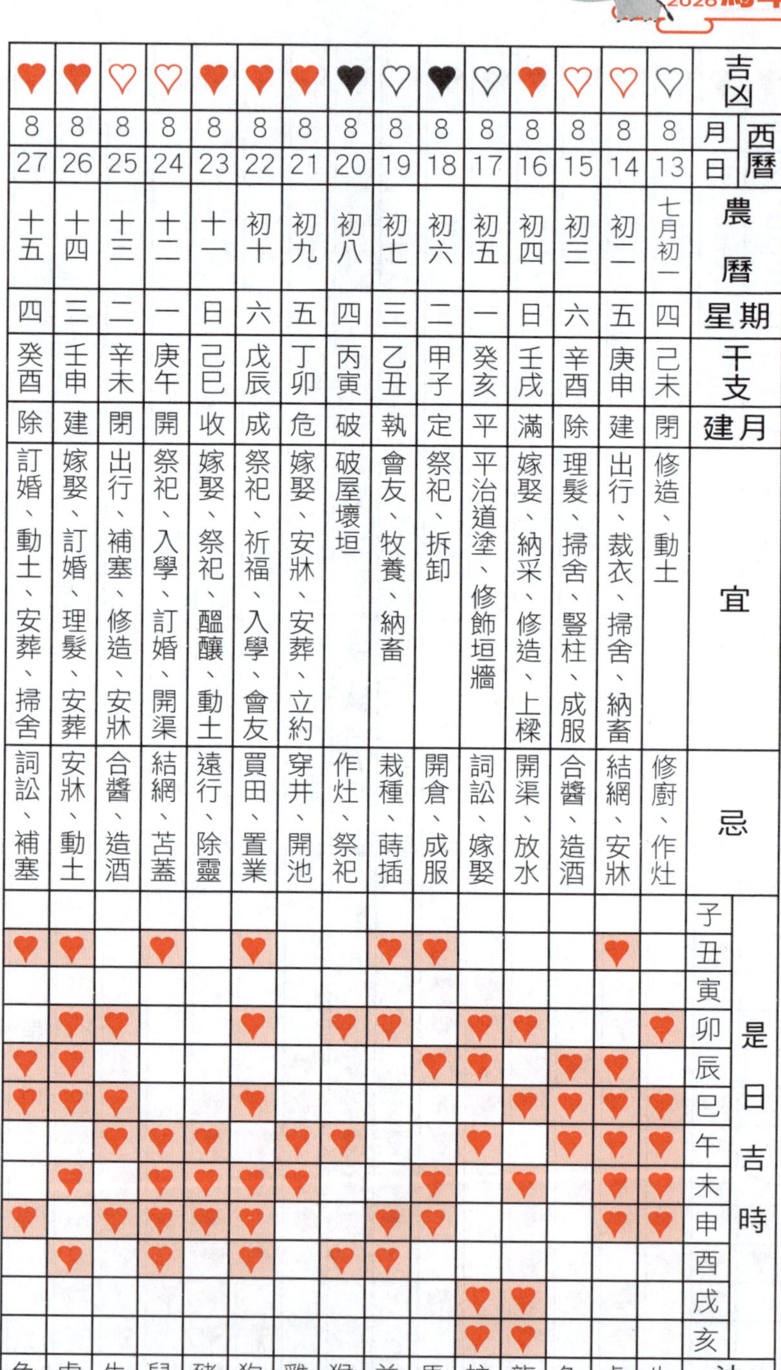

西曆 月	西曆 日	農曆	星期	干支	建月	吉凶	宜	忌	是日吉時	沖
8	13	七月初一	四	己未	閉	♡	修造、動土	修廚、作灶	卯、巳、午、未、申	牛
8	14	初二	五	庚申	建	♡	出行、裁衣、掃舍、納畜	結網、安牀	丑、辰、巳、午、未、申	虎
8	15	初三	六	辛酉	除	♡	理髮、掃舍、豎柱、成服	合醬、造酒	辰、巳、午	兔
8	16	初四	日	壬戌	滿	♥	嫁娶、納采、修造、上樑	開渠、放水	卯、巳、未、戌、亥	龍
8	17	初五	一	癸亥	平	♡	平治道塗、修飾垣牆	詞訟、嫁娶	卯、辰、午、戌、亥	蛇
8	18	初六	二	甲子	定	♥(黑)	祭祀、拆卸	開倉、成服	丑、辰、未、申	馬
8	19	初七	三	乙丑	執	♡	會友、牧養、納畜	栽種、蒔插	丑、卯、申、酉	羊
8	20	初八	四	丙寅	破	♥(黑)	破屋壞垣	作灶、祭祀	卯、午、酉	猴
8	21	初九	五	丁卯	危	♥	嫁娶、安牀、安葬、立約	穿井、開池	午、未	雞
8	22	初十	六	戊辰	成	♥	祭祀、祈福、入學、會友	買田、置業	丑、卯、巳、未、申、酉	狗
8	23	十一	日	己巳	收	♥	嫁娶、祭祀、醞釀、動土	遠行、除靈	午、未、申	豬
8	24	十二	一	庚午	開	♡	祭祀、入學、訂婚、開渠	結網、苫蓋	丑、午、未、申、酉	鼠
8	25	十三	二	辛未	閉	♡	出行、補塞、修造、安牀	合醬、造酒	卯、巳、午、申	牛
8	26	十四	三	壬申	建	♥	嫁娶、訂婚、理髮、安葬	安牀、動土	丑、卯、辰、巳、未、酉	虎
8	27	十五	四	癸酉	除	♥	訂婚、動土、安葬、掃舍	詞訟、補塞	丑、辰、巳、申	兔

♥ 吉　♡ 中吉　♡ 平　♥ 凶

西曆月	西曆日	吉凶	農曆	星期	干支	建月	宜	忌	子	丑	寅	卯	辰	巳	午	未	申	酉	戌	亥	沖
8	28	♡ 平	十六	五	甲戌	滿	上樑、納畜	開倉、除靈		♥		♥		♥		♥					龍
8	29	♡ 平	十七	六	乙亥	平	平治道塗	栽種、嫁娶		♥		♥				♥					蛇
8	30	♥ 凶	十八	日	丙子	定	祭祀、拆卸	修廚、作灶		♥				♥				♥	♥	♥	馬
8	31	♥ 吉	十九	一	丁丑	執	嫁娶、納采、上樑、醫病	理髮、遠回						♥	♥			♥		♥	羊
9	1	♥ 凶	二十	二	戊寅	破	求醫治病、破屋壞垣	置產、祭祀		♥		♥	♥	♥	♥	♥					猴
9	2	♡ 中吉	廿一	三	己卯	危	訂婚、理髮、裁衣、開市	動土、穿井				♥			♥	♥					雞
9	3	♥ 吉	廿二	四	庚辰	成	納采、訂婚、安牀、入倉	結網、行喪		♥			♥	♥	♥	♥				♥	狗
9	4	♡ 中吉	廿三	五	辛巳	收	嫁娶、作灶、栽種、牧養	遠行、除服		♥				♥	♥	♥			♥		豬
9	5	♥ 吉	廿四	六	壬午	開	嫁娶、納采、開市、納畜	苫蓋、搭廁		♥		♥		♥		♥				♥	鼠
9	6	♡ 中吉	廿五	日	癸未	閉	訂婚、立約、交易、動土	詞訟、針灸				♥		♥	♥				♥		牛
9	7	♡ 中吉	廿六	一	甲申	建	嫁娶、出行、掃舍、納畜	新船、進水		♥			♥	♥		♥	♥	♥			虎
9	8	♡ 平	廿七	二	乙酉	建	掃舍、修置產室	栽種、行喪		♥	♥		♥				♥	♥			兔
9	9	♡ 中吉	廿八	三	丙戌	除	祭祀、出行、理髮、掃舍	修廚、作灶			♥			♥			♥	♥	♥	♥	龍
9	10	♡ 中吉	廿九	四	丁亥	滿	祭祀、祈福、赴任、移徙	理髮、嫁娶		♥	♥				♥	♥		♥	♥	♥	蛇

（子至亥為是日吉時）

二〇二六年西曆九月/十月

丙午年農曆八月

西曆月	西曆日	農曆	星期	干支	建月	宜	忌	吉凶	子	丑	寅	卯	辰	巳	午	未	申	酉	戌	亥	沖
9	11	八月初一	五	戊子	平	拆卸、掃舍	買田、置業	♥(黑)		♥			♥	♥			♥	♥			馬
9	12	初二	六	己丑	定	嫁娶、動土、納畜、訂婚	栽種、蒔插	♥(紅)			♥			♥			♥	♥			羊
9	13	初三	日	庚寅	執	訂婚、出行、動土、安葬	祭祀、結網	♡		♥	♥		♥								猴
9	14	初四	一	辛卯	破	破屋壞垣	合醬、穿井	♥(黑)			♥			♥	♥				♥		雞
9	15	初五	二	壬辰	危	嫁娶、移徙、入學、開市	開渠、放水	♡		♥	♥			♥				♥		♥	狗
9	16	初六	三	癸巳	成	嫁娶、祭祀、入學、移徙	遠行、成服	♥(紅)					♥	♥			♥		♥		豬
9	17	初七	四	甲午	收	嫁娶、祭祀、理髮、裁衣	開倉、出財	♡		♥	♥					♥		♥			鼠
9	18	初八	五	乙未	開	嫁娶、赴任、移徙、會友	動土、除服	♥(紅)			♥						♥		♥	♥	牛
9	19	初九	六	丙申	閉	出行、掃舍、出火、入宅	修廚、作灶	♡		♥				♥		♥	♥	♥	♥	♥	虎
9	20	初十	日	丁酉	建	裁衣、掃舍、伐木、安葬	理髮、動土	♡(黑)		♥					♥	♥		♥		♥	兔
9	21	十一	一	戊戌	除	出行、醫病、築隄、動土	買田、置業	♥(紅)		♥					♥	♥	♥				龍
9	22	十二	二	己亥	滿	祭祀	嫁娶、除靈	♥(黑)			♥				♥	♥	♥				蛇
9	23	十三	三	庚子	平	祭祀、拆卸	結網、開市	♥(黑)		♥						♥	♥	♥			馬
9	24	十四	四	辛丑	定	納財、移居、裁衣、安門	合醬、造酒	♥(紅)		♥	♥			♥	♥		♥			♥	羊
9	25	十五	五	壬寅	執	建屋、納畜、作灶、安葬	開渠、放水	♥(紅)		♥	♥					♥			♥		猴

（子至亥欄：是日吉時）

♥ 吉　♡ 中吉　♡ 平　♥ 凶

西曆 月	西曆 日	農曆	星期	干支	建月	吉凶	宜	忌	子	丑	寅	卯	辰	巳	午	未	申	酉	戌	亥	沖
9	26	十六	六	癸卯	破	凶	求醫治病、破屋壞垣	詞訟、穿井			♥								♥		雞
9	27	十七	日	甲辰	危	中吉	納采、移居、入宅、立約	栽種、開倉		♥			♥			♥		♥		♥	狗
9	28	十八	一	乙巳	成	吉	嫁娶、納采、移徙、築隄	栽種、遠行		♥							♥	♥	♥		豬
9	29	十九	二	丙午	收	中吉	嫁娶、捕捉、針灸	作灶、苫蓋						♥	♥		♥	♥	♥	♥	鼠
9	30	二十	三	丁未	開	吉	納采、修造、竪柱、入學	動土、補塞						♥	♥	♥		♥		♥	牛
10	1	廿一	四	戊申	閉	中吉	嫁娶、裁衣、安葬、掃舍	置業、安牀		♥			♥	♥		♥	♥				虎
10	2	廿二	五	己酉	建	平	出行、成服、安葬	動土、栽種					♥	♥	♥	♥	♥				兔
10	3	廿三	六	庚戌	除	吉	嫁娶、納采、會友、上樑	結網、行喪		♥					♥	♥	♥				龍
10	4	廿四	日	辛亥	滿	中吉	移徙、修造、動土、安牀	合醬、嫁娶		♥	♥				♥	♥			♥		蛇
10	5	廿五	一	壬子	平	凶	拆卸、掃舍	開渠、放水		♥	♥		♥	♥		♥					馬
10	6	廿六	二	癸丑	定	吉	嫁娶、移徙、醞釀、安葬	新船、進水		♥			♥	♥			♥	♥	♥		羊
10	7	廿七	三	甲寅	執	平	理髮、捕捉、破土、安葬	開倉、祭祀			♥		♥			♥		♥	♥		猴
10	8	廿八	四	乙卯	破	凶	破屋壞垣	栽種、穿井			♥					♥	♥		♥	♥	雞
10	9	廿九	五	丙辰	破	凶	破屋壞垣	修廚、作灶						♥			♥	♥		♥	狗

（子至亥欄為「是日吉時」）

二〇二六年西曆十月／十一月

丙午年農曆九月

西曆 月/日	吉凶	農曆	星期	干支	建月	宜	忌	沖
10/10	♡（紅，空心）	九月初一	六	丁巳	危	祭祀、訂婚、安牀、納畜	理髮、遠行	豬
10/11	♥（紅，實心）	初二	日	戊午	成	嫁娶、醫病、移徙、會友	買田、置業	鼠
10/12	♡（黑，空心）	初三	一	己未	收	捕捉、田獵	除服、行喪	牛
10/13	♥（紅，實心）	初四	二	庚申	開	祭祀、求嗣、移徙、掃舍	裁衣、合帳	虎
10/14	♡（紅，空心）	初五	三	辛酉	閉	開市、補垣塞穴、安葬	合醬、造酒	兔
10/15	♥（紅，實心）	初六	四	壬戌	建	訂婚、祭祀、移徙、開倉	動土、放水	龍
10/16	♡（紅，空心）	初七	五	癸亥	除	移居、理髮、修廚、作灶	詞訟、嫁娶	蛇
10/17	♥（黑，實心）	初八	六	甲子	滿	祭祀、拆卸	開倉、出財	馬
10/18	♡（黑，空心）	初九	日	乙丑	平	祭祀、作灶、平治道塗	栽種、蒔插	羊
10/19	♡（紅，空心）	初十	一	丙寅	定	會友、修造、動土、安葬	修廚、作灶	猴
10/20	♥（紅，實心）	十一	二	丁卯	執	嫁娶、會友、訂婚、安牀	穿井、開池	雞
10/21	♥（黑，實心）	十二	三	戊辰	破	祭祀、破屋壞垣	買田、置業	狗
10/22	♡（紅，空心）	十三	四	己巳	危	嫁娶、安牀、裁衣、結網	遠行、除服	豬
10/23	♥（紅，實心）	十四	五	庚午	成	嫁娶、祭祀、移徙、上樑	經絡、結網	鼠
10/24	♡（紅，空心）	十五	六	辛未	收	嫁娶、祭祀、捕捉、納財	醞釀、動土	牛

是日吉時

西曆 月/日	子	丑	寅	卯	辰	巳	午	未	申	酉	戌	亥
10/10		♥				♥	♥	♥		♥	♥	
10/11				♥		♥		♥	♥	♥		
10/12			♥	♥		♥	♥	♥	♥			
10/13		♥				♥	♥	♥	♥			
10/14			♥			♥	♥					
10/15			♥	♥		♥		♥			♥	♥
10/16			♥	♥			♥				♥	♥
10/17		♥	♥					♥	♥			
10/18		♥	♥	♥					♥	♥		
10/19				♥			♥			♥		
10/20			♥				♥	♥				
10/21		♥		♥		♥		♥	♥	♥		
10/22			♥				♥	♥	♥			
10/23		♥	♥				♥	♥	♥	♥		
10/24			♥	♥		♥	♥		♥			

♥ 吉　♡ 中吉　♡ 平　♥ 凶

西曆 月	西曆 日	吉凶	農曆	星期	干支	建月	宜	忌	子	丑	寅	卯	辰	巳	午	未	申	酉	戌	亥	沖
10	25	吉	十六	日	壬申	開	動土、祭祀、祈福、移徙	安牀、開渠		♥		♥		♥		♥		♥			虎
10	26	中吉	十七	一	癸酉	閉	理髮、掃舍、補塞、作灶	詞訟、針灸		♥	♥			♥			♥				兔
10	27	平	十八	二	甲戌	建	祭祀、豎柱、上樑	動土、行喪		♥	♥	♥		♥		♥					龍
10	28	平	十九	三	乙亥	除	理髮、掃舍	嫁娶、除服		♥	♥	♥				♥					蛇
10	29	凶	二十	四	丙子	滿	祭祀、拆卸	修廚、作灶		♥				♥				♥	♥	♥	馬
10	30	平	廿一	五	丁丑	平	平道、補垣塞穴	理髮、整甲						♥	♥			♥		♥	羊
10	31	平	廿二	六	戊寅	定	結網、取魚	置業、祭祀		♥		♥		♥	♥	♥					猴
11	1	吉	廿三	日	己卯	執	嫁娶、納采、建屋、納畜	新船、進水			♥	♥			♥	♥					雞
11	2	凶	廿四	一	庚辰	破	破屋壞垣	結網、開市		♥	♥			♥	♥	♥				♥	狗
11	3	中吉	廿五	二	辛巳	危	嫁娶、會友、移徙、上樑	醞釀、遠行		♥	♥			♥	♥	♥			♥		豬
11	4	吉	廿六	三	壬午	成	嫁娶、求嗣、納采、開市	苫蓋、開渠		♥	♥	♥		♥		♥				♥	鼠
11	5	平	廿七	四	癸未	收	捕捉、結網	詞訟、開市			♥	♥		♥	♥				♥		牛
11	6	凶	廿八	五	甲申	開	祭祀	開倉、安牀		♥				♥		♥	♥	♥			虎
11	7	平	廿九	六	乙酉	閉	理髮、掃舍	針灸、栽種		♥	♥						♥	♥			兔
11	8	平	三十	日	丙戌	閉	建屋、作廁、築隄	修廚、作灶			♥	♥					♥	♥	♥	♥	龍

（子至亥欄為「是日吉時」）

二〇二六年西曆十一月/十二月 丙午年農曆十月

西曆月	西曆日	吉凶	農曆	星期	干支	建月	宜	忌	子	丑	寅	卯	辰	巳	午	未	申	酉	戌	亥	沖
11	9	♡	十月初一	一	丁亥	建	祭祀	理髮、嫁娶		♥	♥				♥	♥		♥	♥	♥	蛇
11	10	♥	初二	二	戊子	除	拆卸、掃舍	買田、置業		♥		♥	♥				♥	♥			馬
11	11	♡	初三	三	己丑	滿	祭祀、會友、裁衣、作灶	除服、行喪			♥	♥					♥	♥			羊
11	12	♥	初四	四	庚寅	平	嫁娶、納采、出行、安葬	結網、祭祀		♥	♥	♥	♥								猴
11	13	♥	初五	五	辛卯	定	嫁娶、納采、理髮、移徙	合醬、穿井			♥	♥			♥				♥		雞
11	14	♡	初六	六	壬辰	執	嫁娶、入學、醫病、針灸	開渠、動土		♥	♥	♥						♥		♥	狗
11	15	♥	初七	日	癸巳	破	求醫治病、破屋壞垣	詞訟、遠行				♥	♥				♥		♥		豬
11	16	♥	初八	一	甲午	危	嫁娶、納采、移徙、安牀	開倉、出財		♥	♥					♥		♥			鼠
11	17	♥	初九	二	乙未	成	嫁娶、入學、會友、動土	栽種、蒔插			♥	♥					♥		♥	♥	牛
11	18	♡	初十	三	丙申	收	掃舍、裁衣、伐木、捕捉	作灶、安牀		♥						♥	♥	♥	♥	♥	虎
11	19	♡	十一	四	丁酉	開	入學、移居、裁衣、安牀	新船、進水		♥					♥	♥		♥		♥	兔
11	20	♡	十二	五	戊戌	閉	裁衣、修造、動土、結網	買田、置業		♥		♥			♥	♥	♥				龍
11	21	♡	十三	六	己亥	建	出行、會友	嫁娶、動土			♥	♥			♥	♥	♥				蛇
11	22	♥	十四	日	庚子	除	拆卸	結網、開市		♥						♥	♥	♥			馬
11	23	♡	十五	一	辛丑	滿	會友、理髮、補垣塞穴	行喪、合醬		♥	♥	♥			♥		♥			♥	羊

（子至亥為是日吉時）

♥ 吉　♡ 中吉　♡ 平　♥ 凶

吉凶	西曆 月	西曆 日	農曆	星期	干支	建月	宜	忌	子	丑	寅	卯	辰	巳	午	未	申	酉	戌	亥	沖
吉	11	24	十六	二	壬寅	平	嫁娶、會友、出行、開市	開渠、放水		♥	♥	♥				♥			♥		猴
吉	11	25	十七	三	癸卯	定	嫁娶、納采、移徙、修倉	詞訟、穿井			♥	♥							♥		雞
吉	11	26	十八	四	甲辰	執	嫁娶、裁衣、上樑、作灶	開倉、出財		♥			♥			♥		♥		♥	狗
凶	11	27	十九	五	乙巳	破	破屋壞垣	栽種、遠行		♥							♥	♥	♥		豬
中吉	11	28	二十	六	丙午	危	祭祀、祈福、掃舍、合帳	修廚、作灶							♥		♥	♥	♥	♥	鼠
吉	11	29	廿一	日	丁未	成	納采、訂婚、修倉、栽種	理髮、整甲							♥	♥		♥		♥	牛
平	11	30	廿二	一	戊申	收	掃舍、捕捉	置產、安牀		♥			♥			♥	♥				虎
中吉	12	1	廿三	二	己酉	開	嫁娶、納采、入學、移徙	新船、進水					♥		♥	♥	♥				兔
平	12	2	廿四	三	庚戌	閉	補垣塞穴	結網、作灶		♥					♥	♥	♥				龍
平	12	3	廿五	四	辛亥	建	祭祀、理髮	醞釀、嫁娶		♥	♥	♥			♥	♥			♥		蛇
凶	12	4	廿六	五	壬子	除	拆卸、掃舍	開渠、成服		♥	♥	♥	♥			♥					馬
平	12	5	廿七	六	癸丑	滿	作灶、理髮、補塞	詞訟、除服		♥			♥				♥	♥	♥		羊
吉	12	6	廿八	日	甲寅	平	嫁娶、移徙、出行、會友	祭祀、祈福			♥		♥			♥		♥	♥		猴
平	12	7	廿九	一	乙卯	平	平道飾垣	栽種、穿井			♥	♥				♥	♥		♥	♥	雞
吉	12	8	三十	二	丙辰	定	嫁娶、納采、安牀、安門	修廚、作灶						♥			♥	♥		♥	狗

（♥ 為是日吉時）

二〇二六年西曆十二月/二七年西曆一月 丙午年農曆十一月

西曆月	西曆日	農曆	星期	干支	建月	吉凶	宜	忌	子	丑	寅	卯	辰	巳	午	未	申	酉	戌	亥	沖
12	9	十一月初一	三	丁巳	執	♡	祭祀、裁衣、修置產室	理髮、除服		♥				♥		♥		♥	♥		豬
12	10	初二	四	戊午	破	黑♥	求醫治病、破屋壞垣	買田、置業				♥		♥		♥	♥	♥			鼠
12	11	初三	五	己未	危	紅♡	納采、動土、伐木、修造	補塞、開市			♥	♥		♥		♥	♥				牛
12	12	初四	六	庚申	成	紅♥	掃舍、安葬、會友、移徙	結網、動土		♥			♥	♥		♥	♥				虎
12	13	初五	日	辛酉	收	♡	理髮、裁衣、捕捉、掃舍	合醬、造酒			♥		♥	♥							兔
12	14	初六	一	壬戌	開	紅♥	納采、訂婚、求嗣、入學	開渠、補塞			♥	♥		♥		♥			♥	♥	龍
12	15	初七	二	癸亥	閉	♡	建屋、安牀、作灶、補垣	詞訟、嫁娶			♥	♥	♥						♥	♥	蛇
12	16	初八	三	甲子	建	黑♥	祭祀、拆卸	開倉、動土		♥	♥		♥			♥	♥				馬
12	17	初九	四	乙丑	除	紅♥	嫁娶、納采、動土、上樑	成服、行喪		♥	♥	♥					♥	♥			羊
12	18	初十	五	丙寅	滿	紅♥	入學、交易、補塞、會友	祭祀、祈福				♥						♥			猴
12	19	十一	六	丁卯	平	♡	平治道塗、修飾垣牆	理髮、穿井			♥					♥					雞
12	20	十二	日	戊辰	定	紅♥	嫁娶、納采、理髮、動土	買田、置業		♥		♥		♥		♥	♥	♥			狗
12	21	十三	一	己巳	執	黑♥	祭祀	除服、行喪			♥					♥	♥				豬
12	22	十四	二	庚午	破	黑♥	破屋壞垣	結網、開市		♥	♥					♥	♥	♥			鼠
12	23	十五	三	辛未	危	紅♡	立約、交易、安牀、裁衣	合醬、造酒			♥	♥		♥			♥				牛

子、丑、寅、卯、辰、巳、午、未、申、酉、戌、亥：是日吉時

♥ 吉　♡ 中吉　♡ 平　♥ 凶

吉凶	西曆 月	西曆 日	農曆	星期	干支	建月	宜	忌	子	丑	寅	卯	辰	巳	午	未	申	酉	戌	亥	沖
吉	12	24	十六	四	壬申	成	嫁娶、納采、祭祀、安門	安牀、動土		♥		♥	♥	♥		♥		♥			虎
平	12	25	十七	五	癸酉	收	理髮、掃舍、納財、栽種	新船、進水		♥	♥		♥	♥			♥				兔
中吉	12	26	十八	六	甲戌	開	訂婚、開市、祭祀、入學	開倉、出財		♥	♥	♥		♥		♥					龍
平	12	27	十九	日	乙亥	閉	祭祀	行喪、嫁娶		♥	♥	♥				♥					蛇
凶	12	28	二十	一	丙子	建	拆卸、掃舍	作灶、動土		♥				♥				♥	♥	♥	馬
吉	12	29	廿一	二	丁丑	除	嫁娶、祭祀、移徙、納畜	除靈、行喪						♥				♥		♥	羊
中吉	12	30	廿二	三	戊寅	滿	嫁娶、開市、出行、動土	置業、祭祀		♥		♥	♥	♥		♥					猴
平	12	31	廿三	四	己卯	平	理髮、平道飾垣	新船、進水			♥	♥				♥					雞
吉	1	1	廿四	五	庚辰	定	嫁娶、祭祀、裁衣、安葬	栽種、結網		♥	♥		♥	♥		♥				♥	狗
中吉	1	2	廿五	六	辛巳	執	訂婚、祭祀、修造、補塞	醞釀、遠行		♥	♥			♥		♥			♥		豬
凶	1	3	廿六	日	壬午	破	求醫治病、破屋壞垣	開渠、放水		♥	♥	♥		♥		♥				♥	鼠
中吉	1	4	廿七	一	癸未	危	祭祀、裁衣、納采、田獵	除服、行喪			♥	♥		♥					♥		牛
吉	1	5	廿八	二	甲申	成	嫁娶、納采、開市、移徙	安牀、動土		♥			♥	♥		♥	♥	♥			虎
中吉	1	6	廿九	三	乙酉	成	嫁娶、開市、動土、入學	栽種、蒔插		♥	♥		♥				♥	♥			兔
中吉	1	7	三十	四	丙戌	收	祭祀、納財、捕捉、田獵	修廚、作灶			♥	♥		♥			♥	♥	♥	♥	龍

（子至亥：是日吉時）

二〇二七年西曆一月/二月

丙午年農曆十二月

吉凶	♡	♥	♡	♥	♡	♡	♥	♡	♥	♥	♥	♡	♡	♥	♡
西曆 月	1	1	1	1	1	1	1	1	1	1	1	1	1	1	1
西曆 日	8	9	10	11	12	13	14	15	16	17	18	19	20	21	22
農曆	十二月初一	初二	初三	初四	初五	初六	初七	初八	初九	初十	十一	十二	十三	十四	十五
星期	五	六	日	一	二	三	四	五	六	日	一	二	三	四	五
干支	丁亥	戊子	己丑	庚寅	辛卯	壬辰	癸巳	甲午	乙未	丙申	丁酉	戊戌	己亥	庚子	辛丑
建月	開	閉	建	除	滿	平	定	執	破	危	成	收	開	閉	建
宜	祭祀、掃舍、開渠、安門	祭祀、拆卸	祭祀、立約、交易	嫁娶、納采、出行、會友	祭祀、入學、訂婚、出行	結網、捕捉、安葬	嫁娶、移居、立約、交易	祭祀、動土、掃舍、理髮	破屋壞垣	祭祀、祈福、移徙、上樑	嫁娶、入學、出行、納采	祭祀、納財、捕捉、栽種	祭祀、求嗣、醫病、會友	拆卸、掃舍	祭祀、祈福、納財、會友
忌	理髮、嫁娶	買田、置業	動土、行喪	祭祀、祈福	醞釀、穿井	開渠、放水	遠行、詞訟	開倉、出財	栽種、開市	作灶、安牀	理髮、整甲	行喪、置業	嫁娶、補塞	結網、動土	醞釀、行喪
是日吉時 子															
丑	♥	♥		♥		♥		♥		♥	♥	♥		♥	♥
寅	♥		♥	♥	♥	♥		♥	♥				♥		♥
卯		♥	♥	♥	♥	♥	♥		♥			♥	♥		♥
辰		♥		♥			♥								
巳		♥	♥		♥	♥	♥			♥					♥
午	♥				♥						♥	♥	♥		♥
未															
申		♥	♥				♥		♥	♥		♥	♥	♥	♥
酉	♥	♥	♥			♥		♥		♥	♥			♥	
戌	♥				♥		♥		♥	♥					
亥	♥					♥			♥	♥	♥				♥
沖	蛇	馬	羊	猴	雞	狗	豬	鼠	牛	虎	兔	龍	蛇	馬	羊

♥ 吉　♡ 中吉　♡ 平　♥ 凶

西曆 月	西曆 日	吉凶	農曆	星期	干支	建月	宜	忌	是日吉時	沖
1	23	中吉	十六	六	壬寅	除	入學、掃舍、上樑、安葬	開渠、祭祀	丑、寅、卯、戌	猴
1	24	中吉	十七	日	癸卯	滿	嫁娶、祭祀、移居、開市	詞訟、穿井	寅、卯、戌	雞
1	25	平	十八	一	甲辰	平	平道、塗飾垣牆	開倉、出財	丑、辰、酉、亥	狗
1	26	吉	十九	二	乙巳	定	嫁娶、會友、納采、作灶	栽種、遠行	丑、申、酉、戌	豬
1	27	平	二十	三	丙午	執	祭祀、理髮、捕捉、安葬	修廚、作灶	巳、午、申、酉、戌、亥	鼠
1	28	凶	廿一	四	丁未	破	破屋壞垣	理髮、開市	巳、午、酉、亥	牛
1	29	吉	廿二	五	戊申	危	開市、納財、開倉、立約	安牀、買田	丑、辰、巳、申	虎
1	30	吉	廿三	六	己酉	成	嫁娶、醫病、移徙、上樑	詞訟、成服	辰、巳、午、申	兔
1	31	平	廿四	日	庚戌	收	祭祀、捕捉	結網、裁衣	丑、午、申	龍
2	1	中吉	廿五	一	辛亥	開	祭祀、入學、會友、理髮	合醬、嫁娶	丑、寅、卯、午、戌	蛇
2	2	凶	廿六	二	壬子	閉	拆卸、掃舍	開渠、動土	丑、寅、卯、辰、巳	馬
2	3	凶	廿七	三	癸丑	建	祭祀	詞訟、行喪	丑、辰、巳、申、酉、戌	羊
2	4	中吉	廿八	四	甲寅	建	交易、立約、會友、納畜	開倉、動土	寅、辰、未、酉、戌	猴
2	5	吉	廿九	五	乙卯	除	嫁娶、入學、出行、置產	穿井、開池	寅、卯、未、戌、亥	雞

作　　者：麥玲玲
責任編輯：陳思齊　何芷晴
協　　力：胡卿旋
封面設計：Catherine Wong
美術設計：Rita Young
出　　版：日閱堂出版社
發　　行：明報出版社有限公司
香港柴灣嘉業街 18 號
明報工業中心 A 座 15 樓
電　　話：2595 3215
傳　　真：2898 2646
網　　址：http://books.mingpao.com/
電子郵箱：mpp@mingpao.com
版　　次：二〇二五年九月初版
I S B N：978-988-8925-16-2
承　　印：美雅印刷製本有限公司

*《麥玲玲2025蛇年運程》於明報網上書店二〇二四年度暢銷榜排行第一位，以及於香港誠品書店二〇二四年九月份暢銷榜（休閒·趣味類）排行第三位。